科学出版社“十四五”普通高等教育本科规划教材

临床医学概论

主　编　高明奇

副主编　毕　清　李　骢　张庆富　张　颐　钭方芳

编　者（以姓氏汉语拼音为序）

毕　清（昆明医科大学）
钭方芳（江西省人民医院暨南昌医学院第一附属医院）
李　骢（大连医科大学）
李云霞（昆明医科大学）
孟　佳（锦州医科大学医疗学院）
王　娜（重庆医科大学）
闫鸿丽（云南中医药大学）
尹智祥（昆明理工大学）
张　颐（中国医科大学）
张芳林（南昌大学）
赵向阳（南方科技大学医院）
陈枝挺（福建医科大学）
高明奇（中国医科大学）
高素君（吉林大学）
李昱瑛（吉林大学）
刘昌云（福建医科大学）
盛秋菊（中国医科大学）
辛晓明（上海健康医学院）
姚栋元（江西省人民医院暨南昌医学院第一附属医院）
张彩华（大连医科大学）
张庆富（河北医科大学）
左英熹（北京大学人民医院）

科学出版社

北　京

内 容 简 介

临床医学是研究疾病的病因、诊断和治疗的学科群，是对患者直接实施诊治的科学，是药学与临床医学联系的重要桥梁，属于应用科学。

本教材共二十章，主要介绍了诊断学基础、内科、外科、妇产科、儿科、肿瘤、传染与性传播疾病、中毒与解救等内容，为药学类专业的核心及重要专业基础课程之一。本课程对培养药学类应用型人才，提高学生的临床药学和药学服务能力和水平，解决临床实践问题的能力具有十分重要的意义。本教材以方便教师教学和学生学习为出发点，教材以案例为线索，启发学生思考临床实践问题，培养学生的临床思维，并根据药学专业的需求，以“必需、实用、够用”选择教学内容。

本教材主要供4、5年制药学类专业学生使用，也可供其他医学相关专业学生使用。

图书在版编目（CIP）数据

临床医学概论 / 高明奇主编. -- 北京 : 科学出版社, 2024. 10. (科学出版社“十四五”普通高等教育本科规划教材). -- ISBN 978-7-03-079645-5

Ⅰ. R4

中国国家版本馆 CIP 数据核字第 2024PA2589 号

责任编辑：王 颖/责任校对：宁辉彩
责任印制：张 伟/封面设计：陈 敬

科学出版社 出版
北京东黄城根北街 16 号
邮政编码：100717
http://www.sciencep.com

北京九州迅驰传媒文化有限公司印刷
科学出版社发行 各地新华书店经销

*

2024 年 10 月第 一 版 开本：787×1092 1/16
2025 年 1 月第二次印刷 印张：32 1/2
字数：820 000

定价：128.00 元

（如有印装质量问题，我社负责调换）

前　　言

为了更好地贯彻《国务院办公厅关于加快医学教育创新发展的指导意见》《高等学校课程思政建设指导纲要》《普通高等学校教材管理办法》，按照教育部教指委编写的《普通高等学校本科专业类教学质量国家标准》的要求，根据目前高等院校医学教学的现状，为适应“新医科”教学改革和改进，提高医学教学质量，培养具有创新精神和创新能力的医学人才，采用案例与教学内容相结合的编写模式，组织编写出版了《临床医学概论》。

临床医学是研究疾病的病因、诊断和治疗的学科群，是对患者直接实施诊治的科学，是药学与临床医学联系的重要桥梁，属于应用科学。本教材主要介绍了诊断学基础、内科、外科、妇产科、儿科、肿瘤、传染与性传播疾病、中毒与解救等内容，为药学类专业的核心及重要专业基础课程之一。本课程对培养药学类应用型人才，提高学生的临床药学和药学服务能力和水平，解决临床实践问题的能力具有十分重要的意义。

本教材主要供4、5年制药学类专业学生使用，方便教师教学和学生学习是本教材编写的出发点。教材以案例为线索，启发学生思考临床实践问题，培养学生的临床思维，并根据药学专业的需求，以“必需、实用、够用”选择教学内容。教材坚持突出“三基、五性、三特定”原则：针对特定学制、特定专业方向、特定对象的受众，强调对学生基本理论、基本知识和基本技能的训练，充分体现教材的思想性、科学性、先进性、启发性、适用性。编写时，突出“三基”内容，知识点明确，学生好学，教师好教，使学生在尽可能短的时间内掌握所学课程的知识点。教材内容贴近《普通高等学校本科专业类教学质量国家标准》的需求，贴近毕业后执业资格考试和硕士研究生入学考试的需求，贴近专业认证的需求。本教材紧跟国家执业药师资格考试案例分析的研究生入学考试的命题方向。

本教材共二十章，编者分工如下：第一章、第五章由高明奇教授编写，第二章由高明奇教授、孟佳副教授编写，第三章及第七章由李骢教授、张彩华副教授编写，第四章由辛晓明副教授编写，第六章由张芳林副教授编写，第八章由赵向阳主任医师编写，第九章由高素君教授、李昱瑛副主任医师编写，第十章由闫鸿丽副教授编写，第十一章由刘昌云教授、陈枝挺副主任医师、姚栋元教授编写，第十二章、第十三章、第十四章由张庆富教授编写，第十五章、第十六章由张颐教授编写，第十七章由左英熹主任医师编写，第十八章由盛秋菊副教授、王娜副教授编写，第十九章由毕清教授、钭方芳教授编写，第二十章由李云霞主任医师、尹智祥副主任医师编写。本教材的编写秘书为中国医科大学苏敬阳副教授。

本教材在编写过程中得到了各位主编、副主编、编委所在院校领导和同事的鼎力支持，同时参考引用了国内外相关书籍和文献，在此一并表示诚挚的感谢。由于编者水平有限，书中难免有不足之处，恳请同行、专家及广大读者批评指正。

本书所列出的药品临床适应证、使用剂量，仅供教学及科研参考。在疾病状态下的用药情况请参考药品说明书、咨询临床医师或药师。任何因参考本书所列的药品适应证和药品使用剂量而产生的不良后果，本书概不负责。

编　者

2023 年 11 月

目　录

第一章 绪 论

临床医学（clinical medicine）是研究疾病的病因及临床表现、诊断方法和治疗措施的学科群。临床医学的重点内容是观察分析患者疾病的临床表现，包括症状、体征及辅助检查的结果，并通过采集患者的病史、问诊、体格检查、辅助检查等综合分析对患者所患疾病进行初步的诊断，在此基础上针对患者的病因及病理生理、病理变化等采取治疗和预防措施，以减轻患者痛苦，恢复患者健康。临床医学是直接为患者服务的并对患者直接实施治疗的科学，属于应用科学。

临床医学在现代医学中居非常重要的地位，是由诸多学科组成的学科群。临床医学概论是对临床医学各科常见病、多发病的临床表现、诊断及治疗方法进行概要性描述的专业课程。它涵盖了诊断学基础、内科学、外科学、妇产科学、儿科学、急诊医学、肿瘤学、传染病学等常见疾病的内容。临床医学概论是非临床医学专业，如药学类、医学检验技术、医学影像技术、康复治疗技术、护理、卫生事业管理等专业学生学习临床医学相关知识和技能的必修课程之一。

一、古代医学、近代医学发展简史与临床医学模式的转变

（一）古代医学的发展简史

古埃及、古巴比伦、古印度和中国是古代医学的发源地。公元前600～公元前200年，古希腊人汲取埃及和亚洲文化产生古希腊医学，后来罗马及欧洲在古希腊医学的基础上发展成为今天世界的主流医学，即西方医学。公元前6～公元前4世纪的古希腊医学主流观点认为疾病产生的原因是体内4种体液即黄胆汁、黑胆汁、血和痰在人体内失衡引起的，这种“体液论”否定了之前的神灵说或妖魔说的认识，这是医学史上一个非常重要的进步，因为“体液论”是建立在观察客观事实的基础之上的。医学之父希波克拉底（Hippocrates of Kos）记录的《希波克拉底誓言》直到今天仍是许多国家医生就业时的宣誓誓词，其核心内容是尽力帮助患者、公平对待患者，为每个患者保守秘密等。

古罗马继承、传播了古希腊医学。古罗马医生克劳迪亚斯·盖伦（Claudius Galenus）把古希腊医学的精髓，加上自己的经验，编写成教义，成为医学课本和医生行医的指南。古希腊医学多半是通过他的著作流传下来的。古罗马的医学创新并不多，但是编撰医书者不少。古罗马赛尔萨斯编写的一套百科全书中有一部是关于医学的，对古希腊医学的传播发挥了重要作用。

中世纪欧洲进入封建社会，基督教控制着整个西方世界，人们的思想受到极大的禁锢，盖仑的教义被作为教条。学生们只读盖仑的书，而不观察患者。因历史条件所限，盖仑的教义中难免存在很多错误（尤其是解剖、生理的知识）；盖仑的教义中也有很多过时的内容。但盖仑的教义却被奉为“圣经”，成为一切对错的衡量标准，反对盖仑就是大逆不道，西方医学的发展因此处于停滞不前的状态。

（二）近代医学发展简史

文艺复兴时期冲破了中世纪的黑暗，医学界发动了一场以帕拉切尔苏斯为代表的医学革命，指出人体的生命过程是化学过程，将以前宗教控制的医学时代转入了以经验为主导的医学时代，是医学发展史上的第一个里程碑。比利时医生、解剖学家安德烈·维萨里（Andreas

Vesalius）于 1543 年出版的《人体的结构》，奠定了解剖学的基础。

17 世纪，随着物理学、化学和生物学、生理学的进步，医学家倡导以实验客观为基础的医学，成为医学发展史上的第二个里程碑。英国医生哈维发现血液循环是由心脏的收缩运动推动的，使盖仑书中的错误再一次昭然若揭。这一发现使研究人体功能的科学——生理学被确立为一门独立的学科，标志着生命科学开始步入科学的轨道。荷兰科学家安东尼·列文虎克（Antony van Leeuwenhoek）于 1665 年出版了《显微镜学》，成为第一个认出细胞的人。近代临床医学之父西登哈姆（Sydenham）记录了痛风、风湿病、流感、麻疹等疾病的证候。

18 世纪是现代临床医学基本方法的形成时期。哈勒（Haller）出版了《生理学纲要》，意大利解剖学家莫干尼（Morgagni）把解剖学应用于临床，提出了器官的概念。他通过解剖患者的尸体，将患者生前的症状与解剖发现的“病灶”联系起来，建立了病理解剖学。英国医生爱德华·詹纳（Edward Jenner）发现了牛痘疫苗，用于预防天花。荷兰医生布尔哈夫（Boerhaave）是公认的 18 世纪临床医学大师，他充分利用荷兰莱顿大学当时仅有的 12 张病床，开展了床边教学。他通过询问病史、体格检查来搜集临床资料；运用当时的物理学和化学知识分析病情，判断预后；并结合尸体解剖，为学生们分析病理变化与症状之间的关系。这套方法也是目前仍在实行的西医的基本临床方法。

19 世纪临床医学的许多进展都与显微镜的发明有关。借助显微镜，人们发现了人体的组织，建立了组织学；发现了细胞，建立了细胞病理学；发现了各种微生物，认识了继物理和化学因素之后的第三大病因——生物性病因，因而提出了感染的概念，而对感染的认识又促使人们发明了无菌术，使外科术后伤口感染的概率大大减少，手术死亡率显著降低。德国植物学家施莱登（Schleiden）和动物学家施旺（Schwann）共同创建了“细胞学理论”，法国微生物学家路易斯·巴斯德（Louis Pasteur）创立了巴氏消毒法，从植物药物中提取有效成分，合成了水杨酸盐、阿司匹林等药物；俄国生理学家巴甫洛夫（Pavlov）提出了条件反射理论；1824 年德国化学家李比希（Liebig）以定量分析的方法研究生命体的化学组成，奠定了生物化学的基础。法国医生高尔维沙尔（Corrisar）促进了叩诊法的应用；法国临床医学家雷奈克（Laennec）发明了听诊器。血压计、体温计等诊断工具的发明，大大丰富了诊断学方法；麻醉术的发明解决了手术疼痛问题，使深部组织器官的手术得以实施；欧美近代护理学和护士教育创始人南丁格尔（Nightingale）的卓越工作使护理学成为一门独立学科。

20 世纪，临床医学发展突飞猛进，临床医学先后经历了三次革命，促进了现代临床医学的诞生。第一次革命发生于 20 世纪 30～50 年代，其标志为磺胺类药物和抗生素的发现及青霉素的产业化，1928 年英国细菌学家弗莱明（Fleming）发现了青霉素，1943 年青霉素成功用于患者；1895 年德国物理学家伦琴（Roentgen）发现了 X 射线，随后，放射同位素、心电图、纤维内镜等相继应用于临床。第二次革命发生于 20 世纪 70 年代，其标志为计算机体层成像（CT）和磁共振成像（MRI）等医学影像技术陆续出现，使身体内部结构和功能可以得到清楚显示，拓展了医务人员的视觉功能；电子显微镜进一步揭示了人体的微观世界；内镜技术使医生可以直视身体内部情况；生物化学、分子生物学、免疫学、遗传学的发展大大丰富了实验室检查的内容。第三次革命发生于 20 世纪 70 年代后期，其标志为利用遗传工程生产生物制品，如胰岛素、生长激素、乙肝疫苗和干扰素等。20 世纪 70 年代后期，在国际医学领域内，临床流行病学、临床医学信息科学的发展促进了循证医学的诞生。1992 年，加拿大学者萨基特（Sackett）等在国际上正式提出循证医学的概念，同年英国牛津大学成立科克伦（Cochrane）中心，由此宣告了循证医学的正式问世。循证医学被认为是医学发展史上的第三个里程碑。

（三）医学模式的转变

古代由于生产力发展水平低下，科学知识贫乏，人们认为疾病是由神灵主导的，属于神灵主义的医学模式。随着社会生产的发展，人们逐渐认识了自然现象，并在医学实践中积累了利用动、植物、矿物治疗疾病的大量经验，进入了经验主义的医学模式时代。16～17世纪，欧洲文艺复兴运动带来了工业革命，推动了科学进步，也影响了医学观。当时，把人比作机器，认为疾病仅是这架“机器”某部分机械失灵，并用机械观来解释一切人体现象，进入“头痛医头、脚痛医脚”，以“修理机器”（治疗）为主的机械医学模式。18～19世纪，工业革命转向高潮，基于自然科学和医学高度发展，生物学家、医学家提出了进化论、细胞学说，发现了微生物等致病因子，使人们对健康与疾病有了较为正确的理解。对传染病的认识及病原微生物的发现，从生物学角度明确了疾病原因，形成了“生物医学”模式。20世纪初，人们认识到疾病的发生除病原体这一外因外，还与人体内、外环境之间的生态平衡受到破坏有关，进一步提出了“生态医学”模式。时代在不断发展，认识在不断提高，人们认识到健康或疾病还与社会、行为和心理等因素有关。因此，20世纪70年代末以来倡导了“生物-心理-社会医学模式”。人不仅是一类高级生物，而且还具有社会属性，文化、伦理等因素都影响人类的健康。这些因素不仅诱使着许多疾病的发生与发展，还能决定人的健康长寿或疾病的发展与转归。“生物-心理-社会医学”模式能指导人们更全面客观地观察和解决现代的健康和疾病问题，将疾病的医治对象前移至健康人群，从医治疾病为主转化为以医治患者为主，从强调局部到重视全身，从满足个体的医疗保健向群体卫生保健转化，从原有的生物医学范畴扩展为心理医学和社会医学的广泛领域。

二、临床医学的学科分类

临床医学是研究人类疾病诊断和治疗的科学，而人类疾病根据世界卫生组织编写的国际疾病分类，已达1万多种。按《中华人民共和国学科分类与代码国家标准》（2009年版），临床医学属二级学科，下设临床诊断学、保健医学、理疗学、麻醉学、内科学、外科学、妇产科学、儿科学、眼科学、耳鼻咽喉学、口腔医学、皮肤病学、性医学、神经病学、精神病学、急诊医学、核医学、肿瘤学、护理学、临床医学其他学科等三级学科。其中临床诊断学、麻醉学、保健医学及急诊医学等主要按医疗目的进行归类；内科学、外科学、理疗学、核医学、护理学等学科是按治疗手段建立的学科，以药物治疗为主的疾病归为内科学，以手术治疗为主的疾病归为外科学；妇产科学、儿科学等学科是按特定的治疗对象及治疗特点分类的；口腔医学、眼科学、耳鼻咽喉科学等是按人体的系统或解剖部位归类建立的学科；肿瘤学、性医学、神经病学和精神病学则是按病种建立的学科。

1. 临床诊断学　是通过采集病史，系统掌握患者的症状，通过望诊、触诊、叩诊和听诊了解患者的存在体征，同时进行实验室检查和其他辅助检查来揭示或发现患者的临床表现特点，然后加以归纳分析，并做出患者所患疾病的概括性判断的一门学科。其范围包括症状诊断学、物理诊断学、功能诊断学、医学影像学（包括放射诊断学、同位素诊断学、超声诊断学）、临床放射学、实验诊断学和临床诊断学其他学科。

2. 保健医学　是研究环境（包括社会、自然、生物）对人群健康的影响，并探讨其发病的规律，从而制订有效的预防对策和措施，以达到保护健康、促进健康为目的的学科，是预防医学的重要分支。保健医学是一门涉及范围很广、多学科交叉的科学学科。其范围包括康复医学、运动医学（包括力学运动医学等）、老年医学、保健医学其他学科。

3. 理疗学又称物理治疗学 是研究应用自然界或人工产生的各种物理因子作用于机体以提高健康水平，达到保健、治疗和预防疾病，促进病后机体康复，延缓衰老等目的的一门学科。其范围包括电疗学、光疗学、超声治疗学、磁疗学、水疗学等。

4. 麻醉学 是以人体基本生命功能的监测和调控为主要手段，集临床麻醉、危重症监测与治疗、疼痛诊疗、体外循环、急性药物戒断、急救与复苏、医学教育和科学家研究于一体的临床学科。麻醉通常用于手术或急救过程。

5. 内科学 是以应用药物治疗为主的疾病为研究对象，研究其病因、发病机制、临床表现、诊断方法和防治措施的临床医学。其范围包括呼吸系统、循环系统、消化系统、造血系统、泌尿系统、内分泌及代谢、风湿与自身免疫病、理化因素所致的疾病、感染性疾病、内科学其他学科等。近年来随着基础理论和应用技术的发展，又增加了老年病学、肿瘤内科等。

6. 外科学 是以手术和手法为主要治疗手段的一门临床学科。现代外科学的范畴主要包括损伤如内脏破裂、骨折等；外科感染如阑尾炎、脓肿等；肿瘤如血管瘤、胃癌等；畸形，包括先天性畸形（如先天性心脏病等）和后天性畸形（如烧伤后瘢痕挛缩），以及其他性质的疾病如肠梗阻、胆石症、门静脉高压症、甲状腺功能亢进症等。按身体的发病部位分为神经外科、胸心外科、骨外科、泌尿外科等；按疾病的性质可分为整形外科、肿瘤外科、血管外科、内分泌外科、烧伤外科等；按患者的年龄可分为老年外科、小儿外科。普通外科主要研究腹部（包括肝胆脾胰、胃肠、腹壁等）、颈部（包括甲状腺）、乳腺、体表软组织和外周血管等部位的疾病。还有显微外科学、整形外科学、器官移植外科学、实验外科学和外科学其他学科。

7. 妇产科学 是专门研究妇女特有的生理和病理的一门学科，主要包括妇科学、产科学和计划生育三大部分。妇科学主要是研究妇女在非妊娠期生殖系统的特殊变化和疾病的临床医学。产科学是研究妇女在妊娠、分娩、产褥等时期生理、病理及心理变化并进行诊断和处理的一门科学，是一门协助新生命诞生的临床学科。计划生育主要研究女性生育的调节，包括避孕、绝育、优生等内容。此外，妇产科学的范围还包括有围生医学、助产学、胎儿学、妇产科手术学和妇产科其他学科。

8. 儿科学 是研究从胎儿至青春期的儿童生长发育、卫生保健、疾病防治的一门临床学科。儿科学属临床医学的二级学科，其研究范围涉及发育儿科学、临床儿科学和预防儿科学。儿科学的专业化发展具有多种分化方式：根据儿童不同年龄阶段的特点开创了围生期儿科学、新生儿医学及青春期医学；儿科学的三级学科分支主要以系统划分，如呼吸、消化、循环、神经、血液、肾脏、内分泌、肿瘤、遗传代谢、免疫、传染病、急救医学等，此外还包括新生儿学和儿童保健学。同时儿科学与其他学科交叉派生出许多亚专业，如预防儿科学、儿童心理学、儿童康复学、儿童环境医学、儿童教育学等。

9. 眼科学 是研究视觉器官疾病的发生、发展及其诊断、治疗与预防的医学学科，是临床医学的重要组成部分，是重要、有趣而独特的学科。其范围包括眼睑病、结膜病、角膜病、巩膜病、葡萄膜病、晶状体病、青光眼、玻璃体病、视网膜病、视神经及视路疾病、屈光不正及调节障碍、眼外伤、眼眶及眼肌病等。由于眼科学与其他学科之间的相互影响和渗透，现代眼科学又出现了许多新的分支，如眼免疫学、眼病理学、眼药理学、神经眼科学、眼药理学、眼视光学、眼流行病学和激光眼科学等，进一步促进了眼科学和其他学科的发展。

10. 耳鼻咽喉科学 是专门研究耳、鼻、喉病变与气管、食管等器官的正常生理和疾病的诊断及治疗，除了颅骨、脑部及牙齿以外的头颈部外科领域也被归入这个专科。其范围包括耳、鼻、咽、喉 4 个部位的常见疾病，如耳聋、耳鸣、中耳炎、梅尼埃病、先天性耳前瘘管等耳部疾病，鼻瘘、鼻息肉、慢性鼻窦炎、过敏性鼻炎、鼻骨骨折等鼻部疾病，以及咽喉部的慢性咽炎、急性会厌炎、扁桃体炎、喉癌、声带麻痹、声带息肉等。随着科技的进步与发展，医学各科相互渗透和促进，拓展了耳鼻咽喉科学的范畴，出现了耳显微外科、耳神经外科、侧颅底外科、听力学及平衡科学、鼻内镜外科、鼻神经外科（鼻颅底外科）、头颈外科、喉显微外科、嗓音与言语疾病科等亚学科，大大丰富了耳鼻咽喉科学的内容。

11. 口腔医学 是研究牙齿及其周围口腔颌面部软、硬组织的发生发育及其疾病的病因、发病机制、诊断与治疗等综合性临床医学学科。它是以医学知识和技术为基础，融合了生物材料学、生物力学、美学等多学科的交叉学科。其范围包括牙体牙髓学、牙周病学、口腔黏膜病学、儿童口腔医学、口腔预防医学，口腔外科与其他学科交叉并衍生出了口腔修复学、口腔正畸学、牙槽外科学、口腔颌面外科学、颌面整形外科学、颅颌面外科学、颞下颌关节外科学等学科，口腔材料学、口腔种植学为多学科交叉的口腔医学分支。此外，它还分离出了口腔组织病理学、口腔解剖生理学、口腔颌面部影像诊断学等学科。

12. 皮肤病学 是研究皮肤及其相关疾病的学科，主要研究内容不仅包括了正常皮肤及附属器的结构和功能，还包括各种皮肤及附属器相关疾病的病因、发病机制、发生发展规律、组织病理、临床表现、诊断、治疗和预防措施的临床医学。其范围包括各种病毒性皮肤病、细菌性皮肤病、浅部和深部真菌病、寄生虫及昆虫性皮肤病、物理性皮肤病、变态反应性皮肤病等。现代皮肤病学多与性病学联系在一起，因为某些导致皮肤病的病因往往可以导致性病。

13. 性医学 是研究性传播疾病的病因、发病机制、发生发展规律、组织病理、临床表现、诊断与防治措施的临床医学。其范围包括梅毒、淋病、尖锐湿疣、非淋菌性尿道炎、生殖器疱疹、软下疳、性病性淋巴肉芽肿和艾滋病等。

14. 神经病学 是一门以研究神经系统疾病和骨骼肌肉疾病为核心的临床医学，主要探索研究神经系统疾病和骨骼肌肉疾病的病因、发病机制、病理、临床表现、诊断、治疗及预防等方面的应用学科。神经系统按解剖结构分为中枢神经（脑、脊髓）和周围神经（脑神经、脊神经），按功能分为躯体神经（调整人体适应外界环境）和自主神经（稳定内环境）。神经系统疾病的主要症状为运动、感觉和反射障碍，如病变累及大脑时，常有精神症状。其范围包括神经科的各种疾病，如脑血管疾病、中枢神经系统感染性疾病、肿瘤、外伤、变性疾病、自身免疫病、遗传性疾病、代谢障碍性疾病等。

15. 精神病学 是研究精神疾病病因、发病机制、临床表现、疾病发展规律、治疗、预防及康复措施的临床医学。精神病就是由不同原因引起的大脑功能紊乱。临床上表现为精神活动的异常，包括感知、思维、情感、注意、记忆、行为、意识和智能等方面的异常。精神病学包括有临床精神病学、生物精神病学、儿童精神病学、老年精神病学、会诊-联络精神病学、司法精神病学、成瘾精神病学、社会精神病学、社区精神病学。

16. 急诊医学 是医学领域中一门新兴独立的边缘临床学科，主要研究疾病初发阶段的病因、病理生理、临床表现及紧急救治，可分为院前急救、院内急诊及危重症监护 3 个诊疗阶段。其内容主要包括建立急救医疗服务系统、院前急救、灾害医学、小儿急诊、复苏学、毒物学与中毒救治、创伤急救学、危重症医学、急诊医疗服务体系管理学等。急诊工作是否及时，直接关系到患者的安危和预后。

按具体工作对象可分为创伤和非创伤两大类，其范围主要包括急诊和急救，急诊是快速为急症患者进行检查和诊断的过程，急救是为了防止处于危重和危急状态下的患者致残或其后死亡，对患者提供的紧急防治措施。急诊医学的主要任务是建立急诊医疗勤务体系、建立急诊室和组织培训及学术交流，急诊医护人员须掌握心脏除颤、起搏器、气管插管、人工呼吸机、吸引器、电动洗胃器、各种急用药品的使用及心肺复苏、创伤止血、包扎、骨折固定及运送患者等急救措施。

17. 核医学 是一门研究核技术在医学中的应用及其理论的医学科学。它是医学科学与核技术、生物学、物理化学、电子技术、计算机等多个现代科学技术相结合的产物。按其应用和研究的侧重点不同，可分为实验核医学和临床核医学两大类，其中临床核医学为其重点，主要是通过核素显像、功能测定和体外分析来进行诊断，另外还有核素治疗。其内容不仅有影像诊断、功能测定、检验分析、核素治疗等技术和方法，还包括基础医学研究领域的多种示踪实验和超微量分析方法。

18. 肿瘤学 是研究肿瘤的流行病学、发病机制、发生发展规律、临床诊疗技术及其预后的一门学科。总体可分为肿瘤的基础研究和临床研究两个部分，其范围包括肿瘤免疫学、肿瘤病因学、肿瘤病理学、肿瘤诊断学、肿瘤治疗学、肿瘤预防学、实验肿瘤学和肿瘤学其他学科。

19. 护理学 是研究维护人类身心健康的护理理论、知识、技能及发展规律的应用性学科，它以自然科学和社会科学为基础，是医学科学中的一门独立学科。其范围包括基础护理学、专科护理学、特殊护理学、护理心理学、护理伦理学、护理管理学、护理学美学、护理教育学等护理学的一级学科，以及急救护理、老年护理、社区护理、成人护理等护理学的二级学科，大大推动了护理学科体系的构建和完善。

20. 临床医学其他学科 略。

三、现代医学发展的特点和趋势

（一）医学向学科分化与学科综合双向发展

1. 学科向纵向和横向分化，专业精细化程度越来越高 随着科技的进步，医学研究越来越深入，学科不断分化，专业化精细化程度越来越高。如外科学分化为小儿外科、老年外科、脑外科、胸外科、普外科、骨外科、肿瘤外科、移植外科、显微外科、整形外科等分支。

2. 学科综合渗透越来越多 在医学各学科不断分化的同时，学科间的相互交叉和渗透越来越多，是现代医学发展的另一个特点。如医学内部的综合，妇科学、产科学之间的相互渗透形成了围生医学；社会科学同医学科学的相互渗透形成了医学伦理学、卫生经济学；自然科学同医学的交叉形成了卫生统计学、医学影像学、生物化学；计算机技术与医学的综合形成了医学信息学等。

（二）医学向微观和宏观同时深入发展

医学在研究对象的层次上向微观和宏观同时深入发展。一方面，医学向亚细胞、分子以至于量子等微观水平深入发展，甚至于通过单细胞全基因组测序技术（MALBAC）、单分子成像与操纵、基于单个分子来理解生物过程，促进了精准医学的发展，尤其对单基因遗传病的筛查与治疗提供了目前最有效的方法。中医从宏观走向微观，比如证候本质研究、病证结合研究、宏观与微观结合研究、态靶辨治研究等。另一方面，现代医学从微观走向宏观，比如系统生物学、整合医学的兴起。医学研究向群体水平、生态系统水平深入发展，对生命活动和疾病过程进行宏观的综合研究。

（三）循证医学在临床的广泛应用是医学发展的新趋势

循证医学（evidence-based medicine，EBM）是指慎重、准确和明智地应用当前所能获得的最好的研究证据，并结合医生本人的临床经验，同时考虑患者的愿望，将三者综合考虑，制订出针对每名患者的具体诊疗措施。大型随机对照试验（randomized controlled trial，RCT）研究所得出的科学结论及收集相关论文进行荟萃分析（meta-analysis）所得出的结论（证据）是循证医学的基石。循证医学为探索解决临床疑难杂症的病因、诱因，提高疾病早期的诊断率，寻找最合适可靠的治疗方案措施提供了最佳研究证据，促进了现代临床医学的不断发展与完善。

（四）医学研究方式的新发展趋势

医学研究方式由分门别类的研究向综合性研究发展，由静态定性研究向动态定量研究转变，由静态研究向动态研究转变，由体外研究向体内研究转变，数据产出由数量向质量转变，从单一生命科学研究向跨学科交叉研究的转变，从小规模单一型研究向大规模复合型研究转变，从主要依赖国外技术向自主创新的转变，由单纯重视实验到更注重理论思考，研究方法不断改进。

（五）医学目的、医学工作方式的新发展趋势

医学发展的目的是将以防病治病为主逐步向以维持和促进健康、提高人的生命质量为主；医学的工作范围将从“出生到死亡”扩展为“生前到死后”；随着科学技术和医学的进步，以及人们观念的改变和对卫生保健需求的增加，医学目的正在发生深刻的变化。医学的主要目的除了治病救人、预防疾病和延长患者生命外，还涵盖了人们对促进身心的健康、减缓疾病带来的痛苦、延年益寿、提高生命的质量、防止早衰早死及促进安乐死等的需求。信息学、生物信息学将改变医学工作的方式，信息科学特别是计算机科学与技术的快速发展推进了医学数字化的进程，数字化人体构建的可视可控的人体结构与功能的数字化系统为进行临床应用提供了基础平台。手术机器人的应用改变了传统的医生直接手术转为间接手术，而远程手术则使资深专家的技术优势在空间上得到拓展，可以预见，今后的外科医师将不得不与机器人为伍。而组织工程学、3D 打印技术等的进步，可促进器官及组织移植医学的快速发展。计算机技术和生物芯片的技术推广，将使电子病历芯片、个人基因图谱等变为现实。

（六）新技术、新理论的发展将推动医学向前发展

人类基因组学和神经科学的进步，对揭开人类自身的诸多秘密将取得重大进展。疾病发生及防治将会有新的突破。新的医药产品不断涌现，对维护健康、保持良好功能状态会有很大的帮助。细胞工程特别是干细胞的保存、增殖及应用技术，在相当大的程度上将会引发医学领域的重大变革。使许多过去的所谓“绝症”，如再生障碍性贫血、白血病、放射病，甚至肿瘤，都有得以治愈的可能。组织工程的研究捷报频传，可以预计诸多组织的培养成功，对修复外科、畸形矫正，以至美容整形都会产生巨大的效应。蛋白质工程学也许是继人类基因组工程学之后，最热门的研究领域之一。面对老年社会，应及早采取措施。同时，随着社会意识的进步和法制的健全，脑死亡法的颁布和安乐死法案的实施，将是 21 世纪初医学、伦理、法律方面的重大事件。

思 考 题

1. 医学发展史上的三个里程碑分别是什么？
2. 临床医学下设有哪些三级学科？
3. 现代医学发展的特点和趋势是什么？

（高明奇）

第二章 症　　状

症状（symptom）是指患者主观感受到的不适或痛苦的异常感觉。症状表现有多种形式，有些只有主观才能感受到，如疼痛、眩晕等；有些则既能主观感受到，也能客观检查发现，如发热、呼吸困难等。与此相对应的体征是指医师或其他人客观检查发现的异常改变。

症状学（symptomatology）研究症状的原因、发生机制、临床表现及其在诊断中的作用。症状是诊断和鉴别诊断的重要线索和依据之一。一种疾病可有多种症状，不同的疾病又可有某些相同的症状，因此，在诊断疾病时必须结合患者的所有症状、体征和实验室检查等进行综合分析判断，才能进行准确诊断。

第一节 发　　热

发热（fever）是指机体在致热源及各种原因引起的体温调节中枢功能障碍，导致的体温超出正常范围。

正常人体温一般为36～37℃，不同个体之间略有差异，早晨体温较下午稍低，进餐、劳动、剧烈运动后体温可略升高，但一般波动范围不超过1℃。妇女月经前及妊娠期体温略高于正常。此外，在高温环境下体温也可稍升高。老年人因代谢率偏低，体温相对低于青壮年。

一、病因与分类

临床上导致发热的病因主要可分为感染性、非感染性、自主性神经功能紊乱三大类，以感染性病因最多见（表2-1）。

表2-1　发热的病因、分类及常见的疾病

病因及分类	常见的疾病
1. 感染性发热	各种病原体如病毒、细菌、支原体、立克次体、螺旋体、真菌、寄生虫等引起的感染
2. 非感染性发热	
创伤与组织坏死物质的吸收	手术后、组织损伤、烧伤；心肌梗死或肢体坏死；肿瘤或溶血引起细胞的破坏、坏死
抗原-抗体反应	风湿热、血清病、白塞综合征、系统性红斑狼疮等
内分泌与代谢疾病	甲状腺功能亢进症、嗜铬细胞瘤等
皮肤散热减少	广泛性皮炎、鱼鳞病及慢性心力衰竭等
体温调节中枢功能障碍	又称中枢性发热，见于中暑、脑出血、颅骨骨折等
3. 自主性神经功能紊乱	原发性低热、感染后低热、夏季低热、生理性低热等

二、临 床 表 现

（一）发热的分度

低热37.3～38℃，中热38.1～39℃，高热39.1～41℃，超高热41℃以上。

（二）热型及临床意义

热型是发热中不同时间测得的体温数值点连接而成的体温曲线类型，不同的病因所致发热的热型也常不相同。临床上常见的热型有以下几种。

1. 稽留热（continued fever） 是临床常见的一种热型（图 2-1）。体温上升后即恒定地维持在 39～40℃的高水平，达数天或数周，24h 内体温波动范围不超过 1℃。常见于大叶性肺炎、脑膜炎、斑疹伤寒及伤寒高热期。应及时予以药物降温。降温的同时积极治疗原发病，不要滥用抗生素、糖皮质激素和退热药。

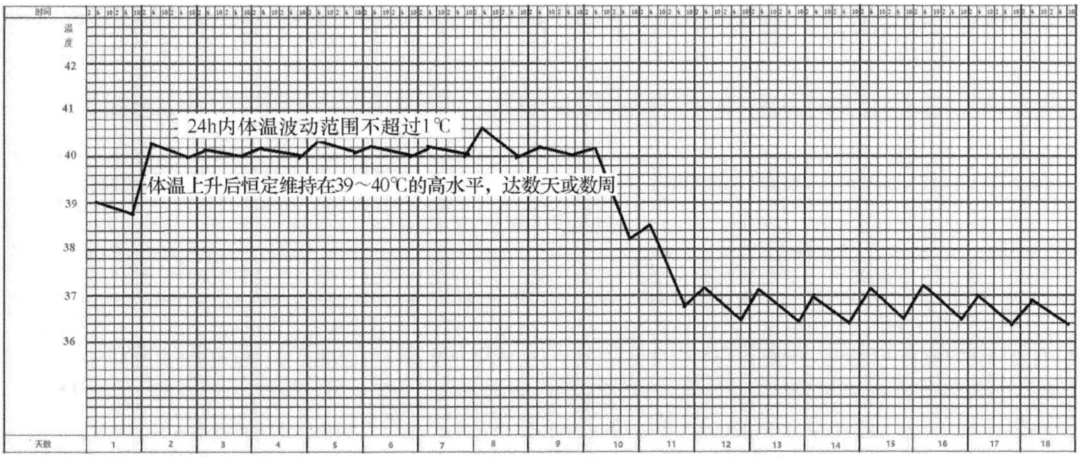

图 2-1 稽留热

2. 弛张热 又称败血症热、消耗热（图 2-2）。是指体温常在 39℃以上，波动幅度大，24h 内波动范围超过 2℃，但最低体温都高于正常体温（如波动于 38～40℃），常见于败血症、风湿热、化脓性炎症、重症结核、晚期肿瘤、细菌性肝脓肿等。弛张热是临床较为常见的一种发热型，由于体温过高，机体消耗比较大，甚至会对中枢神经和各系统造成损害，应及时予以药物降温。

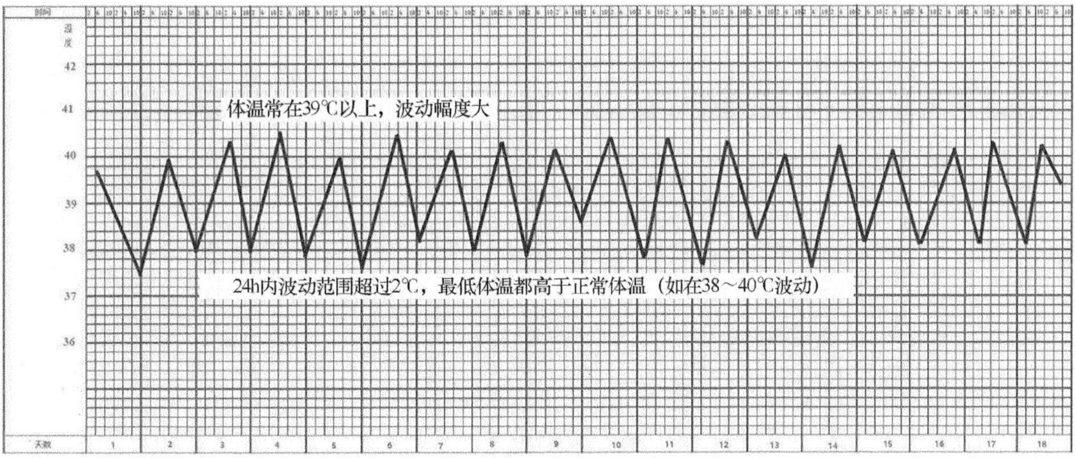

图 2-2 弛张热

3. 间歇热 是指体温骤升达高峰后持续数小时，又迅速降至正常水平，无热期（间歇期）可持续 1 天至数天，如此反复交替出现（图 2-3）。常见于疟疾、急性肾盂肾炎、淋巴瘤等。

4. 波状热 是指体温逐渐上升达 39℃或以上，数天后又逐渐下降至正常水平，持续数天后又逐渐升高，如此反复多次的发热（图 2-4）。常见于布鲁氏菌病。

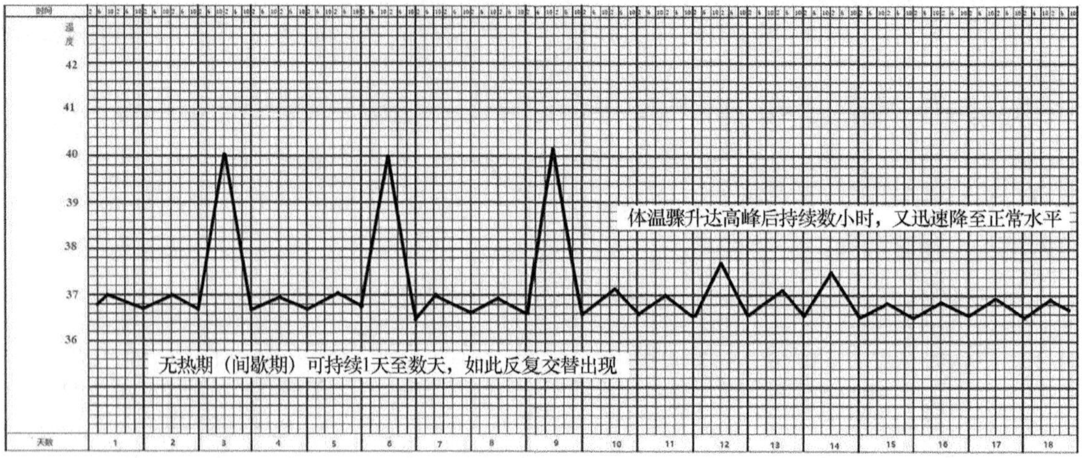

图 2-3　间歇热

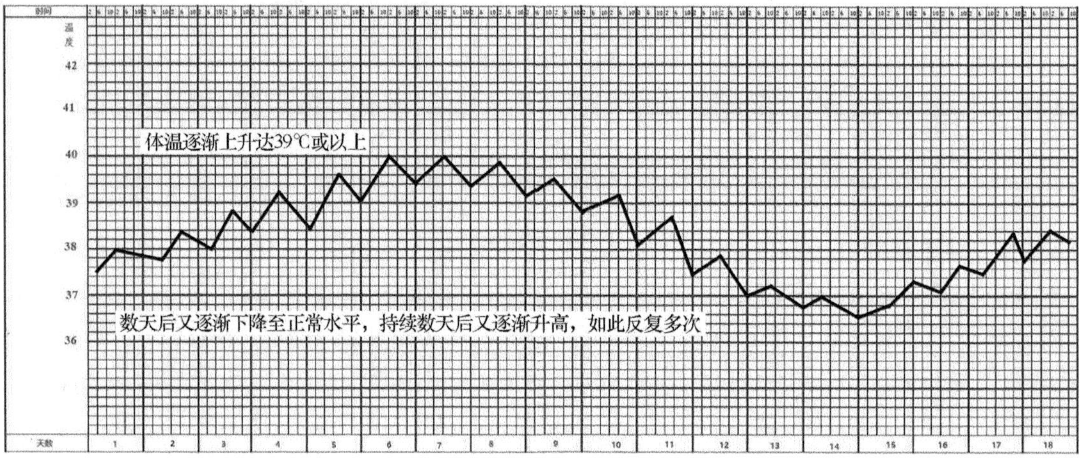

图 2-4　波状热

5. 回归热　是指体温急剧上升至 39℃或以上，持续数天后又骤然下降至正常水平。高热期与无热期各持续若干天后规律性交替一次（图 2-5）。可见于回归热、霍奇金病等。

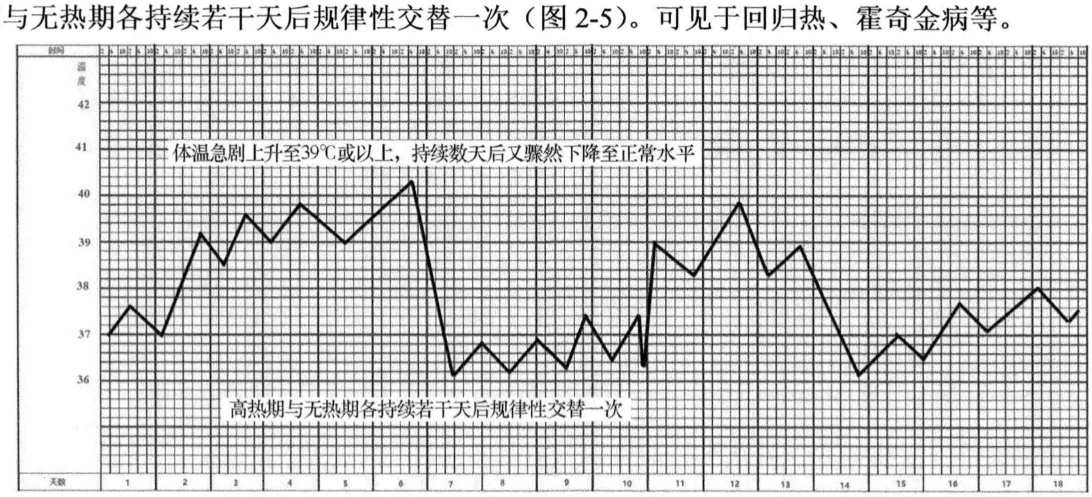

图 2-5　回归热

6. 马鞍热 是指发热时间持续几日，退热一日，再次发热数日，如此反复，体温曲线呈马鞍形（图2-6）。常见于登革热。

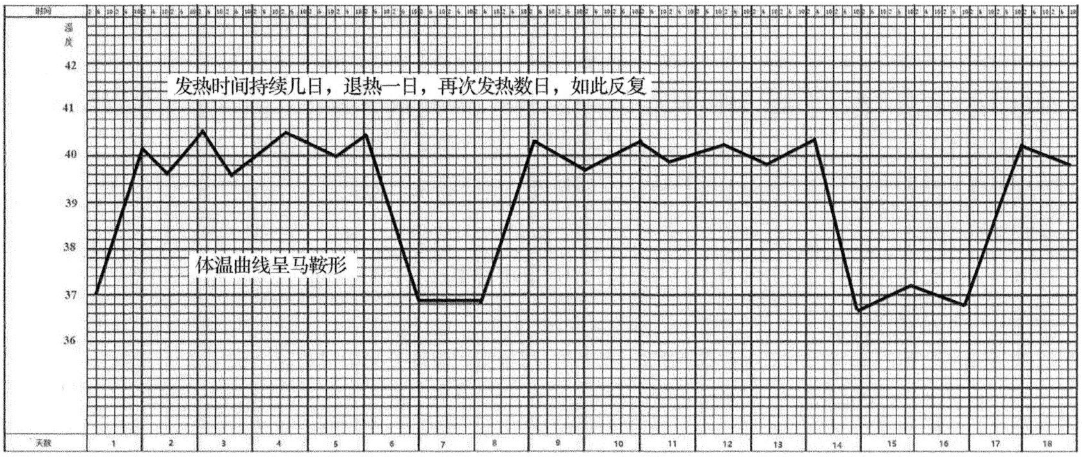

图 2-6 马鞍热

7. 不规则热 是指发热的体温曲线无一定规律（图2-7）。可见于结核病、风湿热、肿瘤、上呼吸道感染、支原体肺炎、肺结核、胸膜炎、感染性心内膜炎、白血病等，亦可见于药物或物理降温之干扰等。

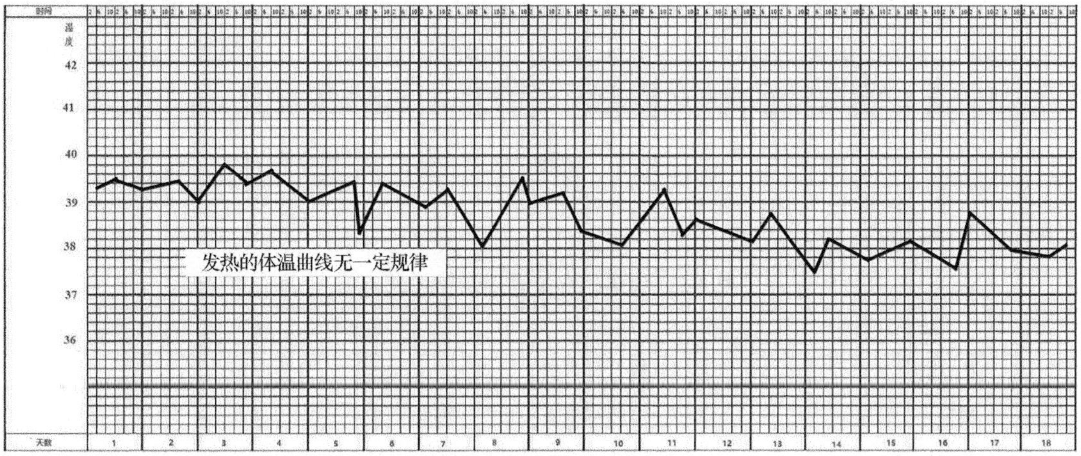

图 2-7 不规则热

三、伴随症状与体征

了解伴随症状，有助于医生对患者的疾病进行病因及疾病定位的判断，为进行下一步的实验室检查和特殊项目检测提供参考依据（表2-2）。

表 2-2 发热的常见伴随症状或体征及可能的疾病

伴随症状	常见疾病
寒战	大叶性肺炎、败血症、急性胆囊炎、流行性脑脊髓膜炎、急性肾盂肾炎、疟疾、药物热、急性溶血、输血反应等
皮疹	麻疹、猩红热、风疹、水痘、斑疹伤寒、风湿热、结缔组织病、药物热等

续表

伴随症状	常见疾病
单纯疱疹	大叶性肺炎、流行性脑脊髓膜炎、间日疟、流行性感冒等
结膜出血	麻疹、伤寒、流行性出血热、登革热、钩端螺旋体病等
肝脾肿大	肝胆疾病、疟疾、结缔组织病、血吸虫病、白血病等
皮肤黏膜出血	重症感染、急性传染病、急性白血病、再生障碍性贫血等
关节肿痛	败血症、猩红热、风湿热、结缔组织病、痛风等
淋巴结肿大	淋巴结结核、淋巴瘤、白血病、转移癌等
昏迷	流行性乙型脑炎、流行性脑脊髓膜炎、中毒性细菌性痢疾、中暑等
尿频、尿急、尿痛	尿道感染性疾病，如肾盂肾炎等
咳嗽、咳痰、胸痛	上呼吸道感染、支气管炎、肺炎、胸膜炎、肺结核等
恶心、呕吐、腹痛、腹泻	急性胃肠炎、细菌性疾病等

第二节　头　　痛

头痛（headache）是指颅内、外痛敏结构内的痛觉感受器受到刺激，经痛觉传导通道传导到达大脑皮质引起的额、顶、颞及枕部的疼痛。

头痛总的可分为两种类型：①不明病因引起的原发性头痛，常见的如偏头痛、紧张性头痛；②继发性头痛，常见的由颅内病变引起的，如脑血管疾病、颅内感染、颅脑外伤等，全身性疾病如发热、内环境紊乱及滥用精神活性药物等。

一、病　　因

头痛的常见病因，见表2-3。

表2-3　头痛的常见病因及相关的疾病

病因	相关的疾病
1. 颅脑病变	
感染	脑膜炎、脑膜脑炎、脑炎、脑脓肿等
血管病变	蛛网膜下腔出血、脑出血、脑血管畸形、脑血栓形成、脑栓塞、高血压脑病、脑供血不足、风湿性脑脉管炎和血栓闭塞性脑脉管炎等
颅内压改变病变	脑肿瘤、颅内转移瘤、颅内囊虫病或棘球蚴病；自发性颅内低压症、腰椎穿刺后、腰椎麻醉后头痛等
颅脑外伤	脑震荡、脑挫伤、硬膜下血肿、颅内血肿、脑外伤后遗症
其他	偏头痛、丛集性头痛、普通型偏头痛、腹型偏头痛、癫痫性头痛等
2. 颅外病变	
颅骨疾病	颅底凹入症、颅骨肿瘤等
颈部疾病	颈椎病及其他颈部疾病等
神经痛	三叉神经、舌咽神经及枕神经痛等
其他	眼、耳、鼻和牙齿疾病所致的头痛

续表

病因	相关的疾病
3. 全身性疾病	
急性感染	流感、伤寒、肺炎等发热性疾病
心血管疾病	原发性高血压、心力衰竭等
中毒	铅、酒精、一氧化碳、有机磷、药物中毒等
其他	尿毒症、低血糖、贫血、肺性脑病、系统性红斑狼疮、月经及绝经期头痛、中暑等
4. 神经官能症	神经衰弱及癔症性头痛

一般情况下，偶尔头痛或体位改变引起头痛不会有太大的问题。不过，如果长时间头痛，就应引起重视，因为长期头痛或经常头痛可能是重病的先兆。

二、临 床 表 现

头痛的特点及临床意义，见表 2-4。

表 2-4 头痛的特点及其临床意义

发病特点	临床意义
1. 发病情况	
急性起病并有发热	感染性疾病可能性大
急剧头痛伴意识障碍而无发热	颅内血管性疾病
反复发作头痛或搏动性头痛	血管性头痛或神经官能症
慢性进行性并伴颅内压增高	颅内占位性病变
青壮年慢性头痛	肌收缩性头痛
2. 头痛部位	
单侧	偏头痛及丛集性头痛
深在且较弥散	颅内病变
额部或整个头部	高血压
头痛外尚有颈痛	蛛网膜下腔出血或脑脊髓膜炎
浅在且局限	眼源性、鼻源性或牙源性等
3. 程度与性质	
剧烈	三叉神经痛、偏头痛及脑膜刺激的疼痛
轻度或中度	脑肿瘤
搏动性	高血压性、血管性及发热性疾病
电击样	神经痛
重压感、紧箍感或钳夹感	肌肉收缩性头痛
4. 出现的时间与持续时间	
清晨加剧	颅内占位性病变
清晨或上午	鼻窦炎
晚间	丛集性头痛
持续性偶有缓解	脑肿瘤

续表

发病特点	临床意义
5. 加重、减轻的因素	
咳嗽、打喷嚏、摇头、俯身	颅内高压性、血管性、颅内感染性及脑肿瘤性头痛
直立时可缓解	从集性头痛
活动、按摩颈肌缓解	慢性或职业性头痛
应用麦角胺后缓解	偏头痛

三、伴随症状

头痛的伴随症状及临床意义，见表 2-5。

表 2-5　头痛的伴随症状及其临床意义

伴随症状	临床意义
伴发热	感染性疾病
伴眩晕	小脑肿瘤、椎-基底动脉供血不足
伴剧烈呕吐	颅内压增高
呕吐后头痛减轻	偏头痛
慢性进行性	颅内肿瘤
突然加剧伴意识障碍	脑疝
伴脑膜刺激征	脑膜炎、蛛网膜下腔出血
伴视力障碍	青光眼、颅内肿瘤

第三节　抽搐与惊厥

抽搐（tic）与惊厥（convulsion）均属于不随意运动。抽搐是指全身或局部成群骨骼肌非自主地抽动或强烈收缩，常可引起关节运动和强直。惊厥是指全身或局部成群骨骼肌非自主地强烈收缩，当收缩表现为强直性或阵挛性时，称为惊厥。惊厥表现的抽搐一般为全身性、对称性、伴有或不伴有意识丧失。

惊厥（convulsion）与癫痫（epilepsy）有相同点也有不相同点。癫痫大发作与惊厥的概念相同，而癫痫小发作则不应称为惊厥。

一、病　　因

抽搐与惊厥的病因可分为特发性与症状性。特发性常由于先天性脑部不稳定状态所致。惊厥的常见病因及相关疾病，见表 2-6。

表 2-6　惊厥的常见病因及相关疾病

病因	相关的疾病
1. 脑部疾病	
颅内感染性病变	脑炎、脑脓肿、脑结核瘤、脑灰质炎、化脓性脑膜炎和结核性脑膜炎等
外伤	产伤、颅脑外伤等

续表

病因	相关的疾病
颅内占位性病变	脑肿瘤和脑脓肿；原发性肿瘤、脑转移瘤等
血管性疾病	脑出血、蛛网膜下腔出血、硬膜外血肿与硬膜下血肿、高血压脑病、脑栓塞、脑血栓形成、脑缺氧等
寄生虫病	脑型疟疾、脑血吸虫病、脑棘球蚴病、脑囊虫病等
其他	先天性脑发育障碍，原因未明的大脑变性，如结节性硬化、播散性硬化、胆红素脑病等
2. 全身性疾病	
感染	急性胃肠炎、中毒型细菌性痢疾、链球菌败血症、中耳炎、百日咳、狂犬病、破伤风等
中毒	尿毒症脑病、肝性脑病；酒精、苯、铅、砷、汞、阿托品、有机磷农药等
心血管疾病	高血压脑病、阿-斯（Adams-Stokes）综合征等
代谢障碍	低血糖、低钙及低镁血症、急性间歇性卟啉病、子痫、维生素 B_6 缺乏等
风湿病	系统性红斑狼疮、脑血管炎等
其他	突然停用催眠药、抗癫痫药；热射病、溺水、窒息、触电等
3. 神经官能症	癔症性抽搐和惊厥，小儿惊厥

二、临 床 表 现

惊厥的临床表现与临床特点，见表 2-7。

表 2-7 惊厥的临床表现与临床特点

临床表现	临床特点
1. 全身性	
癫痫大发作	患者突然意识模糊或丧失，以全身骨骼肌痉挛为主要表现，瞳孔散大、对光反射消失或迟钝、病理反射阳性、呼吸不规则，二便失控、发绀，发作约半分钟自行停止，也可反复发作或呈持续状态
小儿高热惊厥	高热初期体温骤升 39～40℃，表现为全身阵挛性发作、伴有意识丧失，停止后恢复；持续数秒到几分钟，一般不超过 15min，发作后清醒
破伤风	牙关紧闭、张口下咽困难，苦笑面容，排尿及呼吸困难。光、声、轻触刺激可诱发强烈的阵发性痉挛，发作时患者神志始终清醒
子痫	孕妇先出现意识模糊，面部及颈项肌肉强直，头扭向一侧，眼球固定，瞳孔散大，口角及面部肌肉抽动，继之全身肌肉强直收缩，两臂异常屈曲，呼吸暂停，面色发绀，历时 1～2min 停止，全身肌肉松弛，呼吸恢复，转入昏睡状态
癔症性惊厥	多见于青年女性。患者典型表现为突然倒在床上，双眼紧闭、呼之不应，但非意识丧失。肢体不规则抖动或单肢不规则抽动。无二便失禁，无病理体征。一次发作可持续 10～20min 或 1～2h，一日可发作多次
低钙惊厥	多见于未成熟儿、佝偻病、甲状旁腺功能减退症，其典型临床表现是：婴幼儿全身抽搐、暂时失去知觉，停止后恢复。手足抽搐：肘、腕、指掌关节屈曲，趾间关节伸直，拇指内收，呈助产士手。踝关节伸直，足趾下屈，足弓呈弓状，似芭蕾足
2. 局限性	身体某一局部连续性肌肉收缩为主要表现，大多见于口角、眼睑、手足等
手足搐搦症	间歇性双侧强直性肌痉挛，以上肢手部最典型，呈“助产士手”表现

三、伴 随 症 状

惊厥的伴随症状及其临床意义，见表 2-8。

表 2-8　惊厥的伴随症状及其临床意义

伴随症状	临床意义
伴发热	小儿的急性感染，也可见于胃肠功能紊乱、重度失水等
伴脑膜刺激征	脑膜炎、脑膜脑炎、假性脑膜炎等
伴剧烈头痛	高血压、蛛网膜下腔出血、颅内感染、颅脑外伤、颅内占位性病变等
伴意识丧失、瞳孔扩大和舌咬伤	癫痫大发作

第四节　意识障碍

意识障碍（disturbance of consciousness）是指人对周围环境及自身状态的识别和觉察能力出现障碍。多由于高级中枢功能活动（意识、感觉和运动）受损所引起，可表现为嗜睡、意识模糊、昏睡和谵妄，严重的意识障碍为昏迷。

一、病　　因

意识障碍的病因，见表 2-9。

表 2-9　意识障碍的常见病因及相关的疾病

病因	相关的疾病
1. 重症急性感染	败血症、肺炎、菌痢、伤寒、斑疹伤寒、恙虫病和颅脑感染等
2. 颅脑非感染性疾病	
脑血管疾病	脑缺血、脑出血、蛛网膜下腔出血、脑梗死、高血压脑病等
脑占位性疾病	脑肿瘤、脑脓肿
颅脑损伤	脑震荡、脑挫裂伤、外伤性颅内血肿、颅骨骨折等
癫痫	
3. 内分泌与代谢障碍	尿毒症、肝性脑病、肺性脑病、甲状腺危象、甲状腺功能减退症、糖尿病性昏迷、低血糖、妊娠中毒症等
4. 心血管疾病	重度休克、心律失常引起 Adams-Stokes 综合征等
5. 水、电解质平衡紊乱	稀释性低钠血症、低氯性碱中毒、高氯性酸中毒等
6. 外源性中毒	催眠药、有机磷农药、氰化物、一氧化碳、酒精和吗啡等
7. 物理性及缺氧性损害	高温中暑、日射病、触电、高山病等

二、临 床 表 现

意识障碍的类型及临床表现，见表 2-10。

表 2-10　意识障碍的类型及临床表现

类型	临床表现
1. 嗜睡	最轻，病理性嗜睡，患者陷入持续的睡眠状态，可被唤醒，并能正确回答和做出各种反应，但当刺激去除后很快又再入睡
2. 意识模糊	意识水平轻度下降，较嗜睡为深的一种意识障碍。患者能保持简单的精神活动，但对时间、地点、人物的定向能力发生障碍

续表

类型	临床表现
3. 昏睡	接近于人事不省的意识状态。患者处于熟睡状态，不易唤醒。虽在强烈刺激下（如压迫眶上神经，摇动患者身体等）可被唤醒，但很快又入睡。醒时答话含糊或答非所问
4. 谵妄	一种以兴奋性增高为主的高级神经中枢急性活动失调状态；临床上表现为4个障碍：意识障碍，定向障碍，记忆障碍，感知障碍——错觉和幻觉、躁动不安、言语杂乱
5. 昏迷	严重的意识障碍，表现为意识持续中断或完全丧失
轻度昏迷	意识大部分丧失，无自主运动，对声、光刺激无反应，对疼痛刺激尚可出现痛苦的表情或肢体退缩等防御反应。角膜反射、瞳孔对光反射、眼球运动、吞咽反射等可能存在
中度昏迷	对周围事物及各种刺激均无反应，对于剧烈刺激可出现防御反射。角膜反射减弱，瞳孔对光反射迟钝，眼球无转动
深度昏迷	全身肌肉松弛，对各种刺激全无反应。深、浅反射均消失

三、伴随症状

意识障碍的伴随症状及其临床意义，见表2-11。

表2-11 意识障碍的伴随症状及其临床意义

伴随症状	临床意义
伴发热	先发热然后有意识障碍，见于重症感染性疾病；先有意识障碍然后有发热，见于脑出血、蛛网膜下腔出血、巴比妥类药物中毒等
伴呼吸缓慢	吗啡、巴比妥类、有机磷农药等中毒，银环蛇咬伤等
伴瞳孔散大	颠茄类、酒精、氰化物中毒，以及癫痫、低血糖状态等
伴瞳孔缩小	吗啡类、巴比妥类、有机磷农药等中毒
伴心动过缓	颅内高压症、房室传导阻滞，以及吗啡类、毒蕈等中毒
伴高血压	高血压脑病、脑血管意外、肾炎尿毒症等
伴低血压	各种原因的休克
伴皮肤黏膜改变	出血点、瘀斑和紫癜等，见于严重感染和出血性疾病；口唇呈樱桃红色提示一氧化碳中毒
伴脑膜刺激征	脑膜炎、蛛网膜下腔出血等 颈强直：头前屈明显受限制及被动曲颈受到限制 Kernig征：患者仰卧使膝关节屈曲成直角，然后使被动屈曲的小腿伸直，出现阻力及疼痛而膝关节形成的角度不到135°时为阳性 Brudzinski征：患者仰卧前屈其颈时发生双侧髋膝部屈曲为阳性

第五节 咳嗽、咳痰

咳嗽（cough）是一种反射性防御机制，从生理角度上它能清除呼吸道分泌物及气道内异物，具有积极的生理意义，但咳嗽也有对机体不利的影响，如咳嗽可使呼吸道内感染扩散，剧烈咳嗽可导致呼吸道出血，甚至诱发自发性气胸等。因频繁咳嗽影响工作与休息，则为病理状态。咳痰（expectoration）是气管、支气管的分泌物或肺泡内的渗出液，借助咳嗽将其排出体外。

按病程划分，咳嗽可分为急性咳嗽（＜3周）、亚急性咳嗽（3～8周）和慢性咳嗽（＞8周），按性质又可分为干咳与湿咳（每天痰量＞10ml）。临床常根据胸部X线检查有无异常将慢性咳嗽分为两类：一类为 X 线胸片有明确病变者，如肺炎、肺结核、支气管肺癌等；另一类为 X 线胸片无明显异常，以咳嗽为主要或唯一症状，即传统概念的慢性咳嗽。

一、病　因

咳嗽、咳痰的常见病因及相关的疾病，见表 2-12。

表 2-12　咳嗽、咳痰的常见病因及相关的疾病

病因	相关的疾病
1. 呼吸道疾病	
呼吸道感染	气道炎症，结核分枝杆菌、真菌、病毒、支原体或寄生虫感染
呼吸道刺激、肺部肿瘤	支气管扩张、支气管哮喘、肺肿瘤
2. 胸膜疾病	胸膜炎、胸膜间皮瘤、自发性气胸或胸腔穿刺
3. 心血管疾病	左心衰竭、肺栓塞
4. 中枢神经因素	脑炎、脑膜炎；皮肤受冷刺激或咽峡部黏膜受刺激
5. 慢性咳嗽的病因	
气道高反应	哮喘和感染
慢性炎症	慢性支气管炎
鼻黏膜受刺激	鼻后滴漏综合征
气道黏膜受刺激	胃食管反流
其他	服用血管紧张素转换酶抑制药后、心理性咳嗽

二、临 床 表 现

咳嗽、咳痰的特点及其临床意义，见表 2-13。

表 2-13　咳嗽、咳痰的特点及其临床意义

发病特点	临床意义
1. 咳嗽的性质	
干性咳嗽	急性或慢性咽喉炎、喉癌、支气管异物、支气管肿瘤、胸膜疾病等
湿性咳嗽	肺炎、慢性支气管炎、支气管扩张、肺脓肿和肺结核等
2. 咳嗽发生的时间	
突发性咳嗽	急性上呼吸道感染、淋巴结或肿瘤压迫气管或支气管分叉处
夜间咳嗽	左心衰竭和肺结核
发作性咳嗽	百日咳、支气管内膜结核及肿瘤压迫
长期慢性咳嗽	慢性支气管炎、支气管扩张、肺脓肿及肺结核
3. 咳嗽的音色	
声音嘶哑	声带发炎或肿瘤压迫喉返神经
鸡鸣样咳嗽	百日咳、会厌、喉部疾患或气管受压
金属音咳嗽	纵隔肿瘤、主动脉瘤或支气管癌直接压迫气管
咳嗽音低微或无力	严重肺气肿、声带麻痹及极度衰弱

续表

发病特点	临床意义
4. 痰的质量	
黏液性痰	急性支气管炎、支气管哮喘及大叶性肺炎的初期，也可见于慢性支气管炎、肺结核等
浆液性痰	肺水肿
脓性痰	化脓性细菌性下呼吸道感染
血性痰	呼吸道黏膜受侵害、损害毛细血管或血液渗入肺泡
痰量较少	急性呼吸道炎症
痰量增多	支气管扩张、肺脓肿和支气管胸膜瘘
恶臭痰	厌氧菌感染
铁锈色痰	典型肺炎球菌肺炎
黄绿色或翠绿色痰	铜绿假单胞菌感染
痰白黏稠、成丝、难以咳出	真菌感染
稀薄浆液性痰中含粉皮样物	棘球蚴病
粉红色泡沫痰	肺水肿

三、伴随症状

咳嗽、咳痰的伴随症状及其临床意义，见表 2-14。

表 2-14　咳嗽、咳痰的伴随症状及其临床意义

伴随症状	临床意义
发热	急性呼吸道感染、肺结核、胸膜炎等
胸痛	肺炎、胸膜炎、支气管肺癌、肺栓塞和气胸等
咯血	支气管扩张、肺结核、肺脓肿、支气管肺癌等
大量脓痰	支气管扩张、肺脓肿
哮鸣音	支气管哮喘、慢性喘息性支气管炎、气管与支气管异物等
呼吸困难	喉水肿、支气管哮喘、重症肺炎、大量胸腔积液、气胸、肺水肿及气管异物
杵状指（趾）	支气管扩张、慢性肺脓肿、支气管肺癌等

第六节　咯　血

咯血（hemoptysis）是指喉及喉部以下的呼吸道任何部位的出血，经口腔咯出。小量咯血时仅表现为痰中带血。大量咯血时常可阻塞呼吸道，造成窒息死亡。通常规定 24h 内咯血＞500ml（或一次咯血量在 100ml 以上）为大量咯血，100～500ml 为中等量咯血，＜100ml 为小量咯血。

一、病　因

咯血的常见病因及相关的疾病，见表 2-15。

表 2-15 咯血的常见病因及相关的疾病

病因	相关疾病
气道疾病	慢性支气管炎、支气管扩张、气管支气管结核、支气管结石、原发性支气管癌、良性支气管肿瘤、气道异物、支气管溃疡、支气管囊肿、外伤性支气管断裂等
肺源性疾病	肺炎、肺结核、肺脓肿、肺真菌病、肺癌及恶性肿瘤肺转移、寄生虫病（肺阿米巴病、卫氏并殖吸虫病、肺棘球蚴病）、肺尘埃沉着病、硅沉着病、其他肺尘埃沉着病、肺囊肿、肺梅毒、肺含铁血黄素沉着症、肺泡蛋白沉着症等
心肺血管疾病	心脏瓣膜病、肺梗死、肺动脉高压、单侧肺动脉发育不全、肺动静脉瘘、肺隔离症、支气管动脉和支气管瘘、先天性心脏病（房间隔缺损和动脉导管未闭）、心力衰竭
结缔组织病和血管炎	系统性红斑狼疮、ANCA 相关性肺小血管炎、结节性多动脉炎、白塞综合征、干燥综合征、肺出血肾炎综合征
血液病	血小板减少性紫癜、白血病、血友病、凝血障碍及弥散性血管内凝血等
全身性疾病	急性传染病（流行性出血热、肺出血性钩端螺旋体病）、其他（子宫内膜异位症、特发性咯血等）
药物和毒物相关性咯血	抗甲状腺药物、抗凝血药、抗血小板药、非甾体类抗炎药物及灭鼠药物等引起的咯血
有创性检查和治疗术	经皮肺活检、支气管镜下组织活检、介入治疗，如射频消融治疗、应用血管内皮生长因子抑制剂治疗肺癌时

二、临 床 表 现

咯血的特点及其临床意义，见表 2-16。

表 2-16 咯血的特点及其临床意义

发病特点	临床意义
1. 发病年龄和病因	
年龄青壮年咯血	肺结核、支气管扩张、二尖瓣狭窄等
长期吸烟史者	支气管肺癌的可能性大
2. 判断咯血程度	
小量咯血	每日咯血量在 100ml 以内
中等量咯血	每日咯血量在 100～500ml
大量咯血	每日咯血量在 500ml 以上或一次咯血量在 100～500ml
持续或间断痰中带血	支气管肺癌
3. 颜色和性状	
鲜红色	支气管扩张、肺结核、肺脓肿和出血性疾病
铁锈色血痰	肺炎球菌肺炎
砖红色胶冻样痰	肺炎克雷伯菌肺炎
浆液性粉红色泡沫痰	左心衰竭

三、伴 随 症 状

咯血的伴随症状及其临床意义，见表 2-17。

表 2-17 咯血的伴随症状及其临床意义

伴随症状	临床意义
急性发热	肺炎或急性传染病，如流行性出血热
长期低热、盗汗、消瘦	肺结核
发热同时伴咳嗽、咳大量脓性痰	肺脓肿
反复咳嗽、咳脓性痰，不伴发热	支气管扩张
呛咳	气道异物、气道肿瘤、支气管肺癌
胸痛、呼吸困难	肺血栓栓塞、肺癌和肺炎
关节痛、肌肉痛	狼疮性肺炎
皮肤瘀斑或口腔出血	血液系统疾病
血尿或尿量明显减少	ANCA 相关性血管炎、肺出血肾炎（Goodpasture）综合征及系统性红斑狼疮等

四、咯血与呕血的鉴别

主要根据病史、体征和有关检查咯血与呕血的鉴别见表 2-18。

表 2-18 咯血与呕血的鉴别

鉴别要点	咯血	呕血
出血方式	咳出	呕出
颜色	泡沫状、色鲜红	无泡沫、呈暗红色或棕色
混杂内容物	常混有痰	常有食物及胃液
酸碱度	呈碱性反应	呈酸性反应或碱性反应
基础疾病	有肺或心脏疾病史	有胃病或肝硬化病史
出血前兆	咯血前喉部痒、胸闷、咳嗽	呕血前常上腹不适及恶心
出血后血便	除非经咽下，否则无血便改变	粪便带黑色或呈柏油状

第七节 呼 吸 困 难

呼吸困难（dyspnea）是指在主观上患者感到空气不足、呼吸费力，客观上表现呼吸运动用力，严重时可出现张口呼吸、鼻翼扇动、端坐呼吸，甚至发绀、呼吸辅助肌参与呼吸运动，并可有呼吸频率、深度、节律的改变。

一、病 因

呼吸困难的常见病因及相关的疾病，见表 2-19。

表 2-19 呼吸困难的常见病因及相关的疾病

病因	相关疾病
肺源性	
上呼吸道疾病	咽后壁脓肿，扁桃体肥大，喉及气管内异物，喉水肿或肿物
支气管及肺部疾病	
感染性疾病	急性支气管炎，肺炎，急性肺损伤（ALI），急性呼吸窘迫综合征（ARDS），肺结核

续表

病因	相关疾病
过敏或变态反应性疾病	支气管哮喘，过敏性肺炎，热带性嗜酸性粒细胞增多症
阻塞性病变	慢性阻塞性肺疾病（COPD），弥漫性间质性肺疾病
肺血管病变	急性肺水肿，肺栓塞
胸膜腔疾病	自发性气胸，大量胸腔积液，胸膜炎
胸廓及纵隔疾病	呼吸肌及膈肌麻痹，急性纵隔炎，纵隔气肿，肿瘤
心源性	急性左心衰竭，心脏瓣膜病，缩窄性心包炎，急性冠脉综合征，心肌炎，心肌病，严重心律失常，先天性心脏病
中毒性	一氧化碳，有机磷农药等药物中毒及毒蛇咬伤等
血液性和内分泌系统疾病	重度贫血，甲亢危象，糖尿病酮症酸中毒
神经精神性呼吸困难	严重颅脑病变，如出血、肿瘤、外伤等，癔症

二、临 床 表 现

呼吸困难主要可分为肺源性呼吸困难、心源性呼吸困难、中毒性呼吸困难、神经和精神性呼吸困难、血源性呼吸困难，上述类型呼吸困难的特点及其临床意义见表 2-20。

表 2-20　呼吸困难的特点及其临床意义

发病特点	临床意义
1. 肺源性呼吸困难	
吸气性呼吸困难	常见于喉部、气管、大支气管的狭窄与阻塞性疾病，主要表现为吸气显著费力，严重者吸气时可见“三凹征”，表现为胸骨上窝、锁骨上窝和肋间隙明显凹陷，可伴有干咳及高调吸气性喉鸣症状
呼气性呼吸困难	慢性支气管炎、慢性阻塞性肺气肿、支气管哮喘等，主要表现为呼气费力、呼气缓慢、呼吸时间明显延长，常伴有呼气期哮鸣音
混合性呼吸困难	重症肺炎、肺结核、肺栓塞、气胸、大量胸腔积液、慢性肺间质疾病等，主要特点表现为吸气相及呼气相均感呼吸费力，呼吸频率增快，深度变浅，可伴有呼吸音异常或病理性呼吸音
2. 心源性呼吸困难	
夜间阵发性呼吸困难、端坐呼吸	左心衰竭、肺淤血和肺泡弹性降低。急性左心衰竭时，常可出现夜间阵发性呼吸困难，表现为夜间睡眠中突感胸闷气急，端坐呼吸（仰卧时加重，坐位时减轻的强迫体位）、面色发绀、大汗、有哮鸣音，咳浆液性粉红色泡沫痰，两肺底有较多湿啰音，心率加快，可有奔马律
3. 中毒性呼吸困难	
代谢性酸中毒	尿毒症、糖尿病酮症酸中毒等，主要特点为呼吸深长规则，伴有鼾声，称为酸中毒大呼吸［库斯莫尔（Kussmaul）呼吸］
药物中毒	吗啡类、巴比妥类等中枢抑制药物和有机磷农药中毒
化学毒物中毒	一氧化碳中毒、亚硝酸盐和苯胺类中毒、氰化物中毒；主要特点为呼吸中枢受抑制，呼吸浅慢、节律异常
4. 神经和精神性呼吸困难	重症颅脑疾患，如脑出血、脑炎、脑膜炎、脑脓肿、脑外伤、脑肿瘤和癔症等
	癔症，主要特点为呼吸频率快而浅，伴有叹息样呼吸或出现手足搐搦
5. 血源性呼吸困难	重度贫血、高铁血红蛋白血症、硫化血红蛋白血症；大出血或休克，主要特点为呼吸急促、心率加快

三、伴随症状

呼吸困难的伴随症状及其临床意义，见表 2-21。

表 2-21 呼吸困难的伴随症状及其临床意义

伴随症状	临床意义
哮鸣音	支气管哮喘、心源性哮喘
突发性重度呼吸困难	急性喉水肿、气管异物、自发性气胸、肺栓塞等
发热	肺炎、肺脓肿、肺结核、胸膜炎、急性心包炎等
一侧胸痛	气胸、大叶性肺炎、急性心肌梗死、肺栓塞等
咳嗽、咳痰见	慢性支气管炎、肺气肿继发肺部感染、支气管扩张、肺脓肿等
粉红色泡沫痰	急性左心衰竭
意识障碍	脑出血、脑膜炎、糖尿病酮症酸中毒、尿毒症、肺性脑病

第八节 心 悸

心悸（palpitation）是一种自觉心脏跳动的不适感或心慌感。当心率加快时感到心脏跳动不适，心率缓慢时则感到搏动有力。体检时可发现患者心率可快、可慢，可有心律不齐亦可心律正常。

一、病 因

心悸的常见病因及相关的疾病，见表 2-22。

表 2-22 心悸的常见病因及相关的疾病

病因	相关疾病
心律失常	室上性/室性期前收缩
	室上性/室性心动过速
	心动过缓：严重窦性心动过缓、窦性停搏及二度房室传导阻滞、二度房室传导阻滞
	起搏器和植入型心律转复除颤器功能和（或）程控异常器质性心脏病
器质性心脏病	二尖瓣脱垂
	重度二尖瓣反流
	重度主动脉瓣反流
	分流型先天性心脏病
	各种原因的心脏扩大和（或）心力衰竭
	肥厚型心肌病
	机械瓣置换术后
精神心理疾病	焦虑、惊恐发作
	抑郁所致的躯体疾病
系统性疾病	甲状腺功能亢进症、低血糖、绝经后综合征、发热、贫血、妊娠、血容量不足、直立性低血压、体位性心动过速综合征、嗜铬细胞瘤、动静脉瘘

续表

病因	相关疾病
药物或毒品作用	拟交感药物、血管扩张剂
	抗胆碱能药物、肼屈嗪
	刚停用β受体阻断药
	酒精、咖啡因、海洛因、苯丙胺、尼古丁、大麻、合成药物、减肥药

二、伴随症状

心悸的伴随症状及其临床意义，见表2-23。

表2-23　心悸的伴随症状及其临床意义

伴随症状	临床意义
心前区痛	冠心病、心肌炎、心包炎等，心脏神经官能症等
呼吸困难	急性心肌梗死、心肌炎、心包炎、心力衰竭、重症贫血等
发热	急性感染性疾病、风湿热、心肌炎、心包炎、感染性心内膜炎等
晕厥或抽搐	病态窦房结综合征、高度房室传导阻滞、心室颤动或阵发性室性心动过速等
贫血	急性失血、慢性贫血
消瘦及出汗	甲状腺功能亢进

第九节　恶心与呕吐

恶心与呕吐是临床上常见的症状。恶心（nausea）为上腹部不适和紧迫欲吐的感觉，常伴有迷走神经兴奋的症状，如皮肤苍白、出汗、流涎、血压降低及心动过缓等。

一般恶心后随之呕吐，但也可仅有恶心而无呕吐，或仅有呕吐而无恶心。

呕吐（vomiting）是通过胃的强烈收缩迫使胃或部分小肠的内容物经食管、口腔而排出体外的现象。

一、病因

呕吐的常见病因及相关的疾病，见表2-24。

表2-24　呕吐的常见病因及相关的疾病

病因	相关的疾病
1. 反射性呕吐	
咽部刺激	鼻咽部炎症或溢脓，吸烟，剧烈咳嗽，或其他机械刺激、刺激舌咽神经
消化系统疾病	急、慢性胃肠炎，消化性溃疡，功能性消化不良，急性胃扩张或幽门梗阻，急性阑尾炎，各型肠梗阻，急性出血性坏死性肠炎，腹型过敏性紫癜，急性肝炎，肝硬化，急、慢性胆囊炎，急性胰腺炎，急性腹膜炎等
泌尿系统疾病	肾、输尿管结石，急性肾盂肾炎等
循环系统疾病	急性心肌梗死，心力衰竭，休克，高血压等
其他	青光眼，屈光不正，急性盆腔炎，异位妊娠破裂等

续表

病因	相关的疾病
2. 中枢性呕吐	
神经系统疾病	脑炎，脑膜炎，脑脓肿，脑出血，脑栓塞，高血压脑病，脑挫裂伤或颅内血肿，癫痫等
全身性疾病	尿毒症，肝性脑病，糖尿病酮症酸中毒，甲亢危象，肾上腺皮质功能不全及早孕等
药物或毒物作用	使用抗生素，抗癌药，洋地黄，乙醇，有机磷农药等引起的不良反应
精神因素	癔症，神经性厌食等
3. 前庭障碍性呕吐	迷路炎，梅尼埃病，晕动病

二、临床表现

恶心、呕吐的特点及其临床意义，见表 2-25。

表 2-25 恶心、呕吐的特点及其临床意义

发病特点	临床意义
1. 呕吐的时间	
晨起呕吐	早期妊娠、鼻窦炎、功能性消化不良、慢性酒精中毒、尿毒症等
晚上或夜间呕吐	幽门梗阻
2. 呕吐与进食的关系	
进食过程中或餐后即刻呕吐	幽门管溃疡或精神性呕吐
餐后不久呕吐、集体发病	食物中毒
餐后较久或数餐后呕吐、呕吐物可有隔夜宿食	幽门梗阻
3. 呕吐的方式	
吐前恶心，吐后轻松	胃黏膜受刺激所致
顽固性呕吐、喷射状呕吐	颅内高压
呕吐与头部位置有关	前庭功能障碍
呕吐大量宿食、吐后感舒服	幽门梗阻
4. 呕吐物的性质	
带发酵、腐败气味	胃潴留
带粪臭味	低位小肠梗阻
不含胆汁	梗阻平面多在十二指肠乳头以上
含多量胆汁	梗阻平面多在十二指肠乳头以下
含有大量酸性液体	胃泌素瘤或十二指肠溃疡
无酸味	贲门狭窄或贲门失弛缓症
呕吐物中有虫体	胆道蛔虫病

三、伴随症状

恶心、呕吐的伴随症状及其临床意义，见表 2-26。

表 2-26 恶心、呕吐的伴随症状及其临床意义

伴随症状	临床意义
腹痛、腹泻	急性胃肠炎、食物中毒、霍乱、副霍乱等
发热、腹痛或黄疸	急性胆囊炎、急性胰腺炎、急性阑尾炎、急性腹膜炎等
腹膜刺激症状	急性腹膜炎
右上腹压痛、反跳痛	胆囊炎、胆石症
左上腹或中上腹压痛、反跳痛	胰腺炎
右下腹压痛、反跳痛	急性阑尾炎
肾区绞痛	肾、输尿管结石
胸骨后压榨样疼痛	急性心肌梗死
头晕、耳鸣、眼球震颤	前庭功能障碍性疾病，如迷路炎、梅尼埃病、椎-基底动脉供血障碍等
剧烈头痛	颅内高压、青光眼

第十节 呕　血

呕血（hematemesis）是指上消化道出血，血液从口腔排出。上消化道是指十二指肠以上的消化道，包括食管、胃和十二指肠。呕血的原因以消化性溃疡引起最为常见，其次为食管或胃底静脉曲张破裂，再次为急性糜烂性出血性胃炎和胃癌等。

一、病　因

呕血的常见病因及相关的疾病，见表 2-27。

表 2-27 呕血的常见病因及相关的疾病

病因	相关的疾病
1. 消化系统疾病	
食管疾病	食管静脉曲张破裂、反流性食管炎、食管癌、食管异物、食管贲门黏膜撕裂（Mallory-Weiss 综合征）、食管损伤等
胃及十二指肠疾病	消化性溃疡、急性糜烂出血性胃炎、胃癌、胃泌素瘤、胃血管异常（如恒径动脉综合征）等
肝胆胰腺疾病	肝硬化导致门静脉高压引起的食管-胃底静脉曲张破裂出血、急性出血性胆管炎、肝癌、肝脓肿、胆管癌、壶腹部癌、胰腺癌等
2. 消化系统邻近器官或组织的疾病	主动脉夹层、纵隔肿瘤破入食管等
3. 全身性疾病	
血液疾病	血小板减少性紫癜、过敏性紫癜、再生障碍性贫血、白血病、血友病、弥散性血管内凝血等
感染性疾病	流行性出血热、钩端螺旋体病、急性重型肝炎、败血症等
结缔组织病	系统性红斑狼疮、皮肌炎、结节性多动脉炎等
其他	尿毒症、抗凝剂过量、肺源性心脏病、呼吸功能衰竭等

二、临床表现

呕血的特点及其临床意义，见表 2-28。

表 2-28 呕血的特点及其临床意义

发病特点	临床意义
1. 呕血与黑便	
出血量多、血色鲜红或混有凝血块或为暗红色	在胃内停留时间短或出血位于食管
出血量较少、呈咖啡渣样，为棕褐色	在胃内停留时间长
黑便	呕血的同时将部分血液经肠道排出体外
2. 休克	
出血量为循环血量的 10% 以下时	患者一般无明显临床表现
出血量为循环血量的 10%～20% 时	有头晕、无力等症状，多无血压、脉搏等变化
出血量为循环血量的 20%～30% 时	有冷汗、四肢厥冷、心慌、脉搏增快等急性失血症状
出血量在循环血量的 30% 以上	神志不清、面色苍白、心率加快、脉搏细弱、血压下降、呼吸急促等休克表现
3. 血液学改变	早期可无明显血液学改变，出血 3～4h 后出现血红蛋白及血细胞比容逐渐降低
4. 其他	
大量呕血	氮质血症、发热等

三、伴随症状

呕血的伴随症状及其临床意义，见表 2-29。

表 2-29 呕血的伴随症状及其临床意义

伴随症状	临床意义
中青年人、周期性与节律性、慢性反复发作的上腹痛	消化性溃疡
中老年人、慢性上腹痛、无明显规律性，伴有厌食、消瘦或贫血	警惕胃癌
肝脾肿大、蜘蛛痣、肝掌、腹壁静脉曲张或有腹水，伴肝功能损害	肝硬化门静脉高压
肝区疼痛、肝大、质地坚硬、表面凹凸不平或有结节，伴血清甲胎蛋白阳性	肝癌的可能性大
黄疸、寒战、发热伴右上腹绞痛而呕血者	考虑胆道疾病
黄疸、发热及全身皮肤黏膜有出血倾向者	考虑感染性疾病，如败血症及钩端螺旋体病等
皮肤黏膜出血	血液疾病及凝血功能障碍性疾病等
头晕、黑矇、口渴、冷汗	血容量不足
肠鸣、黑便	有活动性出血
近期有服用非甾体抗炎药史、酗酒史、大面积烧伤、颅脑手术、脑血管疾病和严重外伤伴呕血	考虑急性胃黏膜病变
剧烈呕吐后继而呕血	食管贲门黏膜撕裂可能性大

第十一节 便 血

便血（hematochezia）是指消化道出血，血液由肛门排出。一般来说，便血多提示下消化道出血，或大便带血或全为血便。颜色可呈鲜红色、暗红色或黑色，少量出血不造成粪便颜色改变，须经隐血试验才能确定者称为隐血。

一、病　　因

便血的常见病因及相关的疾病，见表 2-30。

表 2-30　便血的常见病因及相关的疾病

病因	相关的疾病
1. 下消化道疾病	
小肠疾病	急性出血性坏死性肠炎、钩虫病、肠结核、肠伤寒、小肠肿瘤、小肠血管瘤、空肠憩室炎或溃疡、肠套叠等
结肠疾病	急性细菌性痢疾、阿米巴痢疾、溃疡性结肠炎、结肠憩室炎、结肠癌、结肠息肉、缺血性结肠炎、血吸虫病等
直肠肛管疾病	直肠息肉、直肠癌、痔、肛裂、肛瘘、非特异性直肠炎、放射性直肠炎、直肠肛管损伤等
血管病变	静脉曲张、血管瘤、毛细血管扩张症、血管畸形等
2. 上消化道疾病	
食管疾病	反流性食管炎、食管憩室炎、食管癌、食管异物、食管贲门黏膜撕裂、食管损伤等
胃及十二指肠疾病	消化性溃疡、急性糜烂出血性胃炎、胃癌、胃泌素瘤等
门静脉高压	食管-胃底静脉曲张破裂出血
3. 全身性疾病	
血液系统疾病	血小板减少性紫癜、白血病、血友病、遗传性毛细血管扩张症
其他	肝脏疾病、尿毒症、流行性出血热、败血症、维生素 C 及维生素 K 缺乏症等

二、临 床 表 现

便血的特点及其临床意义见表 2-31。

表 2-31　便血的特点及其临床意义

特点	临床意义
便血为鲜红色	下消化道出血量多、速度快
便血呈黑色，由于富有黏液发亮似柏油	上消化道出血或小肠出血，在肠内停留时间长
便血呈暗红色	出血量小、速度慢，血液在肠道内停留时间长
暗红色果酱样脓血便	阿米巴痢疾
黏液脓性鲜血便	细菌性痢疾
水样血便，并有特殊的腥臭味	急性出血性坏死性肠炎
粪便全为血液或混有血液，或血液不与粪便混合，仅黏附于粪便表面，或于排便后从肛门滴出	肛管疾病，如痔、肛裂及肠息肉和直肠肿瘤等

三、伴 随 症 状

便血的伴随症状及其临床意义，见表 2-32。

表 2-32 便血的伴随症状及其临床意义

伴随症状	临床意义
急性腹痛	急性出血性坏死性肠炎、肠套叠、肠系膜血栓形成或栓塞、膈疝等
上腹绞痛或有黄疸	胆道出血
慢性反复上腹痛、出血后疼痛减轻	消化性溃疡
下腹痛伴里急后重	肛门、直肠疾病，如痢疾、直肠炎及直肠癌、腹腔内出血等
腹痛时排血便或脓血便，便后腹痛减轻	细菌性痢疾、阿米巴痢疾或溃疡性结肠炎
发热	细菌性痢疾、伤寒、流行性出血热、败血症、肠道淋巴瘤、白血病等
全身出血倾向	重症肝炎、流行性出血热、白血病、过敏性紫癜、血友病等
蜘蛛痣及肝掌	肝硬化门静脉高压
毛细血管扩张	遗传性毛细血管扩张症
腹部肿块	肠道恶性淋巴瘤、结肠癌、肠结核、肠套叠等

第十二节 腹 痛

腹痛（abdominal pain）是指上起横膈，下至骨盆范围内的疼痛不适感，是临床常见的一种症状。根据发病缓急和病程长短，一般将其分为急性腹痛（acute abdominal pain）和慢性腹痛（chronic abdominal pain）。急性和慢性腹痛没有截然的时间分界线，但在临床实践中，一般将疼痛持续时间超过 6 个月视为慢性腹痛。

一、病 因

腹痛分为急性与慢性两类。急性腹痛指发生于 1 周内，由各种原因引起腹腔内、外脏器病变而导致的腹部疼痛。急性腹痛的病因包括炎症、肿瘤、出血、梗阻、穿孔、创伤及功能障碍等。腹痛的常见病因及相关疾病，见表 2-33。

表 2-33 腹痛的常见病因及相关疾病

病因	相关的疾病
1. 急性腹痛	
急性炎症	急性胃炎、急性肠炎、急性胰腺炎、急性出血性坏死性肠炎、急性胆囊炎、阑尾炎、急性盆腔炎、附件炎、急性痢疾、结核性腹膜炎等
急性梗阻、扭转	急性肠梗阻、急性肠套叠、胆道结石、胆道蛔虫病、泌尿系统结石梗阻等
脏器扭转或破裂	肠扭转、肠绞窄、肠系膜或大网膜扭转、疝嵌顿、卵巢扭转、肝破裂、异位妊娠破裂等
腹膜炎症	多由胃肠穿孔引起，少部分为自发腹膜炎症
血管病变	缺血性肠病、夹层主动脉瘤、急性肠系膜静脉血栓形成、肝门静脉或肝静脉血栓形成、肠系膜动脉栓塞、脾或肾梗死等
腹壁疾病	腹壁挫伤、脓肿及腹壁带状疱疹等
胸腔疾病所致的腹部牵涉性痛	肺炎、肺梗死、心绞痛、心肌梗死、急性心包炎、胸膜炎、食管裂孔疝等
全身性疾病	腹型过敏性紫癜、尿毒症、糖尿病酮症酸中毒、铅中毒、砷中毒、酒精中毒、系统性红斑狼疮、卟啉病等

续表

病因	相关的疾病
2. 慢性腹痛	
腹腔脏器慢性炎症	反流性食管炎、慢性胃炎、慢性胆囊炎、慢性胰腺炎等
消化道运动障碍	胃肠道痉挛等运动障碍
消化性溃疡	胃及十二指肠溃疡等
腹腔脏器的扭转或梗阻	慢性胃肠道扭转等
脏器包膜的牵张	肝淤血、肝炎、肝脓肿、肝肿瘤等
中毒与代谢障碍	铅中毒、尿毒症等
胃肠神经功能紊乱	胃肠神经症等

二、临 床 表 现

腹痛的部位与疾病的关系，见表 2-34。

表 2-34 腹痛的部位与疾病的关系

疼痛的部位	常见相关疾病
1. 急性腹痛	
剑突下或右上腹痛	多为肝胆系统、胃或十二指肠，结肠肝曲、右下肺、右侧胸膜或右膈下、右肾病变
剑突下或左上腹痛	胃、胰、腺、脾、结肠脾曲，左下肺、左侧胸膜、左膈下、心脏或心包病变及左肾病变
腰腹部、脐痛	肾、输尿管病变
脐周痛	小肠病变、网膜、肠系膜、淋巴结、横结肠等
右下腹痛	回肠末端，回盲部、阑尾、右侧腹股沟疝、右侧卵巢、输卵管等病变
左下腹痛	左半结肠，左侧腹股沟疝、左侧卵巢、输卵管病变
脐下腹疼	膀胱、子宫或盆腔病变
弥漫性或部位不定	急性弥漫性腹膜炎，消化道穿孔、梗阻或缺血性病变，腹型癫痫，疟疾，流感及风湿热，糖尿病，尿毒症或神经症等
2. 慢性腹痛	
左上腹	脾：梗死、肿大
	结肠：梗阻、肿瘤、炎症
	胸腔：胸膜炎、肺炎、肋间神经痛
中上腹	胃肠：溃疡、肿瘤、穿孔、梗阻
	胰腺：炎症、肿瘤、假性素肿
	血管：动脉瘤、门/肝静脉血栓
	胸腔：心绞痛、心包炎
	食管：裂孔疝、胃食管反流病
右上腹	肝：脓肿、肿瘤、炎症、瘀血
	胆道：炎症、结石、肿瘤
	结肠：梗阻、肿瘤、炎症
	胸腔：胸膜炎、肺炎、肋间神经痛

续表

疼痛的部位	常见相关疾病
左腰腹	肾：结石、梗死、炎症、肿瘤
	尿道：结石、血块
	脾脏：梗死、肿大
脐周	胰腺：炎症、肿瘤、假性囊肿
	小肠：炎症、梗阻、肿瘤
	肠系膜：血栓、炎症
右腰腹	肾：结石、梗死、炎症、肿瘤
	输尿管：结石、血块
左下腹	结肠：炎症、疝气、肿瘤、缺血
	盆腔：卵巢囊肿扭转、异位妊娠、炎症、睾丸扭转
中下腹	盆腔：炎症、异位妊娠、子宫内膜异位
	膀胱：炎症、异物、结石
右下腹	阑尾：炎症、肿瘤
	肠道：炎症、疝气、肿瘤、缺血
	盆腔：卵巢囊肿扭转、异位妊娠、炎症、睾丸扭转
弥漫性或部位不定	腹膜：腹膜炎
	肠道：穿孔、梗阻、缺血
	网膜：大网膜扭转
	代谢：尿毒症、卟啉病
	中毒：重金属、蜘蛛毒、蛇毒
	内分泌：糖尿病、肾上腺皮质功能不全、甲状腺功能亢进症
	结缔组织病

慢性腹痛的病史要点与相关疾病的关系，见表 2-35。

表 2-35 慢性腹痛的病史要点及常见病因

病史要点	需要考虑的常见病因
1. 诱因（P）	
进食后疼痛加重	胃溃疡、慢性胰腺炎、胆石症、缺血性肠病、功能性消化不良
空腹疼痛加重	十二指肠溃疡、胃食管反流病
疼痛与月经周期相关	子宫内膜异位症、急性间歇性卟啉病
2. 疼痛性质（Q）	
撕裂样疼痛	主动脉夹层、中枢介导的腹痛综合征
烧灼样疼痛	胃肠梗阻、中枢介导的腹痛综合征
伴有恶心、呕吐	胃食管反流病、消化性溃疡、中枢介导的腹痛综合征
伴有呕血	胃肠梗阻、慢性胰腺炎、胆石症
伴有便血	消化性溃疡、食管-胃底静脉曲张、胃癌
呕吐后腹痛减轻	结直肠癌、炎症性肠病、缺血性肠病

续表

病史要点	需要考虑的常见病因
排便后腹痛减轻	上消化道梗阻
3. 疼痛放射（R）	
疼痛放射至后背	肠易激惹综合征、结直肠癌
疼痛放射至右肩	慢性胰腺炎、胰腺癌、十二指肠溃疡、主动脉夹层、胆石症、胆囊炎
疼痛放射至左肩	心绞痛、脾大、脾梗死
4. 疼痛严重程度（S）	
疼痛一开始就达峰	主动脉夹层、缺血性肠病
右下腹痛突然减轻	阑尾炎穿孔
疼痛无法忍受	恶性肿瘤、缺血性肠病、中枢介导的腹痛综合征
5. 疼痛时间治疗情况（T）	
疼痛阵发性加重	肠梗阻、胆绞痛、肾绞痛
病程漫长但一般状况好	功能性疾病
疼痛不发作时一切如常	中枢介导的腹痛综合征
近期应用抗菌药物	难辨梭菌肠炎、肠道菌群紊乱
长期应用阿片类药物	药物成瘾

三、伴随症状

腹痛的伴随症状及其临床意义，见表 2-36。

表 2-36　腹痛的伴随症状及其临床意义

伴随症状	临床意义
伴发热	先发热后腹痛多为不需要手术治疗的内科疾病（常为急性炎症）
	先腹痛后发热的多为外科或妇产科疾病，且常需手术治疗（如急性消化道穿孔、腹膜炎、肠梗阻、异位妊娠破裂、内脏破裂出血等）
伴寒战、高热	急性化脓性胆囊炎、胆管炎、腹腔或腹内脏器的化脓性病变（膈下或盆腔脓肿、化脓性腹膜炎）下肺炎症或脓肿等
右上腹痛伴寒战、高热、黄疸	急性胆囊炎，胆结石嵌顿伴炎症，急性化脓性胆囊、胆管炎，急性肝脓肿及少数膈下脓肿
伴呕吐	急性腹痛伴呕吐者常为急性胃、胆囊、胰腺炎症、肠梗阻、胆道或泌尿道结石嵌顿，胃型感冒，肠套叠，痛经，神经症等
伴腹泻	急性肠炎、痢疾、急性盆腔炎、急性阑尾炎、高位肠梗阻、急性中毒等
伴血便	绞窄性肠梗阻、肠套叠、溃疡性结肠炎、坏死性肠炎、缺血性疾病（栓塞或血栓形成）等
伴便秘或停止排便及肛门排气	习惯性便秘、肠梗阻等
伴腹胀	急性胃扩张、麻痹性肠梗阻、便秘、尿潴留等
伴黄疸	
右上腹痛伴黄疸者	多为肝、胆系统疾病（炎症、结石、肿瘤等）
中上腹或左中上腹痛伴黄疸	多为胰腺（炎症、结石、肿瘤）或脾脏病变（脾梗死）

续表

伴随症状	临床意义
伴膀胱刺激征或血尿	为急性泌尿系统感染、结石嵌顿，部分阑尾炎、盆腔脓肿也可引起膀胱刺激征，应注意鉴别
与体位的关系	
辗转不安，腹痛喜按	多为胃肠道疾病
拒按	多为肝、胆系疾病
活动疼痛加剧，蜷曲，侧卧痛减轻	多为腹膜炎
前倾坐位或膝胸位痛减轻	多为胰腺疾病
伴腹水	
伴血性腹水	腹腔内脏或异位妊娠破裂，恶性肿瘤腹腔内转移，腹膜恶性肿瘤，少数结核性渗出性腹膜炎等
脓性腹水	化脓性腹膜炎
胰性腹水，乳糜状，浆液或浆液血性	淀粉酶含量增高且大于血中含量，蛋白含量增高，对利尿剂及放腹水疗效差，见于急性出血坏死型胰腺炎或胰腺假性囊肿破裂
胆汁性腹水	化脓性胆囊炎或胆管炎破裂致胆汁性腹膜炎
伴休克	急性内出血，腹腔内脏器破裂或异位妊娠破裂；急性穿孔致弥漫性腹膜炎，腹腔内脏器或卵巢囊肿蒂扭转；腹腔内急性血管性病变（肠系膜动脉栓塞或静脉血栓形成），急性心肌梗死或休克型肺炎
伴包块	相应部位的急性炎症、肿瘤、肠套叠或扭转
与外伤关系	急性腹痛发生前有外伤史者应考虑腹腔脏器破裂，内出血等
血尿	泌尿系统结石或感染
呕吐	明显呕吐为肠梗阻表现
呕吐物呈酸性胃液、胆液	高位梗阻
呕吐物有粪臭	低位梗阻，常伴腹胀、无排气

第十三节 腹 泻

腹泻（diarrhea）指排便次数明显超过平时习惯（＞3 次/日），粪质稀薄，含水量增加（＞85%），大便可伴有黏液、脓血或未消化的食物。一般来说，急性腹泻病程为 2～3 周，而慢性腹泻病程＞4 周，或间歇期在 2～4 周的复发性腹泻。

一、病 因

腹泻的病因和相关疾病见表 2-37。

表 2-37 腹泻的常见病因及相关的疾病

病因	相关的疾病
1. 急性腹泻	
（1）肠道疾病	各种病原体感染、出血坏死性肠炎、克罗恩病、溃疡性结肠炎等
（2）急性中毒	食用毒蕈、河鲀及砷、磷、铅、汞等中毒
（3）全身性感染	败血症、伤寒、钩端螺旋体病等

续表

病因	相关的疾病
（4）其他	变态反应性肠炎、过敏性紫癜、甲亢危象、药物等
2. 慢性腹泻	
（1）消化系统疾病	
胃部疾病	慢性萎缩性胃炎、胃切除后胃酸缺乏
肠道感染	结核、细菌性痢疾、阿米巴病、血吸虫病、钩虫病、绦虫病等
肠道非感染性疾病	克罗恩病、溃疡性结肠炎、吸收不良综合征等
肠道肿瘤	
胰腺疾病	慢性胰腺炎、胰腺癌、胰腺切除术后等
肝胆疾病	肝硬化、胆囊炎、胆石症等
（2）全身疾病导致腹泻	
内分泌与代谢病	甲状腺功能亢进症、肾上腺皮质功能减退、胃泌素瘤、类癌综合征等
其他系统疾病	系统性红斑狼疮、硬皮病、尿毒症、放射性肠炎等
药物副作用	甲状腺素、洋地黄类、某些抗肿瘤药及抗菌药物等
自主神经功能紊乱	肠易激综合征等

二、分类和临床表现

1. 根据腹泻的病理生理类型不同 可将腹泻分为4类，分泌性腹泻、渗出性腹泻、渗透性腹泻和动力性腹泻。

2. 根据有无器质性病变 慢性腹泻可分为器质性腹泻和功能性腹泻。

3. 根据临床特点 慢性腹泻可分为水样泻、脂肪泻和炎症性腹泻。

4种类型腹泻的临床特点及常见疾病，见表2-38。

表2-38 4种类型腹泻的临床特点及常见疾病

腹泻类型	临床特点	常见疾病
渗透性腹泻	禁食或停药后腹泻减少或停止	服用药物（硫酸镁等泻药，甘露醇、山梨醇等脱水剂，乳果糖等）
	粪便总量一般＜1L/d	小肠对糖类吸收不良（如乳糖不耐受症）、小肠细菌过度生长、消化不良
	粪便渗透压超过血浆渗透压	进食高渗性食物
	粪便中含大量未经消化吸收的食物或药物	肠黏膜面积减少（短肠综合征）、肠黏膜病变［热带口炎性腹泻、乳糜泻、惠普尔（Whipple）病等］、肠淋巴回流受阻（小肠淋巴瘤、先天性淋巴管扩张）
分泌性腹泻	禁食后腹泻不减轻	细菌肠毒素（如霍乱弧菌、肠产毒性大肠埃希菌）感染
	粪便量＞1L/d	内源性促分泌物过度分泌（如血管活性肠肽、神经内分泌瘤）
	肠黏膜组织结构正常，肠液与血浆渗透压相同	某些非渗透性泻药
	粪质呈水样，量大，无脓血	

续表

腹泻类型	临床特点	常见疾病
渗出性腹泻（炎症性腹泻）	粪便常含有渗出液和血液，结肠炎症，多有肉眼黏液脓血便	炎症性肠病
	粪便量少，不超过 0.8L/d	缺血性肠病
	大便检查可见较多红细胞和白细胞	放射性肠炎
	常伴有腹部或全身炎症或感染症状	嗜酸粒细胞性胃肠炎
		显微镜下结肠炎
动力性腹泻	排便后症状缓解	肠易激综合征（IBS）
	粪便性状多为水样或稀烂，无黏液及脓血等渗出物	糖尿病周围神经病变
	腹泻大多伴有腹痛或肠鸣音亢进	类癌综合征
		甲状腺功能亢进症
		胃大部或全胃切除术后倾倒综合征
		腹腔或盆腔的炎症

不同病因导致的腹泻临床上各有特点，见表 2-39。

表 2-39 腹泻的特点与临床意义

发病特点	临床意义
1. 起病方式与病程	
起病急骤伴有发热，腹泻频繁	肠道感染性疾病
慢性起病，病程可长达数年至数十年，常呈间歇性发作	炎症性肠病、肠易激综合征、吸收不良综合征等
在禁食情况下仍有腹泻	分泌性腹泻
禁食后腹泻停止	渗透性腹泻
2. 粪便性状	
水样便	分泌性腹泻，如肠毒素大肠埃希菌、胃泌素、金黄色葡萄球菌食物中毒
大便量>5L/d	霍乱（米泔水样大便）或内分泌肿瘤等引起的分泌性腹泻
蛋花汤样大便	艰难梭菌等引起的伪膜性肠炎
脓血便	渗出性腹泻
脓血仅附着于粪便表面	直肠或乙状结肠病变
洗肉水样大便	急性出血性肠炎或重症溃疡性结肠炎
果酱样大便	阿米巴痢疾或升结肠癌
酸臭的糊状便	糖吸收不良
有油滴的糊状便	脂肪吸收不良
恶臭大便	蛋白质消化不良
粪便有恶臭且伴有中上腹或脐周腹痛	慢性胰腺炎及小肠吸收不良
白陶土样大便并带有泡沫	脂肪泻和慢性胰腺炎
浓臭血水样大便	急性坏死性小肠炎

三、伴随症状

腹泻的伴随症状及其临床意义，见表 2-40。

表 2-40　腹泻的伴随症状及其临床意义

伴随症状	临床意义
伴发热	肠道感染性疾病、肿瘤、败血症等
里急后重	结直肠病变如痢疾、直肠炎、直肠肿瘤等
消瘦	恶性肿瘤、肠结核、吸收不良综合征等
皮疹或皮下出血	败血症、伤寒、麻疹、过敏性紫癜等
腹部包块	肿瘤、肠结核、克罗恩病、血吸虫性肉芽肿等
脱水	霍乱、食物中毒、尿毒症等
关节痛、肿胀	克罗恩病、溃疡性结肠炎、系统性红斑狼疮、肠结核等

思考题

1. 发热的分度标准是什么？临床上常见的热型有哪些？
2. 抽搐与惊厥有何异同？
3. 意识障碍可分为几种？其临床表现特点是什么？
4. 咯血与呕血如何进行鉴别？
5. 呼吸困难的伴随症状及其临床意义是什么？
6. 中枢性呕吐的病因有哪些？
7. 右下腹慢性腹痛主要见于什么疾病？
8. 根据腹泻的病理生理类型不同可将腹泻分为哪几类？

（高明奇　孟　佳）

第三章 体格检查

体格检查（physical examination，PE）是指医师运用自己的感官和（或）借助于传统或简便器械，如体温计、听诊器、血压计、压舌板、叩诊锤、检眼镜等来客观了解并评估人体状况的一系列最基本的检查方法。许多疾病通过全面而准确的体格检查再结合详细的病史询问便可做出临床诊断，而往往有些疾病尽管获得了实验室检查及其他辅助检查资料，但如果缺乏确实的病史和查体表现，仍不能做出正确的诊断。因此，正确而熟练地掌握体格检查的方法，是每个医师必备的基本功，同时也是评价和考核医师基本临床技能的重要组成部分。通过体格检查所发现的异常征象称为体征。体征往往反映疾病的本质，是疾病诊断和鉴别诊断最重要、最特异的证据，也是进一步选择有诊断价值的辅助检查项目以协助诊断的主要依据。医师进行全面体格检查后对患者健康状况和疾病状态提出的临床判断称为检体诊断（physical diagnosis）。

体格检查常用器具和物品包括必要的和备选的两类（表 3-1）；体格检查的基本方法有 5 种：视诊、触诊、叩诊、听诊及嗅诊。要想熟练地进行全面系统、有序规范、重点突出、操作准确的体格检查，要求临床医师不但有扎实的医学背景知识，更需要经历反复的临床实践并积累丰富的临床经验。体格检查不仅是诊断疾病的必要步骤，也是临床经验的积累过程，更是与患者交流、沟通、建立良好医患关系的过程。

表 3-1 体格检查常用的器具和物品

必要的		备选的	
体温计	叩诊锤	检鼻镜	胶布
听诊器	检眼镜	检耳镜	纱布垫
血压计	棉签	鹅颈灯	手套
压舌板	直尺、卷尺	音叉（128Hz、512Hz）	润滑油
手电筒	棉签	近视力表	便携式血氧脉搏仪

体格检查时应注意：

（1）要以患者为中心，与患者共情，始终保持对患者的尊重与关爱，有高度的责任感和良好的医德修养。

（2）医师应仪表端庄，举止大方，态度诚恳和蔼，语言亲切，实事求是。

（3）检查室环境安静，温度适宜，光线充足。

（4）检查患者前，应有礼貌地对患者做自我介绍，并说明体格检查的原因、目的和要求，便于更好地取得患者的密切配合；检查过程中随时与患者交流，询问患者的感觉；检查结束后应对患者的配合与协作表示感谢。

（5）应注意避免交叉感染，检查前医师应洗手或用消毒液擦手。对某些急、慢性传染病（肝炎、肺结核）患者进行体格检查时，可穿隔离衣、戴口罩和手套，并做好隔离消毒工作。

（6）医师应站在患者右侧，检查手法应规范轻柔。

（7）全身体格检查时应轻柔细致、全面系统、精确规范、重点突出。体格检查要按一定顺序进行，并养成按顺序检查的习惯。避免重复和遗漏，避免反复翻动患者，力求建立规范的检查顺序。通常首先进行生命体征和一般检查，然后按头、颈、胸、腹、脊柱、四肢和神经系统的顺序进行检查，必要时进行生殖器、肛门和直肠检查。根据病情轻重、避免影响检查结果等因素，可调整检查顺序，利于及时抢救和处理患者。

（8）在体格检查过程中，应注意左、右及相邻部位等的对照检查。

（9）注意保护患者隐私，依次充分暴露各部检查部位，该部位检查完毕即行遮蔽。

（10）应根据病情变化及时进行复查，这样才能有助于病情观察，有助于补充和修正诊断。

第一节 基本方法

一、视　诊

视诊（inspection）是医师用眼睛来观察患者全身或局部表现的诊断方法。视诊方法简便易行，适用范围广，常能提供重要的诊断资料和线索，有时仅用视诊就可明确一些疾病的诊断。如双眼外突出应考虑甲状腺功能亢进。但视诊又是一种常被忽略的诊断和检查方法。只有在丰富医学知识和临床经验的基础上才能减少和避免视而不见的现象；只有反复临床实践，才能深入、细致、敏锐地观察；只有将视诊与其他检查方法紧密结合起来，将局部征象与全身表现结合起来，才能发现并确定具有重要诊断意义的临床征象。

（一）视诊方法

不同部位的视诊内容和方法不同，包括全身视诊、局部视诊和特殊视诊。

1. 全身视诊　可以了解患者全身一般状态及局部表现和许多体征。如性别、年龄、发育与营养、意识状态、面容、表情、体位、姿势及步态等。

（1）一般外观：包括意识状态和个人整洁状况，表现为一般情况良好或呈病态状；表情安详或呈痛苦状，机警、迟钝、神志模糊；急性或慢性病容；外表是否清洁干净，头发是否梳理，指甲是否修剪等判断患者自尊和精神状态。

（2）评价患者营养状态：营养不良的患者表现为眼窝下陷，颊部消瘦，皮肤松弛；长期罹患慢性消耗性疾病的患者（肿瘤、结核病、甲状腺功能亢进）可表现出明显消瘦的外观，严重者称为恶病质。

（3）体型对诊断某些疾病亦具有参考价值：无力型者常见于结核病、胃或十二指肠溃疡的患者；超力型患者有罹患高血压、冠心病的趋向。

（4）某些疾病患者常表现一种特殊体位：大量心包积液患者常端坐呼吸并躯干向前倾斜以缓解心脏受压的症状；肾或胆绞痛的患者常辗转不安或翻滚于床上，未能找到舒适的体位；全腹膜炎的患者屈膝卧位，尽量使腹肌松弛以达到降低腹压减轻腹痛的目的。

（5）能行走的患者，应观察其步态和姿势：包括神经和骨骼系统是否协调，有无跛行，步伐是否正常。

（6）了解患者的语言形式：发音是否含糊不清，用词是否恰当，有无声嘶，有无异常高调或低调的语音。

（7）发现某些疾病的重要征象：重症哮喘的喘息状态；充血性心力衰竭的劳力性呼吸困难；严重感染的急性热病容；严重循环衰竭的肢端发绀、发凉、出汗；甲状腺功能亢进的特征性面容；恶性贫血等。

2. 局部视诊　可以观察被检者的皮肤、黏膜、舌苔、头面、颈部、胸廓、腹部、四肢、肌肉、脊柱及关节生长发育状况等。

3. 特殊视诊　需借助于某些仪器如耳镜、鼻镜、检眼镜及内镜等进行检查。

（二）视诊注意事项

视诊时被检查部位应充分暴露、在自然光线下进行，因黄疸及某些皮疹在灯光下不易辨认而常发生漏诊。

二、触　　诊

触诊（palpation）是医师通过手接触被检查部位时的感觉进行判断的检查方法。它可以进一步检查视诊发现的异常征象，也可以明确视诊所不能明确的体征。通过触、摸、按、压被检查局部以了解体表（皮肤及皮下组织等）及脏器（心、肺、肝、脾、肾、子宫等）的物理特性：如体温、湿度、震颤、波动、压痛、触痛、摩擦感以及包块的位置、大小、轮廓、表面性质、硬度、压痛及移动度等，可帮助医师对检查部位及脏器是否发生病变提供直观的重要依据。手的不同部位对触觉的敏感度不同，其中手指指腹对触觉敏感，掌指关节部掌面对皮肤震动敏感，手背皮肤对温度较敏感，故触诊时多用这些部位。

（一）触诊方法

触诊的适用范围很广，尤以腹部检查更为重要。触诊时，由于目的不同而施加的压力有轻有重，因而可分为浅部触诊法和深部触诊法。

1. 浅部触诊法（light palpation）　适用于体表浅在病变（皮下结节、肌肉中的包块、关节腔积液、肿大的表浅淋巴结、浅部动脉、静脉神经、阴囊、精索、胸腹壁病变等）的检查和评估。

腹部浅部触诊可触及的深度约为 1cm。触诊时，将一手轻放在被检查部位，以掌指关节和腕关节的协同动作以旋转或滑动方式轻压触摸。浅部触诊一般不会引起患者痛苦或痛苦较轻，也多不引起肌肉紧张，因此有利于检查腹部有无压痛、抵抗感、搏动、包块和某些肿大脏器等，如有肿块还应注意其大小、与邻近脏器之间的关系等。浅部触诊也常在深部触诊前进行，有利于患者做好接受深部触诊检查的心理准备。

2. 深部触诊法（deep palpation）　检查时用单手或双手重叠在被检查部位由浅入深，逐渐加压向深层触摸，可触及深度常在 2cm 以上，有时可达 4～5cm，主要用于检查和评估腹腔及盆腔脏器和病变情况。根据检查目的和手法不同可分为以下几种。

（1）深部滑行触诊法（deep slipping palpation）：检查时要求患者张口平静呼吸，平卧屈膝，可通过交谈转移被检者的注意力，尽量放松腹肌。检查者用右手并拢的二、三、四指平放在腹壁上，以手指末端逐渐触向腹腔的脏器或包块，在被触及的脏器或包块上做上、下、左、右滑动触摸，了解其形态、大小及硬度等。如为肠管或索条状包块，应向与包块长轴相垂直的方向进行滑动触诊。这种触诊方法常用于胃肠道病变及腹腔深部包块的检查。

（2）深压触诊法（deep press palpation）：用一个或两个并拢的手指逐渐用力深压腹壁被检查部位，主要用于探测腹腔深在病变的部位或确定腹腔压痛点，以了解有无局限压痛点及反跳痛。如胆囊压痛点、阑尾压痛点、输尿管压痛点等。检查反跳痛时，在手指施压（深度 2～3cm）的基础上迅速将手抬起，并询问患者是否感觉疼痛加剧或观察面部是否出现痛苦表情。

（3）双手触诊法（bimanual palpation）：将左手掌置于被检查脏器或包块的背后部或腔内（阴道、肛门），右手中间三指并拢平置于腹壁被检查部位，左手掌向右手方向托起，使被检查的脏器或包块位于两手之间，并更接近体表，有利于右手进行触诊。并嘱患者在检查时用腹式呼吸配合，可用于肝、脾、肾、子宫等脏器及腹腔肿物的检查。

（4）冲击触诊法（ballottement）：又称沉浮触诊法。检查时，并拢右手的四指或示、中、环三指，与腹壁呈 70°～90° 角，放置于腹壁拟检查的相应部位，做数次急速而较有力的冲击动作，向下冲击被检查局部，通过指端感触有无浮动的肿块或脏器。这种方法一般只用于大量腹水时肝、脾及腹腔包块难以触及者。手指急速冲击时，腹水在脏器或包块表面暂时移去，故指端易于触及肿大的肝、脾或腹腔包块。冲击触诊会使患者感到不适，操作时应避免用力过猛。

（二）触诊注意事项

（1）检查者应位于被检查者的右侧，面向被检查者，向患者讲清触诊的目的，消除患者紧张情绪，取得患者的密切配合。

（2）检测手法应轻柔，由浅入深，由轻到重，手掌应保持温暖以免引起肌肉紧张，影响检查效果。在检查过程中，应随时注意观察患者的表情，检查者的态度必须稳重、端庄。

（3）患者应采取适当体位，才能获得满意检查效果。通常取仰卧位，双手置于体侧，双腿稍曲，腹肌尽可能放松。必要时可采用半坐位、立位和侧卧位（如肝、脾、肾的检查），侧卧检查时下腿应伸直，上腿略弯曲。

（4）触诊下腹部时，应嘱患者排尿，以免将充盈的膀胱误认为腹腔包块，有时也须排便后检查。

（5）触诊时医师应手脑并用，边检查边思索。应注意病变的部位、特点、毗邻关系，以明确病变的性质和来源。

三、叩　　诊

叩诊（percussion）是指检查者用手指叩击被检查者身体表面某一部位，使之震动而产生音响，由于人体各种组织结构的密度、弹性各异而产生不同的声音，根据震动和声响的特点来判断被检查部位的脏器状态有无异常的一种方法。

叩诊多用于确定肺尖宽度、肺下缘位置、胸膜病变、胸膜腔中液体多少或气体有无、肺部病变大小与性质、纵隔宽度、心界大小与形状、肝脾的边界、腹水有无与多少，以及子宫、卵巢、膀胱有无胀大等情况。另外，用手或叩诊锤直接叩击被检查部位，诊查反射情况和有无疼痛反应也属叩诊。

（一）叩诊方法

依叩诊的目的和叩诊的手法不同，通常分为直接叩诊法和间接叩诊法。

1. 直接叩诊法（direct percussion） 医师右手中间三指并拢，用其掌面直接轻轻拍击被检查部位体表，借助拍击后的反响音及手指的震动感来判断该部深层组织或器官的病变，常用于胸部和腹部面积较广泛的病变，如胸膜粘连或增厚、大量胸腔积液、积气、大片肺实变及腹腔积液等。

2. 间接叩诊法（indirect percussion） 是临床应用最多的叩诊方法。医师将左手中指第二指节紧贴于被叩诊部位，其余手指稍微抬起，勿与体表接触；右手各指自然弯曲，用中指指端垂直叩击左手中指末端指关节处或第二节指骨的远端，因为该处易与被检查部位紧密接触，而且对于被检查部位的震动较敏感。叩击方向应与叩诊部位体表垂直。叩诊时应以腕关节与掌指关节的活动为主，避免肘关节和肩关节参与运动。叩击动作要灵活、短促、富有弹性。叩击后右手中指应立即抬起，以免影响对叩诊音的判断。对每一叩诊部位应连续叩击2～3下，用力要均匀，使产生的叩诊音响基本一致，同时在相应部位左右对比以便正确判断叩诊音的变化，若未获得明确印象，可再连续叩击2～3下。应避免不间断地连续快速叩击，因为这不利于叩诊音的分辨。在检查患者肝区或肾区有无叩击痛时，医师可将左手平置于被检查部位，右手握成拳状，用其尺侧叩击左手背，观察或询问患者有无疼痛感。

（二）叩诊音

叩诊时被叩击部位产生的反响称为叩诊音（percussion sound）。由于被叩击部位的组织或器官的致密度、弹性、含气量及距离体表深浅不一，因此可产生不同的叩诊音。叩诊音根据音响的频率（高音者调高，低音者调低）、振幅（大者音响强，小者音响弱）和是否乐音（音律和谐）的不同，在临床上分为清音、浊音、鼓音、实音和过清音5种。

1. 清音（resonance） 为正常肺部叩诊音，提示肺组织的弹性、含气量、致密度正常。它是一种频率振动在100～128次/秒，持续时间较长，音响不甚一致的非乐性音。

2. 浊音（dullness） 是一种音调较高、音响较弱、振动持续时间较短的非乐性叩诊音。除音响外，板指所感到的振动也较弱。当叩击被少量含气组织覆盖的实质脏器时产生，如叩击心脏、肝脏被肺边缘遮盖的部分，或在病理状态下肺组织含气量减少（如肺炎）时的叩诊音。

3. 鼓音（tympany） 如同击鼓声，是一种和谐的乐音。与清音相比音响更强，振动持续时间也较长，在叩击含有大量气体的空腔器官时出现。正常情况下可见于左下胸胃泡区和腹部，病理情况可见于肺内空洞、气胸、气腹等。

4. 实音（flatness） 是一种音调较浊音更高、音响更弱、振动持续时间更短的非乐性叩诊音，为叩击实质脏器心或肝所产生的音响。在病理状态下也可见于大量胸腔积液或肺实变等。

5. 过清音（hyperresonance） 介于鼓音与清音之间，是属于鼓音范畴的一种变音，音调较清音低，音响较清音强，为一种类乐性音。临床上常见于肺组织含气量增多、弹性减弱时，如慢性阻塞性肺疾病。正常成人任何部位叩诊均不会出现过清音，但儿童可叩出相对过清音。几种叩诊音及其特点见表3-2。

表3-2 叩诊音及其特点

叩诊音	相对强度	相对音调	相对时限	性质	出现部位	病理情况
清音	响亮	低	长	空响	正常肺	支气管炎
鼓音	响亮	高	较长	鼓响样	胃泡区和腹部	大量气胸、肺空洞、气腹
过清音	更响亮	更低	更长	回响	正常部位不出现	肺气肿、肺内含气增加
浊音	中等	中等	中等	重击声样	心、肝被肺覆盖的部分	大叶性肺炎
实音	弱	高	短	极钝	实质性器官部分	大量胸腔积液、肺实变

（三）叩诊注意事项

（1）被检查者体位要舒适、叩诊部位肌肉要松弛否则影响叩诊音调与音响。如叩诊胸部时，可取坐位或卧位；叩诊腹部时常取仰卧位；确定有无少量腹水时，可嘱患者取肘膝位。

（2）叩诊时应保持环境安静，以免影响叩诊音的判断。

（3）叩诊时应以掌指关节和腕关节活动为主、避免肘关节的运动。

（4）叩诊时应注意对称部位的比较与鉴别。

（5）叩诊时不仅要注意叩诊音的变化，还应结合手指所感受的不同病灶的震动差异进行综合考虑判断。

（6）叩诊操作应规范，用力要均匀适当。一般叩诊反应的深度5～7cm。叩诊力量应视不同的检查部位、病变组织性质、范围大小或位置深浅等情况而定。当病灶或检查范围小或位置浅时，宜用轻（弱）叩诊，如确定心、肝相对浊音界和叩诊脾界时；当病变部位范围大或位置深时，则要用中等力度力量叩诊，如确定心、肝绝对浊音界；若病变位置距体表达7cm左右时则需用重（强）叩诊。

四、听　　诊

听诊（auscultation）是医师直接用耳或借助听诊器根据患者身体各部分活动时发出的声音判断正常与否的一种诊断方法。

广义的听诊包括听身体各部分所发出的任何声音，包括语音、呼吸音、咳嗽声和呃逆、嗳气、呻吟、啼哭、呼叫发出的声音，以及心音、肠鸣音、关节活动音及骨摩擦音等，这些声音有时可为临床诊断提供有用的线索。

（一）听诊方法

听诊可分为直接听诊和间接听诊两种方法。

1. 直接听诊法（direct auscultation） 医师将耳直接贴于被检查者体表某部位，听取脏器运动时发出的音响，这种方法所能听到的体内声音很弱。这是听诊器出现之前所采用的听诊方法，目前也只有在某些特殊和紧急情况下才会采用。

2. 间接听诊法（indirect auscultation） 这是借助听诊器（stethoscope）进行听诊的一种检查方法。此方法方便，可以在任何体位听诊时应用，听诊效果好，因听诊器对器官活动的声音有一定的放大作用，且能阻断环境中的噪声。应用范围广泛，临床上除用于心、肺、腹部的听诊外，也经常用于听取身体其他部位发出的声音，如血管音、皮下气肿音、肌束颤动音、关节活动音、骨折面摩擦音等。

（二）听诊注意事项

1. 要正确使用听诊器 听诊器通常由耳件、体件和软管三部分组成（图3-1），其长度应与医师的手臂长度相适应。在听诊器佩戴前注意检查耳件方向应向前，佩戴后调整角度，检查硬管和软管管腔是否通畅。体件分钟型和膜型两种，钟型体件适用于听取低调声音，如二尖瓣狭窄的隆隆样舒张期杂音，使用时应轻触体表被检查部位，但应注意避免体件与皮肤摩擦而产生的附加音；膜型体件适用于听取高调声音，如主动脉瓣关闭不全的杂音及呼吸音、肠鸣音等，使用时则应紧触体表被检查部位。

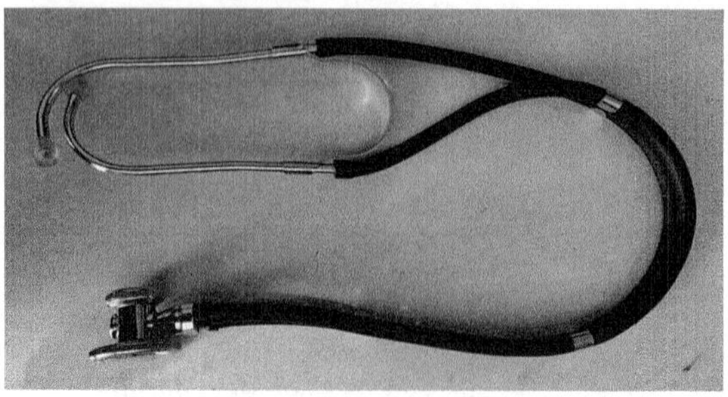

图3-1　听诊器

2. 听诊环境 要安静，避免干扰；要温暖、避风以免患者由于肌束颤动而出现的附加音。

3. 患者采取适当体位　根据病情和听诊需要，嘱患者采取适当体位。

4. 听诊时注意力要集中　检查时应充分暴露被检查部位，避免衣物摩擦听诊器。注意排除其他声响的干扰，如听心音时应注意排除呼吸音干扰，必要时要求患者控制呼吸配合听诊；听呼吸音时又要注意排除胸件与皮肤摩擦产生其他杂音的干扰。

用听诊器进行听诊是临床医师的一项基本功，是许多疾病，尤其是心肺疾病诊断的重要手段。听诊是体格检查基本方法中的重点和难点，尤其对肺部和心脏的听诊，必须勤学苦练、仔细体会、反复实践、善于比较，才能达到切实掌握和熟练应用的目的。

五、嗅　诊

嗅诊（olfactory examination）是通过嗅觉判断发自受检者的异常气味与疾病之间关系的一种方法。这些气味多来自皮肤、黏膜、呼吸道、胃肠道、呕吐物、排泄物、分泌物、脓液和血液等。

（一）嗅诊方法

检查者用手将受检者体表或泌、泄、吐、呼出物所散发的气味轻轻扇向自己的鼻部，并仔细判断气味的性质和特点。

（二）常见的异常气味

1. 口臭　口腔发出难闻的气味，一般见于口腔炎症及胃炎等消化道疾病。

2. 汗液　正常汗液无特殊强烈刺激气味。酸性汗液见于风湿热和长期服用水杨酸、阿司匹林等解热镇痛药物的患者；特殊的狐臭味见于腋臭等患者，由于腋窝的皮脂腺分泌的皮脂经细菌的作用，散发出特殊的狐臭味。

3. 痰液　正常痰液无特殊气味，若痰液呈血腥味多见于大量咯血患者；呈恶臭味，提示厌氧菌感染，见于支气管扩张症或肺脓肿患者。

4. 脓液　脓液有恶臭味时，应考虑气性坏疽。

5. 呕吐物　呕吐物呈酸性提示食物在胃内滞留时间长而发酵，常见于幽门梗阻或贲门失弛缓症的患者；呕吐物呈粪便味可见于长期剧烈呕吐或肠梗阻的患者；如呕吐物混有脓液并有令人恶心的烂苹果味，则应考虑胃坏疽。

6. 粪便　粪便呈腐败臭味见于消化不良或胰腺功能不良者；呈腥臭味见于细菌性痢疾；呈肝腥味见于阿米巴痢疾。

7. 尿液　尿液出现浓烈的氨味见于膀胱炎，由于尿液在膀胱内被细菌发酵所致。

8. 呼出气体　呼出气体呈刺激性蒜味见于有机磷农药中毒；呈烂苹果味见于糖尿病酮症酸中毒患者，糖尿病患者病情严重时，大量脂肪在肝脏内氧化而产生酮体，并扩散到血液中，致使呼出的气息中带有丙酮，患者呼出的气体就会带有烂苹果味；氨味见于尿毒症；肝腥味见于肝性脑病患者，由于甲基硫醇和二甲基二硫化物不能被肝脏代谢，在体内发出的一种特殊气体。

临床工作中，嗅诊可迅速提供具有重要意义的诊断线索，但必须结合其他检查才能做出正确的诊断。

第二节　一般检查

一般检查为整个体格检查过程中的第一步，是对患者全身状态的概括性观察，以视诊为主，配合触诊、听诊和嗅诊进行检查。一般检查的内容包括性别、年龄、体温、脉搏、呼吸、血压、发育与体型、营养状态、意识状态、面容表情、体位姿势、步态、皮肤及淋巴结检查。

一、全身状态检查

（一）性别

性别（sex）通常以性征来区别。正常成人男女性征明显，不难判断。性征的正常发育，在女性与雌激素和雄激素有关，在男性仅与雄激素有关。女性受雄激素的影响出现大阴唇与阴蒂的发育，腋毛阴毛生长，可出现痤疮；受雌激素的影响出现乳房、女阴、子宫及卵巢的发育。男性受雄激素的影响出现睾丸、阴茎的发育，腋毛多，阴毛呈菱形分布，声音低而洪亮，皮脂腺分泌多，可出现痤疮。疾病的发生与性别有一定的关系，某些疾病可引起性征发生改变，如肾上腺皮质肿瘤可使男性乳房女性化；性染色体异常会出现两性畸形；性别与某些疾病发病率之间的关系：如甲状腺疾病和系统性红斑狼疮多发生于女性；消化道肿瘤则多见于男性。

（二）年龄

机体的生长发育、成熟和衰老会随着年龄（age）的增长而变化。年龄与疾病的发生及预后有密切的关系，如佝偻病、麻疹、白喉等多发生于幼儿及儿童；结核病、风湿热多发生于少年与青年；动脉硬化性疾病和某些癌肿多发生于老年。青年患病后易康复，老年人则相对较慢。年龄大小一般通过问诊即可得知，但在某些情况下，如昏迷、死亡或隐瞒年龄时则需通过观察进行判断，其方法是通过观察皮肤的弹性与光泽、肌肉的状态、毛发的颜色和分布、面与颈部皮肤的皱纹、牙齿的状态等进行大体上的判断。

（三）生命体征

生命体征（vital sign）是评价生命活动存在与否及其质量的重要征象，是体格检查时必须检查的项目之一，包括体温、脉搏、呼吸和血压。

1. 体温

（1）体温测量方法及正常范围：体温测量方法要规范，保证结果准确。国内一般按摄氏法进行记录。体温检测常用方法包括腋测法、口测法和肛测法，近年来还出现了耳测法和额测法。所用体温计有水银体温计、电子体温计和红外体温计。体温测量方法和正常范围见表 3-3。

表 3-3　体温测量方法和正常范围

方法名称	体温计放置部位	体温计放置时间（min）	体温正常范围（℃）
腋测法	头端置于腋窝深处	10	36～37
口测法	头端置于舌下	5	36.3～37.2
肛测法	头端置于肛门内	5	36.5～37.7

1）腋测法：将体温计头端置于患者腋窝深处，嘱患者用上臂将体温计夹紧，10min 后读数。正常值为36～37℃。使用该法时，注意腋窝处应无致热或降温物品，并应将腋窝汗液擦干，以免影响测定结果。该法简便、安全，且不易发生交叉感染，是最常用的体温测量方法。

2）口测法：将消毒后的体温计头端置于患者舌下，让其紧闭口唇，5min 后读数。正常值为 36.3～37.2℃。使用该法时应嘱患者不用口腔呼吸，测量前 10min 内禁饮热水和冰水，以免影响测量结果。该法结果较为准确，但不能用于婴幼儿及神志不清者。

3）肛测法：让患者取侧卧位，将肛门体温计头端涂以润滑剂后，徐徐插入肛门内达体温计长度的一半为止，5min 后读数。正常值为 36.5～37.7℃。肛测法一般较口测法读数高 0.3～0.5℃。该法测值稳定，多用于婴幼儿及神志不清者。

耳测法是应用红外线耳式温度计，测量鼓膜的温度，此法多用于婴幼儿。额测法是应用红外线测温计，测量额头皮肤温度，此法一般用于体温筛查。

（2）体温的记录方法：体温测定的结果应及时记录于体温记录单上，绘制出体温曲线。多数发热性疾病，其体温曲线的变化具有一定的规律性，称为热型，见第二章第一节。

（3）体温测量误差的常见原因：临床上若出现体温测量结果与患者的全身状态不一致时，应分析其原因，以免导致诊断和处理上的错误。体温测量误差常见原因有以下几个方面：① 测量前未将体温计水银柱甩到 35℃以下，致使测量结果高于实际体温；② 采用腋测法时，由于患者明显消瘦、病情危重或神志不清而不能将体温计夹紧，致使测量结果低于实际体温；③ 当检测局部存在冷热物品或刺激时，可对测定结果造成影响，如温水漱口、局部放置冰袋或热水袋等。

2. 脉搏 观察记录患者的脉搏节律性及每分钟次数，检查方法见第三章第五节。

3. 呼吸 观察记录患者的呼吸节律性及每分钟次数，检查方法见第三章第五节。

4. 血压 观察动脉血压的高低，检查方法见第三章第五节。

（四）发育与体型

1. 发育 发育（development）应通过患者年龄、智力和体格成长状态（包括身高、体重及第二性征）之间的关系进行综合评价。发育正常者，其年龄、智力与体格的成长状态处于均衡一致。成年以前随年龄增长，体格不断成长，在青春期，可出现一段生长速度加快的青春期急速成长期，属于正常发育状态。一般分为发育正常与不正常两类。

成人发育正常的指标包括：①头部的长度为身高的 1/7～1/8；②胸围约等于身高的 1/2；③双上肢平展后，左、右指端的距离与身高基本一致；④坐高约等于下肢的长度。正常人各年龄组的身高与体重之间存在一定的对应关系。

机体的发育受种族遗传、内分泌、营养代谢、生活条件及体育锻炼等因素的影响。

临床上病态的发育与内分泌的改变有密切关系。在青春期前，如发生垂体功能亢进（生长激素分泌过多）可致体格异常高大称为巨人症（gigantism）；如出现垂体功能减退（生长激素分泌减少或缺如）可致体格异常矮小称为垂体性侏儒症（pituitary dwarfism）。甲状腺对体格发育也有很大影响，新生儿如发生甲状腺功能减退，可导致体格矮小和智力低下，称为呆小病（cretinism）。

性激素决定第二性征的发育，当性激素分泌受损时，可导致第二性征的改变。男性患者出现“阉人”征（eunuochism），表现为上、下肢过长，骨盆宽大，无胡须，毛发稀少，皮下脂肪丰满，外生殖器发育不良，发音女声；女性患者会出现乳房发育不良，闭经，体格男性化，多毛，皮下脂肪减少，发音男声。性激素对体格亦具有一定的影响，性早熟儿童在患病初期可较同龄儿童体格发育快，但常因骨骺过早闭合限制其后期的体格发育。婴幼儿时期营养不良亦可影响发育，如维生素 D 缺乏时可致佝偻病（rachitis）。

2. 体型 体型（body shape）是身体生长发育的外观表现，包括骨骼、肌肉的生长与脂肪分布的状态等。根据个体身高、体质之间的比例不同，将体型分为以下 3 种。

（1）正力型：亦称匀称型，表现为身体各个部分结构匀称适中，腹上角在 90° 左右，见于多数正常成人。

（2）无力型：亦称瘦长型，表现为体高肌瘦、四肢较长、颈细长、肩窄下垂、胸廓扁平狭长、腹上角＜90°。

（3）超力型：亦称矮胖型，表现为体格粗壮、颈粗短、肩宽平、面红、胸廓宽阔、腹上角＞90°。

病态异常体型常见的有：① 矮小型，见于垂体性侏儒症、呆小病、性早熟等；②高大型，见于巨人症、肢端肥大症等。

（五）营养状态

营养状态（state of nutrition）与食物的摄入、消化、吸收和代谢等因素密切相关，其好坏可作为鉴定健康和疾病程度的标准之一。尽管营养状态与多种因素有关，但对营养状态异常通常采用肥胖和消瘦进行描述。

营养状态一般较易评价，通常根据皮肤、毛发、皮下脂肪、肌肉的发育情况综合判断，最简便且迅速的方法是查看皮下脂肪的充实程度，尽管脂肪的分布存在个体差异，男女亦各有不同，但前臂曲侧或上臂背侧下 1/3 处脂肪分布的个体差异最小，为判断脂肪充实程度最方便和最适宜的部位。此外，在一定时间内监测体重的变化亦可反映机体的营养状态。

临床通常用营养良好、中等和不良 3 个等级来描述营养状态。①营养良好：精神饱满，黏膜红润、皮肤有光泽，弹性良好，皮下脂肪丰满而有弹性，肌肉结实有力，毛发、指甲润泽，肋间隙及锁骨上窝深浅适中，肩胛部和股部肌肉丰满。②营养不良：精神萎靡，皮肤干燥无光泽，弹性降低，皮下脂肪菲薄，黏膜苍白，肌肉松弛无力，毛发稀少、指甲粗糙无光泽，肋间隙及锁骨上窝凹陷，肩胛骨和髂骨嶙峋突出。③营养中等：介于上述两者之间。

测量体重和计算体重指数（BMI）是评估营养状态的常用方法。目前常用的标准体重估计公式为：体重（kg）= 身高（cm）−105；BMI= 体重（kg）/身高 ^{2}（m^2）。临床上常见的营养状态异常包括营养不良和营养过度两种。

1. 营养不良 由于摄食不足或（和）消耗增多引起，主要表现为体重减轻。一般轻微或短期的疾病不易导致营养状态的异常，故营养不良多见于长期或严重的疾病。当体重减轻低于标准体重的 10% 时称为消瘦（emaciation），也有人主张体重减轻低于标准体重的 10% 为低体重，低于标准体重的 20% 为消瘦。目前国内外多用体重指数（BMI）判定消瘦，世界卫生组织标准，BMI＜18.5 为消瘦。极度消瘦者称为恶病质（cachexia），多由于长期摄食或消化功能障碍或消耗性疾病如恶性肿瘤、结核病等。引起营养不良的常见原因有以下几个方面。

（1）摄食障碍：多见于食管、胃肠道疾病，神经系统及肝胆、肾脏等疾病引起的恶心、呕吐等。

（2）消化吸收障碍：多见于消化系统疾病（胃、肠、胰腺、肝脏、胆囊等）引起消化液或酶合成分泌减少，影响消化和吸收。

（3）消耗过度：见于慢性消耗性疾病，如长期活动性结核、恶性肿瘤、代谢性疾病、内分泌疾病等，出现碳水化合物、脂肪、蛋白质消耗过多。

2. 营养过度 体内脂肪积聚过多，主要表现为体重增加，超过标准体重的 20% 时称为肥胖，根据体重指数（BMI）判定，世界卫生组织标准，BMI ≥30 为肥胖，我国标准，BMI ≥28 为肥胖。按其病因可将肥胖分为原发性肥胖和继发性肥胖两种。

（1）原发性肥胖：又称单纯性肥胖，多与热量摄入过多或运动减少有关，表现为全身脂肪分布均匀，身体各个部位无异常改变，常有一定的遗传倾向。

（2）继发性肥胖：主要原因是某些内分泌疾病，如下丘脑、垂体病变、肾上腺皮质功能亢进症（Cushing 综合征）、甲状腺功能减退症、性腺功能减退症等。

（六）意识状态

意识（consciousness）是机体对环境和自身状态的认知与觉察能力，是大脑高级神经中枢功能活动的综合表现。正常人意识清晰、定向力正常，反应敏锐准确、思维合理，语言清晰、流畅、准确，表达能力良好。凡能影响大脑功能活动的疾病均可引起不同程度的意识改变，如兴奋不安、思维紊乱、语言表达能力不佳或失常、情感活动异常、无意识动作增加等，此种状态称为意识障碍。根据意识障碍的程度可将其分为嗜睡、意识模糊、昏睡、谵妄及昏迷。

1. 嗜睡 是最轻的意识障碍，是一种病理性嗜睡。患者陷入持续性睡眠状态，可被唤醒，并能正确回答和做出各种反应，但当刺激去除后很快又再入睡。

2. 意识模糊 是较嗜睡为深的一种意识障碍，意识水平轻度下降，患者能保持简单的精神活动，但对时间、地点、人物的定向能力障碍。

3. 昏睡 是接近不省人事的意识状态。患者处于熟睡状态，不易唤醒。在强烈刺激（压框上神经或摇动身体等）下可被唤醒，但很快又再入睡。醒时答话含糊或答非所问。

4. 谵妄 是一种以兴奋性增高为主的高级神经中枢急性活动失调状态，临床表现为意识模糊、定向力丧失，感觉错乱（幻觉、错觉）、躁动不安、言语杂乱。由于病因不同，有些患者可以康复，有些则发展为昏迷。可见于高热、药物中毒（颠茄类药物中毒、酒精中毒）、代谢障碍（肝性脑病）、循环障碍或中枢神经系统疾病等。

5. 昏迷 是最严重的意识障碍，表现为意识持续中断或完全丧失。按其程度可分为以下 3 个阶段。

（1）轻度昏迷：意识大部分丧失，无自主运动，对声、光刺激无反应，对疼痛刺激尚可出现痛苦的表情或肢体退缩等防御反应。角膜反射、瞳孔对光反射、眼球运动、吞咽反射等可存在。

（2）中度昏迷：对周围事物及各种刺激均无反应，对剧烈刺激可出现防御反射。角膜反射减弱，瞳孔对光反射迟钝，眼球无转动。

（3）深度昏迷：全身肌肉松弛，对各种刺激全无反应。深、浅反射均消失。

（七）语调与语态

语调（tone）是指语言过程中的音调。神经和发音器官病变可导致音调发生改变，如喉部炎症、结核和肿瘤可引起声音嘶哑，脑血管意外可致语调变浊、发音困难，喉返神经麻痹可致语调降低、言语共鸣消失；语音障碍分为失音、失语（运动性失语、感觉性失语）和口吃。

语态（voice）是指语言过程中的节奏。语态异常是指语言节奏紊乱，出现语言不畅、快慢不均、音节不清，见于帕金森病、舞蹈病、手足徐动症等。

某些口腔或鼻腔病变（如扁桃体周围脓肿、舌部溃疡、舌体肥大、肿瘤等），均可引起语调、语态改变。

（八）面容与表情

面容（facial features）是指面部呈现的状态；表情（expression）是在面部或姿态上思想感情的表现。面容与表情常反映患者的精神状态与病情程度。健康人面色红润，表情自然，神态安逸。患病后因病痛困扰，常出现痛苦、忧虑或疲惫的面容与表情。某些疾病发展到一定程度时，尚可出现特征性的面容与表情，对疾病的诊断有重要价值。

通过视诊即可确定患者的面容和表情，临床上常见的典型面容改变有以下几种。

1. 急性病容 面色潮红，兴奋不安，鼻翼扇动，口唇疱疹，表情痛苦。多见于急性感染性疾病，如肺炎球菌肺炎、疟疾、流行性脑脊髓膜炎等。

2. 慢性病容 面容憔悴，面色晦暗或苍白无华，目光黯淡。见于慢性消耗性疾病，如恶性肿瘤、肝硬化、严重结核病等。

3. 贫血面容 面色苍白，唇舌色淡，表情疲惫。见于各种原因所致的贫血。

4. 肝病面容 面色晦暗，额部、鼻背、双颊有褐色色素沉着。见于慢性肝病。

5. 肾病面容 面色苍白，双睑、颜面浮肿，舌色淡，舌缘有齿痕。见于慢性肾病。

6. 甲状腺功能亢进面容 面容惊愕，眼裂增宽，眼球突出，目光炯炯，兴奋不安，烦躁易怒。见于甲状腺功能亢进症。

7. 黏液性水肿面容 面色苍黄，颜面水肿，睑厚面宽，目光呆滞，反应迟钝，眉毛、头发稀疏，舌色淡、肥大。见于甲状腺功能减退症。

8. 二尖瓣面容 面色晦暗，双颊紫红，口唇轻度发绀。见于风湿性心瓣膜病二尖瓣狭窄。

9. 肢端肥大症面容 头颅增大，面部变长，下颌增大，向前突出，眉弓及两颧突起，唇舌肥厚，耳鼻增大。见于肢端肥大症。

10. 伤寒面容 表情淡漠，反应迟钝呈无欲状。见于肠伤寒、脑脊髓膜炎、脑炎等高热衰竭患者。

11. 苦笑面容 牙关紧闭，面肌痉挛，呈一种特殊痛苦病态。见于破伤风。

12. 满月面容 面圆如满月，皮肤发红，常伴痤疮和胡须生长。见于库欣（Cushing）综合征及长期应用糖皮质激素者。

13. 面具面容 面部呆板，无表情。见于帕金森病、脑炎等。

14. 垂危面容 面色苍白或灰暗、眼窝及颊部下陷、颧骨突出，两眼无神、额部冷汗。见于大出血、严重休克、脱水、急性脑膜炎等。

（九）体位

体位（position）是指患者身体所处的状态。不同的疾病及意识状态使患者主动或被动地采取不同的体位。体位的改变对某些疾病的诊断具有一定的意义。常见的体位有以下几种。

1. 自主体位（active position） 身体活动自如，不受限制。见于正常人、轻症和疾病早期患者，也有部分患者病情虽严重但体位不受限制。

2. 被动体位（passive position） 患者不能自己随意调整体位及移动肢体位置。见于极度衰弱或意识丧失者。

3. 强迫体位（compulsive position） 是由于某种疾病或患者为减轻痛苦，采取某种特殊的体位。临床上常见的强迫体位可分为以下几种。

（1）强迫仰卧位：患者仰卧，双腿蜷曲，借以减轻腹部肌肉的紧张程度。见于急性腹膜炎等。

（2）强迫俯卧位：俯卧位可减轻脊背肌肉的紧张程度。见于脊柱疾病。

（3）强迫侧卧位：有胸膜疾病的患者多采取患侧卧位，可限制患侧胸廓活动而减轻疼痛和有利于健侧代偿呼吸。见于一侧胸膜炎和大量胸腔积液。

（4）强迫坐位：也称端坐呼吸（orthopnea），患者坐于床沿上，以两手置于膝盖或扶持床边。该体位便于辅助呼吸肌参与呼吸运动，加大膈肌活动度，增加肺通气量，并减少回心血量和减轻心脏负担。见于心、肺功能不全。

（5）强迫蹲位：患者在活动过程中，因呼吸困难和心悸而停止活动并采用蹲踞位或膝胸位以缓解症状。见于先天性发绀型心脏病。

（6）强迫停立位：在步行时心前区疼痛突然发作，患者常被迫立刻站住，并以右手安抚心前部位，待症状稍缓解后才继续行走。见于心绞痛。

（7）辗转体位：患者辗转反侧，坐立不安。见于胆石症、胆道蛔虫病、肾绞痛等。

（8）角弓反张位：患者颈及脊背肌肉强直，以致头向后仰，胸腹前凸，背过伸，躯干呈弓形。见于破伤风及小儿脑膜炎。

（十）姿势

姿势（posture）是指举止的状况，健康成人躯干端正，肢体活动灵活适度。正常的姿势主要依靠骨骼结构和各部分肌肉的紧张度来保持，但亦受机体健康状况及精神状态的影响，如疲劳和情绪低沉时可出现肩垂、弯背、拖拉蹒跚的步态。患者因疾病的影响，可出现姿势的改变。颈部活动受限提示颈椎疾病；充血性心力衰竭患者多愿采取坐位，当其后仰时可出现呼吸困难；腹部疼痛时可有躯干制动或弯曲，胃、十二指肠溃疡或胃肠痉挛性疼痛发作时，患者常捧腹而行。

（十一）步态

步态（gait）指走动时所表现的姿态。健康人躯干端正，动作自如，步态稳健，但也会因年龄、机体状态和所受训练的影响而有不同表现，如小儿喜急行或小跑，青壮年矫健快速，老年人则常为小步慢行。当患有某些疾病时，可导致步态发生显著改变，并具有一定的特征性，有助于疾病的诊断。常见的典型异常步态有以下几种。

1. 蹒跚步态（waddling gait） 走路时身体左右摇摆似鸭行。见于佝偻病、大骨节病、进行性肌营养不良或双侧先天性双侧髋关节脱位等。

2. 醉酒步态（drinken man gait） 行走时躯干重心不稳，步态紊乱不准确呈醉酒状。见于小脑疾病、酒精及巴比妥类药物中毒。

3. 慌张步态（festinating gait） 起步后小步急速趋行，双脚擦地，身体前倾，有难以止步之势。见于帕金森病。

4. 共济失调步态（ataxic gait） 起步时将一足高抬，骤然落下，双目向下注视，两脚间距较宽，以防身体倾斜，闭目时则不能保持平衡。见于脊髓病变。

5. 跨阈步态（steppage gait） 由于踝部肌腱、肌肉弛缓，患足下垂，行走时必须抬高下肢才能起步。见于腓总神经麻痹。

6. 剪刀步态（scissors gait） 由于双下肢肌张力增高，尤以伸肌和内收肌张力增高明显，故移步时下肢过度内收，两腿交叉形成剪刀状。见于脑性瘫痪与截瘫。

7. 间歇性跛行（intermittent claudication） 步行中，患者因下肢突然酸痛乏力，被迫停止行进，需稍休息后方能继续行进。见于高血压、动脉硬化。

二、皮 肤 检 查

皮肤本身的疾病很多，许多疾病在病程中可伴随着多种皮肤病变和反应。皮肤的病变和反应有的是局部的，有的是全身的。皮肤病变除颜色改变外，亦可为湿度、弹性的改变，以及出现皮疹、出血点、紫癜、水肿及瘢痕等。皮肤病变的检查一般通过视诊观察，有时也须配合触诊才能得到更清楚的印象。检查最好在自然光或日光灯下进行，室内温度应适宜，过冷或过热都会影响检查结果。

（一）颜色

皮肤的颜色（skin color）与种族遗传有关，同一种族可因毛细血管的分布、血液的充盈度、色素量的多少、皮下脂肪的厚薄不同而异，同一个人不同部位、不同生理及病理状态、不同环境下也不相同。检查时要注意皮肤有无发红、苍白、黄染、发绀、色素沉着或脱失等改变，并观察病变的部位及范围。

1. 发红（redness） 皮肤发红是由于毛细血管扩张充血、血流加速、血量增加及红细胞数量增多所致，在生理情况下见于运动、饮酒后；病理情况下见于发热性疾病，如肺炎球菌肺炎、肺结核、猩红热、阿托品及一氧化碳中毒等。皮肤持久性发红见于 Cushing 综合征及真性红细胞增多症。

2. 苍白（pallor） 皮肤苍白可由贫血、末梢毛细血管痉挛或充盈不足所致，如寒冷、惊恐、休克、虚脱及主动脉瓣关闭不全等。仅见肢端苍白，可能与肢体动脉痉挛或阻塞有关，如雷诺病、血栓闭塞性脉管炎等。

3. 发绀（cyanosis） 发绀时皮肤呈青紫色，常出现于口唇、耳廓、面颊及肢端。见于还原血红蛋白增多或异常血红蛋白血症。

4. 黄染（stained yellow） 皮肤黏膜发黄称为黄染，常见的原因有以下几种。

（1）黄疸：由于血清内胆红素浓度增高而使皮肤黏膜乃至体液及其他组织黄染的现象称为黄疸。当血清总胆红素浓度＞34μmol/L 时可出现黄疸。黄疸引起皮肤黏膜黄染的特点是：①黄疸首先出现于巩膜、硬腭后部及软腭黏膜上，随着血中胆红素浓度的继续增高黏膜黄染更明显时，才会出现皮肤黄染；②巩膜黄染是连续的，近角巩膜缘处黄染轻、黄色淡，远角巩膜缘处黄染重、黄色深。

（2）胡萝卜素增高：过多食用胡萝卜、南瓜、橘子、橘汁等可引起血中胡萝卜素水平增高，当超过 2.5g/L 时，也可使皮肤黄染。其特点是：①黄染首先出现于手掌、足底、前额及鼻部皮肤；②一般不出现巩膜和口腔黏膜黄染；③血中胆红素不高；④停止食用富含胡萝卜素的蔬菜或果汁后，皮肤黄染逐渐消退。

（3）长期服用含有黄色素的药物：如米帕林、呋喃类等药物也可引起皮肤黄染。其特点是：①黄染首先出现于皮肤，严重者也可出现于巩膜。②巩膜黄染的特点是角巩膜缘处黄染重，黄色深；离角巩膜缘越远，黄染越轻，黄色越淡，这一点是与黄疸的重要区别。

5. 色素沉着（pigmentation） 是由于表皮基底层的黑色素增多所致的部分或全身皮肤色泽加深。生理情况下，身体的外露部分，以及乳头、腋窝、生殖器官、关节、肛门周围等处皮肤色素较深。如果这些部位的色素明显加深或其他部位出现色素沉着，则提示为病理征象。常见于慢性肾上腺皮质功能减退，其他如肝硬化、晚期肝癌、肢端肥大症、黑热病、疟疾及使用某些药物如砷剂和抗肿瘤药物等，亦可引起不同程度的皮肤色素沉着。

妇女在妊娠期间，面部、额部可出现棕褐色对称性色素斑，称为妊娠斑；老年人也可出现全身或面部的散在色素斑，称为老年斑。

6. 色素脱失 正常皮肤均含有一定量的色素，当缺乏酪氨酸酶致体内酪氨酸不能转化为多巴而形成黑色素时，即可发生色素脱失。临床上常见的色素脱失有白癜风、白斑及白化病。

（1）白癜风（vitiligo）：为多形性大小不等的色素脱失斑片，发生后可逐渐扩大，但进展缓慢，无自觉症状亦不引起生理功能改变。见于白癜风患者，有时偶见于甲状腺功能亢进、肾上腺皮质功能减退及恶性贫血。

（2）白斑（leukoplakia）：多为圆形或椭圆形色素脱失斑片，面积一般不大，常发生于口腔黏膜及女性外阴部，部分白斑可发生癌变。

（3）白化病（albinismus）：为全身皮肤和毛发色素脱失，头发可呈浅黄色或金黄色。属于遗传性疾病，为先天性酪氨酸酶合成障碍所致。

（二）温度、湿度

健康者皮肤温暖。全身皮肤发热可见于发热、甲状腺功能亢进、日晒及过度运动，发凉见于休克及甲状腺功能减退；局部皮肤发热见于静脉炎、蜂窝织炎、疖肿及局部烫伤，肢端发凉见于雷诺病。皮肤湿度与皮肤的排泌功能有关，排泌功能是由汗腺和皮脂腺完成的，但汗腺起主要作用，出汗多者皮肤比较湿润，出汗少者比较干燥。皮肤的湿度也随环境温度、湿度、机体活动量及体温的改变而改变。正常人皮肤比较湿润，但随着年龄的增长可变得比较干燥。在病理情况下，可发生出汗增多或无汗，具有一定的诊断价值。皮肤多汗可见于风湿病、结核病、布鲁氏菌病、佝偻病及甲状腺功能亢进症。夜间睡后出汗称为盗汗，多见于结核病。手足皮肤发凉而大汗淋漓称为冷汗，见于休克和虚脱患者。皮肤干燥无汗常见于维生素 A 缺乏病、硬皮病、干燥综合征和严重脱水。

（三）弹性

皮肤弹性（elasticity）取决于被检查者的年龄、营养状况、皮下脂肪及组织间隙中水分的含量。儿童及青年皮肤紧张富有弹性；中年以后皮肤组织逐渐松弛，弹性减弱；老年皮肤组织萎缩，皮下脂肪减少，弹性减退。检查皮肤弹性时，常选取手背或上臂内侧部位，用示指和拇指将皮肤捏起，松手后皱褶立即平复为弹性正常，皱褶恢复缓慢则表明弹性减弱。弹性减弱可见于长期消耗性疾病或严重脱水者。发热时由于血液循环加速，周围血管充盈，可使皮肤弹性增加。

（四）皮疹

皮疹（skin eruption）多为全身性疾病的表现之一，是临床上诊断某些疾病的重要依据。皮疹的种类很多，常见于传染病、皮肤病、药物及其他物质所致的过敏反应等。其出现的规律和形态有一定的特异性，若发现皮疹，应仔细观察和记录其出现与消失的时间、发展顺序、分布、形态、颜色、大小、压之是否褪色、平坦或隆起、有无瘙痒及脱屑等。常见皮疹有以下几种。

1. 斑疹（macula） 局部皮肤发红，边界清楚，大小不等，一般不高出皮肤表面。见于斑疹伤寒、丹毒、风湿性多形性红斑等。

2. 丘疹（papule） 局部皮肤颜色改变并高出皮肤表面。见于药物疹、麻疹、湿疹等。

3. 斑丘疹（maculopapule） 在丘疹周围有皮肤发红的底盘。见于风疹、药物疹和猩红热。

4. 玫瑰疹（roseola） 为一鲜红色圆形斑疹，直径 2～3cm，为病灶周围血管扩张所致。检查时拉紧附近皮肤或以手指按压可使皮疹消退，松开时又复出现，多出现于胸腹部，为伤寒和副伤寒的特征性皮损。

5. 荨麻疹（urticaria） 为凸出皮肤表面的苍白色或红色的局限性水肿，为速发性皮肤变态反应所致。见于各种异性蛋白性食物或药物过敏。

6. 疱疹（bleb） 为局限性隆起皮肤表面、大小不等、充满浆液或脓液的小水疱，其颜色可因腔内所含液体不同而异，腔内液体可为血清或淋巴液，可见于单纯疱疹和带状疱疹、天花、水痘、疥疮等。腔内含脓者为脓疱，脓疱可以原发也可以由水疱感染而来，可见于糖尿病足和烫伤患者。

（五）脱屑

皮肤脱屑（desquamation）常见于正常皮肤角化层的不断角化和更新，但由于数量很少，常态下一般不易察觉。病理状态下可见大量皮肤脱屑。米糠样脱屑常见于麻疹；片状脱屑常见于猩红热；银白色鳞状脱屑见于银屑病。

（六）皮下出血

皮下出血（subcutaneous hemorrhage）根据其直径大小及伴随情况分为以下几种：①出血面积直径不超过 2mm 称为瘀点（petechia）；②直径 3～5mm 称为紫癜（purpura）；③直径超过 5mm 为瘀斑（ecchymosis）；④片状出血并伴有皮肤显著隆起称为血肿（hematoma）。检查时，较大面积的皮下出血易于诊断，对于较小的瘀点应注意与红色的皮疹或小红痣进行鉴别，皮疹受压时，一般可褪色或消失，瘀点和小红痣受压后不褪色，但小红痣于触诊时可感到稍高于皮肤表面，且表面光亮。皮下出血常见于造血系统疾病、重症感染、某些血管损害性疾病以及毒物或药物中毒等。

（七）蜘蛛痣和肝掌

蜘蛛痣（spider angioma）是皮肤小动脉末端分支性扩张所形成的血管痣，形似蜘蛛，故称为蜘蛛痣。蜘蛛痣大多出现在上腔静脉分布的区域内，如面、颈、上肢、前胸和肩部等处，大小不等。检查时用棉签或火柴杆压迫蜘蛛痣中心，其辐射状小血管网立即消失，压力解除后又复出现。见于慢性肝炎或肝硬化患者及健康妊娠妇女，一般认为其发生机制与肝脏对雌激素的灭活作用减弱有关。此外，慢性肝病患者手掌的大、小鱼际处常发红、压之褪色，称肝掌（liver palm），发生机制与蜘蛛痣相同。

（八）水肿

水肿（edema）是皮下组织的细胞内及组织间隙内液体积聚过多所致。水肿的检查应以视诊和触诊相结合，仅凭视诊虽可诊断明显水肿，但不易发现轻度水肿。凹陷性水肿局部受压后可出现凹陷，而黏液性水肿及象皮肿（丝虫病）尽管组织肿胀明显，但受压后并无组织凹陷。根据水肿的轻重，可分为轻、中、重三度。

轻度：仅见于眼睑、眶下软组织、胫骨前、踝部皮下组织，指压后可见组织轻度下陷，平复较快。

中度：全身组织均见明显水肿，指压后可出现明显的或较深的组织下陷，平复缓慢。

重度：全身组织严重水肿，身体低位皮肤紧张发亮，甚至有液体渗出。此外，胸腔、腹腔等浆膜腔内可见积液，外阴部亦可见严重水肿。

（九）皮下气肿

皮下气肿（subcutaneous emphysema）是气体进入皮下组织所致，触诊时可出现捻发感或握雪感，主要见于肺、气管、胸膜损伤或破裂，亦可见于产气杆菌感染。

（十）皮下结节

皮下结节（subcutaneous nodules）较大者通过视诊即可发现，对较小的结节则必须触诊方能查及。无论大小结节均应触诊检查，注意其大小、硬度、部位、活动度及有无压痛等。常见的皮下结节有以下几种。

1. 风湿结节 位于关节、骨隆突附近，圆形质硬无压痛的皮下结节。数目不多、大小不等（直径为0.5～2.0cm）。见于风湿热和类风湿等疾病。

2. 囊蚴结节 位于躯干、四肢皮下的黄豆大小的结节，圆形或椭圆形，表面平滑，无压痛，与皮肤无粘连，可推动，质地坚韧，数目多少不一。见于囊尾蚴病（囊虫病）。

3. 痛风结节 又称痛风石，是血液尿酸浓度增高，尿酸盐结晶在皮下结缔组织沉积所致。一般出现于耳廓、趾（指）、指（趾）关节及掌指关节等部位，黄白色，大小不一（直径为0.2～2.0cm），为痛风的特征性病变。

4. 结节性红斑 多见于年轻女性，好发于小腿伸侧，多为对称，大小不一（直径为1～5cm）、数目不等的疼痛性结节。皮损先为红色变为紫色，最后为黄色，常持续数日或数周而逐渐消退，不留瘢痕。见于溶血性链球菌感染或自身免疫病等。

5. 其他 脂膜炎结节可见于脂膜炎；动脉炎结节可见于结节性多发性动脉炎；奥斯勒（Osler）结节见于感染性心内膜炎。

（十一）瘢痕

瘢痕（scar）指皮肤外伤或病变愈合后结缔组织增生形成的斑块。表面低于周围正常皮肤的为萎缩性瘢痕；高于周围正常皮肤的为增生性瘢痕。外伤、感染及手术均可在皮肤上留有瘢痕，为曾患某些疾病的证据。患过皮肤疮疖者在相应部位可遗留瘢痕；患过天花者，在其面部或其他部位有多数大小类似的瘢痕；颈淋巴结结核破溃愈合后的患者常遗留颈部皮肤瘢痕。

（十二）褥疮

褥疮（bedsore）又称压疮，为局部组织长期受压，发生持续性缺血、缺氧、营养不良所致的皮肤损害。

（十三）毛发

毛发（hair）的颜色、曲直与种族有关，其分布、多少和颜色可因性别与年龄而有不同，亦受遗传、营养和精神状态的影响。正常人毛发的多少存在一定差异，一般男性体毛较多，阴毛呈菱形分布，以耻骨部最宽，上方尖端可达脐部，下方尖端可延至肛门前方；女性体毛较少，阴毛多呈倒三角形分布。中年以后因毛发根部的血运和细胞代谢减退，头发可逐渐减少或色素脱失，形成秃顶或白发。

毛发的多少及分布变化对临床诊断有辅助意义。毛发增多见于一些内分泌疾病，如Cushing综合征及长期使用肾上腺皮质激素及性激素者，女性患者除一般体毛增多外，尚可生长胡须。病理性毛发脱落常见于以下原因。

1. 头部皮肤疾病 如脂溢性皮炎、螨寄生等可呈不规则脱发，以顶部为著。

2. 神经营养障碍 如斑秃，脱发多为圆形，范围大小不等，发生突然，可以再生。

3. 某些发热性疾病 如伤寒等。

4. 某些内分泌疾病 如甲状腺功能、垂体功能及性功能的减退。

5. 理化因素性脱发 如过量的放射线影响，某些抗癌药物如环磷酰胺、顺铂等。

三、淋巴结检查

人体淋巴结有 600～700 个，临床上一般只检查身体各部表浅的淋巴结。健康人表浅淋巴结很小，直径多为 0.2～0.5cm，质地柔软，表面光滑，不易触及，无压痛与毗邻组织无粘连。

（一）淋巴结检查方法及顺序

检查淋巴结的方法是视诊和触诊。视诊时不仅要注意局部征象（包括皮肤是否隆起，颜色有无变化，有无皮疹、瘢痕、瘘管等），也要注意全身状态。

触诊是检查淋巴结的主要方法。检查者将示、中、环三指并拢，其指腹平放于被检查部位的皮肤上进行滑动触诊，这里所说的滑动是指腹按压的皮肤与皮下组织之间的滑动；滑动的方式应取相互垂直的多个方向或转动式滑动，这有助于淋巴结与肌肉和血管结节的区别。

检查颌下及颈部淋巴结时，可站在被检查者的前面或背后，让被检查者头稍低或偏向检查侧，使局部松弛后，手指紧贴检查部位，由浅入深进行滑动触诊。检查锁骨上淋巴结时，让被检查者取坐位或卧位，头部稍向前屈，用双手进行触诊，左手触诊右侧，右手触诊左侧，由浅部逐渐触摸至锁骨后深部。检查腋窝淋巴结时，使被检查者前臂稍向外展，检查者以右手检查左侧，以左手检查右侧，触诊由浅入深，直至腋窝顶部。检查滑车上淋巴结时，检查者左（右）手托患者的左（右）上臂，用右（左）手指在滑车上由浅入深地进行触摸。

发现淋巴结肿大时，应注意其部位、大小、数目、硬度、压痛、活动度，有无粘连，局部皮肤有无红肿、瘢痕、瘘管等。同时注意寻找引起淋巴结肿大的原发病灶。

全身体格检查时，淋巴结的检查应在相应身体部位检查过程中进行。检查淋巴结时，一定要按顺序进行，以免遗漏。颈部淋巴结的检查顺序是：耳前、耳后、枕部、颌下、颏下、颈前、颈后、锁骨上淋巴结。上肢淋巴结的检查顺序是：腋窝淋巴结、滑车上淋巴结。腋窝淋巴结应按尖群、中央群、胸肌群、肩胛下群和外侧群的顺序进行。下肢淋巴结的检查顺序是：腹股沟部（先查上群、后查下群）、腘窝部。

（二）淋巴结肿大的意义

淋巴结肿大按其分布可分为局限性与全身性淋巴结肿大。

1. 局限性淋巴结肿大

（1）非特异性淋巴结炎：由于附近组织的局部急、慢性炎症引起，常见的如急性化脓性扁桃体炎，牙龈炎可引起颌下或颈部淋巴结肿大。急性炎症初期，肿大的淋巴结质地柔软、有压痛、表面光滑无粘连，肿大至一定程度即停止。慢性炎症时，淋巴结较硬，最终淋巴结可缩小或消退。

（2）淋巴结结核：常发生于颈部血管周围的淋巴结，为多发性，质地稍硬，大小不等，可互相粘连，或与周围组织粘连，如发生干酪样坏死，则可触及波动感。晚期可破溃并发生瘘管，愈合后可形成瘢痕。

（3）恶性肿瘤的淋巴转移：身体各部位器官的恶性肿瘤均可向所属淋巴结转移，胸部肿瘤如肺癌可转移至右锁骨上淋巴结；胃癌多转移至左锁骨上淋巴结，因此处系胸导管进颈静脉的入口，这种肿大的淋巴结称为菲尔绍（Virchow）淋巴结，常为胃癌、食管癌转移的标志。转移的淋巴结质地坚硬，或有橡皮样感，表面可光滑或突起，与周围组织粘连，不易推动，一般无压痛。

2. 全身性淋巴结肿大

（1）感染性疾病：病毒感染见于传染性单核细胞增多症、艾滋病等；细菌感染见于布鲁氏菌病、血行播散型肺结核、麻风等；螺旋体感染见于梅毒、鼠咬热、钩端螺旋体病等；原虫与寄生虫感染见于黑热病、丝虫病等。

（2）非感染性疾病

1）结缔组织疾病：如系统性红斑狼疮、干燥综合征、结节病等。

2）血液系统疾病：如急慢性白血病、淋巴瘤、恶性组织细胞病等。

第三节 头部检查

头部及其器官是人体最重要的外形特征之一，是检查者最先和最容易见到的部分，仔细检查常能提供很多有价值的诊断资料，应进行全面的视诊和触诊。

一、头发、头皮、头颅

（一）头发

检查头发（hair）时要注意颜色、疏密度、分布、质地、有无脱发。头发的颜色、曲直和疏密度可因种族遗传因素和年龄而不同。儿童和老年人的头发较稀疏，头发逐渐变白也是老年性改变。脱发可由疾病引起，如伤寒、甲状腺功能减退、斑秃等，也可由物理与化学因素引起，如放射治疗和抗癌药物治疗等，检查时要注意其发生部位、形状与头发改变的特点。

（二）头皮

检查头皮（scalp）时需分开头发，观察头皮的颜色，有无头屑、头癣、炎症、血肿、外伤及瘢痕等。

（三）头颅

头颅（skull）在视诊时应注意其大小、形状、头发和有无异常活动。触诊头颅时用双手仔细触摸头颅的每一个部位，了解其外形，有无压痛和异常隆起。头颅的大小以头围来衡量，测量方法是以软尺自眉间绕到颅后通过枕骨粗隆。头围随着发育会不断地变化：新生儿约34cm，出生后的前半年增加8cm，后半年增加3cm，第二年增加2cm，第三、四年内约增加1.5cm，4～10岁共增加约1.5cm，到18岁可达53cm或以上，以后几乎不再变化。矢状缝和其他颅缝大多在出生后6个月骨化，骨化过早会影响颅脑的发育。

头颅的大小异常或畸形可成为一些疾病的典型体征。临床常见者如下。

1. 小颅（microcephalia） 小儿囟门多在12～18个月闭合，如过早闭合可形成小头畸形，这种畸形常伴智力发育障碍。

2. 巨颅（1arge skull） 额、顶、颞及枕部突出膨大呈圆形，颈部静脉充盈，对比之下颜面很小。由于颅内压增高，压迫眼球，形成双目下视、巩膜外露的特殊表情，称为“落日现象”（setting sun phenomenon），见于脑积水。

3. 方颅（enlarged squared skull） 前额左右突出，头顶平坦呈方形，多见于小儿佝偻病或先天性梅毒。

4. 尖颅（oxycephaly） 亦称塔颅（tower skull），头顶部尖突高起，造成与颜面的比例异常，因矢状缝和冠状缝过早闭合所致。见于尖头并指（趾）畸形（acrocephalosyndactyly），即Apert综合征。

5. 长颅（delichocephalia） 颅骨顶至下颌部的长度明显增大，见于马方综合征及肢端肥大症。

6. 变形颅（deforming skull） 以颅骨增大变形为特征，同时伴有长骨骨质增厚弯曲，见于变形性骨炎（Paget 病）。

头部运动异常一般在视诊时即可发现。头部运动受限见于颈椎疾病；头部不随意地颤动，见于帕金森病；与颈动脉搏动一致的点头运动，见于严重主动脉瓣关闭不全。

二、颜面及其器官

颜面（face）为头部前面不被头发遮盖的部分。面部肌群很多，有丰富的血管和神经分布，是构成表情的基础。除面部器官本身的病变外，许多全身性疾病在面部及其器官上有特征性改变，检查面部及其器官对某些疾病的诊断具有重要意义。

（一）眼

眼的检查包括 4 个部分：视功能、外眼、眼前节和内眼。视功能检查包括视力、视野、色觉和立体视等检查；外眼检查包括眼睑、泪器、结膜、眼球位置和眼压检查；眼前节检查包括角膜、巩膜、前房、虹膜、瞳孔和晶状体等检查；内眼，即眼球后部，包括玻璃体和眼底，眼底检查需用检眼镜在暗室内进行。

1. 视功能检查

（1）视力（visual acuity）：视力分为远视力和近视力，后者通常指阅读视力。其检测采用通用国际标准视力表进行。近视力检查能了解眼的调节能力，与远视力检查配合可初步诊断是否有屈光不正（包括散光、近视、远视）和老视，或是否有器质性病变，如白内障、眼底病变等。

（2）视野（visual vision）：是指当眼球向正前方固视不动时所见的空间范围，与中心视力相对而言，它是周围视力，是检查黄斑中心凹以外的视网膜功能。采用手试对比检查法可粗略地测定视野，而视野计可做精确的视野测定。

视野在各方向均缩小者，称为向心性视野狭小。在视野内的视力缺失地区称为暗点。视野的左或右一半缺失，称为偏盲。双眼视野颞侧偏盲或象限偏盲，见于视交叉以后的中枢病变，单侧不规则的视野缺损见于视神经和视网膜病变。

（3）色觉（color vision）：色觉的异常可分为色弱和色盲两种。色弱是对某种颜色的识别能力减低；色盲是对某种颜色的识别能力丧失。色盲又分先天性与后天性两种，先天性色盲是遗传性疾病，以红绿色盲最常见，遗传方式为伴性遗传，男性发病率为 4.7%，女性为 0.7%；后天性者多由视网膜病变、视神经萎缩和球后视神经炎引起。蓝黄色盲极为少见，全色盲更罕见。

色觉障碍的患者不适于从事交通运输、服兵役、警察、美术、印染、医疗、化验等工作，因而色觉检查已被列为体格检查的常规项目之一。

色觉检查要在适宜的光线下进行，让受检者在 50cm 距离处读出色盲表上的数字或图像，如 5～10s 不能读出表上的彩色数字或图像，则可按色盲表的说明判断为某种色盲或色弱。

（4）立体视觉检查：参见眼科学教材。

2. 外眼检查 眼的外部结构见图 3-2。

（1）眼睑（eyelid）

1）眼睑水肿：眼睑皮下组织疏松，轻度或初发水肿均可在眼睑表现出来，见于急、慢性肾炎、重症贫血及营养不良、血管神经性水肿（多限于一侧）等；有时健康人用低枕睡眠或睡眠不足亦可出现水肿。

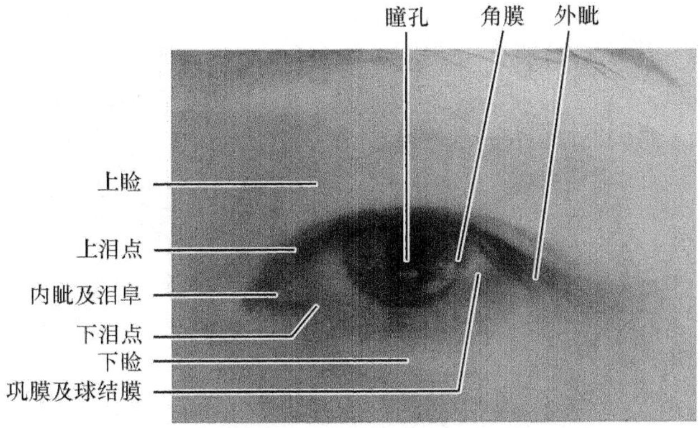

图 3-2 眼的外部结构

2）睑内翻（entropion）：由于瘢痕形成使眼睑缘向内翻转，见于沙眼。

3）眼睑下垂（ptosis）：双侧眼睑下垂见于先天性上睑下垂、重症肌无力；单侧上睑下垂见于蛛网膜下腔出血、白喉、脑脓肿、脑炎、外伤等引起的动眼神经麻痹。

4）眼睑闭合障碍：单侧闭合障碍见于面神经麻痹，双侧闭合障碍见于甲状腺功能亢进。

此外，还应注意眼睑有无包块、压痛、倒睫等。

（2）泪囊：嘱患者向上看，检查者双手拇指轻压双眼内眦下方，即骨性眶缘下内侧，挤压泪囊，同时观察有无泪液或分泌物自上、下泪点溢出。若有黏液脓性分泌物溢出，考虑慢性泪囊炎。急性炎症时避免此操作。

（3）结膜（conjunctiva）：结膜分睑结膜、穹窿部结膜与球结膜三部分。检查下睑结膜时，嘱被检查者向上看，检查者用示指将下睑向下翻开，则下睑结膜露出。检查上睑结膜时，嘱被检查者向下看，检查者用示指和拇指捏起上睑中部边缘，轻轻向前下方牵拉，同时将睑缘向上捻转，上睑结膜露出。翻眼睑时动作要轻巧、柔和，以免引起被检查者的痛苦和流泪。常见的改变为：如出现充血且黏膜发红，见于结膜炎、角膜炎；结膜出血常见于某些传染病的早期，如麻疹、斑疹伤寒、流行性出血热等；颗粒与滤泡见于沙眼；苍白见于贫血；若有散在瘀点，可见于亚急性心内膜炎；若有大片的结膜下出血，可见于高血压、动脉硬化。除沙眼、春季卡他性结膜炎外，几乎所有的结膜炎症在下睑结膜的表现都比上睑结膜更明显。

（4）眼球（eyeball）：检查时应注意眼球的外形、运动、震颤及眼压等。

1）眼球突出（exophthalmos）：双侧眼球突出见于甲状腺功能亢进；甲亢眼征包括施特尔瓦格（Stellwag）征：瞬目（即眨眼）减少，双目炯炯有神；冯·格雷费（von Graefe）征：上睑迟滞或不随眼球下视；若弗鲁瓦（Joffroy）征：眼球上看时无额纹出现；默比乌斯（Mobius）征：表现为辐辏减弱，即目标由远处逐渐移近眼球时，两侧眼球不能适度内聚。

单侧眼球突出，多由于局部炎症或眶内占位性病变所致，偶见于颅内病变。

2）眼球内陷（enophthalmos）：双侧内陷见于严重脱水、消瘦，老年人球后脂肪萎缩。单侧内陷见于霍纳（Horner）综合征和眶尖骨折。

3）眼球运动：实际上是检查 6 条眼外肌的运动功能。医师嘱患者头部不动，眼球随医师手指所示方向做上下左右和旋转运动，一般按左→左上→左下、右→右上→右下 6 个方向的顺序进行，每一方向代表双眼的一对配偶肌的功能（图 3-3），若有某一方向运动受限提示该对配偶肌功能障碍，并伴有复视（diplopia）。由支配眼肌运动的神经核、神经或眼外肌本身器质性病变所产生的斜视，称为麻痹性斜视（paralytic strabismus），多由颅脑外伤、鼻咽癌、脑炎、脑膜炎、脑脓肿、脑血管病变所引起。

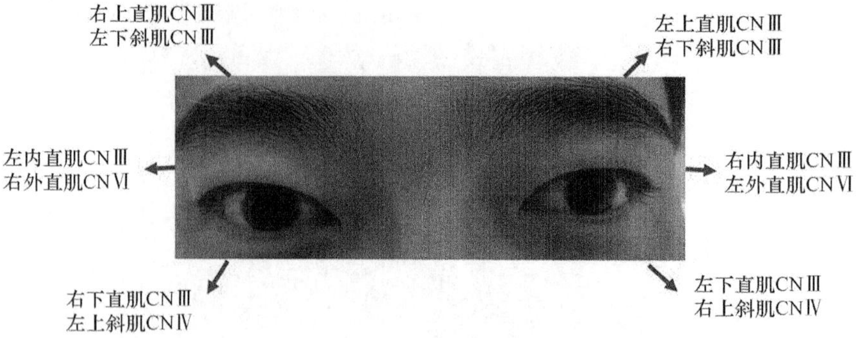

图 3-3　眼球 6 个方向的运动、相应的配偶肌和神经支配

4）眼压：眼压增高见于青光眼；眼压降低见于眼球萎缩或脱水。眼压可采用触诊法或眼压计来检查。前者是医师凭手指的感觉判断其眼球的硬度，该方法虽然不够准确，但简便易行，有临床应用价值。检查时，让患者向下看（不能闭眼），检查者用双手示指放在上睑的眉弓和睑板上缘之间，其他手指放在额部和颊部，然后两手示指交替轻压眼球的赤道部，便可借助指尖感觉眼球波动的抗力，判断其软硬度。

3. 眼前节检查

（1）角膜（cornea）：角膜表面有丰富的感觉神经末梢，因此角膜的感觉十分灵敏。正常角膜为透明光亮，无混浊、白斑、云翳及溃疡等。维生素 A 缺乏、角膜炎及外伤时可发生角膜软化，溃疡或混浊。白斑和云翳如果发生在瞳孔部位可影响视力。角膜周边的血管增生可能为严重沙眼所造成。老年人的角膜周围可出现灰白色混浊环，称为老年环（arcus senilis），是类脂沉着所致，无自觉症状，不妨碍视力。角膜边缘若出现黄色或棕褐色的色素环，环的外缘较清晰，内缘较模糊，称为凯-弗（Kayser-Fleischer）环，是铜代谢障碍的结果，见于肝豆状核变性（Wilson 病）。

（2）巩膜（sclera）：正常为瓷白色或青白色。在发生黄疸时，巩膜比其他黏膜更先出现黄染而容易被发现。这种黄染在巩膜是连续的，近角膜巩膜交界处较轻，越远离此越黄。检查时，可让患者向内下视，暴露其巩膜的外上部分更容易发现黄疸。中年以后在内眦部可出现黄色斑块，为脂肪沉着所形成，这种斑块呈不均匀分布，应与黄疸相鉴别。血液中其他黄色色素成分增多时（如胡萝卜素、米帕林等），也可引起皮肤黏膜黄染，但其表现与黄疸时的巩膜有区别。

（3）虹膜（iris）：是眼球葡萄膜的最前部分，中央有圆形孔洞即瞳孔，虹膜内有瞳孔括约肌与扩大肌，能调节瞳孔的大小。正常虹膜纹理近瞳孔部分呈放射状排列，周边呈环形排列。纹理模糊或消失见于虹膜炎症、水肿和萎缩。形态异常或有裂孔，见于虹膜后粘连、外伤、先天性虹膜缺损等。

（4）瞳孔（pupil）：是虹膜中央的孔洞，注意瞳孔的大小、形状，双侧是否等大、等圆，对光反射及调节反射等。

1）瞳孔的形状与大小：正常瞳孔两侧等大等圆，直径 3～4mm。婴儿、老年人及光亮处瞳孔较小。青少年、精神兴奋或在暗处瞳孔稍大。瞳孔缩小（瞳孔括约肌收缩）见于有机磷农药、吗啡等中毒；瞳孔扩大（瞳孔扩大肌收缩）见于视神经萎缩、阿托品药物反应；瞳孔散大见于濒死状态；双侧瞳孔大小不等提示颅内病变。

2）瞳孔对光反射：检查时用手隔开两眼，持电筒照射一侧瞳孔，出现同侧瞳孔收缩，此为直接对光反射，同时出现另一侧瞳孔收缩，此为间接对光反射。昏迷患者瞳孔对光反射迟钝或消失。

3）调节与集合反射：嘱被检者注视 1m 以上的目标（通常是检查者的示指尖），然后将目标迅速移近眼球（距眼球 5～10cm），正常人瞳孔逐渐缩小，称为调节反射。如同时双侧眼球向内聚合，称为集合反射（convetgence rellex）。动眼神经功能损害时，调节反射和集合反射均消失。甲状腺功能亢进时集合反射消失。

4. 眼底检查 需借助检眼镜才能检查眼底。眼底检查一般要求在不扩瞳情况下检查，医师和患者都不戴眼镜。检查方法参见眼科学教材。

许多全身性疾病可以引起眼底的改变，几种常见疾病的眼底改变见表 3-4。

表 3-4 常见疾病的眼底改变

疾病	眼底改变
高血压动脉硬化	早期为视网膜动脉痉挛。硬化期为视网膜动脉变细，反光增强，有动静脉交叉压迫现象，动脉呈铜丝状甚至银丝状。晚期围绕视盘可见火焰状出血，棉絮状渗出物，严重时有视盘水肿
慢性肾炎	视盘及周围视网膜水肿，火焰状出血，棉絮状渗出物
妊娠中毒症	视网膜动脉痉挛、水肿，渗出物增多时可致视网膜脱离
糖尿病	视网膜静脉扩张迂曲，视网膜有点状和片状深层出血
白血病	视盘边界不清，视网膜血管色淡，血管曲张或弯曲，视网膜上有带白色中心的出血斑及渗出物

（二）口

口（mouth）的检查包括口唇、口腔内器官和组织及口腔气味等。

1. 口唇 健康人口唇红润光泽。口唇苍白常见于休克、主动脉瓣关闭不全和贫血等。口唇发绀提示缺氧，为血液中还原血红蛋白增加所致，见于心力衰竭和呼吸衰竭等。口唇周围疱疹常见于急性传染病。脱水时可引起口唇干燥、皲裂。口唇肥厚增大见于黏液性水肿（myxedema）、肢端肥大症（acromegaly）及呆小病（cretinism）等。唇裂为先天性发育畸形。口唇有红色斑片，加压即褪色，见于遗传性毛细血管扩张症，除口唇外，在其他部位也可出现。口角糜烂见于维生素 B_2 缺乏症。

2. 口腔黏膜 注意有无溃疡、出血、充血及黄染。麻疹患者颊部黏膜相当于第二磨牙处可出现针尖样大小的白色斑点，称为麻疹黏膜斑（Koplik 斑），为麻疹的早期特征。黏膜上有白色或灰白色凝乳块状物，称为鹅口疮，为白念珠菌感染，多见于衰弱的患儿或老年患者，也可出现于长期使用广谱抗生素和抗癌药之后。若出现蓝黑色色素沉着斑片多为肾上腺皮质功能减退症（Addison 病）。如见大小不等的黏膜下出血点或瘀斑，则可能为各种出血性疾病或维生素 C 缺乏所引起。此外，黏膜充血、肿胀并伴有小出血点，称为黏膜疹（erathema），多为对称性，见于猩红热、风疹和某些药物中毒。

检查口底黏膜和舌底部，让患者舌上翘触及硬腭。由于口底组织比较松软，有时需要用触诊法才能触及口底新生物，下颌下腺导管结石也最好用触诊法检查。

3. 牙齿（teeth） 应注意有无龋齿、残根、缺牙及义齿。牙齿呈淡黄色有光泽，排列整齐。若长期饮用含氟量过高的水，牙齿呈黄褐色，称斑釉牙。如发现中切牙切缘呈月牙形凹陷且牙间隙分离过宽，称为哈钦森（Hutchinson）牙，为先天性梅毒的重要体征之一。单纯牙间隙过宽见于肢端肥大症。对于牙疾病，应按下列格式标明所在部位。

上

右	8	7	6	5	4	3	2	1	1	2	3	4	5	6	7	8	左
	8	7	6	5	4	3	2	1	1	2	3	4	5	6	7	8	

下

注：1. 中切牙　2. 侧切牙　3. 尖牙　4. 第一前磨牙　5. 第二前磨牙　6. 第一磨牙　7. 第二磨牙　8. 第三磨牙

如 1| 为右上中切牙；5| 为右下第二前磨牙；4/7 示右上第一前磨牙及左下第二磨牙为某种病变的部位。

4. 牙龈（gum） 正常牙龈为粉红色，质坚韧且与牙颈部紧密贴合，不易出血。应注意观察牙龈有无肿胀、溢脓、出血及色素沉着。牙龈水肿见于慢性牙周炎，牙龈缘出血常为口腔内局部因素引起，如牙石等，也可由全身性疾病所致，如维生素C缺乏症、肝脏疾病或血液系统出血性疾病等。牙龈经挤压后有脓液溢出见于慢性牙周炎、牙龈瘘管等。牙龈的游离缘出现蓝灰色点线称为铅线，是铅中毒的特征。在铋、汞、砷等中毒时可出现类似的黑褐色点线状色素沉着，应结合病史注意鉴别。

5. 舌（tongue） 正常舌为粉红色，覆有白色舌苔；大小适中、对称。应注意舌的颜色、舌的位置与运动，舌苔等。许多局部或全身疾病均可使舌的感觉、运动与形态发生变化，这些变化往往能为临床提供重要的诊断依据。

6. 咽、扁桃体 嘱被检查者张口发“啊”音，以压舌板压舌的前2/3与后1/3交界处，此时软腭上抬，在照明的配合下即可见软腭、腭垂、软腭弓、扁桃体及咽后壁的情况。

检查时若发现咽部黏膜充血、红肿、黏膜腺分泌增多，多见于急性咽炎。若咽部黏膜充血、表面粗糙，并可见淋巴滤泡呈簇状增殖，见于慢性咽炎。扁桃体注意有无充血、溃疡、分泌物或伪膜。急性扁桃体炎时，可见扁桃体局部红肿，表面有黄白色渗出物或伪膜，容易剥离。扁桃体肥大可分为3度（图3-4）：Ⅰ度扁桃体肥大不超过咽腭弓；Ⅱ度扁桃体肥大超过咽腭弓；Ⅲ度扁桃体肥大接近中线。一般检查未见扁桃体增大时可用压舌板刺激咽部，引起反射性恶心，如看到扁桃体突出为包埋式扁桃体，同时隐窝有脓栓时常构成反复发热的隐性病灶。

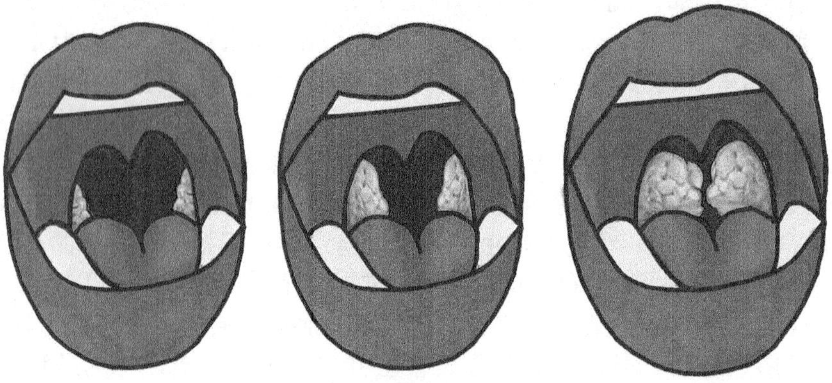

Ⅰ度扁桃体肥大　　Ⅱ度扁桃体肥大　　Ⅲ度扁桃体肥大

图3-4　扁桃体位置及其大小分度示意图

7. 喉（larynx） 是发音的主要器官。但声音的协调和语言的构成还需要肺、气管、咽部、口腔、鼻腔、鼻窦等多方面的配合才能完成。以上任何部分发生病损都会使声音发生变化。急性嘶哑或失音常见于急性炎症，慢性失音要考虑喉癌（检查方法见耳鼻咽喉科学）。喉的神经支配有喉上神经与喉返神经。上述神经受到损害，如纵隔或喉肿瘤时，可引起声带麻痹以至失音。

8. 口腔的气味 健康人口腔无特殊气味，饮酒、吸烟的人可有烟酒味，如有特殊难闻的气味称为口臭，可由口腔局部、胃肠道或其他全身性疾病引起。

局部原因：如牙龈炎、龋齿、牙周炎可产生臭味；牙槽脓肿为腥臭味；牙龈出血为血腥味。其他疾病引起具有特殊气味的口臭有：糖尿病酮症酸中毒患者可有烂苹果味；尿毒症患者可发出尿味；肝坏死患者口腔中有肝臭味：肺脓肿患者呼吸时可发出组织坏死的臭味；有机磷农药中毒的患者口腔中能闻到大蒜味。

9. 腮腺（parotid gland） 正常腮腺体薄而软，触诊时摸不出腺体轮廓。腮腺肿大时可见到以耳垂为中心的隆起，并可触及边缘不明显的包块。腮腺肿大见于以下疾病。

（1）急性流行性腮腺炎：腮腺迅速胀大，先为单侧，继而可累及对侧，检查时有压痛，急性期可能累及胰腺、睾丸或卵巢。腮腺导管结石时，腮腺肿大，进食时肿胀和疼痛加重。米库利兹（Mikulicz）综合征除腮腺肿大外，还同时有泪腺、下颌下腺肿大，但均为无痛性。

（2）急性化脓性腮腺炎：发生于抵抗力低下的重症患者，多为单侧性，检查时在导管口处加压后有脓性分泌物流出，多见于胃肠道术后及口腔卫生不良者。

（3）腮腺肿瘤：混合瘤质韧、呈结节状，边界清楚，可有移动性；恶性肿瘤质硬、有痛感，发展迅速，与周围组织有粘连，可伴有面瘫。

第四节 颈部检查

颈部检查应在平静、自然的状态下进行，被检查者最好取舒适坐位，解开内衣，暴露颈部和肩部。如患者卧位，也应充分暴露。检查时手法应轻柔，当怀疑颈椎有疾病时更应注意。

一、颈部外形及运动

正常人颈部直立，两侧对称，活动自如。检查时应注意颈部静态与动态时的改变：如头不能抬起，见于严重消耗性疾病的晚期、重症肌无力、脊髓前角细胞炎、进行性肌萎缩等；头部向一侧偏斜称为斜颈（torticollis），见于颈肌外伤、瘢痕收缩、先天性颈肌挛缩或斜颈；颈强直（颈项强直或颈抵抗）为脑膜刺激现象之一，见于脑膜炎、蛛网膜下腔出血等；颈部活动受限亦可见于颈部肌肉劳损、颈部组织炎症、颈椎病变等。

二、颈部皮肤与包块

1. 颈部皮肤 检查时注意有无蜘蛛痣、感染（疖、痈、结核）及其他局限性或广泛性病变，如瘢痕、瘘管、神经性皮炎、银屑病等。

2. 颈部包块 检查时应注意其部位、数目、大小、质地、活动度、与邻近器官的关系和有无压痛等特点。如为淋巴结肿大，质地不硬，有轻度压痛时，可能为非特异性淋巴结炎；如质地较硬，且伴有纵隔、胸腔或腹腔病变的症状或体征，则应考虑到恶性肿瘤的淋巴转移；如为全身性、无痛性淋巴结肿大，则多见于血液系统疾病。如包块圆形、表面光滑、有囊样感、压迫能使之缩小，则可能为囊状瘤。若颈部包块弹性大又无全身症状，则应考虑囊肿的可能。肿大的甲状腺和甲状腺来源的包块在做吞咽动作时可随吞咽向上移动，以此与颈前其他包块相鉴别。

三、颈部血管

1. 颈动脉搏动 正常人静息下看不到颈动脉搏动，在心排血量增加及脉压增大时可见到颈动脉搏动，如主动脉瓣关闭不全、高血压、甲状腺功能亢进及严重贫血等。

2. 颈静脉怒张及搏动 正常人在立位或坐位时颈外静脉常不显露，平卧位时充盈的水平仅限于锁骨上缘至下颌角距离的下 1/3 处。在坐位或半坐位（身体呈 45°）时，颈静脉充盈度超过正常水平，或立位与坐位时可见明显静脉充盈，称为颈静脉怒张，提示静脉压增高，见于右心衰竭、缩窄性心包炎、心包积液或上腔静脉回流受阻。三尖瓣关闭不全时可看到明显的颈静脉搏动。

因颈动脉和颈静脉都可能发生搏动，而且部位相近，故应鉴别。一般静脉搏动柔和，范围弥散，触诊时无搏动感；动脉搏动比较强劲，为膨胀性，搏动感明显。

3. 肝颈静脉回流征 在右心衰竭患者，如按压其肿大的肝时，则颈静脉充盈更为明显，称肝颈静脉回流征阳性，是右心衰竭的重要征象之一，也可能见于渗出性或缩窄性心包炎。

颈部血管常用钟型听诊器听诊，嘱被检查者取坐位，应注意发现异常杂音的部位、强度、性质、音调、传播方向和出现时间，同时观察患者姿势改变和呼吸等对杂音的影响。如在颈部大血管区听到血管性杂音，应考虑颈动脉或椎动脉狭窄。颈动脉狭窄的典型杂音发自颈动脉分叉部，并向下颌部放射，出现于收缩中期，呈吹风样高音调性质。这种杂音往往提示强劲的颈动脉血流和颈动脉粥样硬化狭窄，但也可见于健侧颈动脉，可能是代偿性血流增快的关系。若在锁骨上窝处听到杂音，则可能为锁骨下动脉狭窄，见于颈肋压迫。颈静脉杂音最常出现于右侧颈下部，随体位变动、转颈、呼吸等改变其性质，故与动脉杂音不同。如在右锁骨上窝听到低调、柔和、连续性杂音，则可能为颈静脉血流快速流入上腔静脉口径较宽的球部所产生，这种静脉音是生理性的，用手指压迫颈静脉后即可消失。

四、甲 状 腺

甲状腺（thyroid）位于甲状软骨下方和两侧（图 3-5），正常 15～25g，表面光滑，柔软不易触及。

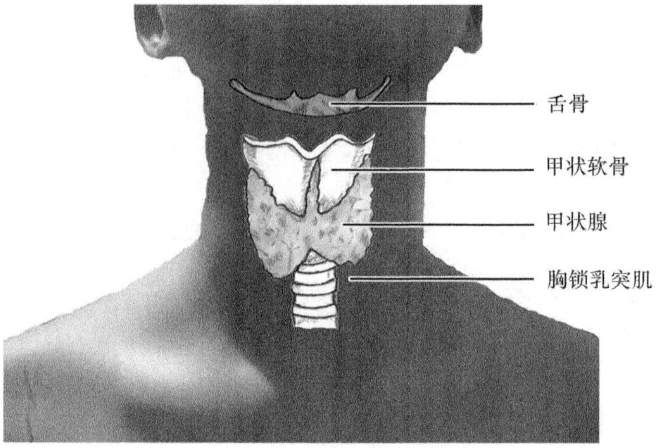

图 3-5 甲状腺位置图

甲状腺的检查方法如下。

1. 视诊 嘱被检查者取坐位，头稍后仰，做吞咽动作，可见甲状腺随吞咽动作而向上移动，观察甲状腺大小及是否对称。如不易辨认时，再嘱被检查者两手放于枕后，头向后仰，再进行观察即较明显。正常甲状腺多不易看到，女性青年发育期甲状腺可略增大。

2. 触诊 触诊比视诊更能明确甲状腺的轮廓及病变的性质。患者取坐位，检查者用右手拇指与示指触甲状腺处，让患者做吞咽动作，如随吞咽运动而上下移动者为甲状腺；另一方法为检查者站在患者的后面，用双手指触摸甲状腺。检查时应注意其大小、硬度、结节、压痛、两侧是否对称、有无细震颤等。

3. 听诊　如有甲状腺肿大，应注意有无血管杂音，用钟型听诊器直接放在肿大的甲状腺上，甲状腺功能亢进时可听到低调的连续性血管杂音。

甲状腺肿大可分为3度：不能看出肿大但能触及为Ⅰ度；能看到肿大又能触及但在胸锁乳突肌以内者为Ⅱ度；超过胸锁乳突肌外缘为Ⅲ度。引起甲状腺肿大的常见疾病如下。

（1）甲状腺功能亢进：肿大的甲状腺质地柔软，触诊时可有震颤，可能听到“嗡鸣”样血管杂音，是血管增多、增粗、血流增速的结果。

（2）单纯性甲状腺肿：腺体肿大很突出，可为弥漫性，也可为结节性，不伴有甲状腺功能亢进体征。

（3）甲状腺癌：触诊时包块可有结节感，不规则、质硬。因发展较慢，体积有时不大，易与甲状腺腺瘤、颈前淋巴结肿大相混淆。

（4）慢性淋巴性甲状腺炎（桥本甲状腺炎）：呈弥漫性或结节性肿大，易与甲状腺癌相混淆。由于肿大的炎性腺体可将颈总动脉向后方推移，因而在腺体后缘可以摸到颈总动脉搏动，而甲状腺癌则往往将颈总动脉包绕在癌组织内，触诊时摸不到颈总动脉搏动，可借此作鉴别。

（5）甲状旁腺腺瘤：甲状旁腺位于甲状腺之后，发生腺瘤时可使甲状腺突出，检查时也随吞咽移动，需结合甲状旁腺功能亢进的临床表现加以鉴别。

五、气　管

正常人气管居中，在胸骨上窝前正中线上。检查时让受检查者头居中位，检查者将右手中指置于气管上，示指与环指分别置于两侧胸锁关节处，观察中指是否与其他两指等距离，以判断气管有无偏移。气管偏移对诊断胸部疾病有重要意义。大量胸腔积液、积气、纵隔肿瘤及单侧甲状腺肿大可将气管推向健侧；而一侧肺不张、胸膜增厚及粘连时，气管则被牵拉向患侧。

此外，主动脉弓动脉瘤时，由于心脏收缩时瘤体膨大将气管压向后下，因而每随心脏搏动可以触到气管的向下拽动，称为Oliver征。

第五节　胸部检查

胸部指颈部以下和腹部以上的区域。胸廓由12个胸椎和12对肋骨、锁骨及胸骨组成。其前部较短，背部稍长。胸部检查的内容很多，包括胸廓外形、胸壁、乳房、胸壁血管、纵隔、支气管、肺、胸膜、心脏和淋巴结等。

胸部传统的物理检查在临床上沿用已久，其优点在于设备条件要求不高，使用方便，并能收集到许多具有重要价值的资料和征象，因此对胸部疾病的诊断具有十分重要的意义。除物理检查外，临床上目前广泛应用的胸部检查方法还有X线检查、肺功能检查、纤维支气管镜检查、胸腔镜检查、血气分析、病原学、细胞学和组织学检查，以及其他有关的生化检查等。因此，一个正确的诊断，应该是综合各项检查并结合病史做出的判断。

胸部物理检查包括视诊、触诊、叩诊和听诊4个部分。检查应在合适的温度和光线充足的环境中进行。尽可能暴露全部胸廓，患者视病情或检查需要采取坐位或卧位，全面系统地按视、触、叩、听顺序进行检查。一般先检查前胸部及两侧胸部，然后再检查背部。这样既可克服只注意叩诊和听诊，而忽略视诊和触诊的倾向，也可避免重要体征的遗漏。

案例 3-1

患者，男性，26 岁。发热、寒战、咳嗽伴右胸痛 3 天。患者 3 天前受凉后感全身不适与咽痛，继而出现畏寒、寒战，发热、头痛，自测体温 39℃，伴咳嗽和右上胸部疼痛，胸痛以及咳嗽、深呼吸时加重。自服退烧药但效果不佳。1 天前咳嗽和胸痛加剧，并咳出少量铁锈色痰，体温高达 40℃，遂入院就诊。发病以来精神欠佳，饮食下降、大小便正常。既往体健。

查体：T 39.6℃，P 98 次/分，R30 次/分，BP 110/75mmHg。急性病容，神志清楚，呼吸急促，无发绀。皮肤温度较高，干燥。HR 104 次/分，心律整齐，各瓣膜听诊区未闻及杂音。胸廓对称，右侧呼吸运动减弱，右上肺语音震颤增强，叩诊呈浊音，可闻及支气管呼吸音及少许湿啰音。腹平软，无包块、压痛及无反跳痛，叩诊无移动性浊音，肝脾肋下未触及。

实验室检查：血常规示 Hb 114g/L，WBC 19.5×10^9/L，中性分叶核粒细胞 92%。

胸部 X 线：右肺上野大片密度增高的斑片状影，未见空洞及胸腔积液征象。

问题：1. 该患者的重点检查部位在哪？

2. 该患者诊断为何病？主要阳性体征可能有哪些？

一、胸部的体表标志

胸廓内各脏器的位置可通过体表检查予以确定。为标记正常胸廓内部脏器的轮廓和位置，以及异常体征的部位和范围，熟识胸廓上的自然标志和人为的划线具有十分重要的意义。

（一）骨骼标志

1. 胸骨 胸骨由胸骨柄、胸骨体构成，下与剑突相连。胸骨柄上方为颈静脉切迹（jugular notch），又称胸骨上切迹（suprasternal notch），正常情况下气管位于切迹正中。

2. 胸骨角（sternal angle） 又称 Louis 角，为胸骨柄与胸骨体交界处向前的突起。标志气管分叉、主动脉弓或心房上缘、上下纵隔交界及相当于第 5 胸椎水平。胸骨角两侧分别与第 2 肋软骨相连，为计数肋骨和肋间隙顺序的标志。

3. 肩胛下角 位于肩胛骨的最下端。被检查者取直立位两上肢自然下垂时，肩胛下角可作为第 7 或第 8 肋骨水平的标志，或相当于第 8 胸椎的水平。此可作为后胸部计数肋骨的标志。

4. 第 7 颈椎棘突 其下为胸椎的起点，故常为计数胸椎的标志。

5. 胸骨下角（infrasternal angle） 又称为腹上角，为左、右肋弓在胸骨下端会合处所形成的夹角，正常人 70°～110°，体型瘦长者角度较小，矮胖者较大，深吸气时可稍增宽。肝左叶、胃、胰位于此区域。

6. 肋脊角（costalspinal angle） 第 12 肋骨与脊椎构成的夹角，肾、输尿管上端位于此角内。

（二）胸部体表垂直线

常用的有前正中线、锁骨中线、腋前线、腋中线、腋后线、肩胛下角线和后正中线。还有胸骨线和胸骨旁线，但不太常用。

（三）自然陷窝和解剖区域

1. 自然陷窝 ①胸骨上窝；②锁骨上窝；③锁骨下窝；④腋窝；⑤肋间隙，可作为体格检查描述时的横坐标。

2. 解剖区域 ①肩胛上区；②肩胛下区；③肩胛间区。

（四）肺和胸膜的界线

两侧肺部外形相似，仅左胸前内部由心脏占据。其中肺下界最重要，分别位于锁骨中线第6肋间、腋中线第8肋间、肩胛线第10肋间。

胸膜：覆盖在肺表面的胸膜称为脏胸膜（visceral pleura），覆盖在胸廓内面、膈上面及纵隔的胸膜称为壁胸膜（parietal pleura）。胸膜的脏、壁两层在肺根部互相反折延续，围成左右两个完全封闭的胸膜腔。腔内为负压，使两层胸膜紧密相贴，构成一个潜在的无气空腔。胸膜腔内有少量浆液，以减少呼吸时两层胸膜之间的摩擦。每侧的肋胸膜与膈胸膜于肺下界以下的转折处称为肋膈窦（sinus phrenicocostalis），有2～3个肋间高度。由于其位置最低，当深吸气时也不能完全被扩张的肺所充满。

二、胸壁、胸廓与乳房

（一）胸壁

检查胸壁（chest wall）时，一方面要注意营养状态、皮肤、淋巴结和骨骼肌发育情况，另一方面还要着重检查以下各项。

1. 胸壁静脉 正常胸壁无明显静脉可见，当上腔静脉或下腔静脉血流受阻而建立侧支循环时，可见胸壁静脉充盈或扩张。上腔静脉阻塞时，静脉血流方向自上而下，下腔静脉阻塞时，静脉血流方向自下而上。

2. 皮下气肿 胸部皮下组织有气体积存时称为皮下气肿（subcutaneous emphysema）。用手按压皮下气肿部位可出现捻发感或握雪感。用听诊器按压皮下气肿部位，也可听到类似捻动头发的声音。多见于肺、气管、支气管或胸膜受损后，气体自病变部位逸出，积存于皮下。也可见于局部产气杆菌感染。

3. 胸壁压痛 正常情况下胸部无压痛。局部压痛见于肋间神经炎、肋软骨炎、肋骨骨折、胸壁软组织炎。骨髓异常增生者，常有胸骨压痛和叩击痛，见于白血病患者。

4. 肋间隙 吸气时肋间隙回缩，见于胸膜腔以外的呼吸道阻塞；肋间隙膨隆见于大量胸腔积液、张力性气胸或严重慢性阻塞性肺疾病、主动脉瘤、胸壁肿瘤。

（二）胸廓

正常胸廓（thorax）呈椭圆形，两侧大致对称。成人胸廓前后径与横径之比约为2∶1.5。小儿和老年人胸廓的前后径略小于横径或几乎相等，故呈圆柱形。常见的胸廓外形的改变见图3-6。

1. 扁平胸（flat chest） 胸廓呈扁平状，前后径小于横径的一半。见于肺结核、瘦长体型者等。

2. 桶状胸（barrel chest） 胸廓的前后径增加，约等于甚至超过横径，呈圆桶状。肋骨的斜度变小，与脊柱的夹角常＞45°。肋间隙增宽，腹上角增大。见于严重的慢性阻塞性肺疾病患者，亦可见于老年人和矮胖体型者。

3. 佝偻病胸（rachitic chest） 为佝偻病导致的胸廓改变，多见于儿童。胸廓前后径略长于左右径，上下距离较短，胸骨下端前突，胸廓前侧壁肋骨凹陷，称为鸡胸（pigeon chest）。沿胸骨两侧各肋软骨与肋骨交界处常隆起，类似串珠，称为佝偻病串珠（rachitic rosary）。胸骨剑突显著内陷，形似漏斗，称为漏斗胸（funnel chest）。下胸部前面的肋骨外翻，沿膈附着的部位胸壁向内凹陷形成沟状带，称为肋膈沟（costophrenic groove）。

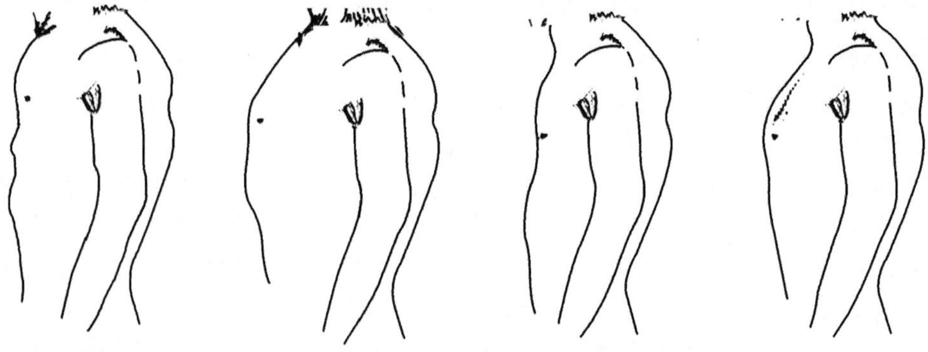

图 3-6 正常胸廓及常见胸廓外形的改变

4. 胸廓单侧变形 胸廓单侧膨隆见于一侧胸腔积液、大量气胸或严重代偿型慢性阻塞性肺疾病。胸廓单侧平坦或下陷见于肺不张、肺纤维化、广泛胸膜增厚和粘连等。

5. 脊柱畸形引起的胸廓改变 严重者因脊柱前凸、后凸或侧凸，导致胸廓两侧不对称，肋间隙增宽或变窄，严重的胸廓外形改变还可引起呼吸、循环功能障碍。

6. 胸廓局部隆起 可见于心脏明显增大、大量心包积液、主动脉瘤及胸内、胸壁肿瘤等。

（三）乳房

正常儿童及男子乳房一般不明显。乳头位于锁骨中线第 4 肋间，两侧对称。女性乳房于青春期逐渐长大呈半球形，乳头呈圆柱形，乳晕及乳头有色素沉着。检查方法以视诊和触诊为主，先视诊后触诊，先健侧后患侧；检查左侧从外上部开始沿顺时针方向，右侧沿逆时针方向。除检查乳房外，还应包括引流乳房部位的淋巴结。检查时患者应充分暴露胸部，并有良好的照明。被检查者可采取坐位或仰卧位，丰满和下垂乳房采用仰卧位检查更佳。

1. 视诊

（1）对称性：正常人左右乳房大致对称，但也会由于发育程度不完全相同而出现两侧乳房轻度不对称。若一侧乳房明显增大常见于先天畸形、囊肿形成、炎症或肿瘤。

（2）表面情况：乳房皮肤发红提示局部炎症或乳腺癌累及浅表淋巴管引起的癌性淋巴管炎，但前者常伴有局部肿、热、痛，后者局部皮肤为深红色，不伴疼痛，发展快，面积多超过 1 个象限。乳房局部下陷，皮肤外观呈“橘皮”状，常见于乳腺癌。此外，溃疡、瘢痕及瘘管等也可造成乳房局部皮肤回缩。

（3）乳头：应注意检查乳头的位置、大小、双侧是否对称，有无乳头内陷。乳头内陷如系自幼发生，为发育异常；如为近期发生则可能是病理性改变如或乳腺癌炎性病变。乳晕若加深，呈深棕色，多见于妊娠或肾上腺皮质功能减退。

（4）腋窝和锁骨上窝：仔细观察腋窝和锁骨上窝有无包块、红肿、溃疡、瘘管和瘢痕。

2. 触诊 触诊乳房时，被检查者根据需要选择坐位或仰卧位。坐位时受检者先双臂下垂，然后高举双臂超过头部或双手叉腰再进行检查。仰卧位时，可垫一小枕头抬高肩部使乳房能较对称地位于胸壁上。以乳头为中心做一垂直线和水平线，将乳房分成 4 个象限，便于记录病变部位（图 3-7）。

触诊时先检查健侧乳房，再检查患侧，以便对比。检查者应采用滑行触诊法，四指并拢，用指腹平放在乳房上轻柔触摸，切勿用手指去抓捏，否则会将捏起的腺体组织错误地认为是乳腺肿块。其顺序是先触按整个乳房，然后按照一定顺序触按乳房的 4 个象限：内上、外上（包括腋尾部）、外下、内下象限，继而触按乳晕部，挤压乳头看有无液体从乳窍溢出。最后触按腋窝、锁骨下及锁骨上区域。检查时应注意有无热痛，有无包块；乳头有无硬结，有无弹性消失，有无溢液；触及肿块，需注意肿块的部位、大小、外形、硬度、边缘、活动度、触痛以及与皮肤的关系。具体有如下物理征象。

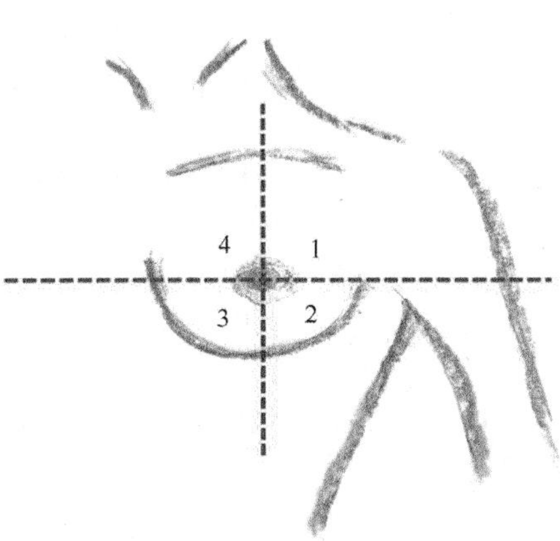

图 3-7 乳房病变的定位与划区

（1）硬度和弹性（consistency and elasticity）：硬度增加和弹性消失提示皮下组织存在病变，如炎症或新生物浸润等。此外，还应注意乳头的硬度和弹性，当乳晕下有癌肿存在时，该区域皮肤的弹性常消失。

（2）压痛（tenderness）：乳房的某一区域压痛可见于炎症性病变、乳腺增生。月经期乳房亦较敏感，而恶性病变则甚少出现压痛。

（3）包块（mass）：如有包块存在应注意下列特征。①部位：必须指明包块的确切部位。一般包块的定位方法是以乳头为中心，按时钟钟点的方位和轴向予以描述（图 3-7）。此外，还应做出包块与乳头间距离的记录，使包块的定位确切无误。②大小：必须描写其长度、宽度和厚度，以便为将来包块增大或缩小时进行比较。③外形：包块的外形是否规则，边缘是否清楚或与周围组织粘连固定。大多数良性肿瘤表面多光滑规整，而恶性肿瘤则凹凸不平，边缘多固定。然而，必须注意炎性病变亦可出现不规则的外形。④硬度：包块的硬、软度必须明确叙述。一般可描写为柔软、质韧、中等硬度或坚硬等。良性肿瘤多为中等硬度，但表面光滑，形态较规则；质地坚硬表面不规则多提示恶性病变仅极少见的情况下，坚硬区域可由炎性病变所引起。⑤压痛：必须确定包块是否具有压痛及其程度。一般炎性病变常表现为中度至重度压痛，而大多数恶性病变压痛则不明显。⑥活动度：检查者应确定病变是否可自由移动，如仅能向某一方向移动或固定不动，则应明确包块系固定于皮肤、乳腺周围组织抑或固定于深部结构。大多数良性病变包块的活动度较大，炎性病变则较固定，而早期恶性包块虽可活动，但当病程发展至晚期，其他结构被癌肿侵犯时，其活动度则明显减少。

乳房触诊后，还应仔细触诊腋窝、锁骨上窝及颈部淋巴结有无肿大或其他异常。因此处常为乳房炎症或恶性肿瘤扩展和转移地所在。

3. 乳房异常体征及临床意义

（1）乳腺红、肿、热、痛常见于急性乳腺炎、脓肿，多发生于一侧乳房，触诊有硬结包块，伴寒战、发热及出汗等全身中毒症状，常发生于哺乳期妇女，亦可见于青年女性和男子。

（2）乳腺溃疡、瘘管，见于慢性乳腺炎、结核。

（3）乳腺皮肤及乳头内陷，见于乳腺癌。

（4）乳头异常分泌物：血性分泌物提示乳腺癌；清亮或黄色提示慢性囊性乳腺炎；男性出现分泌物常由于内分泌障碍或肝硬化。

（5）乳腺结节包块：多见于肿瘤、纤维瘤、结核、乳腺增生等。

三、肺和胸膜

检查胸部时一般让患者取坐位或仰卧位，充分暴露腰以上的胸部。室内环境要舒适温暖，光线要充足，避免因寒冷诱发肌颤，造成视诊不满意或听诊音被干扰。肺和胸膜的检查一般应包括视诊、触诊、叩诊、听诊4个部分。

（一）视诊

1. 呼吸运动 正常人在静息状态下呼吸运动稳定而有节律，此系通过中枢神经和神经反射的调节予以实现。

（1）呼吸形式：正常男性和儿童的呼吸以膈肌运动为主，胸廓下部及上腹部的动度较大，而形成腹式呼吸；女性的呼吸则以肋间肌的运动为主，故形成胸式呼吸。实际上该两种呼吸运动均不同程度地同时存在。某些疾病可使呼吸运动发生改变，胸部（包括胸膜、胸壁）疾病时，如肺炎、重症肺结核和胸膜炎等或胸壁疾病如肋间神经痛、肋骨骨折等，以腹式呼吸为主。腹部（包括腹膜、腹壁）疾病如腹膜炎、大量腹水、肝脾极度肿大、腹腔内巨大肿瘤及妊娠晚期时，以胸式呼吸为主。

（2）呼吸幅度：①呼吸运动减弱或消失，单侧或局限减弱见于肺炎、结核、肿瘤、肺不张、胸膜炎；双侧减弱见于慢性阻塞性肺疾病、中毒、中枢神经病变等。②呼吸运动增强，见于高热、酸中毒。

（3）呼吸困难（dyspnea）：①吸气性呼吸困难，上呼吸道阻塞可引起胸骨上窝、锁骨上窝、肋间隙或腹上角向内凹陷，称为“三凹征”（three depressions sign）。因吸气时间延长，又称为吸气性呼吸困难，见于上呼吸道部分梗阻，如气管异物、肿瘤等。②呼气性呼吸困难，下呼吸道阻塞患者可出现呼吸时间延长为特征的呼气性呼吸困难，见于支气管哮喘和慢性阻塞性肺疾病。③混合性呼吸困难，见于慢性阻塞性肺疾病。

引起呼吸困难的不同病因可伴随不同的体位。常见的有端坐呼吸（orthopnea）、转卧或折身呼吸（trepopnea）、平卧呼吸（platypnea）3种，其可能的病因见表3-5。

表3-5 呼吸困难的体位

类型	可能病因
端坐呼吸	充血性心力衰竭
	二尖瓣狭窄
	重症哮喘（少见）
	慢性阻塞性肺疾病（少见）
	慢性支气管炎（少见）
转卧或折身呼吸	神经性疾病（少见）
	充血性心力衰竭
平卧呼吸	肺叶切除术后
	神经性疾病
	肝硬化（肺内分流）
	低血容量

引起呼吸困难的疾病很多，了解各种疾病引起呼吸困难的特点及其伴随症状有助于诊断

和鉴别诊断。兹将引起呼吸困难的常见疾病及其呼吸困难的表现特点和伴随症状列于表 3-6，以供参考。

表 3-6 呼吸困难的常见疾病、特点和伴随症状

疾病	呼吸困难的特点	其他伴随症状
哮喘	发作性，两次发作期间无症状	喘息，胸闷，咳嗽，咳痰
肺炎	起病逐渐，劳力性	咳嗽，咳痰，胸膜炎性疼痛
肺水肿	突发	呼吸增快，咳嗽，端坐呼吸和夜间阵发性呼吸困难
肺纤维化	进行性	呼吸增快，干咳
气胸	突然发作，中至重度呼吸困难	突感胸痛
慢性阻塞性肺疾病	逐渐起病，重度呼吸困难	疾病进展时可出现咳嗽
慢性支气管炎	当病情进展和感染时发生	慢性咳嗽，咳痰
肥胖	劳力性	

（4）Litten 现象：又称膈波影，是借助光线照射显示膈肌运动的一种现象，将光源置于被检查者的头侧或足侧，检查者位于光源的正对面或侧面，视线平上腹部，当被检查者吸气时可见一条狭窄阴影自腋前线第 7 肋间向第 10 肋间移动。吸气时，自下而上回归原位。此为膈肌随呼吸而上下移动之故。正常膈肌膈波影移动范围 6cm，其临床意义同肺下界移动度。

2. 呼吸频率 正常成人静息状态下，呼吸为 12～20 次/分，呼吸与脉搏之比为 1∶4。新生儿呼吸约 44 次/分，随着年龄的增长而逐渐减慢。常见的呼吸类型及特点见图 3-8。

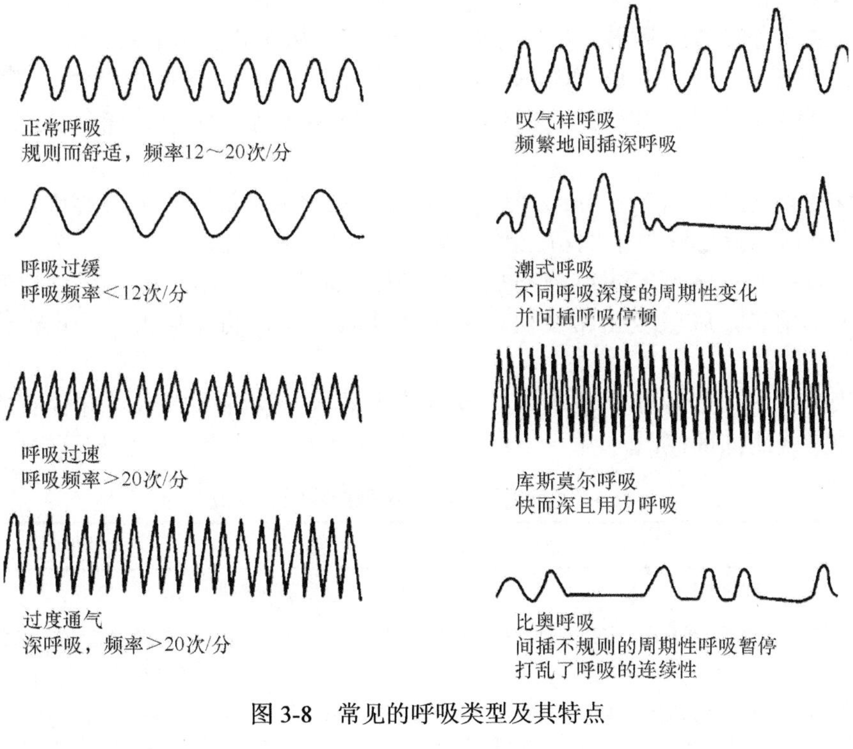

图 3-8 常见的呼吸类型及其特点

（1）呼吸速度改变

1）呼吸过速（tachypnea）：呼吸频率＞20 次/分，见于发热、疼痛、贫血、甲状腺功能亢进及心力衰竭等。一般体温升高 1℃，呼吸约增加 4 次/分（一息四至）。

2）呼吸过缓（bradypnea）：呼吸频率＜12 次/分，见于麻醉剂或镇静剂过量和颅内压增高（水肿、出血、肿瘤）等。

（2）呼吸深度变化

1）浅快呼吸：见于腹水、肥胖、呼吸肌麻痹及肺部疾病（肺炎、胸膜炎、胸腔积液、气胸、慢性阻塞性肺疾病）等。

2）深快呼吸：见于过度通气、剧烈运动、情绪激动。

3）深长呼吸（Kussmaul 呼吸）：见于尿毒症、酮症酸中毒等。

影响呼吸频率和深度的常见因素见表 3-7。

表 3-7 影响呼吸频率和深度的常见因素

增加	减少
代谢性酸中毒	代谢性碱中毒
中枢神经系统病变（脑桥）	中枢神经系统病变（大脑）
焦虑	重症肌无力
阿司匹林中毒	麻醉药过量
低氧血症	重度肥胖
疼痛	

3. 呼吸节律

正常人静息时呼吸节律基本上是均齐的。常见的呼吸节律改变见表 3-8。

（1）潮式呼吸：又称陈-施（Cheyne-Stokes）呼吸，其特点是由浅慢→深快→浅慢→暂停→浅慢，重复的周期性呼吸。见于严重中枢神经疾病、中毒、老年人（脑动脉硬化）深睡时。

（2）间歇呼吸：又称比奥（Biot）呼吸，其特点是呼吸数次→暂停→呼吸，周而复始。临床意义同潮式呼吸，提示呼吸中枢功能严重障碍，多见于临终前。

（3）抑制性呼吸：胸部发生剧烈疼痛所致的吸气相突然中断，呼吸运动短暂地突然受到抑制，患者表情痛苦，呼吸较正常浅快。见于急性胸膜炎、肋骨骨折、严重外伤、胸部恶性肿瘤等。

（4）叹气样呼吸：表现在一段正常呼吸节律中插入一次深大呼吸，并伴有叹息。见于神经衰弱、精神紧张或抑郁症。

表 3-8 常见异常呼吸类型的病因和特点

类型	特色	病因
呼吸停止	呼吸消失	心脏停搏
Biot 呼吸	规则呼吸后出现长周期呼吸停止又开始呼吸	颅内压增高，药物引起呼吸抑制，大脑损害（通常于延髓水平）
Cheyne-Stokes 呼吸	呼吸不规则呈周期性，呼吸频率和深度逐渐增加和逐渐减少以致呼吸暂停相交替出现	药物引起的呼吸抑制，充血性心力衰竭，大脑损伤（通常于大脑皮质水平）
Kussmaul 呼吸	呼吸深快	代谢性酸中毒

（二）触诊

1. 胸廓扩张度 胸廓扩张度（thoracic expansion）即呼吸时的胸廓动度，于胸廓前下部检查较易获得，因该处胸廓呼吸时动度较大。检查前胸时，检查者双手置于患者胸廓前下侧部，双拇指分别沿两侧肋缘指向剑突，拇指指尖在正中线接触或稍分开；检查后胸时，则将两手平置患者背部，约第10肋间水平，拇指与后正中线平行，并将两侧皮肤往中线推。嘱患者做深呼吸运动，利用手掌感知双侧呼吸运动的程度和抑制性。若一侧胸廓扩张度受限，见于大量胸腔积液、气胸、胸膜增厚和肺不张等。若双侧胸廓扩张度减弱，见于慢性阻塞性肺疾病、双侧胸膜炎、胸膜增厚和支气管肺炎等。

2. 语音震颤 语音震颤（vocal fremitus）为被检查者发音时，源于喉部的声波振动沿气管、支气管及肺泡传到胸壁引起共鸣的振动，用手可触及，故又称为触觉震颤（tactile fremitus）。检查者将左右手的手掌尺侧或掌面轻放于两侧胸壁的对称部位，然后嘱患者用同等强度重复发“yi”长音，自上而下、从内到外、先前后背，左右交替。比较两侧相应部位的语音震颤异同，注意有无增强或减弱。

语音震颤的强弱取决于支气管是否通畅，胸壁传导是否良好。正常人语音震颤的强度与发音的强弱，音调的高低，胸壁的厚薄以及支气管至胸壁距离的差异等因素有关。一般来说，发音强、音调低、胸壁薄及支气管至胸壁的距离近者语音震颤强，反之则弱。正常人语音震颤通常双侧基本相等，但一般而言男强于女，瘦强于胖，成人强于儿童，前胸上部强于前胸下部，右胸上部强于左胸上部。

（1）语音震颤减弱或消失：见于肺泡含气过多、支气管阻塞、大量胸腔积液或气胸、胸膜增厚、粘连和胸壁皮下气肿。

（2）语音震颤增强：见于肺实变、肺内大空腔。

3. 胸膜摩擦感 胸膜摩擦感（pleural friction fremitus）是指当急性胸膜炎时，因纤维蛋白沉着于两层胸膜，使其表面变为粗糙，呼吸时脏胸膜和壁胸膜相互摩擦，可由检查者的手感觉到。

（三）叩诊

1. 叩诊方法 主要检查有无异常叩诊音。被检查者取坐位或仰卧位，放松肌肉，两臂垂放，呼吸均匀。叩诊顺序为前胸—侧胸壁—背部。注意左右对比，上下对比，自上而下，逐个肋间进行，叩诊前胸时，扳指平贴在肋间隙并与肋骨平行；叩诊肩胛间区时板指与脊柱平行。叩诊力量要均等，可分别进行轻叩法和重叩法。

（1）间接叩诊（indirect percussion）：检查者一手中指第1和第2指节作为叩诊板，置于欲叩诊的部位，另一手的中指指端作为叩诊锤，以垂直方向叩击于扳指上，判断由胸壁及其下面结构发出的声音。

（2）直接叩诊（direct percussion）：用右手并拢的中间三指的掌面直接轻轻拍击被检查部位胸壁，借助拍击后的反响音及手指的振动感来判断该部深层组织或器官的病变。

2. 影响叩诊音的因素

（1）胸壁组织的厚薄：如皮下脂肪较多，肌肉较厚、乳房较大、水肿等使叩诊音变浊。

（2）胸廓骨骼支架改变：变大可使共鸣加强。

（3）肋软骨钙化，胸廓变硬，可使振动向外周扩散的范围增大，定界叩诊变困难。

（4）胸腔内积液，可影响叩诊的震动及声音的传播。

（5）肺内含气量、肺泡的张力、弹性等均可影响叩诊音，如深吸气时，肺泡张力增加，叩诊音调亦增高。

3. 叩诊音分类 胸部叩诊音可分为清音、过清音、鼓音、浊音和实音等，在强度、音调、时限和性质方面具有各自的特点，见表 3-9。

表 3-9 胸部叩诊音分类

叩诊音	产生机制	临床意义
清音	正常肺泡含气量	正常肺泡区
鼓音	肺内空腔腔径大于 3～4cm	大量气胸、肺空洞、肺囊肿、气腹
过清音	肺内含气量增多	慢性阻塞性肺疾病
空瓮音	鼓声加金属性回声	巨大空洞、张力性气胸
浊鼓音	肺泡壁松弛，肺泡含气量较少	肺不张、肺炎充血期或消散期、肺水肿
浊音	肺内含气量减少或肺内不含气体	肺炎、肺不张、肺结核、肺梗死、肺水肿
实音	胸腔病变	肺硬化、肺肿瘤、肺包虫或囊虫病、未液化的肺脓肿、胸腔积液、胸膜增厚

4. 肺界的叩诊

（1）肺上界：即肺尖上界，内侧为颈肌，外侧为肩胛带。又称 Kronig 峡。见图 3-9。

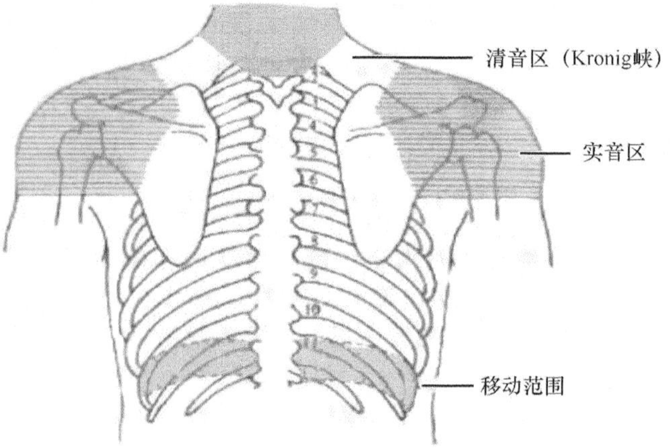

图 3-9 肺上界叩诊示意图（Kronig 峡）

叩诊方法：自斜方肌前缘中央部开始叩诊为清音，逐渐叩向外侧，当清音变为浊音时即为肺上界外侧终点。然后再由中央部向内侧叩，当清音变为浊音时即为肺上界内侧终点。该清音带的宽度即为肺尖的宽度，正常为 4～6cm。因右侧肺尖位置较低，且肩胛带肌肉发达，故右侧较左侧稍窄。

临床意义：①肺上界变狭或叩诊音变浊，常见于肺结核、肺纤维化；②肺上界变宽，叩诊稍呈过清音，常见于慢性阻塞性肺疾病。

（2）肺前界：正常的肺前界相当于心脏的绝对浊音界。右肺前界相当于胸骨线的位置。左肺前界则相当于胸骨旁线自第 4～6 肋间隙的位置。

临床意义：①前界间浊音区扩大，心脏扩大、心包积液、主动脉瘤、肺门淋巴结肿大；②前界间浊音区缩小，慢性阻塞性肺疾病。

（3）肺下界：两侧肺下界大致相同，平静呼吸时位于锁骨中线第 6 肋间、腋中线第 8 肋间、肩胛线第 10 肋间隙上。正常肺下界的位置可因体型、发育情况的不同而有所差异，如矮胖者的肺下界抬高一肋间隙，瘦长者下降一肋间隙。

临床意义：①肺下界降低，慢性阻塞性肺疾病、腹腔内脏下垂；②肺下界上升，肺不张、腹压升高致膈肌上抬疾病，如肠胀气、腹水、气腹、肝脾大、腹腔肿块、膈肌麻痹。

（4）肺下界的移动范围：即相当于呼吸时膈肌的移动范围，正常为6～8cm。移动范围的多寡与肋膈窦的大小有关，故不同部位肺下界移动范围亦稍有差异，一般腋中线及腋后线上的移动度最大。

临床意义：肺下界移动度减弱一般是指移动范围＜4cm。临床见于：①肺组织弹性减退，慢性阻塞性肺疾病；②肺组织萎陷，肺纤维化、肺不张及肺组织炎症、水肿；③局部胸膜粘连，胸膜炎、胸部手术后，肺下界移动度消失见于大量胸腔积液、气胸及广泛胸膜肥厚及膈肌麻痹。

5. 肺部异常叩诊音 正常肺的清音区如出现浊音、实音、过清音或鼓音则为异常叩诊音，提示肺、胸膜、膈或胸壁具有病理改变存在。异常叩诊音的类型取决于病变的性质、范围的大小及部位的深浅。一般来说距离胸部表面5cm以上的深部病灶，直径＜3cm的小范围病灶或少量胸腔积液时，常不能发现叩诊音的改变。

临床意义：

（1）叩诊出现浊音或实音：①大面积肺组织含气量减少，肺不张、肺炎、肺结核、肺梗死、肺水肿及肺硬化等；②肺内不含气的占位病变，肺肿瘤、肺包虫或囊虫病、未液化的肺脓肿等；③胸腔病变，胸腔积液、胸膜肥厚。

（2）叩诊出现鼓音：气胸或肺内空腔性病变的腔径大于3～4cm，且靠近胸壁时，如空洞性肺结核、液化了的肺脓肿和肺囊肿等。

（3）叩诊出现过清音：见于肺张力减弱而含气量增多时，如慢性阻塞性肺疾病。

（4）叩诊出现空瓮音：表浅腔壁光滑的大空洞或张力性气胸患者，叩诊时局部虽呈鼓音，但因具有金属性回响，故称为空瓮音（amphorophony）。

（5）叩诊出现浊鼓音：见于肺不张、肺炎充血期或消散期、肺水肿，局部叩诊时可呈现一种兼有浊音和鼓音特点的混合性叩诊音，谓之浊鼓音。

（6）Damoiseau曲线：若胸腔积液量中等，且无胸膜增厚、粘连者，患者取坐位时，积液的上界呈一弧线，该线最低点位于对侧脊柱旁，最高点在腋后线上，由此向内下方下降，称Damoiseau曲线。该线的形成，一般认为系胸腔外侧的空隙较大，且该处肺组织离肺门较远，液体所承受的阻力最小之故。

（7）Garland三角区：Damoiseau曲线与脊柱之间可叩得一轻度浊鼓音的倒三角区，称为Garland三角区。

（8）Skoda叩响：胸腔积液患者在叩诊前胸时，与积液区浊音界上方靠近肺门处，也可叩得一浊鼓音区，称Skoda叩响。

（9）Grocco三角区：胸腔积液患者在健侧的脊柱旁还可叩得一个三角区，称为Grocco三角区。该区系由Damoiseau曲线与脊柱的交点向下延长至健侧的肺下界线，以及脊柱所构成，三角形的底边为健侧的肺下界，其大小视积液量的多寡而定。此三角区浊音形成主要是因积液将纵隔推向健侧和积液充盈的胸膜窦向健侧移动所形成。

（四）听诊

呼吸时，气流进出呼吸道及肺泡产生湍流引起振动，发出的声音经肺、支气管传到胸壁，在体表所听到的声音称肺部听诊音。听诊注意事项：①听诊体位最好取坐位，也可取卧位；②听诊顺序，从肺尖开始，自上而下，由前往后（前胸→侧胸→背部），左右对比，听诊器不可移动过快；③呼吸运动配合，听诊时让患者微张口作均匀呼吸，必要时可做深呼吸或咳嗽几声后再听诊，这更易发现呼吸附加音的改变；④听诊环境和要求，直接将胸件放在皮肤上听诊，皮肤汗液多时应擦净，保持室内温暖、安静。听诊内容有正常呼吸音、异常呼吸音、呼吸音以外的附加音、听觉语音和胸膜摩擦音。

1. 正常呼吸音（normal breath sound）

（1）气管呼吸音（tracheal breath sound）：是空气进出气管所发出的声音，粗糙、极响亮且极高调，吸气与呼气相几乎相等，于胸外气管上面可闻及。因不具有临床意义，一般不予评价。

（2）支气管呼吸音（bronchial breath sound）：为吸入的空气在声门、气管或主支气管形成湍流所产生的声音，呼气音较吸气音长，音调高，类似抬高舌再呼气所发出的“哈”音。正常在喉、胸骨上窝、背部第6、7颈椎及第1、2胸椎两侧可闻及，且越靠近气管区，其音响越强，音调亦逐渐降低。

（3）支气管肺泡呼吸音（bronchovesicular breath sound）：兼有支气管呼吸音及肺泡呼吸音特点，吸气音类似肺泡呼吸音，但音调较高且较响亮；呼气音类似支气管呼吸音，但强度稍弱，音调稍低，管样性质少些和呼气相短些，在吸气和呼气之间有极短暂的间隙。吸气与呼气时相大致相等。正常在胸骨角、肩胛间区第3、4胸椎水平，右锁骨上、下窝听到。

（4）肺泡呼吸音（vesicular breath sound）：是空气在细支气管和肺泡内进出移动的结果。吸气时气流经支气管进入肺泡，冲击肺泡壁，使肺泡由松弛变为紧张，呼气时肺泡由紧张变为松弛，这种肺泡弹性的变化和气流的振动是肺泡呼吸音形成的主要因素。

肺泡呼吸音的吸气相较呼气相时间长，音响强，类似上牙咬下唇吸气时发出一种叹息样的或柔和吹风样的“fu-fu”声，在大部分胸部听诊区均可闻及。

正常人肺泡呼吸音的强弱与呼吸深浅、肺组织的弹性、胸壁的厚薄、年龄和性别等因素均相关。男性因呼吸运动的力量较强，且胸壁皮下脂肪较少，故肺泡呼吸音较女性强。儿童胸壁较薄且肺泡富有弹性，而老年人的肺泡弹性则较差，故儿童的肺泡呼吸音较老年人强。肺泡组织较多，胸壁肌肉较薄的部位，如乳房下部及肩胛下部肺泡呼吸音最强，其次为腋窝下部，而肺尖及肺下缘区域则较弱。此外，瘦长体型者肺泡呼吸音亦较矮胖者强。

4种正常呼吸音的特征比较见表3-10。

表3-10　4种正常呼吸音特征的比较

特征	气管呼吸音	支气管呼吸音	支气管肺泡呼吸音	肺泡呼吸音
强度	极响亮	响亮	中等	柔和
音调	极高	高	中等	低
吸：呼	1：1	1：3	1：1	3：1
性质	粗糙	管样	沙沙声，但管样	轻柔的沙沙声
正常听诊区域	胸外气管	胸骨柄	主支气管	大部分肺野

2. 异常呼吸音（abnormal breath sound）

（1）异常肺泡呼吸音

1）肺泡呼吸音减弱或消失：与肺泡内的空气流量减少或流速减慢及呼吸音传导障碍有关。可在局部，单侧或双肺出现。主要原因：胸廓活动受限，如胸痛、肋软骨骨化和肋骨切除等；呼吸肌疾病，如重症肌无力、膈肌瘫痪和膈肌升高等；支气管阻塞，如阻塞性肺气肿、支气管狭窄等；压迫性肺膨胀不全，如胸腔积液或气胸等；腹部疾病，如大量腹水、腹部巨大肿瘤等。

2）肺泡呼吸音增强：呼吸运动增强或肺泡弹性增高，使进入肺泡的空气流量增多或流速加快，导致呼吸音增强。主要原因：机体需氧量增加，引起呼吸深长和增快，如运动、发热或代谢亢进等；缺氧兴奋呼吸中枢，导致呼吸运动增强，如贫血等；血液酸度增高，刺激呼吸中枢，使呼吸深长，如酸中毒等。一侧肺泡呼吸音增强，见于一侧肺胸病变引起肺泡呼吸音减弱，此时健侧肺可发生代偿性肺泡呼吸音增强。

3）呼气音延长：因肺泡弹性降低，小气道狭窄所致。见于支气管炎、支气管哮喘、慢性阻塞性肺疾病。

4）断续性呼吸音：肺内局部性炎症或小支气管狭窄，空气不能均匀地进入肺泡，引起吸气音不连续，伴有短促不规则间歇，故又称齿轮呼吸音（cogwheel breath sound），常见于肺结核和肺炎等。必须注意，当寒冷、疼痛和精神紧张时，亦可闻及断续性肌肉收缩的附加音，但与呼吸运动无关，应予鉴别。

5）粗糙性呼吸音：支气管不光滑或狭窄，气流进出不畅而出现的一种杂乱或不清晰的声音。见于支气管炎、肺炎的早期。

（2）异常支气管呼吸音：如果在正常肺泡呼吸音或支气管肺泡呼吸音的部位听到支气管呼吸音，则为异常的支气管呼吸音，或称管样呼吸音，其强弱与病变大小、部位、深浅有关，可由下列因素引起。

1）肺组织实变：支气管呼吸音通过较致密的肺实变部分传至体表而易于听到。实变的范围越大、越浅，其声音越强，反之则较弱。常见于大叶性肺炎的实变期。

2）肺内大空腔：当肺内大空腔与支气管相通，且其周围肺组织又有实变存在时，音响在空腔内共鸣，并通过实变组织的良好传导，可听到清晰的支气管呼吸音，常见于肺脓肿或空洞性肺结核。

3）压迫性肺不张：大量胸腔积液时，压迫肺，因肺组织较致密，有利于支气管音的传导，故于积液区上方有时可听到支气管呼吸音，但强度较弱而且遥远。

（3）异常支气管肺泡呼吸音：在正常肺泡呼吸音听诊区听到支气管呼吸音，为病理性支气管呼吸音。其产生机制为肺部实变区域较小且与正常含气肺组织混合存在，或肺实变部位较深并被正常肺组织所覆盖之故。常见于支气管炎、肺结核、大叶性肺炎初期或大量积液上方的压迫性肺膨胀不全的区域。

3. 啰音　啰音（crackle，rale）是呼吸音以外的附加音。按性质可分为干啰音和湿啰音两大类。

（1）干啰音（dry rale，rhonchi）：由于气管或主支气管狭窄或部分阻塞，气流通过时发生湍流所产生的音响，是一种持续时间较长的乐性附加音。可出现于以下 4 种情况：管壁被管外肿大的淋巴结或纵隔肿瘤压迫引起的管腔狭窄；气道炎症引起的黏膜充血水肿和分泌物增加；管腔内肿瘤或异物阻塞；支气管平滑肌痉挛。

1）分类：根据音调的高低可分为高调干啰音和低调干啰音。①高调干啰音（sibilant rhonchi）：又称哨笛音，音调高，呈短促的“zhi-zhi”声或带音乐性。用力呼气时其音质常呈上升性，多发生于支气管或细支气管。②低调干啰音（sonorous rhonchi）：又称鼾音。音调低，呈呻吟声或鼾声的性质，多发生在气管或主支气管。

2）特点：持续时间较长；音调较高；吸气及呼气时均可听及，但以呼气时显著；强度和性质易改变，部位易变换，在瞬间内数量可明显增减。

3）临床意义：双侧肺部干啰音常见于支气管哮喘、慢性支气管炎、COPD 和肺源性心脏病；局限干啰音常见于肿瘤和支气管内膜结核。

（2）湿啰音：由于气体通过呼吸道内的稀薄分泌物（渗出液、痰液、血液、黏液和脓液）

形成的水泡破裂所产生的声音，故又称水泡音（bubble sound）。或认为由于小支气管壁因分泌物黏着而陷闭，当吸气时突然张开重新充气所产生的爆裂音。

1）分类

A. 按响亮程度可分为响亮性和非响亮性两种。响亮性湿啰音：啰音响亮，是由于周围具有良好的传导介质，如实变，或因空洞共鸣作用的结果，见于肺炎、肺脓肿或空洞性肺结核。如空洞内壁光滑，响亮性湿啰音还可带有金属调。非响亮性湿啰音：声音较低，是由于病变周围有较多的正常肺泡组织，传导过程中声波逐渐减弱，听诊时感觉遥远。

B. 按呼吸道管腔大小和分泌物多寡可分为粗湿啰音、中湿啰音、细湿啰音和捻发音。粗湿啰音（moist rale，crackle）：又称大水泡音。产生于气管、主支气管或空洞部位，多出现在吸气早期。见于支气管扩张、肺水肿及肺结核或肺脓肿空洞。昏迷或濒死的患者因无力排出呼吸道分泌物，有时不用听诊器就可听到位于气管处的粗湿啰音，称为痰鸣。中湿啰音（medium crackle）：又称中水泡音。产生于中等大小的支气管，多出现在吸气的中期。见于支气管炎、支气管肺炎等。细湿啰音（fine crackle）：又称小水泡音。产生于小支气管，多在吸气后期出现。常见于细支气管炎、支气管肺炎、肺淤血和肺梗死等。弥漫性肺间质纤维化患者吸气后期会出现的细湿啰音，其音调高，近耳颇似撕开尼龙扣带时发出的声音，谓之 Velcro 啰音。捻发音（crepitus）：是一种极细而均匀一致的湿啰音。由细支气管和肺泡壁因分泌物存在而互相黏着陷闭，当吸气时被气流重新充气，发出高音调、高频率的细小爆裂音。多在吸气的终末闻及，颇似在耳边用手指捻搓一束头发时所发出的声音。常见于细支气管和肺泡炎症或充血，如肺淤血、肺炎早期和肺泡炎等。但正常老年人或长期卧床的患者，于肺底亦可闻及捻发音，在数次深呼吸或咳嗽后可消失，一般无临床意义。

2）特点：持续时间较短，且断续；常连续多个出现；于吸气时或吸气终末较为明显，有时也出现于呼气早期；部位较恒定，性质不易变；大、中、小水泡音可同时存在；咳嗽后可消失或减轻。

3）临床意义：局限性湿啰音仅提示该处的局部病变，如肺炎、肺结核或支气管扩张等；双肺底湿啰音多见于心力衰竭所致的肺淤血和支气管肺炎等；双肺广泛湿啰音多见于急性肺水肿和严重支气管肺炎。

4. 语音共振 语音共振（vocal resonance）也称为听觉语音，用听诊器听取发音后，声波音响传到胸壁的强度和性质，产生原理与语音震颤基本相同，临床意义也完全一致。根据语音差异可分为支气管语音、胸语音、羊鸣音和耳语音（表 3-11）。

（1）检查方法：嘱患者用一般的声音强度重复说“yi”长音时，喉部发音产生的振动经气管、支气管、肺泡传至胸壁，听诊器可听到柔和而含糊的字音，两侧对比。语音共振一般在气管和大支气管附近听到的声音最强，在肺底则较弱。

（2）临床意义：①语音共振增强见于肺实变、肺内空腔、压迫性肺不张；②语音共振减弱见于支气管阻塞、胸腔积液、气胸、慢性阻塞性肺疾病、胸壁水肿等。

表 3-11　语音共振的分类及特点

听觉语音类别	传导	字音	肺实变
支气管语音	响亮、增强	较清晰	有
胸语音	更强、更亮	清晰可辨	大范围实变
羊鸣音	较强	鼻音似羊叫	积液上方肺部可闻及
耳语音	增强、调高	清晰	更敏感

5. 胸膜摩擦音 正常胸膜表面光滑，胸膜腔内并有微量液体存在，因此，呼吸时胸膜脏层和壁层之间相互滑动并无音响发生。然而，当胸膜发生炎症时，表面粗糙，呼吸时可听到两层摩擦的声音，称胸膜摩擦音（pleural friction rub）。听诊特点：最响的部位在腋中线第5～7肋间，可随体位的变动而消失或复现。当胸腔积液较多时，因两层胸膜被分开，摩擦音可消失，在积液吸收过程中当两层胸膜又接触时可再出现。深呼吸或听诊器体件加压时更清楚。胸膜摩擦音常发生于纤维素性胸膜炎、肺梗死、胸膜肿瘤及尿毒症等患者。

四、心脏检查

心脏检查是心血管疾病诊断的基本功，在对患者详细询问病史的基础上，做进一步认真的心脏检查，多能及早做出准确诊断，给予患者及时的治疗。

在进行心脏检查时，需要有一个安静、光线充足的环境，患者多取卧位，医师多位于患者右侧，门诊条件下也有取坐位，但必要时仍需取多个体位进行反复检查。心脏检查时，一方面注意采取视诊、触诊、叩诊、听诊依次进行，以全面了解心脏的情况；另一方面在确定某一异常体征时，也可同时交替应用两种以上的检查方法加以判断。

（一）视诊

患者尽可能取卧位，除观察一般胸腔轮廓外，必要时，医师也可将视线与胸廓同高，以便更好地了解心前区有无隆起和异常搏动。

1. 胸廓畸形

（1）心前区隆起与凹陷：正常人左右基本对称，无隆起及凹陷。

1）心前区隆起：儿童在肋骨、胸骨发育完成前，因右心室肥厚挤压所致，包括先天性因素（法洛四联症、肺动脉瓣狭窄），少数由后天性因素导致，如风湿性心脏病。

2）心前区饱满：见于心包积液（大量心包积液挤压心前区所致）和主动脉扩张。

3）心前区凹陷：胸廓的骨性改变所致（佝偻病性胸廓）。

（2）鸡胸、漏斗胸、脊柱畸形：参见本节胸廓、胸壁与乳房。

2. 心尖冲动 心脏收缩时，心尖向胸壁冲击，故在心前区左下方胸壁有一局限性地向外搏动，称心尖冲动（apical impulse）。正常成人心尖冲动位于第5肋间，左锁骨中线内侧0.5～1.0cm，搏动范围以直径计算为2.0～2.5cm。正常心尖冲动有相当一部分人看不到。

（1）心尖冲动位置改变

1）生理性因素：正常仰卧时心尖冲动略上移；左侧卧位，心尖冲动向左移2.0～3.0cm；右侧卧位可向右移1.0～2.5cm。肥胖体型者、小儿及妊娠时，横膈位置较高，使心脏呈横位，心尖冲动向上外移，可在第4肋间左锁骨中线外。若体型瘦长（特别是处于站立或坐位）使横膈下移，心脏呈垂位，心尖冲动移向内下，可达第6肋间。

2）病理性因素：有心脏本身因素（如右心室扩大、左心室扩大、双心室扩大）或心脏以外的因素（如肺或胸腔病变、腹部病变）。

（2）心尖冲动强度、范围的改变：生理情况下，胸壁肥厚、乳房悬垂或肋间隙狭窄时心尖冲动较弱，搏动范围也缩小。胸壁薄或肋间隙增宽时心尖冲动相应增强，范围也较大。另外，剧烈运动与情绪激动时，心尖冲动也随之增强。病理情况下，高热、严重贫血、甲状腺功能亢进或左心室肥厚心功能代偿期，因心肌收缩力增强，可导致心尖冲动增强。扩张型心肌病和急性心肌梗死等可因心肌收缩力下降导致心尖冲动减弱。此外心包积液、缩窄性心包炎、肺气肿、左侧大量胸腔积液或气胸等也可导致心尖冲动减弱。

（3）负性心尖冲动：心脏收缩时，心尖冲动向内陷，称负性心尖冲动。见于粘连性心包炎、明显右心室肥大时。

3. 心尖冲动以外的异常搏动

（1）胸骨左缘第 3、4 肋间搏动，多见于先天性心脏病所致的右心室肥厚，如房间隔缺损等。

（2）心底部搏动：胸骨左缘第 2 肋间搏动见于肺动脉高压、肺动脉扩张，胸骨右缘第 2 肋间搏动见于升主动脉扩张、升主动脉瘤。

（3）剑突下搏动：见于慢性阻塞性肺疾病伴左心室大（深吸气增强）、腹主动脉搏动（深吸气减弱）。

（二）触诊

心脏触诊可进一步补充验证视诊所检查的心尖冲动、震颤、心包摩擦感等，可以确定心脏处于收缩期或舒张期。触诊方法是检查者先用右手全手掌开始检查，置于心前区，然后逐渐缩小到用手掌尺侧（小鱼际）或示指和中指指腹并拢同时触诊，必要时也可单指指腹触诊。

1. 心尖冲动及心前区搏动 正常人心尖部可触及或不可触及。心前区搏动为抬举性搏动，见于左心室肥大，是左心室肥大的可靠体征。心尖冲动外的其他搏动同前述视诊内容，注意心脏搏动与腹主动脉搏动的鉴别。

2. 震颤 震颤是用手触知的一种细微的震动感，与在猫喉部摸到的呼吸震颤类似，也称猫喘。其发生是由于血流经过狭窄或关闭不全的瓣膜口、异常通道流到宽广部位而产生湍流，由此引起血管壁、心壁、瓣膜震动传到胸壁所致。一般与病变程度成正比，但过分严重时减弱，震颤一般出现在瓣膜狭窄时，只有严重瓣膜关闭不全才会出现。影响震颤的因素有声音频率和心脏与胸壁的距离，有震颤一定有杂音，但有杂音不一定有震颤。震颤是器质性心血管疾病的特征性体征之一。临床见于器质性心脏病，如二尖瓣狭窄、主动脉瓣狭窄、先天性心脏病。收缩期震颤主要见于主动脉瓣狭窄、室间隔缺损等；舒张期震颤见于二尖瓣狭窄；连续性震颤见于动脉导管未闭（PDA）。

3. 心包摩擦感 心包摩擦感是由于急性心包炎时心包膜纤维素渗出致表面粗糙，心脏收缩时脏层与壁层心包摩擦产生的振动传至胸壁所致，见于纤维素性心包炎。在心前区，收缩期、舒张期皆可触及，前倾坐位、呼气末明显，心包积液时消失。

（三）叩诊

叩诊用于确定心脏大小、形状、位置。心浊音界包括相对浊音界、绝对浊音界。心脏左右边缘被肺遮盖的部分，叩诊呈相对浊音，而不被肺遮盖的部分则叩诊呈绝对浊音。相对浊音界反映的是心脏的实际大小，而绝对浊音界实际就是肺和心脏重叠的肺前界。叩诊顺序：先左界后右界，自下而上，由外向内。受检者一般取平卧位，以左手中指作为叩诊板指，板指与肋间平行放置，如果某种原因受检查者取坐位时，板指可与肋间垂直。

1. 正常心浊音界 正常心浊音界的大小见表 3-12。

表 3-12 正常心浊音界的大小

右界（cm）	肋间	左界（cm）
2～3	Ⅱ	2～3
2～3	Ⅲ	3.5～4.5
3～4	Ⅳ	5～6

续表

右界（cm）	肋间	左界（cm）
	V	7～9

注：左锁骨中线距前正中线距离 8～10cm

2. 心浊音界各部的组成 心脏左界第 2 肋间相当于肺动脉段，第 3 肋间为左心耳，第 4、5 肋间为左心室。第 2 肋间为心底部，主动脉与左心室交接处向内凹陷为心腰。右界第 2 肋间处相当于升主动脉和上腔静脉，第 3 肋间以下为右心房。心尖部由左心室构成。

3. 心浊音界改变及其临床意义 心浊音界改变受心脏本身病变和心脏以外因素的影响。

（1）心脏本身病变。左心室扩大：心界向左下扩大，心腰部明显凹陷，形似靴形，也称“靴形心”或“主动脉型心”，见于高血压心脏病、主动脉瓣狭窄。右心室扩大：心界向左扩大，也可向右扩大，但不向下扩大，见于肺源性心脏病、二尖瓣狭窄。双心室扩大：向两侧及左下扩大，又称“普大心”，见于扩张型心肌病、全心衰竭。左心房增大及肺动脉段扩张：心腰饱满、膨隆，称为“梨形心”，见于二尖瓣狭窄。心包积液：心界双侧扩大，随体位而变化，见于各种心包炎。

（2）心外因素。气胸及胸腔积液：患侧心界叩不出；健侧扩大；胸膜增厚与肺不张，心界移向患侧。慢性阻塞性肺疾病：心脏浊音界缩小。腹腔巨大肿瘤或腹水：心脏上移成横位，浊音界扩大。胸腔内有实性病变：患侧心界叩不出。

（四）听诊

听诊即用听诊器在心脏各瓣膜区听诊的检查方法，它难以掌握，但有用且准确。某些心脏病如二尖瓣狭窄、主动脉瓣关闭不全、动脉导管未闭等通过听诊即可诊断。听诊需注意心率、心律、心音、心脏杂音和额外心音等特征，进而对心脏的病理生理状况进行分析。

听诊时，患者多取卧位或坐位。然而，对疑有二尖瓣狭窄者，宜嘱患者取左侧卧位；对疑有主动脉瓣关闭不全者宜取坐位且上半身前倾。将听诊器的钟型体件轻放在胸前皮肤上，适合于听低音调声音，如二尖瓣舒张期隆隆样杂音；膜型体件需紧贴皮肤，能滤过部分低音调声音而适用于听高音调声音，如主动脉瓣舒张期叹气样杂音。注意不能隔着衣服进行心脏听诊。

1. 心脏瓣膜听诊区 心脏各瓣膜开放与关闭时所产生的声音传导至体表最易听清的部位称心脏瓣膜听诊区，与其解剖部位不完全一致。通常有以下 5 个听诊区。

（1）二尖瓣听诊区：心尖区，心尖冲动最强点。第 5 肋间左锁骨中线内 0.5～1cm 处。

（2）肺动脉瓣听诊区：胸骨左缘第 2 肋间。

（3）主动脉瓣听诊区：胸骨右缘第 2 肋间。

（4）主动脉瓣第二听诊区：胸骨左缘第 3 肋间，又称 Erb 区。

（5）三尖瓣听诊区：胸骨下端左缘，即胸骨左缘第 4、5 肋间。

2．听诊顺序 通常的听诊顺序可以从心尖区开始，逆时针方向依次听诊：先听心尖区再听肺动脉瓣区，然后为主动脉瓣区、主动脉瓣第二听诊区，最后是三尖瓣区。一些临床医师也有从心底部开始依次进行各个瓣膜区听诊的。

3. 听诊内容 包括心率、心律、心音、额外心音、杂音和心包摩擦音。

（1）心率（heart rate）：在心尖部听诊数第一心音计数。正常成人 60～100 次/分。成人心率超过 100 次/分，为心动过速，低于 60 次/分为心动过缓。<3 岁儿童心率多在 100 次/分以上，婴幼儿超过 150 次/分为心动过速。小儿心率快，老年人心率慢。

（2）心律（cardiac rhythm）：心跳之节律，即心跳是否整齐。正常人心律基本规则，部分青年人可出现随呼吸改变的心律，吸气时心率增快，呼气时减慢，称窦性心律不齐（sinus arrhythmia），一般无临床意义。心律不规整常见于心律失常，最常见的是期前收缩（premature beat）和心房颤动（atrial fibrillation）。房颤听诊时有 3 个特点，即心律绝对不齐，第一心音强弱不等，脉搏短绌。

（3）心音（heart sound）：正常心脏在收缩、舒张时产生的声音。按在心动周期中出现的顺序，可将心音分为第一心音（S_1）、第二心音（S_2）、第三心音（S_3）和第四心音（S_4）。正常成人一般听到两个心音，即 S_1、S_2，部分儿童青少年可听到 S_3，S_4 很弱，一般不可闻及，若闻及 S_4 则为病理性。心音的产生机制和听诊特点如下。

1）第一心音产生机制：4 个成分构成，有两个主要成分，即二、三尖瓣关闭，瓣叶震动；两个次要成分，半月瓣开放及心肌收缩产生震动，血流冲击心室壁和血管壁产生震动。S_1 标志着心室收缩，收缩期开始。

第一心音的听诊特点：低调、较响、历时长（0.1s）、性质钝、与心脏搏动同时、心尖部最清楚。

2）第二心音产生机制：4 个成分构成，有两个主要成分是主、肺动脉瓣关闭引起的震动，两个次要成分是二、三尖瓣开放及腱索引起的震动、血流冲击。因不同步而形成两个成分主动脉瓣部分（A_2）及肺动脉瓣部分（P_2）。S_2 开始标志着心室进入舒张期。

第二心音的听诊特点：调高、强度低、性质钝、历时短（0.08s）、出现于心脏搏动之后、心底部清楚。

3）第三心音产生机制：出现于舒张早期，第二心音之后。舒张早期，心室快速充盈，血流冲击心室壁、腱索引起的振动。

第三心音的听诊特点：调低、强度弱、性质钝、持续时间短（0.04s），心尖部及内上方清楚、仰卧、呼气末最清楚，似 S_2 的回声。

4）第四心音产生机制：出现在心室舒张末期，收缩期前。与心房收缩使房室瓣及其相关结构（瓣膜、瓣环、腱索和乳头肌）突然紧张振动有关。

第四心音的听诊特点：心尖部及其内侧较明显，低调、沉浊而弱，属病理性。

心音的改变及意义：

1）第一心音强度改变：① S_1 增强，见于二尖瓣狭窄（二尖瓣叶位置低，振动幅度大，心室收缩时间短，关闭速度快）、甲状腺功能亢进、完全性房室传导阻滞时的“大炮音”、短 P-R 间期。② S_1 减弱，见于二尖瓣关闭不全、P-R 间期延长、心肌损害。

2）第二心音强度改变（第二心音的两个成分为 A_2、P_2）：① A_2 增强，见于高血压、主动脉硬化；② P_2 增强，见于肺动脉压升高，如肺源性心脏病、二尖瓣狭窄、室间隔缺损；③ A_2 减弱，见于主动脉内压降低，如主动脉瓣关闭不全；④ P_2 减弱，见于肺动脉压降低，如肺动脉瓣狭窄。

3）心音分裂：二尖瓣（M）与三尖瓣（T）、主动脉瓣（A）与肺动脉瓣（P）的关闭不同步。因此，S_1 有两个成分，即 T、M 成分；S_2 亦然，即 A、P 成分。因两个成分距离很近，故听诊为一个音。但某些情况下，两个成分距离增加（超过 0.03s）就将一个心音听为两个成分，称为心音分裂。包括 S_1、S_2 分裂。

第一心音分裂：当左、右心室收缩明显不同步时出现（电、机械活动），三尖瓣关闭明显迟于二尖瓣时出现，见于完全性右束支传导阻滞、二尖瓣狭窄、右心衰竭。

第二心音分裂：第二心音中 A、P 成分距离增加，它分为 4 种类型，即生理性分裂、通常分裂、固定性分裂、反常分裂（逆分裂）。①生理性分裂：正常人于吸气末闻及的 S_2 分裂，原因：吸气末，回心血量增加，右心射血时间延长；②通常分裂：为最常见的类型，见于右心室射血时间延长（完全性右束支传导阻滞、二尖瓣狭窄、肺动脉瓣狭窄）和左心室射血时间缩短（二尖瓣关闭不全、室间隔缺损）；③固定性分裂：第二心音分裂不受呼吸的影响，分裂时距固定，见于房间隔缺损；④反常分裂：又称逆分裂，主动脉瓣关闭迟于肺动脉瓣，即 P 成分在前，A 成分在后。吸气消失，呼气明显，见于完全性左束传导阻滞、主动脉射血受阻（主动脉瓣狭窄、高血压）。

（4）额外心音：指在原有心音以外新出现的病理性心音。换言之，正常心脏不出现的杂音，而在病理状态下新出现的心音。可出现于收缩期、舒张期。可出现一个音，与原 S_1、S_2 构成三音律；也可以出现两个音，与原 S_1、S_2 构成四音律。分收缩期和舒张期额外心音。

1）舒张期额外心音：奔马律为最常见的舒张期额外心音，S_1、S_2 与额外心音（常见病理性的 S_3 或 S_4）所构成的三音律或四音律，在心率＞100 次/分时，极似马蹄声，故名。它是心肌严重受损的体征。分为舒张早期、舒张晚期奔马律等。舒张早期奔马律：又称为第三心音奔马律，或室性奔马律，它是由 S_1、S_2 和病理性 S_3 构成。产生机制：心室容量负荷过重，心肌的顺应性降低。当血液快速充盈时，引起室壁震动而产生。与生理性 S_3 形成机制相似。听诊特点：调低、强度弱、S_2 之后出现，心尖部最响，呼气末清楚。临床意义：心脏容量负荷过重，心室功能低下，心肌损害严重。见于心肌梗死、心肌病、心肌炎、高血压心脏病等。经过治疗心功能好转时，奔马律可以消失。左、右心室皆可产生，以左心室性奔马律为多。奔马律与生理性 S_3 的区别：奔马律见于器质性心脏病，而 S_3 见于青少年；奔马律一般心率＞100 次/分，S_3＜100 次/分；奔马律不受体位影响，S_3 距离 S_2 近，调低；奔马律的三个音间隔距离大致相等；舒张晚期奔马律：又称收缩期前奔马律、第四心音奔马律或房性奔马律，由 S_4、S_1、S_2 构成，发生于舒张晚期（收缩期前）。形成机制：心房收缩音，舒张末期心室内压高（压力负荷重），顺应性差，心房必须用力收缩而形成。听诊特点：调低、强度弱、近 S_1，心尖部及内上方最响，呼气末清楚。临床意义：反映了心室压力负荷过重，心室顺应性差，常见于能够引起心室肥厚的疾病。如高血压心脏病、肥厚型心肌病、主动脉瓣关闭不全，也见于心肌损害性疾病，如冠心病、心肌病；重叠性奔马律：当第三心音奔马律和第四心音奔马律同时存在时，形成四音律，称为“火车头”奔马律。当心率快到一定值时，S_3、S_4 重叠在一起，称为重叠性奔马律，见于心力衰竭伴心动过速时。二尖瓣开放拍击音：又称开瓣音。在二尖瓣狭窄时，二尖瓣在开放中突然中止而产生。产生机制：舒张早期，血流从左心房进入左心室，弹性良好的二尖瓣因瓣膜周围粘连，开放突然中止，瓣叶形成张帆样改变而出现的震动，即拍击音。听诊特点：高调、历时短，清脆，心尖及内侧清楚，呼气末增强。临床意义：见于二尖瓣狭窄，提示二尖瓣叶弹性、活动良好，是二尖瓣瓣叶分离术的手术指征之一。若瓣叶弹性差或合并二尖瓣关闭不全，此音消失。心包叩击音：S_2 后出现的一个短促附加心音，见于缩窄性心包炎、心包增厚、粘连。肿瘤扑落音：心房黏液瘤患者。

2）收缩期额外心音：有收缩早期喀喇音（喷射音），见于主动脉瓣狭窄、主动脉瓣关闭不全、高血压，肺动脉高压、肺动脉瓣狭窄、动脉导管未闭、房间隔缺损等；收缩中、晚期喀喇音，见于二尖瓣脱垂综合征。

（5）心脏杂音（cardiac murmurs）：指心音、额外心音以外的异常声音。它来自心壁、血管壁的震动，具有性质特殊、持续时间长、可以遮盖心音等特点，对疾病诊断有重要意义。

1）产生机制：血流加速；血液黏稠度下降；瓣膜口狭窄或关闭不全；异常通道；心腔内漂浮物；大血管扩张。

2）杂音的听诊要点：最响部位与传导方向：每一种瓣膜病都有其杂音最响部位，该部位主要与该瓣膜的损害和血流方向有关。一般认为杂音传导沿血流方向，最响部位，对应相应病变瓣膜。例如，二尖瓣狭窄，二尖瓣区最响；主动脉狭窄/关闭不全，主动脉瓣区最响；室间隔缺损，胸骨左缘第3、4肋间；动脉导管未闭，胸骨左缘第2、3肋间；心动周期中的时期，即杂音发生于收缩期或舒张期。根据其在心动周期的时相，分为收缩期杂音、舒张期杂音、连续性杂音。前两者又分为早、中、晚期。不同时期的杂音反映不同的疾病。例如，二尖瓣关闭不全：心尖部，全收缩期；二尖瓣狭窄：心尖部，舒张中、晚期；主动脉瓣关闭不全：主动脉瓣区，舒张早期；主动脉瓣狭窄：主动脉瓣区，收缩中期；动脉导管未闭：胸骨左缘第2、3肋间，连续性。性质：指杂音的频率不同而表现的音色音调不同，不同病变有不同的杂音性质，不同性质的杂音具有不同的临床意义。根据柔和/粗糙的程度可将杂音分成粗糙杂音和柔和杂音。根据人所共知的声音来形容，可分为吹风样、雷鸣样、叹气样、机器样。杂音性质粗糙常为器质性杂音，而性质柔和常为功能性杂音。例如，二尖瓣关闭不全：心尖部，全收缩期，吹风样；二尖瓣狭窄：心尖部，舒张中、晚期，雷鸣样（隆隆样）；主动脉瓣关闭不全：主动脉瓣区，舒张早期，叹气样（泼水样）；动脉导管未闭：胸骨左缘第2、3肋间，连续性、粗糙的机器样。杂音强度与形态：杂音强度即杂音的响度，影响因素包括狭窄程度、瓣膜口压力阶差、血流速度、心肌收缩力。强度分级：根据Levine分级法将收缩期杂音分为6级，见表3-13。舒张期杂音不分级。记录法：2/6级；3/6级。通常杂音≤2/6级，常为功能性杂音，不传导；≥3/6级，为器质性杂音，传导。

表3-13　杂音强度分级

级别	响度	听诊特点	震颤
1	很轻	很弱，易被初学者或缺少心脏听诊经验者忽视	无
2	轻度	能被初学者或缺少心脏听诊经验者听到	无
3	中度	明显杂音	无
4	中度	明显杂音	有
5	响亮	响亮的杂音	明显
6	响亮	响亮杂音，即使听诊器离开胸壁也能听到	明显

3）杂音形态：用心音图来记录杂音强度的变化规律所构成的声波形态。常见类型：①递增型，二尖瓣狭窄；②递减型，主动脉瓣关闭不全；③递增递减型，主动脉瓣狭窄；④连续型，动脉导管未闭；⑤一贯型，二尖瓣关闭不全。体位、呼吸、运动的影响：某些杂音与体位有关，原因是使病变部位或血流更靠近体表；或影响了回心血量。如二尖瓣狭窄，左侧卧位清楚；主动脉瓣关闭不全，前倾坐位清楚，由卧位变为站立位时，杂音减弱；呼吸通过影响左、右心的回心血量，从而影响杂音的强度。如深吸气，右心回心血量增多，使三尖瓣、肺动脉瓣杂音增强；深呼气时，二尖瓣、主动脉瓣杂音增强。运动时血流加速，杂音增强。

4）杂音的临床意义：①杂音与心脏病的关系。心脏病可以产生杂音；有心脏病未必有杂音；有杂音未必有心脏病。②功能性、器质性杂音和相对性杂音等的概念。功能性杂音：产生杂音处无器质性病变；器质性杂音：产生杂音处有器质性病变；相对性杂音：在疾病影响下，心室扩张、瓣环扩大，引起瓣膜的狭窄或关闭不全，称为相对性狭窄或关闭不全，因此产生的杂音为相对性杂音；Graham-Steell杂音：各种病变引起的肺动脉扩张造成肺动脉瓣相对性关闭不全，因此在肺动脉瓣区出现的舒张期递减型杂音，见于二尖瓣狭窄、肺动脉高压；Austin-

Flint 杂音：在主动脉瓣关闭不全时，左心室血容量多，二尖瓣位置高，造成相对性二尖瓣狭窄而产生舒张期隆隆样杂音。

（6）心包摩擦音：心包炎症，脏、壁二层增厚、粗糙摩擦产生。特点：粗糙、搔抓样；心前区皆可闻及，前倾坐位更清楚，左胸骨左缘第 3、4 肋间较易听到，见于各种心包炎。

五、血管检查

（一）脉搏

检查脉搏主要用触诊，应选择浅表动脉，如桡动脉、肱动脉、股动脉、颈动脉及足背动脉等。检查时以示指、中指、环指指腹平放于患者动脉搏动处，并做双侧对比。检查脉搏时应注意脉率、脉律、紧张度与动脉壁弹性、强弱和波形变化。

1. 脉率和脉律 临床意义同心率和心律。正常成人脉率在安静、清醒的情况下为 60～100 次/分，老年人偏慢，女性稍快，儿童较快，<3 岁的儿童多在 100 次/分以上。各种生理、病理情况或药物影响也可使脉率增快或减慢。

脉搏的节律可反映心脏的节律。正常人脉律规则，有窦性心律不齐者的脉律可随呼吸改变，吸气时增快，呼气时减慢。各种心律失常患者均可影响脉律，房颤时，脉律绝对不规则，且强弱不等，脉率小于心率，称脉搏短绌。期前收缩呈二联律或三联律者，可形成二联脉或三联脉。房室传导阻滞时可有脉搏脱漏，称脱落脉（dropped pulse）。

2. 紧张度与动脉壁状态 脉搏的紧张度与动脉硬化的程度有关。检查时，可将两个手指指腹置于桡动脉上，近心端手指用力按压阻断血流，使远心端手指触不到脉搏，通过施加压力的大小及感觉的血管壁弹性状态判断脉搏紧张度。如果桡动脉触诊缺乏弹性，形似条索、迂曲或呈结节状，提示动脉硬化。

3. 强弱 脉搏的强弱与心搏出量、脉压和外周血管阻力相关。脉搏增强，振幅增大，称洪脉，见于高热、甲状腺功能不全、主动脉瓣关闭不全等；脉搏减弱，振幅低，称细脉，见于心力衰竭、主动脉瓣狭窄、休克等。

4. 脉搏波形 正常脉搏由升支（叩击波）、波峰（潮波）和降支（重搏波）三部分构成。异常波形包括以下几种。

（1）水冲脉（water-hammer pulse）：检查方法为握紧患者手腕掌面，使其前臂高举超过头部，可感知脉搏骤起骤落，犹如潮水涨落，是由于周围血管扩张或存在分流、反流所致。常见于主动脉瓣关闭不全、甲状腺功能亢进、动脉导管未闭、严重贫血。

（2）交替脉（alternating pulse）：脉搏强弱交替，节律规则，为左心室衰竭体征。常见于高血压心脏病、急性心肌梗死和主动脉瓣关闭不全等。

（3）奇脉（paradoxical pulse）：心脏压塞或心包缩窄时，吸气时由于右心舒张受限，回心血量减少，致使肺静脉流入左心房血量减少，左心室排血降低，造成脉搏减弱，甚至不能扪及，故又称“吸停脉”。

（4）无脉：即脉搏消失。常见于严重休克或多发性大动脉炎。

（二）血压

1. 测量方法 血压测量方法有两种：直接测量法和间接测量法。前者为有创性方法，仅适于危重疑难病例。后者采用袖带加压法，以汞柱式、弹簧式或电子式血压计测量，该方法简单易行。

血压测量时，被检者半小时内禁烟、禁喝咖啡，排空膀胱，安静环境下休息至少 5min，取仰卧位或坐位。被检查者上肢裸露伸直并轻度外展，肘部置于心脏同一水平，将气袖均匀缠于上臂，使其下缘在肘窝以上 2～3cm，将听诊器体件置于肘窝部肱动脉搏动处，然后向袖带内充气，待肱动脉搏动声消失，再升高 20～30mmHg，然后缓慢放气，双眼随汞柱下降，平视汞柱表面，根据听诊结果读出血压值。根据 Korotkoff 5 期法，听到动脉搏动第一声响时的血压值为收缩压（第 1 期），随后声音逐渐加强为第 2 期，继而出现柔和吹风样杂音为第 3 期，再后音调突然变低钝为第 4 期，最终声音消失为第 5 期，此时记录舒张压。收缩压与舒张压之差为脉压。成人气袖宽度为 12～13cm，手臂粗大或测量大腿血压时，气袖应增至 20cm，手臂太细或儿童测压时，气袖宽度应在 7～8cm。

2. 血压标准 《中国高血压防治指南》（2018 年修订版）见表 3-14。

表 3-14 血压水平的定义和分类（18 岁以上成人）

类别	收缩压（mmHg）	舒张压（mmHg）
正常血压	＜120	＜80
正常高值	120～139	80～89
高血压		
1 级（轻度）高血压	140～159	90～99
2 级（中度）高血压	160～179	100～109
3 级（重度）高血压	≥180	≥110

注：当患者的收缩压与舒张压分属不同级别时，则以较高的分级为准；单纯收缩期高血压也可参照收缩压水平分为 1、2、3 级

3. 血压变动的临床意义

（1）高血压：血压测值受多种因素的影响，如情绪激动、紧张、运动等；若在安静、清醒的条件下采用标准测量方法，至少 3 次不同日血压值≥140/90mmHg，即认为有高血压。绝大多数为原发性，＜5% 为继发性或症状性高血压，如慢性肾炎等。

（2）低血压：血压＜90/60mmHg 时称为低血压。见于休克、心肌梗死、急性心脏压塞，亦可与体质因素有关。

（3）双上肢血压差别显著：正常双上肢血压之差不超过 10mmHg，如超出此范围则属异常，见于多发性大动脉炎或先天性动脉畸形。

（4）上下肢血压差异常：正常下肢血压高于上肢血压 20～40mmHg，如果下肢血压低于上肢，应考虑主动脉缩窄或胸腹主动脉型大动脉炎。

（5）脉压改变：脉压＞40mmHg 为脉压增大，见于甲状腺功能亢进、主动脉瓣关闭不全等；脉压＜30mmHg 为脉压减小，见于主动脉瓣狭窄、心包积液或严重衰竭。

（三）血管杂音

1. 静脉杂音

（1）颈静脉杂音：在颈根部近锁骨处或锁骨下，尤其右侧，可出现低调、柔和、连续性杂音，坐位和立位时明显，手指压迫阻断颈静脉血流，杂音可消失，系颈静脉血液快速流入上腔静脉所致，为无害性杂音。

（2）肝硬化门静脉高压引起腹壁静脉曲张时，可在脐周或上腹部闻及连续性静脉“营营”声。

2. 动脉杂音 甲状腺功能亢进时，甲状腺侧叶可闻及连续性杂音。多发性大动脉炎可在狭窄部位听到收缩期杂音。肾动脉狭窄时，可在上腹部或腰背部闻及收缩期杂音。肺内动静

脉瘘、冠状动静脉瘘和外周动静脉瘘时，在相应部位有连续性杂音。

3. 周围血管征 主要见于主动脉瓣关闭不全、甲状腺功能亢进、严重贫血等脉压增大的疾病。

（1）枪击音（pistol shot sound）：在外周大动脉如股动脉表面，轻放听诊器鼓型胸件可闻及与心跳一致的短促射枪样声音。

（2）Duroziez 双重杂音：以听诊器鼓型胸件稍加压力于股动脉，并使体件开口方向稍偏向近心端，可闻及收缩期和舒张期双期吹风样杂音。

（3）毛细血管搏动征（capillary pulsation）：用手指轻轻压患者指甲末端或以玻片轻压患者口唇黏膜，可使局部发白，当心脏收缩时，局部颜色随心动周期发生有规律的红白交替改变。

第六节 腹部检查

腹部主要由腹壁、腹腔、腹腔器官组成，腹部范围上起横膈，下至骨盆，腹部体表两侧肋弓下缘和剑突与胸部为界，下至两侧腹股沟韧带和耻骨联合，前面、侧面为腹壁组织，后面为脊柱和腰肌。腹腔内有很多重要器官，主要有消化、泌尿、生殖、内分泌、血液及血管系统，故是体格检查的重要组成部分，腹部检查内容多、复杂，检查应用视、触、叩、听 4 种方法，触诊是腹部主要的检查方法，在腹部疾病诊断中占重要地位。因此，腹部触诊是诊断学的难点和必须掌握的内容。

一、腹部的体表标志和分区

（一）体表标志

1. 肋弓下缘（costal margin） 由第 8～10 肋软骨连结形成的肋缘和第 11、12 浮肋构成。肋弓下缘是腹部体表的上界，用于腹部分区，肝、脾的测量及胆囊定位。

2. 剑突（xiphoid process） 为胸骨体下端的突出的软骨，呈三角形，其体部与胸骨体相连。常用作肝脏的测量。

3. 腹上角（upper abdominal angle） 为左、右肋弓在胸骨下端会合处形成的夹角。常用于判断体型（正力型 =90°；超力型＞90°；无力型＜90°）和肝脏的测量。

4. 脐（umbilicus） 为腹部的中心，平第 3～4 腰椎。是腹部四区分法的标志，同时也是腰椎穿刺标志。

5. 髂前上棘（anterior superior iliac spine） 为髂脊前方突出点。是腹部九区分法的标志，也是骨髓穿刺的部位。

6. 腹直肌外缘（1ateral border of rectus muscles） 相当于锁骨中线的延续。常作为手术切口位置和胆囊点的定位。

7. 腹中线（midabdominal line） 为前正中线的延续。是腹部四区分法的垂直线，此处易发生白线疝。

8. 腹股沟韧带（inguinal ligament） 在腹股沟内。是腹部体表的下界，股动脉、静脉标志，常是腹股沟疝通过部位。

9. 脊肋角（costovertebral angle） 背部第 12 肋与脊柱交角，是检查肾区叩击痛的位置。

10. 耻骨联合（pubic symphysis） 两耻骨间纤维软骨相连，是腹部体表下界组成部分。

（二）腹部分区

目前常用的腹部分区有两种：四区分法和九区分法，见图 3-10 和图 3-11。

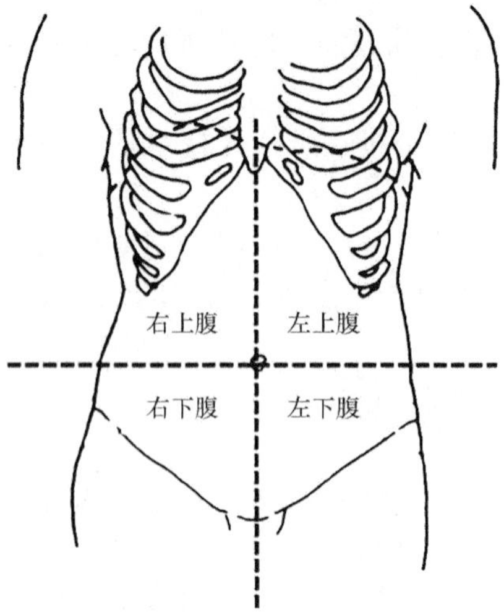

图 3-10　四区分法示意图

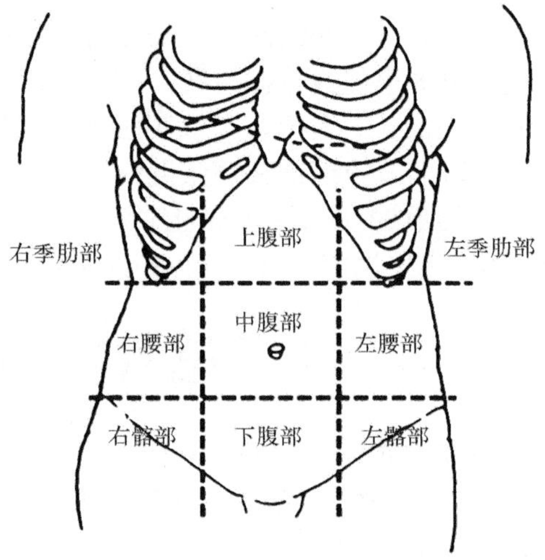

图 3-11　九区分法示意图

1. 四区分法　通过脐部画一水平线与一垂直线，两线相交将腹部分为四区，即左、右上腹部和左、右下腹部。

2. 九区分法　由两侧肋弓下缘连线和两侧髂前上棘连线为两条水平线，左、右髂前上棘至腹中线连线的中点为两条垂直线，四线相交将腹部分为九区，呈“井”字形，即左、右上腹部（季肋部），左、右侧腹部（腰部），左、右下腹部（髂部）及上腹部，中腹部（脐部）和下腹部（耻骨上部）。

二、腹部视诊

进行腹部视诊前，嘱患者排空膀胱，呈低枕仰卧位，两手自然置于身体两侧，充分暴露全腹。躯体其他部分应遮盖，暴露时间不宜过长，以免腹部受凉引起不适。检查者站于患者右侧，自上而下视诊，要求光线充足、柔和。腹部视诊的主要内容有腹部外形、呼吸运动、腹壁皮肤、腹壁静脉、胃肠型和蠕动波及疝等。

（一）腹部外形

正常成人平卧时前腹壁与肋缘至耻骨处位于同一水平面或略微低凹，称为腹部平坦；体胖者和儿童（尤其餐后）前腹壁稍圆形突出水平面，称为腹部饱满；消瘦者及老年人，因腹壁皮下脂肪较少，前腹壁稍内凹低于水平面，称为腹部低平。这些都属于正常腹部外形。

1. 腹部膨隆　平卧时前腹壁明显高于肋缘与耻骨联合的平面，外观呈凸起状，称腹部膨隆（abdominal distension），可因生理状况如肥胖、妊娠或病理状况如腹水、腹内积气、巨大肿瘤等引起，因情况不同又可表现为以下几种。

（1）全腹膨隆：生理状态下多见于肥胖；病理状态下可见于腹水、腹内积气、腹内巨大包块等。

（2）局部膨隆：常因为脏器肿大、腹内肿瘤或炎性肿块、胃或肠胀气，以及腹壁上的肿物和疝等。

2. 腹部凹陷 仰卧时前腹壁明显低于肋缘与耻骨联合的平面，称腹部凹陷（abdominal concavity），凹陷亦分全腹和局部，但以前者意义更为重要。

（1）全腹凹陷：患者仰卧时前腹壁明显凹陷，见于消瘦和脱水者。严重时前腹壁凹陷几乎贴近脊柱，肋弓、髂嵴和耻骨联合显露，使腹外形如舟状，称舟状腹（scaphoid abdomen），见于恶病质、恶性肿瘤晚期、慢性消耗性疾病晚期、神经性厌食、糖尿病、垂体前叶功能减退症、晚期甲亢、严重脱水等。吸气时出现上腹凹陷见于膈麻痹、上呼吸道梗阻。

（2）局部凹陷：较少见，多是由于手术后腹壁瘢痕收缩所致。

（二）呼吸运动

正常男性、小儿以腹式呼吸为主，女性以胸式呼吸为主。腹式呼吸运动减弱常见于腹膜炎、急性腹痛、腹水、腹腔内巨大肿物、妊娠；腹式呼吸运动消失见于胃肠穿孔、膈肌麻痹；腹式呼吸运动增强常见于癔症、胸腔积液等。

（三）腹壁静脉

1. 正常人 腹壁静脉一般不显露，较瘦或皮肤白皙者隐约可见。皮肤较薄而松弛的老年人可见静脉显露于皮肤，但常为较直条纹，并不迂曲，仍属正常。腹压增加，如腹水、肿物，妊娠时也可见静脉显露。

2. 腹壁静脉曲张或扩张 常见于门静脉高压症或上、下腔静脉阻塞而建立了侧支循环时。门静脉高压显著时，脐部可见到一簇曲张静脉向四周放射，如水母头（caput medusae），常在此处听到静脉血管杂音。上腔静脉阻塞时，上腹壁或胸壁的浅静脉曲张血流方向均转流向下；下腔静脉阻塞时，曲张的静脉大都分布在腹壁两侧，有时在臀部及股部外侧，脐以下的腹壁浅静脉血流方向转流向上。借简单的指压法即可判断鉴别血流的方向。如图 3-12。

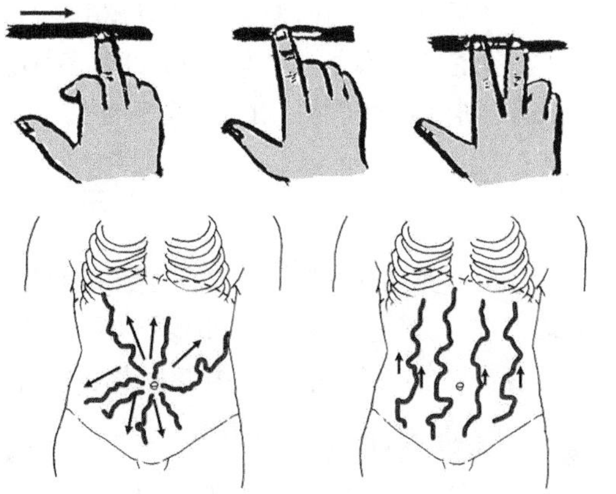

图 3-12 指压法静脉血流方向检查

选择一段没有分支的腹壁静脉，检查者将右手示指和中指并拢压在静脉上，然后一只手指紧压静脉向外滑动，挤出该段静脉内血液，至一定距离后放松该手指，另一手指紧压不动，看静脉是否充盈，如迅速充盈，则血流方向是从放松的一端流向紧压手指的一端。再同法放松另一手指，观察静脉充盈速度，即可看出血流方向。

（四）胃肠型和蠕动波

胃肠道发生梗阻时，梗阻近端的胃或肠段饱满而隆起，可显出各自的轮廓，称为胃型或肠型伴有该部位的蠕动加强，可以看到蠕动波（peristalsis）。正常人腹部一般看不到胃和肠的轮廓及蠕动波形，只有腹壁菲薄或松弛的老年人、经产妇或极度消瘦者可能见到。肠梗阻时，肠蠕动波多位于脐周，严重梗阻可见多个蠕动波、肠型。肠麻痹时，则肠型，蠕动波消失。观察时应采取适当体位，如俯视或侧面观察，有时可用手轻拍腹壁而诱发。

（五）腹壁其他情况

1. 皮疹 见本章第二节皮肤检查。

2. 色素 正常情况下，腹部皮肤颜色较暴露部位稍淡。若出现散在点状深褐色色素沉着常为血色病。皮肤皱褶处（如腹股沟及系腰带部位）有褐色素沉着，可见于肾上腺皮质功能减退。腹部和腰部不规则的斑片状色素沉着，见于多发性神经纤维瘤。肋腹部皮肤呈蓝色，称为格雷-特纳（Grey-Turner）征，见于急性出血坏死性胰腺炎和肠绞窄；脐周或下腹壁皮肤发蓝，称卡伦（Cullen）征，见于异位妊娠破裂或急性出血坏死性胰腺炎。

3. 腹纹 多分布于下腹部和左、右下腹部。白纹为腹壁真皮结缔组织因张力增高断裂所致，呈银白色条纹，可见于肥胖者或经产妇女。妊娠纹出现于下腹部和髂部，下腹部以耻骨为中心略呈放射状，条纹处皮肤较薄，在妊娠期呈淡蓝色或粉红色，产后则转为银白色而长期存在。紫纹是皮质醇增多症的常见征象，出现部位除下腹部和臀部外，还可见于股外侧和肩背部。

4. 瘢痕 见本章第二节皮肤检查。

5. 疝 可分腹内疝和腹外疝，后者多见，为腹腔内容物经腹壁或骨盆壁的间隙或薄弱部分向体表突出而形成。脐疝多见于婴幼儿，股疝位于腹股沟韧带中部，多见于女性；腹股沟疝则偏于内侧，男性多见。先天性腹直肌两侧闭合不良者可有白线疝；手术瘢痕愈合不良处可有切口疝。

6. 脐部 脐部膨出见于脐疝、腹压增高；脐部凹陷见于消瘦、瘢痕。脐部分泌物呈浆液性或脓性，有臭味，可能有感染。分泌物呈水样，有尿味，为脐尿管未闭的征象。脐部溃烂，可能为化脓性或结核性炎症；脐部溃疡如呈坚硬、固定而突出，多为癌肿所致。

7. 腹部体毛 见本章第二节皮肤检查。

8. 上腹部搏动 上腹部搏动大多由腹主动脉搏动传导而来，可见于正常人较瘦者。腹主动脉瘤和肝血管瘤时，上腹部搏动明显。右心室增大可见明显的上腹部搏动。

三、腹部触诊

触诊是腹部检查的主要方法，对腹部体征的认知和疾病的诊断具有重要意义，可以进一步确定视诊所见，又可为叩诊、听诊提示重点。有些体征如腹膜刺激征、腹部肿块、脏器肿大等主要靠触诊发现。在腹部触诊时，各种触诊手法都能用到。

（一）触诊方法

1. 对患者的要求 患者应排尿后取仰卧位，头低枕，两腿屈起并稍分开，使腹肌自然放松，平静呼吸，两上肢置于躯干两侧。

2. 对医师的要求 站立于右侧，检查时手要温暖、动作要轻柔；检查顺序由左下腹逆时针方向至右下腹，再至脐部，先健侧后患侧。边触诊边观察被检查者的反应与表情，对精神紧张或有痛苦者给予安慰和解释。亦可边触诊边与患者交谈，转移其注意力而减少腹肌紧张，以保证顺利完成检查。触诊时，先浅部触诊，用于发现腹壁的紧张度、表浅的压痛、肿块、搏动和腹壁上的肿物等（如皮下脂肪瘤、结节等）；后深部触诊，以了解腹腔内脏器情况，检查压痛、反跳痛和腹内肿物等。使用深压触诊、滑动触诊、浮沉触诊、钩指触诊等多种触诊手法，边触诊边观察，边思考。

（二）触诊内容

1. 腹壁紧张度 正常人腹壁柔软，无明显抵抗，病理状况下出现腹壁紧张度改变。

（1）腹壁紧张度增加：由于腹腔内容物增加如大量腹水、肠胀气或气腹者，触诊腹部张力可增加，但无肌痉挛，也无压痛。如因急性胃肠穿孔或脏器破裂所致急性弥漫性腹膜炎，腹膜受刺激而引起腹肌痉挛、腹壁常有明显紧张，甚至强直硬如木板，称板状腹（board like rigidity）；结核性炎症或其他慢性病变由于发展较慢，对腹膜刺激缓和，且有腹膜增厚和肠管、肠系膜的粘连，故形成腹壁柔韧而具抵抗力，不易压陷，称揉面感或柔韧感（dough kneading sensation），此征亦可见于癌性腹膜炎。局部腹壁紧张常见于局限性腹膜炎。上腹或左上腹肌紧张常见于急性胰腺炎，右上腹肌紧张常见于急性胆囊炎，右下腹肌紧张常见于急性阑尾炎，但也可见于胃穿孔。

（2）腹壁紧张度减弱：全腹紧张度减低常见于慢性消耗性疾病，大量放腹水或脱水，经产妇、老年体弱者。脊髓损伤和重症肌无力可导致腹壁紧张度消失。局部紧张度减低见于局部腹肌瘫痪或缺陷。

2. 压痛及反跳痛

（1）压痛：正常腹部触摸时不引起疼痛，重按时仅有一种压迫感。真正的压痛（tenderness）多来自腹壁或腹腔内的病变。腹腔内的病变，如脏器的炎症、淤血、肿瘤、破裂、扭转及腹膜的刺激（炎症、出血等）等均可引起压痛，此外胸部病变如下叶肺炎、胸膜炎、心肌梗死等也常在上腹部或季肋部出现压痛，盆腔疾病如膀胱、子宫及附件的疾病则可在下腹部出现压痛。

一些位置较固定的压痛点常反映特定的疾病，如位于右锁骨中线与肋缘交界的胆囊的压痛阳性，提示胆囊病变。位于脐与右髂前上棘连线中、外 1/3 交界处的 McBurney 点（麦氏点）压痛阳性，提示阑尾病变。

（2）反跳痛：当医师触诊腹部出现压痛后，突然抬手，患者突然感觉腹痛加剧并伴有痛苦表情或呻吟，称为反跳痛（rebound tenderness），是可能受累的壁腹膜受牵拉所致。腹腔内脏病变累及腹膜壁层，见于原发性腹膜炎，患者常有腹肌紧张、压痛及反跳痛，称腹膜炎“三联征”，亦称腹膜刺激征（peritoneal irritation sign）。

3. 脏器触诊

（1）肝：通过触诊了解肝大小、质地、表面、边缘、压痛、搏动等。检查方法有：双手触诊法（图 3-13）、单手触诊法、钩指触诊法和沉浮触诊法（图 3-14）。具体操作见本章第一节基本方法。注意事项：①手指前端桡侧最敏感，故应以示指前外侧指腹接触肝；②腹直肌发达者，于腹直肌外缘处触诊，否则肝缘易被掩盖或将腹直肌腱划误认为肝缘；③密切配合呼吸运动，于吸气时手指上抬速度一定要落后于腹壁的抬起，而呼气时手指应在腹壁下陷前提前下压，这样就可能有两次机会触到肝缘；④必须在肝缘以下触诊；⑤腹水患者，应用浮沉触诊法；⑥儿童和腹壁薄软者，适用于钩指触诊法。

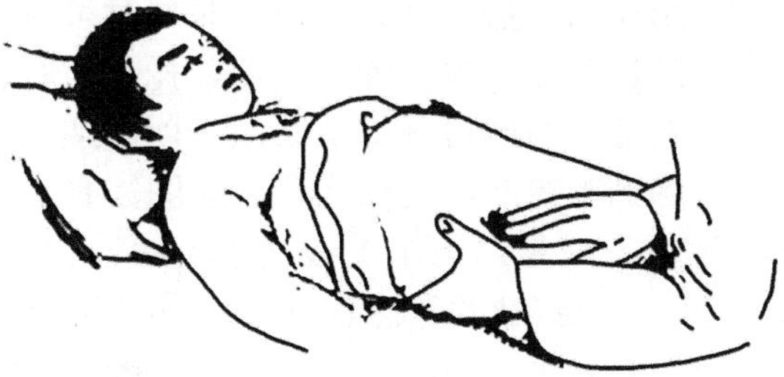

图 3-13 双手触诊法

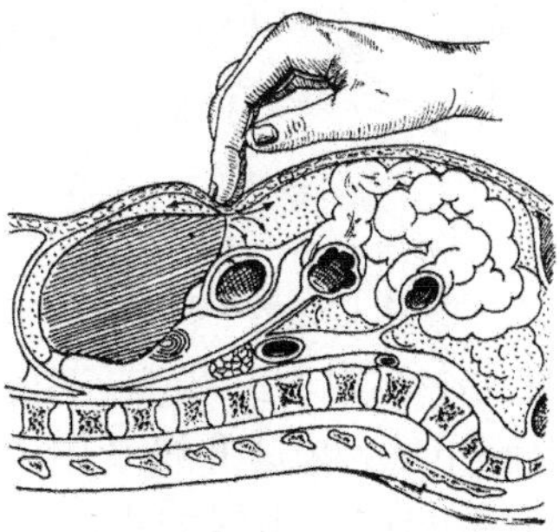

图 3-14 沉浮触诊法

触诊肝时，应详细体会并描述下列内容：

1）大小：正常成人的肝在肋缘下一般触不到，深吸气时可于肋缘下触及，多小于 1cm；深吸气时剑突下可触及肝下缘，多在 3cm 以内；在腹上角较锐的瘦高者剑突根部下可达 5cm。肝位置下移常见于内脏下垂，肺气肿、右侧胸腔大量积液导致膈肌下降；肝弥漫性肿大可见于病毒性肝炎、肝淤血、肝硬化；肝局限性肿大见于肝脓肿、囊肿、肿瘤。肝缩小见于急性或亚急性重型肝炎，肝硬化晚期，病情极为严重。

2）质地：一般肝脏的质地可分为 3 级，即质软、质韧（中等硬度）和质硬。正常肝质地柔软，如触撅起之口唇；急性肝炎及脂肪肝时肝质地稍韧，慢性肝炎及肝淤血质韧如触鼻尖；肝硬化质硬，肝癌质地最坚硬，如触前额。肝脓肿或囊肿有液体时呈囊性感，大而表浅者可能触到波动感（fluctuation）。

3）表面和边缘：正常肝边缘整齐，且厚薄一致、表面光滑。脂肪肝或肝淤血时肝边缘圆钝。肝边缘锐利，表面扪及细小结节，多见于肝硬化。肝边缘不规则，表面不光滑，呈不均匀的结节状，见于肝癌、多囊肝和肝棘球蚴病。肝表面呈大块状隆起者，见于巨块型肝癌或肝脓肿。肝呈明显分叶状者，见于肝梅毒。

4）压痛：正常肝脏无压痛；肝炎、肝淤血、肝脓肿时，因炎症反应或因肝大受到牵拉，会有压痛。

5）搏动：正常肝及因炎症、肿瘤等原因引起的肝大并不伴有搏动。若触及搏动，多见于右心室扩大（扩张性）、腹主动脉搏动（传导性）。当右心衰竭引起肝淤血肿大时，用手压迫肝可使颈静脉怒张更明显，称为肝颈静脉回流征（hepatojugular reflux sign）阳性，是因压迫淤血的肝脏使回心血量增加，已充血右心房不能接受回心血液而使颈静脉压上升所致。

6）肝震颤：检查时需用沉浮触诊法。当手指掌面稍用力按压片刻肝囊肿表面时，如感到一种微细的震动感，称为肝震颤（liver thrill），也可用左手中间三指按压在肝囊肿表面，中指重压，示指和环指轻压，再用右手中指叩击左手中指第二指骨的远端，每叩一次，叩指应在被叩指上停留片刻，用左手的示指和环指感触震动感觉，肝震颤见于肝棘球蚴病。

7）肝区摩擦感：检查时将右手的掌面轻贴于肝区，让患者做腹式呼吸动作。正常时掌下无摩擦感。肝周围炎时，肝表面和邻近的腹膜可因有纤维素性渗出物而变得粗糙，二者的相互摩擦可用手触知，为肝区摩擦感，听诊时亦可听到肝区摩擦音。

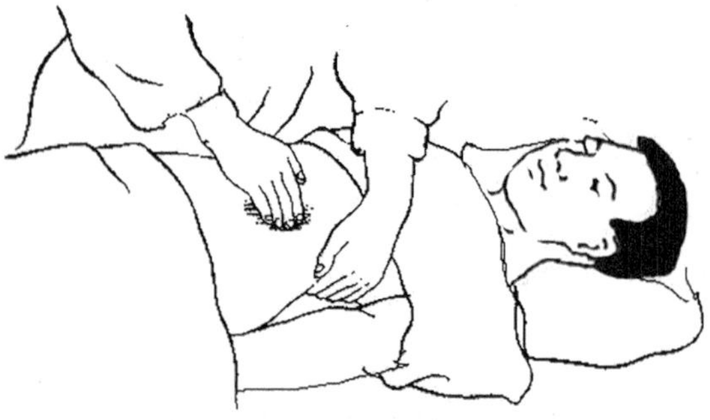

图 3-15　脾触诊

（2）脾：正常情况下脾不能触及。内脏下垂或左侧胸腔积液、积气时膈下降，可使脾向下移位。除此以外，能触到脾则提示脾大至正常 2 倍以上。脾明显肿大而位置又较表浅时，用右手单手稍用力触诊即可查到。如果肿大的脾位置较深，常采用双手触诊法检查：嘱患者仰卧，双腿稍屈曲，进行腹式呼吸，必要时可右侧卧位。医师将其左手置左腰部，向前托起，右手平放在上腹部，与肋弓垂直从脐由下而上迎触脾尖，直至触到脾缘或左肋缘为止。如图 3-15 所示。

脾脏的大小常用“三线”“三度”来描述。三线是：①第Ⅰ线（甲乙线），左锁骨中线左肋缘交点至脾下缘；②第Ⅱ线（甲丙线），左锁骨中线左肋缘交点至脾最远距离；③第Ⅲ线（丁戊线），脾右缘与前正中线的距离。三度是指脾大分轻、中、高三度：①轻度，深吸气脾下缘不超过肋下 2cm；②中度，深吸气脾下缘超过肋下 2cm；③高度（巨脾），脾下缘超过脐水平线或前正中线。脾大测量法见图 3-16。

脾轻度肿大常见于急慢性肝炎、伤寒、粟粒性结核、急性疟疾、感染性心内膜炎及败血症等，一般质地柔软。脾中度肿大常见于肝硬化、疟疾后遗症、慢性淋巴细胞白血病、慢性溶血性黄疸、淋巴瘤、系统性红斑狼疮等，质地一般较硬。脾高度肿大，表面光滑者见于慢性粒细胞白血病、黑热病、慢性疟疾和骨髓纤维化等，表面不平滑而有结节者见于淋巴瘤和恶性组织细胞病。脾表面有囊性肿物者见于脾囊肿。脾压痛见于脾脓肿、脾梗死等。脾周围炎或脾梗死时，由于脾包膜有纤维素性渗出，并累及壁腹膜，故脾触诊时有摩擦感且有明显压痛，听诊时也可闻及摩擦音。

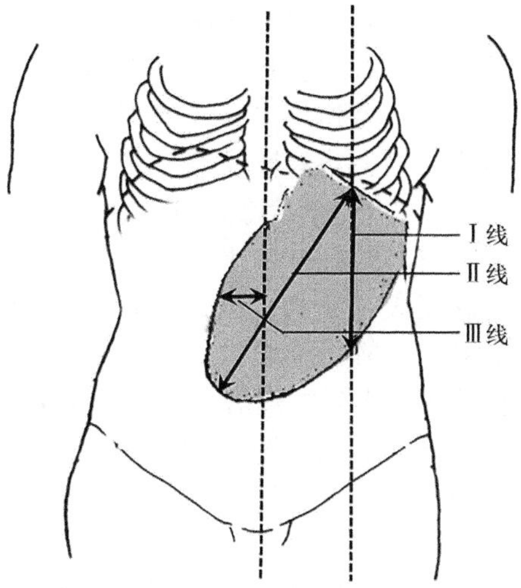

图 3-16 脾大测量法

（3）胆囊：可用单手滑行触诊法和钩指触诊法，主要检查其大小及触痛。正常时胆囊隐存于肝之后，不能触及。胆囊肿大时方超过肝缘及肋缘，此时可在右肋缘下、腹直肌外缘处触到。肿大的胆囊一般呈梨形或卵圆形，有时较长呈布袋形，表面光滑，张力较高，常有触痛，随呼吸上下移动。如肿大的胆囊呈囊性感，并有明显压痛，常见于急性胆囊炎。胆囊肿大呈囊性感，无压痛者，见于壶腹周围癌。胆囊肿大，有实性感者，见于胆囊结石或胆囊癌。

胆囊触痛的检查方法见图 3-17。胆囊触痛：检查时医师左手掌平放于患者右肋缘下，以拇指指腹勾压胆囊点，嘱患者深吸气，在吸气过程中发炎的胆囊下移时碰到用力按压的拇指，即可引起疼痛，此为胆囊触痛。如因剧烈疼痛而致吸气中止称墨菲（Murphy）征阳性，常见于急性胆囊炎。由于胰头癌压迫胆总管导致胆道阻塞、黄疸进行性加深，胆囊也显著肿大，但无压痛，称为库瓦西耶（Courvoisier）征阳性。

（4）肾脏：采用双手触诊法检查。见图 3-18。嘱患者仰卧或立位，两腿屈曲并做较深腹式呼吸。医师立于患者右侧，左手托右（左）腰向上推，右手平放右（左）上腹，手指方向大致平行于右（左）肋缘进行深部触诊，嘱患者吸气时双手夹触肾。

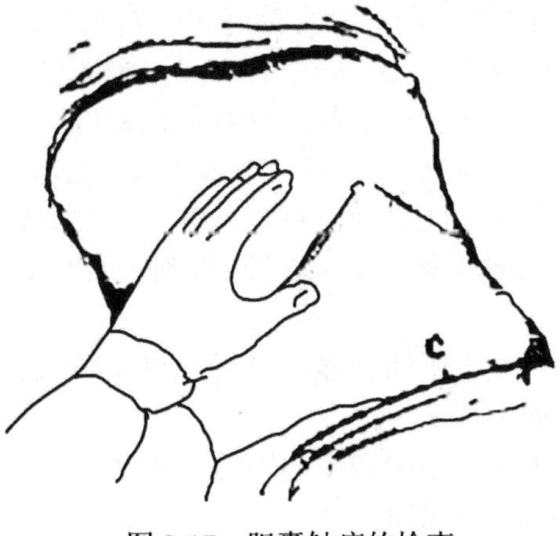
图 3-17 胆囊触痛的检查

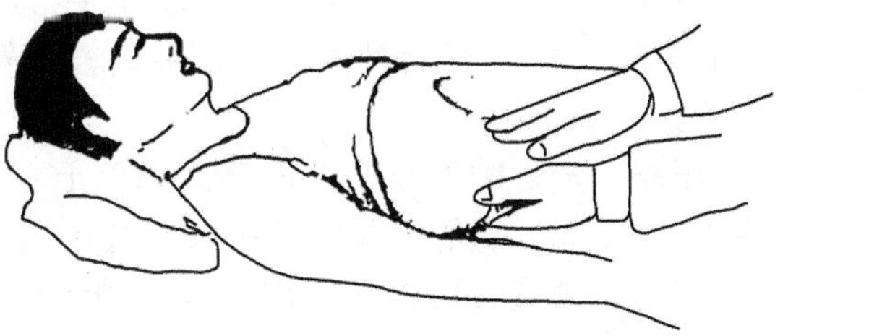
图 3-18 肾脏双手触诊示意图

正常人肾一般不能触及。瘦长体型的人、肾下垂、游走肾或肾代偿性增大时，肾较易触到。深吸气时触及 1/2 以上肾提示肾下垂；肾下垂并能在腹腔各部位移动称游走肾。肾大可见于肾盂积水，此时肾质地柔软有弹性，有时有波动感；也可见于肾肿瘤，表面不平，质坚硬；还可见于多囊肾，不规则，有囊性感。

当肾和尿路有炎症或其他疾病时，可在相应部位出现压痛点。季肋点（前肾点）：第 10 肋骨前端，右侧位置稍低，相当于肾盂位置；上输尿管点：脐水平线上腹直肌外缘；中输尿管点：髂前上棘水平腹直肌外缘，相当于输尿管第二狭窄处；肋脊点：背部第12肋骨与脊柱夹角的顶点；肋腰点：第12肋骨与腰肌外缘的夹角顶点。

肋脊点和肋腰点是肾脏一些炎症性疾患，如肾盂肾炎、肾脓肿和肾结核等常出现的压痛部位。如炎症深隐于肾实质内，可无压痛而仅有叩击痛。季肋点压痛亦提示肾脏病变。上输尿管点或中输尿管点出现压痛，提示输尿管结石、结核或化脓性炎症。

（5）膀胱：常采用单手滑行触诊检查。正常膀胱空虚时隐存于盆腔内，不易触及。膀胱充盈胀大时呈圆形或扁圆形，触之有囊性感，按压有憋胀感，有尿意。膀胱胀大常见于尿道梗阻（如前列腺肥大、肿瘤）、脊髓病变（如截瘫）所致的尿潴留，也见于昏迷患者及腰、骶麻醉和手术后的患者；膀胱内有结石或肿瘤时，可在腹腔的深处耻骨联合的后方触到肿块。

（6）胰腺：胰腺位于腹膜后，位置深，正常不能触及。胰腺触诊的内容主要为压痛、皮肤和包块。在上腹中部或左上腹有横行呈带状压痛及肌紧张，并涉及左腰部者，提示胰腺炎症；如起病急同时有左腰部皮下淤血而发蓝，则提示急性出血坏死性胰腺炎。如在上腹部触及质硬而无移动性横行条索状的肿物时，应考虑为慢性胰腺炎。如呈坚硬块状，表面不光滑似有结节，则可能为胰腺癌。癌发生于胰头部者，可出现梗阻性黄疸及胆囊肿大而无压痛（即Courvoisier征阳性）。在上腹部肋缘下或左上腹部触到囊性肿物，多为胰腺假性囊肿。

4. 腹部包块 腹部有时还可能触及一些包块，包括肿大或移位的脏器、炎性包块、囊肿、肿大淋巴结、肿瘤，正常脏器应与病理性肿块区别开。

（1）正常腹部可触及的包块：腹直肌肌腹及腱划；腰椎体及骶骨岬；乙状结肠粪块；横结肠；盲肠；右肾下极。

（2）异常包块：如在腹部触到上述内容以外的包块，则应视为异常，多有病理意义。触到包块时应注意以下各点。

1）位置：提示病变来源，某些部位的肿块常来源于该部的脏器。

2）大小：凡触及的肿块均应测量其上下（纵长）、左右（横宽）和前后径（深厚），明确大小以便于动态观察。为了形象化，也可以用公认大小的实物作比喻，如拳头、鸡蛋、核桃等。

3）形态：触到肿块应注意其形状、轮廓、边缘和表面情况。圆形且表面光滑的肿块多为良性，以囊肿或淋巴结居多。形态不规则，表面凸凹不平且坚硬者，应多考虑恶性肿瘤、炎性肿物或结核性肿块。索条状或管状肿物，短时间内形态多变者，多为蛔虫团或肠套叠。

4）质地：肿块若为实质性，其质地可能柔韧、中等硬或坚硬，见于肿瘤、炎性或结核浸润块，如胃癌、肝癌、回盲部结核等。肿块若为囊性，质地柔软，见于囊肿、脓肿，如卵巢囊肿、多囊肾等。

5）压痛：炎性肿块有明显压痛。如位于右下腹的肿块压痛明显，常为阑尾脓肿、肠结核或克罗恩（Crohn）病等。与脏器有关的肿瘤压痛可轻重不等。

6）搏动：消瘦者可以在腹部见到或触到动脉的搏动。如在腹中线附近触到明显的膨胀性搏动，则应考虑腹主动脉或其分支的动脉瘤。有时尚可触及震颤。

7）移动度：如果肿块随呼吸移动，多为肝、胆、脾、胃、肾或其肿物；如果肿块能用手推动，可能来自胃、肠或肠系膜。移动度大的多为带蒂的肿物或游走的脏器。局部炎性肿块或脓肿及腹腔后壁的肿瘤，一般不能移动。

8）与腹壁的关系：通过腹肌收缩，可判断包块来自腹腔或腹壁。

5. 液波震颤 腹腔内有大量游离液体时，如用手指叩击腹部，可感到液波震颤（fluid thrill），或称波动感（fluctuation）。检查时患者平卧，医师用一手掌平贴一侧腹壁，另一手四指并拢屈曲，用一根手指端叩击对侧腹壁，如有大量液体存在，贴于腹壁的手掌可感受到液波震颤，即有波动感。为防止腹壁本身的震动传导，可让另一人将手掌尺侧压于腹壁中线上，即可阻止之。此法检查腹水，需有 3000～4000ml 以上液量才能查出，不如移动性浊音敏感。

6. 振水音 在胃内有多量液体及气体存留时可出现振水音（succussion splash）。检查时患者仰卧，医师将耳或听诊器胸件放在上腹部，冲击触诊法触击上腹部，可听到胃内气、液撞击的声音。正常人在餐后或饮进多量液体时可有上腹部振水音、但若在清晨空腹或餐后 6～8h 以上仍有此音，则提示幽门梗阻或胃扩张。

四、腹部叩诊

腹部叩诊的目的在于了解脏器的大小，是否有叩击痛，腹腔内是否存在积气、积液和包块。叩诊的方法主要是间接叩诊法，在大量积气、腹水时也可采用直接叩诊法。

（一）腹部叩诊音

正常情况下，腹部叩诊大部分区域均为鼓音，只有肝、脾所在部位，增大的膀胱和子宫占据的部位，以及两侧腹部近腰肌处叩诊为浊音。当肝、脾或其他脏器极度肿大，腹腔内肿瘤或大量腹水时，鼓音范围缩小，病变部位可出现浊音或实音。当胃肠高度胀气和胃肠穿孔至气腹时，则鼓音范围明显增大或出现在不应有鼓音的部位（如肝浊音界内）。

（二）脏器叩诊

包括肝叩诊、胆囊叩诊、胃泡鼓音区叩诊、脾叩诊、肾脏叩诊和膀胱叩诊。

1. 肝叩诊 用叩诊法确定肝上界，一般沿右锁骨中线、右腋中线和右肩胛线，由肺区向下叩，当清音变浊时，即为肝上界。因肝下界与胃、结肠等重叠，很难叩准，故多用触诊或叩听法确定。一般叩得的肝下界比触得的肝下缘高 1～2cm，若肝缘增厚，则两结果相近。在确定肝的上、下界时要注意体型，体型匀称者肝上界在右锁骨中线、右腋中线和右肩胛线分别是第 5 肋、第 7 肋、第 10 肋。肝下界分别为右锁骨中线、右腋中线的右季肋下缘、第 10 肋。右锁骨中线肝脏上、下缘之间的距离，即肝的上下径为 9～11cm。矮胖体型者肝上下界均可高一个肋间，瘦长体型者则可低一个肋间。

肝浊音界扩大见于肝癌、肝脓肿、肝炎、肝淤血和多囊肝；肝浊音界缩小见于急性重型肝炎、肝硬化和胃肠胀气；肝浊音界消失见于急性胃肠穿孔等。肝区叩击痛阳性见于肝炎、肝脓肿。

2. 胆囊叩诊 目的是明确是否有胆囊区叩击痛。常采用间接叩诊法，胆囊区叩击痛为胆囊炎的重要体征。

3. 胃泡鼓音区（Traube 区）叩诊 叩诊部位在左前胸下部、肋缘上，呈半圆形，为胃底穹窿含气而形成。其上界为膈肌、肺下缘，下界为肋弓，左界为脾脏，右界为肝左叶。若此区明显缩小或消失可见于右侧胸腔积液、心包积液、脾大、肝左叶增大，也见于急性胃扩张或溺水患者。

4. 脾叩诊 当脾触诊不满意或在左肋下触到很小的脾缘时，宜用脾叩诊法进一步检查脾的大小。脾浊音区的叩诊宜采用轻叩法，正常时在左腋中线上第 9～11 肋之间能叩到脾浊音，长 4～7cm，前方不超过腋前线。脾浊音区扩大见于各种原因所致的脾大；脾浊音区缩小见于左侧气胸、胃扩张、肠胀气。

5. 移动性浊音 腹腔内有较多的液体存留时，因重力作用，液体多潴积于腹腔的低处，故在此处叩诊呈浊音。因体位不同而出现浊音区改变的现象，称为移动性浊音（shifting dullness）。检查时先让患者仰卧，腹中部由于含气的肠管在液面浮起，叩诊呈鼓音，两侧腹部因腹水积聚叩诊呈浊音。检查者自腹中部脐水平面开始向患者左侧叩诊，发现浊音时，板指固定不动，嘱患者取右侧卧位，再度叩诊，如呈鼓音，表明浊音移动。同样方法向右侧叩诊，叩得浊音后嘱患者取左侧卧位，以核实浊音是否移动。当腹腔内游离腹水在 1000ml 以上时，即可查出移动性浊音。

6. 巨大卵巢囊肿与腹水的鉴别

（1）巨大卵巢囊肿浊音区在中腹部。

（2）巨大卵巢囊肿浊音区不移动。

（3）巨大卵巢囊肿尺压试验（+）：硬尺横置于腹壁上，两手将尺压下，感觉有节律性跳动者（+）（原理为腹主动脉的搏动传导），腹水（–）。

五、腹 部 听 诊

将听诊器膜型体件置于腹壁上，全面听诊各区，听诊内容包括肠鸣音、血管杂音、摩擦音和搔弹音等。妊娠 5 个月以上的妇女还可在脐下方听到胎儿心音（130～160 次/分）。

（一）肠鸣音

肠蠕动时，肠管内气体和液体随之而流动，产生一种断断续续的咕噜声（或气过水声）称为肠鸣音（bowel sound）。

通常可用右下腹部作为肠鸣音听诊点，在正常情况下，肠鸣音为每分钟 4～5 次。肠蠕动增强时，肠鸣音达每分钟 10 次以上，但音调不特别高亢，称肠鸣音活跃，见于急性胃肠炎、服泻药后或胃肠道大出血时。如次数增多且肠鸣音响亮、高亢，甚至呈叮当声或金属音，称肠鸣音亢进，见于机械性肠梗阻。肠鸣音减少到 3～5 分钟/次，称为肠鸣音减弱，见于便秘、低血钾，胃肠功能低下；如持续听诊 3～5 分钟以上未听到肠鸣音，称肠鸣音消失，见于麻痹性肠梗阻。

（二）血管杂音

腹部的血管杂音包括动脉杂音、静脉杂音、摩擦音、搔弹音。

1. 动脉杂音 动脉杂音常在腹中部或腹部两侧。中腹部收缩期杂音常提示腹主动脉瘤、腹主动脉狭窄；左右上腹部收缩期杂音提示肾动脉狭窄；下腹两侧收缩期杂音提示髂动脉狭窄。

2. 静脉杂音 为连续性潺潺声，无收缩期舒张期之分，见于严重腹壁静脉曲张。

3. 摩擦音 脾梗死、脾周围炎、肝周围炎或胆囊炎累及局部腹膜的情况下，在深呼吸时，于各相应部位听到摩擦音（friction sound），严重时可触及摩擦感。腹膜纤维渗出性炎症时，亦可在腹壁听到摩擦音。

4. 搔弹音 在腹部听诊搔弹音（scratch sound）的改变可协助测定肝下缘和微量腹水。

（1）肝下缘测定：患者取仰卧位，医师以左手持听诊器置于剑下的肝左叶上，右手指沿右锁骨中线自脐部往上轻弹或搔刮腹壁，未达肝缘声音遥远而轻微，到达肝缘时，明显声音增强而近耳。

（2）检测微量腹水：又称水坑征（puddle sign）。患者取肘膝位数分钟，使腹水积聚于腹内最低处的脐区。听诊器贴于此处，医师以手指在一侧腹壁轻弹，听其响，然后体件换向对侧腹部移动，如声音突然变响此体件处即为腹水边缘。

第七节　脊柱、四肢检查

一、脊 柱 检 查

脊柱是维持正常立位姿势的主要支柱，由7个颈椎、12个胸椎、5个腰椎、5个骶椎和4个尾椎构成。脊柱有病变时表现为局部疼痛、姿势或形态异常及活动度受限等。脊柱检查时患者可处站立位和坐位，按视、触、叩的顺序进行。

（一）脊柱弯曲度

正常人的脊柱有4个生理性弯曲部位，即颈段稍向前凸，胸段稍向后凸，腰段有明显的前凸，骶椎则明显向后凸，构成一“S”状弯曲，但无侧弯。除上述生理性弯曲外，脊柱可出现如下脊柱病理性变形。

1. 颈椎变形　表现为颈椎向一方或数方运动受限，见于颈部肌肉因受寒、疲劳、姿势、炎症等影响所致的挛缩；颈侧偏见于先天性斜颈，患者头向一侧倾斜，患侧胸锁乳突肌隆起。

2. 脊柱后凸　脊柱过度后弯称为脊柱后凸（kyphosis），也称为驼背（gibbus），多发生于胸段脊柱。

（1）佝偻病：多发生于儿童期，坐位时胸段呈明显均匀性向后弯曲，仰卧位时弯曲可消失。

（2）胸椎结核：多在青少年时期发病，由于椎体被破坏、压缩，棘突明显向后凸出，形成特征性成角畸形。

（3）强直性脊柱炎：多见于成人，胸椎弧形后凸，常有脊柱强直固定，仰卧位时亦不能伸直。

（4）脊椎骨质退行性变：多见于老年人，腰椎后凸曲线增大，造成胸椎明显后凸，形成驼背。

（5）其他：如外伤性脊柱压缩性骨折，可发生于任何年龄；青少年胸段下部均匀性后凸，见于脊椎骨软骨炎[舒尔曼（Scheuermann）病]。

3. 脊柱前凸　脊柱过度向前凸出性弯曲，称为脊柱前凸（lordosis），腰椎多见。多由于晚期妊娠、大量腹水、腹腔巨大肿瘤、先天性髋关节结核等。

4. 脊柱侧凸　脊柱离开后正中线向左或右偏曲称为脊柱侧凸（scoliosis），可分为胸段侧凸、腰段侧凸，胸腰段联合侧凸。按其发病原因又可分为姿势性侧凸与器质性侧凸两种。

（1）姿势性侧凸（posture scoliosis）：在早期，脊柱曲度不固定，改变体位后可使侧凸消失，如平卧或向前弯腰时脊柱可恢复常态。见于儿童发育期坐位姿势不良、一侧下肢较短、椎间盘脱出症、脊髓灰质炎后遗症时。

（2）器质性侧凸（organic scoliosis）：改变体位后不能使侧凸得以纠正。见于佝偻病、慢性胸膜增厚、胸膜粘连及肩部畸形等病变。

（二）脊柱活动度

1. 正常活动度　正常人脊柱有一定活动度，颈椎与腰椎活动度较大，胸椎段活动范围最小；骶椎和尾椎已融合成骨块状，几乎无活动性。检查时，患者取立位，检查者用手将患者骨盆固定，让患者做前屈、后伸、侧弯与旋转等运动，并注意观察脊柱的活动度。

正常情况下，颈段可以前屈45°，后伸45°，左右侧弯各45°，后旋转60°；腰段在骨盆固定的情况下，可前屈 45°，后伸 35°，左右侧弯各 30°，旋转 45°；胸段活动度极小，骶椎几乎不活动。

2. 活动受限 检查脊柱颈段活动度时，医师固定患者肩部，嘱患者做前屈后仰，侧弯及左右旋转，颈及软组织有病变时，活动常不能达以上范围，否则有疼痛感，严重时出现僵直。脊柱颈椎段活动受限常见于：①颈部肌纤维组织炎及韧带受损；②颈椎病；③结核或肿瘤浸润；④颈椎外伤、骨折或关节脱位。

脊柱腰椎段活动受限常见于：①腰部肌纤维组织炎及韧带受损；②腰椎椎管狭窄；③椎间盘突出；④腰椎结核或肿瘤；⑤腰椎骨折或脱位、软组织损伤、骨质增生、骨质破坏、椎间盘脱出。

（三）脊柱压痛与叩击痛

1. 压痛 脊柱压痛的检查方法是嘱患者取端坐位，身体稍向前倾。医师用右手拇指自上而下逐个按压脊椎棘突或棘间韧带。正常人脊椎无压痛。若棘突有局限性的明显压痛，则提示该部位有脊椎结核、骨折等。若棘突韧带有压痛，提示有棘间韧带炎或损伤。脊柱两旁肌肉有压痛时，常为急性腰肌纤维炎或急性腰背肌劳损所致。

2. 叩击痛

（1）直接叩击法：是以叩诊锤叩击或用中指直接叩击每个脊椎棘突。此法多用于检查胸椎与腰椎。

（2）间接叩击法：患者取端坐位，医师用左手掌面放在患者的头顶，右手半握拳以小鱼际部叩击左手，观察患者有无脊柱局部疼痛。凡有叩击痛的部位即脊柱病变的所在部位，常见于脊柱结核、棘间韧带损伤、骨折与椎间盘脱出。

二、四肢检查

四肢（limbs）及其关节（arthrosis）的检查通常运用视诊与触诊，两者相互配合，特殊情况下采用叩诊和听诊。四肢检查除大体形态和长度外，应以关节检查为主。

（一）肩关节

正常双肩对称，双肩呈弧形，如肩关节弧形轮廓消失肩峰突出，呈“方肩”，见于肩关节脱位或三角肌萎缩。两侧肩关节一高一低，颈短耸肩，见于先天性肩胛高耸症及脊柱侧弯。锁骨骨折，远端下垂，使该侧肩下垂，肩部突出畸形如戴肩章状，见于外伤性肩锁关节脱位，系锁骨外端过度上翘所致。

（二）肘关节

正常肘关节双侧对称、伸直时肘关节轻度外翻，称携物角，5°～15°，此角＞15° 为肘外翻，此角＜15° 为肘内翻。肘部骨折，脱位可引起肘关节外形改变。检查时应注意肘关节周围皮肤温度，有无肿块、肱动脉搏动，桡骨小头是否有压痛，滑车淋巴结是否肿大。

（三）腕关节及手

手的功能位置为腕背伸 30° 并稍偏尺侧，拇指于外展时掌屈曲位，其余各指屈曲，呈握茶杯姿势。手的自然休息姿势呈半握拳状，腕关节稍背伸约 20°，向尺侧倾斜约 10°，拇指指尖靠近示指关节的桡侧，其余四指呈半屈曲状，屈曲程度由示指向小指逐渐增大，且各指尖均指向舟骨结节处。

腕关节肿胀可因外伤、关节炎、关节结核而肿胀变形，常见的有：①腱鞘纤维脂肪瘤。腕关节背面，触之柔软或柔韧，推动时可随肌腱来回移动。此外，当腕关节局部软组织炎症、扭伤或发生骨折时，均可使关节外形改变。②腱鞘滑膜炎。关节呈结节状隆起，柔韧，可影响关节活动，多由类风湿关节炎或结核病变引起。③腱鞘囊肿。腕部的背侧或桡侧为圆形无痛性囊状隆起，坚韧，可顺肌腱的垂直方向稍微推动。

手掌的神经、血管、肌腱及骨骼的损伤或先天性因素及外伤等均可引起畸形，常见的指关节变形有：①梭状变形，手腕及手指向尺侧偏移，见于类风湿关节炎；②爪形手，见于尺神经或正中神经损伤、进行性肌萎缩、脊髓空洞症及麻风等；③餐叉样畸形，见于科利斯（Colles）骨折。

杵状指（趾）（acropachy）：是指远端指（趾）呈鼓槌样膨大，特点是末端指节软组织明显增厚增宽，指（趾）甲呈弧形隆起，指（趾）端背面皮肤与指（趾）甲盖构成的基底角＞180°。杵状指产生的机制不清，可能与慢性缺氧、代谢障碍和中毒性损坏有关。临床上常见于慢性阻塞性肺气肿、支气管扩张、肺脓肿、肺癌、感染性心内膜炎、发绀型先天性心脏病、吸收不良综合征、溃疡性结肠炎及肝硬化等。

匙状指（koilonychia）：又称反甲，甲中部凹陷，边缘翘起，指甲变薄，表面粗糙。常见于缺铁性贫血、高原病、风湿热及甲癣等。

（四）髋关节

髋关节疾病常引起跛行、鸭步、呆步等异常步态。检查髋关节畸形时，患者取仰卧位，双下肢伸直，使病侧髂前上棘连线与躯干正中线保持垂直，腰部放松，腰椎放平贴于床面观察关节有无畸形，如果有，则多为髋关节脱位、股骨干及股骨头骨折错位。注意髋关节周围皮肤有无肿块、窦道及瘢痕，髋关节结核时常有以上改变。

（五）膝关节

1. 膝关节肿胀 膝关节匀称性胀大，双侧膝眼消失并突出，见于膝关节积液。膝关节呈梭形膨大，见于膝关节结核；关节间隙附近有突出物，常为半月板囊肿。检查关节肿胀的同时应注意关节周围皮肤有无发红、灼热及窦道形成。

2. 膝内翻 直立时，患者双股骨内髁间距增大，小腿向内偏斜，膝关节向内形成角度，双下肢形成“O”状，称O形腿，见于小儿佝偻病。

3. 膝外翻 直立时双腿并拢时，两股骨内髁及两胫骨内踝距离增宽，小腿向外偏斜，双下肢呈“X”状，称X形腿，见于佝偻病。

4. 膝反张 膝关节过度后伸形成向前的反屈状，称膝反屈畸形，见于小儿麻痹症后遗症、膝关节结核。

5. 肌萎缩 膝关节病变时，因疼痛影响步行，常导致相关肌肉失用性萎缩，常见股四头肌及内侧肌萎缩。

（六）踝关节与足

踝关节与足部检查时一般让患者取站立或坐位，有时需患者步行，从步态观察正常与否。

1. 肿胀

（1）匀称性肿胀：正常踝关节两侧可见内外踝轮廓，跟腱两侧各有一凹陷区，踝关节背伸时，可见伸肌腱在皮下走行，踝关节肿胀时以上结构消失，见于踝关节扭伤、结核、化脓性关节炎及类风湿关节炎。

（2）局限性肿胀：足背或内、外踝下方局限肿胀见于腱鞘炎或腱鞘囊肿；跟骨结节处肿胀见于跟腱周围炎。

2. 足部常见畸形

（1）扁平足（flat foot）：足纵弓塌陷，足跟外翻，前半足外展，形成足旋前畸形，横弓塌陷，前足增宽，足底前部形成胼胝。

（2）弓形足（claw foot）：足纵弓高起，横弓下陷，足背隆起，足趾分开。

（3）马蹄足：踝关节跖屈，前半足着地，常因跟腱挛缩或腓总神经麻痹引起。

（4）跟足畸形：小腿三头肌麻痹，足不能跖屈，伸肌牵拉使踝关节背伸，形成跟足畸形，行走和站立时足跟着地。

（5）足内翻：跟骨内旋，前足内收，足纵弓高度增加，站立时足不能踏平，外侧着地，常见于小儿麻痹后遗症。

（6）足外翻：跟骨外旋，前足外展，足纵弓塌陷，舟骨突出，扁平状，跟腱延长线落在跟骨内侧，见于胫前胫后肌麻痹。

第八节　神经系统检查

掌握神经系统的基本检查方法，能获取对疾病的定位与定性诊断信息，是医学生临床教学中不可缺少的部分。

一、脑神经检查

脑神经（cranial nerves）共 12 对，检查脑神经对颅脑病变的定位诊断极为重要。检查时应按序进行，以免遗漏，同时注意双侧对比。

1. 嗅神经（olfactory nerve） 系第 1 对脑神经，嗅觉功能障碍如能排除鼻黏膜病变，常见同侧嗅神经损害，如嗅沟病变压迫嗅球、嗅束可引起嗅觉丧失。

2. 视神经（optic nerve） 系第 2 对脑神经，检查视力、视野、眼底等。

3. 动眼神经（oculomotor nerve）、滑车神经（trochlear nerve）、展神经（abducent nerve） 分别为第 3、4、6 对脑神经，共同支配眼球运动，合称眼球运动神经，检查眼睑运动、眼球运动、瞳孔对光反射、复视等。

4. 三叉神经（trigeminal nerve） 系第 5 对脑神经，为复合神经，支配包括面部感觉和运动（咀嚼功能）、角膜反射等。

5. 面神经（facial nerve） 系第 7 对脑神经，检查面部运动功能，如额纹、鼻唇沟、眼裂、口角是否对称等。嘱患者做闭眼、露齿、微笑、鼓腮或吹哨动作；味觉检查：面神经损伤舌前 2/3 味觉丧失。

6. 前庭蜗神经（vestibulocochlear nerve） 系第 8 对脑神经，为听力和前庭功能检查。

7. 舌咽神经和迷走神经 舌咽神经（glossopharyngeal nerve）、迷走神经（vagus nerve）系第 9、10 对脑神经，两者在解剖与功能上关系密切，常同时受损。运动功能受损时出现声音嘶哑、呛咳，发音时腭垂偏向健侧；咽反射迟钝或消失。感觉功能受损时出现舌后 1/3 味觉丧失。

8. 副神经（spinal accessory nerve） 系第 11 对脑神经。受损时，一侧肌力下降。

9. 舌下神经（hypoglossal nerve） 系第 12 对脑神经。单侧舌下神经受损时舌偏向患侧，双侧舌下神经受损则不能伸舌。

二、运动功能检查

运动包括随意运动和不随意运动，随意运动由锥体束司理，不随意运动（不自主运动）由锥体外系和小脑司理。

（一）肌力

肌力（muscle strength）是肌肉收缩时的最大力量，肌力减退称为瘫痪。运动速度异常减慢而肌力及运动幅度正常时称为运动迟缓。

肌力记录采用（0～5）的6级分级法：0级为完全瘫痪；1级可见肌肉收缩而无肢体运动；2级肢体能沿床面移动而不能抗重力（肢体不能举起）；3级肢体能抗重力抬离床面；4级肢体能抗阻力做运动，但稍力弱；5级为正常肌力。

临床意义：机体的肌力减退或消失不一定都是运动神经的功能障碍，故应鉴别是功能性的还是器质性的，是神经系统疾病还是其他疾患（如低血钾性肌无力、进行性肌营养不良等）。神经系统疾患除肌力减退或丧失外，往往伴有肌营养不良、腱反射、病理反射及感觉障碍等表现的一种或多种。确定为神经系统疾病后，还应鉴别是上运动神经单位还是下运动神经单位的疾病。

（二）肌张力

肌张力（muscular tension）指静息状态下的肌肉紧张度。

1. 检查方法 观察与抚摸肌肉在放松与静止情况下的张力状态。张力显著降低时，肌肉即不能保持正常时的外形与弹力而表现为松弛软弱。另一种检查方法是患者肢体放松时做被动运动，以体会其阻力，并注意屈伸有无差别。如阻力感明显时，说明肌张力增高；如软弱无阻力感，说明肌张力减弱。

2. 临床意义

（1）肌张力增高：触摸时有坚实感，做被动运动时阻力增加与活动幅度受限。可表现如下。

1）痉挛性：于被动运动开始时，如拉开其屈曲的上肢，阻力较大，拉到一定程度时其阻力突然减低，称为“折刀”现象，见于锥体束损害。

2）强直性：指一组抗肌张力同等增高，犹如弯曲的铅管，称为铅管样强直，见于锥体外系统损害。在强直性肌张力增强的基础上又有震颤，且于做被动运动时出现齿轮顿挫样感觉，称为齿轮强直。

（2）肌张力减弱：触摸时肌肉松软，被动运动时无抵抗感，可表现关节过伸，见于周围神经、脊髓前角灰质与小脑病变。

（三）不随意运动检查

1. 震颤（tremor） 为两组拮抗肌交替收缩引起的不自主动作，可有以下几种类型。

（1）静止性震颤：帕金森病，表现为静止明显，运动减轻，睡眠时消失。肌张力增高。

（2）动作性震颤：又称意向性震颤，见于小脑疾病表现为越近目的物越明显。

（3）老年性震颤：点头手抖，通常肌张力不高。多为静止性震颤。发生于老年人。

2. 舞蹈样动作（choreic movement） 为面部肌肉及肢体的快速、不规则、无目的、不对称的不自主运动，表现为做鬼脸、转颈、耸肩、手指间断性伸曲、摆手和伸臂等舞蹈样动作，睡眠时可减轻或消失，多见于儿童期脑风湿性病变。

3. 手足徐动（athetosis） 为手指或足趾的一种缓慢持续的伸展扭曲动作。见于脑瘫、肝豆状核变性、脑基底节病变。

（四）共济运动检查

机体任一动作的完成均依赖于某组肌群协调一致的运动，称为共济运动（coordination）。

1. 指鼻试验（finger-to-nose test） 嘱患者先以示指接触距其前方0.5m检查者的示指，再以示指触自己的鼻尖，由慢到快，先睁眼、后闭眼，重复进行。小脑半球病变时同侧指鼻不准；如睁眼时指鼻准确，闭眼时出现障碍则为感觉性共济失调。

2. 跟-膝-胫试验（heel-knee-shin test） 嘱患者仰卧，上抬一侧下肢，将足跟置于另一下肢膝盖下端，再沿胫骨前缘向下移动，先睁眼、后闭眼，重复进行。小脑损害时，动作不稳；感觉性共济失调者则闭眼时足跟难以寻到膝盖。

3. 其他 快速轮替动作：快速旋前、旋后动作，或一手用手掌、手背连续拍打对侧手掌，共济失调患者动作缓慢、不协调；闭目难立征：足并拢闭目，双手向前平伸，身体摇晃或倾斜为阳性。提示小脑病变，睁眼能站稳而闭眼不稳，则为感觉异常。

三、感觉功能检查

（一）浅感觉

1. 痛觉（pain sensation） 用大头针的针尖均匀轻刺患者皮肤，询问患者有无痛觉。感觉障碍见于脊髓丘脑束病损。

2. 触觉（touth sensation） 用棉签轻触患者皮肤、黏膜，询问是否有感觉。触觉障碍见于脊髓丘脑前束、后索病损。

3. 温度觉 用盛有冷水（5～10℃）或热水（40～50℃）的玻璃试管交替接触患者皮肤，嘱患者辨别冷、热感。温度觉障碍见于脊髓丘脑束侧束病损。

（二）深感觉

1. 运动觉 检查者轻轻夹住患者的手指或足趾两侧，上下移动，令患者根据感觉说出方向。运动觉障碍见于后索病损。

2. 位置觉 将患者肢体摆成某一姿势，让患者描述并用对侧肢体模仿。位置觉障碍见于后索病损。

3. 振动觉（vibration sense） 将振动音叉（128Hz）柄置于骨突起处，询问有无震动感。障碍见于后索病损。

（三）复合感觉

复合感觉是大脑综合分析的结果，也称皮质感觉。

1. 皮肤定位觉（point localization） 检查者用手指或棉签轻触皮肤某处，让患者说出具体部位，该功能障碍见于皮质病变。

2. 两点辨别觉（two-point discimination） 用钝角分规轻轻刺激皮肤上的两点，然后逐渐缩小，直到患者感觉是一点时，记录实际距离。正常情况下，手指的辨别间距是2mm，舌是1mm，足趾是3～8mm，手掌是8～12mm，背部是40～60mm。当触觉正常而两点辨别觉障碍时提示额叶病变。

3. 形体觉（stereognosis） 患者单手触摸硬币、钥匙、钢笔等熟悉的物体，让其说出名称。功能障碍见于皮质病变。

4. 体表图形觉（graphesthesia） 在患者皮肤上画圆形、方形、三角形，让患者说出图形的名称。功能障碍见于丘脑水平以上病变。

四、神经反射

神经反射是通过反射弧的形成来完成的，反射弧包括感受器、传入神经、反射中枢、传出神经和效应器等。任何一个环节病变，均可使反射减弱，同时，反射又受高级神经中枢抑制，如锥体束以上病变，则对反射的抑制减弱而出现反射亢进。神经反射包括浅反射和深反射两种。

1. 浅反射 刺激皮肤和黏膜引起。

（1）角膜反射（corneal reflex）。检查方法：用棉签从视野外接触眼外侧角膜，引起眨眼。传入神经为三叉神经，传出神经为面神经。临床意义：①直接、间接反射均消失提示三叉神经病变（传入障碍）；②直接反射存在，间接反射消失提示对侧面神经病变（传出障碍）；③直接反射消失，间接反射存在提示患侧面神经病变；④完全消失提示深昏迷。

（2）腹壁反射（abdominal reflex）（图 3-19）。检查方法：患者仰卧，下肢稍屈曲，使腹壁松弛，用钝头竹签分别沿肋缘下、平脐和腹股沟上轻划腹壁皮肤，观察腹肌收缩情况。正常反应为上、中或下部局部腹肌收缩。临床意义：①上部（肋缘下）消失，提示胸 7、8 脊髓病变；②中部消（平脐）失，提示胸 9、10 脊髓病变；③下部（腹股沟上）消失，提示胸 11、12 脊髓病变；④双侧上、中、下三部分反射均消失，见于昏迷或急腹症，而一侧腹壁反射消失，见于同侧锥体束病损。此外，肥胖、老年人、经产妇由于腹壁过于松弛，也可出现腹壁反射减弱或消失。

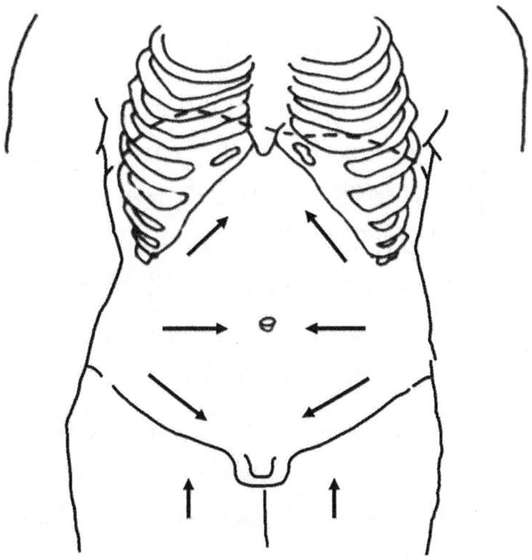

图 3-19 腹壁浅反射及提睾反射示意图

（3）提睾反射（cremasteric reflex）（图 3-19）。检查方法：用竹签由下而上划股内侧皮肤，可引起同侧提睾肌收缩，睾丸上提。反射中枢在腰 1、2。临床意义：①双侧反射消失为腰 1、2 脊髓病变；②一侧反射消失为椎体束损害；③老年人或有局部病变时，如腹股沟、阴囊水肿、精索静脉曲张、睾丸炎、附睾炎等，反射亦可减弱或消失。

（4）跖反射（plantar reflex）：患者仰卧，下肢伸直，医师手持患者的踝部，用火柴杆、钝头竹签或叩诊锤柄等由后向前划足底外侧至小趾跖关节处再转向踇趾侧，正常表现为足跖向跖面屈曲。反射消失为骶髓 1～2 节病损。

2. 深反射 刺激骨膜、肌腱，经深部感受器完成的反射为深反射，又称腱反射。

（1）肱二头肌反射（biceps tendon reflex）：患者前臂屈曲，检查者左手拇指置于患者肘部的肱二头肌肌腱上，然后右手持叩诊锤叩击左手拇指，引起前臂快速屈曲。反射中枢位于颈髓 5～6 节。

（2）肱三头肌反射（triceps tendon reflex）：患者外展上臂，半屈肘关节，检查者用左手托起前臂，右手持叩诊锤直接叩击鹰嘴上方的肱三头肌肌腱，引起前臂伸展。反射中枢位于颈髓 7～8 节。

（3）桡骨膜反射（brachioradialis tendon reflex）：被检查者前臂置于半屈半旋前位，检查者以左手托住其腕部，使腕部自然下垂，叩诊锤叩击桡骨茎突，可引起屈肘、旋前动作。反射中枢位于颈髓 5～6 节。

（4）膝反射：坐位检查时，患者小腿完全放松下垂，与大腿呈直角；卧位时，检查者托起其膝关节使之屈曲约 120°，右手持叩诊锤叩击股四头肌肌腱，引起小腿伸展动作。反射中枢位于腰髓 2～4 节。

（5）跟腱反射（achilles tendon reflex）：患者仰卧，髋膝关节屈曲，下肢外旋、外展。检查者左手将患者足部背屈成直角，叩诊锤叩击跟腱，反应为腓肠肌收缩，足向趾面屈曲。反射中枢位于骶髓 1～2 节。

注意：深反射减弱或消失多系器质性病变，如末梢神经炎、神经根炎等，使反射弧遭到破坏。深反射易受精神紧张影响，应嘱患者尽量放松肌肉，并转移注意力。

3. 病理反射 是指锥体束病变时，大脑失去了对脑干和脊髓的抑制作用，而出现的异常反射。1.5 岁以内的婴幼儿由于锥体束尚未发育完善，也可出现上述反射，不属于病理反射。

（1）巴宾斯基（Babinski）征：检查方法同趾反射，患者出现踇趾背伸，其余四趾呈扇形展开，即为阳性。

（2）奥本海姆（Oppenheim）征：检查者弯曲示指和中指，沿胫骨前缘用力由上往下滑压，阳性表现同 Babinski 征。

（3）戈登（Gordon）征：用力挤压腓肠肌，阳性表现与 Babinski 征反应相同。

（4）霍夫曼（Hoffmann）征：通常认为是病理反射，但也有认为是深反射亢进的表现。左手持患者腕部，右手中指与示指夹住患者中指并稍向上提，使患者腕部处于过伸状态，以拇指迅速刮患者的中指指甲，引起其余四指掌屈反应者为阳性。反射中枢在颈髓病变（C_7～T_1）。

4. 阵挛（clonus） 是指锥体束以上的病变，在深反射亢进时肌肉发生的节律性收缩。

（1）踝阵挛（ankle clonus）：患者仰卧，髋膝关节稍屈，医师一手持小腿，另一手持患者足前掌，突然用力使踝关节背屈并维持，阳性表现为腓肠肌与比目鱼肌发生连续节律性收缩，使足部交替呈屈伸动作，提示腱反射极度亢进。

（2）髌阵挛（patellar clonus）：患者仰卧，下肢伸直，检查者以拇指与示指按住其髌骨上缘，用力向远端快速连续推动数次后维持推力。阳性反应为股四头肌发生节律性收缩使髌骨上下移动。

五、脑膜刺激征

脑膜刺激征是指脑膜受刺激时出现的体征，主要由各种脑膜炎、蛛网膜下腔出血等引起。脑膜刺激征包括：

1. 颈强直 被动屈颈检查（患者仰卧，检查者以一手托患者枕部，另一手置于胸前做屈颈动作），若感到颈部阻力增高或增强称为颈强直。在除外颈椎或颈部肌肉局部病变后，即可认为有脑膜刺激征。

2. Brudzinski 征 患者仰卧，下肢伸直，检查者一手托起患者枕部，另一手按住前胸，当头部前屈时双髋与膝关节同时屈曲为阳性。

3. 克尼格（Kernig）征 患者仰卧，一侧下肢髋关节与膝关节屈曲成直角，检查者将患者小腿抬高伸膝，正常人可达 135° 以上。如伸膝受阻伴疼痛与屈肌痉挛，则为阳性。

六、自主神经功能检查

1. 眼心反射 患者仰卧，自己闭眼数脉率。检查者用左手示指、中指分别置于眼球两侧逐渐加压，以患者不痛为限。加压 20～30s 后计数脉率，正常可减少 10～12 次/分，超过 12

次/分提示迷走增强，迷走麻痹则无反应。如压迫后脉率非但不减慢反而加速，则提示交感神经功能亢进。

2. 皮肤划痕试验 用钝头竹签在皮肤上适度划压一条线，数秒后皮肤出现白色划痕（血管收缩），高出皮面，以后变红，属正常反应。白色划痕持续超过5min，提示交感神经兴奋性增高。如红色划痕迅速出现、持续时间较长、明显增宽甚至隆起，提示副交感神经兴奋性增高或交感神经麻痹。

3. 卧立位试验 平卧计数脉率，然后站立，再次计数脉率。如由卧位到立位，脉率增加超过10～12次/分，为交感神经兴奋性增强。由立位到卧位脉率减慢超过10～12次/分则为迷走兴奋性增强。

4. 竖毛反射 将冰块置于被检查者的腋窝或颈后，数秒后可见竖毛肌收缩，毛囊处起鸡皮。根据竖毛障碍的部位来判断交感神经功能障碍的范围。

5. 发汗试验 常用碘淀粉法，即以碘1.5g，蓖麻油10.0ml，与95%乙醇100ml混合成淡碘酊涂布于皮肤，干后再敷以淀粉。皮下注射毛果芸香碱10mg，作用于交感神经节后纤维引起出汗，出汗处淀粉变蓝色，用以判断交感神经功能障碍的范围。

6. 瓦尔萨尔瓦（Valsalva）动作 患者深吸气后，在屏气状态下做呼气动作10～15s。计算最长心搏间期与最短心搏间期的比值，正常人的比值≥1.4，如比值＜1.4则提示压力感受器功能不灵敏或其反射弧的传入或传出纤维受损。

思 考 题

1. 体格检查的基本方法有哪些？
2. 肺的视诊内容有哪些？
3. 不同肺部疾病叩诊音各有什么改变？
4. 肺部湿啰音的分类和发生机制各是什么？
5. 心脏视、触、叩、听诊的内容有哪些？
6. 常见心脏疾病听诊特点有哪些？
7. 心脏杂音的产生机制是什么？
8. 何谓Murphy征？如何测试？有何临床意义？
9. 触诊腹部包块时应注意哪些情况？举例说明。
10. 何谓液波震颤？有何临床意义？
11. 常见病理反射有哪些？
12. 何谓脑膜刺激征？

（李 骢 张彩华）

第四章 常用实验室检查

第一节 血液的一般检查

血液由液体和有形细胞两大部分组成，血常规检验的是血液的细胞部分，包括红细胞、白细胞和血小板。通过观察各种血细胞的数量变化及形态分布，初步筛查疾病，是医师辅助诊断的常用检查方法之一。

一、红细胞检查

红细胞（red blood cell，RBC）是血液中数量最多的有形成分，是携带氧气和二氧化碳的呼吸载体。临床可通过各项红细胞参数检验和红细胞形态观察，对贫血和某些疾病进行诊断或鉴别诊断。

（一）红细胞计数

新生儿的红细胞明显偏高，出生 2 周后逐渐下降。男性在 6～7 岁时最低，25～30 岁时达高峰；女性在 13～15 岁时达最高值，21～35 岁时维持低水平，以后又逐渐升高，与男性水平相近。

1. 参考范围 成年男性（4.0～5.5）$\times 10^{12}$/L；成年女性（3.5～5.0）$\times 10^{12}$/L；新生儿（6.0～7.0）$\times 10^{12}$/L。

2. 临床意义

（1）红细胞减少

1）生理性减少：妊娠中、后期的稀释血症。

2）病理性减少：失血性贫血，如内脏出血、血友病、血小板减少性紫癜等；溶血性贫血，如先天性溶血性贫血（地中海贫血、蚕豆病、先天性溶血性黄疸等）；后天获得性贫血（新生儿溶血病、阵发性睡眠性血红蛋白尿等）；药物性溶血性贫血（奎宁、奎尼丁、非那西丁等）；中毒溶血性贫血（苯、铅、铜等）；感染性溶血性贫血等；造血功能不良性贫血，如缺铁性贫血、恶性贫血、营养不良性贫血、再生障碍性贫血、癌症骨转移等；继发性贫血，如各种炎症、结缔组织病、内分泌病等。

（2）红细胞增多

1）生理性增多：如胎儿、新生儿、高原生活的居民、剧烈运动或体力劳动者等。

2）病理性或相对性增多：大量脱水所致血液浓缩；机体长期缺氧、慢性一氧化碳中毒等。

3）真性红细胞增多症：为原因不明的慢性骨髓功能亢进，红细胞计数显著高于正常参考范围（7.0～12.0）$\times 10^{12}$/L。

（二）血红蛋白

血红蛋白（hemoglobin，Hb，HGB）俗称为“血色素”，是红细胞的运输蛋白，其主要功能是向组织、器官运输氧气和运出二氧化碳。

1. 参考范围 成年男性 120～160g/L；成年女性 110～150g/L；新生儿 170～200g/L。

2. 临床意义 血红蛋白测定的临床意义与红细胞计数相似，但判断贫血程度优于红细胞计数。

（1）血红蛋白量减少：① Hb 减少的程度与红细胞减少一致，见于再生障碍性贫血、大出血、类风湿关节炎及急、慢性肾炎所致的出血；② Hb 减少的程度比红细胞严重，见于缺铁性贫血，有慢性和反复性出血（胃溃疡、胃肠肿瘤、妇女月经过多、痔出血等）；③红细胞减少的程度比 Hb 严重，见于大细胞高色素性贫血，如缺乏维生素 B_{12}、叶酸的营养不良性贫血及慢性肝病所致的贫血；④儿童和婴幼儿的血红蛋白和红细胞数通常比正常成人减少 10%～20%；⑤老年人和妊娠中晚期妇女的血红蛋白和红细胞数也可能减少。

（2）血红蛋白量增多：病理性和相对性增多，系由于促红细胞生成素代偿性增多所致，见于严重的心肺疾病和血管畸形、真性红细胞增多症、高原病和大细胞高色素性贫血，以及创伤大量失水、严重烧伤等；应用对氨基水杨酸钠、伯氨喹、维生素 K、硝酸甘油等药物也可引起血红蛋白量增多。

（三）红细胞沉降率测定

红细胞沉降率（erythrocyte sedimentation rate，ESR）简称血沉，是指红细胞在一定条件下单位时间内的沉降距离。红细胞的密度大于血浆密度，在地心引力的作用下产生自然向下的沉力。ESR 是传统且应用较广的指标，用于诊断疾病虽然缺乏特异性，但具有动态观察病情疗效的实用价值。

1. 参考范围 男性 0～15mm/h，女性 0～20mm/h；＞85 岁：男性 ＜30mm/h，女性 ＜42mm/h；儿童 ＜10mm/h。

2. 临床意义

（1）ESR 增快

1）生理性增快：见于女性月经期、妊娠 3 个月以上（至分娩后 3 周内）。

2）病理性增快：①炎症，如风湿病、结核病、急性细菌性感染所致的炎症；②组织损伤，如严重创伤和大手术后、心肌梗死；③迅速增长的恶性肿瘤血沉增快，而良性肿瘤血沉多正常；④高球蛋白血症，如多发性骨髓瘤、慢性肾炎、肝硬化、系统性红斑狼疮、巨球蛋白血症、亚急性细菌性心内膜炎、贫血、高胆固醇血症。

（2）ESR 减慢：见于红细胞数量明显增多及纤维蛋白原含量明显降低时，如相对性及真性红细胞增多症及弥散性血管内凝血晚期。

二、白细胞计数和白细胞分类计数

（一）白细胞计数（white blood cell count）

外周血白细胞（leukocyte）起源于骨髓的造血干细胞，正常血液中白细胞以细胞质内有无颗粒分为有粒和无粒两大类，前者粒细胞（granulocyte，GRAN）根据颗粒的嗜好性分为中性、嗜酸性、嗜碱性三种；后者包括淋巴细胞（lymphocyte，L）和单核细胞（monocyte，M）。白细胞计数是指测定单位容积的外周血中白细胞的总数。

1. 参考范围 成人（4～10）$\times 10^9$/L；6 个月～2 岁儿童（11～12）$\times 10^9$/L；新生儿（15～20）$\times 10^9$/L。

2. 临床意义 成人白细胞总数高于 10×10^9/L 称为白细胞增多（leukocytosis）；低于 4×10^9/L 称为白细胞减少（leukopenia）。外周血白细胞数量的变化受生理状态和许多病理因素的影响，其临床意义应结合白细胞分类计数进行综合判断。

（二）白细胞分类计数（white blood cell differential count，WBCDC）

中性粒细胞（neutrophil）又分为中性分叶核粒细胞（neutrophilic segmented granulocyte，Nsg）和中性杆状核粒细胞（neutrophilic stab granulocyte，Nst）。白细胞分类计数是指测定单位容积的外周血中各种白细胞的数量。

1. 参考范围 成人与儿童的白细胞分类计数见表 4-1。

表 4-1 白细胞分类计数

细胞	绝对值（$\times10^9$/L）	百分率（%）
中性杆状核粒细胞（Nst）	0.04～0.50	0～5
中性分叶核粒细胞（Nsg）	2.00～7.00	50～70
嗜酸性粒细胞（E）	0.05～0.50	0.5～5
嗜碱性粒细胞（B）	0～0.10	0～1
淋巴细胞（L）	0.80～4.00	20～40
单核细胞（M）	0.12～0.80	3～8

2. 临床意义

（1）中性粒细胞：在外周血中，由于中性分叶核粒细胞（中性粒细胞）占白细胞总数的50%～70%，因此，白细胞总数变化的临床意义与中性粒细胞数量变化的临床意义基本一致。

1）中性粒细胞（中性分叶核粒细胞）增多：急性、化脓性感染及全身感染，轻度感染白细胞和中性粒细胞百分率可增多；中度感染可＞10.0×10^9/L；重度感染可＞20.0×10^9/L，并伴明显核左移。各种中毒，如尿毒症、糖尿病酮症酸中毒、代谢性酸中毒、早期汞中毒、铅中毒；催眠药、有机磷农药中毒。出血和其他疾病，如急性出血、急性溶血、手术后、恶性肿瘤、粒细胞白血病、严重组织损伤、心肌梗死和血管栓塞等。

2）中性分叶核粒细胞（中性粒细胞）减少：①疾病，如伤寒、副伤寒、疟疾、布鲁氏菌病、某些病毒感染（如乙肝、麻疹、流感）、血液病、过敏性休克、再生障碍性贫血、高度恶病质、粒细胞减少症或缺乏症、脾功能亢进、自身免疫病；②中毒，如重金属或有机物中毒、放射线损伤。

3）抗肿瘤药、苯二氮䓬类镇静药、磺酰脲类促胰岛素分泌剂、抗癫痫药、抗真菌药、抗病毒药、抗精神病药、部分非甾体抗炎药等有可能引起中性粒细胞减少。

（2）嗜酸性粒细胞：主要存在于骨髓和组织中，外周血中很少，占全身白细胞总数0.5%～5%。嗜酸性粒细胞具有变形运动和吞噬功能，可吞噬抗原-抗体复合物或细菌，因此，嗜酸性粒细胞与免疫系统关系密切。

1）嗜酸性粒细胞增多：①过敏性疾病，如支气管哮喘、荨麻疹、风疹、血管神经性水肿、过敏性脉管炎、食物或药物过敏、血清病等；②皮肤病，如牛皮癣、湿疹、天疱疮、疱疹样皮炎、真菌性皮肤病等；③寄生虫感染，如肺吸虫病、钩虫病、脑囊虫病、血吸虫病、丝虫病、绦虫病等；④血液病，如骨髓增殖性疾病、恶性淋巴瘤、多发性骨髓瘤性粒细胞白血病、嗜酸性粒细胞白血病等；⑤恶性肿瘤，如肺癌、胃癌、结肠癌等；⑥应用磺胺、头孢菌素、青霉素类药物等。

2）嗜酸性粒细胞减少：①疾病或创伤，见于伤寒、副伤寒、大手术后、严重烧伤等；②肾上腺皮质激素、垂体或肾上腺皮质功能亢进时，嗜酸性粒细胞减低，因此，长期应用肾上腺皮质激素或促皮质素等药物可见嗜酸性粒细胞减少。

（3）嗜碱性粒细胞：在骨髓及外周血中的数量很少（0～1%），无吞噬功能，嗜碱性颗粒中有许多生物活性物质，主要为肝素、组胺、慢反应物质、血小板激活因子等，在免疫反应中与 IgG 具有较强的结合力，主要参与超敏反应。

1）嗜碱性粒细胞增多：①过敏性和炎症性疾病，如食物、药物、吸入性过敏性反应；②溃疡性结肠炎、荨麻疹、红皮病、风湿性关节炎等；③慢性粒细胞白血病常伴嗜碱性粒细胞增多；④罕见嗜酸性粒细胞白血病、骨髓纤维化或转移癌；⑤创伤及中毒，如脾切除术后，重金属（如铅、汞、铬等）中毒、系统性肥大细胞增多症、放射线照射等，以及注射疫苗后也可见增多。

2）嗜碱性粒细胞减少：①疾病速发型过敏反应，如荨麻疹、过敏性休克等；②用药，见于促皮质激素、肾上腺皮质激素应用过量及应激反应。

（4）淋巴细胞：占全身白细胞总数的 20%～40%，主要分为 T 细胞、B 细胞和自然杀伤细胞三大类。淋巴细胞是人体主要的免疫细胞，观察其数量变化，有助于了解机体的免疫功能状态。

1）淋巴细胞增多：①传染病，如百日咳、传染性单核细胞增多症、传染性淋巴细胞增多症、结核病、水痘、麻疹、风疹、流行性腮腺炎、传染性肝炎、结核及许多传染病的恢复期；②血液病，如急慢性淋巴细胞白血病、白血病性淋巴肉瘤、再生障碍性贫血、粒细胞缺乏症；③组织移植术后发生排斥反应时。

2）淋巴细胞减少：凡中性粒细胞显著增多的各种病因均可导致淋巴细胞相对减少。多见于传染病的急性期、放射病、细胞免疫缺陷病、长期应用肾上腺皮质激素后或接触放射线等。

（5）单核细胞：占全身白细胞总数的 3%～8%，具有活跃的变形运动和强大的吞噬功能，除了能吞噬一般细菌、组织碎片、衰老的红细胞、细胞内细菌外，尚可通过吞噬抗原，传递免疫信息，活化 T、B 淋巴细胞，在特异性免疫中起重要作用。

1）单核细胞增多：①急性感染恢复期、慢性感染，如巨细胞病毒、疱疹病毒、结核分枝杆菌、布鲁氏菌等感染、亚急性细菌性心内膜炎、伤寒、严重的浸润性和粟粒性肺结核；②血液病，如单核细胞性白血病、粒细胞缺乏症恢复期；③结缔组织病，如系统性红斑狼疮、类风湿关节炎、混合性结缔组织病、多发性肌炎、结节性动脉炎等；④其他，如化疗后骨髓恢复、骨髓移植后、粒细胞-单核细胞集落刺激因子（GM-CSF）治疗、药物反应、烷化剂中毒等。

2）单核细胞减少：是指低于正常参考区间。一般来说，单核细胞偏低的临床意义不大，因为本身单核细胞在人体内的含量就很少，需结合其他白细胞检验结果综合分析。

三、血小板计数

血小板（platelet，PLT）是由骨髓中成熟巨核细胞的胞质脱落而来，其寿命仅有 7～14 天。血小板不仅具有维持血管内皮完整性的功能，还有黏附、聚集、释放、促凝和血块收缩功能。血小板计数是测定全血中血小板的浓度，是出血凝血检查最常用的试验之一。

1. 参考范围　（100～300）$\times 10^9$/L。

2. 血小板减少的临床意义　血小板计数＜100×10^9/L 称为血小板减少，其临床意义见表 4-2。

表 4-2　血小板减少的临床意义

原因	临床意义
生成障碍	骨髓造血功能障碍、再生障碍性贫血、各种急性白血病、骨髓转移瘤、骨髓纤维化、多发性骨髓瘤、巨大血管瘤、全身性红斑狼疮、恶性贫血、巨幼细胞贫血等
破坏过多	特发性血小板减少性紫癜、肝硬化、脾功能亢进、体外循环、系统性红斑狼疮等
消耗过多	弥散性血管内凝血（DIC）、血栓性血小板减少性紫癜等
分布异常	脾大、血液被稀释等
药物中毒或过敏	氯霉素、甲砜霉素有骨髓抑制作用，可引起血小板减少；抗血小板药噻氯匹定、阿司匹林，抗凝血药肝素、依诺肝素、磺达肝癸钠也可引起血小板减少；应用某些抗肿瘤药、抗生素、磺胺药、细胞毒性药亦可引起血小板减少

第二节 尿液检查

尿液是人体泌尿系统排出的代谢废物，尿量的多少主要取决于肾小球滤过率和肾小管的重吸收。正常成人 24h 尿量为 1000～2000ml，超过 2500ml（儿童超过 3000ml）称为多尿，低于 400ml 为少尿，低于 100ml 为无尿。24h 尿量成人少于 400ml 或小儿少于 200ml，称为少尿；成人少于 100ml 或小儿少于 30～50ml，称为无尿。尿液检查对临床诊断、判断疗效和预后有着十分重要的价值。

一、尿液一般性状检查

（一）尿液酸碱度（pH）

1. 参考范围 pH 4.5～8.0。

2. 临床意义 膳食结构影响尿酸碱度改变，肉食为主者尿液偏酸性，素食为主者尿液偏碱性。

（1）尿 pH 降低：见于酸中毒、糖尿病酮症酸中毒、痛风、严重腹泻及饥饿状态，口服氯化铵、维生素 C 等酸性药物。低钾性代谢中毒排酸性尿为其特征之一。

（2）尿 pH 增高：见于碱中毒、高钾血症、长期呕吐、尿潴留、膀胱炎、应用利尿剂、肾小管性酸中毒，应用碱性药物，如碳酸氢钠、乳酸钠等。

（3）药物干预：尿 pH 可作为用药的一个指标，用氯化铵酸化尿液，可促使碱性药物中毒时从尿中排出；而用碳酸氢钠碱化尿液，可促使酸性药物中毒时从尿中排出。

（二）尿液比重（SG）

1. 参考范围 成人晨尿：1.015 ～1.025；成人随机尿：1.003 ～1.030；新生儿：1.002～1.004。

2. 临床意义

（1）尿液比重增高：血容量不足导致的肾前性少尿、糖尿病、急性肾小球肾炎、肾病综合征、心力衰竭等。

（2）尿液比重降低：大量饮水、慢性肾小球肾炎、慢性肾功能不全、肾小管间质疾病、尿崩症、结缔组织病、蛋白质营养不良等。

二、尿液化学检查

（一）尿蛋白（PRO）

1. 参考范围 尿蛋白定性试验：阴性；定量试验：0～80mg/24h。尿蛋白定性试验阳性或定量试验超过 100mg/L 或 150mg/24h 尿时，称为蛋白尿。

2. 临床意义

（1）生理性蛋白尿：指泌尿系统无器质性病变，尿内暂时出现蛋白质，程度较轻，持续时间短，诱因解除后消失。由剧烈运动、发热、低温刺激、精神紧张导致，妊娠期女性也会有轻微蛋白尿。

（2）病理性蛋白尿

1）肾小球性蛋白尿：这是最常见的一种蛋白尿。常见于肾小球肾炎、肾病综合征等原发性肾小球损害性疾病；糖尿病、高血压、系统性红斑狼疮、妊娠高血压综合征等继发性肾小球损害性疾病。

2）肾小管性蛋白尿：常见于肾盂肾炎、间质性肾炎、肾小管性酸中毒、重金属（如汞、镉、铋）中毒、药物（如庆大霉素、多黏菌素 B）及肾移植术后。

3）混合性蛋白尿：肾小球和肾小管同时受损所致的蛋白尿，如肾小球肾炎或肾盂肾炎后期，以及可同时累及肾小球和肾小管的全身性疾病，如糖尿病、系统性红斑狼疮等。

4）溢出性蛋白尿：是指因血浆中出现异常增多的低分子量蛋白质，超过肾小管重吸收能力所致的蛋白尿。血红蛋白尿、肌红蛋白尿即属于此类，见于溶血性贫血和挤压综合征等。另一类较常见的是凝溶蛋白，见于多发性骨髓瘤、浆细胞瘤、轻链病等。

5）假性蛋白尿：由于尿中混有大量血、脓、黏液等成分而导致蛋白定性试验阳性。一般不伴有肾损害，经治疗后很快恢复正常。肾以下泌尿道疾病如膀胱炎、尿道炎、尿道出血及尿内掺入阴道分泌物时，尿蛋白定性试验可阳性。

6）药物肾毒性蛋白尿：应用氨基糖苷类抗生素（庆大霉素）、多肽类抗生素（多黏菌素）、抗肿瘤药（甲氨蝶呤）、抗真菌药（灰黄霉素）、抗精神病药（氯丙嗪）等。

（二）尿葡萄糖（GLU）

当血糖浓度超过肾糖阈（一般为 8.88mmol/L 或 160mg/dl）时，或血糖虽未升高但肾糖阈降低，将导致尿中出现大量葡萄糖。常用的尿糖定性检测方法有班氏法、试纸条法；定量检测方法有邻甲苯胺法和葡萄糖氧化酶法等。

1. 参考范围　尿糖定性试验：阴性；定量为 0.56～5.0mmol/24h 尿。

2. 临床意义　尿糖定性试验阳性，称为糖尿，一般指葡萄糖尿。

（1）血糖增高性糖尿：糖尿病最常见，血糖升高，超过肾糖阈出现糖尿。尿糖除作为糖尿病的诊断依据外，还可作为病情严重程度及疗效监测的指标。继发性高血糖性糖尿，如库欣综合征、甲状腺功能亢进、嗜铬细胞瘤、肢端肥大症等均可出现糖尿；其他，如肝硬化、胰腺炎、胰腺癌等也可出现糖尿。

（2）血糖正常性糖尿：血糖浓度正常，由于肾小管病变导致葡萄糖的重吸收能力降低所致，即肾阈值下降产生的糖尿，又称肾性糖尿，常见于慢性肾炎、肾病综合征、间质性肾炎和家庭性糖尿等。

（3）暂时性糖尿：①生理性糖尿，如大量进食碳水化合物或静脉注射大量的葡萄糖后出现一过性血糖升高，尿糖阳性；②应激性糖尿，见于颅脑外伤、脑出血、急性心肌梗死时，肾上腺素或胰高血糖素分泌过多或延脑血糖中枢受到刺激，可出现暂时性高血糖和糖尿。

（4）其他糖尿：乳糖、半乳糖、果糖、甘露糖及一些戊糖等，进食过多或体内代谢失调使血糖浓度升高时，可出现相应的糖尿。

（5）假性糖尿：尿中还原性物质如维生素 C、尿酸、葡萄糖醛酸，或一些随尿液排出的药物如异烟肼、链霉素、水杨酸、阿司匹林等，可使班氏定性试验出现假阳性反应。

（三）尿隐血（BLD）

尿液中如混有 0.1% 以上血液时，肉眼可观察到血尿，血液量在 0.1% 以下时，仅能通过隐血试验发现。尿隐血即反映尿液中的血红蛋白和肌红蛋白，正常人尿液中不能测出。

1. 参考范围　尿血红蛋白（urine hemoglobin）试管法：阴性；尿肌红蛋白（urine myoglobin）试管法：阴性。

2. 临床意义

（1）尿血红蛋白阳性：红细胞被大量破坏，产生过多的游离血红蛋白，经肾由尿液排出。

①创伤：心瓣膜手术、严重烧伤、剧烈运动、肌肉和血管组织严重损伤、经尿道前列腺切除术等；②疾病：阵发性血红蛋白尿、肾炎、肾结石、肿瘤、感染、疟疾；③微血管性溶血性贫血：溶血性尿毒症、肾皮质坏死；④用药：应用阿司匹林、磺胺类、伯氨喹、硝基呋喃类、万古霉素、卡那霉素、吲哚美辛、他汀类调节血脂药、秋水仙碱、吡罗昔康等。

（2）尿肌红蛋白阳性：①创伤，如挤压综合征、电击伤、烧伤、手术创伤及痉挛；②原发性肌肉疾病，如肌肉萎缩、皮肌炎及多发性肌炎、肌营养不良；③局部缺血性肌红蛋白尿，如心肌梗死、动脉阻塞；④代谢性疾病，如肌糖原贮积病、糖尿病酸中毒；⑤中毒，如酒精、药物（两性霉素 B、海洛因、巴比妥类）中毒。

（四）尿肌酐

尿肌酐是体内肌酸代谢的最终产物，是脱水缩合物。由于肌酸经非酶促反应脱水生成肌酐后绝大部分由肾小球滤出，肾小管不重吸收，排泌至尿液中，人体每日的肌酐排出量较为恒定。

1. 参考范围 8.4～13.2mmol/24h。

2. 临床意义

（1）尿肌酐病理性增加：内分泌与代谢系统疾病，如肢端肥大症、糖尿病、甲状腺功能减退等；消耗性疾病，如伤寒、斑疹伤寒、破伤风等。

（2）尿肌酐病理性减少：①疾病，如严重进行性肌萎缩、进行性肌营养不良、贫血、瘫痪、进行性肾病、硬皮病、甲状腺功能亢进等；②其他，如碱中毒、肾衰竭等。

三、尿沉渣检查

尿沉渣（urinary sediment）检查使用显微镜对尿沉淀物进行检查，识别尿液中细胞、管型、结晶、细菌、寄生虫等各种病理成分，是辅助泌尿系统疾病做出诊断、定位、鉴别诊断及预后判断的重要常规试验项目。

（一）尿沉渣红细胞（RBC）

1. 参考范围 正常人尿中排出红细胞甚少，尿沉渣镜检成人 4～7 个/HPF 可偶见 1 个红细胞，如见到 1～2 个/HPF 红细胞时应考虑为异常，＞3 个/HPF，且外观无血色的尿液称为镜下血尿。

2. 临床意义

（1）泌尿系统自身的疾病：泌尿系统各部位的炎症、肿瘤、结核、结石、创伤、肾移植排异、先天性畸形等均可引起不同程度的血尿，如急、慢性肾小球肾炎，肾盂肾炎，泌尿系统感染，肾结石，肾结核等。

（2）全身其他系统的疾病：如特发性血小板减少性紫癜、血友病、DIC、再生障碍性贫血、白血病合并有血小板减少、系统性红斑狼疮等。

（3）泌尿系统附近器官的疾病：如前列腺炎、精囊炎、盆腔炎等。

（二）尿沉渣白细胞（WBC）

正常成人的尿液中可有少数白细胞，超过一定数量时则为异常，白细胞尿中多为炎症感染时出现的中性粒细胞，已发生退行性改变，又称为脓细胞。

1. 参考范围 玻片法：正常人混匀一滴尿 WBC 0～3 个/HPF；离心尿 WBC 0～5 个/HPF。

2. 临床意义 若有大量白细胞，多为泌尿系统感染，如肾盂肾炎、肾结核、膀胱炎或尿道炎。成年女性生殖系统有炎症时，常有阴道分泌物混入尿内，除有成团脓细胞外，并伴有大量扁平上皮细胞。

（三）尿沉渣管型

尿沉渣管型是蛋白质、细胞或碎片在肾小管、集合管中凝固而成的圆柱形蛋白聚体。尿液中出现管型是肾实质性病变的证据。常见的管型种类有透明管型、细胞管型（白细胞、红细胞、上皮细胞）、颗粒管型、蜡样管型、脂肪管型和细菌管型。

1. 参考范围　镜检法，0 或偶见，0～1 个/HPF 透明管型。

2. 临床意义　尿沉渣管型异常见于以下疾病。

（1）急性肾小球肾炎：可见较多透明管型及颗粒管型，还可见红细胞管型。

（2）慢性肾小球肾炎：可见较多细、粗颗粒管型，也可见透明管型，偶见脂肪管型、蜡样管型和宽大管型。

（3）肾病综合征：常见有脂肪管型，容易见细、粗颗粒管型，也可见有透明管型。

（4）急性肾盂肾炎：少见有白细胞管型，偶见有颗粒管型。

（四）尿沉渣结晶

尿沉渣中的无机沉渣物主要为结晶体，多来自食物和盐类代谢的产物。正常人尿沉渣中的硫酸盐、尿酸盐、草酸盐最为常见，一般临床意义不大。而有些结晶具有重要的临床意义。

1. 参考范围　正常的尿液中有少量磷酸盐、草酸盐和尿酸盐等结晶。

2. 临床意义　尿沉渣结晶异常见于以下情况。

（1）磷酸盐结晶：常见于 pH 碱性的感染尿液。

（2）大量的尿酸和尿酸盐结晶：提示核蛋白更新增加，特别是在白血病和淋巴瘤的化疗期间。

（3）尿酸盐结晶：常见于痛风。

（4）大量的草酸盐结晶：提示严重的慢性肾病或乙二醇、甲氧氟烷中毒。

（5）酪氨酸和亮氨酸结晶：常在严重肝病患者尿液中见到。

（6）胆红素结晶：常见于黄疸、急性肝萎缩、肝癌、肝硬化、磷中毒等患者尿液中。

（7）药物引起的结晶尿：服用磺胺药、氨苄西林、扑米酮等药物，可出现结晶尿。

第三节　粪便一般检查

粪便（feces）是食物在体内被消化吸收营养成分后剩余的产物。人每日有 500～1000ml 食糜残渣进入结肠，其中含水分 3/4，剩余的 1/4 为固体成分，水分和电解质大部分在结肠上半段吸收。粪便检验对消化道出血鉴别与肿瘤筛查有重要价值。

一、粪　外　观

正常人的粪便色泽为黄褐色，婴儿为黄色，均为柱状软便，有臭味。粪便的颜色主要受粪胆素影响，当摄入混合性食物时，呈黄褐色；婴儿的粪便为黄色，主要源于婴儿的胆色素代谢功能尚未完全。

1. 粪便性状　正常大便呈软泥样柱状（即成形便），婴儿的大便往往为不成形的糊状。粪便性状变化的临床意义如下。

（1）水样便：腹泻。

（2）黏液便或脓血便：细菌性痢疾、肠炎等。

（3）柏油状便：各种原因引起的上消化道出血。

（4）米汤样便：霍乱或副霍乱。

2. 粪便颜色 正常成人粪便呈黄色或棕黄色；婴儿呈金黄色。粪便颜色变化的临床意义如下。

（1）黑色：上消化道出血（柏油样黑色有光泽），以及食物（如食用猪肝、动物血）或药物（如服用生物炭及铋、铁等制剂）所致。

（2）果酱色：细菌性痢疾、阿米巴痢疾急性发作。

（3）鲜红色：常见于肠下段出血性疾病，如结肠或直肠癌、痔出血、痢疾、肛裂、息肉等。

（4）灰白色：常见于阻塞性黄疸、钡餐造影术后。

（5）绿色：常见于婴儿消化不良、摄入大量绿色蔬菜。

（6）米泔水样：由肠道受刺激，大量分泌水分所致，见于霍乱、副霍乱等。

二、粪 隐 血

1. 参考范围 阴性。

2. 临床意义 在病理情况下，粪隐血可见于以下情况。

（1）消化性溃疡：胃、十二指肠溃疡患者的粪隐血呈间歇性阳性，虽出血量较大但非持续性。

（2）消化道肿瘤：胃癌、结肠癌患者的隐血阳性率可达 87% ～95%，出血量小但呈持续性。

（3）其他消化系统疾病：肠结核、Crohn 病、溃疡性结肠炎。

（4）全身性疾病：如紫癜、急性白血病、伤寒、回归热、钩虫病等。

三、粪 胆 原

粪胆原大部分在结肠被氧化为尿胆素后排出体外，正常粪便中检查呈阳性反应。

1. 参考范围 阳性。

2. 临床意义

（1）粪胆原增加：常见于溶血性黄疸，也可见于阵发性睡眠性血红蛋白尿症。

（2）粪胆原减少：发生阻塞性黄疸时，粪胆原明显减少；肝细胞性黄疸时可增加或减少。

四、粪便细胞显微镜检查

正常粪便含有少量植物细胞、淀粉颗粒、肌肉纤维，偶见少量白细胞或上皮细胞。粪便的显微镜检查主要对有形细胞、原虫、真菌、寄生虫卵进行观察，以便了解整个消化道及器官的功能或病理状态。

1. 参考范围 红细胞：阴性。白细胞：阴性。上皮细胞：偶见。细菌：正常菌群。真菌：少量。寄生虫虫卵：无致病性虫卵。

2. 临床意义

（1）白细胞增多：见于肠道炎症，如细菌性痢疾（以中性粒细胞增多为主）、溃疡性结肠炎、阿米巴痢疾、出血性肠炎和肠道反应性疾病。

（2）红细胞阳性：见于痢疾、溃疡性结肠炎、结肠癌等。

（3）上皮细胞：为肠壁炎症的特征，如结肠炎、假膜性肠炎。

（4）真菌：长期应用广谱抗生素引起菌群失调，导致真菌的二重感染，如白念珠菌、普通酵母菌大量繁殖。

第四节　肝功能检查

肝是人体内最大的实质性器官，具有十分重要和复杂的生理功能。肝的主要功能是进行糖的分解、贮存糖原；参与蛋白质、脂肪、维生素、激素的代谢；解毒；分泌胆汁；吞噬、防御功能；制造凝血因子；调节血容量及水、电解质平衡；产生热量等。在胚胎时期肝还有造血功能。因此，肝功能检查指标在临床上具有十分重要的意义。

一、谷丙转氨酶

谷丙转氨酶（glutamic-pyruvic transaminase，GPT）是一组催化氨基酸与α-酮酸间氨基转移反应的酶类，又称丙氨酸转氨酶（alanine aminotransferase，ALT），主要存在于肝、肾、心肌、骨骼肌、胰腺、脾、肺、红细胞等组织细胞中，同时也存在于正常体液中，如血浆、胆汁、脑脊液、唾液。当富含ALT的组织细胞受损时，ALT从细胞释放入血，导致血中ALT活力上升，其增高的程度与肝细胞被破坏的程度成正比，是诊断肝细胞实质损害的主要项目。

1. 参考范围　速率法（37℃）5～40U/L。

2. 临床意义　ALT的测定可反映肝细胞损伤程度。ALT升高常见于以下情况。

（1）肝胆疾病：传染性肝炎、中毒性肝炎、肝癌、肝硬化活动期、肝脓肿、脂肪肝、梗阻性黄疸、胆汁淤积或淤滞、胆管炎、胆囊炎。

（2）其他疾病：急性心肌梗死、心肌炎、心力衰竭所致肝淤血和脑出血等，以及骨骼肌病、传染性单核细胞增多症、胰腺炎、外伤、严重烧伤、休克等。

（3）用药和毒物：氯丙嗪、异烟肼、奎宁、水杨酸制剂、氨苄西林、利福平、四氯化碳、乙醇、汞、铅、有机磷等。

二、谷草转氨酶

谷草转氨酶（glutamic-oxaloacetic transaminase，GOT）是氨基转移酶的一种，又称天冬氨酸转氨酶（aspartate aminotransferase，AST），催化天冬氨酸和α-酮戊二酸的氨基转移作用，形成谷氨酸和草酰乙酸。AST主要分布在心肌，其次是肝、肾和骨骼肌。在心肌细胞中含量最高，所以当心肌细胞受到损伤时，大量的酶释放入血，使血清含量增加，临床一般常作为心肌梗死和心肌炎的辅助检查，但肝损害时其血清浓度也可升高，当ALT明显升高，ALT/AST比值＞1时，就提示有肝实质的损害。

1. 参考范围速率法　成人＜40U/L。

2. 临床意义　AST反映肝细胞坏死程度。ALT升高常见于以下情况。

（1）心肌梗死：发病6～12h显著升高，增高的程度可反映损害的程度，并在发作后48h达到最高值，3～5天恢复正常。

（2）各种肝病：AST可增高，肝病早期和慢性肝炎增高不明显，AST/ALT比值＜1。严重肝病和肝病后期增高，AST/ALT比值＞1。

（3）其他疾病：如心肌炎、肾炎及肺炎等AST也可轻度升高。

三、γ-谷氨酰转移酶

γ-谷氨酰转移酶（γ-GT）在人体细胞的微粒体中合成。某些药物和乙醇可使其合成增加。它的主要功能是参与体内蛋白质代谢，且广泛存在于人体各组织及器官中，以肾脏最为丰富，其次是胰、肝等处。在肝主要存在于肝细胞质和胆管上皮细胞中。正常成人血清中γ-GT活性很低，主要来源于肝。

1. 参考范围 γ-谷氨酰-3-羧基-对硝基苯胺法（37℃）：男性11～50U/L；女性7～32U/L。

2. 临床意义 γ-GT活性增高见于以下情况。

（1）肝胆疾病：肝内或肝后胆管梗阻者，血清γ-GT上升最高，可达正常水平的5～30倍；传染性肝炎、脂肪肝、药物中毒者的γ-GT中度升高，一般为正常参考值的2～5倍；酒精性肝硬化、大多数嗜酒者γ-GT值可升高。慢性肝炎、肝硬化γ-GT持续升高，提示病情不稳定或有恶化趋势；原发性肝癌血清γ-GT活性显著升高。

（2）胰腺疾病：急性胰腺炎、慢性胰腺炎、胰腺肿瘤、胰纤维性囊肿伴有肝并发症时，γ-GT值可升高。

（3）其他疾病：心肌梗死、前列腺肿瘤。

（4）用药：抗惊厥药苯妥英钠、镇静药苯巴比妥或乙醇常导致γ-GT升高。

四、碱性磷酸酶

碱性磷酸酶（alkaline phosphatase，ALP）广泛存在于人体组织和体液中，其中以骨、肝、乳腺、小肠、肾的浓度较高。当上述器官病变时，此酶的活性增强。

1. 参考范围 速率法：男性，45～125U/L。女性，20～49岁，30～100U/L；50～79岁，50～135U/L。

2. 临床意义 碱性磷酸酶增高可见于以下情况。

（1）肝胆疾病：阻塞性黄疸、胆道梗阻、结石、胰头癌、急性或慢性黄疸型肝炎、肝癌、肝外阻塞。

（2）骨骼疾病：骨损伤、骨疾病、变形性骨炎症（Paget病），使成骨细胞内大量的ALP释放入血；纤维骨炎、骨折恢复期、佝偻病、骨软化症、成骨不全等，因ALP生成亢进而导致血清ALP活性升高。

（3）用药：服用羟甲戊二酰辅酶A还原酶抑制剂（他汀类血脂调节药）可导致ALP升高。

五、总蛋白、白蛋白和球蛋白

血清总蛋白（total protein）、白蛋白（albumin）和球蛋白（globulin）均由肝细胞合成，总蛋白为白蛋白和球蛋白之和。当肝功能受损时，血浆蛋白减少，但在炎症性肝细胞破坏和抗原性改变时，可刺激免疫系统致γ-球蛋白增高，此刻总蛋白量变化不大，但白蛋白和球蛋白比值（A/G）会变小，甚至发生倒置。因此，为了反映肝功能的实际情况，在做血清总蛋白测定的同时，尚需要测定A/G比值。

1. 参考范围

（1）总蛋白（TP）：新生儿46～70g/L，成人60～80g/L。

（2）白蛋白（A）：新生儿28～44g/L，成人40～55g/L。

（3）球蛋白（G）：20～30g/L。

(4) A/G 比值：(1.5～2.5)∶1。

2. 临床意义

(1) 总蛋白：血清总蛋白的水平可反映肝细胞的储备功能，常用于检测慢性肝损伤。

1) 总蛋白降低：①各种原因引起的血清蛋白质丢失和摄入不足，如营养不良、消化吸收不良；②血清水分增加，可导致总蛋白浓度相对减少，如水、钠潴留或静脉应用过多的低渗溶液；③疾病，患有慢性消耗性疾病，如结核、肿瘤、急性大出血、严重烧伤、甲状腺功能亢进、慢性肾脏病变、肾病综合征、胸膜腔积液、肝功能障碍等。

2) 总蛋白增高：①各种原因脱水所致的血液浓缩，如呕吐、腹泻、休克、高热、肾上腺皮质功能减退等；②血清蛋白合成增加，如多发性骨髓瘤、巨球蛋白血症等。

(2) 白蛋白：血清白蛋白降低一般与血清总蛋白平行，反映肝细胞的储备功能，常用于检测慢性肝损伤。

1) 白蛋白浓度降低：①营养不良，如摄入不足、消化吸收不良；②消耗增加，多种慢性病，如结核、恶性肿瘤、甲状腺功能亢进；③或蛋白丢失过多，如急性大出血、严重烧伤、慢性肾病变；④合成障碍：主要是肝功能障碍，若持续低于 30g/L，则提示有慢性肝炎或肝硬化。

2) 白蛋白浓度增高：见于严重失水而致血浆浓缩。

(3) 球蛋白：增高主要以γ-球蛋白增高为主，是引起血清总蛋白增高的主要原因。

1) 球蛋白增高：①炎症或慢性感染性疾病，如结核、疟疾、黑热病、麻风病、血吸虫病、肝炎、亚急性心内膜炎；②自身免疫病，如风湿热、红斑狼疮、类风湿关节炎、肝硬化；骨髓瘤和淋巴瘤、原发性巨球蛋白血症。

2) 球蛋白减少：免疫功能抑制，如应用肾上腺皮质激素和免疫抑制剂；低γ-球蛋白血症。

(4) A/G 比值

1) A/G 比值＜1：提示有慢性肝炎、肝硬化、肝实质性损害、肾病综合征。

2) A/G 比值下降：急性肝炎早期，A/G 比值可正常。如病情恶化时，白蛋白逐渐减少，A/G 比值下降。

3) A/G 比值倒置：持续倒置提示预后较差。

第五节 肾功能检查

肾是泌尿系统的重要器官，其主要生理功能包括排泄代谢废物、毒物和药物，维持水及电解质平衡，维持人体的酸碱平衡，另外，肾还有重要的内分泌功能，分泌多种激素以调节人体的正常生理活动。每日经肾小球滤过的血浆约 180L。肾功能检查指标在临床诊断和治疗上具有重要意义。

一、血清尿素氮

尿素是人体蛋白质的代谢产物，血清尿素氮（blood urea nitrogen，BUN）主要通过血液流经肾小球滤过后随尿液排出体外，是肾功能主要指标之一。当肾实质受到损害时，肾小球滤过率降低，致使血液中血清尿素氮浓度增加，因此血清尿素氮反映肾小球的滤过功能。

1. 参考范围 成人 3.2～7.1mmol/L；婴儿、儿童 1.8～6.5mmol/L。

2. 临床意义

(1) 血清尿素氮增高：①生成增加［假性氮质血症（pseudoazotemia）］，高蛋白饮食、消化道出血、组织分解加快（感染、高热、外伤、手术、用皮质类固醇、饥饿早期）、蛋白合成受抑制（用四环素）。②肾性尿素氮增高［肾实质性氮质血症（parenchymal azotemia）］。③各种肾实质性病变，如肾小球肾炎、间质性肾炎、急慢性肾衰竭、肾内占位性和破坏性病变等。肾功能轻度受损时，尿素氮检测值可无变化。当此值高于正常时，说明有效肾单位的60%～70% 已受损害。因此，尿素氮测定不能作为肾病早期肾功能的测定指标，但对肾衰竭，尤其是氮质血症的诊断有特殊的价值。④肾后性氮质血症：泌尿道结石、肿瘤、前列腺增生、前列腺疾病导致尿路梗阻，导致尿素氮滤过减少和重吸收增加，造成血清尿素氮增高。⑤肾前性氮质血症：肾血流灌注减少［低灌注性氮质血症（hypoperfusion azotemia）］包括绝对血容量减少（脱水、失血、肾上腺皮质功能减低）和有效血容量减少（严重心力衰竭、急性心肌梗死、心脏压塞、肝硬化、肾病综合征）。

（2）血清尿素氮降低：①生成减少，低蛋白饮食、肝衰竭等；②排出增加，肾衰竭经透析后，由于尿素分子量比肌酐小，易于透析除去，故血尿素氮较肌酐相对低，如饮食减少或合并腹泻时也相对较低，称低氮质血症（hypoazotemia）。

二、血　肌　酐

血肌酐（blood creatinine，Cr）是人体肌肉代谢的产物，可通过肾小球滤过，在肾小管内很少吸收，每日体内产生的肌酐几乎全部随尿液排出，一般不受饮食、尿量影响。因此，血肌酐浓度可在一定程度上准确反映肾小球滤过功能的损害程度。

1. 参考范围　血清或血浆 Cr：男性 53～106μmol/L；女性 44～97μmol/L。

2. 临床意义　血肌酐增高见于以下情况。

（1）肾病：急慢性肾小球肾炎、肾硬化、多囊肾、肾移植后的排斥反应等，尤其是慢性肾炎者，Cr 越高，预后越差。当肾小球滤过功能减退时，由于肾的储备力和代偿能力还很强，所以，在早期或轻度损害时，血肌酐浓度可以表现为正常，仅当肾小球滤过功能下降到正常人的 30%～50% 时，血肌酐才明显上升。血肌酐和尿素氮同时测定更有意义，如两者同时增高，提示肾功能已受到严重损害。

（2）其他：休克、心力衰竭、肢端肥大症、巨人症、失血、脱水、剧烈活动。

第六节　血液生化及血糖、血脂检查

一、肌 酸 激 酶

肌酸激酶（creatine kinase，CK）又称肌酸磷酸激酶（creatine phosphokinase，CPK），在体内主要存在于骨骼肌、脑和心肌组织中，是诊断骨骼肌和心肌疾病最敏感的指标，其增高与骨骼肌、心肌受损的程度基本一致，尤其作为急性心肌梗死的早期诊断指标。另外，心肌梗死溶栓治疗使梗死的血管恢复血流后，肌酸激酶达峰时间提前，故动态测定肌酸激酶变化有助于病情的观察和预后估计。

1. 参考范围　速率法：男性 50 ～310U/L；女性 40～200U/L。

2. 临床意义

（1）肌酸激酶增高：①急性心肌梗死。心肌梗死（心肌缺血、心内膜下心肌梗死）、病毒性心肌炎。急性心肌梗死在发病 2～4h 开始上升，12～48h 达峰值，2～4 天恢复正常。②各种肌肉疾病。进行性肌肉营养不良发作期、各种肌肉损伤、挤压综合征、多发性肌炎、手术后、剧烈运动或反复肌内注射。③脑血管疾病。脑梗死、急性脑外伤、酒精中毒、惊厥、癫痫、甲状腺功能减退等。④用药：服用羟甲戊二酰辅酶A还原酶抑制剂（他汀类药），或他汀类和贝丁酸类药联合应用可增加发生肌病的危险，表现为肌酸激酶升高。

（2）肌酸激酶降低：见于肝硬化等。

二、血　尿　酸

尿酸（uric acid，UA）为体内核酸中嘌呤代谢的终末产物，经肾小管重吸收和排泄，若肾小球滤过功能受损，可致血尿酸水平升高。当体内核酸大量分解（白血病、恶性肿瘤等）或食入高嘌呤食物时，也可引起血尿酸水平升高。

1. 参考范围　酶法检测：成人男性150～416μmol/L；女性89～357μmol/L。

2. 临床意义

（1）血尿酸增高：①疾病，痛风、高尿酸血症、急慢性肾炎、肾结核、肾积水、紫癜、多发性骨髓炎、重症肝炎等；②核蛋白代谢增强，如粒细胞性白血病、骨髓细胞增生不良、溶血性贫血、恶性贫血、红细胞增多症、甲状腺功能亢进、一氧化碳中毒、牛皮癣等；③生理性增高，如食用高嘌呤食物、木糖醇摄入过多、剧烈运动、禁食等；④用药，如三氯甲烷、四氯化碳、铅中毒，或使用阿司匹林、氢氯噻嗪、替米沙坦、氯沙坦、胰岛素、环孢素、乙胺丁醇、维生素C、维生素B等，因减少尿酸排泄而引起高尿酸血症。

（2）血尿酸减少：见于恶性贫血、Fanconi综合征、使用阿司匹林、先天性黄嘌呤氧化酶和嘌呤核苷磷酸化酶缺乏等。

三、血清淀粉酶

血清淀粉酶主要由胰腺和唾液腺分泌，在心、肝、肺、甲状腺、卵巢等组织含量较少。血清淀粉酶能催化淀粉和糖原水解，对食物中多糖化合物的消化起重要作用。血清淀粉酶测定主要用于急性胰腺炎的诊断。

1. 参考范围　血清80～220U/L。

2. 临床意义

（1）淀粉酶增高：急性胰腺炎发病后2～12h，血清淀粉酶开始升高，12～72h达到高峰，3～4天恢复正常。此外，尚可见于胰腺脓肿、胰腺损伤、肠梗阻、胃溃疡穿孔、胆道疾病、急性阑尾炎、胆囊炎、消化性溃疡穿孔、肾衰竭或肾功能不全、大手术后、肺炎、肺癌、急性酒精中毒、吗啡注射后，以及口服避孕药、磺胺药、噻嗪类利尿剂、阿片类药物（可待因、吗啡）、麻醉止痛剂等。

（2）淀粉酶降低：见于肝硬化、肝炎、肝癌、急性或慢性胆囊炎等。

四、血　　糖

血糖（blood glucose）是指血液中的葡萄糖，既是人体的重要组成成分，也是能量的主要来源。正常人血糖的产生和利用处于动态平衡状态，维持在一个相对稳定的水平。空腹血糖＜3.9mmol/L时为血糖减低，＞2.8mmol/L时为低血糖症（hypoglycemia）。临床通过监测空腹、餐后血糖数值的变化来诊断糖尿病并监控糖尿病的病情和治疗效果。

1. 参考范围　邻甲苯胺法。空腹血糖：成人3.9～6.1mmol/L；儿童3.3～5.5mmol/L。餐后2h血糖：＜7.8mmol/L。

2. 临床意义

（1）血糖增高：①胰岛素功能低下，如胰岛素分泌不足的糖尿病、高血糖；②其他内分泌疾病，如嗜铬细胞瘤、肾上腺皮质功能亢进（库欣综合征）、腺垂体功能亢进（肢端肥大症）、甲状腺功能亢进、巨人症、胰高血糖素瘤等；③其他系统疾病，如颅内压增高、颅内出血、重症脑炎、颅脑外伤、妊娠呕吐、脱水、全身麻醉、情绪紧张；④用药，如肾上腺糖皮质激素、甲状腺激素、利尿剂、加替沙星、阿司匹林、抗精神病药等。

（2）血糖降低：①胰岛素分泌过多，如胰岛素B细胞瘤；②导致血糖升高的激素分泌减退，如肾上腺皮质功能减退、腺垂体功能减退、甲状腺功能减退等；③其他全身性疾病，如长期营养不良、肝癌、重症肝炎、糖原贮积病、酒精中毒、妊娠、饥饿、剧烈运动、贫血、红细胞更新率增加等；④用药，如过量应用磺酰脲类促胰岛素分泌药，或服用单胺氧化酶抑制药、血管紧张素转换酶抑制药、β受体阻断药等。

五、糖化血红蛋白

糖化血红蛋白（glycosylated hemoglobin，GHb）为葡萄糖与血红蛋白的结合物，且结合后不再解离，并持续于红细胞的生命周期中，因此，测定糖化血红蛋白和血红蛋白的百分率，能客观地反映测定前1～2个月的平均血糖水平，不但用于糖尿病的诊断，且用于糖尿病尤其是1型糖尿病患者用药的疗效观察和用药监测。根据与血红蛋白结合的成分不同，又将GHb分为HbAla（结合磷酰葡萄糖）、HbAlb（结合果糖）和HbAlc（结合葡萄糖），其中HbAlc含量占60%～80%，是目前临床上最常检测的指标。

1. 参考范围 HbAlc 4%～6%，HbAl 5%～8%。

2. 临床意义

（1）糖化血红蛋白增高：见于糖尿病、高血糖。

（2）糖化血红蛋白降低：见于贫血、红细胞更新率增加等。

六、总胆固醇

总胆固醇（total cholesterol，TC）是指血液中所有脂蛋白所含胆固醇之总和。肝脏是合成、储藏和供给胆固醇的主要器官。

1. 参考范围 3.0～5.2mmol/L，＞6.2mmol/L为总胆固醇升高。

2. 临床意义

（1）增多：见于高脂血症、动脉粥样硬化、糖尿病、肾病综合征、甲状腺功能减退、胆总管阻塞、高血压（部分），以及摄入维生素A、维生素D、口服避孕药等药物。

（2）减少：见于低脂蛋白血症、贫血、败血症、甲状腺功能亢进、肝病、严重感染、营养不良、肺结核和晚期癌症，以及摄入对氨基水杨酸、卡那霉素、肝素、维生素C等药物。

七、甘油三酯

甘油三酯（triglyceride，TG）是人体内含量最多的脂类，也是人体贮存能量的形式。甘油三酯为乳糜微粒和极低密度脂蛋白的主要成分，并直接参与胆固醇和胆固醇酯的合成。在正常情况下，甘油三酯水平保持在正常值范围内，伴随年龄的增长而逐渐增高。

1. 参考范围 正常值为0.56～1.70mmol/L。当甘油三酯≥2.3mmol/L为甘油三酯增高。

2. 临床意义

（1）血清甘油三酯增高：①冠心病；②动脉粥样硬化、原发性高脂血症、家族性高甘油三酯血症；③其他疾病，如胰腺炎、脂肪肝、胆汁淤积、阻塞性黄疸、皮质增多症、肥胖、糖尿病、糖原贮积症、严重贫血、肾病综合征、甲状腺功能减退等；④生理性 TG 增高，如长期饥饿、食用高脂肪食品、大量饮酒等；⑤应用雌激素、甲状腺激素、避孕药可出现甘油三酯升高。

（2）血清甘油三酯减少：见于甲状腺功能亢进、甲状旁腺功能亢进、肾上腺皮质功能减退、肝功能严重障碍等。

八、低密度脂蛋白胆固醇

胆固醇在血液中以脂蛋白的形式存在。低密度脂蛋白胆固醇（low density lipoprotein cholesterol，LDL-ch）是由血浆中极低密度脂蛋白胆固醇（VLDL-ch）转变而来的，其合成部位主要在血管内，降解部位在肝脏。LDL-ch 是空腹血浆中的主要脂蛋白，约占血浆脂蛋白的 2/3，是运输胆固醇到肝外组织的主要运载工具。LDL-ch 的含量与心血管疾病的发病率及病变程度相关，被认为是动脉粥样硬化的主要致病因子。

1. 参考范围　正常值为 2.1～3.4mmol/L。＞4.1mmol/L 为 LDL-ch 增高。

2. 临床意义

（1）LDL-ch 增多：见于高脂蛋白血症、急性心肌梗死、冠心病、肾病综合征、慢性肾衰竭、肝病和糖尿病等，也可见于神经性厌食及妊娠期妇女。

（2）LDL-ch 减低：见于营养不良、慢性贫血、骨髓瘤、创伤和严重肝病等。

九、高密度脂蛋白胆固醇

高密度脂蛋白胆固醇（high density lipoprotein cholesterol，HDL-ch）主要在肝合成，是一种抗动脉粥样硬化的脂蛋白，可将胆固醇从肝外组织转运到肝进行代谢，由胆汁排出体外。其在限制动脉壁胆固醇的积存速度和促进胆固醇的清除上起着一定的积极作用，HDL-ch 水平与动脉硬化和冠心病的发生和发展呈负相关。

1. 参考范围　≤1.0mmol/L 为 HDL-ch 降低。

2. 临床意义　HDL-ch 降低常见于脑血管病、冠心病、高甘油三酯血症、肝功能损害（如急慢性肝炎、肝硬化、肝癌）、糖尿病、吸烟、缺少运动等。HDL-ch 降低可作为冠心病的危险指标。

思　考　题

1. 简述白细胞分类计数的参考范围及临床意义。
2. 血红蛋白检查和红细胞计数有什么不同意义？
3. 简述血沉增快的临床意义。
4. 简述白蛋白/球蛋白比值变化的临床意义。
5. 血清尿素氮增加有什么临床意义？
6. 糖化血红蛋白增加有什么临床意义？

（辛晓明）

第五章　呼吸系统疾病

呼吸系统与体外环境相沟通，主要功能是从外界吸入空气，并经过呼吸道进入肺泡内与肺泡毛细血管内的气体进入气体交换，以保障机体各组织器官的供氧和清除其代谢产生的二氧化碳。由于呼吸道吸入的空气经过呼吸道与外界相通，外界环境中的各种病原体、有害气体、变应原、有机或无机粉尘等可以直接侵入机体，在呼吸系统防御功能减退时可造成机体的损害引发呼吸系统疾病。呼吸系统疾病主要有急性上呼吸道感染、急性气管-支气管炎、肺炎、支气管哮喘、慢性阻塞性肺疾病、肺结核和呼吸衰竭等。呼吸系统疾病的常见症状有咳嗽、咳痰、咯血、胸痛、呼吸困难和发热等。胸部体征常见的有桶状胸、触觉语颤变化、叩听诊语音的变化，如叩浊音，听诊干、湿啰音等。呼吸系统疾病的主要辅助检查包括血液检查、痰液检查、影像学检查、支气管镜和胸腔镜检查、肺功能测定等。

第一节　急性上呼吸道感染

急性上呼吸道感染（acute upper respiratory tract infection）简称上感，包括鼻腔、咽或喉部急性炎症，是一组疾病的总称，常见有普通感冒、病毒性咽炎和喉炎、疱疹性咽峡炎、咽结膜热、细菌性咽-扁桃体炎。上感的主要病原体是病毒，少数为细菌。上感的患者通常病情轻、病程短、多可自愈，预后好。但上感的发病率高，因其有时可伴发严重并发症，因此临床中需积极进行防治。

一、病因与病理生理

70%～80% 的急性上呼吸道感染由病毒引起，20%～30% 由细菌直接感染或继发于病毒感染引起。病毒病原占了突出地位，其中以鼻病毒最常见，其次为冠状病毒、呼吸道合胞病毒、副流感病毒、腺病毒和肠道病毒等。各种原因，如受凉、淋雨、气候突变、过度疲劳等均导致全身或呼吸道局部防御功能降低时，原已存在于上呼吸道或从外界侵入的病毒或细菌迅速繁殖，即可引起本病。

因机体对不同病毒的感染无交叉免疫，而患上感后产生的免疫力弱而短暂，所以一个人1年内可多次感染，尤其是年幼体弱者。上感的主要病理变化为鼻及咽黏膜充血、水肿、炎性渗出，继发感染后，可出现脓性分泌物。

案例 5-1

患儿，男，5岁。以“鼻塞、流涕3天，发热伴咽痛2天”为主诉入院。3天前患儿受凉后出现鼻塞、流涕、打喷嚏，1天后发热，体温38.6℃，咽痛明显。呕吐1次，非喷射性，食欲缺乏。无咳嗽及胸痛，二便正常。体格检查：神志清楚，一般状况好。周身无出血点及皮疹。咽部充血，扁桃体Ⅱ度肥大，表面可见少许脓苔。颌下淋巴结无肿大。呼吸平稳，双肺呼吸音清，未闻及干、湿啰音。心率96次/分，律齐，心音有力，无杂音。腹部查体未见异常，四肢活动良好，脑膜刺激征阴性。血常规：WBC $13.4\times10^9/L$，中性粒细胞 $8.10\times10^9/L$，Hb 100g/L，PLT$97\times10^9/L$。

问题：该病例应如何诊断？需与哪些疾病相鉴别？

二、分类和临床表现

上感根据病因和病变范围的不同，有以下类型。

1. 普通感冒　俗称“伤风”，又称急性鼻炎或上呼吸道卡他，是最常见的上感。临床表现主要为鼻咽部卡他症状。病因多为鼻病毒，其次为冠状病毒、副流感病毒、呼吸道合胞病毒、埃可病毒、柯萨奇病毒等。起病较急，初期表现为鼻咽部干、咽痒或有灼热感，同时或数小时后可有打喷嚏、鼻塞、流清水样鼻涕等鼻部症状。2～3天后鼻涕变稠，常伴咽痛、流泪、味觉减退、呼吸不畅、声嘶等。一般无发热及全身症状，或仅有低热、不适、轻度畏寒、头痛。体检可见鼻部黏膜充血、水肿、有分泌物，咽部轻度充血。一般经5～7天可痊愈。

2. 急性病毒性咽炎和喉炎　多由鼻病毒、腺病毒、流感病毒、副流感病毒、肠道病毒、呼吸道合胞病毒等引起。咽炎特征为咽部发痒或灼热感，咳嗽少见，一般咽痛不明显。当吞咽疼痛时，常提示有链球菌感染。体检时可见咽部充血水肿，颌下淋巴结肿大且触痛。

喉炎临床特征为声嘶、发声困难、咳嗽时疼痛，常有发热、咽痛或咳嗽。体检可见喉部水肿、充血，局部淋巴结轻度肿大和触痛，有时可闻及喉部喘鸣音。

3. 急性疱疹性咽峡炎　多见于儿童，常由柯萨奇病毒A引起，表现为明显咽痛、发热，体检时可见咽部充血，软腭、悬雍垂、咽及扁桃体表面有灰白色疱疹及浅表溃疡，周围有红晕，以后形成疱疹。病程约1周。

4. 咽结膜热　常由腺病毒3型、4型和7型及柯萨奇病毒等引起，多见于儿童，常发生于夏季，游泳者易于传播。咽结膜热为急性滤泡性结膜炎，并伴有上呼吸道感染和发热。临床主要表现为发热、咽炎、结膜炎三大症状。病程4～6天。

5. 细菌性咽炎及扁桃体炎　常由溶血性链球菌引起，其次为流感嗜血杆菌、肺炎球菌、葡萄球菌等。起病急，临床表现为咽痛、畏寒、发热（体温可达39℃以上）。体检时可见咽部明显充血，扁桃体肥大、充血，表面可有黄色脓性分泌物，可伴有颌下淋巴结肿大、压痛，肺部无异常体征。

三、实验室及辅助检查

（一）外周血常规

1. 白细胞计数和分类　病毒性感染时白细胞计数正常或偏低，淋巴细胞比例升高；细菌性感染时，白细胞总数和中性粒细胞比例增多，有核左移现象。

2. C反应蛋白（CRP）　是急性时相反应蛋白，在感染发生后6～8h开始升高，24～48h达到顶峰，升高幅度与细菌感染的程度呈正相关，是鉴别细菌感染与病毒感染的指标。病毒感染时CRP一般不增高，但在自身免疫病时也增高。临床上一般＜10mg/L为正常，连续结果的前后比较更有临床意义。

3. 血清淀粉样蛋白（SAA）　是一种急性时相反应蛋白，在感染后5～6h迅速升高1000倍。SAA是诊断病毒、细菌感染的敏感指标，在细菌性感染性疾病中，SAA与CRP相比上升早、幅度大、灵敏度高，尤其是在急性细菌感染早期。SAA在病毒感染性疾病中，会显著升高，CRP不升高，因此SAA可作为诊断病毒感染的敏感指标。

（二）病原学检查

一般情况下不做，如需鉴别流行性感冒时可考虑。主要包括病毒抗体检测、病毒分离、痰或分泌物培养＋药敏试验等，判断病毒的类型，药敏试验可指导临床用药。

（三）X 线胸片

一般无须行 X 线检查，如需鉴别肺炎时可考虑。

四、诊断和鉴别诊断

（一）诊断

根据患者受凉、疲劳等诱因，鼻咽部的卡他、炎症症状及相应体征，结合外周血常规检查结果等可做出本病的临床诊断。一般情况下无须进行病因诊断。需要注意急性喉炎、扁桃体炎所致的上气道梗阻情况，体格检查过程中需要注意判断患者是否具有呼吸频率增快及吸气性“三凹征”等表现。

（二）鉴别诊断

上感需要与流行性感冒、过敏性鼻炎、急性传染病前驱症状如麻疹、流行性出血热、流行性脑脊髓膜炎、伤寒、斑疹伤寒等进行鉴别诊断。

五、治　　疗

（一）治疗原则

上感一般无须积极抗病毒治疗，以对症处理、休息、戒烟、多饮水、保持室内空气流通和防治继发细菌感染为主。一般不使用抗菌药物，如合并有细菌感染，可根据上感常见病原菌经验性选用抗菌药物。

（二）对症治疗

1. 一般治疗　发热、病情较重或年老体弱者应卧床休息，多饮水，保持室内空气流通，防止受凉。

2. 解热镇痛药　有头痛、发热、全身肌肉酸痛等症状者，可酌情使用解热镇痛药，如对乙酰氨基酚、阿司匹林、布洛芬等。

（1）对乙酰氨基酚：6～12 岁儿童 0.25g；＞12 岁儿童或成人 0.5g，每 4～6 小时 1 次。

（2）阿司匹林：儿童 5～10mg/（kg · 次），3～4 次/天；成人 0.3～0.6g/次，必要时每 4～6 小时重复 1 次。

（3）布洛芬：口服常释剂型，儿童 5～10mg/（kg · 次），3 次/天，成人 0.2～0.4g/次，每 4～6 小时 1 次；口服溶液剂型，＜12 岁儿童按体重 5～10mg/（kg · 次），必要时每隔 4～6 小时重复 1 次；缓释控释剂型，＞12 岁儿童及成人每次 0.3～0.6g。最大限量为 2.4g/d，24 小时用药不超过 4 次。

注意事项：对乙酰氨基酚、阿司匹林、布洛芬用于解热连续使用不超过 3 天，用于镇痛连续使用不超过 5 天。

3. 抗鼻塞抗过敏的复方制剂　有鼻塞、鼻黏膜充血、水肿、咽痛等症状者，应用盐酸伪麻黄碱等可选择性收缩上呼吸道黏膜血管的药物，也可用 1% 麻黄碱滴鼻。有频繁打喷嚏、多量流涕等症状的患者，可酌情选用马来酸氯苯那敏、氯雷他定或苯海拉明等抗过敏药物。临床常用于缓解感冒症状的药物均为复方非处方药（OTC）制剂，这类药物有头晕、嗜睡等不良反应，故宜在睡前服用，驾驶员和高空作业者避免使用。

4. 镇咳 对于咳嗽症状较为明显者，可给予氢溴酸右美沙芬、可待因等镇咳药。

（三）病因治疗

1. 抗病毒药物治疗 一般无须积极抗病毒治疗。免疫缺陷患者可早期使用。广谱抗病毒药物利巴韦林和奥司他韦对呼吸道合胞病毒等有较强的抑制作用，可缩短病程。

2. 抗菌药物治疗 单纯病毒感染无须使用抗菌药物，有白细胞计数升高、咽部脓苔、咳黄痰等细菌感染证据时，可酌情使用青霉素、第一代头孢菌素、大环内酯类或喹诺酮类。

（四）其他治疗

严重急性扁桃体炎、急性喉炎、急性会厌炎等出现呼吸困难的表现，存在窒息风险者的治疗：

1. 保持呼吸道通畅 吸氧、雾化吸入，减轻黏膜水肿。

2. 控制感染 及时静脉输入抗菌药物，一般给予青霉素、大环内酯类或头孢菌素类等，严重者予以两种以上抗生素。

3. 糖皮质激素 经上述处理仍有严重缺氧征或有Ⅲ度以上喉梗阻者，应及时行气管切开术。

4. 应用抗菌药物同时给予糖皮质激素 以减轻喉头水肿，缓解症状，常用泼尼松，1～2mg/（kg · d），分次口服；重症可用地塞米松静脉注射，每次 2～5mg；继之 1mg/（kg · d）静脉滴注，痰多者可止咳祛痰，必要时直接喉镜吸痰。

5. 气管切开 经上述处理仍有严重缺氧征或有Ⅲ度以上喉梗阻者，应及时行气管切开术。

第二节 肺 炎

肺炎（pneumonia）是指肺的急性渗出性炎症，是呼吸系统常见病和多发病，可由不同的病原微生物、理化、过敏和药物等因素所致的肺部炎症，四季均可发病，尤以冬春气温骤变季节多见。

案例 5-2

患者，男性，30 岁。发热伴咳嗽、咳痰 5 天，呼吸困难 1 天。患者 5 天前受凉后出现发热，最高体温 38.8℃，伴寒战、咳嗽、咳少量黄色黏痰，无咯血、胸痛。1 天来活动后出现呼吸困难，自服“感冒药”无好转。患者精神、饮食、大小便正常。既往体健。

查体：T 38.6℃，P 95 次/分，R 22 次/分，BP 120/75mmHg。皮肤、浅表淋巴未见异常。右下肺叩诊浊音，可闻及支气管呼吸音，双肺未闻及干、湿啰音。心界不大，心率 95 次/分，律齐，各瓣膜听诊区未闻及杂音。腹部软、无压痛，肝、脾肋下未触及。

实验室检查：血常规示 Hb 125g/L，WBC 14.5×10^9/L，杆状核百分率 8%，中性粒细胞百分率 85%，PLT 225×10^9/L。

胸部 X 线片：右肺下野大片状致密影，未见空洞及胸腔积液征象。

问题：1. 该患者的初步诊断是什么？

2. 其诊断依据是什么？

一、病因与病理生理

（一）病因

一般来说肺炎按病因可以分为以下几类：①细菌性肺炎，如肺炎链球菌、金黄色葡萄球菌、甲型溶血性链球菌、肺炎克雷伯菌、流感嗜血杆菌、铜绿假单胞菌和鲍曼不动杆菌等。②非典型病原体所致的肺炎，如军团菌、支原体和衣原体等。③病毒性肺炎，如冠状病毒、呼吸道合胞病毒、流感病毒、麻疹病毒、单纯疱疹病毒等。④真菌病，如念珠菌、隐球菌等。⑤其他病原体所致的肺炎，如弓形虫、寄生虫等。⑥理化因素所致的肺炎，如放射性损伤引起的放射性肺炎，胃酸吸入引起的化学性肺炎，对吸入和内源性脂类物质产生炎症反应的类脂性肺炎。⑦过敏性肺炎及药物性肺炎。

（二）病理生理

肺炎的发生与否主要取决于两个因素：病原体和宿主因素。如果病原体数量多，毒力强或宿主呼吸局部和全身免疫防御系统损害，即可以发生肺炎。肺炎的主要病理生理改变是间质性肺炎、支气管肺炎和细支气管肺炎。肺泡里可有少量渗出液，并且可以发生灶性肺不张。肺泡壁和间隔有单核细胞、中性粒细胞及浆细胞浸润。出现支气管黏膜充血，上皮细胞肿胀，胞质空泡形成，有坏死及脱落。肺炎时由于肺泡壁增厚，弥散阻力增加，同时，支气管黏膜充血、水肿及分泌物增加，管腔狭窄，结果导致通气和换气功能障碍，可出现低氧血症，严重者可有二氧化碳潴留。重症肺炎还可伴有毒血症及酸碱平衡失调。

二、分类和临床表现

肺炎根据病因可分为感染性（如细菌性、病毒性、支原体性、真菌性）肺炎、理化性（如放射性、吸入性）肺炎、变态反应性（如过敏性、风湿性）肺炎；按病理特点分为小叶性肺炎、大叶性肺炎和间质性肺炎；按病程长短又可分为急性（病程＜1 个月）、迁延性（1～3 个月）、慢性（＞3 个月）肺炎；按感染发生地点分为社区获得性肺炎和院内获得性肺炎。

按病理特点分类如下。

1. 大叶性肺炎（lobar pneumonia） 又称为肺泡性肺炎，是指主要由吸入致病病原体引起的，以肺泡内弥漫性纤维素渗出为主的炎症。病变通常累及肺叶的全部或大部，故称为大叶性肺炎。大叶性肺炎的患者起病急骤，主要表现为高热、寒战、咳嗽、咳铁锈色痰、胸痛等。病变广泛时，患者可有呼吸困难、呼吸窘迫和发绀。自然病程 1～2 周，如疾病早期应用抗生素，其临床过程常不典型。大叶性肺炎 X 线胸片在充血期无阳性征象或仅表现为局限性肺纹理增粗。CT 表现为边缘模糊的磨玻璃样阴影；在实变期可见整个肺叶、大部分肺叶或肺段呈高密度阴影，阴影密度均匀，其内可见支气管充气征，肺叶实变以叶间裂为界，边缘清楚。在消散期可见大叶阴影密度减低，由大叶阴影逐渐变为散在斑片状阴影，进而演变为索条状阴影，直至完全吸收。

2. 小叶性肺炎（lobular pneumonia） 又称支气管肺炎（bronchopneumonia），其病变常由上呼吸道累及小叶并以小叶为中心向邻近扩散，在小叶支气管和肺泡内产生炎性渗出物。病变小叶性的，呈两侧散在分布，可融合成大片。由于细支气管炎性充血、水肿致细支气管不同程度的阻塞，形成小叶性肺气肿或肺不张。常继发于其他疾病如支气管炎、支气管扩张、上呼吸道病毒感染以及长期卧床的危重患者。常见致病微生物为肺炎链球菌、葡萄球菌、病毒、肺炎支原体及军团菌等。X 线胸片表现为沿肺纹理分布的不规则斑片状阴影，边缘密度浅而模糊实变征象，肺下叶常受累。CT 表现：两肺中下部可见局部支气管血管束增粗；有大小不等边缘模糊的结节状影及片状影。小叶支气管阻塞时，可伴有小叶性肺气肿或肺不张。小叶性肺炎治疗后可完全吸收或残留少许纤维条索影。

3. 间质性肺炎（interstitial pneumonia） 又称间质性肺疾病（interstitial lung disease，ILD），是多种原因引起的肺间质炎性和纤维化疾病，病变主要侵犯肺间质和肺泡腔，包括肺泡上皮细胞、毛细血管内皮细胞、基底膜以及血管、淋巴管周围的组织，最终引起肺间质的纤维化，导致肺泡 - 毛细血管功能的丧失。间质性肺炎的主要临床表现为呼吸困难（气短），疾病早期仅在活动时出现，随着疾病进展，病情逐渐加重；其次是咳嗽，多为持续性干咳；部分患者还可能伴有发热、乏力等全身症状。胸部 X 线表现：两肺中下野为好发部位，常表现为肺纹理增粗、模糊，交织成网状或小斑片状影；可伴有弥漫性肺气肿；肺门密度增高、结构不清常为肺门周围间质内炎症浸润所致。CT 表现：常用于早期或轻症患者的诊断与鉴别诊断。主要表现为两侧支气管血管束增粗，有网状或小斑片状影；可伴有肺门及纵隔淋巴结肿大，偶见少量胸腔积液。

按感染发生地点分类如下。

1. 社区获得性肺炎（community-acquired pneumonia，CAP） 是指在医院外罹患的感染性肺炎，包括具有明确潜伏期的病原体感染而在入院后平均潜伏期内发病的肺炎，其重症者称为重症社区获得性肺炎（severe community-acquired pneumonia，SCAP）。

2. 医院获得性肺炎（hospital-acquired pneumonia，HAP） 是指患者入院时不存在，也不处于感染潜伏期内，而于入院 48h 后在医院发生的肺炎，还包括呼吸机相关性肺炎（ventilator-associated pneumonia，VAP）和卫生保健相关性肺炎（health-care associated pneumonia，HCAP）。

不同类型病原体的肺炎临床表现特点不同（表 5-1）。

表 5-1 不同类型病原体肺炎的临床表现

可能病原体	临床特征
细菌	急性起病，高热，可伴有寒战、脓性痰、褐色痰或血痰，胸痛，外周血白细胞明显升高，C 反应蛋白（CRP）升高，肺部实变体征或湿啰音，影像学表现为肺泡浸润或实变呈叶段分布
支原体、衣原体	年龄＜60 岁，基础病少，持续咳嗽，无痰或痰涂片检查未发现细菌，肺部体征少，外周血白细胞＜10×10^9/L，影像学表现为上肺野、双肺病灶，小叶中心性结节、树芽征、磨玻璃影及支气管壁增厚，病情进展可呈实变
病毒	多数具有季节性，可有流行病学接触史或群聚性发病，急性上呼吸道症状，肌痛，外周血白细胞正常或减低，降钙素原（PCT）＜0.2ng/ml，抗菌药物治疗无效，影像学表现为双侧、多叶间质性渗出，磨玻璃影，可伴有实变

三、实验室与辅助检查

1. 外周血常规检查 细菌性肺炎白细胞总数、中性粒细胞及 C 反应蛋白（CRP）显著增高，甚至可出现核左移，胞质中见中毒颗粒；病毒性肺炎白细胞总数及中性粒细胞正常或降低，CRP 正常或轻度增加。

2. 病原学检查 采取痰液、气管吸出物，胸腔穿刺液、血液、肺活检组织等进行细菌、肺炎支原体、沙眼衣原体、肺炎衣原体、真菌培养和病毒分离，并做细菌药物敏感试验。

3. X 检查 细菌性肺炎早期仅见肺纹理增粗或受累的肺段、肺叶稍模糊。此后可见大片浸润阴影或实变影，支气管充气征及消散期的“假空洞”征。支原体肺炎可呈多种形态的浸润影，呈节段性分布，以肺下野为多见，有的从肺门附近向外伸展。病毒性肺炎可见肺纹理增多，小片状浸润或广泛浸润，重者双肺弥漫性结节性浸润，但大叶实变及胸腔积液者均不多见。

4. 必要时测定二氧化碳结合力，血清钠、钾、氯化物及做血气分析 Ⅰ型呼吸衰竭者海平面吸入室内空气时 PaO_2＜60mmHg（8kPa）；Ⅱ型呼吸衰竭者 PaO_2＜60mmHg（8kPa）伴有 $PaCO_2$＞50mmHg（6.67kPa）。

四、诊断和 CAP 病情严重程度评估

（一）肺炎的诊断

1. 肺炎（pneumonia）的诊断标准 具备下述前 4 项中任何 1 项加上第 5 项，并除外肺结核、肺部肿瘤、非感染性肺间质性疾病、肺水肿、肺不张、肺栓塞、肺嗜酸性粒细胞浸润症、肺血管炎等即可诊断。包括：①新近出现的咳嗽、咳痰或原有呼吸道症状加重，出现脓性痰，伴或不伴胸痛；②发热；③肺实变体征和（或）湿啰音；④外周血白细胞计数（WBC）＞10×10^9/L 或＜4×10^9/L，伴或不伴核左移；⑤胸部影像学检查显示新出现片状、斑片状浸润性阴影或间质性改变，伴或不伴胸腔积液。

2. CAP 的临床诊断标准 ①社区发病；②肺炎相关临床表现，见上述肺炎诊断标准的前 4 项；③胸部影像学检查：显示新出现的斑片状浸润影、叶/段实变影、磨玻璃影或间质性改变，伴或不伴胸腔积液。

符合 2、3 及 2 中任何两项，并除外肺结核、肺部肿瘤、非感染性肺间质性疾病、肺水肿、肺不张、肺栓塞、肺嗜酸性粒细胞浸润症及肺血管炎等后，可建立临床诊断。

3. HAP 的临床诊断标准 X 线检查出新的或进展的肺部浸润影加上以下 3 个临床表现中的两个以上即可诊断：①发热超过 38℃；②血白细胞增多或减少；③脓性气道分泌物。

4. 重症肺炎的简化诊断标准 符合下列 1 项主要标准或 3 项次要标准者可诊断为重症肺炎，需密切观察、积极救治，并建议收住监护病房治疗。

主要标准：①气管插管需要机械通气；②感染性休克积极液体复苏后仍需要血管活性药物。

次要标准：①呼吸频率≥30 次/分；② $PaO_2/FiO_2\leqslant250$mmHg；③多肺叶浸润；④意识障碍和（或）定向障碍；⑤血尿素氮≥7mmol/L；⑥低血压需要积极的液体复苏。

（二）CAP 病情严重程度评价

CAP 病情严重程度评估，对于选择适当的治疗场所、经验性抗感染药物和辅助支持治疗至关重要。

CAP 严重程度的评分系统各具特点，可作为辅助评价工具，为临床诊治提供帮助，但医师应结合临床经验做出判断，动态观察病情变化。CURB-65、CRB-65 主要用于评估死亡危险，PSI（pneumonia severity index）评分评估死亡风险和肺炎的严重程度，是判断患者是否需要住院的敏感指标，且特异性高。而 CURXO 评分用于预测急诊重症 CAP。SMART-COP 评分＞3 分时，提示有需要呼吸监护或循环支持治疗的可能。具体评分指标见《中国成人社区获得性肺炎诊断和治疗指南（2016 版）》。

五、鉴别诊断

肺炎需与肺结核、急性肺脓肿、肺癌、肺血栓栓塞症、非感染性肺部浸润等疾病进行鉴别。

六、治 疗

（一）对症治疗

患者应卧床休息，发热者注意适当补液，补充足够的热量、蛋白质和维生素。痰液黏稠者可予氨溴索等化痰治疗，咳嗽剧烈但痰不多者可适当使用镇咳药。

（二）抗菌药物治疗

社区性获得性肺炎一经诊断即给予经验性治疗，不必等待病原学诊断结果，轻症 CAP 患者不必常规进行病原学检查；住院 CAP 患者（包括需要急诊留观的患者）通常需要进行病原学检查；当经验性抗感染疗效不佳需要进行调整时，合理的病原学检查尤其重要。

CAP 经验性抗感染治疗：首剂抗感染药物争取在诊断 CAP 后尽早使用，以改善疗效，降低病死率，缩短住院时间。初始经验性抗感染治疗药物选择：青壮年和无基础疾病的 CAP 患者，常用青霉素类、第一代头孢菌素。由于我国肺炎链球菌对大环内酯类抗菌药物耐药率高，故不单独用该类药物治疗。对耐药肺炎链球菌可用对呼吸道感染有特效的氟喹诺酮类（莫西沙星、吉米沙星和左氧氟沙星）。老年人、有基础疾病的患者，常用氟喹诺酮类，第二、三代头孢菌素，β-内酰胺类/β-内酰胺酶抑制剂或厄他培南，可联合大环内酯类。一旦获得 CAP 病原学结果，就可以参考体外药敏试验结果进行目标性治疗。

（三）CAP 的辅助治疗

CAP 是感染性疾病的最主要死因，除了针对病原体的抗感染治疗外，对中、重症患者补液、保持水电解质平衡、营养支持及物理等辅助治疗对 CAP 患者也是必要的。合并低血压的 CAP 患者早期液体复苏是降低严重 CAP 病死率的重要措施。低氧血症的氧疗和辅助通气也是改善患者预后的重要治疗手段，此外雾化、体位引流、胸部物理治疗等也被用于 CAP 的治疗。重症 CAP 的辅助药物还包括糖皮质激素、静脉注射丙种球蛋白、他汀类药物。

（四）HAP 的经验性抗感染治疗

可根据本地区机构的肺炎病原体流行病学资料或患者的实际病情，选择抗菌药物和给药途径。常用第二、三代头孢菌素，β-内酰胺类/β-内酰胺酶抑制剂，氟喹诺酮类或碳青霉烯类。在明确感染的病原体后，则应根据细菌培养和药物敏感试验结果调整抗菌药物，尽量使用抗菌谱较窄且疗效确切的抗菌药（表 5-2）。

表 5-2 针对不同致病菌的抗生素选择

致病菌	首选抗生素
肺炎链球菌	青霉素、大环内酯类、头孢菌素
金黄色葡萄球菌	院外感染：大剂量青霉素 G 院内感染：耐酶半合成青霉素（头孢菌素）+ 氨基糖苷类 MRSA：万古霉素、替考拉宁
肺炎克雷伯菌	第二、三代头孢菌素或哌拉西林 + 氨基糖苷类
肺炎支原体	大环内酯类抗生素：红霉素 喹诺酮类抗生素：氧氟沙星
病毒	利巴韦林、阿昔洛韦、更昔洛韦、金刚烷胺
真菌	氟康唑、两性霉素 B、5-氟胞嘧啶

第三节 慢性阻塞性肺疾病

案例 5-3

患者，男性，64 岁。因“慢性咳嗽 14 年，加重 3 天”就诊。患者 14 年来一直反复咳嗽咳痰，晨起咳痰较多，以白黏痰为主，近 4 年偶有劳累后胸闷憋气，感冒后加重，无发热、胸痛，3 天前无明显诱因出现气短、咳嗽、咳痰，以白黏痰为主，伴胸闷憋气，夜间喘憋不能平卧，伴有发热，体温 38.2℃。既往史：高血压病 1 级 4 年。吸烟史 28 年，每天吸烟 15～20 支。

入院查体：T 38.2℃，R 28 次/分，口唇轻度发绀。视诊：桶状胸；触诊：双侧触觉语颤减弱；叩诊：双肺呈过清音；肺部听诊：双肺呼吸音轻度减弱，双肺可闻及干啰音，无明显湿啰音。辅助检查：血常规示 WBC 13.48×10^9/L，中性粒细胞 11.23×10^9/L；胸部 X 线示双肺纹理增粗。肺功能测定示 1 秒钟用力呼气容积与用力肺活量的比值（FEV_1/FVC）为 57.48%，FEV_1 占预计值 63.24%。

问题：该患者考虑诊断是什么？诊断依据是什么？

慢性阻塞性肺疾病（chronic obstructive pulmonary disease，COPD），简称慢阻肺，是一种常见的、可以预防和治疗的慢性气道疾病，由有毒颗粒或气体吸入导致气道和肺泡异常，其特征是持续存在的气流受限和相应的呼吸系统症状。多在中年发病，好发于秋冬寒冷季节。常见症状为慢性咳嗽、咳痰、气短（呼吸困难），部分患者出现胸闷和喘息的症状。COPD 存在明显的异质性，是呼吸系统常见病和多发病，40 岁以上人群患病率高达 13.7%，是我国第三大死亡原因，疾病负担的第三位。慢阻肺严重影响患者的生命质量，是导致死亡的重要病因，并给患者及其家庭和社会带来沉重的经济负担。

COPD 主要是由慢性支气管炎或（和）肺气肿导致的持续气流受限为特征的一类疾病。慢性支气管炎是指气管、支气管及周围组织的慢性、非特异性炎症。临床上患者每年咳嗽、咳痰达 3 个月以上，连续 2 年以上，并可除外其他已知原因的慢性咳嗽、咳痰，可以诊断为慢性支气管炎。肺气肿是指肺部终末细支气管远端气道弹性减弱，气腔出现异常持久的扩张，并伴有肺泡壁和细支气管及其组成部分的正常形态结构被破坏，而无明显的肺纤维化。当慢性支气管炎或（和）肺气肿患者肺功能检查出现气流受限并且不能完全可逆（持续气流受限）时，即患者吸入支气管舒张剂后，FEV_1/FVC＜70%，可确定为持续气流受限，则诊断为 COPD。如患者只有慢性支气管炎或（和）肺气肿，而无气流受限，则不能诊断为 COPD，而仅视为 COPD 的高危期。

一、病因与病理生理

（一）病因

COPD 的确切病因尚不清楚，应是内因（个体易患因素）与外因（环境因素）共同作用的结果。

1. 个体易患因素 ①慢阻肺有遗传易感性：α_1-抗胰蛋白酶重度缺乏与非吸烟者的肺气肿形成有关，α 尼古丁乙酰胆碱受体、刺猬因子相互作用蛋白（HHIP）等也与慢阻肺相关。②年龄是慢阻肺的危险因素：年龄越大，慢阻肺患病率越高，女性对烟草烟雾的危害更敏感。③肺的生长发育不良：妊娠、出生和青少年时期直接和间接暴露于有害因素可影响肺的生长，肺的生长发育不良是慢阻肺的危险因素。④支气管哮喘（简称哮喘）和气道高反应性也参与慢阻肺的发病过程。⑤体重指数低：与慢阻肺的发病有关，体重指数越低，慢阻肺的患病率越高。⑥社会经济地位低下：可能与室内和室外空气污染、居室拥挤、营养较差及相关联的因素是慢阻肺的危险因素。

2. 环境因素　COPD 目前最常见和最主要的病因是长期吸烟。长期吸入职业性粉尘（二氧化硅、煤尘、棉尘和蔗尘等）会增加慢阻肺的发生风险。长期吸入化学气体（二氧化硫、二氧化氮、臭氧和一氧化碳）等也会导致慢阻肺的发生。燃料产生的烟雾中含有大量的有害成分及空气污染物中的颗粒物质（PM）也会增加慢阻肺的发生风险。慢性支气管炎、感染等也是影响慢阻肺发病和加剧的重要因素。

（二）病理生理

慢阻肺主要病理生理学改变包括气流受限、气体陷闭和气体交换异常。进行性发展的不可逆的气流受限为慢阻肺病理生理的核心特征，表现为第 1 秒用力呼气容积（FEV_1）与用力肺活量（FVC）的比值（$FEV_1/FVC<70\%$）的降低，与小气道阻力增加和肺泡弹性回缩力下降相关。气流受限使呼气时气体陷闭于肺内，致肺过度充气和胸膜腔内压增高，导致肺泡通气量下降及心室充盈异常，进而引起劳力性呼吸困难和活动耐量下降。过度充气在慢阻肺早期即可出现，是劳力性呼吸困难的主要机制。

气流受限致肺过度充气和肺容量增加，降低吸气肌肉力量；气道阻力增加导致呼吸负荷增加；通气驱动力减弱，使肺泡通气量明显下降。肺实质的广泛破坏，肺毛细血管床减少，使通气/血流比率失调，气体交换进一步恶化，出现低氧血症，同时常伴有高碳酸血症，导致患者出现严重的呼吸困难。

黏液高分泌和纤毛功能失调：烟草烟雾和其他有害物质刺激导致杯状细胞数量增加，黏膜下腺体增大，进而出现黏液高分泌；吸烟可使柱状上皮鳞状化生，纤毛变短而不规则，引起纤毛运动障碍。黏液高分泌和纤毛功能失调是导致慢性咳嗽咳痰的重要原因，但并非所有慢阻肺患者都有黏液高分泌，黏液高分泌也不一定伴有气流受限。

二、临床表现和分期

（一）主要症状

1. 慢性咳嗽　是慢阻肺的首发症状；咳嗽症状出现缓慢，迁延多年，初起咳嗽呈间歇性，早晨较重，后早晚或整日均有咳嗽，夜间通常以阵咳为主。

2. 咳痰　多为咳嗽伴随症状，痰液为白色黏液浆液性，通常随晨起时的剧烈阵咳，咳出较多黏液浆液样痰后症状缓解；合并感染、急性加重时痰液可变为黏液脓性而不易咳出。

3. 气短或呼吸困难　活动后呼吸困难是慢阻肺的“标志性症状”。早期仅在劳累时出现，之后逐渐加重，以致日常活动甚至休息时也感到呼吸困难。

4. 胸闷和喘息　不是慢阻肺的特异性症状。常见于重症或急性加重患者。胸部紧闷感通常于劳累后发生，与呼吸费力、肋间肌等容性收缩有关。

5. 其他　疲乏、消瘦、焦虑等在慢阻肺病情严重时出现。

（二）体征

1. 视诊　可见桶状胸，患者胸廓前后径增大（与左右径之比＜1∶1.5）、剑突下胸骨下角（腹上角）增宽；部分患者呼吸变浅、呼吸频率增快、呼气时相延长、辅助呼吸肌（如斜角肌和胸锁乳突肌）参加呼吸运动，重症患者可见胸腹呼吸、矛盾运动、呼吸浅快、缩唇呼吸等。

2. 触诊 双侧语音震颤减弱；可有剑突下心脏抬举感等。

3. 叩诊 胸部叩诊可呈过清音，心浊音界缩小，肺肝界降低，均系肺过度充气所致。

4. 听诊 双肺呼吸音减低，呼气延长，可闻及干啰音或哮鸣音和（或）湿啰音；心音遥远，剑突下心音较清晰响亮。

5. 并发症的表现 合并肺心病时可见下肢水肿、腹水和肝大并压痛等体征；合并肺性脑病时偶可引出神经系统病理体征。

（三）COPD 的分期

COPD 根据疾病进程可分为急性加重期和稳定期

1. 急性加重期 慢阻肺病急性加重，如咳嗽、咳痰、气短和（或）喘息加重，痰量增多，多为脓性或黏液性痰，并伴有发热等症状。此时，需要改变原治疗方案。

2. 稳定期 咳嗽、咳痰和气短等症状稳定，或症状轻微，病情基本恢复到急性加重前的状态。

三、实验室与辅助检查

（一）肺功能检查

肺功能检查是目前检测气流受限公认的客观指标，是慢阻肺诊断“金标准”，也是慢阻肺的严重程度评价、疾病进展监测、预后及治疗反应评估中最常用的指标，有助于疾病的评估和鉴别诊断。

1. 第 1 秒用力呼气容积与用力肺活量的比值（FEV_1/FVC）下降 吸入支气管舒张剂后 FEV_1/FVC＜70% 是判断存在持续气流受限，诊断慢阻肺的肺功能标准。慢阻肺确诊后，通常以 FEV_1 占预计值的比值来评价气流受限的严重程度。

2. 肺总量（TLC）、残气量（RV）、功能残气量（FRC）、残气量与肺总量的比值（RV/TLC）增高，肺活量（VC）减低 在慢阻肺中，深吸气量（IC）的下降与呼气末肺容量增加有关，可作为肺容量变化的简易评估指标。深吸气量与肺总量的比值（IC/TLC）可以反映慢阻肺呼吸困难程度，预测死亡风险。肺泡间隔破坏及肺毛细血管床丧失可使弥散功能受损，一氧化碳弥散量（D_LCO）降低。

（二）胸部 X 线检查

COPD 早期 X 线胸片可无变化，随后可出现肺纹理增多和紊乱等非特征性改变。主要 X 线征象为肺过度充气，表现为肺野透亮度增高，双肺外周纹理纤细稀少，胸腔前后径增大，肋骨走向变平，横膈位置低平，心脏悬垂狭长，严重者常合并有肺大疱的影像学改变。

（三）胸部 CT 检查

高分辨率 CT 对辨别小叶中心型和全小叶型肺气肿以及确定肺大疱的大小和数量有较高的敏感度和特异度，多用于鉴别诊断和非药物治疗前评估。

（四）脉搏氧饱和度（SpO_2）监测和动脉血气分析

当患者临床症状提示有呼吸衰竭或右心衰竭时应监测 SpO_2。如果 SpO_2＜92%，应该进行动脉血气分析检查。

（五）心电图和超声心动图检查

主要用于鉴别诊断，并发肺源性心脏病及合并心血管系统疾病的诊断、评估等。

（六）其他

并发感染时痰涂片可见大量中性粒细胞。

四、诊断与鉴别诊断

（一）慢性阻塞性肺疾病的诊断

COPD 的诊断主要依据：危险因素、暴露史、症状、体征及肺功能检查等临床资料，并排除可引起类似症状和持续气流受限的其他疾病，综合分析可以确定。

诊断时需进行肺功能检查，肺功能检查表现为持续气流受限是确诊慢阻肺的必备条件，吸入支气管舒张剂后，FEV_1/FVC＜70% 即明确存在持续的气流受限，可确诊为 COPD。

（二）慢性阻塞性肺疾病的鉴别诊断

COPD 需要与支气管哮喘、充血性心力衰竭、支气管扩张症、肺结核、闭塞性细支气管炎和弥漫性泛细支气管炎进行鉴别。

五、慢阻肺的综合评估

1. 症状评估　可采用改良版英国医学研究委员会呼吸困难问卷（mMRC 问卷，表 5-3）对呼吸困难严重程度进行评估，或采用慢阻肺患者自我评估测试（COPD assessment test，CAT）进行综合症状评估。

表 5-3　改良版英国医学研究委员会（mMRC）呼吸困难问卷

呼吸困难评价等级	呼吸困难严重程度
0 级	只有在剧烈活动时才感到呼吸困难
1 级	在平地快步行走或步行爬小坡时出现气短
2 级	由于气短，平地行走时比同龄慢或需要停下来休息
3 级	在平地行走 100m 左右或数分钟后需要停下来喘气
4 级	因严重呼吸困难以至于不能离开家，或在穿衣服、脱衣服时出现呼吸困难

2. 肺功能评估　可使用 GOLD 分级，按照气流受限严重程度进行肺功能评估，即以 FEV_1 占预计值 % 为分级标准。慢阻肺患者的 GOLD1～GOLD4 级见表 5-4。

表 5-4　慢性阻塞性肺疾病患者气流受限严重程度的肺功能分级

分级	严重程度	肺功能（基于使用支气管舒张剂后 FEV_1）
GOLD 1 级	轻度	FEV_1 占预计值 %≥80%
GOLD 2 级	中度	50%≤ FEV_1 占预计值 %＜80%
GOLD 3 级	重度	30%≤ FEV_1 占预计值 %＜50%
GOLD 4 级	极重度	FEV_1 占预计值 %＜30%

注：基本条件为使用支气管舒张剂后 FEV_1/FVC＜70%

3. 急性加重期风险评估 慢阻肺急性加重可分为轻度（仅需要短效支气管舒张剂治疗）、中度［使用短效支气管舒张剂并加用抗生素和（或）口服糖皮质激素治疗］和重度（需要住院或急诊、ICU 治疗）。

4. 稳定期慢阻肺综合评估与分组 依据上述肺功能分级和对症状及急性加重风险的评估，即可对稳定期慢阻肺患者的病情严重程度进行综合性评估（图 5-1），并依据该评估结果选择稳定期的治疗方案。综合评估系统中，根据患者气流受限程度分为 GOLD1～GOLD4 级；根据症状水平和过去 1 年的中/重度急性加重史将患者分为 A、B、C、D4 个组。

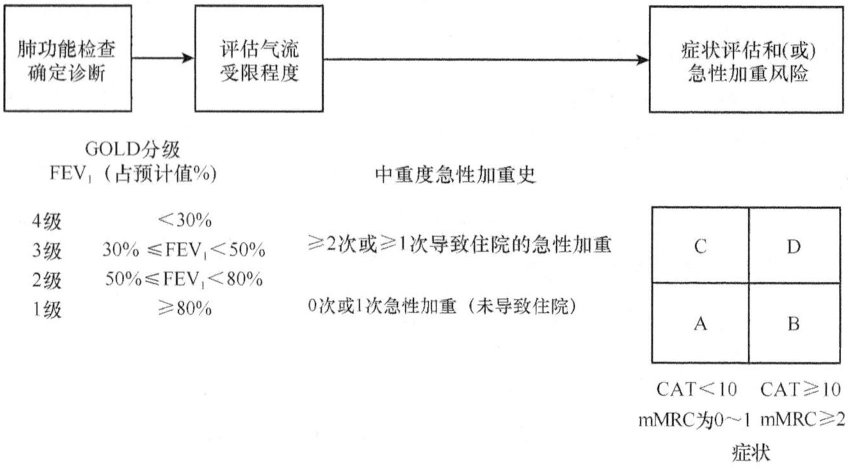

图 5-1 慢性阻塞性肺疾病综合评估示意图

六、治 疗

（一）稳定期的治疗

治疗原则：①减轻当前症状，包括缓解呼吸系统症状，改善运动耐量和健康状况；②降低未来风险，包括防止疾病进展、防止急性加重及减少病死率。

1. 非药物干预

（1）健康教育与危险因素管理：主要是戒烟与控制职业性或环境污染，以及提高患者对慢阻肺的认识、加强疾病的预防，减少急性加重，提高生活质量，维持病情稳定。

（2）呼吸康复治疗：主要是规律的运动训练，如有氧、阻抗、平衡柔韧性训练和呼吸肌训练。

（3）氧疗：长期家庭氧疗（LTOT）对 COPD 慢性呼吸衰竭者可提高生活质量和生存率。一般用鼻导管吸氧，氧流量 1.0～2.0L/min，吸氧时间＞15h/d。接受 LTOT 的稳定期患者应有如下之一特征：① PaO_2＜7.3kPa（55mmHg），或 SaO_2＜88%，伴或不伴有 3 周发生两次高碳酸血症的情况。② PaO_2 为 7.3～8.0kPa（55～60mmHg），患者出现肺动脉高压，外周水肿（有充血性心力衰竭迹象），或红细胞增多症（红细胞压积＞55%）。开始 LTOT 后，在 60～90 天，应对患者的疗效进行重新评估，以判断氧疗是否有效以及是否需要继续治疗。长期氧疗的目的是使患者 PaO_2≥60mmHg 和（或）使 SaO_2 达到 90%，以维持重要器官的功能及周围组织的氧气供应。

（4）家庭无创通气：家庭无创正压通气（hNPPV）治疗对于存在严重二氧化碳潴留（$PaCO_2$≥52mmHg，pH＞7.30）的重度或极重度慢阻肺患者，可以改善症状、降低住院需求和病死率。

（5）疫苗接种：流感疫苗接种是预防相应病原体感染的有效治疗手段，可降低慢阻肺患者的严重程度和病死率。

（6）内科介入治疗：我国批准临床应用的是支气管内活瓣（endobronchial valve，EBV）植入肺减容术：EBV 为一种单向活瓣，允许靶肺叶残存气体单向排出体外，从而造成肺不张，实现肺减容。

（7）外科干预：肺移植。在过去的 20 年里，慢阻肺是位于肺移植首位的原发病，占全球肺移植总数的 31%。慢阻肺患者经积极充分的内科治疗无法阻止疾病进展，不适合肺减容术或肺减容术后疾病进展时，可考虑行肺移植手术。

2. 药物治疗

（1）支气管舒张剂

1）β_2 受体激动药：β_2 受体激动药分为短效和长效两种类型，短效 β_2 受体激动药（short-acting beta$_2$-agonist，SABA）主要有特布他林、沙丁胺醇及左旋沙丁胺醇等，常见剂型为加压定量吸入剂。主要用于按需缓解症状，长期规律应用维持治疗的效果不如长效支气管舒张剂。长效 β_2 受体激动药（long-acting beta$_2$-agonist，LABA）作用时间持续 12h 以上，较 SABA 更好地持续扩张小气道，改善肺功能和呼吸困难症状，可作为有明显气流受限患者的长期维持治疗药物。早期应用于临床的药物包括沙美特罗（salmeterol）和福莫特罗（formoterol），其中福莫特罗属于速效和长效 β_2 受体激动药。近年来新型 LABA 起效更快、作用时间更长，包括茚达特罗（indacaterol）、奥达特罗（olodaterol）和维兰特罗（vilanterol）等。吸入 β_2 受体激动药的不良反应远低于口服剂型：相对常见的不良反应有窦性心动过速、肌肉震颤（常见手颤）、头晕和头痛，不常见的有口咽部刺激：罕见不良反应有心律失常、异常支气管痉挛及心力衰竭人群的氧耗增加。

2）抗胆碱能药物：抗胆碱能药物通过阻断 M_1 和 M_3 胆碱受体，扩张气道平滑肌，改善气流受限和慢阻肺的症状，可分为短效和长效两种类型。短效抗胆碱能药物（SAMA）主要品种有异丙托溴铵（ipratropium bromide）。长效抗胆碱能药物（LAMA）能够持久地结合 M_3 受体，快速与 M_2 受体分离，从而延长支气管扩张作用时间超过 12h，新型 LAMA 作用时间超过 24h，常用 LAMA 包括噻托溴铵（tiotropium bromide）、格隆溴铵（glycopyrronium bromide）、乌美溴铵（umeclidinium bromide）和阿地溴铵（aclidinium bromide）等。LAMA 在减少急性加重及住院频率方面优于 LABA，长期使用可以改善患者症状及健康状态，也可减少急性加重及住院频率。吸入抗胆碱能药物的不良反应比较少见，常见的有口干、咳嗽、局部刺激、吸入相关的支气管痉挛、头痛、头晕，少见的有荨麻疹、闭角型青光眼、心率加快。罕见的有过敏性反应（舌、唇和面部的血管性水肿）、眼痛、瞳孔散大、心悸、心动过速、喉痉挛、恶心及尿潴留。

3）茶碱类药物：茶碱类药物可解除气道平滑肌痉挛，在我国慢阻肺治疗中使用较为广泛的缓释型或控释型茶碱口服 1～2 次/日可以达到稳定的血浆药物浓度，对治疗稳定期慢阻肺有一定效果。常见不良反应有恶心、呕吐、腹痛、头痛、胸痛、失眠、兴奋、心动过速、呼吸急促等，过量等使用可出现心律失常，严重者可引起呼吸、心搏骤停。由于茶碱的有效治疗窗小，必要时需要监测茶碱的血药浓度，当血液中茶碱浓度＞5mg/L 即有治疗作用；当血液中茶碱浓度＞15mg/L 时不良反应明显增加，茶碱与多种药物联用时要警惕药物相互作用。

（2）吸入糖皮质激素：慢阻肺稳定期长期单一应用 ICS 治疗并不能阻止 FEV_1 的降低趋势，对病死率亦无明显改善。在使用 1 种或两种长效支气管舒张剂的基础上可以考虑联合 ICS 治疗。慢阻肺对 ICS 复合制剂长期吸入治疗的反应存在异质性，外周血嗜酸性粒细胞计数可用于指导 ICS 的选择，在使用支气管舒张剂基础上是否加用 ICS，要根据症状和临床特征、急性加重风险、外周血嗜酸性粒细胞数值和并发症等综合考虑，详见表 5-5。

表 5-5　稳定期慢阻肺患者吸入性糖皮质激素（ICS）使用建议

推荐使用（存在下列因素之一）	考虑使用（存在下列因素之一）	不推荐使用（存在下列因素之一）
1. 有慢阻肺急性加重住院史和（或）≥2 次/年中度急性加重	1. 有每年 1 次中度急性加重	1. 反复发生肺炎
2. 外周血嗜酸性粒细胞计数≥300 个/μl	2. 外周血嗜酸性粒细胞计数为 100～300 个/μl	2. 外周血嗜酸性粒细胞计数＜100 个/μl
3. 合并支气管哮喘或具备哮喘特征	3. 合并分枝杆菌感染	

注：在 1 种或两种长效支气管舒张剂使用的基础上考虑联合 ICS 治疗

（3）联合治疗：不同作用机制的支气管舒张剂联合治疗优于单一支气管舒张剂治疗。SABA 联合 SAMA 对肺功能和症状的改善优于单药治疗。LABA 和 LAMA 联合治疗也可以更好地改善肺功能和症状，降低疾病进展风险等。目前已有多种 LABA 和 LAMA 联合制剂，如福莫特罗/格隆溴铵、奥达特罗/噻托溴铵、维兰特罗/乌镁溴铵、茚达特罗/格隆溴铵。

1）ICS 和 LABA 联合：较单用 ICS 或单用 LABA 在肺功能、临床症状和健康状态改善以及降低急性加重风险方面获益更佳；目前已有布地奈德/福莫特罗、氟替卡松/沙美特罗、倍氯米松/福莫特罗、糠酸氟替卡松/维兰特罗等多种联合制剂。在 ICS+LABA 治疗后仍然有症状的患者中，增加 LAMA 的三联治疗能显著改善肺功能及健康状态，减轻症状，并能减少急性加重；且与单独使用 LAMA 或 LABA+LAMA 联合治疗比较，使用三联治疗的患者能获得更好的疗效。若患者血嗜酸性粒细胞计数≥300 个/μl 同时症状较为严重（CAT＞20 分），可考虑使用 ICS+LAMA+LABA 治疗，其较 ICS+LABA 有更好的临床疗效此外，与 LAMA 单药治疗或 LABA+LAMA、ICS+LABA 联合治疗比较，三联治疗能显著降低患者病死率。目前国内有布地奈德/富马酸福莫特罗/格隆溴铵和糠酸氟替卡松/维兰特罗/乌镁溴铵两种三联制剂。

2）给药途径和吸入装置选择与吸入前准备：慢阻肺吸入装置的个体化选择需要综合考虑患者的健康状态、使用装置的能力、最大吸气流速、手口协调操作能力、可及性、价格等各方面因素，其中以患者使用装置的能力、吸气流速和手口协调操作能力为最重要的影响因素。

3. 初始治疗方案推荐　稳定期慢阻肺患者初始治疗方案见图 5-2。

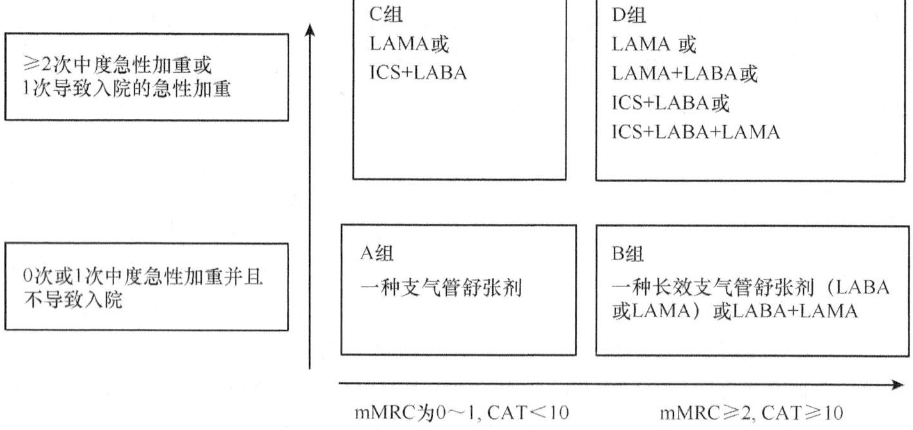

图 5-2　慢性阻塞性肺疾病稳定期初始治疗推荐

A 组患者，条件允许可推荐使用 LAMA；B 组患者，若 CAT＞20 分，推荐起始作用 LAMA+LABA 联合治疗；D 组患者，若 CAT＞20 分和血嗜酸性粒细胞≥300 个/μl，可考虑 ICS+LABA+LAMA 三联治疗尤其是重度或以上气流受限者

4. 磷酸二酯酶 4（PDE-4）抑制剂 其主要作用是通过抑制细胞内环腺苷酸降解来减轻炎症，目前应用临床的是选择性 PDE-4 抑制剂罗氟司特（roflumilast）。口服罗氟司特 1 次/日可改善应用沙美特罗或噻托溴铵治疗患者的 FEV_1，同时对于固定剂量 ICS+LABA 控制不佳的患者，加用罗氟司特对肺功能也有改善。对于存在慢性支气管炎、重度至极重度慢阻肺、既往有急性加重病史的患者，罗氟司特可使需用激素治疗的中重度急性加重发生率下降约 17%。

5. 其他药物

（1）祛痰药及抗氧化剂：祛痰药及抗氧化剂的应用可促进黏液溶解，有利于气道引流通畅，改善通气功能。临床常用祛痰抗氧化药物主要有 *N*-乙酰半胱氨酸（NAC）、羧甲司坦、厄多司坦、福多司坦和氨溴索等。

（2）免疫调节剂：采用常见呼吸道感染病原菌裂解成分生产的免疫调节药物。

（二）慢阻肺急性加重期治疗

1. 慢阻肺急性加重的病因和诱发因素 慢阻肺急性加重可由多种因素引起，常见的有上呼吸道和气管、支气管感染，如吸烟、空气污染、吸入变应原、气温变化等理化因素以及稳定期治疗不规范或中断均可导致急性加重。误吸是部分患者反复急性加重的原因，气道黏液高分泌和痰液清除障碍增加急性加重风险。急性加重可能是多种因素共同作用的结果，部分患者原因不明。

2. 慢阻肺急性加重的诊断与评估 诊断主要依靠患者急性起病的临床过程，即呼吸系统症状突然恶化超出日常变异，主要症状为呼吸困难加重，常伴有喘息、胸闷、咳嗽加剧、痰量增加、痰液颜色和（或）黏度改变及发热等，也可出现心悸、全身不适、失眠、嗜睡、疲乏、抑郁和意识不清等症状，或慢阻肺急性加重可导致并发症加重，包括急性肺源性心脏病和肺性脑病等，应全面评估。肺炎、急性冠脉综合征、充血性心力衰竭、心律失常、气胸、胸腔积液和肺血栓栓塞症等疾病的症状和慢阻肺急性加重类似，需加以鉴别。

3. 药物治疗

（1）支气管舒张剂：是慢阻肺急性加重的一线基础治疗，用于改善临床症状和肺功能；推荐优先选择单用 SABA 或联合 SAMA 吸入治疗。住院患者首选雾化吸入给药，门诊家庭治疗可采用经储物罐吸入定量气雾剂的方法或家庭雾化治疗。需要使用机械通气的患者可以通过专用的接头连接定量气雾剂吸入药物，或者根据呼吸机的说明书使用雾化治疗。

茶碱类药物不推荐作为一线的支气管舒张剂，但在 β_2 受体激动药、抗胆碱能药物治疗 12～24h 后，病情改善不佳时可考虑联合应用，但需要监测和避免不良反应。

（2）抗感染治疗

1）抗菌治疗指征：下呼吸道细菌感染是慢阻肺急性加重最常见的原因，占 1/3～1/2。因此，对于所有慢阻肺急性加重患者，均应评估感染相关的指标和是否有抗菌治疗的指征。对于具备抗菌药物应用指征的患者，抗菌治疗可以缩短恢复时间、降低早期复发风险、减少治疗失败风险和缩短住院时间。慢阻肺急性加重抗菌治疗的临床指征为：同时具备呼吸困难加重、痰量增加和脓性痰这 3 个主要症状（Anthonisen Ⅰ型）；具备脓性痰和另一个主要症状（Anthonisen Ⅱ型）；需要有创或无创机械通气治疗。脓性痰是判断下呼吸道细菌负荷升高最敏感的指标，相应地咳白痰或清痰的患者为细菌性急性加重的可能性较小。此外，是否需要住院治疗、既往急性加重和住院史以及发生并发症的风险也是评估抗菌治疗必要性的重要依据：无论门诊还是住院患者，C 反应蛋白均有助于安全地降低抗菌药物的使用率，可作为是否启动抗菌治疗的参考。

2）病原学检测：适于门诊治疗的轻症患者不建议常规进行痰培养，对于反复急性加重、初始抗菌治疗疗效欠佳、伴有脓性痰的重度急性加重及有铜绿假单胞菌（PA）感染危险因素的患者，应进行痰涂片镜检和培养PA。

3）抗菌治疗的药物选择：慢阻肺急性加重的常见致病菌包括流感嗜血杆菌、卡他莫拉菌、肺炎链球菌、PA和肠杆菌科细菌；相对少见的病原体包括肺炎衣原体、肺炎支原体、军团菌、金黄色葡萄球菌等。然而，不同的病程、肺功能损害严重程度、特定病原体感染的危险因素、既往抗菌药物应用史、稳定期痰细菌定植种类等因素均可影响病原谱：初始经验性抗菌治疗应对患者进行分组和覆盖常见的致病原，存在PA危险因素和预后不良危险因素的患者推荐使用更广谱的抗菌药物方案。

4）抗菌药物治疗后评估及抗菌疗程：抗菌药物治疗2～3天后需要评估疗效：若呼吸困难改善和脓性痰减少则提示治疗反应好，推荐抗菌疗程为5～7天。

（3）糖皮质激素治疗：在中重度慢阻肺急性加重患者中，全身使用糖皮质激素可改善FEV_1、氧合状态和缩短康复及住院时间，推荐剂量为甲泼尼龙40mg/d，治疗5天，静脉应用与口服疗效相当。

4. 呼吸支持

（1）控制性氧疗：氧疗是慢阻肺急性加重伴呼吸衰竭患者的基础治疗，氧流量调节应以改善患者的低氧血症、保证SpO_2 88%～92%为SpO_2到目标范围后，应及时进行动脉血气分析，以确定氧合满意且未引起二氧化碳潴留和（或）呼吸性酸中毒进一步加重。经鼻高流量湿化氧疗（HFNC）：HFNC是一种通过高流量鼻塞持续为患者提供可以调控并相对恒定吸氧浓度（21%～100%）、温度（31～37℃）和湿度的高流量（8～80L）吸入气体的治疗方式。

（2）无创机械通气（NPPV）：NPPV是目前慢阻肺急性加重合并Ⅱ型呼吸衰竭患者首选的呼吸支持方式，可改善患者呼吸性酸中毒，降低$PaCO_2$、呼吸频率、呼吸困难程度，缩短住院时间，减少病死率和气管插管率等；同时也能避免气管插管相关的附加损害，包括气道损伤、减低呼吸机相关性肺炎的发生及镇静剂的使用等。

（3）有创通气：在积极的药物和无创通气治疗后，若患者的呼吸衰竭仍进行性恶化，出现危及生命的酸碱失衡和（或）意识改变时，宜启动有创机械通气治疗，具体应用决定终末期慢阻肺患者是否使用机械通气时，还需充分考虑到病情好转的可能性、患者本人及其家属的意愿，以及是否具备重症监护设施。

第四节　支气管哮喘

案例 5-4

患者，男性，58岁。近2年内反复出现胸闷伴气喘5次，再次发作就诊。既往春秋季易出现胸闷，有夜间憋醒；有过敏性鼻炎18年，高血压6年；幼年时有青霉素过敏史。吸烟史28年，每天15～20支。其母亲有哮喘史。

查体：体型偏胖，两肺呼吸音粗，可闻及散在鸣音。

体检：血常规示WBC 7.9×10^9/L，中性粒细胞百分率65%，嗜酸性粒细胞4.85%；血生化示血清总IgE 260IU/ml；胸片：未见异常；心电图：未见异常；心脏超声：未见异常；变应原：尘螨（+++），花粉（++），芒果（+）。

肺功能检查：支气管舒张试验阳性，FEV_1 740ml，ΔFEV_1为33.7%；肺通气功能示轻度阻塞性通气功能障碍：FEV_1占74%预计值，下降；FEV_1/FVC为64.7%，下降。

问题：1. 该患者诊断是什么？
2. 诊断依据是什么？

支气管哮喘（bronchial asthma）是指由嗜酸性粒细胞、肥大细胞、T 淋巴细胞、中性粒细胞、平滑肌细胞、气道上皮细胞等多种细胞，以及细胞组分参与的气道慢性炎症性疾病。其临床表现为反复发作的喘息、气急、胸闷或咳嗽等症状，常在夜间及凌晨发作或加重，多数患者可自行缓解或经治疗后缓解，同时伴有可变的气流受限和气道高反应性，随着病程的延长可导致一系列气道结构的改变，即气道重塑。近年来认识到哮喘是一种异质性疾病。支气管哮喘是一种常见病，患病率男女大致相同，儿童高于成人，城市高于农村，发达国家高于发展中国家。我国哮喘患者还在逐年增加。哮喘已成为我国第二大呼吸道疾病（仅次于慢阻肺），但控制率只有 28.7%。

一、病　因

支气管哮喘（简称哮喘）的病因目前还不十分清楚。哮喘是一种具有多基因遗传倾向的疾病，患者个体的过敏体质与外界环境的相互影响是发病的重要因素。很多变应原和诱因会导致哮喘急性发作，常见的诱因见表 5-6。

表 5-6　支气管哮喘的常见诱因

类别	变应原或诱因
急性上呼吸道感染	病毒、细菌、支原体等
室内变应原	尘螨、家养宠物、霉菌、蟑螂等
室外变应原	花粉、草粉等
职业性变应原	油漆、饲料、活性染料等
食物	鱼、虾、蛋类、牛奶等
药物	阿司匹林、抗生素等
非变应原因素	寒冷，运动，精神紧张、焦虑，过劳，烟雾（包括香烟、厨房油烟、污染空气等），刺激性食物等

二、发病机制

哮喘的发病机制不完全清楚。气道-炎症免疫机制、神经调节机制与遗传机制被认为与哮喘的发病密切相关。

1. 气道炎症-免疫机制

（1）气道炎症形成机制：气道慢性炎症是哮喘的基本特征。这种炎症反应是由多种炎症细胞、炎症介质和细胞因子共同参与、相互作用的结果。当外源性变应原通过吸入、食入或接触等途径进入机体后被抗原递呈细胞内吞并激活 T 细胞。一方面，活化的辅助性 Th_2 细胞产生 IL（如 IL-4、IL-5 和 IL-13 等）激活 B 淋巴细胞，使之合成特异性 IgE，后者结合于肥大细胞和嗜碱性粒细胞等细胞表面的 IgE 受体。若变应原再次进入体内，可使该细胞合成并释放多种活性介质导致气道平滑肌收缩、黏液分泌增加和炎症细胞浸润等，产生哮喘的临床症状，这是典型的变态反应过程。另一方面，活化的辅助性 Th_2 细胞分泌的 IL 等细胞因子可直接激活肥大细胞、嗜酸粒细胞及肺泡巨噬细胞等，使之在气道浸润和聚集，并进一步分泌多种炎症介质、细胞因子及趋化因子等，导致气道慢性炎症。

（2）气道高反应性（airway hyperresponsiveness，AHR）：是指气道对各种刺激因子如变应原、理化因素、运动、药物等呈现的高度敏感状态，即气道出现过强或过早的收缩反应。AHR 是哮喘的一个基本特征，有症状的哮喘患者几乎都存在 AHR，可通过支气管激发试验来量化和评估。气道慢性炎症是导致 AHR 的重要机制之一，多种炎症细胞、炎症介质和细胞因子，气道上皮损害、上皮下神经末梢裸露等参与气道高反应性的形成。然而，出现 AHR 者并非都是哮喘，如长期吸烟、慢阻肺等也可出现 AHR，但程度相对较轻。

（3）气道重构（airway remodeling）：是哮喘的重要病理特征，表现为气道上皮细胞黏液化生、平滑肌肥大/增生、上皮下胶原沉积和纤维化、血管增生等，多出现在反复发作、长期没有得到良好控制的哮喘患者。气道重构使哮喘患者对吸入激素的敏感性降低，出现不可逆气流受限以及持续存在的 AHR。气道重构的发生主要与持续存在的气道炎症和反复的气道上皮损伤/修复有关。

2. 神经调节机制 神经因素是哮喘发病的重要环节之一。哮喘患者 β-肾上腺素受体功能低下，胆碱能神经张力的增加，可导致患者对吸入组胺和醋甲胆碱反应性显著增高。而非肾上腺素与非胆碱能神经能释放舒张支气管平滑肌的神经介质及收缩支气管平滑肌的介质的平衡失调，则可引起支气管平滑肌收缩。此外，感觉神经末梢释放的 P 物质、降钙素基因相关肽（CGRP）、神经激肽 A 等导致血管扩张、血管通透性增加和炎症渗出，此即神经源性炎症，能通过局部轴突反射释放感觉神经肽而引起哮喘发作。

3. 遗传机制 哮喘具有家族集聚现象，即哮喘患者及其家庭成员患过敏性疾病如哮喘、过敏性鼻炎、荨麻疹等概率较一般人群的患病率高。

三、临床表现

1. 症状 哮喘典型的症状为发作性伴有哮鸣音的呼气性呼吸困难或发作性的胸闷和咳嗽。多与接触上述的变应原和诱因等有关。哮喘症状可在数分钟内发作，持续数小时至数天，可自行缓解或经支气管舒张剂等平喘药物治疗后缓解。某些患者在缓解数小时后可再次发作。夜间及凌晨发作/加重是哮喘的重要临床特征。有些患者尤其是青少年，其哮喘症状在运动时出现，称为运动性哮喘。此外，临床上还存在无喘息症状的不典型哮喘，患者可表现为慢性咳嗽症状，以咳嗽为唯一症状的不典型哮喘称为咳嗽变异性哮喘（cough variant asthma，CVA）。

2. 体征 哮喘发作时典型的体征是双肺可闻及广泛的哮鸣音，呼气音延长。但非常严重的哮喘发作，哮鸣音反而减弱，甚至完全消失，表现为“沉默肺”，临床中又称之为“寂静胸”（silent chest），是病情危重的表现。严重的哮喘患者可出现心率增快、奇脉、胸腹反常运动和发绀。非发作期体检可无异常发现。因此，未闻及哮鸣音，也不能排除哮喘。

3. 哮喘的分期 根据临床表现哮喘可分为急性发作期、慢性持续期和临床缓解期。哮喘急性发作是指喘息、气急、咳嗽、胸闷等症状突然发生，或原有症状加重，并以呼气流量降低为其特征，常因接触变应原、刺激物或呼吸道感染诱发。慢性持续期是指每周均不同频度和（或）不同程度地出现喘息、气急、胸闷、咳嗽等症状。临床缓解期是指患者无喘息、气急、胸闷、咳嗽等症状，并维持 1 年以上。

4. 哮喘慢性持续期病情严重程度的分级 初始治疗时严重程度的判断，在临床研究中更有其应用价值。可根据白天、夜间哮喘症状出现的频率和肺功能检查结果，将慢性持续期哮喘病情严重程度分为间歇性、轻度持续、中度持续和重度持续 4 级。

5. 根据达到哮喘控制所采用的治疗级别来进行分级 根据达到哮喘控制所采用的治疗级别来进行分级，在临床实践中更适用。轻度哮喘：经过第 1 级、第 2 级治疗能达到完全控制者；中度哮喘：经过第 3 级治疗能达到完全控制者；重度哮喘：需要第 4 级或第 5 级治疗才能达到完全控制，或者即使经过第 4 级或第 5 级治疗仍不能达到控制者。

四、实验室及辅助检查

（一）痰液检查

部分哮喘患者痰涂片显微镜下可见较多嗜酸性粒细胞。如患者无痰咳出可通过诱导痰方法进行检查。

（二）肺功能检查

1. 通气功能检测 哮喘发作时呈阻塞性通气功能障碍表现，用力肺活量（FVC）正常或下降，第 1 秒用力呼气容积（FEV_1）、1 秒率（FEV_1/FVC%）及呼气流量峰值（PEF）均下降；残气量（RV）及残气量与肺总量的比值增加。其中以 FEV_1/FVC%＜70% 或 FEV_1 低于正常预计值的 80% 为判断气流受限的最重要指标。缓解期上述通气功能指标可逐渐恢复。

2. 支气管舒张试验（bronchial dilation test，BDT） 用于测定气道的可逆性改变。常用吸入支气管舒张剂包括沙丁胺醇。舒张试验阳性判断标准；吸入支气管舒张剂 15min 后重复测定肺功能，FEV_1 较用药前增加＞12%，且其绝对值增加＞200ml。BDT 阳性提示存在气道阻塞的可逆性。

3. PEF 及其变异率测定 PEF 可反映肺通气功能的变化，哮喘发作时 PEF 下降。哮喘有通气功能时间节律变化的特点，常于夜间或凌晨发作或加重，使其通气功能下降，故监测 PEF 日间、周间变异率有助于哮喘的诊断和病情评估。连续 2 周或以上监测 PEF，平均每日昼夜 PEF 变异率＞10%，提示存在可逆性的改变。测定 PEF 昼夜变异率有助于哮喘患者自我监测和评估病情。

4. 支气管激发试验（bronchial provocation test，BPT） 用于测定气道反应性。常用吸入激发剂为醋甲胆碱和组胺。观察指标包括 FEV、PEF 等。结果判断与采用的激发剂有关，通常以使 FEV_1 下降 20% 所需吸入醋甲胆碱或组胺累积剂量（PD_{20}-FEV）或浓度（PC_{20}-FEV_1）来表示，如 FEV_1 下降≥20%，判断激发试验结果为阳性，可根据 PD_{20} 或 PC_{20} 结果对气道反应性增高的程度做出定量判断。支气管激发试验阳性提示存在气道高反应性。BPT 适用于非哮喘发作期、FEV_1 在正常预计值 70% 以上患者的检查。

（三）胸部 X 线/CT 检查

哮喘发作时早期胸部 X 线可见两肺透亮度增加，呈过度通气状态；在缓解期多无明显异常。部分患者胸部 CT 可见支气管壁增厚、黏液阻塞。

（四）特异性变应原检测

体外变应原检测：多数患者外周血可检测到增高的变应原特异性 IgE。血清总 IgE 增高的程度可作为重症哮喘使用抗 IgE 抗体治疗的依据。

体内变应原试验：皮肤变应原试验用于指导避免变应原接触和脱敏治疗，临床较为常用。选择可疑的变应原进行检查，可通过皮肤点刺法进行，皮试阳性提示患者对该变应原过敏。

测定变应性指标，结合病史有助于患者的病因诊断和脱离致敏因素的接触。

五、诊断与鉴别诊断

（一）诊断标准

1. 可变的呼吸道症状和体征

（1）反复发作喘息、气急，伴或不伴胸闷或咳嗽，夜间及晨间多发，常与接触变应原、冷空气、物理、化学性刺激以及上呼吸道感染、运动等有关。

（2）发作时双肺可闻及散在或弥漫性哮鸣音，呼气相延长。

（3）上述症状和体征可经治疗缓解或自行缓解。

2. 可变的呼气气流受限客观证据 有气流受限的客观证据（在随访过程中，至少有 1 次气流受限的证据，$FEV_1/FVC\%<75\%$），同时具备以下气流受限客观检查中的任一条。

（1）支气管舒张试验阳性：吸入支气管舒张剂后，FEV_1 增加＞12% 且绝对值增加＞200ml。

（2）PEF 平均每日昼夜变异率＞10%（每日监测 PEF2 次、至少 2 周）。

（3）抗感染治疗 4 周后，肺功能显著改善：与基线比较，FEV_1 增加＞12% 且绝对值增加＞200ml。

（4）运动激发试验阳性：与基线值比较，FEV_1 降低＞10% 且绝对值降低＞200ml。

（5）支气管激发试验阳性：使用标准剂量的醋甲胆碱或组胺，FEV_1 降低≥20%。

符合上述第 1、2 两条，并除外其他疾病所引起的喘息、气急、胸闷和咳嗽，可诊断哮喘。

（二）鉴别诊断

哮喘应注意与左心功能不全、慢阻肺、上气道阻塞性病变等常见疾病相鉴别。

六、哮喘的病情评估

（一）哮喘非急性发作期的控制水平分级

哮喘非急性发作期亦称慢性持续期，指患者虽然没有哮喘急性发作，但在相当长的时间内仍有不同频度和不同程度的喘息、咳嗽、胸闷等症状，可伴有肺通气功能下降。哮喘非急性发作期的严重度评估采用哮喘控制水平分级，评估内容包括对目前哮喘症状控制和未来发作风险的评估，哮喘控制水平又可分为良好控制、部分控制和未控制 3 个等级，哮喘症状控制水平主要依据在过去 4 周，患者是否存在：①日间哮喘症状，＞2 次/周；②哮喘造成夜醒；③症状需使用缓解性药物，＞2 次/周；④哮喘引起活动受限。良好控制：上述 4 项无任何一项；部分控制：上述 4 项有 1～2 项；未控制：上述 4 项有 3～4 项。增加患者加重的风险因素有：SABA 应用量大［＞1×200 剂量/(瓶·月) 时死亡率风险升高］；ICS 使用不足：未使用、依从性差、使用不当；FEV_1 低，尤其是＜60% 预计值；痰或血液嗜酸粒细胞增多，有过敏原接触史、并发症等。

（二）哮喘急性发作期的病情严重程度分级

急性发作期是指喘息、气急、胸闷或咳嗽等症状突然发生或症状加重，伴有呼气流量降低，常因接触变应原等刺激物或治疗不当所致。哮喘急性发作时其程度轻重不一，病情加重可在数小时或数天内出现，偶尔可在数分钟内即危及生命，故应对病情作出正确评估，以便给予及时有效的紧急治疗。哮喘急性发作时严重程度可分为轻度、中度、重度和危重 4 级，见表 5-7。

表 5-7　哮喘急性发作时病情严重程度的分级

临床特点	轻度	中度	重度	危重
气短	步行、上楼时	稍事活动	休息时	–
体位	可平卧	喜坐位	端坐呼吸	–
讲话方式	连续成句	单词	单字	不能讲话
精神状态	可有焦虑，尚安静	时有焦虑或烦躁	常有焦虑、烦躁	嗜睡或意识模糊
出汗	无	有	大汗淋漓	–
呼吸频率	轻度增加	增加	常＞30 次/分	–
辅助呼吸肌活动及“三凹征”	常无	可有	常有	胸腹矛盾运动
哮鸣音	散在，呼吸末期	响亮、弥漫	响亮、弥漫	减弱乃至无
脉率（次/分）	＜100	100～120	＞120	脉率变慢或不规则
奇脉	无，＜10mmHg	可有，10～25mmHg	常有，10～25mmHg	无，提示呼吸肌疲劳
最初支气管舒张剂治疗后 PEF 占预计值或个人最佳值 %	＞80%	60%～80%	＜60% 或 100L/min 或作用时间＜2h	–
PaO_2（吸空气，mmHg）	正常	≥60	＜60	＜60
$PaCO_2$（mmHg）	＜45	≤45	＞45	＞45
SaO_2（吸空气，%）	＞95	91～95	≤90	≤90
pH	–	–	–	降低

注：只要符合某一严重程度的某些指标，而不需满足全部指标，即可提示为该级别的急性发作；1mmHg=0.133kPa；PEF 呼气流量峰值；SaO_2 动脉血氧饱和度；–无反应或无变化

七、治　　疗

虽然目前哮喘尚不能根治，但长期规范化治疗可使大多数哮喘患者达到良好或完全的临床控制，减少复发乃至不发作。哮喘治疗的目标是控制症状、预防未来发作的风险，即在使用最小有效剂量药物治疗的基础上，或不用药物能使患者活动不受限制，并能和正常人一样生活、学习和工作。

（一）慢性持续期哮喘治疗

1. 药物治疗

（1）常见药物：治疗哮喘的药物主要分为两类，一是控制类药物，即需要每天使用并长时间维持应用的药物，主要通过其抗炎作用使哮喘患者维持在临床控制状态，包括吸入性糖皮质激素（ICS，最有效安全的控制类药物）、ICS/长效 β_2 受体激动药（ICS/LABA）、全身性激素、白三烯调节剂（LTRA）、缓释茶碱、抗 IgE 单克隆抗体；二是缓解类药物，又称急救药物，急性发作时可按需使用，主要通过迅速解除支气管痉挛从而缓解患者哮喘症状，包括速效吸入和短效口服 β_2 受体激动药（SABA）、ICS/福莫特罗、全身性激素、吸入型抗胆碱能药物、短效茶碱。

1）糖皮质激素：是控制哮喘气道炎症的最有效药物。ICS 可有效控制气道炎症、降低气道高反应性、减轻哮喘症状、改善肺功能、提高生命质量、减少哮喘发作的频率和减轻发作时的严重程度。分为吸入、口服、静脉三种剂型。

哮喘慢性持续期以吸入给药最为常见，常见的吸入制剂主要有二丙酸倍氯米松、布地奈德、丙酸氟替卡松。通常需吸入 1 周以上方能起效。常见的使用剂量见表 5-8。

表 5-8 常用吸入性糖皮质激素使用剂量（μg/d）

药物	低剂量	中剂量	高剂量
二丙酸倍氯米松（CFC）	200～500	500～1000	＞1000
二丙酸倍氯米松（HFA）	100～200	200～400	＞400
布地奈德（DPI）	200～400	400～800	＞800
丙酸氟替卡松（HFA）	100～250	250～500	＞500

注：CFC：氯氟烃（氟利昂）抛射剂；HFA：氢氟烷抛射剂；DPI：干粉吸入器

长期吸入较大剂量糖皮质激素（＞1000μg/d）者应注意预防全身性不良反应。全身应用糖皮质激素是治疗儿童重症哮喘发作的一线药物。一般口服泼尼松。

2）β_2 受体激动药：具有舒张气道平滑肌、减少肥大细胞和嗜碱性粒细胞脱颗粒和介质的释放、降低微血管的通透性、增加气道上皮纤毛的摆动等作用，可缓解哮喘症状。

SABA 主要有沙丁胺醇和特布他林，是缓解轻中度哮喘急性症状的首选药物。沙丁胺醇气雾剂每次 1～2 喷，按需给药。

LABA 舒张支气管平滑肌的作用可持续 12h 以上，主要有沙美特罗和福莫特罗。LABA 适用于哮喘（尤其是夜间哮喘和运动诱发哮喘）的预防和持续期的治疗。福莫特罗起效快，也可作为缓解药物按需使用。

特别注意，LABA 不能单独用于哮喘的治疗。这类药物的主要副作用为心悸、骨骼肌震颤等。

3）ICS/LABA 复合制剂：ICS 和 LABA 具有协同的抗炎和平喘作用，联合使用可增加患者的依从性、减少大剂量 ICS 的不良反应，ICS/LABA 复合制剂是目前最常用的哮喘控制方案，尤其适用于中重度慢性持续哮喘患者的长期治疗，常用剂量为氟替卡松/沙美特罗 50/100μg 或 50/250μg，每次 1 吸，2 次/日；布地奈德/福莫特罗 160/4.5μg，每次 1～2 吸，2 次/日，每日最大剂量不超过 6 吸。

4）LTRA：可减轻哮喘症状、改善肺功能、减少哮喘的恶化。常用的药物有孟鲁司特 10mg，1 次/日。

5）茶碱：具有舒张支气管平滑肌及强心、利尿、兴奋呼吸中枢和呼吸肌的作用，低浓度茶碱具有一定的抗炎作用。常用口服茶碱：氨茶碱，每次 0.1～0.2g，3 次/日；多索茶碱，每次 0.2～0.4g，2 次/日；茶碱缓释片（缓释型茶碱），每次 0.1～0.2g，2 次/日。茶碱的有效血药浓度与中毒浓度接近，必要时需要进行治疗药物监测。

6）抗胆碱药物：短效抗胆碱药物异丙托溴铵和长效的抗胆碱药物噻托溴铵都具有一定的舒张支气管作用。短效抗胆碱药物用于哮喘急性发作期，按需使用；噻托溴铵用于中重度慢性持续哮喘患者，每次 18μg，1 次/日。妊娠早期妇女和患有青光眼或前列腺肥大的患者应慎用。

7）正确使用吸入装置：哮喘药物吸入装置种类繁多，使用不当会因药物不能到达气道而不能起到充分抗炎和平喘作用，从而导致哮喘控制不佳，并增加哮喘急性发作的风险，以及口咽部沉积药物过多而增加吸入药物的不良反应，甚至使患者产生抵触吸入制剂的情绪。因此让患者掌握吸入制剂的正确使用方法非常重要，患者应在专业医护人员指导下学会使用。

（2）制订治疗方案

1）初始治疗方案：一旦哮喘诊断明确，应尽早开始哮喘的控制治疗，对成人哮喘的初始治疗，应根据患者具体情况选择合适的治疗方案。大多数哮喘患者推荐吸入低剂量 ICS 作为初始治疗方案；若患者大多数天数有哮喘症状、夜醒每周 1 次及以上或存在任何危险因素，推荐中高剂量 ICS 或低剂量 ICS/LABA 治疗；对于严重的未控制哮喘或有哮喘急性发作者，推荐短程口服激素，同时开始选择大剂量 ICS 或中剂量 ICS/LABA 作为维持治疗。此外，近期研究显示按需应用 ICS/LABA（布地奈德/福莫特罗）治疗轻度哮喘有效且不良反应更低，是治疗轻度哮喘的选择之一。

2）长期治疗方案：整个哮喘的治疗过程需要对患者进行连续性的评估，观察疗效并适时调整治疗方案。

慢性持续期的治疗应在评估和监测患者哮喘控制水平的基础上，定期根据长期治疗方案进行调整，以达到最佳控制水平。哮喘的长期治疗方案分为 5 级。

3）降级治疗原则：当哮喘症状控制且肺功能稳定至少 3 个月后，治疗方案可考虑降级，若患者存在急性发作危险因素或固定性气流受限，需要在严密监控下进行降级治疗；选择合适时机进行降级治疗，避开呼吸道感染、妊娠、旅游等；通常每 3 个月减少 ICS 剂量 25%～50% 是安全可行的。

若患者使用最低剂量控制药物达到哮喘控制 1 年，并且哮喘症状不再发作，可考虑停用药物治疗。

2. 非药物治疗 非药物治疗可减轻哮喘患者的症状、减少未来急性发作风险。

（1）脱离变应原。

（2）戒烟及避免香烟暴露。

（3）体育运动。

（4）尽可能识别和去除职业相关的哮喘。

（5）既往服用非甾体抗炎药（NSAID）药物后哮喘症状加重者才限制使用该类药物。

（6）健康饮食：建议哮喘患者多吃水果、蔬菜。

（二）急性发作哮喘的治疗

治疗原则是去除诱因，使用支气管扩张剂、合理氧疗、适时足量全身使用糖皮质激素。

1. 哮喘急性发作的治疗 轻中度哮喘急性发作的自我处理和急诊室处理方案：主要以增加吸入 SABA 次数和短期口服激素为主，口服泼尼松 0.5～1.0mg/kg，5～7 天；也可以增加吸入布地奈德 - 福莫特罗次数（每天不超过 8 吸）；或雾化吸入布地奈德溶液 2mg 次/日，2～3 次/日，联合雾化吸入 SABA 和 SAMA，如沙丁胺醇和异丙托溴铵溶液。

2. 中重度哮喘急性发作的医院内处理 主要是反复多次雾化吸入 SABA 和 SAMA 溶液，使用静脉全身激素，甲泼尼龙 80～160mg/d，或氢化可的松 400～1000mg/d，病情缓解后改为口服激素 3～5 天。其他措施还包括静脉应用茶碱、补液、氧疗、经鼻高流量氧疗及无创呼吸机治疗等。当患者出现意识改变、呼吸肌疲劳、$PaCO_2 \geq 45mmHg$ 时应将患者转入重症监护病房，及时做气管插管和有创机械通气治疗。

第五节 肺 结 核

案例 5-5

患者，男性，28 岁。以“发热、胸痛、咳嗽、咳痰 1 周”为主诉入院。20 天前患者劳累后出现干咳，午后低热，体温波动于 37.6～38.4℃、疲倦乏力、夜间盗汗。近一周咳痰伴有胸痛。发病以来食欲不佳、二便正常，盗汗，体重下降 2kg。

查体：T 37.5℃，HR 84 次/分，R 23 次/分，BP 120/70mmHg。神志清，消瘦，其他一般状况良好。左肩胛间区叩浊音。听诊：右下肺于呼气末可闻及少量的湿啰音。腹部体检未见异常。

辅助检查：X 线胸片示右上肺纤维索条状影，右肺下叶背段可见一空洞，内壁欠光滑，有液平，空洞周围有渗出影。血 WBC 10.2×10^9/L，中性粒细胞百分率 78%，Hb 132g/L。取痰液经浓缩细菌后结核分枝杆菌培养和结核分枝杆菌抗酸检查均为阳性。

问题： 1. 该患者的诊断是什么？诊断依据是什么？

2. 该疾病应与什么疾病进行鉴别诊断？

结核病（tuberculosis）是由结核分枝杆菌感染引起的一种慢性传染性疾病，在全球广泛流行，是全球关注的公共卫生和社会问题，也是我国重点控制的疾病之一，其中肺结核（pulmonary tuberculosis）是结核病最主要的类型。肺结核是指发生在肺组织、气管、支气管和胸膜的结核，包含肺实质的结核、气管支气管结核和结核性胸膜炎，占各器官结核病总数的 80%～90%。结核分枝杆菌感染引起的结核病在全球范围内广泛流行，可遍及各国，累及各年龄段，免疫力低下的人群比较容易感染。目前，我国的结核病疫情特点如下：高感染率，高肺结核患病率、高耐药率，高病死率，区域患病率差异大，农村疫情高于城市。据 2010 年我国第五次结核病流行病学调查估计，我国结核病每年发病 100 万例，发病率 78/10 万；全国现有活动性结核患者 499 万例，患病率 459/10 万；涂阳肺结核患者 72 万例，患病率 66/10 万；菌阴肺结核患者 129 万例，患病率 119/10 万；结核病年死亡人数 5.4 万例，死亡率 4.1/10 万。地区差异大，西部地区的活动性肺结核患病率、涂阳肺结核和培养阳性肺结核患病率明显高于全国平均水平，而东部地区低于平均水平。

一、病　因

（一）结核分枝杆菌

结核分枝杆菌根据感染宿主和致病性的不同，可分为人结核分枝杆菌、牛结核分枝杆菌、非洲结核分枝杆菌及田鼠结核分枝杆菌。其中，人结核分枝杆菌主要对人致病，是人类结核病的病原体。牛结核分枝杆菌可以感染牛，也可以感染人和其他一些动物。其他类型的分枝杆菌一般在宿主免疫力低下的时候才会引起人或动物产生疾病。

结核分枝杆菌是需氧菌，最适温度为 37℃，低于 30℃不生长，生长缓慢，增代时间为 18～24h。结核分枝杆菌对酸（3% HCl 或 6% H_2SO_4）或碱（4% NaOH）有抵抗力，15min 不受影响，它对干燥、冷等抵抗力很强，在阳光直射下，痰中结核分枝杆菌需要经过 2～7h 才会被杀死。黏附在尘埃上保持传染性 8～10 天，在干燥痰内可存活 6～8 个月。

结核分枝杆菌对乙醇敏感，在 70% 乙醇溶液中 2min 死亡。结核分枝杆菌对湿热敏感，在液体中加热 62～63℃ 15min 或煮沸即被杀死。结核分枝杆菌对紫外线敏感。

（二）传染源、传播途径和易感人群

结核病的传染源主要是排菌的结核病患者（尤其是痰涂片阳性、未经治疗者）。传染性的大小取决于痰内结核分枝杆菌数量的多少。直接涂片法检出结核分枝杆菌者排菌量较大，直接涂片法检查阴性而仅培养阳性者排菌量较小。结核分枝杆菌主要通过咳嗽、打喷嚏、大笑、大声谈话等方式把含有结核分枝杆菌的微粒排到空气中而传播。带菌的微滴直径仅为 1～10μm，在空气中悬浮的时间较长，如健康人吸入即可引起肺部感染。飞沫传播是肺结核

最重要的传播途径，经消化道和皮肤等其他传播途径现已罕见。婴幼儿细胞免疫系统不完善，老年人、HIV 感染者、糖皮质激素和免疫抑制剂使用者、糖尿病和尘肺等慢性疾病患者，都是结核病的易感人群。

二、病理生理与发病机制

1. 原发感染 当首次吸入含结核分枝杆菌的微粒后，是否感染患病取决于结核分枝杆菌的毒力和肺泡内巨噬细胞固有的吞噬杀菌能力。结核分枝杆菌的类脂质等成分能抵抗溶酶体酶类的破坏作用或逃避巨噬细胞的吞噬溶解，并在肺泡巨噬细胞内外生长繁殖，此部分肺组织即出现炎性病变，称为原发病灶。原发病灶中的结核分枝杆菌沿着肺内引流淋巴管到达肺门淋巴结，引起淋巴结肿大。原发病灶和肿大的气管支气管淋巴结称为“原发综合征”。原发病灶可直接或经血流播散到邻近组织器官，发生结核病。

当结核分枝杆菌侵入人体开始繁殖时，人体通过细胞介导的免疫系统对结核分枝杆菌产生特异性免疫，使结核分枝杆菌停止繁殖，原发病灶炎症迅速吸收或留下少量钙化灶，肿大的肺门淋巴结逐渐缩小、纤维化或钙化，播散到全身各器官的结核菌大部分被消灭，这就是原发感染最常见的良性过程。但仍有少量结核分枝杆菌不能被消灭，长期处于休眠期，成为继发性结核病的潜在来源。

2. 结核病免疫和迟发性变态反应 结核病主要的免疫保护机制是细胞免疫，体液免疫处于次要地位。人体受结核分枝杆菌感染后，首先是巨噬细胞分泌细胞因子使淋巴细胞和单核细胞聚集到结核分枝杆菌入侵部位，逐渐形成结核肉芽肿，限制结核分枝杆菌扩散并杀灭结核分枝杆菌。T 淋巴细胞有识别特异性抗原的受体，$CD4^+$ T 细胞促进免疫反应，在淋巴因子作用下分化为第一类和第二类辅助 T 细胞（Th1 和 Th2）。细胞免疫保护作用以 Th1 为主，Th1 促进巨噬细胞的功能和免疫保护力。Th2 促进体液免疫，对结核病的免疫保护作用不大，IL-12 可介导 Th1 的免疫作用，刺激 T 细胞分化为 Th1，增加干扰素的分泌，激活巨噬细胞抑制或杀死结核分枝杆菌的能力。

3. 继发性结核病 继发性结核病的发病有两种方式：一种是结核分枝杆菌原发感染时期潜伏在病灶中的结核分枝杆菌重新增殖而发生的结核病，此为内源性复发；另一种是由于受到结核分枝杆菌的再感染而发病，称为外源性重染。起病隐匿的继发性肺结核，临床症状少而轻，多发生在肺尖或锁骨下，痰涂片检查阴性，一般预后良好。起病迅速的继发性结核病，有明显的临床症状，在几周内即出现广泛的病变、空洞和播散，痰涂片检查多为阳性，是结核病防控工作的重点。

三、肺结核的分类

根据病变部位及胸部影像学表现的不同，肺结核分为以下类型。

1. 原发型肺结核 指初次感染即发病的肺结核，包括原发复合征及胸内淋巴结结核。多见于儿童，主要表现为肺内原发病灶及胸内淋巴结肿大，或单纯胸内淋巴结肿大。

2. 血行播散型肺结核 包括急性血行播散型肺结核、亚急性及慢性血行播散型肺结核。急性血行播散型肺结核胸部影像学表现为两肺均匀分布的大小、密度一致的粟粒结节；亚急性或慢性血行播散型肺结核表现为多分布于两肺的上中部，大小不一，密度不等的弥漫病灶，可有融合。儿童急性血行播散型肺结核有时表现为磨玻璃样阴影，婴幼儿粟粒病灶周围渗出明显，边缘模糊，易于融合。

3. 继发性肺结核 多见于成人。继发性肺结核胸部影像学表现具有多态性，轻者为斑片、结节及条索影，结核瘤或孤立空洞；重者为大叶性浸润、干酪性肺炎、多发空洞形成和支气管播散等；反复迁延进展者可出现肺毁损，毁损肺组织体积缩小，其内多发纤维厚壁空洞、继发性支气管扩张，或伴有多发钙化等，邻近肺门和纵隔结构牵拉移位，胸廓塌陷，胸膜增厚粘连，其他肺组织出现代偿性肺气肿和新旧不一的支气管播散病灶等。根据不同的影像学特点，继发性肺结核可分为 5 个亚型：①浸润性肺结核，渗出性病变和纤维干酪增殖灶多发生在上叶，影像学表现为小片状或斑点状阴影。②空洞性肺结核，空洞大小不一，多为洞壁不明显、多个空腔的虫蚀样空洞；伴周围浸润病变的薄壁空洞，形成薄壁的张力性空洞。③结核球，多由干酪样病变吸收和周围纤维包裹形成，常有钙化，周围有小结节的卫星病灶。④干酪性肺炎，大量结核分枝杆菌感染，或淋巴结中的大量干酪样物经支气管进入肺内而发生。肺炎影像呈大叶性密度均匀的磨玻璃状阴影，逐渐出现溶解区，呈虫蚀样空洞，可出现播散灶。⑤纤维空洞型肺结核，该型病程长，反复进展恶化，肺组织严重破坏，双侧或单侧出现纤维厚壁空洞和广泛的纤维增生，造成肺门抬高和肺纹理呈“垂柳样”，患侧肺组织收缩，常见胸膜粘连和代偿性肺气肿。

4. 气管支气管结核 指发生在气管支气管的黏膜、黏膜下层、平滑肌、软骨及外膜的结核病，是结核病的特殊临床类型。

5. 结核性胸膜炎 包括干性胸膜炎和渗出性胸膜炎。干性胸膜炎为胸膜的早期炎症反应，渗出性胸膜炎主要表现为胸腔积液，可为少量或中到大量游离胸腔积液，也可为局限性或包裹性积液，吸收缓慢者常合并胸膜增厚粘连，也可演变为胸膜结核瘤及脓胸等。

四、临床表现和分期

（一）呼吸系统症状

1. 咳嗽、咳痰 咳嗽、咳痰 2 周以上或咯血是肺结核的常见可疑症状。一般咳嗽较轻，干咳为主或少许黏液痰。有空洞形成时，痰增多，合并其他细菌感染时，痰可呈脓性。

2. 咯血 部分患者可有咯血，大多数为少量咯血。

3. 胸痛 病灶累及胸膜时可出现胸痛，胸痛随呼吸运动和咳嗽加重。

4. 呼吸困难 呼吸困难多见于病变累及多个肺叶、段以上支气管或气管、中到大量胸腔积液的患者。

（二）全身症状

发热是最常见症状，多为午后的潮热，中低热为主，少数可出现高热。部分患者有倦怠、乏力、盗汗、食欲减退和体重减轻等。育龄期女性可有月经失调。

（三）体征

体征多寡不一，取决于病变性质及范围。病变范围较小时，可无任何体征。渗出性病变范围较大或干酪样坏死时，可有肺实变体征，如语音震颤增强、叩诊浊音、听诊闻及支气管呼吸音和细湿啰音。当存在较大的空洞性病变时，可闻及支气管呼吸音。当存在较大范围纤维条索时，可出现气管向患侧移位、患侧胸廓塌陷、叩诊浊音、听诊呼吸音减弱、闻及啰音。结核性胸膜炎多数有胸腔积液体征，气管支气管结核可有局限性干啰音，气管狭窄严重者可出现“三凹征”。

五、实验室及辅助检查

1. 胸部X线检查 是诊断肺结核的常规首选方法。病变多位于上叶尖后段、下叶背段和后基底段，呈多态性，即浸润、增殖、干酪、纤维钙化性病变可同时存在，病变密度不均匀、边缘较清楚和变化速度较慢，易形成空洞和传播灶。

2. 直接涂片抗酸杆菌镜检 是简单、快速、易行和较可靠的方法，但欠敏感，通常菌量≥10^4条/ml方能检测阳性。痰涂片阳性仅说明痰中存在抗酸杆菌，由于我国的非结核分枝杆菌感染并不多见。故痰中检出抗酸杆菌对诊断肺结核有极重要的意义。一般至少检测2次。

3. 结核菌素皮肤试验（tuberculin skin test，TST） 用于判断是否存在结核分枝杆菌感染，而非结核病。皮内注射结核菌素纯蛋白衍生物5IU，48～72h观察皮肤硬结直径大小，≥5mm作为阳性判断标准，10～14mm为中度阳性，≥15mm或局部水泡为强阳性。在我国，由于受到卡介苗接种的影响，在临床结核病诊断中TST阳性的价值低于阴性的价值。重症结核、免疫功能缺陷或抑制者合并结核病时，TST也可为阴性。

4. 胸腔积液检查 存在胸腔积液者可行胸腔穿刺术抽取胸腔积液进行胸腔积液常规、生化、结核分枝杆菌等相关检查。结核性胸膜炎的胸腔积液为渗出液，单核细胞为主，胸腔积液腺苷脱氨酶（ADA）常明显升高，通常≥40U/L。

5. 胸部CT CT较普通胸部X线检查更敏感，能发现隐匿的胸部微小病变和气管、支气管内病变，并能清晰显示肺结核病变特点和性质，病灶与支气管的关系以及纵隔淋巴结有无肿大。增强CT和支气管动脉CT有利于与肺癌等疾病的鉴别，同时可明确中量以上咯血的责任血管以指导支气管动脉栓塞术治疗中-大量咯血。

6. 结核分枝杆菌培养 结核分枝杆菌培养为痰结核分枝杆菌检查提供准确可靠的结果，灵敏度高于涂片，常作为结核病诊断的“金标准”。但培养周期较长，一般为2～8周。培养阳性需行药物敏感性检测，以指导抗结核药物的选择和尽早发现耐药结核病。

7. 支气管镜检查或其他病理组织学检查 支气管镜检查常应用于临床表现不典型的肺结核以及气管支气管结核的诊断，可以在病变部位钳取活体组织进行病理学检查和结核分枝杆菌培养，同时可采集分泌物或支气管肺泡灌洗液进行结核分枝杆菌的涂片、培养以及核酸检测。外周病变性质不清者可进行经皮肺穿刺获得肺组织，考虑结核性胸膜炎者可进行内科胸腔镜获取胸膜进行病理组织学检查。

8. 结核菌核酸检测 以核酸扩增技术为基础的多种分子生物学诊断方法可检测标本中结核分枝杆菌的核酸。分子生物学检测比涂片、培养敏感，可选择WHO推荐在结核高负担国家使用的结核分枝杆菌及利福平耐药检测系统（Xpert MTB/RIF）、环介导等温扩增、恒温扩增、基因芯片等。

9. γ-干扰素释放试验（IGRA）和结核抗体检测 IGRA是通过检测结核分枝杆菌特异性抗原早期分泌抗原6（ESAT-6）和培养滤液蛋白10（CFP-10）刺激T淋巴细胞所产生的γ-干扰素水平，进一步判断机体是否存在结核分枝杆菌感染。IGRA结果不受卡介苗接种和非结核分枝杆菌感染的影响，在发达国家IGRA正逐渐取代TST作为潜伏性结核感染的首选检测方法。也可采集外周血清检测结核抗体。

六、诊　断

（1）根据病史、影像学和结核分枝杆菌检查结果可将肺结核患者分为疑似病例、临床诊断病例及确诊病例。

1）疑似病例：符合下列条件之一者为疑似病例。①有肺结核可疑症状的 5 岁以下儿童，同时伴有与涂阳肺结核患者密切接触史或 TST 强阳性或 IGRA 阳性；②仅胸部影像学检查结果显示有与活动性肺结核相符的病变。

2）临床诊断病例：符合下列条件之一者为临床诊断病例。

A. 痰涂片 3 次阴性，胸部影像学检查显示有与活动性肺结核相符的病变，且伴有咳嗽、咳痰、咯血等肺结核可疑症状。

B. 痰涂片 3 次阴性，胸部影像学检查显示有与活动性肺结核相符的病变，且 TST 强阳性。

C. 痰涂片 3 次阴性，胸部影像学检查显示有与活动性肺结核相符的病变，且结核抗体检查阳性。

D. 痰涂片 3 次阴性，胸部影像学检查显示有与活动性肺结核相符的病变，且肺外组织病理检查证实为结核病变。

E. 痰涂片 3 次阴性的疑似肺结核病例，经诊断性治疗或随访观察可排除其他肺部疾病者。

F. 支气管镜检查符合气管、支气管结核改变。

G. 单侧或双侧胸腔积液，胸腔积液检查提示渗出液，胸腔积液 ADA 明显升高，伴有 TST 阳性或 IGRA 阳性。

3）确诊病例：符合下列条件之一者为确诊病例。

A. 涂阳肺结核。符合下列 3 项之一者：① 2 份痰标本直接涂片抗酸杆菌镜检阳性；② 1 份痰标本直接涂片抗酸杆菌镜检阳性+肺部影像学检查符合活动性肺结核影像学表现；③ 1 份痰标本直接涂片抗酸杆菌镜检阳性+1 份痰标本结核分枝杆菌培养阳性。

B. 仅培养阳性肺结核。同时符合下列两项者：①痰涂片阴性；②肺部影像学检查符合活动性肺结核影像学表现+1 份痰标本结核分枝杆菌培养阳性。

C. 肺部影像学检查符合活动性肺结核影像学表现，分子生物学检测阳性（如 PCR、Xpert MTB/RIF）。

4）肺或胸膜病变标本病理学诊断为结核病变者。

（2）若影像学表现不典型、结核分枝杆菌检查阴性，无法确定是否为肺结核时，可进行以下检查。

1）TST。

2）IGRA、结核抗体检测。

3）胸部 CT（需与其他疾病鉴别诊断时）。

4）支气管镜检查（怀疑存在气管支气管结核或肿瘤者）。

5）气管支气管黏膜、胸膜、肺组织活体组织检查。

七、治　疗

肺结核的治疗包括化学治疗、对症治疗及手术治疗等，其中化学治疗是核心。

（一）治疗原则

结核病化学治疗的基本原则是早期、规律、全程、适量、联合。整个治疗方案分为强化期和巩固期两个阶段。化学治疗的主要作用为杀菌和灭菌、防止耐药菌产生、减少结核分枝杆菌的传播。

（二）肺结核的化学治疗

1. 常用抗结核病药物的用法及不良反应

（1）异烟肼（isoniazid，INH）：为一线抗结核药物中单一杀菌力最强的药物，特别是早期杀菌力。INH 对巨噬细胞内、外的结核分枝杆菌均有杀菌作用。成人剂量为每日 300mg，顿服；儿童为 5～10mg/kg，最大剂量每日不超过 300mg。偶发生药物性肝炎、周围神经炎等不良反应。

（2）利福平（rifampicin，RFP）：对巨噬细胞内、外的结核分枝杆菌均有快速杀菌作用，特别是对偶尔繁殖的 C 菌群有独特杀菌作用。成人剂量为每日 8～10mg/kg，体重在 50kg 及以下者为 450mg，50kg 以上者为 600mg，顿服。儿童剂量为每日 10～20mg/kg。主要不良反应为肝损害和过敏反应。应用高剂量、间歇疗法（600～900mg，每周 2～3 次）容易产生免疫介导的流感样反应、溶血性贫血、进行性肾衰竭和血小板减少症，一旦发生，应立即停药。

（3）吡嗪酰胺（pyrazinamide，PZA）：主要是杀灭巨噬细胞内酸性环境中的结核分枝杆菌，为结核病化学治疗中不可缺少的主要药物。成人每日用药为 20～30mg/kg，儿童每日 30～40mg/kg。常见不良反应为高尿酸血症、肝损害、皮疹、食欲减退、关节痛、恶心。

（4）乙胺丁醇（ethambutol，EMB，E）：成人口服剂量为 0.75g/d。不良反应为球后视神经炎，用于儿童时需密切观察视野、视力变化。

（5）链霉素（streptomycin，SM，S）：对巨噬细胞外碱性环境中的结核分枝杆菌有杀菌作用。肌内注射，注射前需进行皮试，阴性者方可使用，每日量为 0.75～1.00g。不良反应主要为耳毒性、前庭功能损害和肾毒性。

（6）对氨基水杨酸（para-aminosalicylic acid，PAS）：仅作为辅助抗结核药，成人每日 8～12g，分 2～3 次口服。静脉给药一般用 8～12g，溶于 5% 葡萄糖液 500ml 中静脉滴注。本药需新鲜配制和避光滴注。肾功能不全患者慎用。主要不良反应有胃肠道刺激、肝功能损害、过敏反应（包括皮疹、剥脱性皮炎、溶血性贫血等）。

2. 标准化学治疗方案

（1）初治活动性肺结核（含痰涂片阳性和阴性）：通常选用 2HRZE/4HR 方案，2HRZE/4HR（H：异烟肼，R：利福平，Z：吡嗪酰胺，E：乙胺丁醇）。强化期使用 HRZE 方案治疗 2 个月，继续使用 HR 方案治疗 4 个月，疗程一般 6 个月。对于病情严重或存在影响预后的合并症的患者，可适当延长疗程。即强化期使用异烟肼、利福平、吡嗪酰胺、乙胺丁醇，1 次/日，共 2 个月；巩固期使用异烟肼、利福平 1 次/日，共 4 个月。若强化期第 2 个月末痰涂片仍阳性，强化方案可延长 1 个月，总疗程 6 个月不变。对粟粒性肺结核或结核性胸膜炎上述疗程可适当延长，强化期为 3 个月，巩固期 6～9 个月，总疗程 9～12 个月。在异烟肼高耐药地区，可选择 2HRZE/4HRE 方案。

（2）复治活动性肺结核（含痰涂片阳性和阴性）：常用方案为 2HRZSE/6HRE，3HRZE/6HR，2HRZSE/1HRZE/5HRE。强化期使用 SHRZE 方案治疗 2 个月，继续使用 HRE 方案治疗 6 个月；或强化期使用 HRZE 方案治疗 3 个月，继续使用 HRE 方案治疗 6 个月。获得患者抗结核药物敏感试验结果后，根据耐药谱以及既往治疗史选择合理治疗方案。疗程一般 8 个月。对于病情严重或存在影响预后的合并症的患者，可适当延长疗程。

复治结核应进行药敏试验，对上述方案治疗无效的复治肺结核应参考耐多药结核病可能，需按耐药或耐多药结核病治疗。

（三）二线抗结核药

常用于耐药结核病的氟喹诺酮类药品主要包括左氧氟沙星（levofloxacin，Lfx）、莫西沙星和加替沙星。抗结核作用为莫西沙星＞左氧氟沙星，加替沙星可获得与莫西沙星相似的效果。但是，使用加替沙星将会产生严重的不良反应；如患者可能产生低血糖、高血糖和新发糖尿病，故应酌情使用。莫西沙星或左氧氟沙星是治疗耐药，尤其是耐多药结核病的首选氟喹诺酮类药品。

二线的抗结核药还包括贝达喹琳、利奈唑胺、氯法齐明、环丝氨酸和特立齐酮、德拉马尼、吡嗪酰胺、伊米配能/西司他丁和美罗培南、阿米卡星（链霉素）、丙（乙）硫异烟胺、对氨基水杨酸等。

（四）耐药结核病和耐多药结核病

对包括异烟肼和利福平在内的两种以上药物产生耐药的结核为耐多药结核病（multidrug resistant tuberculosis，MDR-TB）。WHO 根据药物的有效性和安全性将治疗耐药结核病的药物分为 A、B、C、D4 组，其中 A、B、C 组为核心二线药物，D 组为非核心的附加药物。

A 组：氟喹诺酮类，包括高剂量左氧氟沙星（≥750mg/d）、莫西沙星及加替沙星。

B 组：二线注射类药物，包括阿米卡星、卷曲霉素、卡那霉素、链霉素。

C 组：其他二线核心药物，包括乙硫异烟胺（或丙硫异烟胺）、环丝氨酸（或特立齐酮）、利奈唑胺和氯法齐明。

D 组：可以添加的药物，但不能作为 MDR-TB 治疗的核心药物，分为 3 个亚类，D1 组包括吡嗪酰胺、乙胺丁醇和高剂量异烟肼；D2 组包括贝达喹啉和德拉马尼；D3 组包括对氨基水杨酸、亚胺培南西司他丁、美罗培南、阿莫西林克拉维酸、氨硫脲。

耐药结核病治疗的强化期应包含至少 5 种有效抗结核药物，包括吡嗪酰胺及 4 个核心二线抗结核药物：A 组 1 个，B 组 1 个，C 组 2 个。如果以上的选择仍不能组成有效方案，可以加入 1 种 D2 组药物，再从 D3 组选择其他有效药物，从而组成含 5 种有效抗结核药物的方案。

抗结核药的分类如下：①全杀菌剂是指抗结核药物浓度在细胞内外均能达到杀菌水平，包括异烟肼和利福平。②半杀菌剂是指抗结核药物浓度仅在细胞内或细胞外能达到杀菌水平，如链霉素（是对细胞外结核分枝杆菌起作用）、吡嗪酰胺（是对细胞内结核分枝杆菌起作用）。③抑菌剂是指在细胞内外均未能达到杀菌水平的抗结核药物，包括乙胺丁醇、对氨基水杨酸钠等。

1. MDR-TB/RR-TB 长程治疗方案 WHO 指出，长程 MDR-TB 治疗方案是指至少由 4 种有效抗结核药物组成的 18～20 个月的治疗方案，可为个体化或标准化。强化期：6～8 个月。巩固期：12 个月。总疗程：18～20 个月。

6 Z Am（Km，Cm）Lfx（Mfx）Cs（PAS）Pto/18 Z Lfx（Mfx）Cs（PAS）Pto 方案（Lfx：左氧氟沙星，Mfx：莫西沙星，Am：阿米卡星，Km：卡那霉素，Cm：卷曲霉素，Pto：丙硫异烟胺，PAS：对氨基水杨酸，Cs：环丝氨酸）。

强化期使用 Z Am（Km，Cm）Lfx（Mfx）Cs（PAS）Pto 方案 6 个月，继续使用 Z Lfx（Mfx）Cs（PAS）Pto 方案 18 个月（括号内为可替代药品）。疗程一般 24 个月。对于病情严重或存在影响预后的合并症的患者，可适当延长疗程。特殊患者（如儿童、老年人、孕妇、使用免疫抑制剂及发生药物不良反应等）可以在上述方案基础上调整药物剂量或药物。

2. 短程 MDR-TB 治疗方案 短程 MDR-TB 治疗方案是指疗程为 9～12 个月的 MDR/RR-TB 治疗方案，这种方案大部分是标准化方案。

适合未接受或接受二线抗结核药物治疗不足 1 个月的新诊断的 MDR-TB 患者，利福平耐药结核病（rifampicin resistant tuberculosis，RR-TB）患者也适合该方案。

短程MDR-TB化疗方案：4～6Am（Cm）-Mfx（Lfx）-Pto-Cfz-Z-Hhigh-dose-E/5 Mfx（Lfx）-Cfz-Z-E。

方案注解：总疗程为 9～12 个月，强化期 4 个月（若痰抗酸杆菌涂片不能阴转，延长至 6 个），药物包括 Am、莫西沙星（Mfx）、Pto、氯法齐明（Cfz）、Z、Hhigh-dose（16～20mg · kg1 · d1）和 E；巩固期为 5 个月，药物包括 Mfx、Cfz、Z 和 E。可用卷曲霉素（Cm）替代 Am，高剂量 Lfx（750～1000mg/d）替代 Mfx。

短程 MDR-TB 方案排除人群：

（1）对 MDR-TB 短程方案中任何一种药物耐药或可疑无效（异烟肼耐药除外）。

（2）使用过方案中一种或多种二线药物超过 1 个月（除非已经证实对这些二线药物敏感）。

（3）对短程 MDR-TB 方案中的任何药物不能耐受或存在药物毒性风险（如药物间的相互作用）。

（4）妊娠。

（5）血行播散型结核病、脑膜或中枢神经系统结核病，或合并 HIV 的肺外结核。

（五）手术治疗

对于药物治疗失败或威胁生命的单侧肺结核特别是局限性病变，外科治疗是可选用的重要治疗方法。

（六）症状治疗

1. 发热　有效抗结核治疗后肺结核所致的发热大多在 1 周内消退，少数发热不退者可应用小剂量非类固醇类退烧药，如布洛芬。急性血行播散型肺结核或伴有高热等严重毒性症状或高热持续不退者，可在抗结核药物治疗基础上使用类固醇糖皮质激素，一般每日 20～30mg 泼尼松。糖皮质激素可能有助于改善症状，但必须在充分有效抗结核药物的前提下使用。

2. 咯血　小量咯血时多以安慰和消除紧张情绪、卧床休息为主，可用氨基己酸、凝血酶、卡络磺等药物止血。大咯血可危及生命，应特别警惕和尽早发现窒息先兆征象。迅速畅通气道是抢救大咯血窒息的首要措施，包括体位引流、负压吸引、气管插管。大咯血者可使用垂体后叶素 8～10U 缓脉静脉注射，血压正常者可使用酚妥拉明 10～20mg 加入生理盐水 250ml 中缓慢静脉滴注。对于药物难以控制的大咯血，在保证气道通畅的情况下应紧急转诊至有条件的专科或综合医院进行手术治疗或支气管动脉栓塞术。

3. 气管支气管结核所致气道狭窄　气管支气管结核导致叶及叶以上支气管明显狭窄时常影响患者呼吸功能，严重者有呼吸衰竭，需在全身抗结核化学治疗基础上，同时给予冷冻、球囊扩张等气道介入治疗。

第六节　呼吸衰竭

呼吸衰竭（respiratory failure）是指各种原因引起的肺通气和换气功能严重障碍，以致在静息状态下亦不能维持足够的气体交换，导致低氧血症伴高碳酸血症，进而引起一系列病理生理改变和相应临床表现的综合征。其临床表现缺乏特异性；明确诊断有赖于动脉血气分析；在海平面、静息状态、呼吸空气条件下动脉血氧分压（PaO_2＜60mmHg）。伴或不伴二氧化碳分压（$PaCO_2$＞50mmHg），并排除心内解剖分流和原发于心排血量降低等因素，可诊断为呼吸衰竭。

案例 5-6

患者，男性，22 岁，学生。不慎溺水后 2h 出现呼吸困难急诊入院。查体：BP 90/60mmHg，R 40 次/分，P 120 次/分。烦躁不安，唇发绀，双肺可闻及湿啰音。X 线胸片示双肺呈大片状浸润阴影。

问题：1. 为了明确诊断，该患者首选的检查是什么？什么结果可确诊为Ⅱ型呼吸衰竭。

2. 如诊断成立，在治疗过程中应及早采取的治疗措施是什么？

一、病　　因

完整的呼吸过程是通过外呼吸、气体运输和内呼吸三个环节来完成。参与外呼吸即肺通气和肺换气的任何一个环节的严重病变，都可导致呼吸衰竭。

1. 气道阻塞性病变　气管-支气管的炎症、痉挛、肿瘤、异物、纤维化瘢痕，如急性会厌炎、喉水肿，喉痉挛、COPD、重症哮喘、呼吸道异物等阻塞气道等引起肺通气不足或伴有通气/气流比例失调，导致缺氧和二氧化碳潴留。

2. 肺组织病变　各种累及肺泡或肺间质的病变：如肺炎、肺气肿、严重肺结核、弥漫性肺纤维化、肺水肿、肺不张和肺出血等，均可导致肺通气量、有效弥散面积减少、通气/血流比例失调，引起缺氧或合并二氧化碳潴留。

3. 肺血管疾病　肺血管炎、肺动脉栓塞、脂肪栓塞、气体栓塞、多发性微血栓形成等可引起通气/血流比例失调使肺换气功能损害，导致缺氧、呼吸衰竭。

4. 胸廓与胸膜病变　多发性肋骨骨折、手术创伤、脊柱畸形、胸膜炎、气胸、严重的大量胸腔积液或伴有胸膜肥厚或粘连、强直性脊柱炎等影响胸廓活动和肺扩张，造成空气减少及吸入气体分布不均，导致呼吸衰竭。

5. 神经肌肉疾病　脊髓颈段或高位胸段损伤（肿瘤或外伤）、脊髓灰质炎、多发性神经炎、重症肌无力、有机磷农药中毒、破伤风等均可累及呼吸肌，造成呼吸动力下降而引起肺通气不足。

6. 中枢性呼吸抑制　脑血管病变、颅内占位性病变、脑部炎症（脑炎、脑膜炎等）、脑外伤、电击、药物中毒、新生儿窒息及各种麻醉催眠药物的中枢作用等直接或间接抑制呼吸中枢。

二、分　　类

1. 按动脉血气分析分类　Ⅰ型呼吸衰竭：缺氧无 CO_2 潴留，或伴 CO_2 降低（Ⅰ型）见于换气功能障碍的病例；Ⅱ型呼吸衰竭：系肺泡通气不足所致的缺 O_2 和 CO_2 潴留，单纯通气不足，缺 O_2 和 CO_2 潴留的程度是平行的，若伴换气功能损害，则缺 O_2 更为严重。只有增加肺泡通气量，必要时加氧疗来纠正。

2. 按病程分类　按病程又可分为急性和慢性。急性呼吸衰竭是指前述六类病因的突发原因，引起通气或换气功能严重损害，突然发生呼吸衰竭的临床表现，如脑血管意外、药物中毒抑制呼吸中枢、呼吸肌麻痹、肺梗死、ARDS 等，如不及时抢救，会危及患者生命。慢性呼衰多见于慢性呼吸系统疾病，如慢性阻塞性肺疾病、重度肺结核等，其呼吸功能损害逐渐加重，虽有缺 O_2 或伴 CO_2 潴留，但通过机体代偿适应，仍能从事日常活动。

3. 按病变部位分类　可分为中枢性呼吸衰竭和周围性呼吸衰竭。

4. 按发病机制分类　可分为通气性呼吸衰竭，即主要由通气障碍引起的呼吸衰竭，临床

上主要表现为缺 O_2 伴发 CO_2 潴留，为前述的Ⅱ型呼吸衰竭；换气性呼吸衰竭，即主要由换气障碍引起的临床上单纯性缺氧，而不伴有 CO_2 潴留，系前述的Ⅰ型呼吸衰竭。

三、病 理 生 理

（一）通气功能障碍

肺泡通气不足指单位时间内到达肺泡的新鲜空气量减少。肺泡通气量是引起 $PaCO_2$ 改变的主要因素。在没有合并气体弥散功能障碍的情况下，$PaCO_2$ 与 $PACO_2$ 相等，并可通过下列公式计算：

$$PACO_2=PaCO_2=760\times0.863\times V_{CO_2}/V_A$$

其中，V_{CO_2} 代表每分钟的 CO_2 产生量（L/min）；V_A 代表肺泡有效通气量（L/min）。

由于各种原因导致的 V_A 下降，可引起 $PaCO_2$ 升高，CO_2 潴留。而根据肺泡气计算公式，在 FiO_2 不变的条件下，$PaCO_2$ 的升高将导致 PAO_2 的降低。而因为不存在影响气体交换的肺实质病变因素，$P(A\text{-}a)O_2$ 应在正常范围。呼吸空气的条件下，缺氧和 CO_2 潴留的严重程度与肺泡通气量的关系见通气功能障碍可分为阻塞性和限制性通气功能障碍。

1. 阻塞性通气功能障碍 多见于气道炎症，尤其是小气道黏液腺或杯状细胞分泌亢进致分泌物阻塞、气道壁黏膜水肿、充血等，导致气道壁增厚。当肺实质部分破坏时，辐射状牵引力减退或丧失，加上气道痉挛等因素，可引起气道部分狭窄，导致气道阻力增加、肺泡通气不足。气道管径的大小与阻力成反比，即管径越小，阻力越大，肺泡通气量则越少，这是产生缺氧和 CO_2 潴留的原因。

2. 限制性通气功能障碍 可由中枢性驱动力减弱、神经传导障碍或胸廓机械性运动力减低、肺容积减少等因素引起，但主要机制是胸廓或肺的顺应性降低，致肺泡通气不足，进而引起缺氧或合并 CO_2 潴留。

（二）肺泡通气与血流比例（V/Q）失调

通气与血流比例失调是引起低氧血症最常见的病理生理学改变。肺泡通气与灌注周围毛细血管血流的比例必须协调，才能保证有效的气体交换。一般肺泡通气量为 4L/min，肺毛细血管血流量为 5L/min；两者的比例为 0.8。若肺泡通气量与血流量比率＜0.8，则形成静脉样分流，多见于通气功能障碍、肺泡通气不足，临床表现以缺氧或伴 CO_2 潴留为主。CO_2 潴留与肺泡通气量密切相关，通气量越小，CO_2 潴留越严重（$PaCO_2$ 越高）。肺泡通气量与血流量比率＞0.8，则形成生理无效腔增加，多见于肺泡通气功能正常或增加，而肺血流量减少，如换气功能障碍或肺血管病变为主的疾病，临床表现以缺氧为主，$PaCO_2$ 正常或偏低。通气与血流比例失调，大多情况下，仅产生缺氧，并无 CO_2 潴留。此因静-动脉血 CO_2 分压差较小，仅 6mmHg。CO_2 弥散力大，约为 O_2 的 20 倍，可借助健全的肺泡过度通气，排出较多的 CO_2，甚至排出太多的 CO_2 以至于发生呼吸性碱中毒。由于血红蛋白氧离曲线左移，不利于氧合血红蛋白释放 O_2 给组织细胞利用，因而加重组织缺氧。O_2 的弥散能力差，加上血红蛋白氧离曲线的特征，健全肺泡毛细血管血氧饱和度已经处于平坦段，吸空气时，肺泡氧分压虽有所增加，但血氧饱和度上升极少，因此，借健全肺泡的过度通气以代偿通气不足的肺泡所致摄氧不足的能力有限，终究发生缺氧。

（三）肺内静-动脉分流

肺动静脉瘘或由于肺部病变如肺泡萎陷、肺不张、肺炎和肺水肿等，均可导致肺内分流量增加。静-动脉分流使静脉血没有接触肺泡气进行气体交换的机会，故 PaO_2 可明显降低，但不伴有 $PaCO_2$ 升高，甚至因过度通气反而降低，到病程晚期方出现 CO_2 蓄积。提高吸氧浓度并不能有效增加 PaO_2。

（四）肺泡气体弥散障碍

肺完成气体交换的功能部位是肺泡-毛细血管膜，它由 6 层组织结构组成，由肺泡向毛细血管方向依次为肺泡表面活性物质、肺泡上皮细胞、肺泡上皮细胞基底膜、肺间质、毛细血管内皮细胞基底膜及毛细血管内皮细胞。换气功能直接受肺泡至毛细血管膜的距离、气体弥散面积、分压差，弥散系数和气体与血液流经时间的影响。此结构中的任何一层遭破坏发生变化，尤其是间质病变（如间质水肿），即可引起气体交换障碍。正常人肺泡毛细血管膜的面积约为 $70m^2$，相当于人体表面积的 40 倍，具有极大的代偿能力，因此只有当弥散面积破坏或减少 1/3 以上时，才会发生缺氧。由于 O_2 的弥散能力仅为 CO_2 的 1/20，故弥散障碍主要影响 O_2 的交换，产生单纯缺氧。肺泡气体与肺毛细血管接触的时间即红细胞流经肺、毛细血管的时间，正常情况下每 0.7 秒完成一次气体交换，血流缓慢或血流过速均可影响气体交换而导致缺氧。

四、临床表现

呼吸衰竭的主要临床表现是低氧血症所致的呼吸困难和多器官功能障碍。

1. 呼吸困难 呼吸困难是呼吸衰竭最早出现的症状。多数患者有明显的呼吸困难，可表现为频率、节律和幅度的改变。较早表现为呼吸频率增快；病情加重时出现呼吸困难，辅助呼吸肌活动加强，如“三凹征”。中枢性疾病或中枢神经抑制性药物所致的呼吸衰竭表现为呼吸节律改变，如潮式呼吸、比奥呼吸等。

2. 发绀 发绀是缺氧的典型表现。当动脉血氧饱和度＜90% 时，可在口唇、指甲出现发绀。另应注意，因发绀程度与还原型血红蛋白含量相关，所以红细胞增多者发绀更明显，贫血者则发绀不明显或不出现；严重休克等原因末梢循环障碍的患者，即使动脉血氧分压尚正常，也可出现发绀，称为外周性发绀；而真正由于动脉血氧饱和度较低引起的发绀，称为中央性发绀。发绀还受皮肤色素及心功能的影响。

3. 精神神经症状 急性缺氧可出现精神错乱、躁狂、昏迷、抽搐等症状，如合并急性二氧化碳潴留，可出现嗜睡、淡漠、扑翼样震颤，以致呼吸骤停。

4. 循环系统表现 多数患者有心动过速，严重低氧血症、酸中毒可引起心肌损害，亦可引起周围循环衰竭，血压下降、心律失常、心搏停止。

5. 消化和泌尿系统表现 严重呼吸衰竭对肝、肾功能都有影响，部分病例可出现谷丙转氨酶（ALT）与尿素氮（BUN）水平的升高，个别病例尿中可出现尿蛋白、红细胞和管型。因肠道黏膜屏障功能损伤，导致胃肠黏膜充血水肿、糜烂渗血或应激性溃疡，引起上消化道出血。

五、辅助检查及实验室检查

1. 动脉血气分析 对判断呼吸衰竭和酸碱平衡的严重程度及指导治疗具有重要意义，pH 可反映机体的代偿情况，有助于急性或慢性呼吸衰竭加以鉴别，当 $PaCO_2$ 升高、pH 正常时，称为代偿性呼吸酸中毒。若 $PaCO_2$ 升高、pH＜7.35，则称为失代偿性呼吸性酸中毒。需要指出的是：由于血气受年龄、海拔、氧疗等多种因素的影响，在具体分析时一定要结合临床情况。

2. 肺功能检测 尽管在某些重症患者，肺功能检测受到限制，但通过肺功能检测能判断通气功能障碍的性质（阻塞性、限制性或混合性）及是否合并换气功能障碍，并对通气和换气功能障碍的严重程度进行判断，而呼吸肌功能测定能够提示呼吸肌无力的原因和严重程度。

3. 胸部影像学检查 包括普通X线胸片、胸部CT和放射性核素肺通气/灌注扫描、肺血管造影等。

4. 纤维支气管镜检查 对于明确大气道情况和取得病理学证据具有重要意义。

六、诊　断

除原发疾病、低氧血症及CO_2潴留导致的临床表现外。呼吸衰竭的诊断主要依靠血气分析，PaO_2＜60mmHg，伴有（或不伴有）$PaCO_2$＞50mmHg，结合肺功能、胸部影像学和纤维支气管镜等检查对明确呼吸衰竭的原因至为重要。

七、治　疗

呼吸衰竭的处理原则是保持呼吸道通畅，改善通气和氧合功能，纠正缺氧、二氧化碳潴留和代谢功能紊乱，防治多脏器功能损害，控制基础疾病和消除诱发因素，具体方法应结合病情而定。

1. 保持呼吸道通畅 有助于增加通气量和缓解呼吸困难，提高换气效率。首先要注意清除口咽部分泌物并防止呕吐物误吸。应对所有患者使用黏液溶解剂、解痉药，保证呼吸道湿化等辅助治疗。气管存在痉挛者，可雾化吸入β_2受体激动药沙丁胺醇每次100～200μg；或用溴化异丙托品气雾剂3～4喷（每喷20μg），每日3～4次，有利于舒张支气管。适当应用糖皮质激素可作为治疗呼吸衰竭的辅助治疗手段，如用二丙酸倍氯米松100～200μg，每日3～4次吸入。

（1）立即使昏迷患者头部偏向一侧，颈部后仰，抬起下颌。此种体位可解除部分患者的因舌后坠引起的上呼吸道梗阻。

（2）清除气道内分泌物及异物：可通过有效的气道内负压吸引，清除阻塞于呼吸道内的分泌物、血液或误吸物，有时可立即解除梗阻，改善通气。吸引前给患者高FiO_2以避免损伤气道，减少可能的支气管阻塞并防止吸引过度而发生的气道萎缩。

（3）必要时应根据病情而建立不同的人工气道。即简便人工气道、气管插管及环甲膜穿刺、气管切开术等。

2. 气道湿化 无论是经过患者自身气道或通过人工气道进行氧疗，都必须充分注意呼吸道黏膜的湿化。未建立人工气道、需长期低流量氧疗的患者或短期（＜24h）高流量氧疗的患者无须湿化，可以盐水雾化替代，促进患者排痰。建立人工气道的患者，可直接使用或与机械通气机连接应用湿化器或雾化器装置。观察痰液是否容易咳出或吸出，是评价湿化是否充分的最好指标。

3. 氧疗 氧疗是纠正低氧血症的有效治疗措施，可以减少呼吸做功，增加心血管系统氧供，避免缺氧引起的机体损伤。氧疗的给氧方式包括鼻导管、普通面罩、文氏管面罩及连接有储气囊的面罩，它们可提供的氧浓度逐步升高，其中文氏管面罩具有精确调节氧浓度的功能，可用于有Ⅱ型呼吸衰竭风险患者的控制性氧疗。在氧疗过程中，可通过监测动脉血气分析，特别是动脉血氧饱和度（$SatO_2$）来设定氧疗目标及判断氧疗疗效。急症患者没有高碳酸血症风险的氧疗目标$SatO_2$为94%～98%，有出现高碳酸血症风险的患者，$SatO_2$目标为88%～92%。

需要注意的是，在临床工作中，医师会对呼吸困难但无低氧血症的患者实施氧疗，这可能增加高碳酸血症昏迷及氧中毒的风险。下面一些疾病并不是氧疗的适应证，除非有低氧血症存在：①急性冠脉综合征；②急性发作的脑功能障碍；③妊娠和产科急症；④情绪焦虑引起的过度换气；⑤药物中毒（如百草枯或博莱霉素中毒）；⑥代谢紊乱和肾功能紊乱。

4. 机械通气 当患者呼吸骤停，或发生急性通气性呼吸衰竭、二氧化碳急骤升高、严重低氧血症，经过一般给氧治疗仍不能纠正时，应及时进行机械通气。当各种原因使患者需要依靠通气支持以减轻心肺负荷、纠正已经发生或即将发生的呼吸衰竭，也应考虑应用机械通气。诱发呼吸衰竭的原因及其影响呼吸功能的严重程度，是判断是否进行机械通气的依据。

机械通气的目的：改善肺泡通气，纠正急性呼吸性酸中毒；纠正低氧血症，改善组织氧合；降低呼吸功耗，缓解呼吸肌疲劳；防治肺不张；确保镇静和肌松药物的安全使用；稳定胸壁。对于通气性呼吸衰竭，机械通气的目的主要是恢复有效的肺泡通气，而换气性呼吸衰竭则以改善缺氧为主要目的。

机械通气包括无创正压通气（non-invasive positive pressure ventilation，NPPV）和建立人工气道的机械通气。

（1）NPPV：适用于各种系统疾病导致的急性呼吸衰竭。禁忌证包括：①意识障碍；②呼吸微弱或停止、心搏骤停；③无力清洁气道或具有较高的误吸风险；④严重的脏器功能不全；⑤未经引流的气胸或纵隔气肿；⑥严重腹胀，肠梗阻；⑦上呼吸道或颌面部损伤、术后、畸形致上呼吸道梗阻；⑧不能配合 NPPV 或鼻（面）罩不适；⑨近期食管、胃肠道手术或出血。

NPPV 通常可选择模式为持续气道正压（CPAP）和双水平正压通气（BIPAP）。根据患者的耐受程度及呼吸改善的情况调节吸气压、呼气压及呼吸频率等，使 $SatO_2$ 维持在 90%～95%。

当出现下列情况需停止无创正压通气，改有创机械通气：①出现意识障碍或意识障碍呈加重趋势；②不能清除呼吸道分泌物致病情恶化；③无法耐受呼吸机连接方法导致病情加重；④血流动力学指标恶化；⑤使用无创正压通气后呼吸功能无改善或加重。

（2）机械通气：各种病因导致的呼吸衰竭加重都可建立人工气道，进行机械通气。如患者 NPPV 疗效不佳、意识障碍加重、呼吸不规则甚至停止、气道分泌物多不易咳出或吸引、胸廓功能障碍、呼吸道梗阻等都应尽早进行机械通气。机械通气无绝对禁忌证，但存在下列相对禁忌证时，宜慎重使用：①气胸及纵隔气肿未行引流者；②肺大疱及肺囊肿；③呼吸道严重灼伤；④严重肺出血；⑤气管-食管瘘。

机械通气的模式多种多样，选择适当的通气模式及参数，有助于改善低氧血症和促进 CO_2 的排出。在改善低氧血症的设置中，呼气终末正压（positive end-expiratory pressure，PEEP）最常用，它可增加功能残气量，使肺泡在呼气末不易陷闭，提高肺泡-动脉血氧分压差，促进肺间质及肺泡水肿的消退，从而改善肺的顺应性和肺泡通气。除了常规通气模式外，还可选择高频通气（HFV）、反比通气（IRV）等。

5. 治疗原发疾病 氧疗、机械通气等只能纠正患者的低氧血症，只有纠正了呼吸衰竭的诱因和病因，才能完全解决呼吸衰竭。因此，治疗原发疾病才是治疗呼吸衰竭的根本。引起急性呼吸衰竭的病因很多，治疗各异。例如，重症肺炎时抗生素的应用，哮喘持续状态时支气管解痉剂和肾上腺皮质激素的合理使用，均各具特殊性。另外在治疗急性呼吸衰竭的过程中防止多器官功能障碍（MODS）的发生。避免使用损害心、肝、肾等器官的药物，监测重要器官功能的变化、加强营养及支持治疗。

6. 纠正酸碱、水电解质失调

（1）维持酸碱平衡：一般情况下，通气改善后，酸碱失衡即可逐渐恢复，故不应操之过急给予药物干预。如已发展为混合性酸中毒，单纯加强通气不能纠正酸碱失衡，可考虑应用碱性药物。对于呼吸性碱中毒，除调低每分通气量外，还可利用增加回路的复吸无效腔来减少 CO_2 外排。

在酸碱失衡过程中，容易合并电解质失调，尤其是高钾或低钾，应密切监测，必要时及时纠正。

（2）维持液体平衡：急性呼吸衰竭患者的救治过程中，应十分注意维持适当的液体平衡。全身性液体负平衡有助于缓解肺水过量，可以小心使用利尿剂或超滤透析等方法排出液体，但应维持稳定的血容量，尽可能使它们接近正常生理状况。血流动力学监测可以很好地指导液体治疗。

思　考　题

1. 急性上呼吸道感染可分为几种类型？各型上感的主要临床表现特点是什么？
2. 急性气管-支气管炎的临床表现及诊断要点是什么？
3. 社区获得性肺炎（CAP）的诊断依据是什么？
4. 大叶性肺炎、小叶性肺炎、间质性肺炎的影像学特点是什么？
5. 慢性阻塞性肺疾病（COPD）的诊断“金标准”是什么？ COPD 的严重程度 GOLD 分级是什么？
6. 稳定期慢阻肺患者初始治疗方案是什么？
7. 支气管哮喘的诊断标准是什么？支气管哮喘如何进行分级治疗？
8. 菌阳肺结核及菌阴肺结核的诊断标准是什么？
9. 肺结核的治疗原则和初治阳性肺结核的常见化疗方案是什么？
10. 呼吸衰竭可分为哪些类型？Ⅱ型呼吸衰竭患者的吸氧原则是什么？

（高明奇）

第六章　血液循环系统疾病

循环系统是由血液、血管和心脏组成的一个封闭的多功能系统，包括体循环和肺循环。体循环是指动脉血从左心室搏出，依次流经主动脉、全身小动脉、毛细血管网、小静脉、上下腔静脉、右心房、右心室的全过程。动脉血流经毛细血管网时，血液中的氧和营养物质被组织细胞吸收利用，而组织细胞排泄的二氧化碳和其他代谢产物则进入血流，动脉血变成静脉血，此即微循环。肺循环是指静脉血从右心室搏出，经肺动脉到达肺泡周围的毛细血管网，排出二氧化碳并吸入氧气，静脉血变为动脉血，然后经肺静脉流回左心房的全过程。体循环以动脉血滋养全身，肺循环进行气体交换，微循环则进行物质交换。动脉粥样硬化、高脂血症、高血糖症、血小板聚集及心血管重构等病理生理改变，可导致高血压、冠心病、心律失常、心力衰竭及心脑猝死等严重威胁生命健康的多种疾病。高血脂、高血糖、氧自由基、药物残留等有害物质可诱发微循环障碍，加速相应组织器官的功能减退。因此，维持血压正常、改善心肌舒缩功能和血液流变学，是防治心脑血管疾病的基本策略。

第一节　高　血　压

高血压（hypertension）是指以体循环动脉血压（收缩压和/或舒张压）增高为主要特征（收缩压≥140mmHg，舒张压≥90mmHg），可伴有心、脑、肾等器官的功能或（和）器质性损害的临床综合征。高血压是最常见的慢性病，也是心脑血管病最主要的危险因素。

案例 6-1

患者，女性，66 岁。主诉：头晕、头胀 22 年，发作性胸闷 12 年，加重半个月。现病史：22 年前开始劳累后头晕、头胀，无恶心、呕吐、耳鸣，BP 165/105mmHg；卡托普利、尼群地平治疗后，头晕、头胀消失，血压恢复正常。12 年前开始劳累后胸闷、胸痛，持续 3～5min，舌下含服硝酸甘油后缓解，BP 188/96mmHg，此后规律服用硝苯地平控释片和美托洛尔缓释片，症状偶有发作。1 个月前，自觉状况良好，遂停用降压药。今晨 7 点许，患者起床后头痛、头胀、伴胸闷、大汗，无胸痛、发热。

查体：T 36.6℃，P 104 次/分，R 26 次/分，BP 154/88mmHg。神志清、精神可，营养良好、自主体位。全身皮肤黏膜无黄染，口唇无发绀，浅表淋巴结未触及肿大。双肺未闻及干、湿啰音。心前区无隆起，未见心尖区异常搏动，心界无明显扩大，心率 95 次/分，律齐，各瓣膜听诊区未闻及杂音。腹平软，无压痛，肝、脾肋下未触及。双下肢无水肿。

实验室检查：心电图示窦性心动过速。V_3、V_4、V_5、V_6 导联 ST 段下移 0.1mV，T 波低平。

问题：1. 该患者的初步诊断是什么？

2. 其诊断依据是什么？

一、病因与病理生理

（一）病因

原发性高血压是遗传和环境因素交互作用的结果。不同个体的病因和发病机制不完全相同，不同阶段的始动、维持和加速机制也各不相同。

1. 遗传因素　30%～50% 的高血压患者有遗传背景，目前认为是多基因遗传所致。

2. 精神和环境因素　长期的精神紧张、激动、焦虑，噪声或不良视觉刺激也是高血压的诱发因素。

3. 年龄因素　随着年龄增长，发病率呈增高趋势。40 岁以上者发病率升高。

4. 生活习惯　膳食结构不合理，如高钠低钾饮食、大量饮酒、摄入过多的饱和脂肪酸。吸烟可加速动脉粥样硬化的进程，是高血压的危险因素。

5. 内分泌异常　肾上腺髓质分泌肾上腺素和去甲肾上腺素过多、肾上腺皮质分泌糖皮质激素和盐皮质激素增加、脑垂体前叶分泌生长激素旺盛和甲状腺功能亢进或减退，是继发性高血压的常见病因。

6. 药物影响　非甾体抗炎药、噻唑烷二酮类降血糖药、口服避孕药、茶碱类、单胺氧化酶抑制药类、促红细胞生成素等均可引起药物性高血压。

7. 其他因素　糖尿病、胰岛素抵抗、阻塞性睡眠呼吸暂停低通气综合征、肾动脉狭窄、肾脏实质损害、嗜铬细胞瘤、其他神经内分泌肿瘤等。

（二）病理生理

心血管系统的血液充盈、外周血管的阻力状态和心脏的射血功能是血压形成的三要素。生理条件下，通过交感神经、肾素-血管紧张素-醛固酮系统（renin-angiotensin-aldosterone system，RAAS）、心房肽（atrial natriuretic peptide，ANP）、缓激肽、前列环素、NO、内皮素等神经体液调节途径，维持血压的正常稳定。病理情况下，由于交感神经活性长期亢进和 RAAS 体液调节持续紊乱，结果高血压、动脉粥样硬化、靶器官损害持续进展。

1. 动脉　动脉血管是高血压的直接靶器官。长期焦虑、紧张、恐惧等可使交感神经活性持续亢进，去甲肾上腺素、肾上腺素和肾素释放增加。去甲肾上腺素和肾上腺素直接兴奋小动脉血管平滑肌 α 受体和心脏 β 受体，血管平滑肌和心肌收缩加强、心率加快，继之血压升高。肾素将血管紧张素原转化为血管紧张素Ⅰ，血管紧张素转化酶将血管紧张素Ⅰ转化为血管紧张素Ⅱ（Ang Ⅱ）。Ang Ⅱ兴奋血管平滑肌细胞和心肌细胞膜上的血管紧张素Ⅱ受体（AT_1），使血管平滑肌和心肌收缩增强，再使血压升高。Ang Ⅱ兴奋肾上腺髓质和交感神经末梢突触前膜 AT_1，儿茶酚胺释放增加，而儿茶酚胺再促进肾素释放，两者交互促进高血压进展。此外，Ang Ⅱ也可兴奋肾上腺皮质 AT_1，促进醛固酮释放。醛固酮既可反馈上调血管紧张素转化酶及 AT_1 的表达，还可引起水钠潴留。高血压持久损伤小动脉血管内皮细胞，及至变性坏死并暴露内皮细胞下胶原组织，可诱使血小板黏附、聚集以致血栓形成。单核细胞和（或）淋巴细胞从变性坏死处进入内膜下，而平滑肌细胞则由血管壁中层移行至血管内膜下，在 Ang Ⅱ的持续刺激作用下不断增生肥厚，血管逐渐狭窄，动脉粥样硬化不断进展。

2. 心脏　心脏是高血压最主要的靶器官之一。高血压早期，因交感神经活性增高，心肌收缩能力代偿性增强，可使每搏输出量并不减少，心脏结构也可无明显改变。持久的交感神经活性亢进使心脏肾上腺素受体逐渐下调，不断的 Ang Ⅱ刺激使心肌细胞肥大、心肌间成纤维细胞增生，终致心脏对儿茶酚胺的敏感性下降而左心室向心性肥厚。心室肥厚则心肌收缩时耗氧量增加，易致心肌相对缺氧而诱发心律失常；向心性肥厚则使心室舒张末期容积缩小，每搏输出量减少而心率代偿性增加，故可无心力衰竭症状。晚期，随着高血压的持续进展，心肌收缩代偿能力逐渐降低，左室舒张末期容积缓慢增多，形成离心性肥厚。左室舒张末期压力升高继发左心房扩张，刺激心房肌细胞释放 ANP。ANP 可拮抗 RASS、内皮素、儿茶酚胺的缩血管作用和负调控心肌间成纤维细胞和平滑肌细胞的增殖，并抑制肾小管对水钠的重吸收。ANP 是诊断射血分数减少型心力衰竭的敏感指标。

3. 肾脏 肾动脉入肾后依次分支，形成叶间动脉、弓状动脉、小叶间动脉、入球小动脉。入球小动脉分支后再相互吻合形成肾小球毛细血管网，然后汇集形成出球小动脉。出球小动脉再次分支形成肾小管周围的毛细血管网或直小血管。原发性良性高血压对肾脏的损害，以小叶间动脉和入球小动脉粥样硬化为主。入球小动脉粥样硬化、狭窄、痉挛可致肾实质缺血、萎缩、纤维化、坏死及至慢性肾功能不全。由于病情进展缓慢，老年患者患病率较高。

4. 脑 动脉粥样硬化和高血压是脑血管意外最主要的危险因素。动脉粥样硬化斑块碎裂，散落于血流形成微栓子，若进入脑循环可引起局灶性小梗死；脑血管动脉粥样硬化并狭窄、痉挛或血栓则引起局灶性脑梗死。脑内细小动脉粥样硬化斑块脱落或（和）血管壁局灶性坏死时，轻则血管壁变薄，重则血管壁破裂出血。变薄的血管壁在高血压作用下，血管壁膨出形成粟粒状微动脉瘤，若血压突然升高则可破裂出血形成血肿。较大的血肿可能会通过剪切作用撕裂周围的微小动脉，结果血肿继续扩大。大血肿常使颅内压增高、脑组织移位，增加患者的致残率和病死率。

5. 其他 高血压可累及全身所有器官。眼部病变也是高血压常见的并发症。以眼底动脉粥样硬化和视网膜病变最为重要，可表现为眼底血管痉挛收缩、渗出、出血和视盘水肿，导致患者视力降低和其他眼部症状。

二、分类和临床表现

（一）分类

依据病因是否明确，临床上将高血压分为原发性高血压和继发性高血压两类。原发性高血压是一种以血压升高为主要临床表现而病因尚未明确的独立疾病，占所有高血压患者的 90% 以上。依据起病缓急、病情进展及病程长短，原发性高血压又可分为缓进型高血压和急进型高血压。继发性高血压，又称为症状性高血压，在这类疾病中病因明确，高血压仅是该类疾病的临床表现之一，血压可暂时性或持久性升高。

（二）临床表现

高血压的临床表现与血压水平相关。但继发性高血压的临床表现主要与原发病的症状和体征有关，高血压仅是其症状之一。

1. 症状 临床上以缓进型高血压多见。缓进型高血压多数起病隐匿，病情发展缓慢，病程较长。多为中年后起病，有家族史者发病年龄可较小。早期可能无症状或症状不明显，常见的是头晕、头痛、头胀、耳鸣、眼花、健忘、注意力不集中、失眠、四肢麻木、心悸、夜尿增多等症状。随着病程延长，当靶器官明显受损时，可出现心肌梗死、脑梗死、肾衰竭等症状。多数症状在紧张或劳累后加重。清晨活动后，血压可迅速升高，导致心脑血管事件多发生在清晨。

急进型高血压患者的病情，一开始即为急剧进展，或经数年的缓慢进程后突然迅速发展。该病常见于 40 岁以下青年人或老年人，血压持续在 200/130mmHg 以上。恶性高血压常见于年轻人，舒张压常超过 140mmHg。急进型高血压和恶性高血压在病理上以肾小动脉纤维蛋白样坏死为特征，临床上表现为头痛、视物模糊等症状。

2. 体征 可闻及主动脉瓣听诊区主动脉收缩早期的喷射音和亢进的第二心音，主要是体循环血管阻力增高所致。高血压晚期常有心、脑、肾等器官功能减退的体征。

3. 高血压并发症

（1）高血压危象：由某些诱因引起的、在原有高血压基础上外周小动脉强烈收缩导致的、不可逆的生命器官损害，是一种致命性的临床综合征。

（2）高血压脑病：指脑细小动脉发生持久而严重的痉挛或广泛微血管栓塞，使脑供血发生急性障碍，也可能是大脑过度灌注导致脑水肿和颅内高压而引起的一系列临床表现。

（3）主动脉夹层：是由长期高血压导致动脉壁破裂，血液进入主动脉中层并沿主动脉延伸导致的心血管急症。

（4）其他：短暂性脑缺血发作、脑血栓形成、脑出血、心力衰竭和肾衰竭等。

三、体格检查、实验室与辅助检查

体格检查可了解患者的健康状态，诊断并明确高血压对靶器官的损伤；实验室检查有助于了解高血压的病因，判断患者的肝、肾功能等；必要的辅助检查有利于高血压的分级、分层诊断，以指导高血压的治疗。

（一）体格检查

1. 正确测量血压　情绪激动、体力活动等均可引起暂时性血压升高。非同日、静息状态下、当日 3 次血压的平均值，至少 2 次超过正常血压时方可诊断为高血压。

2. 测量体重指数（BMI）、腰围及臀围　BMI= 体重（kg）/ 身高 ^{2}（m^2）。成人标准 BMI 为 18.5～23.9；超重者 BMI 为 25～28，具有罹患高血压的风险。

3. 听诊动脉杂音　听诊颈动脉、胸与腹主动脉和股动脉的杂音，有助于高血压靶器官损害和并发症的诊断、鉴别。如颈动脉收缩期喷射音，提示颈动脉狭窄；腹主动脉收缩期杂音，提示腹主动脉瘤或腹主动脉狭窄。若腹部见隆起的、可搏动的包块则提示腹主动脉瘤；若伴下肢血压降低和足背动脉搏动减弱则可能为腹主动脉狭窄。

4. 望诊　观察有无库欣病面容、神经纤维瘤性皮肤斑、甲状腺功能亢进性突眼征或下肢水肿等，可助鉴别原发性高血压和继发性高血压。

5. 心肺检查　高血压晚期可有心界扩大、二尖瓣区第一心音减弱等。心力衰竭致肺淤血时，可闻及湿啰音。

（二）实验室检查

高血压常规实验室检查主要有血常规、尿常规（包括蛋白、糖和尿沉渣镜检）、肝肾功能、血糖、血脂、血钾等。继发于原发性醛固酮增多症的高血压患者血钾偏低；肾功能衰竭、ACEI、AT 受体阻断药、醛固酮拮抗剂则使血钾升高。

（三）辅助检查

高血压常用的辅助检查包括心电图、检眼镜、超声心动图、胸部 X 线、动态血压监测等。24h 动态血压监测，可了解血压的昼夜节律，指导高血压的治疗，评估药物的疗效。

四、诊断与病情严重程度评估

高血压病情严重程度评估主要是指心血管风险评估，旨在寻找心血管风险高危人群和患者，以便确立以降低心血管绝对风险为目标的防治策略。

（一）原发性高血压的诊断

（1）在不同时间测量 3 次血压，均高于正常值。

（2）除外症状性高血压。

（3）高血压分级、危险分层。

（4）重要脏器心、脑、肾功能估计。

（5）有无合并可影响高血压病情发展和治疗的情况，如冠心病、糖尿病、高脂血症、慢性呼吸道疾病等。

（二）病情严重程度评估

1. 高血压的分级标准（表 6-1）

表 6-1　高血压的分级标准

类别	收缩压（mmHg）		舒张压（mmHg）
正常血压	＜120	和	＜80
正常高值	120～139	和（或）	80～89
高血压	≥140	和（或）	≥90
1 级高血压（轻度）	140～159	和（或）	90～99
2 级高血压（中度）	160～179	和（或）	100～109
3 级高血压（重度）	≥180	和（或）	≥110
单纯收缩期高血压	≥140	和	＜90
单纯舒张期高血压	＜140	和	≥90

如患者的收缩压与舒张压分属不同的级别时，则以较高的分级标准为准。单纯收缩期高血压也可按照收缩压水平分为 1、2、3 级。

2. 高血压患者心血管危险分层（表 6-2）

表 6-2　高血压患者心血管危险分层标准

其他危险因素和病史	SBP130～139mmHg 和（或）DBP 85～89mmHg	高血压		
		1 级	2 级	3 级
无其他危险因素	—	低危	中危	高危
1～2 个其他危险因素	低危	中危	中/高危	很高危
≥3 个其他危险因素，或靶器官损害，CKD3 期，无并发症的糖尿病	中/高危	高危	高危	很高危
有症状的 CVD，CKD ≥4 期，或有并发症的糖尿病	高/很高危	很高危	很高危	很高危

注：SBP：收缩压；DBP：舒张压；CKD3 期：慢性肾脏病肾小球滤过率中度降低；CKD4 期：慢性肾脏病肾小球滤过率重度降低；CVD：脑血管疾病

五、鉴别诊断

初诊高血压应鉴别继发性高血压。常见有慢性肾病、肾动脉狭窄、皮质醇增多症、原发性醛固酮增多症、嗜铬细胞瘤等引起的高血压等。大多数继发性高血压可通过原发病的治疗或手术得到改善。

六、治　　疗

高血压治疗，首先应确立血压控制目标值，以最大限度地减少高血压患者心脑血管疾病的发生率和死亡率。若高血压合并冠心病、心力衰竭、糖尿病等危险因素，应采取综合治疗策略。不同人群的降压目标不同，一般患者的降压目标为140/90mmHg以下；对合并糖尿病或肾病等高危患者，应酌情降至更低。对所有患者，不管其他时段的血压是否高于正常值，均应监测清晨血压。

（一）生活干预及预防

改善生活方式是基础。

（二）药物治疗原则

（1）根据高血压的分类、分级、分层，结合生活方式干预，合理选择药物治疗的时机，科学制订药物治疗方案。

（2）尽量选用经循证医学证实的、可改善预后的降压药物。

（3）服用降压药物应从小剂量开始，并根据需要逐渐增加剂量，以尽可能相对小而有效的维持量达到降压目标。对于合并心力衰竭或≥80岁、易发生直立性低血压的老年患者，建议从更小剂量开始。

（4）优先选用长效制剂，以控制夜间血压和晨峰血压，可有效预防猝死、脑卒中和心肌梗死等心脑血管并发症的发生。

（5）联合应用两种或两种以上作用机制不同的降压药物，具有降压机制互补、相互抵消或减轻不良反应、减少药物剂量的优点。有约70%的患者需要联合用药。

（6）根据患者的具体情况、耐受性及个人意愿制订适宜的个体化降压方案。

（三）降压药物种类

常用的降压药包括利尿药、β受体阻断药、钙通道阻滞药、血管紧张素转换酶抑制药、血管紧张素Ⅱ受体阻滞药。

第二节　冠状动脉粥样硬化性心脏病

冠状动脉粥样硬化性心脏病，简称冠心病（coronary heart disease，CHD），也叫缺血性心脏病，是指冠状动脉粥样硬化导致心肌缺血、缺氧引起的心脏病。冠心病是中、老年人常见的心脏病。一旦出现心肌梗死症状，应急救处理后再入院抢救。

一、病因与病理生理

（一）冠心病的危险因素

冠心病的主要病因是冠状动脉粥样硬化。动脉粥样硬化是动脉壁细胞、细胞外基质、血液成分、局部血流动力学环境及遗传因素等相互作用的结果。凡能促进动脉粥样硬化的因素统称为冠心病的危险因素。主要包括以下几种。

1. 年龄　多见于40岁以上的中老年人，49岁以后进展较快。

2. 性别　男性发病率高于女性，这是因为雌激素具有抗动脉粥样硬化的作用。绝经期后女性发病率迅速增加。

3. 遗传家族史 有冠心病、糖尿病、高血压、高脂血症家族史者，冠心病发病率增加。

4. 个性与环境 争强好胜性格、工作压力过大、身处嘈杂环境等，易使精神过度紧张，体内儿茶酚胺类物质浓度长期过高，可增加冠心病的发病率。

5. 吸烟 吸烟可通过损伤血管内皮细胞，增加血清胆固醇和氧化型低密度脂蛋白含量等，增加冠心病的发病率和病死率。

6. 高血压 高血压损伤血管内皮细胞，使内皮细胞吞噬功能减退、前列环素分泌减少，同时内皮细胞受损还易于低密度脂蛋白进入血管内膜下，增加动脉粥样硬化和冠心病的发病率。

7. 脂质代谢异常 高胆固醇血症（低密度脂蛋白胆固醇＞4.42mmol/L，总胆固醇＞6.76mmol/L）患者的冠心病发病率较血脂正常者（总胆固醇＜5.2mmol/L）的冠心病发病率约增加 5 倍。高密度脂蛋白对冠心病有保护作用，高密度脂蛋白胆固醇与总胆固醇的比值＜0.15 是冠状动脉粥样硬化有价值的预报指标。最近的研究发现，高甘油三酯血症和高血清 α-脂蛋白血症（lipoprotein α，Lp-α＞0.3g/L）也均是冠心病的独立危险因素。

8. 糖尿病 糖尿病患者发生冠心病的危险性比正常人高 2 倍；女性糖尿病患者发生冠心病的危险性比男性患者高 3 倍，且易发生心力衰竭、卒中和死亡。高血糖可增加血中低密度脂蛋白的糖基化，使经低密度脂蛋白受体途径的降解代谢受抑制。故糖尿病常伴脂质代谢异常，易患冠心病。

9. 肥胖和运动量过少 超过标准体重 20% 或 BMI＞28 者称肥胖症。肥胖易致高脂血症、高糖血症，可促进动脉粥样硬化和高血压的进展。适量的运动不仅有助于减肥，还能调节和改善血管内皮细胞功能，刺激冠心病患者冠脉侧支循环的建立。

10. 其他

（1）饮酒：长期大量饮用高度白酒，可致酒精性心肌病、肝硬化和高血压。

（2）口服避孕药：长期口服避孕药可使血压升高、血脂增高、糖耐量异常。

（3）饮食习惯：高脂肪、高胆固醇、高糖饮食易患冠心病。

（二）病理生理

1. 动脉粥样硬化的发生机制 动脉粥样硬化的发生机制至今尚不清楚。目前公认动脉粥样硬化病变始于血管内皮细胞损伤。

2. 冠心病的病理生理基础

（1）冠状动脉管腔的狭窄程度：依据冠状动脉狭窄最严重部位的狭窄程度，采用四级分类法：管腔狭窄面积≤25% 为Ⅰ级，26%～50% 为Ⅱ级，51%～75% 为Ⅲ级，76%～100% 为Ⅳ级。Ⅰ～Ⅱ级狭窄不明显减少冠状动脉血流量，若无冠状动脉痉挛，对冠心病发病并无直接影响。Ⅲ级以上狭窄则与冠心病的发生直接相关。

（2）动脉粥样硬化斑块的稳定性：动脉粥样硬化斑块通常相对稳定。纤维帽的逐渐钙化、增厚，使其与邻近区域内膜间的应力增加，可诱发冠状动脉粥样硬化斑块破裂、出血和随之而来的血管腔内血栓形成，引起急性冠脉综合征。斑块破裂常发生在钙化与非钙化动脉粥样硬化病变的交界处。

（3）冠状动脉痉挛：仅部分冠心病的发生为冠状动脉痉挛所致，但大多伴有冠状动脉粥样硬化。引起冠状动脉痉挛的主要因素如下。

1）神经因素：激动 α 肾上腺素受体使血管平滑肌收缩，激动 β 肾上腺素受体则血管舒张。但一般情况下交感神经对冠状动脉的缩血管作用占优势，故交感神经过度兴奋可诱发冠状动脉痉挛。迷走神经也可通过激动毒蕈碱受体引起粥样硬化的冠状动脉痉挛。

2）体液因素：是调节冠状动脉血管舒缩的重要因素。血管内皮细胞释放的前列环素（PGI_2）可扩张冠状动脉并抑制血小板聚集，但血小板聚集则释放兼具收缩血管和诱导血小板聚集的血栓素 A_2（TXA_2），当 PGI_2/TXA_2 比值降低时，既可诱发冠状动脉痉挛又能促进血小板聚集；血小板聚集也释放 5-羟色胺，收缩冠状动脉血管；血管壁侧压变化、心肌缺血、肾上腺素、血管紧张素Ⅱ、TXA_2、5-羟色胺等可诱导内皮素-1（endothelium 1，ET-1）分泌，而 NO、PGI_2、心房肽等则抑制 ET-1 分泌，共同维持冠状动脉血管张力稳态。血清 Ca^{2+}、H^+、Mg^{2+} 浓度增加也是冠状动脉痉挛的诱发因素。

3）冠状动脉粥样硬化：冠状动脉粥样硬化致内皮细胞损伤使 PGI_2 合成减少；致心肌缺血刺激 ET-1 分泌增加；诱发血小板聚集并释放 TXA_2、5-羟色胺；富集于内膜下的胆固醇促进细胞外 Ca^{2+} 流入平滑肌细胞，均易导致冠状动脉收缩亢进。

3. 冠心病的发病机制 在冠状动脉粥样硬化病变的基础上，心肌供氧和需氧量失衡，引起心肌缺血、缺氧，是引发冠心病的重要前提。

（1）心肌耗氧量的决定因素：心肌摄取氧合成高能磷酸化合物，以维持心室壁张力和保障心肌收缩能力。心肌氧耗量的多少主要取决于心室壁张力、心肌收缩力和心率三要素，但也受基础代谢率、心肌纤维缩短幅度和速度的影响。临床上常采用动脉收缩压与心率的“二乘积”作为心肌氧耗量指标，如观察劳累性心绞痛的阈值时常用该项指标。

（2）心肌供氧量的决定因素：心肌所需氧分，75% 来自冠状动脉血流，25% 来自房室腔内的血液。冠状动脉血流量是影响心肌供氧最主要的因素。在休息状态下，心肌从冠状动脉血液中摄取的氧分已接近最大值。当需氧量增加时，再难从冠状动脉血液中摄取更大的氧分，只能增加冠状动脉的血流量。正常情况下，冠状动脉循环储备能力较大。剧烈运动、缺氧时，冠状动脉扩张，其血流量可增至休息时的 4～7 倍。冠状动脉粥样硬化狭窄和（或）栓塞是限制心肌摄取血液中氧的最主要原因。心肌细胞的代谢产物、神经体液因素也可参与冠状动脉血流量的调节。

（3）心肌供氧与需氧量的失衡：任何导致心肌供氧与需氧量失衡的因素均可引起心肌缺血、缺氧，即缺血性心肌病。因以冠状动脉粥样硬化所致的心肌缺血最为常见，称之为冠心病。

（4）心肌缺血对心脏的影响：心肌缺血时，糖酵解成为 ATP 的主要来源，可使心肌细胞内乳酸浓度增加、心肌收缩和舒张功能减弱。冠状动脉代偿性扩张虽可增加冠脉流量，但随着狭窄程度的增加而逐渐减弱。当冠状动脉狭窄程度＞90% 时，虽代偿性充血作用完全消失，但其他冠状动脉仍可通过吻合支向病变的冠状动脉供血，即侧支循环建立。若缺血较严重且持续时间较长，则发生可逆性心肌损伤（心肌顿抑，stunned myocardium）。随着血液供应的恢复，顿抑心肌的结构、代谢和功能可缓慢恢复，恢复期最长可达数周。某些心肌也可自适应地调低耗氧量，以保证心肌氧的供需在新的水平上达到平衡，不引起心肌缺血或心肌梗死，一旦冠状动脉供血恢复则心肌功能也恢复，这种现象称为心肌冬眠。心肌缺血代偿机制有利于维持心肌氧的供需平衡，使患者在较长时间内无心肌缺血的临床表现。只有当心肌耗氧量明显增加，冠状动脉及侧支循环血流量不足以维持心肌氧供需平衡时，才出现心肌缺血的临床表现。

二、分类及临床表现

（一）分类

根据发病特点和治疗原则的不同，分为慢性冠状动脉病和急性冠脉综合征两大类。

1. 慢性心肌缺血综合征（chronic ischemic syndrome，CIS） 包括隐匿型冠心病、稳定型心绞痛和缺血性心肌病等，主要发病机制为需氧增加性心肌缺血。隐匿型冠心病，有心肌缺血的客观证据，但无心肌缺血的临床症状；稳定型心绞痛的发作频率、诱因、发作时间大致相似；缺血性心肌病，因长期心肌缺血或坏死导致心肌纤维化，表现为心脏扩大、心力衰竭和心律失常。

2. 急性冠脉综合征（acute coronary syndrome，ACS） 指冠心病中急性发病的临床类型，广义的ACS包括不稳定型心绞痛（unstable angina，UA）、急性心肌梗死（acute myocardial infarction，AMI）和冠心病猝死，但冠心病猝死的诊断常为推测性或事后性，故临床上的ACS主要指前两者。根据发病早期心电图的ST段变化，ACS可分为非ST段抬高型ACS和ST段抬高型ACS两大类。前者包括不稳定型心绞痛、非ST抬高型心肌梗死（non-ST-segment elevation myocardial infarction，NSTEMI），约占3/4，两者的鉴别取决于急性期是否能检测到心肌损伤标志物的升高；后者主要是ST段抬高型心肌梗死（ST-segment elevation myocardial infarction，STEMI），约占1/4（包括小部分变异型心绞痛）。其中不稳定型心绞痛和非ST段抬高型心肌梗死若未及时治疗，可能进展成ST段抬高型心肌梗死。

（二）临床表现

1. 急性冠脉综合征

（1）不稳定型心绞痛和非ST段抬高型心肌梗死

1）症状：不稳定型心绞痛和非ST段抬高型心肌梗死患者胸部不适的部位及性质与典型的稳定型心绞痛相似，但程度更重，持续时间更长，可达30min，且休息时可发作。它们的临床表现一般具有以下3个特征之一：静息时或夜间发生心绞痛，常持续20min以上；新近发生的心绞痛（病程在2个月内）且程度严重；近期心绞痛逐渐加重（包括发作频率、持续时间、严重程度、疼痛放射部位等），发作时可有出汗、恶心、呕吐、心悸、呼吸困难等表现，原来可以缓解心绞痛症状的措施此时变得不完全有效或无效。老年人、女性、糖尿病患者的症状可不典型。

2）体征：不稳定型心绞痛和非ST段抬高型心肌梗死患者的体征无特异性。发作时患者可出现面色苍白、皮肤湿冷；体检可发现一过性的第三心音或第四心音，以及由二尖瓣反流引起的一过性收缩期杂音，为乳头肌功能不全所致；少见低血压休克等表现。详细的体格检查可以发现潜在的、加重心肌缺血的因素，并能为判断预后提供非常重要的线索。

（2）急性ST段抬高型心肌梗死：ST段抬高型心肌梗死的临床表现与心肌梗死的面积、部位、冠状动脉侧支循环情况密切相关。

1）诱因：约有1/2的AMI患者有诱因和前驱症状，如剧烈运动、创伤、情绪波动、急性失血、出血性或感染性休克、主动脉瓣狭窄、发热、心动过速等引起心肌耗氧增加的因素。其他诱因有呼吸道感染、低氧血症、肺栓塞、低血糖、血清病、过敏反应、麦角制剂、可卡因、拟交感药及黄蜂叮咬等。冠状动脉反复痉挛的变异型心绞痛也可发展为AMI。

2）先兆：半数以上患者在发病前数日有乏力、胸部不适、活动时心悸、气急、烦躁、心绞痛等先兆症状，其中初发型和恶化型心绞痛最突出。心绞痛发作较以往频繁、剧烈、持久，硝酸甘油疗效差，诱发因素不明显。疼痛时伴恶心、呕吐、大汗和心动过速，或伴心功能不全、严重的心律失常、血压大幅波动等。心电图示ST段一过性明显抬高（变异型心绞痛）或压低、T波倒置或增高（假性正常化），应警惕近期内发生心肌梗死的可能。一旦发现上述先兆，应及时入院处理，可使部分患者避免发生心肌梗死。

3）症状：疼痛是最先出现的症状。对于原有心绞痛的患者，疼痛发生的部位和性质常类似于心绞痛，但多无诱因，且程度较重、持续时间较长（可达数小时或数天），休息或含服硝酸甘油片多不能缓解。患者常烦躁不安、出汗、恐惧或有濒死感。少数患者无明显疼痛，一开始即表现为休克或急性心力衰竭，在老年人和糖尿病患者中多见。部分患者疼痛位于上腹部，被误以为胃穿孔或急性阑尾炎等急腹症；部分患者疼痛放射至下颌、背部上方，被误认为骨关节痛；全身症状主要有发热、心动过速、白细胞增高和血沉加快等，为坏死物质吸收所致。一般在疼痛发生后的 24～48h 出现，程度与梗死范围常呈正相关。体温一般在 38℃左右，很少超过 39℃，持续约 1 周；胃肠道症状主要表现为频繁的恶心、呕吐和上腹胀痛，与迷走神经受坏死心肌刺激和心排血量降低、组织灌注不足等有关，多见于下壁心肌梗死；心律失常见于 75%～95% 的患者，可发生在起病的 1～2 周，以 24h 内最多见，可伴乏力、头晕、晕厥等症状。各种心律失常中以室性心律失常最多见，尤其是室性期前收缩。房室传导阻滞和束支传导阻滞也较多见。完全性房室传导阻滞多见于下壁心肌梗死。前壁心肌梗死如发生房室和（或）室内传导阻滞表明心肌梗死范围广泛。室上性心律失常则较少，多发生在心力衰竭患者中；心力衰竭的发生率为 32%～48%，主要是急性左心衰竭，可在起病的最初几天内发生，或在疼痛、休克好转阶段出现，为心肌梗死后心肌舒缩能力显著减弱或不协调所致。表现为呼吸困难、咳嗽、发绀、烦躁等症状，严重者可发生肺水肿，随后可发生颈静脉怒张、肝大、水肿等右心衰竭的表现。右心室心肌梗死者可一开始即出现右心衰竭的表现，伴血压下降；疼痛期间常见血压下降。若疼痛缓解而收缩压仍低于 80mmHg，伴烦躁不安、面色苍白、皮肤湿冷、脉细而快、尿量少于 20ml/h、神志模糊等，则为休克表现。休克多发生于起病后的数小时至一周内，见于 20% 的患者，主要是心源性休克，为心肌广泛坏死（40% 以上）、心排血量急剧减少所致。

4）体征：大多数患者无特殊体征。心脏可有轻至中度增大；心率加快或减慢；心尖区第一心音减弱，可出现第三或第四心音奔马律，反映左心室舒张压和左心室舒张期容量高，提示左心衰竭。前壁心肌梗死的早期，可能在心尖区和胸骨左缘之间扪及迟缓的收缩期膨出，为心室壁反常运动所致，几天至几周内消失。10%～20% 的患者在发病后的 2～3 天，可能出现心包摩擦音，多在 1～2 天消失，少数维持 1 周以上。发生二尖瓣乳头肌功能失调者，心尖区可出现粗糙的收缩期杂音；心室间隔穿孔者，胸骨下缘可出现响亮的收缩期杂音，常伴震颤；右心心肌梗死者，可出现颈静脉怒张，深吸气时更明显。除发病极早期可出现一过性血压升高外，几乎所有患者在病程中均有低血压。若患者发病前有高血压，则病程中血压可降至正常；若患者血压正常，则病程中出现低血压，且不能恢复至病前血压。

2. 稳定型心绞痛

（1）症状：以发作性胸痛为主要临床表现，其特点如下。

1）部位：主要在胸骨之后可波及心前区，范围有手掌大小，甚至横贯前胸，界限不很清楚。常放射至左肩、左臂内侧达环指和小指，或颈、咽、下颌部。

2）性质：疼痛常为压迫、发闷、紧缩感，也可有烧灼感，但不会有尖锐痛，偶伴濒死感。有些患者仅觉胸闷不适而无胸痛。发作时，患者往往被迫停止正在进行的活动，直至症状缓解。

3）诱因：本病常由体力劳动或情绪激动所诱发，饱食、寒冷、吸烟、心动过速、休克等均可诱发。疼痛多发于劳动时，而不是在劳动之后。稳定型心绞痛常在相似的条件下重复发作，但有时同样的劳累只在晨间而不在午后引起稳定型心绞痛，这与晨间交感神经兴奋性增高有关。

4）持续时间：疼痛出现后逐渐加重，达到一定程度后持续一段时间，然后慢慢消失。一般持续数分钟至十多分钟，多为 3～5min，很少超过半小时。

5）缓解方式：一般停止诱发动作即可缓解。舌下含服硝酸甘油等硝酸酯类药物也能在几分钟内缓解。

（2）体征：平时一般无异常体征。稳定型心绞痛发作时，常见心率加快，血压升高，表情焦虑，皮肤冷或出汗，有时出现第四或第三心音奔马律。可有暂时性心尖部收缩期杂音，是乳头肌缺血以致功能失调引起二尖瓣关闭不全所致。

三、实验室与辅助检查

（一）心肌坏死标志物

患者发生AMI时，心肌坏死标志物升高，且升高水平与心肌梗死范围及预后明显相关。

1. 心肌肌钙蛋白（cardiac troponin，cTn） cTn由心肌肌钙蛋白T（cTnT）、心肌肌钙蛋白I（cTnI）和肌钙蛋白C（TnC）三个亚基组成。cTnT、cTnI与骨骼肌肌钙蛋白T（sTnT）、骨骼肌肌钙蛋白I（sTnI），分别由不同的基因编码，具不同的氨基酸顺序，较CK-MB同工酶更具高度的心肌特异性。由于cTnT和cTnI分子量小，心肌梗死后游离的cTn易从心肌细胞质内迅速释放入血，其血浆浓度升高时间与CK-MB相当或稍早。由于cTn从肌原纤维上降解的持续时间较长，其血浆浓度升高也保持较长时间，具有乳酸脱氢酶同工酶LD1诊断时间窗较长的优点。起病3～4h后升高，cTnI于11～24h达高峰，7～10天降至正常；cTnT于24～48h达高峰，10～14天降至正常。

2. 心肌激酶同工酶（CK-MB） 肌酸激酶（CK），也称为肌酸磷酸激酶，以骨骼肌、心肌、平滑肌、脑组织中较多。由M和B两个亚基组成，CK-MM（分布在骨骼肌）、CK-BB（分布在脑）、CK-MB（分布在心肌）。起病后，CK-MB 4h内增高，16～24h达高峰，3～4天恢复正常。

（二）心电图检查

1. ST段抬高型心肌梗死

（1）ST抬高呈弓背向上，在面向坏死区周围心肌损伤区的导联上出现。

（2）宽而深的Q波（病理性Q波），在面向透壁心肌坏死区的导联上出现。

（3）T波倒置，在面向损伤区周围心肌缺血区的导联上出现。

（4）R波增高、ST段压低、T波直立并增高，在背向梗死区的导联上出现。

2. 非ST段抬高型心肌梗死 ST-T波的动态变化是非ST段抬高型心肌梗死最有价值的诊断指标。

（1）症状发作时可记录到一过性ST段改变（常两个或两个以上相邻导联ST段下移≥0.1mV），症状消失后ST段缺血性改变改善。

（2）发生时倒置T波是伪正常化，发作后T波倒置更具诊断意义，并提示有急性心肌缺血或严重冠状动脉疾病。

（3）初始心电图正常或临界改变，不能排除非ST段抬高的ACS，若患者出现症状时应再次记录心电图，并注意ST-T波的动态变化。

3. 稳定型心绞痛 发作时心电图ST-T波改变，症状消失后心电图逐渐恢复。若未记录到发作时的心电图，须进行负荷试验或动态心电图监测。

（三）超声心动图检查

AMI及严重心肌缺血时，超声心动图可见室壁节段性运动异常。同时，超声心动图有助于了解患者左心室功能、诊断室壁瘤和乳头肌功能失调等。

（四）冠状动脉及左心室造影

是目前诊断冠心病、判定冠心病患者是否手术或介入治疗的可靠方法。经外周动脉将导管插入并送至冠状动脉开口，把对比剂直接注入左、右冠状动脉，可显示冠状动脉及其分支的解剖形态、病变部位和病变程度。

（五）X 线胸片

可显示继发于心肌缺血和（或）心肌梗死的肺淤血、肺水肿和心脏-左室增大。对病情判断和预后评估有重要意义，对心室壁瘤、室间隔穿孔或破裂、乳头肌功能失调或断裂等的诊断有一定帮助。

（六）多层螺旋 CT、磁共振成像（magnetic resonance imaging，MRI）

由于多层螺旋 CT 可选择更薄的层厚，使得各部位的血管树以更高的对比度显示。MRI 通过外加梯度磁场检测所发射出的电磁波，可以绘制成心脏和血管的结构图像。MRI 对冠状动脉狭窄（＞50%）和冠状动脉旁路移植术（coronary artery bypass grafting，CABG）血管阻塞的诊断、冠状动脉狭窄介入治疗适应证的选择、介入和手术治疗效果的评估均有良好的价值。

（七）放射性核素显像

放射性核素心肌灌注显像是筛选冠状动脉造影最有价值的无创性手段。负荷心肌灌注显像阴性基本可排除冠状动脉病变。单纯心肌缺血，负荷心肌放射性核素显像图可见沿冠状动脉分布的心肌节段有明显的放射性稀疏或缺损区，但在静息时显像图上该局部有放射性填充，证明此心肌节段为缺血性改变。此类患者应行冠状动脉造影，以明确冠状动脉狭窄的部位，确定治疗方案。

四、诊　　断

（一）心绞痛

1. 心绞痛的诊断

（1）心前区压迫样疼痛，或发闷、紧缩感或烧灼感。

（2）休息或舌下含服硝酸甘油后疼痛缓解。

（3）发作时心电图 ST-T 段改变，症状消失后心电图逐渐恢复；若未记录到发作时的心电图，须进行负荷试验或动态心电图监测。

（4）诊断困难者，可放射性核素检查、冠状动脉造影，以评估冠状动脉狭窄程度和分布。

（5）结合年龄和危险因素。

（6）血浆中心肌坏死标志物浓度未升高。

2. 心绞痛的危险分级

（1）临床评估：有外周血管疾病、心力衰竭者，发生心血管事件的危险性增加，预后不良。

（2）心电图评估：有陈旧性心肌梗死、完全性左束支传导阻滞、左心室肥厚、二或三度房室传导阻滞、心房颤动者，发生心血管事件的危险性也增加。

（3）负荷试验：运动早期 ST 段压低超过 1mm，预示高危患者；如运动试验能坚持进行，为低危患者；超声负荷试验静息时室壁运动异常，运动时引发更严重的异常，为高危患者；放射性核素检查运动时心肌灌注异常，提示严重冠心病，预示高危患者。

（4）冠状动脉造影：单支病变，12 年存活率为 74%；双支病变，12 年存活率为 59%；三支病变，12 年存活率为 50%；左主干病变，预后不良；左前降支近端病变，可降低存活率，但血管重建可降低病死率。

（二）心肌梗死

cTnI 和 cTnT 增高或增高后降低，至少有一次超过正常值上限，并有以下至少一项心肌缺血的证据：①出现心肌缺血的临床症状；②心电图出现新的 ST 段改变或左束支传导阻滞（依据 ST 是否抬高分为 NSTEMI 和 STEMI）；③心电图出现病理性 Q 波；④影像学提示有新的心肌活力丧失或区域性室壁运动异常。

（三）突发的心脏性死亡

涉及心脏停搏，常伴有心肌缺血的症状，推测为新的 ST 段抬高或左束支传导阻滞，冠状动脉造影或尸体检验显示新鲜血栓。

（四）经皮冠状动脉介入治疗相关性心肌梗死

患者基线 cTnI 和 cTnT 均正常。但接受经皮冠状动脉介入治疗（percutaneous coronary intervention，PCI）后，cTnI、cTnT 均超过正常值上限，提示围手术期心肌坏死；超过正常值上限 3 倍，定为 PCI 相关心肌梗死。

（五）冠状动脉旁路移植术相关性心肌梗死

患者基线 cTnI 和 cTnT 均正常。但接受 CABG 后，cTnI、cTnT 均超过正常值上限，提示围手术期心肌坏死；超过正常值上限 5 倍，并形成新的病理性 Q 波，或新的左束支传导阻滞，或冠状动脉造影证实新移植的或自身的冠状动脉闭塞，或有心肌活力丧失的影像学证据，定为 CABG 相关心肌梗死。

五、鉴别诊断

1. 主动脉夹层 胸痛，一开始即达高峰，常放射至背、肋、腹、腰和下肢，两上肢的血压和脉搏可有明显差别。可有主动脉瓣关闭不全的表现。偶有意识模糊和偏瘫等神经系统受损症状。但无血清心肌损伤标志物升高。二维超声心动图、X 线或 MRI 检查有助于诊断。

2. 急性肺动脉栓塞 急性肺动脉栓塞患者可发生胸痛、咯血、呼吸困难和休克。但患者有右心负荷急剧增加的表现，如发绀、肺动脉瓣区第二心音亢进、颈静脉充盈、肝大、下肢水肿等。心电图示Ⅱ导联 S 波加深，Ⅲ导联 Q 波显著、T 波倒置，胸导联过渡区左移，右胸导联 T 波倒置等改变。

3. 急腹症 急性胰腺炎、消化性溃疡穿孔、急性胆囊炎、胆石症等，均有上腹部疼痛，可伴休克。应仔细询问病史，体格检查、心电图检查及血清心肌酶和心肌肌钙蛋白测定以鉴别。

4. 急性心包炎 急性心包炎的疼痛与发热同时出现，呼吸和咳嗽时加重，早期即有心包摩擦音，心包摩擦音和疼痛在心包腔出现渗液时均消失；全身症状一般不如 AMI 严重；心电图除 aVR 导联（加压右上肢导联）外，其余导联均有 ST 段弓背向下的抬高，T 波倒置，无异常 Q 波出现。

六、治　　疗

（一）稳定型心绞痛

1. 一般治疗

（1）发作时立即休息。

（2）平时一级预防（即病因预防）

1）控制血压。

2）合理饮食：不饱食、忌油腻、戒烟限酒。

3）调整日常工作、生活，减轻精神负担。

4）保持适当的体力活动，以不发生疼痛为度。

5）治疗糖尿病、贫血、甲状腺功能亢进等相关疾病。

6）尽量避免过度的体力劳动、情绪激动、寒冷等。

7）饮用硬水，否则需补充钙、镁。

2. 药物治疗

（1）缓解稳定型心绞痛：常用硝酸酯类、β 受体阻断药、钙通道阻滞药等以减轻缺血症状。

（2）预防主要心血管事件：常用阿司匹林、血管紧张素转化酶抑制药、血管紧张素Ⅱ受体阻断药、β 受体阻断药、P2Y12 受体阻断药、他汀类等以改善预后。

（二）急性冠状动脉综合征

不稳定型心绞痛和非 ST 段抬高型心肌梗死的治疗目标是稳定斑块、治疗残余心肌缺血、进行长期二级预防。二级预防指对冠心病患者进行药物和非药物干预，控制其发展和防止并发症，使其更好地康复。ST 段抬高型心肌梗死是冠心病最危重的临床类型，保护和维持其心脏功能，挽救濒死的心肌，防止梗死面积扩大，缩小心肌缺血范围，及时处理严重的心律失常、泵衰竭和各种并发症，防止猝死，是治疗 ST 段抬高型心肌梗死的基本原则。

1. 二级预防　一级预防的所有措施对二级预防均十分重要。二级预防依据英文首字母总结为：

A—血管紧张素转换酶抑制药（ACEI）、血管紧张素受体阻断药（ARB）、阿司匹林（aspirin）。

B—β 受体阻断药（β blocker）、体重指数控制（BMI control）、控制血压（blood pressure control）。

C—戒烟（cigarette quitting）、降低胆固醇（cholesterol lowering）。

D—合理饮食（diet）、控制糖尿病（diabetes control）、复合维生素（decavitamin）。

E—运动（exercise）、教育（education）、情绪（emotion）。

2. 一般治疗

（1）抗焦虑或镇静：不稳定型心绞痛、非 ST 段抬高型心肌梗死、ST 段抬高型心肌梗死应及时住院监护，立即卧床休息至少 12～24h，并给予心电监护，保持环境安静，可应用抗焦虑药或镇静药。

（2）补充氧气：有明确低氧血症（动脉氧饱和度＜92%）或存在左心衰竭时，才需要补氧。

（3）鼓励尽早活动：病情稳定或血运重建后，应适当运动并循序增加运动量。下肢被动运动可防止静脉血栓形成。

（4）饮食：最初 2～3 天应以流质饮食为主，以后随症状减轻可逐渐增加易消化的半流食，应少食多餐。

（5）钠盐和液体的摄入：依据汗量、尿量、呕吐量、有无心力衰竭适当调整。

（6）保持大便通畅：必要时可使用缓泻剂，以防止排便用力较大，诱发心律失常或心力衰竭。

（7）必要时可选择吗啡：ST 段抬高型心肌梗死患者剧烈胸痛时，交感神经过度兴奋可增加心肌耗氧量，诱发快速室性心律失常。可静脉注射吗啡 3mg，必要时每 5 分钟重复一次，总量不超过 15mg。

3. 药物治疗

（1）非 ST 段抬高型 ACS 的药物治疗

1）抗心肌缺血治疗：不仅可改善缺血症状，还可改善预后，提高远期生存率。主要药物有 β 受体阻断药、硝酸酯类、钙通道阻滞药、血管紧张素转换酶抑制药、尼可地尔等。

2）抗血小板治疗：入院时阿司匹林负荷剂量（150～300mg），长期持续治疗（75～100mg）。若不能耐受阿司匹林则改用氯吡格雷（不建议使用双嘧达莫）；若有消化道出血危险因素需联合使用抗凝血药、胃黏膜保护药、质子泵抑制剂（尽量不用奥美拉唑）。

3）抗凝血治疗：若无明确的禁忌证，均推荐抗凝血治疗，以减少心血管事件。常用的抗凝血药有低分子量肝素、普通肝素、比伐卢定、磺达肝癸钠、华法林等。抗凝和双联抗血小板治疗是非 ST 段抬高型 ACS 初始阶段的一线治疗。

4）他汀类治疗：如无禁忌证，无论基线低密度脂蛋白胆固醇水平如何，所有患者（包括 PCI 术后）均应给予他汀类药物治疗。达标后仍长期维持治疗，有利于冠心病的二级预防。

（2）急性 ST 段抬高型心肌梗死的药物治疗：所有 12h 内发病并且有症状的 ST 段抬高型急性心肌梗死，有条件时均应直接 PCI 再灌注治疗；不能 PCI，若无禁忌证，应入院后 30min 内实施纤溶酶治疗。

1）溶栓治疗：常用的溶栓剂有链激酶、尿激酶、阿替普酶、瑞替普酶、兰替普酶。

2）抗栓治疗：包括抗血小板和抗凝血治疗。

3）抗心肌缺血治疗：硝酸酯类、β 受体阻断药、血管紧张素转换酶抑制药、醛固酮受体阻断药（在 ACEI 治疗的基础上使用）、钙通道阻滞药、他汀类药物等。

4. 介入治疗

（1）经皮冠状动脉腔内成形术（percutaneous transluminal coronary angioplasty，PTCA）：将未充气的球囊通过金属丝，经血管送入冠状动脉狭窄部位，利用体外充气泵，给导管末端球囊充气，球囊膨胀后将斑块、血凝块等赘物压向血管壁，撤出球囊后堵塞血管因被撑开而恢复血液流通，症状随之缓解。但 PTCA 存在两大问题：①球囊膨胀扩张管腔的同时，也可能将斑块压破，增加血栓形成的风险；②球囊撤出后原先被撑开的血管，因失去支撑有塌陷堵塞的可能。

（2）冠状动脉支架植入术（coronary stent implantation，CSI）：在 PTCA 技术基础上，将网状支架经血管送入冠状动脉病变部位，撑开支架固定在血管壁上。常见的支架有以下 3 种。

1）裸金属支架：须口服抗血小板药物预防血栓形成，植入后 1 年内发生再狭窄的风险 30%～40%。

2）药物涂层支架：即具有药物涂层的金属支架，可缓慢持久释放药物抑制血管内膜增生，植入术后再狭窄的发生率可被控制在 5% 以下。

3）可降解支架：采用生物可降解材料制成的支架，2～3 年完全降解，但手术指征严苛。

（3）药物球囊扩张术（drug balloon dilation，DBD）：通过球囊带药的方式，既扩张血管，也可将防止内膜增生的药物留置血管壁上，缓慢释放以发挥长期治疗作用。主要适用于支架内再狭窄、小血管病变、分叉血管病变及有高出血风险的患者。术后无须长期服用双联抗血小板药物，真正实现了有介入无植入的治疗理念。

第三节　心律失常

心律失常（cardiac arrhythmia）包括心动节律和频率的异常。正常心律起源于心外膜下右心房与上腔静脉交界处附近的窦房结，经右、左心房的优势传导束传导并汇合于房中隔下部右心房侧心内膜下的房室结。冲动在房室结内短暂延搁后，经房室束及其分支、浦肯野纤维及其分支到达左、右心室肌。冲动起源异常、传导异常和心肌异常兴奋均可导致心动节律和频率异常。严重心律失常可引起血流动力学的显著改变，致组织器官供血不足。

一、病因与病理生理

（一）病因

1. 各种器质性心脏病　先天性心脏病、冠心病、心脏瓣膜病、心肌炎、心包炎、心肌病、心内膜炎等疾病可侵害窦房结、心房肌、房室结、房室束、浦肯野纤维和心室肌，使心脏的自律性、传导性和兴奋性发生改变，引起心律失常。心律失常几乎见于各种类型的心脏病。

2. 自主神经功能失调　自主神经功能失调逐渐被认为是心律失常发生和持续的一个重要因素。支配心室肌的交感神经纤维分布在心外膜下。迷走神经在心外膜下走行 1～2cm 后进入心内膜下，易受心肌缺血损伤的影响，使交感活性相对增强。若发生透壁性心肌梗死，则梗死区远端交感和迷走神经均受损，形成去神经支配的高敏状态。

3. 代谢异常　甲状腺素兴奋心肌细胞膜内侧甲状腺素受体，加速心肌代谢和心肌耗氧过程，增加心肌细胞内 Ca^{2+} 钙储存，降低心肌细胞内 K^+ 浓度；激活心肌细胞内 ATP 酶，增加心肌细胞内 cAMP 浓度，提高心脏 β 受体对儿茶酚胺的敏感性，可诱发心律失常。急性严重低血糖可引起交感神经兴奋、垂体和肾上腺皮质激素分泌增多、血糖升高、心率加快、血压上升等应激反应，以致诱发心律失常，尤其是使用胰岛素或磺脲类药物的糖尿病患者。

4. 电解质平衡和酸碱平衡紊乱　全身及心脏局部电解质平衡和酸碱平衡紊乱，均可影响窦房结、房室结、房室束、浦肯野纤维、心房肌及心室肌的自律性、传导性和兴奋性。

5. 药物的影响　非保钾利尿药、正性肌力药（洋地黄类、肾上腺素、异丙肾上腺素、多巴胺、多巴酚丁胺、氨力农、米力农等）和抗心律失常药等，如果应用不当，可引起心律失常。

6. 其他　严重创伤、手术、心脏导管检查、情绪激动或抑郁、饮酒等也可引起心律失常。

（二）心律失常的发生机制

冲动形成异常和（或）冲动传导异常均可导致心律失常。心肌组织内形成折返、心肌细胞自律性增高和出现后除极是心律失常发生的主要机制。此外，遗传性长 Q-T 间期综合征也是临床常见的心律失常类型。

1. 折返（reentry）　是指一次冲动下传后，又沿另一环形通路折回，再次兴奋已兴奋过的心肌，是引发快速型心律失常的重要机制之一。心肌传导功能障碍是诱发折返的重要原因。折返环路中通常存在单向传导阻滞区，冲动不能正常通过该区域从近端下传，却可使周围正常心肌顺序去极化，当冲动到达单向传导阻滞区远端时可缓慢逆向通过该区并到达其近端，此时相邻心肌已恢复其反应性并可在该冲动作用下再次兴奋，从而形成折返（图 6-1）。发生于房室结或房室之间的折返表现为阵发性室上性心动过速；发生于心房内，则可表现为心

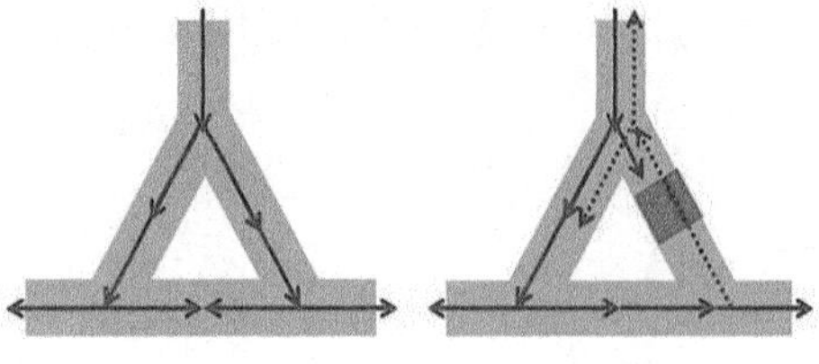

图 6-1 正常传导与折返

房扑动或心房颤动；若心室中存在多个折返，则可诱发心室扑动或心室颤动。若存在房室连接旁路，在心房、房室结和心室间形成折返，则可引起预激综合征（Wolff-Parkinson-White syndrome，WPWS）。

2. 自律性升高 交感神经活性增高、低血钾、心肌细胞受到机械牵张刺激均可使动作电位 4 相斜率增加，导致自律细胞自律性升高。缺血、缺氧则可使非自律心肌细胞（如心肌细胞）出现异常自律性，这种异常兴奋向周围组织扩布可引起心律失常。

3. 后除极 某些情况下，心肌细胞在一个动作电位产生后出现一个提前的去极化，称为后除极（after depolarization），后除极的扩布可诱发心律失常。后除极有以下两种类型。

（1）早后除极（early after depolarization，EAD）：常发生于复极 2 期或 3 期，动作电位时程过度延长易于发生。延长动作电位时程的因素如药物、胞外低钾等均可诱发早后除极。早后除极所致心律失常以尖端扭转型室性心动过速常见。

（2）迟后除极（delayed after depolarization，DAD）：是细胞内钙超载时发生在动作电位完全或接近完全复极时的一种短暂的振荡性除极。细胞内钙超载时，激活钠-钙交换电流，泵出 1 个 Ca^{2+}，泵入 3 个 Na^+，表现为净内向正电流，引起细胞膜去极化，当到达 Na^+ 通道阈电位时，激起新的动作电位。强心苷中毒、心肌缺血、细胞外高 Ca^{2+} 等均可诱发迟后除极。

长 Q-T 间期综合征（long Q-T syndrome，LQTS）：以突发晕厥、惊厥甚至猝死为特征的心脏病，体表心电图表现为 Q-T 间期延长。LQTS 分为遗传性和获得性两类。迄今为止，已明确 13 个基因的突变可致心肌细胞离子通道功能异常，引起遗传性 LQTS。KCNQ1 影响 I_{Ks}，KCNH2 影响 I_{Kr}，SCN5A 影响 I_{Na}，ANK2 影响 Na^+、K^+、Ca^{2+} 电流，KCNE1 影响 I_{Ks}，KCNE2 影响 I_{Kr}，KCNJ2 影响 I_{KI}，CACNA1C 影响 $I_{Ca(L)}$，CAV3 影响 I_{Na}，SCN4β 影响 I_{Na}，AKAP9 影响 I_{Ks}，SNTA1 影响 I_{Na}，KCNJ5 影响 $I_{K(ACh)}$。获得性 LQTS 主要由某些药物的副作用或体内电解质失衡引起。

二、分类及临床表现

（一）分类

目前对人体心律失常发生机制的研究仅限于折返机制，尚不能判断出大多数心律失常的电生理机制，也不能区分导致心律失常发生的离子流机制。依据心搏频率，结合发生原理，临床常用分类见表 6-3。

表 6-3 心律失常的分类、病因、表现

病因	类型	表现
心脏冲动形成异常	窦性心律失常	窦性心动过速、窦性心动过缓、窦性心律不齐、窦性停搏、病态窦房结综合征
	房性心律失常	房性期前收缩、房性心动过速、心房扑动、心房颤动、房性逸搏等
	交界性心律失常	房室交界性期前收缩、房室交界性心动过速、预激综合征和房室折返性心动过速、房室交界性逸搏等
	室性心律失常	室性期前收缩、室性心动过速、心室扑动、心室颤动、室性逸搏等

续表

病因	类型	表现
心脏冲动传导异常	窦房传导阻滞	
	房内传导阻滞	
	房室传导阻滞	一度房室传导阻滞、二度房室传导阻滞Ⅰ型和Ⅱ型、三度房室传导阻滞
	室内传导阻滞	束支传导阻滞（左束支、右束支、完全性、不完全性）、分支传导阻滞（左前分支、左后分支、左间隔分支）、束支传导阻滞并分支传导阻滞等
心脏冲动形成异常合并传导异常	自律性之间的相互作用	并行心律、房性并行心律、房室交界性并行心律、室性并行心律、并行心律性心动过速等
	自律性和传导性之间的相互作用	异位心律并传导阻滞

（二）临床表现

心律失常的临床表现主要取决于其对血流动力学影响的程度。轻度的心律失常，如轻微窦性心动过缓、窦性心律不齐、偶发的房性期前收缩、一度房室传导阻滞等，对血流动力学影响甚小，可无明显的临床表现。较严重的心律失常，如病窦综合征、心房颤动、阵发性室上性心动过速、持续性室性心动过速等，可引起心悸、胸闷、头晕、低血压、出汗，严重者可出现晕厥、阿-斯综合征，甚至猝死。由于心律失常的类型不同，临床表现各异。主要有以下几种表现。

1. 冠状动脉供血不足 各种心律失常均可降低冠状动脉血流量。偶发房性期前收缩可使冠状动脉血流量降低5%，偶发室性期前收缩降低12%，频发室性期前收缩可降低25%，房性心动过速降低35%，房颤降低40%，室性心动过速降低60%，心室颤动可降为零。冠状动脉正常者，轻度心律失常较少引起心肌缺血；冠心病患者，即使轻度心律失常也可诱发或加重心肌缺血。主要表现为心绞痛、急性心肌梗死，甚至急性心力衰竭。

2. 脑动脉供血不足 不同的心律失常对脑血流量的影响各不相同。频发房性与室性期前收缩，脑血流量分别下降约8%、12%；室上性心动过速下降14%～23%；室性心动过速下降40%～75%。脑血管正常者，上述血流动力学改变一般不造成严重后果。若存在脑血管病变，可导致脑供血不足，引起头晕、乏力、视物模糊、暂时性全盲，甚至失语、瘫痪、抽搐、昏迷等一过性或终身性脑损害。

3. 肾动脉供血不足 心律失常发生后，肾血流量也可有不同程度地减少。频发房性期前收缩可使肾血流量降低约8%，频发室性期前收缩降低10%，房性心动过速降低约18%，心房扑动、心房颤动降低约20%，室性心动过速降低约60%。临床表现有少尿、蛋白尿、氮质血症等。

4. 肠系膜动脉供血不足 快速性心律失常可使肠系膜动脉血流量降低约34%，产生胃肠道缺血的临床表现，如腹胀、腹痛、腹泻，甚至出血、溃疡或麻痹。

5. 心功能不全 主要为咳嗽、呼吸困难、倦怠、乏力等。

三、实验室与辅助检查

（一）实验室

应常规检查电解质、甲状腺功能、肾功能、血沉、抗链“O”、心肌酶谱等。

（二）辅助检查

1. 心电图与动态心电图 心律失常发作时的心电图最有诊断价值。窄 QRS（≤0.12s）多为室上性心动过速，宽 QRS（>0.12s）通常为室性心动过速。动态心电图可监测到大多数患者心肌梗死后 6～24h 出现的室性期前收缩。在心肌梗死患者中，频发的、复杂的室性期前收缩为一个独立的危险因子。

2. 运动试验 运动可诱发各种类型的室性和室上性心动过速，偶尔也可诱发缓慢性心律失常。约 30% 的正常受试者在运动试验中会发生异位搏动，3～6 个非持续性室性或室上性期前收缩可发生在正常人（特别是老年人），并不能确定存在器质性病变。运动后心率持续加快与心血管疾病的不良预后相关。

3. 高分辨体表心电图 可在体表记录到标志心室肌传导延缓所致局部心肌延迟除极的心室晚电位。心室晚电位是折返形成的基础，可增加室性心动过速、心室颤动甚至猝死的风险。

4. 创伤性电生理检查 创伤性电生理检查包括引入多级导管电极到静脉和动脉系统，并使电极定位于心脏的不同部位，以便记录和诱发心脏电活动。

四、诊　断

心悸通常表现于快速性心律失常患者；头晕、晕厥、黑矇等可表现于快速性及缓慢性心律失常患者。有些心律失常（如心室颤动），无论是何原因，均有致命性风险；有些心律失常的病因比心律失常本身更值得关注，如冠状动脉严重狭窄引起的窦性心动过缓、室性期前收缩等。因此，心律失常的诊断应注意以下几点。

1. 病史 心律失常患者可有多种主诉。评估患者病情时，应注意采集关于以下几个方面的信息：心律失常的发作模式、发作频率、持续时间、症状严重程度、终止模式、自搭脉搏、自动血压计或心率检测仪数据、并存疾病情况以及用药史、饮食史、遗传史等特征。

2. 体格检查

（1）检测心率和血压。

（2）检查特殊体征：①颈静脉快速搏动（心房扑动、完全性房室传导阻滞、室性心动过速）；②大炮音（心室在相对未完全舒张和未被血液充分充盈时，二尖瓣位置较低，急速的心室收缩使二尖瓣迅速而有力关闭，使第一心音增强）；③ Valsalva 动作或按摩颈动脉窦（局灶性房性心动过速、室上性心动过速终止）。

3. 心电图 记录较长时间的Ⅱ或 V_1 导联心电图，测量、分析 P 波和 QRS 波群的时程与波幅、P-QRS 时空关系，以及 P-P 间期、P-R 间期、R-R 间期长短，可判断基本心律是窦性还是异位。

五、鉴别诊断

心律失常的鉴别诊断包括与以下疾病相鉴别：房性期前收缩、交界性期前收缩、室性期前收缩；窦性心动过速、房性心动过速；阵发性室上性心动过速、心房扑动、心房颤动；阵发性室性心动过速、预激综合征；窦性停搏、窦房传导阻滞、房室传导阻滞。

六、治　疗

（一）治疗原则

心律失常是否需要治疗取决于患者的症状、心律失常的严重程度及其对血流动力学的影响等。心律失常的治疗包括病因治疗、病灶去除，发作时心律失常的控制等。

1. 病因治疗　旨在预防心律失常的发作，减轻心律失常的临床症状。包括纠正心脏病理改变、调整异常病理生理功能（如冠状动脉狭窄、心功能不全、甲状腺功能亢进、自主神经功能失调等）、消除心律失常发作的其他诱因（如电解质平衡紊乱、低血糖等）。

2. 介入治疗

（1）心导管射频消融：消融特定部位的心肌细胞，可消除病灶或异常传导通路，治疗心律失常。常用于以下几种疾病：①房室折返性心动过速；②房室结折返性心动过速；③心房扑动；④房性心动过速；⑤室性期前收缩；⑥室性心动过速；⑦心房颤动。

（2）人工起搏：电池提供能量，脉冲发生器发出电脉冲，导线传导，电极刺激心肌，使心脏收缩舒张，可治疗某些心律失常所致的心脏功能障碍。

（3）植入式心脏复律除颤器：使较强的脉冲电流通过心脏，可消除心律失常，恢复窦性心律，称为电击除颤或电复律术。可用于：①持续性室性心动过速或心室颤动所致的心搏骤停幸存者；②持续性室速患者；③原因不明的晕厥；④经电生理检查可诱发持续性室速且药物治疗无效或不能耐受药物治疗者；⑤陈旧性心肌梗死伴左心室功能不全（左心室射血分数＜35%）的非持续性室速，但电生理检查时可诱发出持续性室速或室颤的患者。

3. 终止发作　对于某些致命性心律失常，如房颤、尖端扭转型室速、室扑、室颤等，常可引起低血压、急性肺水肿、晕厥、休克等，应积极选择电复律、心脏起搏、静脉注射抗心律失常药，以挽救患者生命。

（二）治疗心律失常药物的分类与选择

1. 抗心律失常药物的分类（表 6-4）

表 6-4　抗心律失常药物的分类

分类	代表药	作用离子通道
Ⅰa	奎尼丁、普鲁卡因胺	$\tau_{recovery}$ 1～10s，适度阻滞钠离子通道
Ⅰb	利多卡因、苯妥英钠	$\tau_{recovery}$ ＜1s，轻度阻滞钠离子通道，促进钾离子通道开放
Ⅰc	普罗帕酮、氟卡尼	$\tau_{recovery}$ ＞10s，明显阻滞钠离子通道
Ⅱ	β 受体阻断药	抑制交感神经兴奋所致的起搏电流、钠电流、L 型钙电流增加
Ⅲ	胺碘酮	阻滞多种钾通道，阻滞起搏细胞的钠、钙通道
Ⅳ	苯烷胺类钙通道阻滞药	抑制 L 型钙电流
Ⅴ	其他类如腺苷	激活乙酰胆碱敏感性钾通道，抑制 L 型钙电流，抑制交感神经所致的迟后除极

注：$\tau_{recovery}$ 为钠通道的复活时间常数

2. 抗心律失常药的选择

（1）期前收缩

1）房性期前收缩：房性期前收缩若发生于正常人，一般无须治疗，仅需去除诱因；若发生于器质性心脏病患者，首先治疗基础心脏病，再选维拉帕米（Ⅳ）、安他唑啉（Ⅰa）、胺碘酮（Ⅲ）或普罗帕酮（Ⅰc）、β 受体阻断药（Ⅱ）治疗有可能引发的心动过速。

2）交界性期前收缩：通常无须治疗。若逸搏点位置较低或期前收缩出现过早，可诱发快速性室性心律失常，应选 β 受体阻断药、Ⅰ类抗心律失常药及钙通道阻滞药予以控制。

3）室性期前收缩：不同的室性期前收缩治疗目标不同。无器质性心脏病、无症状者，几乎不增加致命性心律失常的危险，不必使用抗心律失常药；无器质性心脏病，但室性期前收缩频繁发作，引起明显心悸者，若消除诱发或加重室性期前收缩的因素后仍持续存在心悸等症状，可选β受体阻断药治疗；有器质性心脏病患者的室性期前收缩，首先治疗其病因，如改善心肌缺血、左心衰竭，纠正洋地黄中毒，补充钾和镁，控制感染等；急性心肌梗死患者的室性期前收缩，是发生严重心律失常的警告，可选择静脉注射利多卡因治疗；其他急性冠脉综合征的期前收缩，有发展成持续性室速或室颤的潜在可能，首选利多卡因或普鲁卡因胺治疗，同时积极改善心肌缺血。

（2）心动过速

1）室上性心动过速的药物选择（表6-5）

表6-5　室上性心动过速的药物选择

发作时静脉给予以下一种药物
腺苷、β受体阻断药、非二氢吡啶类受体钙离子通道阻滞药（如维拉帕米）
普罗帕酮或胺碘酮
长期治疗药物
首选药物：β受体阻断药或非二氢吡啶类受体钙离子通道阻滞药
备用药物：普罗帕酮或氟卡尼、索他洛尔或胺碘酮

2）室性心动过速：室性心动过速的治疗原则是：①立即终止发作；②消除诱因（如低血钾、洋地黄中毒）；③积极治疗原发病；④预防室性心动过速的复发；⑤防治心脏病猝死。其药物选择见表6-6。

表6-6　室性心动过速的药物选择

急性期药物选择
利多卡因：首选药物，静脉注射，疗程一般<3天
胺碘酮：静脉注射，疗程一般<3天，然后改为口服
普罗帕酮：静脉注射，适用于无器质性心脏病
维拉帕米：适用于某些特殊室速（如左心室分支型室速、短联律多形性室速）
其他药物：普鲁卡因胺、美西律、索他洛尔
单形性室速后续药物治疗
心功能正常者：选用普鲁卡因胺或索他洛尔（备选胺碘酮或利多卡因） 射血分数降低者：选用胺碘酮或利多卡因（药物控制病情后采用电复律）
多形性室速后续药物治疗
正常Q-T间期：β受体阻断药（采用美托洛尔）缓慢静脉注射，无效者换用利多卡因 Q-T间期延长：选用硫酸镁、异丙肾上腺素、苯妥英钠、利多卡因，用于继发性Q-T间期延长；β受体阻断药用于某些类型的Q-T间期延长

（3）缓慢性心律失常：一般选用增强心肌细胞自律性和（或）加速其传导的药物，如拟交感神经药（如异丙肾上腺素、麻黄碱等）、迷走神经抑制药物（如阿托品）、氨茶碱等，以保证血流动力学的稳定，减少心血管事件的发生。

（4）心房扑动和心房颤动：药物治疗的目的主要包括转复并维持窦性心律、控制心室律、预防血栓形成，临床常用治疗房扑和房颤的药物见表6-7。

表 6-7　心房扑动和心房颤动的药物选择

心律失常类型	治疗药物
心房扑动	急性期治疗 β 受体阻断药：用于控制心室率，适用于血流动力学相对稳定的患者 Ⅳ类药物：静脉注射控制心室率 Ⅰa、Ⅰc 类药物：有效转复房扑，预防复发 Ⅲ类药物：控制心室率，也可用于复律 洋地黄类：用于控制合并心力衰竭、无房室旁路者的心室率 预防复发 Ⅲ类药物 Ⅰc 类与 β 受体阻断药或非二氢吡啶类受体钙通道阻滞药合用
心房颤动	控制心室率 β 受体阻断药：一线用药 非二氢吡啶类受体钙通道阻滞药：一线用药 胺碘酮：伴血流动力学不稳定及严重心力衰竭患者的一线用药 洋地黄：伴心力衰竭、低血压或上述药物不能控制心率的房颤 复律 有器质性心脏病、心功能不全：首选胺碘酮 无器质性心脏病：首选普罗帕酮或氟卡尼，也可选胺碘酮、伊利布特 维持窦性节律 无器质性心脏病：普罗帕酮或氟卡尼；普罗帕酮、索他洛尔相对毒性低 有器质性心脏病：不宜选择Ⅰa、Ⅰc 类药物 合并高血压：有明显左心室肥厚者首选胺碘酮，无则可选用普罗帕酮等 合并冠心病：可选用多菲利特、索他洛尔 合并心力衰竭：可考虑胺碘酮或多菲利特
抗栓治疗	阿司匹林 华法林 新型口服抗凝血药：利伐沙班、达比加群酯

第四节　心力衰竭

心力衰竭（heart failure）是心脏结构和/或功能异常引起的、心房肽（ANP）代偿性增高的、肺部或全身充血的临床综合征。

一、病因与病理生理

（一）基本病因

1. 原发性心肌损伤　心肌梗死、心肌缺血、弥漫性心肌炎、原发性及继发性心肌病、糖尿病心肌病等均可引起心力衰竭。其中以心肌梗死、扩张型心肌病最常见。

2. 心脏负荷过重　高血压、主动脉瓣狭窄、肺动脉高压及肺动脉瓣狭窄等疾病导致心脏后负荷过重；主动脉瓣关闭不全、二尖瓣关闭不全、室间隔缺损及动脉导管未闭等疾病导致心脏前负荷过重。长期负荷过重，心肌代偿性肥厚，心室扩大，最后失代偿，出现心力衰竭。

（二）常见诱发因素

（1）感染可直接损害心肌或间接影响心脏功能，如呼吸道感染、风湿活动等。

（2）严重心律失常，特别是快速性心律失常如心房颤动、阵发性心动过速等。

（3）贫血、妊娠、分娩、过多过快的输液、过多摄入钠盐等可增加心脏负荷。

（4）过度的体力活动和情绪激动，可增加心脏负荷。

（5）洋地黄中毒或不恰当地停用洋地黄。

（6）内分泌疾病，如甲状腺功能亢进症。

（7）其他如急性肺梗死、肺气肿或其他慢性肺脏疾患等。

（三）病理生理

心力衰竭的发病机制

（1）心肌收缩力下降

1）心肌细胞和收缩蛋白丧失：心肌缺血、缺氧、感染、中毒等可造成心肌纤维变性、坏死，心肌细胞和收缩蛋白丧失。

2）心肌能量代谢障碍：①生成障碍，心肌缺氧或维生素 B_1 缺乏使腺苷三磷酸（adenosine triphosphate，ATP）生成不足；②能量利用障碍，心肌收缩调节蛋白缺陷或肌球蛋白头部 ATP 酶活性降低，使 ATP 水解障碍。

3）心肌兴奋-收缩耦联障碍：① Ca^{2+} 内流受阻，正常情况下，去甲肾上腺素与心肌细胞膜表面β受体结合，通过腺苷酸环化酶使心肌细胞内的 ATP 转变为环磷酸腺苷（cyclic adenylic acid，cAMP），进而激活蛋白激酶 A，使心肌细胞膜上的 L 型钙通道磷酸化激活，促进 Ca^{2+} 内流，但肥大或衰竭的心肌细胞膜上的β受体减少；②肌浆网对 Ca^{2+} 的摄取、释放障碍，肥大或衰竭的心肌细胞膜上的β受体减少，通过抑制β受体-腺苷酸环化酶-蛋白激酶 A 途径，使肌浆网钙释放通道（ryanodine receptor 2，RyR2）磷酸化不足，导致心肌兴奋时细胞质中 Ca^{2+} 难以迅速达到激发心肌收缩的浓度，产生心肌兴奋-收缩耦联障碍；③心肌肌钙蛋白与 Ca^{2+} 结合障碍，妨碍心肌兴奋-收缩耦联过程。

（2）心脏舒张功能障碍和顺应性异常

1）心室舒张功能障碍：Ca^{2+} 复位延缓，实验证明人和动物衰竭心肌的 Ca^{2+} 复位延缓，使细胞质中的 Ca^{2+} 不能迅速下降致使 Ca^{2+} 脱离心肌肌钙蛋白的水平，导致心肌舒张延缓或不全，妨碍心室充盈；肌球蛋白-肌动蛋白复合体解离障碍，心肌处于收缩状态，严重影响心脏的舒张充盈；心室舒张期负荷降低，与静脉回流减少有关，通过法兰克-斯塔林（Frank-Starling）机制可减弱心脏舒张功能。

2）顺应性异常：心室的顺应性是指心室在单位压力变化下所发生的容积改变。室壁增厚、室壁纤维瘢痕改变、心包炎或心脏压塞可致心室的顺应性降低，引起心室充盈障碍。

（3）心室各部分收缩舒张不协调：心肌梗死、心肌炎等可使心室收缩时病变区心肌向外膨出，心脏传导障碍时可使心肌收缩不同步。

二、分类及临床表现

（一）心力衰竭的分类

1. 根据起病发展速度分类 可分为急性心力衰竭和慢性心力衰竭。

2. 根据发病部位分类 可分为左心衰竭、右心衰竭和全心衰竭。左心衰竭的病理变化为肺循环淤血、肺水肿和组织灌注不足。右心衰竭的病理变化为静脉回流受阻、器官淤血。全心衰竭的病理变化为静脉系统淤血和动脉系统供血不足，同时表现出左、右心衰竭的特点。

3. 根据心力衰竭时心排血量的高低分类

（1）低输出量性心力衰竭：常见于冠心病、原发性高血压、心肌病、心脏瓣膜病等，心排血量低于正常水平。

（2）高输出量性心力衰竭：继发于代谢增高或心脏后负荷降低的疾病，如甲状腺功能亢进、贫血、维生素 B_1 缺乏和动静脉瘘等。在此种情况下，由于循环血量增多或循环速度加快，心室前负荷增加，心排血量代偿性增高，心脏必须做更多的功。但心肌的能量供给却不足，故容易导致心力衰竭。发生心力衰竭时心排血量比心力衰竭以前有所降低，但可稍高于正常水平。然而，由于组织需氧量增高、外周血管扩张、动静脉短路等原因，这些患者的心排血量虽然比正常水平稍高，但组织供氧量仍不足。

4. 根据左心室射血分数（LVEF）高低分类

（1）射血分数降低的心力衰竭（HFrEF）：LVEF≤40%。

（2）射血分数中间值的心力衰竭（HFmrEF）：LVEF 41%～49%。

（3）射血分数保留的心力衰竭（HFpEF）：LVEF≥50%。

（4）射血分数改善的心力衰竭（HFimpEF）：基线 LVEF≤40%，第二次测量时 LVEF 比基线增加≥10 个百分点，且＞40%。

（二）心力衰竭的分期

A 期：有心力衰竭的高危因素，如高血压、冠心病、糖尿病、风湿性心脏病、心肌病等病史，但尚无心脏结构功能异常。

B 期：已出现心脏结构异常，如左心室肥厚或纤维化、左心室扩大或收缩力降低、心肌梗死等病史，但从未有过心力衰竭的症状和体征。

C 期：有心脏结构异常，有心力衰竭症状，如左心室收缩功能不全引起的呼吸困难或乏力等，但经治疗心力衰竭症状消失。

D 期：已经应用效果最强的药物治疗，休息时症状严重，需要特殊治疗措施，如机械循环支持、持续的正性肌力药物治疗、心脏移植和临终关怀。

心力衰竭的分期对每一个患者而言只能是停留在某一期或向前进展而不可能逆转。如 B 期患者，心肌已有结构性异常，其进展可导致 3 种后果：患者在发生心衰症状前死亡；进入 C 期，治疗可控制症状；进入 D 期，死于心力衰竭，而在整个过程中猝死可在任何时间发生。为此，只有在 A 期对各种高危因素进行有效治疗，在 B 期进行有效干预，才能有效减少或延缓进入到有症状的临床心力衰竭。

（三）心力衰竭的分级

目前，依据美国纽约心脏病协会（New York Heart Association，NYHA）制定的标准及患者的活动能力，将心功能分为如下 4 级。

Ⅰ级：有器质性心脏病，但日常活动不受限，一般体力活动不引起乏力、心悸、呼吸困难或心绞痛。

Ⅱ级：活动量轻度受限，休息时无自觉症状，一般体力活动可引起乏力、心悸、呼吸困难或心绞痛。

Ⅲ级：体力活动明显受限，小于一般体力活动时，即可出现乏力、心悸、呼吸困难或心绞痛。

Ⅳ级：不能从事任何体力活动，休息状态下也有心力衰竭症状，稍有体力活动症状即加重。

（四）心力衰竭的临床表现

1. 左心衰竭 左心衰竭临床上最常见。心排血量减少导致外周循环灌注不足和肺循环淤血。外周循环灌注不足主要表现为面色苍白、皮肤湿冷、冷汗淋漓、头晕乏力、烦躁不安或精神萎靡、心悸、少尿等。肺循环淤血主要表现为劳力性呼吸困难、心源性哮喘、端坐呼吸、急性肺水肿等。当肺毛细血管楔压（pulmonary capillary wedge pressure，PCWP）＞30mmHg时，血浆、红细胞进入肺泡，引起粉红色泡沫痰甚至咯血，严重时两肺布满湿啰音。

急性心力衰竭常指急性发作或加重的左心功能急剧减退，可致急性肺淤血、肺水肿，并可伴组织、器官灌注不足和心源性休克的临床综合征，以左心衰竭最常见。急性心力衰竭常危及生命，必须紧急抢救。

2. 右心衰 单纯右心衰竭主要由肺部疾病慢性发展而来，以体循环静脉淤血为主。临床症状以恶心、呕吐、腹胀和食欲减退等最为常见，是肝脏和胃肠道淤血所致。主要体征有体位性水肿、肝大和触痛、颈静脉怒张、肝颈静脉回流征阳性，晚期可出现腹水。若继发于左心衰竭，可有劳力性呼吸困难等。

3. 全心衰竭 全心衰竭同时具有左、右心衰竭的临床表现，但出现右心衰竭时，往往与左心衰竭有关的呼吸困难等淤血症状将有所减轻。

三、实验室与辅助检查

（一）常规化验

1. 末梢血液检查 贫血为导致心力衰竭的加重因素；白细胞增加及核左移提示感染，为心力衰竭常见诱因。

2. 尿常规及肾功能 有助于与肾脏疾病所致的呼吸困难和肾病性水肿相鉴别。

3. 水电解质及酸碱平衡紊乱 低钾、低钠血症及代谢性酸中毒等是难治性心力衰竭的诱因。

4. 肝功能 有助于与肝硬化所致的非心源性水肿相鉴别。

5. 甲状腺功能 甲状腺功能亢进与减退是心力衰竭的病因和诱发加重因素。

6. BNP 血浆BNP与左心室功能不全的程度呈正相关，可作为心力衰竭严重程度的判定指标。BNP＞100pg/ml既可诊断心功能不全或症状性心力衰竭，也是鉴别心源性呼吸困难与肺源性呼吸困难敏感性和特异性较高的指标，但BNP不能作为区别收缩功能不全与舒张功能不全的指标，其临床意义需深入研究。

（二）心电图检查

心力衰竭本身无特异性心电图变化，但心电图有助于心脏基本病变的诊断。如提示心房、心室肥大，心肌劳损，心肌缺血，从而有助于各类心脏病的诊断。心电图检查也有助于确定心肌梗死的部位，对心律失常做出正确诊断，为治疗提供依据。心电图 V_1 导联P波终末电势是反映左心功能减退的指标。若 V_1 导联P波终末电势＜–0.03mm/s，提示左心室负荷过重，或有早期左心衰竭。

（三）二维超声及多普勒超声检查

二维超声及多普勒超声检查是心力衰竭诊断中最有价值的检查。可用于：①诊断心包、心肌或心脏瓣膜病；②定量或定性房室内径、心脏几何形状、室壁厚度、室壁运动，以及心包、瓣膜及血管结构；定量瓣膜狭窄和关闭不全程度，测量左心室射血分数（left ventricular ejection fraction，LVEF）、左心室舒张末期容量（left ventricular end-diastolic volume，LVEDV）和收缩末期容量（left ventricular end-systolic volume，LVESV）；③区别收缩功能不全和舒张功能不全。LVEF和LVESV是判断收缩功能和预后最有价值的指标。舒张功能减退时，心室射血分数斜率（二尖瓣前叶舒张中期关闭速度）降低，左心室快速充盈期（rapid filling period，

RFP）缩短和缓慢充盈期（slow filling period，SFP）延长，舒张晚期与早期流速峰值之比（即A/E）增大，LVEF 正常。

（四）核素心室造影及核素心肌灌注显像

核素心室造影可准确测定左心室容量、LVEF 及室壁运动。核素心肌灌注显像可诊断心肌缺血和心肌梗死，对鉴别扩张型心肌病和缺血性心肌病有一定帮助。

（五）胸部 X 线检查

左心衰竭时 X 线显示心脏扩大，心影增大的程度取决于原发的心血管疾病。X 线检查结合房室增大的特点，可作为诊断左心衰竭原发病的辅助依据。可根据肺淤血的程度判断左心衰竭的严重程度。左心衰竭时 X 线显示肺静脉扩张，肺门阴影扩大且模糊，肺野模糊，肺纹理增强，两肺上野静脉显著，下野血管变细，呈血液再分布现象。当肺静脉压＞25mmHg 时，产生间质性肺水肿，显示 Kerley-B 线，肺门阴影增大，可呈蝴蝶状，严重者可见胸腔积液。右心衰竭继发于左心衰竭者，X 线显示心脏向两侧扩大；单纯右心衰竭，可见右心房及右心室扩大，肺野清晰。

四、诊　　断

（一）急性左心衰竭

（1）起病急剧，突然呼吸困难，端坐呼吸。

（2）咳嗽，吐白色或粉红色泡沫痰。

（3）两肺哮鸣音或湿啰音，舒张期奔马律。

（4）肺水肿发作时血压偏高。

（5）肺毛细血管楔压＞18mmHg。

（6）除外气胸、支气管哮喘、成人呼吸窘迫综合征、急性心脏压塞等症状。

具备上述 1～3 项可诊断，并有 4～6 项可确诊。

（二）慢性左心衰竭

（1）有冠心病、风湿性心脏病、高血压心脏病、心肌病和心肌炎等病史。

（2）有运动疲乏、耐力降低、呼吸困难、卧位性咳嗽、口唇发绀和交替脉等症状。

（3）两肺或两肺底湿啰音，伴或不伴有哮鸣音。

（4）左心室或左心房扩大，心率增快，肺动脉瓣第二心音亢进及舒张期奔马律。

（5）X 线胸片提示上野肺纹理增粗或见 Kerley-B 线。

（6）LVEF≤0.50 或正常，左心室舒张末压≥18mmHg，PCWP≥18mmHg。

一般具备上述 3 项或 3 项以上者可以确诊。

（三）慢性右心衰竭

（1）有慢性左心衰竭、慢性肺、支气管病变或急性肺栓塞等病史。

（2）腹胀、右上腹痛、食欲减退、恶心、嗳气、少尿或夜尿增多。

（3）颈静脉怒张、肝大、双下肢水肿、胸腔积液、腹水和心包积液。

（4）心脏扩大，三尖瓣区可闻及舒张期奔马律。

（5）胸部 X 线检查可见心影增大，上腔静脉扩张及搏动，肺野可清晰（单纯右心衰）或淤血。

（6）颈静脉压≥7cmH_2O。

具备上述 3 项或 3 项以上者可以确诊。

（四）全心衰竭

右心力衰竭继发于左心力衰竭而形成全心衰竭，当右心力衰竭出现后，因右心排血量减少，阵发性呼吸困难等肺淤血症状有所减轻。扩张型心肌病表现为左、右心室同时衰竭时，肺淤血症状往往不严重，左心衰竭的表现主要为心排血量减少的相关症状与体征。

五、鉴别诊断

（一）左心衰竭的鉴别诊断

1. 支气管哮喘 左心衰竭与支气管哮喘均有气喘、气急、咳嗽或咯血等症状。但支气管哮喘多有家族史和过敏史，多于青少年时期起病，发作前有打喷嚏、咳嗽等先兆症状，表现为吸气较短而呼气较长的呼气性呼吸困难，X 线检查可资鉴别。

2. 神经性呼吸困难 神经性呼吸困难多见于心脏神经官能症患者，患者做深呼吸时症状可缓解，呼吸频率不增加，无心脏体征。

3. 慢性阻塞性肺疾病（COPD） COPD 尤其伴肺气肿时，患者亦可有呼吸困难，但本病有慢性支气管、肺及胸廓疾病的既往病史，常有肺气肿体征，发绀比呼吸困难重，咳痰后缓解。血气分析和肺功能测定有利于鉴别。

（二）右心衰竭的鉴别诊断

1. 心包积液或缩窄性心包炎 心包积液、缩窄性心包炎患者可以平卧，无气急；颈静脉充盈而肝颈静脉回流征阴性，心脏听诊无杂音，心脏搏动减弱，心音遥远；心包积液者，其扩大的心浊音界随体位而改变，并有奇脉；超声心动图、X 线检查有利于鉴别。

2. 心源性水肿与肾源性水肿 心源性水肿与肾源性水肿的鉴别：①前者逐渐形成水肿，后者发展迅速；②水肿开始部位，前者呈上行性，后者则多从眼睑开始，自上而下；③水肿性质，前者为凹陷性，后者软而易动；④前者伴有心力衰竭的征象，如心脏扩大、心脏杂音等，后者伴有肾病征象，如蛋白尿、血尿和管型尿等。

3. 门脉性肝硬化 门脉性肝硬化无心脏病基础和心脏病体征，主要表现为肝病体征，如腹壁静脉曲张、脾大和肝功能异常等。但右心衰竭晚期也可出现心源性肝硬化。

六、治疗

（一）急性左心衰竭的处理原则

一旦确诊，应按规范治疗。

1. 初始治疗 面罩或鼻导管吸氧，吗啡、袢利尿剂、强心剂等经静脉给药。后者取坐位或半卧位，两腿下垂，减少下肢静脉回流。

2. 病情仍不缓解者 根据收缩压和肺淤血状况选择应用正性肌力药物、血管扩张药物或血管收缩药物。

3. 病情严重者 血压持续降低（≤90mmHg），甚至出现心源性休克者，应监测血流动力学，并采用主动脉内球囊反搏、机械通气支持、血液净化、心室机械辅助装置以及外科手术等非药物治疗方法。

4. 动态监测氨基端前脑钠肽（N-terminal pro-brain natriuretic peptide，NT-proBNP） NT-proBNP 不具备生物活性，在体内半衰期长，易于长时间跟踪。治疗后 NT-proBNP 仍居高不下，提示预后差，应加强治疗；治疗后 NT-proBNP 降低且降幅＞30%，提示治疗有效，预后良好。

5. 其他 控制和消除各种诱因，及时纠正基础心血管疾病。

（二）慢性心力衰竭的治疗

慢性心力衰竭的治疗已从利尿、强心、扩血管等短期血流动力学、药理学措施，转为以神经内分泌抑制剂为主的、长期的、修复性策略，目的是改变衰竭心脏的生物学性质。

1. 病因治疗 控制高血压、糖尿病等危险因素，使用抗血小板药物和他汀类调脂药物进行冠心病二级预防。消除心力衰竭诱因，控制感染，治疗心律失常，纠正贫血、电解质紊乱等。

2. 改善症状 根据病情调整利尿剂、硝酸酯和强心剂的用法与用量。

3. 正确使用神经内分泌药物 从小剂量增至目标剂量或患者耐受的最大剂量。

4. 监测药物反应

（1）水钠潴留减退者，可逐渐减少利尿剂的剂量或小剂量维持治疗，早期很难完全停药。每日体重变化情况是检测利尿剂效果和调整剂量的可靠指标，可早期发现体液潴留。在使用利尿剂治疗时，应限制钠盐摄入量（＜3g/d）。

（2）使用正性肌力药的患者，出院后可改为地高辛。反复出现心力衰竭症状者应停用地高辛，否则易导致心力衰竭加重。如出现厌食、恶心、呕吐，应测定地高辛的浓度或试探性停药。

（3）血管紧张素转换酶抑制药（angiotensin converting enzyme inhibitors，ACEI）或血管紧张素Ⅱ受体阻断药（angiotensin Ⅱ receptor blocker，ARB）每 1～2 周增加一次剂量，同时监测血压、血肌酐和血钾水平，若出现血肌酐显著升高（＞265.2μmol/L）、高血钾（＞5.5mmol/L）或有症状性低血压（收缩压＜90mmHg），应停用 ACEI 或 ARB。

（4）病情稳定、无体液潴留且心率≥60 次/分的患者，可逐渐增加 β 受体阻断药的剂量；若心率＜55 次/分或伴有眩晕等症状，应减量。

5. 监测频率 患者应每天自测体重、血压、心率并记录。出院后每 2 周复诊一次。观察症状、体征并复查血液生化，调整药物种类和剂量。病情稳定 3 个月且药物达到最佳剂量后，每月复诊一次。

思 考 题

1. 高血压的诊断标准和最终治疗目的是什么？
2. 高血压最主要的危险因素有哪些？其血管危险分级标准是什么？
3. 冠心病的危险因素有哪些？如何预防冠心病？
4. 广义的急性冠脉综合征包括哪些疾病？若根据发病早期心电图 ST 段的变化，急性冠状动脉综合征又可分为哪两大类？
5. 如何进行心绞痛的危险分级？
6. 一旦出现心肌梗死症状，入院抢救前应如何处理？
7. 心律失常的临床表现主要取决于什么？其主要临床表现包括哪些？
8. 心力衰竭的分期标准是什么？常见的诱发因素有哪些？
9. 急性左心衰的诊断标准和处理原则是什么？
10. 心力衰竭的常见并发症包括哪些？

（张芳林）

第七章 消化系统疾病

由食管、胃、肠、肝、胆、胰及腹膜等脏器构成的消化系统是维持机体生存的重要器官系统之一，是人体进行正常的生命活动，不断地从外界摄取营养物质的结构基础。消化系统的主要功能就是对食物进行消化和吸收，为机体的新陈代谢提供所需的物质和能量，同时也能分泌多种激素参与神经体液的调节。消化系统疾病在临床上十分常见，其部分临床表现缺乏特异性，既可局限于本系统，也可累及其他系统及全身；而全身或其他系统的疾病和精神神经因素，亦可引起消化系统的疾病和症状。由于消化系统的疾病种类复杂多样，临床表现变化多端，这就要求医师除了需具备扎实的医学基础与临床知识外，还要具备高度负责的工作态度及良好的敬业精神。

第一节 胃食管反流病

胃食管反流病（gastroesophageal reflux disease，GERD）是指胃十二指肠内容物反流至食管引起胃灼热等症状，并可导致食管炎和咽、喉、气道等食管以外的组织损害。根据是否导致食管黏膜糜烂、溃疡，可分为反流性食管炎（reflux esophagitis，RE）和非糜烂性反流病（nonerosive reflux disease，NERD）。GERD 是一种常见病，发病率随年龄增长而增加，40～60 岁为高峰发病年龄，男女发病无差异。我国人群患病率低于西方国家，病情亦较轻。

案例 7-1

患者，女性，56 岁。以反复反酸、胃灼热 1 年，间歇性胸痛半年加重 3 天为主诉入院。患者 1 年前无明显诱因开始出现反酸，多于餐后出现，伴有胃灼热，无呕吐，半年前间断出现胸骨后疼痛。3 天前，因与亲戚聚餐饮酒后，上述症状加重，并有剧烈胸痛，伴咽部不适，遂来就诊。发病以来精神欠佳、饮食尚可、大小便正常。既往有高血压病史，长期口服硝苯地平降压。

查体：体型肥胖。T 36.4℃，P 80 次/分，R 18 次/分，BP 140/90mmHg。双肺呼吸音清，未闻及干、湿啰音。听诊心音有力，律齐，无杂音。血、尿、粪常规检查均正常。

ECG 检查正常。

胃镜检查：食管下端红色条样糜烂带，长径＜5mm，不融合。

问题：1. 该患者最可能的诊断是什么？其诊断依据是什么？

2. 该病可能有哪些并发症？

一、病因与病理生理

（一）病因

正常人群也可发生胃食管反流（gastroesophageal reflux，GER）现象，但不会损害食管黏膜且无临床症状，称为生理性胃食管反流。病理性胃食管反流即胃食管反流是由多种因素造成的消化道动力障碍性疾病，其主要发病机制是食管抗反流防御机制减弱和反流物对食管黏膜攻击作用的结果，而直接损伤原因则是胃酸、胃蛋白酶及胆汁等反流物。

（二）病理生理

抗反流防御机制包括抗反流屏障、食管对反流物的清除及黏膜对反流攻击作用的抵抗力。

1. 食管抗反流屏障结构和功能异常 食管抗反流屏障是指在食管和胃交界的解剖结构，包括食管下括约肌（lower esophageal sphincter，LES）、膈肌脚、膈食管韧带、食管与胃底间的锐角（His 角）等，上述各部分的结构和功能上的缺陷均可造成胃食管反流，其中 LES 的功能状态最重要。

LES 是指食管末端长 3～4cm 的环形肌束。正常人静息时 LES 压为 10～30mmHg，为一高压带，能防止胃十二指肠内容物反流入食管；一些外界因素可引起 LES 压下降，如某些激素（如缩胆囊素、胰升糖素、血管活性肠肽等）、食物（如咖啡、巧克力等）、药物（如钙通道阻滞药、地西泮、安定类药物等）等；同时腹压增高（如妊娠、腹水、呕吐、负重劳动等）及胃压增高（如胃扩张、胃排空延迟等）也可引起 LES 压相对降低，进而诱发胃食管反流。

另外，下端食管和贲门连接处的一些解剖结构如膈-食管裂孔管、膈食管膜、食管-胃角、贲门黏膜的活瓣作用对防止反流也有一定作用，一旦出现功能障碍也可引起反流性食管炎。

2. 食管清除作用障碍 正常情况下，一旦发生胃食管反流，大部分反流物通过 1～2 次食管自发和继发性蠕动性收缩将食管内容物排入胃内，即容量清除，是食管廓清的主要方式。剩余的则由唾液缓慢地中和。故食管蠕动和唾液产生的异常参与了胃食管反流病的发生，此外，食管裂孔疝也可引起胃食管反流病降低食管对酸的清除，从而引起 GERD。

3. 食管黏膜屏障防御功能降低 食管上皮表面黏液、不移动水层和表面 HCO_3^-构成的上皮前屏障、复层鳞状上皮等构成的上皮屏障，以及黏膜下丰富的血液供应构成的后上皮屏障，发挥着抗反流物对食管黏膜损伤的作用。因此，任何导致食管黏膜屏障作用下降的因素，如长期吸烟、饮酒及某些药物等均可以引起食管黏膜屏障作用下降，从而不能抵御反流物的破坏。

二、临床表现

GERD 的临床特点是慢性病程，症状反复发作。临床表现复杂多样。

1. 食管症状

（1）典型症状：胃灼热和反流是本病最常见的症状。反流是指胃内容物在无恶心和不用力的情况下涌入咽部或口腔的感觉，含酸味或仅为酸水时称反酸，少数情况下可为有苦味的胆汁或肠液。胃灼热是指胸骨后或剑突下烧灼感，常由胸骨下段向上延伸，是 GERD 的特征性表现。

（2）非典型症状：GERD 引起的胸痛是除胃灼热和反流之外的常见食管症状。由酸性反流物刺激食管黏膜神经末梢或炎症引起，并向后背、肩部、颈部等部位放射，有时酷似心绞痛。吞咽困难见于部分患者，是在长期胃灼热的基础上发生的，症状呈间歇性，进食固体或液体食物均可发生可呈持续性或进行性加重。有严重食管炎或并发食管溃疡者，可伴吞咽疼痛。

2. 食管外症状 由反流物刺激或损伤食管以外的组织或器官引起，如咽喉炎、慢性咳嗽和哮喘等。一些患者也可能出现咽部不适，有异物感、棉团感或堵塞感，但无真正吞咽困难，称为癔球症，近年研究发现也与 GERD 有关。

3. 并发症

（1）上消化道出血：因食管黏膜糜烂及溃疡可以导致上消化道出血，临床表现可有呕血和（或）黑便及不同程度的缺铁性贫血。

（2）食管狭窄：食管炎反复发作致使纤维组织增生，最终导致瘢痕狭窄。

（3）Barrett 食管：Barrett 食管是食管腺癌的癌前病变，其腺癌的发生率较正常人高 30～50 倍。

三、实验室及辅助检查

1. 内镜检查 内镜检查是诊断反流性食管炎首选的辅助检查。可直接观察黏膜病变的形态、范围及程度，能判断反流性食管炎的严重程度和有无并发症。根据内镜下所见食管黏膜的损害程度进行反流性食管炎分级，有利于病情判断及指导治疗。目前多采用洛杉矶分级法。

正常：食管黏膜没有破损。

A 级：1 个或 1 个以上食管黏膜破损，长径＜5mm。

B 级：一个或一个以上黏膜破损，长径＞5mm，但没有融合性病变。

C 级：黏膜破损有融合，但＜75% 的食管周径。

D 级：黏膜破损融合，至少达到 75% 的食管周径。

2. 24h 食管 pH 监测 应用便携式 pH 记录仪在生理状态下对患者进行 24h 食管 pH 连续监测，被认为是确诊 GERD 的重要方法。能详细显示昼夜酸反流，并了解酸反流的程度及其与症状发生的关系。常用的观察指标：24h 内 pH＜4 的总百分时间、pH＜4 的次数、持续 5min 以上的反流次数及最长反流时间等指标。但要注意在行该项检查前 3 天应停用抑酸药与促胃肠动力的药物。

3. 食管 X 线检查 食管吞钡 X 线检查可显示有无黏膜病变、狭窄、食管裂孔疝等。但该检查对诊断反流性食管炎敏感性不高，对不愿接受或不能耐受内镜检查者行该检查，其目的主要是排除食管癌等其他食管疾病。

4. 食管测压 可测定 LES 的长度和部位、LES 压、LES 松弛压、食管体部压力及食管上括约肌压力等，是一种辅助性诊断方法。

四、诊　　断

GERD 诊断的基础：①有典型的胃灼热和反流症状；②内镜下可能有反流性食管炎的表现；③食管过度酸反流的客观证据。临床上对疑诊为本病而内镜检查阴性患者也可做实验性治疗。具体方法为质子泵抑制剂（PPI）（如奥美拉唑）每次 20mg，每日 2 次，连用 7～14 天。如有明显效果，一般可确诊。对症状不典型患者，常需结合内镜检查、24h 食管 pH 监测和试验性治疗进行综合分析来做出诊断。

五、鉴别诊断

临床上应与其他病因的食管炎、心源性胸痛、消化性溃疡、消化不良、胆道疾病、食管动力疾病等相鉴别。以胸痛为主要表现者，应与心源性胸痛及其他原因引起的非心源性胸痛进行鉴别。还应注意与功能性疾病如功能性胃灼热、功能性胸痛、功能性消化不良相鉴别。

六、治　　疗

GERD 的治疗目的是控制症状、治愈食管炎、提高生活质量、减少复发和防治并发症。

1. 一般治疗 改变生活方式与饮食习惯。为了减少卧位及夜间反流可将床头抬高 15～

20cm。避免睡前 2h 内进食，肥胖者应减肥。免进食使 LES 压降低的食物，如高脂肪、巧克力、咖啡、浓茶等。应禁烟及戒酒。避免应用降低 LES 压的药物及引起胃排空延迟的药物，如抗胆碱能药物、硝酸甘油、肾上腺受体激动药等。

2. 药物治疗

（1）促胃肠动力药：常用促胃肠动力药有多潘立酮、莫沙必利、依托必利等，这类药物可能通过增加 LES 压力、改善食管蠕动功能、促进胃排空，从而达到减少胃内容物食管反流及减少其在食管的暴露时间。但单独使用此药疗效不佳，因此只适用于轻症患者，或作为与抑酸药合用的辅助治疗。

（2）抑酸药：抑制胃酸分泌是目前治疗 GERD 的基本方法。抑制胃酸的药物包括 H_2 受体阻断药（H_2 receptor antagonist，H_2RA）、质子泵抑制剂（proton pump inhibitor，PPI）等。① H_2RA：如西咪替丁、雷尼替丁、法莫替丁等。H_2RA 能减少 24h 胃酸分泌 50%～70%，但不能有效抑制进食刺激引起的胃酸分泌，因此适用于轻、中症患者的初始治疗和短期缓解症状，疗程 8～12 周。② PPI：包括奥美拉唑、兰索拉唑、泮托拉唑、雷贝拉唑和埃索美拉唑等。这类药物抑酸作用强，因此对本病的疗效优于 H_2RA，特别适用于症状重、有严重食管炎的患者。

（3）抗酸药：抗酸药仅用于症状轻、间歇发作的患者临时缓解症状。常用药物有氢氧化铝等。

3. 维持治疗 GERD 停药易复发，为防止食管炎反复复发引起的并发症，需采取维持治疗。维持治疗的药物用量，一般以患者症状消失时所用的最低剂量为最适剂量。

4. 抗反流手术治疗 抗反流手术的目的是阻止胃内容反流入食管，其疗效与 PPI 相当，但术后有一定并发症。手术主要适用于：①有严重并发症的患者；②不能忍受长期服药的患者；③引起严重呼吸道疾病的患者；④ PPI 疗效欠佳者。

5. 并发症的治疗 食管狭窄：除极少数严重瘢痕性狭窄需行手术切除外，绝大部分狭窄可行内镜下食管扩张术治疗。扩张术后予以长程 PPI 维持治疗可防止狭窄复发，对年轻患者亦可考虑抗反流手术。

6. Barrett 食管 必须使用 PPI 治疗及长程维持治疗。加强随访是目前预防 Barrett 食管癌变的唯一方法。重点是早期识别异型增生，发现重度异型增生或早期食管癌及时手术切除。

第二节 慢性胃炎

慢性胃炎（chronic gastritis）是指不同病因所引起的胃黏膜慢性炎性病变。胃镜下胃黏膜呈非糜烂的炎性改变，如黏膜色泽不均匀、颗粒状增殖及黏膜皱襞异常等；组织学以显著炎症细胞浸润、上皮增殖异常、胃腺萎缩及瘢痕形成等为特点。其患病率一般随年龄增长而增加，特别是中年以上更为常见。慢性胃炎的分类方法有很多种，结合我国国情，将慢性胃炎分为非萎缩性（non-atrophic）、萎缩性（atrophic）和特殊类型（special forms）三大类。

案例 7-2

患者，男性，45 岁。以“腹胀、腹痛 5 年，加重 3 天”为主诉入院。患者 5 年前受凉后出现腹胀、腹痛。疼痛部位位于剑突下，隐痛，自服胃药可缓解，无恶心、呕吐，无腹泻。近 3 天来吃冷饮后出现上腹部疼痛，持续 10min 以上，疼痛为胀痛，有灼烧感，无恶心、呕吐，自服胃药无明显缓解，遂入院。患者自入院以来精神欠佳，偶有头晕，饮食欠佳，睡眠尚可，二便正常。

查体：T 36.8℃，P 78 次/分，R 18 次/分，BP 130/74mmHg。神志清楚，心肺检查无异常。腹软，上腹部压痛（+），无反跳痛及肌紧张。肠鸣音正常，双下肢无水肿。生理反射存在，病理反射未引出。

实验室检查：血常规示 WBC 8.8×10^9/L，中性粒细胞百分率 58.9%。

胃镜检查：胃体部黏膜红白相间，以红相为主。胃窦部黏膜充血、水肿，可见糜烂和渗出；幽门螺杆菌（+++）。

问题：该患者最可能的诊断是什么？其诊断依据是什么？

一、病因与病理生理

（一）病因

幽门螺杆菌（Hp）感染是慢性胃炎的最主要病因，此外，自身免疫因素、饮食、环境因素、十二指肠-胃反流以及慢性病、精神因素、年龄、职业等都可以参与慢性胃炎的发病。

（二）病理生理

1. Hp 感染 现已证实 Hp 感染是慢性胃炎的最主要病因。Hp 经口进入胃内，部分可被胃酸杀灭，部分则附着于胃窦部黏液层，依靠其鞭毛过黏液层移向胃黏膜黏附定居。Hp 定居后可大量繁殖，并产生空泡毒素 A（vacuolating cytotoxin，VacA）等引起细胞损害，还可通过释放尿素酶分解尿素产生氨来直接损伤胃黏膜上皮细胞；同时 Hp 还可以分泌细胞毒素相关基因（cag A）蛋白，诱发强烈的炎症反应；其菌体细胞壁还可以作为抗原诱导免疫反应，这些因素的长期存在导致慢性活动性胃炎。部分患者还会发生胃黏膜萎缩。

2. 自身免疫 由自身免疫因素引起的慢性胃炎以胃体黏膜萎缩为主，患者的血清和胃液中可检测出自身抗体如壁细胞抗体（parietal cell antibody，PCA），伴有恶性贫血者还可以检测出内因子抗体（intrinsic factor antibody，IFA）。壁细胞抗原和 PCA 形成免疫复合物，可与补体共同作用并破坏壁细胞；而 IFA 可与内因子结合，从而阻碍维生素 B_{12} 与内因子的结合和吸收，进而导致巨幼细胞贫血，称之为恶性贫血。

3. 饮食、环境因素 一些不良的生活和饮食习惯可以引起胃黏膜的损伤。长期饮浓茶、咖啡、烈酒，食用过热、过冷和粗糙的、刺激性的食物，服用非甾体抗炎药、铁剂、氯化钾等都会损伤胃黏膜；酗酒可直接损伤胃黏膜上皮细胞，破坏黏膜屏障作用；新鲜蔬菜水果摄入减少、营养缺乏等也与胃黏膜萎缩的发生有着密切的关系。

4. 其他因素 幽门括约肌功能不全时，含胆汁和胰液的十二指肠液反流入胃，可削弱胃黏膜屏障功能，产生炎症、糜烂和出血等变化。吸烟也可以引起十二指肠液反流。某些慢性病可引起慢性萎缩性胃炎，如尿毒症、肝硬化等。其他因素，如精神因素、职业、年龄等也都可以参与慢性胃炎的发病。

二、临床表现

慢性胃炎起病隐匿，病程迁延，缺乏特异性症状。有 70%～80% 的患者无任何症状，有症状者主要表现为上腹饱胀不适、无规律疼痛、嗳气、反酸、恶心、呕吐等消化不良症状，如有胃黏膜糜烂者可出现上消化道出血，查体可有上腹部轻压痛。自身免疫性胃炎可出现明显厌食、体重减轻及贫血等临床表现。恶性贫血者有衰弱、疲惫、表情淡漠和四肢感觉异常。

三、实验室及辅助检查

1. 胃镜及活组织检查 胃镜检查并同时取活组织做病理组织学检查是诊断慢性胃炎的最可靠方法。由于内镜所见与活检的病理表现可能不一致，诊断时应两者结合，在活检的基础上，以病理学诊断为准。

2. Hp 检测 Hp 检测是慢性胃炎病因诊断和治疗的基础，其方法有多种，根据原理可分为侵入性和非侵入性两种方法。非入侵检测方法不依赖内镜检查，包括 ^{13}C 或 ^{14}C 尿素呼气实验（UBT）、粪便 Hp 抗原检测、血清和分泌物抗体检测、基因芯片和蛋白芯片检测等。而侵入性检测方法主要指通过胃镜获得黏膜标本的方法，包括快速尿素酶试验（RUT）、胃黏膜直接涂片染色镜检、胃黏膜组织切片染色镜检、细菌培养和基因检测法。

3. 血清促胃液素和胃蛋白酶原检测 血清胃泌素 G17、胃蛋白酶原Ⅰ和Ⅱ测定，属于无创性检查，可判断有无胃黏膜萎缩及部位。胃体萎缩者血清胃泌素 G17 水平显著升高、胃蛋白酶原Ⅰ和（或）胃蛋白酶原Ⅰ/Ⅱ比值下降；胃窦萎缩者血清胃泌素 G17 水平下降、胃蛋白酶原Ⅰ和胃蛋白酶原Ⅰ/Ⅱ比值正常；全胃萎缩者则两者均低。

4. 自身免疫性胃炎的相关检查 疑为自身免疫性胃炎者应检测血 PCA 和 IFA，如为该病则血清 PCA 常呈阳性，血清 IFA 阳性率比 PCA 低，如胃液中检测到 IFA，对恶性贫血的诊断帮助很大。

5. 血清维生素 B_{12} 浓度测定及维生素 B_{12} 吸收试验 正常人空腹血清维生素 B_{12} 浓度为 300～900ng/L，低于 200ng/L 就被定义为维生素 B_{12} 缺乏。维生素 B_{12} 吸收试验可提示维生素 B_{12} 的缺乏是由患者体内有内因子抗体或回盲部病变所致。

6. 其他 可测定基础胃酸分泌量（BAO）、最大胃酸分泌量（MAO）、高峰胃酸分泌量（PAO）和胃液 pH。此外 X 线钡剂造影检查有助于排除消化性溃疡和胃癌等疾病。

四、诊　　断

确诊必须依赖胃镜及胃黏膜活组织病理学检查，Hp 和血清自身抗体的检测有助于确定病因。怀疑有恶性贫血时，应做血清维生素 B_{12} 浓度测定和维生素 B_{12} 吸收试验。慢性胃炎的临床表现没有特异性，需要与胆囊炎、消化性溃疡、慢性肝病及胰腺炎等疾病相鉴别，尤其是老年人，出现厌食、消瘦、贫血等时还需特别排除肿瘤。

五、治　　疗

慢性胃炎的治疗目的是缓解症状和改善胃黏膜炎症。治疗应遵循个体化原则。大多数成人胃黏膜均有非活动性、轻度慢性浅表性胃炎，可被视为生理性黏膜免疫反应，不需要药物治疗。如慢性胃炎波及黏膜全层或呈活动性，出现癌前状态如肠上皮化生、假幽门腺化生、萎缩及不典型增生可予短期或长期间歇治疗。

1. 去除病因 首先应去除各种可能的病因，如避免食用过于粗糙的、辛辣的食物，忌服用对胃有刺激性的药物。同时应清除口鼻咽部感染灶，戒烟戒酒，饮食宜软、易消化。

2. 药物治疗

（1）根除 Hp 感染：成功根除 Hp 可改善胃黏膜组织化学变化、可预防消化性溃疡及防止胃癌发生的危险，少部分消化不良的症状也可以得到改善。临床上根治 Hp 常使用联合方案：1 种 PPI +2 种抗生素或 1 种铋剂 +2 种抗生素，疗程 7～14 天。由于各地抗生素耐药情况不同，抗生素及疗程的选择应视当地耐药情况而定。

（2）抑酸或抗酸治疗：胃黏膜糜烂、出血和以反酸、上腹痛等症状为主者，可选用抗酸剂、质子泵抑制剂或 H_2 受体阻断药等进行治疗。

（3）促动力药、胃黏膜保护剂：有上腹部饱胀者，可使用促动力药；胃黏膜糜烂、出血者，可应用胃黏膜保护药。

（4）抗抑郁或抗焦虑药：对于有明显精神因素的慢性胃炎伴消化不良患者应给予抗抑郁和抗焦虑药物治疗，并同时给予心理疗法。

（5）其他：应给予β-胡萝卜素、维生素C、维生素E等药物治疗；对慢性胃炎伴恶性贫血者需注射维生素 B_{12} 及叶酸；当慢性萎缩性胃炎伴重度异型增生或重度肠化时，应采用内镜下胃黏膜切除术，以预防癌变。

（6）健康教育：宣传疾病相关知识，指导患者避免诱发因素。保持良好心情。指导患者生活规律，注意劳逸结合，积极配合治疗。按时正确服药。避免使用对胃黏膜有刺激性的食物、药物，及时、定期复诊。

第三节　消化性溃疡

案例 7-3

患者，男性，50岁。以反复上腹疼痛伴反酸、嗳气6年，加重1周为主诉入院。患者6年前，无明显诱因开始出现反复上腹疼痛，疼痛为胀痛，尤以饥饿后明显，进食后可自行缓解，有时夜间痛醒，并伴有反酸、嗳气等症状，每年冬春季节易发病，自服胃药好转，未做系统治疗。一周前，因与家人吵架后，上述症状加重，遂入院。自发病以来，精神、饮食尚可，二便正常。

查体：T 36.5℃，P 82次/分，R 18次/分，BP 123/80mmHg。一般状态尚好，生命体征平稳。心肺检查无异常。腹软，剑突下压痛（+），无反跳痛及肌紧张。肠鸣音正常，双下肢无水肿。

实验室检查：血常规示Hb113g/L，WBC 6.8×10^9/L，中性粒细胞百分率70%，PLT 250×10^9/L；大便隐血（+）。

胃镜检查：十二指肠球部可见一大小约0.7cm×1.1cm溃疡，溃疡底附白苔，周围黏膜明显充血、水肿；幽门螺杆菌（+）。

问题：1. 该患者最可能的诊断是什么？其诊断依据是什么？

2. 该患者需要哪些药物治疗？

消化性溃疡是指胃和十二指肠黏膜慢性溃疡病变，是一种多发病、常见病。由于其发生与酸性胃液对黏膜的自我消化作用有关，故名。本病多见于青壮年。酸性胃液接触的任何部位，如食管下段、胃肠吻合术后吻合口、空肠及具有异位胃黏膜的Meckel憩室均可发生消化性溃疡。临床上十二指肠溃疡远较胃溃疡多见，前者占70%，后者占25%，胃与十二指肠同时发生者称复合性溃疡，约占5%。

一、病因与病理生理

（一）病因

胃和十二指肠消化性溃疡的病因及其发病机制迄今尚不完全清楚，目前认为主要与Hp感染、胃液的消化作用和神经内分泌失调等所导致的胃黏膜自身屏障作用破坏有关。消化性溃疡的发生是各种侵袭作用与黏膜修复防御功能之间失衡导致的。此外，迷走神经功能亢进使胃酸分泌增多，与十二指肠溃疡发生有关；而迷走神经兴奋性降低，胃蠕动减弱，促胃液素和胃酸分泌增加，则有利于胃溃疡形成。其他因素如长期服用非固醇类抗炎药物如阿司匹林等，除直接刺激胃黏膜外，还可抑制胃黏膜前列腺素的合成，影响血液循环；吸烟也损害黏膜血液循环，损害黏膜防御屏障。

（二）病理生理

1. Hp 感染 Hp 感染是消化性溃疡的主要病因。主要基于以下两方面的证据：①消化性溃疡患者的幽门螺杆菌检出率显著高于对照组的普通人群，在十二指肠溃疡的检出率约为90%、胃溃疡为70%～80%（幽门螺杆菌阴性的消化性溃疡患者往往能找到NSAID服用史等其他原因）；②大量临床研究肯定，成功根除幽门螺杆菌后溃疡复发率明显下降，用常规抑酸治疗后愈合的溃疡年复发率为50%～70%，而根除幽门螺杆菌可使溃疡复发率降至5%以下，这就表明去除病因后消化性溃疡可获治愈。至于何以在感染幽门螺杆菌的人群中仅有少部分人（约15%）发生消化性溃疡，一般认为，这是幽门螺杆菌、宿主和环境因素三者相互作用的不同结果。

Hp 引起消化性溃疡的可能机制为：Hp 释放一种细菌型血小板激活因子，促进胃肠黏膜表面毛细血管内血栓形成，阻塞血管，导致黏膜缺血，破坏胃十二指肠黏膜防御屏障；Hp 能分泌尿素酶和蛋白酶，还可产生能破坏黏膜上皮细胞脂质膜的磷酸酯酶，有利于胃酸直接接触并进入黏膜内；Hp 能直接促进胃黏膜 G 细胞分泌胃泌素，导致胃酸分泌增加，增强自身消化作用；Hp 还具有趋化中性粒细胞的作用，破坏黏膜上皮细胞诱发消化性溃疡。

2. 胃酸和胃蛋白酶 胃酸和胃蛋白酶是胃液的主要成分，胃酸由壁细胞分泌，胃蛋白酶是由主细胞分泌的胃蛋白酶原激活转化而来，两者对胃肠道黏膜的自身消化作用是消化道溃疡形成的直接原因之一。由于胃蛋白酶原需盐酸激活，因此胃内的pH对胃蛋白酶有较大影响。

3. 非甾体抗炎药（NSAID） 有些药物对胃、十二指肠等黏膜有损伤作用，NSAID 如阿司匹林、吲哚美辛等可以破坏胃黏膜屏障，损伤黏膜防御功能，进而导致消化性溃疡。非甾体抗炎药无论口服、静脉注射或直肠给药都可能引起溃疡，其作用机制主要有：对胃肠黏膜的直接刺激和损害作用；抑制内源性前列腺素的合成；降低胃十二指肠黏膜血流量；削弱胃黏膜的屏障功能；在多个环节上协同幽门螺杆菌的损害作用。

4. 其他因素

（1）胃十二指肠运动异常：部分患者胃排空加快，可使十二指肠酸负荷增加，因此诱发了十二指肠溃疡；部分患者存在胃运动障碍，表现为胃排空延迟和十二指肠-胃反流。胃排空延迟影响食糜向前推进，刺激胃窦部 G 细胞分泌胃泌素，进而增加胃酸分泌；十二指肠-胃反流主要由于胃窦-十二指肠运动协调和幽门括约肌功能障碍，反流的胆汁，胰液和卵磷脂对胃黏膜有损害作用，可诱发胃溃疡。

（2）胃、十二指肠黏膜屏障功能损伤：胃十二指肠正常的黏膜防御屏障包括①黏液-碳酸氢盐屏障，起隔离和中和作用，避免胃液对黏膜的自身消化；②黏膜上皮屏障，黏膜上皮具有快速再生能力，保证了黏膜表面的完整性；③胃黏膜中丰富的血液循环可及时清除损伤因子，如氢离子，保持局部微环境稳定。此外前列腺素、生长抑素、表皮生长因子等也起到保护黏膜的作用。生理状况下，胃、十二指肠黏膜具有抵抗各种生物、理化等因素侵袭的作用。当这些屏障受到损害时，其保护黏膜的功能就会降低，进而容易导致溃疡的发生。

（3）应激和心理因素：长期精神紧张、焦虑或情绪波动较大的人易患消化性溃疡。外伤、休克、大手术及严重脏器衰竭等应激情况下，胃酸排出量增加，黏膜血流量下降，进而诱发了溃疡或加重原有消化性溃疡。精神因素对溃疡愈合和复发也有影响。无精神因素、无应激事件者的溃疡愈合率明显高于有应激事件者，且溃疡愈合速度前者明显高于后者。

此外，遗传因素、环境和饮食因素也都参与了消化性溃疡的发生。长期吸烟者消化性溃疡的发病率比不吸烟者要高，同时吸烟还会影响溃疡的愈合。粗糙食物、过冷过热食物、过酸、酒精等刺激性食物或饮料对消化道黏膜均可引起物理或化学性损害，又如咖啡可刺激胃酸分泌，不定时饮食会破坏胃分泌规律等。这些因素对溃疡的发病和复发均有关。

二、临床表现

（一）症状

消化性溃疡的临床表现有以下特点：①慢性过程且反复发作，一般为几年，多则10余年甚至几十年。其间可有发作与缓解相交替，常由于精神过度紧张、情绪波动、饮食失调，或服用与溃疡发病有关的药物而诱发；②发作呈周期性，好发于秋冬和冬春之交；③节律性上腹疼痛。也有少数患者无任何症状，或以出血、穿孔等并发症为首发症状。

1. 腹痛 上腹部不适及疼痛是消化性溃疡的主要症状，疼痛的性质可为钝痛、刺痛、灼痛或胀痛，可能与胃酸刺激溃疡壁的神经末梢有关，持续性剧痛提示溃疡穿透或穿孔。十二指肠溃疡疼痛常在两餐之间发生，进食或服用抑制胃酸的药疼痛可缓解；胃溃疡疼痛出现较早，多在餐后0.5～1h，经1～2h后逐渐缓解，直至下一餐进食后再出现。溃疡的疼痛还表现出一定的周期性特点，发作与缓解交替进行，可持续数天、数周甚至更久；多发生于秋冬或冬春交替的寒冷季节。疼痛常因精神刺激、过度疲劳、饮食不慎、药物影响、气候变化等因素诱发或加重；可因休息、进食、服制酸药、以手按压疼痛部位、呕吐等方法而减轻或缓解。

2. 其他症状 消化性溃疡除腹部疼痛外，尚可有唾液分泌增多、胃灼热、反胃、嗳酸、嗳气、恶心、呕吐等其他胃肠道症状。食欲多保持正常，但偶可因食后疼痛发作而惧食，以致体重减轻。全身症状可有失眠等神经官能症的表现，或有缓脉、多汗等自主神经系统不平衡的症状。

（二）体征

发作期可有上腹部局限而固定的压痛，程度较轻，其压痛部位多与溃疡的位置基本相符，十二指肠溃疡压痛偏右上腹；胃溃疡偏左上腹。缓解期常无明显体征。

三、并发症

1. 出血 消化性溃疡是上消化道出血中最常见的病因，约占所有病因的50%，十二指肠球部溃疡较胃溃疡易发生。当消化性溃疡侵蚀周围或深处的血管，可产生不同程度的出血。溃疡底部毛细血管破裂引起的少量出血仅表现为大便隐血阳性；较大血管破裂出血可表现为呕血和黑便；出血严重者可引起失血性休克。有慢性腹痛的患者，出血后腹痛可减轻。

2. 穿孔 当溃疡向深处发展，可穿透胃、十二指肠壁，发生率约为5%，其中十二指肠前壁因肠壁较薄，更容易发生穿孔。穿孔后由于胃肠内容物漏入腹腔而引发腹膜炎，表现为压痛、反跳痛，肌紧张、板状腹，肠鸣音减弱。最特异的表现为肝浊音区的缩小或消失。

3. 幽门梗阻 可出现痉挛性幽门梗阻和瘢痕性幽门梗阻，发生率为2%～3%。临床上可出现明显上腹胀痛，餐后加重，呕吐后腹痛可稍缓解，呕吐物可为宿食；严重呕吐可导致失水、电解质及酸碱平衡紊乱；体重下降、营养不良。体检可见胃蠕动波及震水声。

4. 癌变 胃溃疡可癌变，但发病率＜1%。有长期慢性胃溃疡病史、年龄在45岁以上、溃疡顽固不愈者应提高警惕。对可疑癌变者，在胃镜下取多点活检做病理检查；在积极治疗后复查胃镜，直到溃疡完全愈合；必要时定期随访复查。

四、实验室及辅助检查

1. 胃镜检查 胃镜检查是确诊消化性溃疡的主要方法。胃镜检查不仅可对胃及十二指肠黏膜直接观察，更重要的是还可以取活体组织做病理和幽门螺杆菌检查，进行鉴别诊断。内镜诊断应包括溃疡的部位、大小、数目、形态、溃疡周围组织情况及溃疡的分期：活动期（A1、A2）、愈合期（H1、H2）、瘢痕期（S1、S2）。胃镜下良性溃疡呈椭圆形、圆形或线形；边缘较光滑，基底洁净，周围黏膜可见充血和水肿，有时甚至可见皱襞向溃疡中心集中。

2. X线钡餐检查 适用于对胃镜检查有禁忌或不愿接受胃镜检查者。X线钡餐X线征象有直接和间接两种。龛影是直接征象，直接征象突出胃及十二指肠壁轮廓，对溃疡有确诊价值。间接征象是溃疡及其周围的炎症、水肿、纤维化等所致的一系列征象，包括局部压痛、胃大弯侧痉挛性切迹、十二指肠球部激惹及变形等。间接征象仅提示有溃疡，不能作为诊断依据。

3. Hp检测 Hp检测目前已作为消化性溃疡的常规检查项目，详见本章第三节。

4. 大便隐血试验 活动性溃疡常有少量渗血，大便隐血试验可显示阳性结果。GU患者出现大便隐血试验持续阳性，则应警惕有癌变的可能。

五、诊　　断

根据慢性病程、反复周期性、节律性上腹部疼痛等特点，可初步诊断消化性溃疡。但应注意，部分患者有典型溃疡样上腹痛症状，但不一定是消化性溃疡，而部分消化性溃疡患者症状可不典型甚至无症状，因而单纯依靠病史难以做出可靠诊断，还需进行胃镜检查或X线钡餐检查，同时尚需排除有关疾病，综合分析。

六、鉴别诊断

1. 其他引起慢性上腹痛的疾病 当仅有病史和体检资料时，需与其他有上腹痛症状的疾病如肝、胆、胰、肠疾病和胃的其他疾病相鉴别。功能性消化不良临床常见且临床表现与消化性溃疡相似，应注意鉴别。可做胃镜检查，确定有无胃、十二指肠溃疡存在。

2. 胃癌 内镜或X线检查见到胃的溃疡，必须进行良性溃疡（胃溃疡）与恶性溃疡（胃癌）的鉴别，尤其是溃疡型早期胃癌仅凭内镜所见很难与良性溃疡鉴别。恶性溃疡的内镜特点为：①溃疡形状不规则，一般较大；②底凹凸不平、苔污秽；边缘呈结节状隆起；周围皱襞中断；③胃壁僵硬、蠕动减弱。活组织检查可以确诊。

3. 胃泌素瘤 亦称Zollinger-Ellison综合征，是胰腺非B细胞瘤分泌大量胃泌素所致。肿瘤往往很小（＜1cm），生长缓慢，半数为恶性。临床上以高胃酸分泌，胃泌素水平升高，多发、顽固及不典型部位消化性溃疡与腹泻为特征。大量胃泌素可刺激壁细胞增生，分泌大量胃酸，使上消化道经常处于高酸环境，导致胃、十二指肠球部和不典型部位（十二指肠降段、横段，甚或空肠近端）发生多发性严重而难治的溃疡。

七、治　　疗

本病确诊后采用综合性治疗措施，治疗的目的是消除病因、缓解症状、促进溃疡愈合、防止复发和防治并发症。针对病因的治疗如根除幽门螺杆菌，有可能彻底治愈溃疡病，是近年消化性溃疡治疗的一大进展。

1. 一般治疗 生活要有规律，避免过度劳累和精神紧张；应避免服用易导致溃疡的药物，还应戒烟、限酒；要规律饮食，避免食用浓茶、咖啡、辛辣等强刺激物质，还应避免高盐饮食。

2. 药物治疗 药物治疗是消化性溃疡治疗的主要方式。主要是应用抑制胃酸分泌的药物及胃黏膜保护药，主要起缓解症状和促进溃疡愈合的作用，常与根除幽门螺杆菌治疗配合使用。

（1）抑制胃酸的药物：溃疡的愈合与抑酸治疗的强度和时间成正比。抑制胃酸的治疗主要是为了缓解症状，促进溃疡愈合。主要分为两大类：组胺 H_2 受体阻断药（H_2RA）和质子泵抑制剂（PPI），后者为首选药。

1）H_2RA：常用的有西咪替丁、雷尼替丁、法莫替丁等，其抑制胃酸分泌的作用依次增强。不良反应主要为乏力、头痛、嗜睡及腹泻等，血清转氨酶及血清肌酐可能会升高，停药后均可恢复。由于该类药物价格较 PPI 便宜，临床上特别适用于根除幽门螺杆菌疗程完成后的后续治疗，以及某些情况下预防溃疡复发的长程维持治疗。

2）PPI：PPI 作用于壁细胞中的 H^+-K^+-ATP 酶，使其不可逆地失去活性，进而抑制胃酸分泌，因此抑酸作用比 H_2RA 更强且作用持久。主要有奥美拉唑、兰索拉唑、泮托拉唑、雷贝拉唑等。PPI 的不良反应较少，主要有恶心、腹胀、腹泻等，血清转氨酶、胆红素和胃泌素升高。与 H_2RA 相比，PPI 促进溃疡愈合的速度较快、溃疡愈合率较高，因此特别适用于难治性溃疡或 NSAID 溃疡患者不能停用 NSAID 时的治疗。对根除幽门螺杆菌治疗，PPI 与抗生素的协同作用较 H_2RA 好，因此是根除幽门螺杆菌治疗方案中最常用的基础药物。

（2）胃黏膜保护药：目前应用于临床的胃黏膜保护药主要有硫糖铝、枸橼酸铋钾和前列腺素（PG）类如米索前列醇等。抗酸药（antacids）属于弱碱类药物，口服后能直接中和胃酸，有些抗酸药的胶体制剂还能在溃疡面上形成一层保护性胶状薄膜。这类药物目前也被用作黏膜保护药。

（3）根除 Hp 治疗：Hp 感染是侵袭因素的主要组成部分，对 Hp 相关性溃疡，均应进行根除 Hp 治疗。目前尚无单一的药物能有效根除 Hp 感染，必须联合用药。

根除 Hp 推荐以抑制剂或铋剂为基础加上两种抗生素的联合治疗方案。方案中 PPI 联合克拉霉素和甲硝唑或阿莫西林是最有效的治疗方案。但是临床上也仍然会有 10%～20% 的失败率。对于治疗失败后的患者应再次进行治疗，即选用铋剂、PPI 联合两种抗生素，且疗程可适当延长。治疗后应常规复查幽门螺杆菌是否已被根除，复查应在根除幽门螺杆菌治疗结束至少 4 周后进行，且在检查前停用 PPI 或铋剂 2 周，否则会出现假阴性。

3. 外科治疗 由于内科治疗的进展，目前外科手术主要限于少数有并发症者。手术适应证：大量或反复出血经药物、胃镜或介入治疗无效者；急性穿孔；器质性或瘢痕性幽门梗阻；胃溃疡疑有癌变者；正规内科治疗无效的顽固性溃疡。

第四节　急性胰腺炎

急性胰腺炎（acute pancreatitis，AP）是多种病因导致胰酶在胰腺内被激活后引起的胰腺组织自身消化所致的胰腺水肿、出血及坏死等炎性损伤。临床以急性上腹痛、恶心、呕吐、发热和血清淀粉酶增高等特点。轻者以胰腺水肿为主，临床多见，呈自限性，预后良好，称为轻症急性胰腺炎（mild acute pancreatitis，MAP）。少数胰腺出血坏死，常继发感染、腹膜炎和休克等多种并发症，称为重症急性胰腺炎。

案例 7-4

患者，男性，40 岁。以“突发性上腹部疼痛 2 天伴恶心、呕吐”为主诉入院。患者 2 天前参加完聚会后出现左中上腹持续性胀痛，初始尚可忍受，至次日晨加重，并出现左腰背放射性痛，进食后加重，伴频繁恶心、呕吐，呕吐物为胃内容物和胆汁，呕吐后腹痛不能缓解，遂急诊入院。自患病以来神情，精神欠佳，睡眠极差，几乎未眠，几乎未进食水，小便偏少，体力下降。患者 5 年前体检化验甘油三酯和胆固醇明显增高，医师诊断“脂肪肝”，但未引起注意。既往无结核、肝炎、冠心病、肿瘤病史，否认胆结石病史，无酗酒史。

查体：T 38.2℃，P 98 次/分，R 28 次/分，BP 110/70mmHg。体态偏胖，神志清楚，精神差，焦虑面容。腹部略膨隆，腹肌稍紧张，剑突下偏左及左中上腹压痛明显，无反跳痛，墨菲征阴性。肝、脾肋下未触及，未触及明显包块。腹部叩诊，移动性浊音阴性，肠鸣音减弱。四肢无水肿。

实验室检查：血常规示 WBC 17.3×10^9/L，中性粒细胞百分率 86%，血清淀粉酶 602IU/L（35～135IU/L），尿淀粉酶 1567IU/L（20～500IU/L），血糖 10.2mmol/L，CRP＞90.0mg/L。

腹部 CT：胰腺体积增大，胰周围边缘不规则，少量液体积聚。

问题：该患者诊断是什么？依据有哪些？

一、病因与病理生理

（一）病因

1. 胆道疾病 胆石症、胆道感染及胆道蛔虫等胆道疾病是急性胰腺炎的主要病因，其中以胆石症最为常见。在解剖上 70%～80% 的胰管与胆总管汇合成共同通道开口于十二指肠壶腹部，一旦结石、蛔虫嵌顿在壶腹部，将会导致胰腺炎与上行胆管炎，即共同通道学说。

2. 酒精 酒精可以刺激胃酸分泌，使胰泌素与缩胆囊素（CCK）分泌，促使胰腺外分泌增加；同时还刺激 Oddi 括约肌痉挛和十二指肠乳头水肿，使胰管内压增加；此外，长期酒癖者常有胰液内蛋白含量增高，易沉淀而形成蛋白栓，致胰液排出不畅。当胰管流出道不能充分引流大量胰液时，引发腺泡细胞损伤，酒精常与胆道疾病共同导致胰腺炎。

3. 胰管堵塞 胰管结石、蛔虫、狭窄、肿瘤等也可使胰管阻塞，当胰液分泌旺盛时胰管内压增高，使胰管小分支和胰腺泡破裂，胰液与消化酶渗入间质，引起急性胰腺炎。

4. 十二指肠乳头周围病变 穿透性十二指肠溃疡、乳头周围的憩室、息肉、炎性狭窄等，可导致十二指肠腔内压力增高、十二指肠液反流，诱发急性胰腺炎。

5. 手术与创伤 腹腔手术特别是胰腺或胃手术、腹部钝挫伤等可直接或间接损伤胰腺组织，低血容量休克可使胰腺血液灌注不足，均可引起胰腺炎。内镜逆行胰胆管造影术（ERCP）插管时也可引发本病。

6. 代谢障碍 高脂血症，因胰液内脂质沉着或来自胰外脂肪栓塞易并发胰腺炎。甲状旁腺肿瘤、维生素 D 过多等所致的高钙血症可通过胰管钙化，增加胰液分泌和促进胰蛋白酶原激活。糖尿病昏迷和尿毒症患者也可发生急性胰腺炎。

7. 药物 促发急性胰腺炎的药物有噻嗪类利尿药、硫唑嘌呤、糖皮质激素、磺胺类等，此类药物可直接损伤胰腺组织，促使胰液分泌或黏稠度增加，引起急性胰腺炎，多发生在服药最初2个月，与剂量不一定相关。

8. 感染及全身炎症反应 可继发于急性流行性腮腺炎、甲型流感、肺炎衣原体感染、传染性单核细胞增多症、柯萨奇病毒感染等，病症较轻，随感染痊愈而自行消退。

9. 其他 十二指肠球后穿透溃疡、肠憩室炎等可直接波及胰腺。各种自身免疫性血管炎、胰腺血管栓塞等也可能导致该病。

10. 特发性胰腺炎 5%～25%的急性胰腺炎病因不明。

（二）病理生理

正常胰腺分泌的消化酶有两种形式：一种是有生物活性的酶，如淀粉酶、脂肪酶和核糖核酸酶等；另一种是以前体或酶原形式存在的无活性的酶，如胰蛋白酶原、糜蛋白酶原、激肽释放酶原、前磷脂酶、前羟肽酶和前弹性蛋白酶等。合成的胰酶绝大多数是无活性的酶原，酶原颗粒与细胞质是隔离的，胰腺腺泡的胰管内含有胰蛋白酶抑制物质，灭活少量的有生物活性或提前激活的酶。在胰酶作用下，首先激活胰蛋白酶原，形成胰蛋白酶，在胰蛋白酶作用下使各种胰消化酶原被激活为有生物活性的消化酶，对食物进行消化。

急性胰腺炎的发病机制尚未完全阐明，目前主要有胰腺自身消化理论。各种致病因素导致胰管内高压，腺泡细胞内 Ca^{2+} 水平上升，溶酶体在腺泡细胞内提前激活酶原，发生胰腺自身消化的连锁反应，其中起主要作用的活化酶有：①磷脂酶A2。可产生溶血磷脂酰胆碱和溶血卵磷脂，引起胰实质凝固性坏死、脂肪组织坏死及溶血。②激肽释放酶。可使激肽酶原变成缓激肽和胰激肽，使血管舒张和通透性增加，引起水肿和休克。③弹性蛋白酶。可溶解血管弹性纤维引起出血和血栓形成。④脂肪酶。参与胰腺及周围脂肪坏死和液化作用。

同时，大量胰酶消化腺自身可激活多条炎症信号通路，导致炎症反应，其下游系列炎症介质可增加血管通透性，导致大量炎性渗出，微循环障碍，胰腺出血、坏死。炎症过程中的众多因素可以以正反馈方式相互作用，使炎症逐级放大，当超过机体的抗炎能力时，出现系统性炎症反应综合征及多器官功能障碍。

二、临床表现

1. 轻症急性胰腺炎（mild acute pancreatitis，MAP） 急性腹痛，常较剧烈，可为钝痛、刀割样痛、钻痛或绞痛，呈持续性，可有阵发性加剧，不能为一般胃肠解痉药缓解，进食可加剧。多位于中左上腹，甚至全腹，部分患者腹痛向背部放射，取弯腰抱膝位可减轻疼痛。可伴有恶心、呕吐，轻度发热。体征：有腹部深压痛。常出现腹胀和肠鸣音减弱，少见肌紧张和反跳痛，轻度脱水貌。

2. 重症急性胰腺炎（severe acute pancreatitis，SAP） 在上述症状的基础上，腹痛持续不缓解、腹胀逐渐加重，可陆续出现休克、少尿、黄疸、消化道出血、意识障碍甚至猝死等。

3. 中度重症急性胰腺炎（moderately SAP，MSAP） 临床表现介于MAP与SAP之间，多数器官衰竭一般在48h内恢复，可出现胰瘘或胰周脓肿等局部并发症。

4. 胰腺局部并发症

（1）胰瘘：急性胰腺炎致胰管破裂，胰液从胰管漏出＞7天，称为胰瘘，包括胰内瘘与胰外瘘。胰内瘘包括胰腺假性囊肿、胰性胸腹水及胰管与其他脏器间的瘘。胰外瘘是指胰液经腹腔引流管或切口流出体表。

（2）胰腺脓肿：重症胰腺炎起病2～3周后，因胰腺及胰周坏死继发感染而在胰腺内或胰周形成脓肿，患者常有发热、腹痛、消瘦等营养不良症状。

（3）左侧门静脉高压：胰腺假性囊肿压迫脾静脉或脾静脉栓塞，导致脾大、胃底静脉曲张，破裂后可发生大出血。

5. 全身并发症 重症胰腺炎常并发不同程度的多器官功能衰竭。①急性呼吸衰竭：即急性呼吸窘迫综合征、进行性呼吸窘迫、发绀等，常规氧疗不能缓解。②急性肾衰竭：表现为少尿、蛋白尿和进行性血尿素氮、肌酐增高等。③心力衰竭：心包积液、心律失常。④消化道出血：上消化道出血多由于应激性溃疡或黏膜糜烂所致，下消化道出血可由胰腺坏死穿透横结肠所致。⑤胰性脑病：表现为精神异常（幻想、幻觉、躁狂状态）和定向力障碍等。⑥败血症及真菌感染：早期以革兰氏阴性菌为主，后期常为混合菌，且败血症常与胰腺脓肿同时存在；严重病例机体的抵抗力极低，加上大量使用抗生素，极易产生真菌感染。⑦高血糖：多为暂时性。⑧慢性胰腺炎：少数演变为慢性胰腺炎。

三、实验室及辅助检查

1. 白细胞计数 白细胞增多及中性粒细胞核左移。

2. 血、尿淀粉酶测定 血清淀粉酶在起病后6～12h开始升高，48h开始下降，持续3～5天。血清淀粉酶超过正常值3倍可确诊为本病。尿淀粉酶在发病后12～14h开始升高，下降较慢，持续1～2周，但尿淀粉酶受患者尿量的影响。胰源性腹水和胸腔积液中的淀粉酶值亦明显增高。

3. 血清脂肪酶测定 血清脂肪酶于起病后24～72h开始升高，持续7～10天。对病后就诊较晚的急性胰腺炎患者有诊断价值，且特异性也较高。

4. C反应蛋白（CRP） CRP是组织损伤和炎症的非特异性标志物。对急性胰腺炎诊断不具特异性，用于评估急性胰腺炎的严重程度，在胰腺坏死时CRP明显升高。

5. 生化检查 暂时性血糖升高常见，可能与胰岛素释放减少和胰高血糖素释放增加有关。血清AST、LDH可增加。暂时性低钙血症（＜2mmol/L）常见于重症急性胰腺炎，还可出现高甘油三酯血症。

6. 影像学检查

（1）腹部平片：可排除其他急腹症，如内脏穿孔等，“哨兵袢”和“结肠切割征”为胰腺炎的间接指征。

（2）腹部B超：作为常规初筛的影像学检查，可见胰腺肿大，胰内及胰周围回声异常；亦可了解胆囊和胆道情况；后期对脓肿及假性囊肿有诊断意义。

（3）CT与MRI检查：CT对急性胰腺炎的诊断和鉴别诊断、评估其严重程度，特别是对鉴别轻症和重症胰腺炎，以及附近器官是否累及具有重要价值。增强CT是诊断胰腺坏死的最佳方法。MRCP有助于判断胆管及胰管的情况。

四、诊　断

确定急性胰腺炎：一般应具备下列3条中任意2条：①急性、持续中上腹痛；②血清淀粉酶或脂肪酶大于正常值上限3倍；③急性胰腺炎的典型影像学改变。

区分轻症与重症胰腺炎十分重要，有以下表现应当按重症胰腺炎处置：①临床症状，烦躁不安、四肢厥冷、皮肤呈斑点状等休克症状；②体征，腹肌强直、腹膜刺激征，格雷-特纳（Grey-Turner）征或卡伦（Cullen）征；③实验室检查，血钙显著下降2mmol/L以下，血糖＞11.2mmol/L（无糖尿病史），血、尿淀粉酶突然下降；④腹腔诊断性穿刺有高淀粉酶活性的腹水。

五、鉴别诊断

需与急性胰腺炎相鉴别的疾病有：①消化性溃疡；②胆石症；③急性肠梗阻；④心肌梗死等。

六、治　　疗

（一）内科治疗与内镜治疗

1. 内科治疗

（1）监测：重症者有条件转入ICU，针对器官功能衰竭采取相应的措施。

（2）补液：应积极补充体液和电解质，维持水、电解质和酸碱平衡。长期禁食的患者需要注意补充维生素制剂。

（3）吸氧：轻症者可予鼻导管、面罩给氧，应保持动脉氧饱和度＞95%。出现急性肺损伤、呼吸窘迫时给予正压机械通气。

（4）镇痛：大多数患者在静脉滴注生长抑素或奥曲肽后，腹痛可得到明显缓解。对于严重腹痛者，临床常用哌替啶镇痛。胃肠减压可在一定程度上减轻腹胀。

（5）预防和抗感染：胰腺感染后常规使用抗生素，有预防胰腺坏死合并感染的作用，应选择针对革兰氏阴性菌和厌氧菌的且对胰腺有较好渗透性的抗生素。

（6）减少胰液分泌：①禁食。因食物可以刺激胰液分泌，故起病后短期禁食可降低胰液分泌，减轻自身消化。②抑制胃酸。胃液也可以促进胰液分泌，适当抑制胃酸可减少胰液量，缓解胰管内高压。③生长抑素及其类似物。天然生长抑素由胃肠黏膜D细胞合成，可抑制胰泌素和缩胆囊素刺激的胰液基础分泌。急性胰腺炎时，可予外源性补充生长抑素或生长抑素类似物奥曲肽持续静脉滴注。

（7）营养支持：对于MAP患者，在短期禁食期间可通过静脉补液提供能量即可。SAP时，在肠蠕动尚未恢复前，应先予肠外营养，采用全营养混合液方式输入。当病情缓解时，应尽早过渡到肠内营养。恢复饮食应从少量、无脂、低蛋白饮食开始，逐渐增加食量和蛋白质，直至恢复正常饮食。

2. 内镜治疗　对胆总管结石性梗阻、急性化脓性胆管炎、胆源性败血症等引起的急性胰腺炎应尽早行ERCP。内镜下行Oddi括约肌切开术（EST）和（或）放置鼻胆管引流。

（二）外科治疗

1. 腹腔灌洗　用于重症胰腺炎腹胀明显、腹腔渗液较多者；可用于清除患者腹腔内细菌、内毒素、胰酶、炎症因子等，减少这些物质进入血液循环后对全身脏器的损害。

2. 手术治疗　主要用于胰腺假性囊肿、脓肿和脾静脉栓塞等并发症，也是解决急性胰腺炎部分病因的重要方法。

第五节　肝　硬　化

肝硬化（hepatic cirrhosis）是一种由多种原因引起的，以肝组织弥漫增生、再生结节和假小叶形成为病理特征的进行性慢性肝病，是各种肝病发展的终末阶段。临床上起病隐匿，代偿期无明显症状，病情发展缓慢，失代偿期主要表现为肝功能减退和门静脉高压，常累及多器官系统，患者常因并发食管-胃底静脉曲张出血、肝性脑病、感染、肝肾综合征、门静脉血栓等多器官功能慢性衰竭而死亡。

案例 7-5

患者，男性，60 岁。以反复乏力、食欲减退 3 年，腹胀 3 个月，呕血、黑便 1 天为主诉入院。患者既往乙型肝炎病史 10 余年，3 年前确诊为肝硬化，曾间断服药治疗（具体用药不详）。3 个月前患者自觉腹胀，1 天前，因进食辣椒后出现呕血，并排少量黑便，遂急诊入院。

查体：一般状态可，T36.7℃，P 110 次/分，R 20 次/分，BP 100/60mmHg。神志清楚，无扑翼样震颤。面色黝黑而无光泽，前胸及面颈部可见数枚蜘蛛痣，双手见肝掌。巩膜黄染，结膜苍白，口唇无发绀，颈静脉无怒张，双肺呼吸音清，HR110 次/分，未闻及杂音。腹软，全腹无压痛、反跳痛及肌紧张。

入院后行急诊胃镜检查：食管中下段静脉曲张。

问题：1. 患者出现呕血、黑便的原因是什么？

2. 患者还应做哪些辅助检查？

一、病因与病理生理

（一）病因

肝硬化病因很多，我国由乙肝病毒（hepatitis B virus，HBV）感染所致肝硬化最常见，而欧美国家以慢性酒精中毒及丙型肝炎病毒（hepatitis C virus，HCV）感染多见。

1. 病毒性肝炎　乙型肝炎病毒（HBV）感染为最常见病因，其次为丙型肝炎病毒（HCV）和丁型肝炎病毒（HDV）感染。通常为慢性活动性肝炎演变而来，称肝炎后肝硬化。

2. 慢性酒精中毒　近年来我国因酒精中毒而并发肝硬化的患者数量越来越多。长期大量饮酒可导致肝硬化。乙醇及其氧化代谢产物乙醛对肝脏具有直接毒性作用，它能使肝细胞线粒体肿胀，线粒体嵴排列不整，甚至出现乙醇透明小体，是肝细胞严重损伤及坏死的表现。长期大量饮酒者经毒性作用引起酒精性肝炎，逐渐发展为肝硬化。

3. 胆汁淤积　任何原因引起肝内、外胆道梗阻，胆汁持续淤积，可最终发展为胆汁性肝硬化。主要是由于高浓度的胆酸和胆红素的长期刺激引起肝细胞变性、坏死，纤维组织增生。根据胆汁淤积的原因可分为原发性和继发性胆汁性肝硬化。

4. 循环障碍　肝静脉和（或）下腔静脉阻塞综合征、慢性充血性心力衰竭、缩窄性心包炎等可使肝静脉淤血缺氧、肝窦内压增高，引起肝细胞坏死和纤维化，最终发展为瘀血性肝硬化。

5. 药物或毒物　长期服用某些具有肝毒性的药物，如异烟肼、氯丙嗪、四环素；或反复接触某些毒物如四氯化碳、磷、砷等均可引起中毒性肝炎，进而演变为肝硬化，长期服用甲氨蝶呤（MTX）可引起肝纤维化而发展为肝硬化。

6. 免疫疾病　自身免疫性肝炎最终可发展为肝硬化。

7. 寄生虫病 血吸虫感染在我国南方依然存在，由于虫卵在肝内主要沉积在门静脉分支附近，成熟虫卵被肝内巨噬细胞吞噬后演变为成纤维细胞，形成纤维性结节。纤维化常使门静脉灌注障碍，故长期或反复感染血吸虫者所导致的肝硬化突出特征为门静脉高压。华支睾吸虫所引起的胆道梗阻及炎症可逐渐进展为肝硬化。

8. 遗传和代谢疾病 由于遗传或先天性酶缺陷，某些代谢产物沉积于肝脏，引起肝硬化。如肝豆状核变性（Wilson 病）、血色病、α_1-抗胰蛋白酶（α_1-AT）缺乏症、半乳糖血症、血友病等。

9. 营养障碍 单纯的营养不良，特别是蛋白质、抗脂肝因素和 B 族维生素缺乏，都可引起脂肪肝，导致肝细胞坏死、变性直至肝硬化。同时有营养不良者，可降低肝细胞对致病因素的抵抗力，而成为肝硬化的间接病因。

10. 原因不明 肝硬化病因不明者占 5%～10%，又称为隐源性肝硬化。

（二）病理生理

各种因素导致肝细胞损伤，发生变性、坏死，进而纤维结缔组织增生，肝纤维化形成，最终发展为肝硬化。肝纤维化是各种慢性肝病进展为肝硬化的一个重要阶段。细胞外基质（extracellular matrix，ECM）的过度沉积是肝纤维化的基础，而肝星状细胞（hepatic stellate cell）是形成肝纤维化的主要细胞。肝脏受损伤时肝星状细胞被激活，使其增殖和移行，胶原合成增加、降解减少，沉积于 Disse 间隙，间隙增宽。汇管区和肝包膜的纤维束向肝小叶中央静脉延伸扩展，这些纤维间隔包绕再生结节或将残留肝小叶重新分割，改建成假小叶，形成典型的肝硬化组织病理特点。此外，肝窦内皮细胞下基底膜形成，内皮细胞上窗孔变小、数量减少，形成弥漫的屏障，称为肝窦毛细血管化。早期的肝纤维化是可逆的，到后期假小叶形成是不可逆的。肝纤维化发展的同时，伴有异常的血管增殖，肝内门静脉、肝静脉和肝动脉三者分支之间失去正常关系，并且出现交通吻合支等。肝血液循环紊乱是形成门静脉高压的病理基础，且加重肝细胞缺血缺氧，促进肝硬化病变的进一步发展。

二、临 床 表 现

肝硬化常起病隐匿，病程发展缓慢，早期可无症状或症状轻微，可有乏力、食欲减退、腹胀不适等。临床上将肝硬化大致分为肝功能代偿期和失代偿期。失代偿期肝硬化临床表现明显，可发生多种并发症。

（一）代偿期

大多数患者无症状或症状较轻，可有腹部不适、乏力、食欲减退、恶心、腹胀、腹泻等症状，多呈间歇性，常因劳累、精神紧张或伴随其他疾病而出现，休息及助消化的药物可缓解。体征多不明显，可有轻中度脾大，肝功能检查正常或仅有轻度酶学异常。

（二）失代偿期

症状较明显，主要有肝功能减退和门静脉高压两类临床表现。

1. 肝功能减退表现

（1）全身表现：全身症状一般情况与营养状况较差，食欲减退或厌食、乏力、体重减轻、消瘦明显，可有不规则低热。呈现肝病面容（皮肤干枯，面色黝暗，无光泽）。

（2）黄疸：皮肤、巩膜黄染，尿色深，肝细胞进行性或广泛坏死及肝衰竭时黄疸持续加重，多系肝细胞性黄疸。

（3）消化道症状：食欲减退为常见症状，可伴有恶心、呕吐。进食后常感上腹饱胀不适，对脂肪和蛋白质耐受性差，稍进油腻肉食物易引起腹泻，与胃肠积气、腹水和肝脾大有关。腹泻往往与吸收不良、肠道菌群失调有关。患者可有肝区隐痛，但出现明显腹痛时要注意是否合并自发性腹膜炎、肝癌或肝癌破裂、胆石症等疾病。

（4）出血倾向：常有鼻腔、牙龈出血及皮肤黏膜瘀斑或出血点和消化道出血等，这与患者肝合成凝血因子减少、脾功能亢进导致血小板减少和毛细血管脆性增加有关，患者出现凝血功能障碍。

（5）内分泌紊乱：男性可有性功能减退、睾丸萎缩、乳房发育，女性可发生月经失调、闭经、不孕。出现蜘蛛痣及肝掌，这也均与肝脏对雌激素灭活减少有关；肝硬化患者糖尿病发病率增加，严重肝功能减退易出现低血糖。患者面部及其他暴露部位皮肤色素沉着，呈肝病面容，这是由于肝硬化时合成肾上腺皮质激素重要的原料胆固醇酯减少，肾上腺皮质功能减退，促黑色素细胞激素增加。肝对醛固酮和抗利尿激素灭活作用减弱，水钠潴留使尿量减少和水肿，腹水形成和加重。

2. 门静脉高压表现 侧支循环的建立和开放、腹水的形成是门静脉高压症的两大临床表现，患者有腹壁皮下静脉曲张，严重者脐周静脉突起呈“海蛇头状”。

腹水是肝硬化最突出的临床表现。患者常诉腹胀，大量腹水使腹部膨隆、状如蛙腹，甚至导致脐疝；横膈因此上移，运动受限，导致呼吸困难和心悸。腹水形成的机制有：①门静脉压增高，腹腔内脏血管床静水压增高，组织液回吸收减少而漏入腹腔，是腹水形成的决定性因素；②低白蛋白血症，白蛋白＜30g/L时，血浆胶体渗透压降低，毛细血管内液体漏入腹腔或组织间隙；③淋巴液生成过多，超过了淋巴循环引流的能力，肝窦内压升高，自肝包膜表面漏入腹腔，参与腹水形成；④继发性醛固酮增多致肾钠重吸收增加；⑤抗利尿激素分泌增多致水的重吸收增加；⑥有效循环血容量不足，肾交感神经活动增强，前列腺素、心房肽等活性降低，导致肾血流量、排钠和排尿量减少。

3. 脾功能亢进和脾大 脾大是肝硬化门静脉高压较早出现的体征。脾功能亢进时，患者外周血象呈白细胞减少、贫血和血小板减少。患者有脾周围炎时可有脾触痛。

三、并 发 症

1. 食管-胃底静脉曲张破裂出血 是肝硬化最常见的并发症，多由门静脉高压导致，诱因多见于食用粗糙食物、胃酸侵蚀、腹压增高及剧烈咳嗽等。多突然发生呕血或黑便，常为大量出血，引起出血性休克，可诱发肝性脑病。在血压平稳、出血暂停时内镜检查可以确诊。部分肝硬化患者上消化道大出血可由其他原因如消化性溃疡、门静脉高压症及胃病引起，内镜检查可资鉴别。

2. 感染 肝硬化患者，由于门静脉高压使肠黏膜屏障功能降低，脾功能亢进及糖代谢异常等原因，均能够使机体免疫功能低下，容易并发感染，常发生胆道、肺部、肠道及尿路感染。有腹水的患者常并发自发性细菌性腹膜炎，自发性细菌性腹膜炎是指在无任何邻近组织炎症的情况下发生的腹膜和腹水的细菌性感染，是肝硬化常见的一种严重的并发症，其发病率颇高。病原菌多为来自肠道的革兰氏阴性菌。临床表现为发热、腹痛、短期内腹水迅速增加，体检发现轻重不等的全腹压痛和腹膜刺激征。血常规检查示白细胞升高。部分患者上述临床表现不典型，而表现为肝功能迅速恶化，发生低血压或休克，可诱发肝性脑病，应予注意。

3. 胆石症 患病率约30%，胆囊及肝外胆管结石较常见。

4. 电解质和酸碱平衡紊乱 长期钠摄入不足、长期利尿或大量放腹水、抗利尿激素增多等均可导致低钠血症；钾的摄入不足、呕吐腹泻、长期应用利尿剂或高渗葡萄糖液、继发性醛固酮增多等，均可使血钾和血氯降低，低钾低氯血症可导致代谢性碱中毒，并诱发肝性脑病。

5. 门静脉血栓形成 因门静脉血流淤滞，门静脉主干、肠系膜上静脉、肠系膜下静脉或脾静脉血栓形成，使原本肝内型门静脉高压延伸为肝前性门静脉高压，当血栓扩展到肠系膜上静脉，肠管显著淤血，小肠功能逐渐衰退。如果血栓缓慢形成，可无明显临床症状。如发生门静脉急性完全阻塞，可出现剧烈腹痛、腹胀、血便、休克，脾迅速增大和腹水迅速增加。

6. 原发性肝细胞癌 肝硬化特别是病毒性肝炎肝硬化和酒精性肝硬化发生肝细胞癌的危险性明显增高。当患者出现肝区疼痛、肝大、血性腹水、无法解释的发热时要考虑此病，血清甲胎蛋白升高及B超提示肝占位性病变时应高度怀疑，CT可确诊。必要时行肝动脉造影检查。

7. 肝肾综合征 肝肾综合征是指发生在严重肝病基础上的肾衰竭，但肾本身并无器质性损害，故又称功能性肾衰竭。主要见于伴有腹水的晚期肝硬化或急性肝衰竭者。发生机制主要是全身血流动力学的改变，表现为内脏血管床扩张，心排血量相对不足和有效血容量不足，肾素-血管紧张素-醛固酮系统和交感神经系统被进一步激活，最终导致肾皮质血管强烈收缩、肾小球滤过率下降。肝肾综合征临床表现为自发性少尿或无尿，氮质血症或血肌酐升高，稀释性低钠血症，尿钠低。

8. 肝肺综合征 肝肺综合征是指发生在严重肝病基础上的低氧血症，主要与肺内血管扩张相关而过去无心肺疾病基础。临床特征为严重肝病、肺内血管扩张、低氧血症/肺泡-动脉氧梯度增加的三联征。发病的关键是肺内血管扩张，特别是肺内前毛细血管和毛细血管扩张；毛细血管、小静脉、小动脉壁增厚，导致通气血流比例失调、氧弥散受限及肺内动静脉分流，均最终引起低氧血症。

9. 肝性脑病 见本章第六节。

四、实验室及辅助检查

1. 血常规 肝功能代偿期血常规多在正常范围，失代偿期由于出血、营养失调和脾功能亢进等因素可有轻重不等的红细胞和血小板计数减少。脾功能亢进时白细胞、红细胞和血小板计数均减少，其中血小板降低尤为明显，腹水患者尿钠可降低。

2. 尿常规 代偿期一般无变化，有黄疸时可出现尿胆红素阳性，并有尿胆原增加。有时可见到尿蛋白、管型和血尿，部分患者尿糖呈阳性。

3. 大便常规 消化道出血时可见黑便或血便，慢性出血时大便隐血试验可呈阳性。

4. 肝功能试验 代偿期大多正常或仅有轻度的酶学异常，失代偿期可出现明显改变。

（1）血清酶学：血清谷草转氨酶（AST）和谷丙转氨酶（ALT）均升高，以ALT升高较明显，肝细胞严重坏死时则AST升高更明显。γ-谷氨酰转肽酶（γ-GT）及碱性磷酸酶（ALP）也可有轻至中度升高。

（2）蛋白代谢：肝功能受损后血清白蛋白下降、球蛋白升高，A/G倒置。

（3）凝血酶原时间：凝血酶原时间是反映肝储备功能的重要预后指标。早期非活动性肝硬化的凝血酶原时间多正常，晚期活动性肝硬化和肝细胞严重损害时则明显延长。

（4）胆红素代谢：出现总胆红素升高，结合胆红素及非结合胆红素均升高，以结合胆红素升高为主。

（5）其他：Ⅲ型前胶原氨基末端肽（PⅢP）、Ⅳ型胶原、透明质酸、层粘连蛋白等指标升高、胆固醇酯下降。

5. 血清免疫学检查

（1）乙、丙、丁型病毒性肝炎血清标记物，必要时检测病毒 DNA 或 RNA。

（2）甲胎蛋白（AFP）明显升高提示合并原发性肝细胞癌。

（3）血清自身抗体测定：自身免疫性肝炎引起的肝硬化可检出相应的自身抗体，如抗核抗体、抗平滑肌抗体等。

6. 影像学检查

（1）上消化道钡剂 X 线检查：食管静脉曲张时行食管吞钡 X 线检查显示虫蚀样或蚯蚓状充盈缺损，胃底静脉曲张时胃肠钡餐可见菊花瓣样充盈缺损。

（2）腹部超声检查：B 型超声见肝被膜增厚，表面不光滑或凹凸不平、肝叶比例失调、肝实质回声不均匀，门静脉直径增宽，脾大，腹水。

（3）CT 和 MRI：CT 和 MRI 对肝硬化的诊断均有较高的价值，表现为肝各叶比例失常，密度降低，呈结节样改变，肝门增宽、脾大、腹水。

7. 内镜检查 可确定有无食管-胃底静脉曲张，内镜检查是消化道曲张静脉及其出血诊断的“金标准”。在并发上消化道出血时，可进行止血治疗。

8. 肝穿刺活检 可见肝组织弥漫性纤维化、假小叶和再生结节形成，具有确诊价值，但要注意掌握好适应证及禁忌证。

9. 腹腔镜检查 能直接观察肝、脾等腹腔脏器及组织，并可在直视下取活检。

10. 腹水检查 腹腔穿刺术及腹水分析是诊断腹水病因最快、最有效的方法，腹水呈血性还应做细胞学检查以明确有无癌变。

11. 门静脉压力测定 经颈静脉插管测定肝静脉楔入压与游离压，两者之差为肝静脉压力梯度（HVPG），反映门静脉压力。正常多＜5mmHg，＞10mmHg 则为门静脉高压症。

五、诊　　断

代偿期肝硬化的临床诊断有一定困难，对慢性病毒性肝炎、长期大量饮酒一旦发现肝功能异常或 B 超检查显示肝实质回声不均等变化，应注意早期肝硬化。

失代偿期肝硬化可依据下列各点做出临床诊断：①有病毒性肝炎、长期大量饮酒等有关病史；②有肝功能减退和门静脉高压的临床表现；③肝功能试验有血清白蛋白下降、血清胆红素升高及凝血酶原时间延长等改变；④ B 超或 CT 提示肝硬化、内镜发现食管-胃底静脉曲张。肝活检见假小叶形成是诊断本病的“金标准”。

六、鉴别诊断

1. 肝脾大的鉴别诊断 如血液病、代谢性疾病引起的肝脾大，必要时可做肝穿刺活检。

2. 腹水的鉴别诊断 腹水有多种病因，如结核性腹膜炎、缩窄性心包炎、慢性肾小球肾炎等。根据病史及临床表现、有关检查及腹水检查，与肝硬化腹水鉴别并不困难，必要时做腹腔镜检查常可确诊。

3. 肝硬化并发症的鉴别诊断 如上消化道出血、肝性脑病、肝肾综合征等的鉴别诊断。

七、治　　疗

现有的治疗方法不能逆转已发生的肝硬化，关键在于阻止肝硬化进一步发展，后期积极防治并发症。对于代偿期患者，治疗旨在延缓肝功能失代偿、预防肝细胞肝癌，尽量争取逆转病变；对于失代偿期患者，则以改善肝功能、治疗并发症、延缓或减少对肝移植需求为目标。

（一）一般治疗

1. 休息 代偿期患者要适当减少活动，避免过度劳累、保证休息；失代偿期患者应卧床休息。

2. 饮食 以易消化、产气少、维生素丰富的食物为主。肝功能显著损害或有肝性脑病先兆时，应限制或禁食蛋白质；有腹水时饮食应少盐或无盐。禁酒，禁用对肝有损害的药物。避免进食粗糙、坚硬食物。

3. 支持治疗 静脉输入高渗葡萄糖液以补充热量，输液中可加入维生素C、胰岛素、氯化钾等，注意维持水、电解质、酸碱平衡。病情较重者可输入白蛋白、新鲜血浆。

4. 避免感染 注意预防呼吸道及其他系统感染。

（二）保护肝功能

1. 治疗原发病，去除病因 对病毒性肝炎肝硬化患者可予抗病毒治疗。

（1）抗HBV治疗：复制活跃的HBV是肝硬化进展最重要的危险因素之一。治疗目标是延缓和降低肝功能失代偿和肝细胞癌的发生。常用药物有拉米夫定、阿德福韦酯、恩替卡韦等，无固定疗程，需长期应用。

（2）抗HCV治疗：肝功能代偿的肝硬化患者，为使病情稳定、延缓或阻止并发症的发生，可采用聚乙二醇干扰素α联合利巴韦林或普通干扰素联合利巴韦林等治疗方案，不能耐受利巴韦林者可单用普通干扰素或聚乙二醇干扰素α。

2. 保护肝细胞 可以口服熊去氧胆酸降低肝内鹅去氧胆酸的比例，减少其对肝细胞膜的破坏，也可以使用腺苷蛋氨酸等其他保护肝细胞的药物。其他保护肝细胞的药物有多烯磷脂酰胆碱、水飞蓟宾、还原型谷胱甘肽等。

（三）腹水的治疗

1. 限制钠水摄入 钠摄入量限制在500～800mg/d（相当于食盐1.2～2.0g/d）。摄入水量在500～1000ml/d。

2. 利尿 临床常用的利尿剂为螺内酯和呋塞米。前者为保钾利尿剂，后者为排钾利尿剂，临床多为联合应用，以避免水、电解质紊乱等不良反应发生。利尿治疗速度不宜过快，以免诱发肝性脑病、肝肾综合征。腹水渐消退者，可将利尿剂逐渐减量。

3. 提高血浆胶体渗透压 可输注白蛋白或血浆来促进腹水消退。

4. 经颈静脉肝内门体分流术（TIPS） 是在肝内门静脉分支与肝静脉分支间建立肝内门体分流，可用于治疗门静脉压增高明显的难治性腹水，能有效降低门静脉压力，但易诱发肝性脑病。

5. 自发性腹膜炎 可选用肝毒性小、主要针对革兰氏阴性杆菌并兼顾革兰氏阳性球菌的抗菌药物（如头孢哌酮或喹诺酮类药物）口服或静脉用药，由于自发性腹膜炎容易复发，因此，用药时间不应少于2周。

（四）食管-胃底静脉曲张破裂出血的治疗

1. 一级预防 主要针对已有食管-胃底静脉曲张但尚未出血者，包括对因治疗、口服PPI或H_2受体阻断药、非选择性β受体阻断药、内镜结扎治疗等。

2. 二级预防 指已发生过食管-胃底静脉曲张破裂出血，预防其再出血。首次出血后的再出血率可达 60%，死亡率 33 %。因此应重视二级预防，开始的时间应早至出血后的第 6 天。①对已行 TIPS 者，可不给予预防静脉曲张出血的药物，应采用多普勒超声了解分流道通畅情况。②对未行 TIPS 者，可选用以下治疗：以 TIPS 为代表的门体分流术；经内镜或血管介入向食管胃底静脉注射栓塞胶或其他栓塞材料等；部分脾动脉栓塞；非选择性 β 受体阻断药或生长抑素类似物；口服 PPI 或 H_2 受体阻断药。

（五）肝肾综合征的治疗

防治肝肾综合征的诱发因素，积极控制感染及早输注白蛋白。

（六）肝肺综合征的治疗

吸氧及高压氧舱只适用于轻型、早期患者，可以增加肺泡内氧浓度和压力，有助于氧弥散。肝移植为唯一可逆转的治疗选择。

（七）手术

包括治疗门静脉高压的各种分流、断流及限流术。

（八）肝移植

终末期肝硬化治疗的最佳选择，可提高存活率。

第六节 肝 性 脑 病

肝性脑病（hepatic encephalopathy，HE）是由严重肝病或门体分流引起的以代谢紊乱为基础、中枢神经系统功能失调的综合征，常是各种严重肝病的终末表现。早期可仅有轻微的智力减退和性格改变，继之可发生精神错乱，行为失常，双手可有扑翼样震颤，严重时表现为谵妄、狂躁和嗜睡，最后意识完全丧失呈昏迷状态。

案例 7-6

患者，男性，72 岁。乙肝病史 30 余年，15 年前被诊断为肝硬化，此后反复住院治疗，此次以“意识恍惚，嗜睡 2 天”为主诉入院。2 天前，患者因与朋友聚餐，进食大量高蛋白食物后，出现上述症状，遂被家人送入我院。

查体：T 36.4℃，P140 次/分，R32 次/分，BP110/70mmHg。一般状态尚可，嗜睡，问话能答，言语不清。面色晦暗，手背、颈部有多数蜘蛛痣，可见肝掌。腹壁静脉可见曲张，脾肋下 3cm。移动性浊音阴性，肠鸣音较弱，1～2 次/分，腱反射亢进、肌张力增高、Babinski 征阳性，扑翼样震颤阳性。

实验室检查：血氨 156μmol/L（18～72μmol/L）；血常规示 RBC 2.5×10^{12}/L，WBC 3.65×10^9/L，Hb 90g/L，PLT 67×10^9/L。

MRI：结节性肝硬化、脾大、腹水。

入院后行保肝、降血氨、限制蛋白质饮食等对症治疗后，患者病情趋于平稳，神志逐渐恢复正常。复查血氨 53μmol/L。

问题：患者的诊断是什么，诊断依据是什么？

一、病因与病理生理

（一）病因

大部分肝性脑病是由各种类型的肝硬化引起的，其中病毒性肝炎肝硬化最常见，也可由重症肝炎、暴发性肝衰竭、原发性肝癌、严重胆道感染及妊娠期急性脂肪肝引起。此外，肝性脑病特别是门体分流性脑病常有明显的诱因，常见的有上消化道出血、放腹水、高蛋白饮食、使用大量排钾利尿剂、催眠镇静药、电解质紊乱、便秘、尿毒症、外科手术及感染等。

（二）病理生理

肝性脑病的发病机制目前尚不十分清楚，目前主要有如下假说。

1. 氨中毒学说 氨作为脑的毒性物质，临床和动物实验均证明血氨增高与肝性脑病的发生有密切关系。正常血氨的主要来源：组织代谢过程中形成的氨，包括氨基酸脱氨基过程中产生的氨及肾小管上皮细胞内的谷氨酰胺经谷氨酰胺酶水解产生的 NH_3；肠道内形成的氨。正常情况下，绝大部分氨在肝通过鸟氨酸循环形成尿素，再从肾排出和经肠壁渗入肠腔，部分氨与谷氨酸合成谷氨酰胺。肝功能严重受损时，鸟氨酸循环障碍，尿素合成减少，因而血氨水平升高。增多的血氨可通过血脑屏障进入脑内，干扰脑细胞的代谢和功能，导致肝性脑病。增多的血氨可通过多种途径干扰脑细胞的功能、代谢，并产生神经毒性作用，主要机制可能与下列作用环节有关。①星形胶质细胞与氨的清除：肝功能障碍时，增多的血氨可通过血脑屏障进入脑内星形胶质细胞，并与谷氨酸合成谷氨酰胺。谷氨酰胺具有渗透分子作用，细胞内谷氨酰胺增多可继发细胞内水分积聚，引起星形胶质细胞水肿。②打破了脑内神经递质间的相互平衡：氨的增加引起脑内谷氨酸、乙酰胆碱等兴奋性神经递质减少，而谷氨酰胺、γ-氨基丁酸等抑制性神经递质增多，从而造成中枢神经系统功能障碍。③干扰脑细胞的能量代谢：氨主要干扰脑细胞的葡萄糖生物氧化过程，引起大脑能量供应不足。④对神经细胞膜的抑制作用。

2. 假性神经递质学说 正常情况下，食物中的蛋白质经消化道水解产生芳香族氨基酸如苯丙氨酸及酪氨酸，在肠道细菌脱羧酶的作用下分别生成苯乙胺与酪胺，在肝经单胺氧化酶分解。严重肝功能障碍时，由于肝细胞单胺氧化酶的活性降低，这些胺类不能有效地被分解，因而进入体循环并通过血脑屏障进入脑组织。苯乙胺和酪胺在脑细胞经羟化分别生成苯乙醇胺和羟苯乙醇胺，这两种物质的化学结构与脑干网状结构中的真正神经递质去甲肾上腺素和多巴胺极为相似，但生理作用却远较去甲肾上腺素和多巴胺弱，因此，将苯乙醇胺和羟苯乙醇胺称为假性神经递质。当脑干网状结构中假性神经递质增多时，则竞争性地取代上述两种正常神经递质而被神经元摄取、储存、释放，但其释放后的生理作用较正常神经递质弱得多，使机体不能完成脑干网结构上行激动唤醒功能而处于昏睡乃至昏迷状态。正常锥体外系基底节保持抑制与兴奋的平衡，当多巴胺被假神经递质取代后，则乙酰胆碱能占优势，出现扑翼样震颤。

3. 血浆氨基酸失衡学说 肝衰竭时，由于胰岛素在肝内灭活作用降低，血浓度增高，而胰岛素有促进支链氨基酸进入肌肉组织的作用，导致血浆支链氨基酸（branched-chain amino acid，BCAA）如缬氨酸、亮氨酸及异亮氨酸浓度减少，而芳香族氨基酸（Aromatic amino acid，AAA）如苯丙氨酸、酪氨酸和色氨酸浓度及胰岛素浓度增加，血浆支链氨基酸与芳香族氨基酸的比值明显失衡，最终引起脑内假性神经递质和（或）抑制性神经递质增多，神经传导与觉醒功能因而出现障碍。

4. γ-氨基丁酸学说　γ-氨基丁酸（γ-aminobutyric acid，GABA）为中枢神经系统所特有的递质，广泛存在于脑组织，与突触后神经元的特异性受体结合，是中枢神经系统主要的抑制性神经递质。突触后GABA受体是由超分子复合物组成，包括GABA受体、苯二氮䓬（benzediazepine，BZ）受体、巴比妥类受体和氯离子转运通道。当脑内GABA增多时，与突触后神经元的特异性GABA受体结合，引起氯离子通道开放，氯离子进入神经细胞内增多，使神经细胞膜的静息电位处于超极化状态，从而引起突触后的抑制作用，产生肝性脑病。

5. 其他因素　有研究提出：硫醇类、短链脂肪酸及锰离子等物质也参与了肝性脑病的发生。

二、临床表现

肝性脑病的临床表现主要包括高级神经中枢的功能紊乱（如性格改变、智力下降、行为失常、意识障碍等）及运动和反射异常（如扑翼样震颤、肌阵挛、反射亢进和病理反射等）。根据意识障碍程度、神经系统体征和脑电图改变，可将肝性脑病的临床过程分为5期。

0期（潜伏期）：又称轻微肝性脑病（SHE），即慢性肝性脑病的早期。无行为、性格的异常，无神经系统病理征，脑电图正常，只在心理测试或智力测试时有异常。

1期（前驱期）：轻度性格改变和精神异常。如焦虑、欣快冲动、淡漠、睡眠倒错、健忘等。可有扑翼样震颤（asterixis），脑电图多正常。此期历时数天至数周，有时临床表现但不明显，容易被忽略。

2期（昏迷前期）：以意识错乱、睡眠障碍、行为失常为主。前驱期症状进一步加重，睡眠时间倒错、举止反常（如衣冠不整或随地大小便）、言语不清、书写障碍及定向力障碍。可查出腱反射亢进、肌张力增高、踝阵挛及Babinski征阳性等，有扑翼样震颤，且脑电图表现异常。

3期（昏睡期）：以昏睡和精神错乱为主，各种神经体征持续或加重。大部分时间呈昏睡状态，但可唤醒，醒时尚能应答。各种神经体征持续或加重，有扑翼样震颤，肌张力增加，腱反射亢进，锥体束征常阳性，脑电图有异常表现。

4期（昏迷期）：神志完全丧失，昏迷，不能唤醒，因此扑翼样震颤无法引出。浅昏迷时，对疼痛刺激有反应，腱反射仍亢进；深昏迷时，各种反射消失，肌张力降低，可有阵发性抽搐，脑电图明显异常。

三、实验室及辅助检查

1. 血氨　慢性肝性脑病尤其是门体分流型肝性脑病患者多有血氨升高，急性肝性脑病患者血氨可以正常。

2. 血浆氨基酸　血浆支链氨基酸浓度减低，芳香氨基酸浓度升高，正常人血中支链氨基酸与芳香氨基酸的比值＞3，门体分流性脑病患者的比值＜1。

3. 脑电图　脑电图的演变与病情严重程度一致，并可判断治疗效果。肝性脑病的脑电图变化并非特异，在所有代谢性脑病时均可出现类似变化。

4. 诱发电位　诱发电位（evoked potentials）是大脑皮质或皮质下层接收到由各种感觉器官受刺激的信息后所产生的电位，可用于轻微肝性脑病的诊断和研究。

5. 临界视觉闪烁频率　视网膜胶质细胞病变可以作为肝性脑病时大脑星形胶质细胞病变的标志，通过测定临界视觉闪烁频率（critical fricker-fusion frequency）可辅助诊断肝性脑病，用于检测轻微肝性脑病。

6. 心理智能测验 将木块图试验、数字连接试验及数字符号试验联合应用可筛选轻微肝性脑病。

7. 影像学检查 急性肝性脑病患者进行头部CT或MRI检查时可发现脑水肿。慢性肝性脑病患者可发现脑萎缩。磁共振波谱（magnetic resonance spectroscopy，MRS）分析可用来测定慢性肝性脑病患者大脑枕部灰质和顶部皮质胆碱、肌酸等含量变化。

四、诊　断

肝性脑病的主要诊断依据为：①有严重肝病和（或）广泛门体侧支循环形成的基础；②存在肝性脑病的诱因；③出现精神紊乱、昏睡或昏迷，可引出扑翼样震颤；④反映肝功能的血生化指标明显异常和（或）血氨增高；⑤脑电图异常；⑥心理智能测验、诱发电位及临界视觉闪烁频率异常；⑦头部CT或MRI排除脑血管意外及颅内肿瘤等疾病。

五、鉴别诊断

（1）与精神病相鉴别。

（2）与引起昏迷的其他疾病相鉴别，如糖尿病、低血糖、尿毒症、脑血管意外、脑部感染、镇静剂过量等。

六、治　疗

积极治疗原发肝病，去除引发肝性脑病的诱因、维护肝功能、促进氨代谢清除及调节神经递质是治疗肝性脑病的主要措施。

（一）及早识别及去除肝性脑病发作的诱因

1. 慎用镇静药及损伤肝功能的药物 肝硬化患者特别是有严重肝功能减退时，应尽量避免使用镇静、催眠、镇痛药及麻醉药，由于患者血脑屏障通透性增强、脑敏感性增高，即使使用较低剂量时，也要注意引起肝性脑病的可能性。

2. 纠正电解质和酸碱平衡紊乱 由于碱中毒可促进氨的生成与吸收，因此，临床上对肝功能障碍患者要经常检测水、电解质和酸碱度的变化，一旦出现低血钾或碱中毒，应及时纠正，避免诱发肝性脑病。

3. 止血和清除肠道积血 肠道积血要积极清除，可采取生理盐水或弱酸液（如稀醋酸溶液）清洁灌肠，或乳果糖、乳梨醇或25%硫酸镁口服或鼻饲导泻。

4. 预防和控制感染 失代偿期肝硬化患者容易合并感染，一旦发现应积极控制。对于肝硬化大量腹水或合并曲张静脉破裂出血者应高度警惕感染的可能性。

5. 其他 保持大便通畅，注意防止便秘。还应避免大量蛋白质饮食，警惕低血糖的发生。

（二）减少肠内氮源性毒物的生成与吸收

1. 清洁肠道 特别适用于上消化道出血或便秘患者。

2. 乳果糖或乳梨醇 乳果糖到达结肠后可被细菌分解为乳酸、乙酸而降低肠道的pH，而减少肠道产氨和有利于铵盐随粪便排出体外。可用于各期肝性脑病及轻微肝性脑病的治疗。乳梨醇疗效与乳果糖相似。

3. 口服抗生素 可抑制肠道细菌，减少氨的生成。常用的抗生素有新霉素、甲硝唑、利福昔明等。

4. 益生菌制剂 口服含双歧杆菌、乳酸杆菌的微生态制剂可抑制有害菌的生长，并酸化肠道，对减少氨的生成和有毒物质的吸收可能有一定作用。

（三）促进体内氨的代谢

1. *L* 鸟氨酸-*L*-天冬氨酸（OA） 是一种鸟氨酸和天冬氨酸的混合制剂，能促进体内的尿素循环而降低血氨。

2. 鸟氨酸-α-酮戊二酸 其降氨机制与 OA 相同，但其疗效较差。

3. 其他 谷氨酸钠或钾、精氨酸等药物以往曾在临床上广泛应用。

（四）调节神经递质

1. GABA/BZ 复合受体阻断药 氟马西尼，可以拮抗内源性苯二氮䓬所致的神经抑制。

2. 减少或拮抗假性神经递质 支链氨基酸制剂是一种以亮氨酸、异亮氨酸、缬氨酸等为主的复合氨基酸。口服或静脉给予支链氨基酸为主的氨基酸混合液，可纠正氨基酸代谢不平衡，抑制大脑中假性神经递质的形成。

（五）人工肝

人工肝（artificial liver）是借助体外化学、机械或生物学装置，利用吸附或透析的原理，暂时或部分替代肝的功能，清除血中的毒性物质的方法。对肝性脑病有暂时的、一定程度的疗效。

（六）肝移植

肝移植包括原位肝移植和肝细胞移植，是治疗各种终末期肝病的一种有效手段，尤其是持续和反复发作的肝性脑病。严重和顽固性的肝性脑病是肝移植的适应证。

思 考 题

1. GERD 的临床表现有哪些？治疗原则是什么？
2. 急性胃炎的临床表现有哪些？
3. 慢性胃炎的病因及辅助检查有哪些？
4. 消化性溃疡的临床表现及诊断标准？
5. 消化性溃疡的治疗原则是什么？
6. 肝硬化的临床表现及诊断标准？
7. 肝硬化的辅助检查及治疗原则有哪些？
8. 肝性脑病的发病机制有哪些？
9. 肝性脑病的分期及临床表现有哪些？
10. 肝性脑病的治疗原则有哪些？

（李 骢 张彩华）

第八章　泌尿系统疾病

第一节　急性肾小球肾炎

急性肾小球肾炎（acute glomerulonephritis，AGN）简称急性肾炎，是肾小球肾炎临床分型的一种，它是以急性肾炎综合症状为主要临床表现的一组疾病，也是小儿时期最常见的肾脏疾病，临床特点是急性起病，患者出现血尿、蛋白尿、高血压、水肿等症状，可伴有一过性氮质血症。本病有多种病因，以A族β溶血性链球菌感染后诱发为最常见。偶可见于其他细菌或病原微生物感染之后。

案例 8-1

患者，男性，16岁。咽痛10天，血尿蛋白尿2天。患者10天前受凉后出现，咽痛，近2天出现晨起眼睑水肿，化验蛋白尿（++），血尿（++），症状持续不缓解，并伴有双下肢水肿，乏力，恶心。既往体健。

查体：T 36.6℃，P 90次/分，R 22次/分，BP 150/95mmHg。皮肤未见出血点和皮疹，浅表淋巴结未触及肿大，巩膜无黄染。双眼睑水肿，咽部充血，扁桃体Ⅱ度肿大，双肺未闻及干、湿啰音。心界不大，HR 90次/分，律齐，各瓣膜听诊区未闻及杂音。腹平软，无压痛，肝脾肋下未触及。双下肢水肿。

实验室检查：血常规示Hb 125g/L，WBC 6.4×10^9/L，尿常规示蛋白（++）、红细胞（++），血钠140mmol/L，血氯105mmol/L、血钾3.86mmol/L，血二氧化碳结合力20mmol/L，尿素氮5.4mmol/L，血肌酐62μmol/L，抗链球菌溶血素O（ASO）430IU/ml，补体C3 0.5g/L，辅助检查：彩超示双肾大小正常，包膜光滑，血供良好。

问题：1. 该患者的初步诊断是什么？其诊断依据是什么？

2. 该患者还应与哪些疾病进行鉴别诊断？

一、病因与发病机制

（一）病因

急性链球菌感染后肾小球肾炎（acute poststreptococcal glomerulonephritis，APSGN），以A族β溶血性链球菌最为常见，依据链球菌细胞壁M蛋白免疫性质的不同可将其分为若干型，其中1型、2型、3型、4型、18型、25型、49型、55型、57型和60型为致肾炎菌株。1型、4型是咽峡炎后APSGN的主要致病菌株，脓皮病后APSGN多见于49型，而2型、55型和57型则与猩红热后APSGN有关。此外，β溶血性链球菌C族和G族感染后偶可发生APSGN。

（二）发病机制

APSGN发病的中位年龄为6～8岁；2岁以下罕见。但也有学者报道了1例14个月大的婴儿患病，说明APSGN可发生于任何年龄。婴幼儿患病率低的原因与链球菌性咽炎的发生率低及免疫系统发育不完善导致免疫复合物形成率低有关。男性患病率是女性的2倍，其原因尚不清楚。由于人类是A组链球菌唯一的宿主和携带者，因此制备适当的动物模型较为困难，导致目前APSGN的发病机制仍不十分清楚。目前认为可能的致病机制有：抗原-抗体免疫复合物沉积于肾小球并激活补体，或者抗原直接种植于肾小球；链球菌片段与肾脏结构之间的分子模拟机制；正常的肾脏结构改变引发的自身免疫反应；链球菌相关的肾小球纤溶酶活性。

二、病 理

肾小球疾病临床表现非特异，不同疾病往往存在相似或相同的临床表现，致使无法依据临床表现做出精确诊断。因此肾活检在诊断和评估肾小球疾病中发挥重要作用并依此制订肾小球疾病的病理分型。

APSGN肾体积可较正常增大，病变主要累及肾小球。病理类型为毛细血管内增生性肾小球肾炎。

（一）光镜检查

光镜下通常为弥漫性肾小球病变，肾小球中以内皮细胞及系膜细胞增生为主要表现，急性期可见中性粒细胞和单核细胞浸润。病变严重时，增生和浸润的细胞可压迫毛细血管袢使管腔狭窄或闭塞。肾小管病变多不明显，但肾间质可有水肿及灶状炎症细胞浸润。

（二）电镜检查

可见肾小球上皮细胞下有驼峰状大块电子致密物沉积。

（三）免疫荧光

可见IgG及C3呈粗颗粒沉积于系膜区及毛细血管壁。

三、临床表现

典型的APSGN表现为急性肾炎综合征，即起病急、肉眼血尿、水肿和高血压。病程分为3个阶段：潜伏期、急性期及恢复期。一部分患者呈亚临床型，临床症状很轻，只有轻微的尿改变及血清补体C3水平下降，仅在流行病学调查时被发现。本病多见于儿童，男性多于女性。通常于前驱感染后1～3周起病，相当于抗原免疫后产生抗体的时间。大部分患者的前驱感染为呼吸道（常为咽炎）或皮肤感染，呼吸道感染者的潜伏期较皮肤感染者短。少数重症者可发生急性肾损伤。本病大多预后良好，常在数月内临床自愈，少数患者可转化成慢性肾脏病。

（一）尿异常

绝大多数患者有肾小球源性血尿，尿沉渣检查显示畸形红细胞明显增多，可见红细胞管型，25%～60%的患者可见茶色或洗肉水样的肉眼血尿。可伴有轻、中度蛋白尿，少数患者可有大量蛋白尿。尿沉渣除红细胞外，可见白细胞和上皮细胞稍增多，并可有颗粒管型和红细胞管型等。部分患者尿检可在短时间内恢复，因此连续尿检有助于急性肾炎的诊断。

（二）水肿

多数患者有水肿表现，由水钠潴留导致，常出现于颜面部等组织疏松处。80%的患者晨起眼睑水肿及伴有下肢轻度可凹性水肿，少数水肿严重者可表现为全身凹陷性水肿。严重者可出现双侧或单侧的肺水肿，而这些患者常以呼吸困难、呼吸道水肿、呼吸窘迫为首发症状而被误诊为肺炎、心力衰竭等。

（三）高血压

80%～90%的患者出现高血压，可表现为一过性轻中度高血压，常与其水钠潴留，容量负荷过重有关，利尿后血压可逐渐恢复正常，少数患者可出现严重高血压，甚至高血压脑病、急性左心衰竭。

（四）肾功能异常

患者可有一过性肾功能异常，表现为轻度氮质血症。多于1～2周后尿量渐增，肾功能于利尿后可逐渐恢复正常。仅有极少数患者表现为急性肾损伤。

（五）充血性心力衰竭

多出现在老年人及成年人，严重水钠潴留和高血压为重要的诱发因素，循环血容量急骤增加，有心脏病病史的患者更易发生。

（六）脑病

儿童患者多见，可有剧烈头痛、恶心、呕吐、嗜睡、神志不清、严重者可出现阵发性惊厥及昏迷。

（七）免疫学检查异常

起病初期血清C3及总补体下降，8周内逐渐恢复正常，对诊断本病意义很大。患者血清抗链球菌溶血素“O”滴度可升高，提示近期内曾有过链球菌感染。另外，部分患者起病早期循环免疫复合物及血清冷球蛋白可呈阳性。

四、诊断依据

（1）起病前1～3周有链球菌前驱感染。

（2）临床出现水肿、高血压、血尿。

（3）尿检有红细胞、蛋白和管型。

（4）血清C3降低，伴或不伴抗链球菌溶血素升高。

（5）尿中纤维蛋白原降解产物（FDP）含量增高等。

APSGN的诊断一般不困难。但个别患者以急性充血性心力衰竭或高血压脑病起病，或只有轻微水肿及高血压，或无尿常规改变。临床诊断困难者，应及时做肾活检确诊。一般来说，APSGN并不是肾活检的指征，但在临床表现不典型或因肾脏受累严重而需要排除新月体肾小球肾炎时常行肾活检。

五、治疗

本病为自限性疾病。治疗以休息及对症治疗为主。治疗水钠潴留，控制循环血容量，从而减轻症状，不宜应用糖皮质激素及细胞毒性药物。

（一）一般治疗

起病2～3周应卧床休息，待肉眼血尿消失、水肿消退及血压恢复正常后逐步增加活动量。急性期应予低盐饮食。肾功能正常者不需限制蛋白质摄入量，但氮质血症时应限制蛋白质摄入，并以优质动物蛋白为主，明显少尿者应限制液体摄入量。水分一般以不显性失水加尿量计算供给，同时给予易消化的高糖、低盐、低蛋白饮食，食盐以60mg/（kg · d），蛋白质以

0.5g/（kg · d），尽量满足热能需要。

（二）对症治疗

1. 利尿 控制水摄入量后水肿仍明显者，应加用利尿剂，轻症患者可口服氢氯噻嗪，每次 1～2mg/kg，每日 1～2 次，重症患者如少尿及有明显循环充血者可静脉给予呋塞米强力利尿剂，每次 1～2mg/kg，每日 1～2 次，再视情况酌增。

2. 降血压 凡经休息、限盐利尿剂治疗而血压仍高者应给予降压药物治疗。可选用钙通道阻滞药，如氨氯地平；β 受体阻断药，如阿替洛尔；α 受体阻断药，如哌唑嗪；血管扩张剂如肼苯哒嗪。顽固性高血压者可选用不同类型降压药物联合应用。血管紧张素转换酶抑制药、血管紧张素Ⅱ受体阻断药（ARB）需要谨慎使用，特别在肾功能不全，血肌酐＞350μmol/L 的非透析治疗患者。

（三）感染灶治疗

在病灶细菌培养阳性时积极应用抗生素治疗，扁桃体切除术对病程发展无肯定效果。手术时机以肾炎病情稳定，无临床症状及体征，且扁桃体无急性炎症时为宜，术前后应用青霉素 2 周。

（四）透析治疗

少尿性急性肾损伤特别是高钾血症时，严重水钠潴留引起急性左心衰竭者可透析治疗。

六、预 后

本病的远期预后各家报道不一，但均认为多数病例预后良好，可完全治愈，但少量镜下血尿及微量尿蛋白有时可迁延半年至 1 年才消失。6%～18% 的病例遗留尿异常和（或）高血压而转为慢性，或于“临床痊愈”多年后又出现慢性肾小球肾炎表现，所以应加强随访。老年人、持续性高血压、大量蛋白尿或肾病理组织增生病变严重，或伴新月体形成者预后较差。

第二节 急进性肾小球肾炎

急进性肾小球肾炎（rapidly progressive glomerulonephritis，RPGN）简称急进性肾炎，为一组病情发展快，由蛋白尿、血尿迅速发展为急性肾损伤，预后凶险的肾小球肾炎，病理特征为肾小球囊内细胞增生、纤维蛋白沉积、形成新月体，故又称为新月体肾炎，是最严重的肾小球肾炎。

案例 8-2

患者，男性，25 岁。水肿 2 周，头痛，呕吐伴少尿 3 天。查体：血压 180/100mmHg，神志清楚，贫血貌，眼睑水肿，心肺未见异常，腹软，无压痛、反跳痛，双下肢凹陷性水肿。门诊查尿常规：蛋白（+++）、红细胞（+++）、白细胞 0～3 个/HFP。24h 尿蛋白定量 5g。血常规：Hb 100g/L，WBC 9.6×10^9/L，PLT 312×10^9/L，血钠 140mmol/L，血氯 105mmol/L，血钾 4.86mmol/L，血二氧化碳结合力 18mmol/L，尿素氮 12.8mmol/L，血肌酐 232μmol/L。入院后次日查：血钠 133mmol/L，血氯 96mmol/L，血钾 5.2mmol/L，血二氧化碳结合力 16mmol/L，尿素氮 24.4mmol/L，血肌酐 465μmol/L。彩超示：右肾 120mm×60mm，左肾

125mm×58mm。肾脏病理：光镜可见肾小球新月体形成，免疫病理检查可见IgG沿肾小球毛细血管壁呈典型线条样沉积。

问题：初步诊断、诊断依据和治疗原则是什么？

一、病因与发病机制

急进性肾炎是由多种原因所致的一组疾病，主要分为三类：原发性急进性肾小球肾炎；继发于全身性疾病（如系统性红斑狼疮肾炎、过敏性紫癜、IgA 肾病等）的急进性肾小球肾炎；某些原发性肾小球病（如系膜毛细血管性肾小球肾炎）的基础上形成广泛新月体，即病理类型转化而来的新月体性肾小球肾炎。本节着重讨论原发性急进性肾小球肾炎。

急进性肾炎根据免疫病理可分为三型：Ⅰ型，又称抗肾小球基底膜（GBM）型肾小球肾炎，由于 GBM 抗体与 GBM 抗原相结合激活补体而致病，病理表现为 IgG 和 C3 沿肾小球毛细血管袢呈线条样沉积；Ⅱ型，又称免疫复合物型，因肾小球内循环免疫复合物的沉积或原位免疫复合物形成，激活补体而致病，病理表现为免疫复合物沿着小球基底膜呈颗粒样或团块样沿肾小球毛细血管袢和系膜区沉积；Ⅲ型，为非免疫复合物沉积型，肾小球内无或仅微量免疫球蛋白沉积（表 8-1）。现已证实 50%～80% 该型患者为原发性小血管炎肾损害，肾可为首发，甚至唯一受累器官或与其他系统损害并存。原发性小血管炎患者血清抗中性粒细胞胞浆抗体（ANCA）常呈阳性。约半数 RPGN 患者有前驱上呼吸道感染病史。接触某些有机化学溶剂、碳氢化合物如汽油、可能与 RPGN Ⅰ型密切相关。丙硫氧嘧啶（PTU）和肼屈嗪等可引起 RPGN Ⅲ型。

表 8-1　新月体性肾炎两种分型的关系和免疫病理特点

三型分类法	免疫病理特点	血清学自身抗体	五型分类法
Ⅰ型，抗 GBM 抗体型	IgG 和 C3 沿肾小球毛细血管袢呈线条样沉积	抗 GBM 抗体阳性，ANCA 阴性	Ⅰ
		抗 GBM 抗体阳性，ANCA 阳性	Ⅳ
Ⅱ型，免疫复合物型	免疫球蛋白和补体成分呈颗粒样或团块样沿肾小球毛细血管袢和系膜区沉积		Ⅱ
Ⅲ型，非免疫复合物沉积型	无明显免疫球蛋白成分沉积	ANCA 阳性	Ⅲ
		ANCA 阴性	Ⅴ

二、病　　理

肉眼可见肾体积稍增大，肿胀，呈苍白色或略灰色，可见到瘀点，切面皮质增厚，肾小球呈灰色点状，病理类型为新月体性肾小球肾炎。光镜下通常以广泛（50% 以上）的肾小球囊腔内有大新月体形成（占肾小球囊腔 50% 以上）为主要特征，病变早期为细胞新月体，后期为纤维新月体，另外，Ⅱ型常伴有肾小球内皮细胞和系膜细胞增生，Ⅰ型和Ⅲ型常可见肾小球节段性纤维素样坏死。

三、临 床 表 现

我国以Ⅱ型多见，Ⅰ型好发于青中年，Ⅱ型及Ⅲ型常见于中老年患者，男性居多。患者可有前驱呼吸道感染，起病急，有血尿、蛋白尿、尿少、水肿、高血压，病情急骤进展，多在早期出现少尿或无尿，进行性肾功能恶化并发展成尿毒症，为其Ⅰ型临床特征。患者可伴有不同程度贫血。Ⅱ型患者约半数可伴肾病综合征，Ⅲ型患者常有不明原因的发热、乏力、关节痛或咯血等系统性血管炎的表现。

四、实验室检查

免疫学检查异常主要有抗 GBM 抗体阳性（Ⅰ型）、ANCA 阳性（Ⅲ型）。此外，Ⅱ型患者的血液循环免疫复合物及冷球蛋白可呈阳性，并可伴血清 C3 降低。彩超、CT 等影像学检查常显示双肾增大。

五、诊断与鉴别诊断

（一）诊断依据

（1）急性起病，有少尿、高血压、水肿、血尿等症状，并伴有进行性肾功能下降。

（2）病理改变是疾病诊断的“金标准”，但是需要辅以血清学检查进行新月体肾小球肾炎的分类，若患者在临床上符合 RPGN 且疑诊新月体性肾小球肾炎，应立即进行肾活检，特点为新月体形成，即肾小球囊内细胞增生、纤维蛋白沉积，其标准为：①超过 50% 肾小球有新月体形成：②新月体面积超过肾小球的 50% 以上；③形成新月体的细胞或组织不少于 3 层；④所取肾小球数不少于 10 个，最好＞15 个。

（二）鉴别诊断

原发急进性肾炎应与引起少尿性急性肾损伤的非肾小球病及引起急进性肾炎综合征的其他肾小球病进行鉴别。

六、治　　疗

（一）强化治疗

1. 甲泼尼龙冲击联合环磷酰胺 甲泼尼龙 0.5～1.0g 溶于 5% 葡萄糖溶液中静脉滴注，每日或隔日 1 次，3 次为 1 个疗程。必要时间隔 3～5 天可重复 1 个疗程，最多不超过 3 个疗程。环磷酰胺冲击疗法：环磷酰胺 0.6～0.8g 溶于 5% 葡萄糖溶液中静脉滴注，每月 1 次。

2. 血浆置换 每次置换血浆 2～4L，每日或隔日 1 次，直至血清抗体转阴或病情好转，一般需 7 次以上。血浆置换的同时应口服泼尼松和环磷酰胺。泼尼松 1mg（kg · d），6～8 周后缓慢减量；环磷酰胺 2～3mg/（kg · d），总量一般不超过 8g。

3. 利妥昔单抗 是抗 CD20 单克隆抗体，能与 B 细胞上的 CD20 抗原特异性结合耗竭 B 细胞而起作用。

（二）替代治疗

出现急性肾损伤且已符合透析指征患者应及时进行透析治疗，可采用血液透析，腹膜透析或肾移植治疗。

七、预　　后

新月体肾小球肾炎导致终末期肾衰竭发生率高，约有 20% 患者就诊时已不能逆转，进入终末期肾衰竭，1 年后 50% 的患者进入终末期肾衰竭。部分患者经积极治疗后肾功能改善并长期稳定。影响患者预后的因素：早期诊断、及时治疗，可明显改善患者的预后；临床上出现少尿、血肌酐＞600μmol/L 患者预后差；细胞新月体、间质病变轻者预后好；疾病的类型：Ⅲ型及有前驱感染和病理有血管炎的Ⅱ型治疗效果较好，Ⅰ型 RPGN 最差，且与抗 GBM 抗体的滴度无关；肾活检中 85% 的肾小球有大新月体、严重广泛肾小球硬化、小管萎缩、间质纤维化及小动脉硬化患者预后差（表 8-2）。

表 8-2　三种不同免疫病理类型的新月体肾炎的特点

类型	临床表现	病理特点	自身抗体	治疗方案	预后
Ⅰ型	急进性肾炎综合征，部分患者有肺出血	IgG 和 C3 沿肾小球毛细血管袢呈线条样沉积	抗 GBM 抗体阳性，部分 ANCA 阳性	首选血浆置换，MP 冲击疗法，糖皮质激素联合细胞毒性药物	差，多依赖肾替代疗法
Ⅱ型	急进性肾炎综合征，可有基础肾病表现	免疫球蛋白和补体成分呈颗粒样或团块样沿肾小球毛细血管袢和系膜区沉积	可有抗核抗体和类风湿因子等	MP 冲击疗法，糖皮质激素联合细胞毒性药物	疗效尚可，及时治疗可脱离透析
Ⅲ型	急进性肾炎综合征，多有全身多脏器受累表现	无免疫球蛋白沉积，有肾小球的袢坏死，新月体多新旧不等	多 ANCA 阳性	MP 冲击疗法，糖皮质激素联合细胞毒性药物	疗效较好，及时治疗可脱离透析

第三节　慢性肾小球肾炎

慢性肾小球肾炎（chronic glomerulonephritis，CGN）简称慢性肾炎，是由多种原因、多种病理类型组成的原发于肾小球的一组疾病。临床特点为病程长，可有一段无症状期，病变呈缓慢进行性进展。尿常规检查显示不同程度的蛋白尿，尿沉渣镜检常可见红细胞，大多数患者有不同程度的高血压和肾功能损害，严格来说它不是一个独立的疾病。

案例 8-3

患者，女性，38 岁。幼年时患有肾小球肾炎，后始终有血尿，蛋白尿，双下肢水肿伴头晕乏力 1 年余入院。体检血压 155/100mmHg，贫血貌，眼睑轻度水肿，心肺未见异常，腹软，无压痛、反跳痛，双下肢凹陷性水肿。尿常规：蛋白（++），红细胞（++），24h 尿蛋白定量 1.5g。血常规：Hb85g/L，WBC 9.6×10^9/L，血钠 142mmol/L，血氯 103mmol/L、血钾 4.5mmol/L，血钙 2.0mmol/L，血磷 1.6mmol/L，血二氧化碳结合力 22mmol/L，尿素氮 16.8mmol/L，血肌酐 420pmol/L。彩超示：右肾 85mm×40mm，左肾 89mm×48mm，皮髓质分界不清，肾内结构紊乱，血流信号减少。

问题：初步诊断、诊断依据和治疗原则是什么？

一、病　　因

仅少数是由急性肾炎迁徙发展所致，绝大多数起病即属慢性，慢性肾炎的病因、发病机制和病理类型不尽相同。但起始因素多为免疫介导的炎症。此外，高血压、大量蛋白尿、高血脂等非免疫非炎症因素也起到重要作用。

二、发病机制

由于慢性肾小球肾炎不是一种独立的疾病，其发病机制各不相同，大部分是免疫复合物疾病，可由循环内可溶性免疫复合物沉积于肾小球，或由抗原与抗体在肾小球原位形成免疫复合物，激活补体引起组织损伤。也可不通过免疫复合物，而由沉积于肾小球局部的细菌毒素、代谢产物等通过"旁路系统"激活补体，从而引起一系列的炎症反应而导致肾小球炎症。

此外，非免疫介导的肾脏损害在慢性肾小球肾炎的发生和发展中，亦可能起到很重要的作用，这种非免疫机制包括下列因素：肾小球病变引起的肾内动脉硬化，肾内动脉硬化可进一步加重肾实质缺血性损害；肾血流动力学代偿性改变引起肾小球损害；高血压引起肾小动脉硬化；肾小球系膜的超负荷状态。

三、病　理

慢性肾炎的病理类型多样，常见类型为系膜增生性肾小球肾炎、系膜毛细血管性肾小球肾炎及膜性肾病和局灶节段性肾小球硬化等。少数非 IgA 系膜增生性肾小球肾炎可由毛细血管内增生性肾小球肾炎转化而来。病变进展至晚期均可有程度不等的肾小球硬化，相应肾单位的肾小管萎缩、肾间质纤维化。晚期肾体积缩小、肾皮质变薄，各病理类型均可发展为硬化性肾小球肾炎。

四、临床表现

慢性肾小球肾炎可发生于任何年龄，但以青中年男性为主。起病方式和临床表现多样。

1. 起病情况　患者一般无前驱症状，无急性肾炎或链球菌感染病史，难以确定病因。起病方式不一，部分患者起病无明显临床症状，仅于体格检查时发现血压高或血尿、蛋白尿。多数患者有乏力、头痛、水肿、贫血等临床表现；少数患者起病急、水肿明显，尿中出现大量蛋白；也有部分患者始终无症状直至出现尿毒症表现方就诊。因此需耐心分析，以便了解病情和疾病进展情况。

2. 主要临床表现　部分患者无明显临床症状。早期可有乏力、疲倦、腰部酸痛、食欲减退等一般表现；水肿可有可无，一般不严重；部分患者可有头痛、头晕、失眠等，与高血压、贫血、某些代谢及内分泌功能紊乱等有关；少数患者可出现少尿，肾小管功能损害较明显者可出现尿量增多、夜尿频繁，此类患者水肿不明显甚至可出现脱水表现。此外，部分患者病情常因感染、劳累、使用肾毒性药物等因素呈急性发作或急骤恶化，经及时去除诱因和恰当治疗后病情可有一定程度缓解，但也可能由此而进入不可逆的肾衰竭进程。肾功能严重恶化者可出现各器官系统受累所表现出的相应临床症状如贫血、血压增高及消化道症状等。

五、实验室检查

1. 尿液检查　尿常规显示尿蛋白定性由微量至大量不等。常伴有镜下血尿，尿沉渣中常有红细胞及管型（颗粒管型、透明管型），尿红细胞形态学检查提示畸形红细胞为主，尿蛋白定量＞150mg/d；尿渗透压降低，尿液 N-乙酰-β-葡萄糖苷酶（NAG）、β_2 微球蛋白水平上升。

2. 血常规检查　血常规早期变化不明显，肾功能不全者可见正色素正细胞性贫血，血沉明显加快。

3. 血液生化检查 可见血浆白蛋白降低，血胆固醇轻度增高，血清尿素氮和肌酐早期基本正常，随病情加重尿素氮、血肌酐逐步增高，血清补体 C3 正常。

4. B 超检查 早期双肾大小形态正常，随疾病进展，双肾缩小，肾脏回声增强，肾皮质变薄或肾内结构紊乱。

5. 肾功能检查 包括肾小球滤过功能和肾小管功能评估。部分患者可有肾小球滤过率、内生肌酐清除率降低，酚红排泄试验、尿浓缩稀释功能及酸化功能均减退。肾功能分期多属于代偿期或失代偿期。

6. 肾脏病理检查 对于慢性肾炎患者应强调肾活检以进一步明确诊断，如无肾穿刺活检禁忌证，应对所有慢性肾炎患者行肾活检病理检查。慢性肾小球肾炎病理改变与病因、病程和类型有关，可表现为弥漫性或局灶节段性系膜增殖、膜增殖、膜性、轻微病变、局灶硬化或晚期肾小球纤维化等。除肾小球病变外，尚可伴有不同程度肾小管间质炎症及纤维化。晚期肾小球硬化及毛细血管袢萎缩，肾小球呈玻璃样变或纤维化、残存肾小球可代偿性增大、肾小管萎缩等。

六、诊断与鉴别诊断

凡尿液检验异常（如蛋白尿、血尿、管型尿）、伴有或不伴有水肿、高血压病史达 3 个月以上，无论是否有肾功能损害，排除继发性及遗传性肾小球肾炎后，临床上可诊断为慢性肾小球肾炎。诊断要点如下。

（1）多数起病缓慢，隐匿。

（2）有水肿、高血压，蛋白尿、血尿及管型尿等表现中的一项或数项。

（3）病程中可有肾炎急性发作，常因感染（如呼吸道感染）诱发，发作时可出现类似急性肾炎的表现，有些病例可自发缓解。

（4）多数慢性肾炎患者可有不同程度肾功能减退，病情时轻时重、迁延、渐进性发展为慢性肾衰竭。

（5）多次尿液检查尿常规显示尿蛋白微量到大量，伴或不伴有镜下血尿，尿蛋白定量＞150mg/d。

慢性肾小球肾炎主要应与继发性肾小球疾病、奥尔波特（Alport）综合征、慢性肾盂肾炎等疾病相鉴别。

七、治　　疗

治疗的目的在于防止或延缓肾功能进行性恶化，改善或缓解临床症状及防治严重并发症，而不以消除尿中蛋白、红细胞为主要目标，因此临床上着重强调综合性防治措施。

1. 休息 慢性肾炎患者应注意休息，避免过度劳累而加重病情。如患者无明显水肿、高血压，血尿和蛋白尿不严重，无肾功能不全表现，日常生活自理、可以从事一般工作和劳动。如有明显高血压、水肿或短期内肾功能明显减退，则应卧床休息。

2. 饮食 低盐优质蛋白饮食（食盐摄入量 2～3g/d），有肾功能损害时优质低蛋白饮食[0.6～0.8g/（kg · d）]。口服适量必需氨基酸或 α-酮酸，有高尿酸血症、高血脂者，先分别给予低嘌呤、低脂饮食，无效时再用对症药物。

3. 控制高血压 治疗过程中应力争把血压控制在理想水平：蛋白尿≥1g/d 者，血压应控制在 125/75mmHg 以下；尿蛋白＜1g/d 者，血压控制在 130/80mmHg 以下。应选择能延缓肾功能恶化、具有肾保护作用的降压药，如血管紧张素转换酶抑制药（ACEI）、血管紧张素Ⅱ受体阻断药（ARB）、长效钙通道阻滞药（CCB）、利尿药、β受体阻断药等。治疗过程应使血压平稳下降，避免血压的大幅度波动。

由于ACEI与ARB除具有降低血压作用外，还有减少尿蛋白和延缓肾功能恶化的肾保护作用，应优选。使用ACEI与ARB类药物应该定期检测血压、肾功能和血钾。部分患者首次应用ACEI与ARB 2周左右出现血肌酐升高，需要检查有无危险因素，如果未超过基础水平的30%，仍然可以继续应用。有双侧肾动脉狭窄者禁用。肾功能不全患者应用ACEI与ARB要慎重，尤其注意防止高血钾。少数患者应用ACEI有持续性干咳的不良反应，可以换用ARB类药物。

4. 降低尿蛋白 目前研究证实ACEI和ARB的应用可减少尿蛋白且治疗作用并不单纯依赖于降压作用，因此，有蛋白尿的慢性肾小球肾炎患者可使用ACEI和（或）ARB治疗以减少蛋白尿，但应注意这类药物治疗蛋白尿和保护肾功能在一定范围内与药物剂量相关，往往需要较大剂量才会有较好地降低蛋白尿和肾脏保护作用。

5. 抗凝血和抗血小板药物 对某些类型的肾炎（如IgA肾病），抗凝血药和抗血小板药有一定的稳定肾功能和减轻肾病理损伤的作用，但目前尚无对这类药物使用的统一方案。对有明确高凝状态和容易发生高凝状态的病理类型，如膜性肾病、系膜毛细血管性肾小球肾炎，或肾活检显示为局灶、节段性肾小球硬化而糖皮质激素治疗效果不佳患者可较长时间应用。

6. 降血脂 并发高脂血症的患者应积极控制血脂，可选用普伐他汀、辛伐他汀等。调脂药物使用过程中，应注意横纹肌溶解及肝功能损害等不良反应。

7. 糖皮质激素和细胞毒性药物的应用 由于慢性肾炎是包括多种疾病在内的临床综合征，故应根据其病因、病理类型及其程度、临床表现和肾功能等具体情况确定。

8. 防治肾损害加重因素 感染、低血容量、脱水、劳累、水电解质和酸碱平衡紊乱、妊娠及应用肾毒性药物（如氨基糖苷类抗生素、含有马兜铃酸中药、非类固醇类抗炎药、对比剂等）均可能损伤肾，应避免使用或者慎用。

八、预　后

慢性肾炎最终将导致慢性肾衰竭，但其病变进展速度个体差异很大，主要与其病理损害类型及有无并发症（特别是高血压）相关，同时也与重视保护肾的程度及治疗是否适当有关。病理类型为系膜毛细血管性肾炎者，常可迅速发展为严重肾衰竭。合并高血压、感染、血容量不足，使用肾毒性药物等可加快发展成慢性肾衰竭。一般从首次发现尿异常到发展至慢性肾衰竭，可历时10～20年或更长时间。为了确定慢性肾炎的肾小球病变的性质，常规进行肾活检对评估预后有重要的意义。

第四节　肾病综合征

肾病综合征（nephrotic syndrome，NS）是各种肾脏病主要是肾小球疾病导致的临床综合征，基本特征包括：大量蛋白尿，即成人≥3.5g/d，儿童≥50mg/（kg·d），或将随机尿的尿白蛋白/肌酐（ACR）作为标准，ACR≥2200mg/g；低白蛋白血症（血浆白蛋白＜30g/L）；水肿；高脂血症。其中前两项为诊断的必备条件。由于肾病综合征的病因不同，病理表现不同，因此“肾病综合征”诊断后，应进一步明确病因和（或）病理的诊断。

案例 8-4

患者，女性，62 岁。因"反复下肢水肿伴泡沫尿半年。"入院。患者半年前开始出现反复双下肢水肿，伴有尿中泡沫增多，自行应用利尿药物治疗后水肿消退，停药后水肿再发。7 天前开始出现尿量减少，伴全身乏力，查尿蛋白（+++），血白蛋白 16.9g/L，自诉既往 5 年余前曾测血糖升高，未治疗。查体：T 36.4℃，P 78 次/分，R 18 次/分，BP 136/70mmHg，双肺呼吸音粗，未闻及干、湿啰音。心音有力，律齐，无杂音。腹软，无压痛、反跳痛，双下肢重度凹陷性水肿。辅助检查：肝功能示 TP 40.4g/L，ALB 16.9g/L，A/G 0.7，AST 47U/L；肾功能示 GFR 76.05ml/min；血脂示 CHOL 12.03mmol/L，TRIG 3.07mmol/L，HDL-C 2.44mmol/L，LDL-C 7.70mmol/L；Ca^{2+} 1.85mmol/L；GLU 7.40mmol/L；尿液分析＋尿沉渣分析示 SG 1.037，PRO 3+，UGLU（±），BLD 1+，3～5 个/HPF，尿 RBC 27.00/ml，尿 WBC 20.40/ml，PAT 20/ml；24 小时尿蛋白定量为 9g。

问题：初步诊断及诊断依据是什么？应与哪些疾病相鉴别？

一、病因与分类

肾病综合征可分为原发性及继发性两大类，可由多种不同病理类型的肾小球疾病所引起（表 8-3）。

表 8-3 肾病综合征的病因

分类	儿童	青少年	中老年
原发性	微小病变型肾病	系膜增生性肾小球肾炎 微小病变型肾病 局灶性节段性肾小球硬化 系膜毛细血管性肾小球肾炎	膜性肾病
继发性	过敏性紫癜肾炎 乙型肝炎病毒相关性肾炎 狼疮肾炎	狼疮肾炎 过敏性紫癜肾炎 乙型肝炎病毒相关性肾炎	糖尿病肾病 肾淀粉样变性 骨髓瘤性肾病 淋巴瘤或实体肿瘤性肾病

二、病理生理

1. 大量蛋白尿 在正常生理情况下，肾小球滤过膜分子屏障及电荷屏障作用受损，增加肾小球内压力，可导致大量蛋白从尿中丢失。

2. 血浆白蛋白减少 肾病综合征时大量白蛋白丢失，肾小管分解蛋白增加，肝白蛋白合成增加不足以克服丢失和分解时，导致血浆白蛋白减少。此外，肾病综合征患者因胃肠道黏膜水肿导致食欲减退、蛋白质摄入不足、吸收不良或丢失，进一步加重低蛋白血症（表 8-4）。

3. 水肿 肾病综合征时低蛋白血症、血浆胶体渗透压下降，导致水分从血管腔内进入组织间隙，是造成组织水肿的基本原因。此外，约 50% 患者血容量正常或增加，肾素水平正常或下降，提示水钠潴留、内分泌紊乱等因素在肾病综合征水肿发生机制中起一定作用。

4. 高脂血症 低蛋白血症常和高胆固醇、血清中低密度脂蛋白及极低密度脂蛋白浓度增加、高甘油三酯血症并存，这与肝合成脂蛋白增加和脂蛋白分解减弱相关，目前认为后者可能是高脂血症更为重要的原因。

表 8-4　肾病综合征时血浆蛋白成分变化及其结果

蛋白减少	可能结果
白蛋白	水肿、体腔积液、高脂血症、动脉硬化
IgG	易感染
B 因子、C3、C1q、C2、C8、C9	易感染
转铁蛋白	小细胞性贫血
血浆铜蓝蛋白	铜缺乏
锌结合蛋白	易感染、影响生长发育
甲状腺素球蛋白	T_4、T_3 下降
皮质醇转运蛋白	游离皮质醇增高，皮质醇代谢变化
前列腺素结合蛋白	前列腺素代谢变化、血栓形成
脂蛋白酶	低密度脂蛋白代谢异常
抑制凝血因子（如凝血酶Ⅲ）	血栓形成

三、原发性肾病综合征的病理类型及其临床特征

引起原发性肾病综合征的肾小球疾病主要病理类型有微小病变型肾病、系膜增生性肾小球肾炎、系膜毛细血管性肾小球肾炎、膜性肾病及局灶性节段性肾小球硬化。病理及临床特征如下。

（一）微小病变型肾病

光镜下肾小球基本正常，免疫病理检查阴性，近曲小管上皮细胞可见脂肪变性。主要诊断依据为电镜下有广泛的肾小球脏层上皮细胞足突融合，无电子致密物沉积。

此种病理类型多见于儿童，占 80%～90%，男性多于女性，成人发病率相对较低。临床表现为肾病综合征。约 15% 的患者伴有镜下血尿，一般无持续性高血压及肾功能损害。严重水钠潴留可导致一过性高血压和肾功能损害。

30%～40% 的患者可能在发病后数月内自发缓解。90% 的患者对糖皮质激素治疗敏感，可达到完全缓解，但本病复发率高达 60%，若反复发作或长期大量蛋白尿未得到控制，可发生病理类型的转变，预后欠佳。

（二）系膜增生性肾小球肾炎

光镜下可见肾小球系膜细胞和系膜基质弥漫增生，依其增生程度可分为轻、中、重度。免疫病理检查可将本组疾病分为 IgA 肾病及非 IgA 系膜增生性肾炎。电镜下在系膜区可见到电子致密物，其中 IgA 肾病以 IgA 沉积为主，非 IgA 系膜增生性肾炎以 IgG 或 IgM 沉积为主，均常伴有补体 C3 于肾小球系膜区或系膜区及毛细血管壁呈颗粒状沉积。

系膜增生性肾小球肾炎男性多于女性，好发于青少年。IgA 肾病几乎均有血尿，约 15% 的患者出现肾病综合征。非 IgA 系膜增生性肾小球肾炎者约 70% 伴有血尿；约 50% 表现为肾病综合征。随肾病变程度由轻至重，肾功能不全及高血压的发生率逐渐增加。本组疾病呈肾病综合征者，对糖皮质激素及细胞毒性药物的治疗反应与其病理改变轻重相关。

（三）系膜毛细血管性肾小球肾炎

光镜下可见系膜细胞和系膜基质弥漫重度增生，可插入到肾小球基底膜（GBM）和内皮

细胞之间，使毛细血管呈“双轨征”。免疫病理IgG和C3呈颗粒状于系膜区及毛细血管壁沉积。电镜下系膜区和内皮下可见电子致密物沉积。

该病理类型男女比例大致相等，好发于青少年。1/4～1/3 的患者常在上呼吸道感染后，临床表现为急性肾炎综合征。50%～60% 的患者表现为肾病综合征，临床上常有血尿，其中少数为发作性肉眼血尿；其余少数患者表现为无症状性血尿和蛋白尿。肾功能损害、高血压及贫血出现早，病情多持续进展。50%～70% 病例的血清补体 C3 持续降低，对提示本病有重要意义。

糖皮质激素及细胞毒性药物治疗该病理类型可能仅对部分儿童患者有效，多数成人患者疗效差。本病预后较差，病情持续进行性发展，约 50% 的患者在 10 年内发展至终末期肾衰竭。

（四）膜性肾病

光镜下可见肾小球呈弥漫性病变，早期肾小球基底膜上皮侧可见少量散在分布的嗜复红小颗粒，进而有钉突形成，基底膜逐渐增厚。免疫病理 IgG 和 C3 呈细颗粒状在肾小球毛细血管壁沉积，电镜下早期可见肾小球基底膜上皮侧有排列整齐的电子致密物，常伴有广泛足突融合。

本病男性多于女性，中老年多发，起病隐匿，病情进展缓慢，临床表现多为肾病综合征，约 30% 患者可伴有镜下血尿。一般无肉眼血尿。易于发生血栓栓塞，肾静脉血栓发生率可高达 40%～50%。因此，膜性肾病患者如有突发性腰痛或肋腹痛，伴血尿、蛋白尿加重、肾功能损害，应注意肾静脉血栓形成。60%～70% 的早期膜性肾病患者经糖皮质激素和细胞毒性药物治疗后疗效尚可，可达到临床缓解。晚期疗效则较差。

（五）局灶性节段性肾小球硬化

光镜下可见病变呈局灶、节段分布，受累节段硬化，相应的肾小管萎缩、肾间质纤维化。免疫病理显示 IgM 和 C3 在肾小球受累节段呈团块状沉积。电镜下可见肾小球上皮细胞足突广泛融合、基底膜塌陷、系膜基质增多、电子致密物沉积。

该病理类型好发于青少年男性，多起病隐匿，部分可由微小病变型肾病转变而来，临床主要特点为大量蛋白尿，约 3/4 患者伴有血尿，部分可见肉眼血尿。可伴有肾性糖尿、氨基酸及磷酸盐尿等近曲小管功能障碍，本病确诊时患者约半数有高血压和约 30% 有肾功能减退。

过去认为局灶性节段性肾小球硬化对糖皮质激素治疗反应较差，近年的研究表明 50% 的患者治疗有效，只是起效较慢，平均缓解期为 4 个月。肾病综合征能否缓解与预后密切相关，缓解者预后好，不缓解者 6～10 年超过半数患者进入终末期肾衰竭。

四、辅助检查

（一）尿液检查

24h 尿蛋白定量≥3.5g，尿沉渣常含各种管型，可出现红细胞管型，有时可见脂尿。

（二）生化检查

1. 血脂 总胆固醇、甘油三酯、游离胆固醇、酯化胆固醇及磷脂均可增高。

2. 血清白蛋白 ＜30g/L。

3. 血清蛋白电泳 可见 α_2 球蛋白和 β 球蛋白增高。

4. 其他 血浆铜蓝蛋白、转铁蛋白、补体均减少；甲状腺激素水平降低、纤维蛋白原增加。

（三）数字减影血管造影（DSA）

对怀疑有血栓栓塞并发症的病例，应做选择性血管造影。

（四）经皮肾穿刺活检术

进一步明确病理类型，指导临床用药及判断预后。

五、并 发 症

1. 感染 与低蛋白血症、免疫功能紊乱及应用糖皮质激素、细胞毒性药物治疗有关。常见感染部位为呼吸道、尿道、皮肤等，由于使用糖皮质激素，其感染的临床征象常不明显，如若治疗不及时或感染未能完全控制，可导致肾病综合征复发和疗效不佳，甚至造成死亡。

2. 血栓、栓塞 由于血液浓缩、高脂血症造成血液黏稠度增加。某些蛋白质丢失及肝代偿性合成蛋白增加导致机体凝血、抗凝和纤溶系统失衡；加之血小板功能亢进、糖皮质激素等均进一步加重高凝状态，利尿剂等因素容易发生血栓形成，血栓栓塞好发于肺血管、下肢静脉、下腔静脉、冠状血管和脑血管，其中以肾静脉血栓最常见。

3. 急性肾损伤 肾病综合征患者可因有效血容量不足而致肾血流量下降，诱发肾前性氮质血症。少数患者可出现急性肾损伤。

4. 蛋白质及脂肪代谢紊乱 白蛋白的丢失可导致患者营养不良、小儿生长发育迟缓；免疫球蛋白减少造成机体免疫力低下，易导致感染；金属结合蛋白丢失可使微量元素缺乏；内分泌素结合蛋白不足可诱发内分泌紊乱。高脂血症增加血液黏稠度，促进血栓、栓塞并发症的发生。还将增加心血管系统并发症，并可促进肾小球硬化和肾小管-间质病变的发生，促进肾脏病变的慢性进展。

六、诊断与鉴别诊断

诊断主要包括以下几个方面。①确诊肾病综合征：尿蛋白＞3.5g/d、血浆白蛋白＜30g/L、水肿和血脂升高，其中大量蛋白尿和低蛋白血症为确诊的两个必备条件。②确认病因：必须首先除外继发性的病因和遗传性疾病，才能诊断为原发性肾病综合征。最好能进行肾活检，做出病理诊断。③判定有无并发症。

七、治 疗

（一）一般治疗

1. 休息 凡有严重水肿、低蛋白血症者需卧床休息。水肿消失，一般情况好转后，可起床活动。避免到公共场所和预防感染。

2. 饮食 ①目前主张蛋白的摄入量为1.0g/（kg·d），且为富含必需氨基酸的动物蛋白；②应少进食富含饱和脂肪酸的动物油脂，多吃富含多聚不饱和脂肪酸的植物油及鱼油，多吃可溶性纤维的食物。热量要充分［125.5～146kJ/（kg·d）］；③水肿时应低盐（3～5g/d）；④肾病综合征患者易出现低钙血症，应注意多食含钙多的食物（如奶及奶制品、各种豆类制品等）；⑤铜、锌等元素参与体内许多酶的合成，当其从尿中丢失或肠道吸收障碍时，可导致蛋白质代谢障碍，生长发育停滞，伤口愈合缓慢及免疫功能降低等，故应注意补充。食物中黄豆、萝卜、大白菜、扁豆、茄子、小麦、小米锌含量较高，而猪肉、芝麻、菠菜、黄豆、芋头、茄子铜含量较高，可选择食用。

（二）对症治疗

1. 利尿

（1）噻嗪类利尿剂：常用氢氯噻嗪25mg，每日3次，口服。长期服用应防止低钾血症、低钠血症。

（2）潴钾利尿剂：常与噻嗪类利尿剂合用，常用醛固酮拮抗剂为螺内酯20mg，每日3次。长期服用需防止高钾血症，肾功能不全患者慎用。

（3）袢利尿剂：常用呋塞米20～120mg/d或布美他尼1～5mg/d，分次口服或静脉注射。应注意防止低钠血症及低钾、低氯血症性碱中毒发生。

（4）渗透性利尿剂：低分子右旋糖酐250～500ml静脉滴注，隔日1次，之后加用袢利尿剂可增强利尿效果，但对少尿（尿量＜400ml/d）患者应慎用此类药物，以防急性肾损伤的发生。

（5）提高血浆胶体渗透压：静脉滴注血浆或白蛋白均可提高血浆胶体渗透压，再静脉注射呋塞米可获得良好的利尿效果。

利尿治疗的原则是利尿不宜过快过猛，以免血容量锐减，加重血液高黏倾向，形成血栓和栓塞并发症。

2. 减少尿蛋白 持续性大量蛋白尿本身可导致肾小球高滤过、加重肾小管间质损伤、促进肾小球硬化，对有肾小球内高压存在的大量蛋白尿者可使用血管紧张素转换酶抑制药（ACEI）或血管紧张素Ⅱ受体阻断药（ARB），通过降低肾小球内高压而减少尿蛋白。

3. 降脂 有高脂血症的患者可给予降脂药物治疗。

（三）主要治疗——抑制免疫与炎症反应

1. 糖皮质激素（简称激素） 可能是通过抑制炎症反应、免疫反应、醛固酮和抗利尿激素分泌，影响肾小球基底膜通透性等综合作用而发挥其利尿、消除尿蛋白的疗效。使用原则：①起始足量，常用药物为泼尼松1mg/（kg·d），口服8周，必要时可延长至12周。②缓慢减药，足量治疗后2～3周后减少用量的10%，当减至20mg/d左右时病情易反复，应更加缓慢减量。③长期维持，最后以最小有效剂量（10mg/d）作为维持量，维持半年左右，激素可采取全日量顿服或在维持用药期间两日量隔日一次顿服，水肿严重、有肝功能损害或泼尼松疗效不佳时，可更换为甲泼尼龙（等剂量）口服或静脉滴注。

根据患者对糖皮质激素的反应，可将其分为：①激素敏感型，用药8～12周肾病综合征解；②激素依赖型，激素减药到一定程度即复发；③激素抵抗型，用药8～12周治疗无效。

长期应用激素的患者可出现感染、药物性糖尿病、骨质疏松等不良反应，少数病例还可能发生股骨头无菌性缺血性坏死，需加强监测，及时处理。

2. 细胞毒性药物 细胞毒性药物可用于“激素依赖型”或“激素抵抗型”患者，在应用糖皮质激素治疗的基础上使用，若无激素禁忌，一般不作为首选或单独治疗用药。

（1）环磷酰胺：是国内外最常用的细胞毒性药物，剂量为2mg/（kg·d），分1～2次口服；或200mg，静脉给药，隔日1次，累积量达6～8g后停药。其不良反应为骨髓抑制、中毒性肝损害、性腺抑制、脱发、胃肠道反应及出血性膀胱炎等。

（2）盐酸氮芥：为最早用于治疗肾病综合征的药物，治疗效果欠佳，因易引起注射部位血管炎局部组织坏死、严重的胃肠道反应和严重的骨髓抑制，目前临床上较少应用。

3. 钙调神经蛋白抑制剂 选择性抑制T辅助细胞及T细胞毒效应细胞，作为二线用药用于治疗激素及细胞毒性药物无效的难治性肾病综合征。环孢素（CSA）常用量为3～5mg/（kg · d），分两次空腹口服，血药浓度谷值为100～200ng/ml，服药3个月后缓慢减量，疗程至少1年。其不良反应有肝毒性、肾毒性、高血压、高尿酸血症、多毛及牙龈增生等。因价格较昂贵及停药后不良反应易复发，使其广泛应用受到限制。他克莫司（FK506）肾毒性小于环孢素，成人起始治疗剂量为0.05mg/（kg · d），血药浓度保持在5～8mg/ml，疗程为6～12个月。

4. 吗替麦考酚酯（mycophenolate mofetil，MMF） 常用量为1.5～2g/d，分两次口服，共用3～6个月，减量维持半年。该药对部分难治性肾病综合征有效。

（四）中医药治疗

单纯中医中药治疗骨病综合征疗效出现较缓慢，一般主张与激素及细胞毒性药物联合用。

1. 辨证施治 肾病综合征患者多被证为脾肾两虚，可给予健脾补肾利水的治疗。

2. 雷公藤总苷片 10～20mg，每日3次口服，有降蛋白作用，可配合激素应用。主要不良反应为性腺抑制、肝功能损害及外周血白细胞减少等，及时停药后可恢复。

（五）并发症防治

肾病综合征的并发症是影响患者长期预后的重要因素，应积极防治。

1. 感染 通常在激素治疗时无须应用抗生素预防感染，否则可能诱发真菌二重感染。一旦发现感染，应及时选用对致病菌敏感、强效且无肾毒性的抗生素积极治疗，有明确感染灶者应尽快去除。严重感染难控制时应考虑减少或停用激素，但需视患者具体情况决定。

2. 血栓及栓塞 一般认为血清白蛋白＜20g/L时，提示存在高凝状态，应开始预防性抗凝治疗。对已发生血栓、栓塞者早给予尿激酶或链激酶全身或局部溶栓，同时配合抗凝治疗，抗凝血药一般应持续应用半年以上。抗凝及溶栓治疗时均应避免药物过量导致出血

3. 急性肾损伤 ①袢利尿剂：水钠潴留明显，有心功能不全患者可使用袢利尿剂。②血液透析：已达到透析指征者，应给血液透析以维持生命，并在补充血浆制品后适当脱水，以减轻肾间质水肿。③原发病治疗：因其病理类型多为微小病变型肾病，应予以积极治疗。④碱化尿液：口服碳酸氢钠碱化尿液，减少管型形成。

4. 蛋白质及脂肪代谢紊乱 在肾病综合征缓解前常难以完全纠正代谢紊乱，但应调整饮食中蛋白和脂肪的量和结构，力争将代谢紊乱的影响减少到最低限度。ACEI及ARB均可减少尿蛋白；中药黄芪可促进肝白蛋白合成，并可兼有减轻高脂血症的作用。降脂药物可选择以降胆固醇为主的羟甲戊二酸单酰辅酶A还原酶抑制剂，如他汀类药物；或降甘油三酯为主的氯贝丁酯类，如非诺贝特等。肾病综合征缓解后高脂血症可自然缓解，无须再继续药物治疗。

第五节　泌尿系统感染

案例8-5

患者，女性，32岁。尿频、尿急、尿痛伴下腹痛1天。查体：T 36.2℃，一般情况良好，腹部平软，下腹压痛（+），肾区无叩击痛。泌尿系统彩超检查提示：膀胱壁毛糙，余未见异常。尿检示：尿红细胞（+++），白细胞（++++）。

问题： 初步诊断、诊断依据和治疗原则是什么？

尿路感染（urinary tract infection，UTI），可分为上尿路感染（主要是肾盂肾炎）和下尿

路感染（主要是膀胱炎），肾盂肾炎又有急性和慢性之分。根据患者的基础疾病情况，尿路感染可分为复杂性和非复杂性尿路感染。复杂性尿路感染指患者同时伴有尿路功能性或结构性异常或免疫低下。非复杂性尿路感染主要发生在无泌尿生殖系统异常的女性，多数为膀胱炎，在男性中少见。

一、病　　因

革兰氏阴性杆菌为尿路感染最常见致病菌，其中以大肠埃希菌最为常见，占非复杂尿路性感染的 75%～90%，其次为变形杆菌、克雷伯菌。5%～15% 的尿路感染由革兰氏阳性细菌引起，主要是肠球菌和凝固酶阴性的葡萄球菌。大肠埃希菌最常见于无症状性细菌尿、非复杂性尿路感染，或首次发生的尿路感染。医院内感染、复杂性或复发性尿感、尿路器械检查后发生的尿感则多为肠球菌、变形杆菌、克雷伯菌和铜绿假单胞菌所致。其中变形杆菌常见于伴有尿路结石者，铜绿假单胞菌多见于尿路器械检查后，金黄色葡萄球菌则常见于血源性尿路感染。此外，结核分枝杆菌、衣原体、真菌等也可导致尿路感染。

二、发 病 机 制

（一）感染途径

1. 上行感染　最常见感染路径如下：尿道口→尿道→膀胱→输尿管→肾盂→肾盏→肾乳头→肾小管→肾实质，病原菌经尿道上行至膀胱，甚至输尿管、肾盂引起的感染称为上行感染，约占尿路感染的 95%。

2. 血行感染　指病原通过血运到达肾脏和尿路其他部位引起的感染。此种感染途径少见，不足 2%。多发严重的尿路梗阻或机体免疫极度低下时，常见的病原菌有金黄色葡萄球菌、沙门菌、假单胞菌属和白念珠菌属等。

3. 直接感染　肾脏邻近器官炎性瘘管或感染性异物贯穿肾，病原菌可直接侵入到泌尿系统导致感染。

4. 淋巴道感染　当盆腔和下腹部的器官感染时，细菌可从淋巴道感染泌尿系统。

（二）机体防御功能

是否发生尿路感染除与细菌的数量、毒力有关外，还取决于机体的防御功能。正常情况下，进入膀胱的细菌很快被清除。机体的防御机制包括：排尿的冲刷作用；尿道和膀胱黏膜的抗菌能力；尿液中高浓度尿素、高渗透压和低 pH 等；前列腺分泌物中含有的抗菌成分；感染出现后，白细胞很快进入膀胱上皮组织和尿液中，起清除细菌的作用；输尿管膀胱连接处的活瓣，具有防止尿液、细菌进入输尿管的功能；女性阴道的乳酸杆菌菌群对限制致病病原体繁殖有重要作用。

（三）易感因素

1. 尿路梗阻　是最常见的易感因素，尿路感染发生率较正常人高 12 倍。如结石、肿瘤、狭窄、妊娠等均可导致尿液积聚，细菌不易被冲洗清除，而在局部大量繁殖引起感染。尿路梗阻合并感染可使肾组织结构快速破坏，因此及时解除梗阻非常重要。

2. 膀胱输尿管反流及其他尿路畸形　如肾发育不良、肾盂及输尿管畸形。输尿管壁内段及膀胱开口处的黏膜形成阻止尿液从膀胱输尿管口反流至输尿管的屏障，当其功能或结构异常时可使尿液从膀胱逆流到输尿管，甚至肾盂，导致细菌在局部定植，发生感染。

3. 机体免疫力低下 如长期使用免疫抑制剂、糖尿病、长期卧床、严重的慢性病和艾滋病等。

4. 神经源性膀胱 支配膀胱的神经功能障碍，如脊髓损伤、糖尿病、多发性硬化等疾病，因长时间的尿液潴留和（或）应用导尿管引流尿液导致感染。

5. 妊娠 2%～8% 的妊娠妇女可发生尿路感染，与孕期输尿管蠕动功能减弱、暂时性膀胱输尿管活瓣关闭不全及妊娠后期子宫增大致尿液引流不畅有关。妊娠期肾小球滤过率增加，葡萄糖、氨基酸、水溶性维生素滤出也增加，而妊娠期肾小管对这些物质的重吸收减少，因此尿中营养物质增多，这是妊娠期容易引发尿路感染的另一重要因素。

6. 性别和性活动 女性尿道较短直宽，距离肛门较近，开口于阴唇下方是女性容易发生尿路感染的重要因素。性生活时可将尿道口周围的细菌挤压入膀胱引起尿路感染。前列腺增生导致的尿路梗阻是中老年男性尿路感染的一个重要原因。包茎、包皮过长是男性尿路感染的诱发因素。

7. 医源性因素 导尿或留置导尿管、膀胱镜和输尿管镜检查、逆行性尿路造影等可致尿路黏膜损伤，将细菌带入尿路，易引发尿路感染。

8. 泌尿系统结构异常 如肾发育不良、肾盂及输尿管畸形、移植肾、多囊肾等，也是尿路感染的易感因素。

9. 遗传因素 越来越多的证据表明宿主的基因影响尿路感染的易感性。

（四）细菌的致病力

细菌的致病力是决定能否引起尿路感染、疾病类型是膀胱炎或肾盂肾炎的重要因素。致病性大肠埃希菌还可产生溶血素、铁载体等对人体杀菌作用具有抵抗能力的物质。

三、病　　理

（一）急性膀胱炎

其主要的病理变化是黏膜、黏膜下组织血管扩张、充血，上皮细胞肿胀，黏膜下组织充血、水肿及炎症细胞浸润，重者可有局部小化脓灶和溃疡。

（二）急性肾盂肾炎

可单侧或双侧肾脏受累，常表现为局限或广泛的肾盂肾黏膜充血水肿，表面有脓性分泌物，黏膜下可有细小脓肿，可形成尖端指向肾乳头、基底伸向肾皮质的楔形炎症病灶。

（三）慢性肾盂肾炎

两肾病变常不一致，外形缩小，表面凹凸不平，有肾盂肾盏粘连、变形、狭窄，肾小管萎缩及肾间质淋巴-单核细胞浸润等慢性炎症表现。

四、临床表现

（一）膀胱炎

主要表现为膀胱刺激征，即尿频、尿急、尿痛、膀胱区胀痛不适等，一般无全身感染症状，其发生率较高，占尿路感染的 60%，其致病菌多为大肠埃希菌，占 75% 以上。

（二）肾盂肾炎

1. 急性肾盂肾炎 可发生于各年龄段，育龄女性最多见。临床表现与感染程度有关，通常起病较急。

（1）全身症状：发热、寒战、头痛、全身酸痛、恶心、呕吐等。

（2）局部症状：尿频、尿急、尿痛，查体还可发现一侧或两侧肋脊角或输尿管点压痛和（或）肾区叩击痛。

（3）实验室检查：血常规可表现为白细胞升高；尿常规可见尿白细胞升高、脓细胞（+++）。血培养：部分患者可表现阳性。尿培养：主要为大肠埃希菌，其次为变形杆菌、克雷伯菌等，仅有 5% 为粪链球菌引起。

2. 慢性肾盂肾炎 临床表现复杂，全身及泌尿系统局部表现均可不典型。一半以上患者可有急性肾盂肾炎病史，后出现程度不同的低热、间歇性尿频、排尿不适、腰部酸痛及肾小管功能受损表现，如夜尿增多、低比重尿等。病情持续可发展为慢性肾衰竭。急性发作时患者症状类似急性肾盂肾炎。

（三）无症状细菌尿

无症状细菌尿是指患者有真性细菌尿，而无尿路感染的症状，可由症状性尿感演变而来或无急性尿路感染病史。致病菌多为大肠埃希菌，患者可长期无症状，尿常规可无明显异常，但尿培养有真性菌尿。

（四）复杂性尿路感染

患者在伴有泌尿系统结构/功能异常或免疫低下时发生的尿路感染。复杂性尿路感染显著增加治疗失败的风险，增加疾病的严重性。

五、实验室及辅助检查

（一）尿液检查

1. 常规检查 可有白细胞尿、血尿、蛋白尿、管型尿等。尿沉渣镜检白细胞＞5 个/HFP 称为白细胞尿，对尿路感染诊断意义较大。

2. 细菌学检查 未离心新鲜中段尿沉渣涂片，平均每高倍镜下可见 1 个以上细菌，提示尿路感染。尿培养：可采用清洁中段尿、导尿及膀胱穿刺尿做培养，其中膀胱穿刺尿培养结果最可靠。清洁中段尿细菌定量培养 $\geqslant 10^5$/ml 为阳性。

3. 亚硝酸盐还原试验 其原理为大肠埃希菌等革兰氏阴性细菌可使尿内硝酸盐还原为亚硝酸盐，革兰氏阴性杆菌阳性率较高。

4. 白细胞酯酶试验 中性粒细胞可产生白细胞酯酶，因此该试验检测尿中是否存在中性粒细胞，包括已经被破坏的中性粒细胞。

（二）血液检查

1. 血常规 急性肾盂肾炎时血白细胞常升高，中性粒细胞增多，核左移。血沉可增快。

2. 肾功能 慢性肾盂肾炎肾功能受损时可出现肾小球滤过率下降，血肌酐升高等。

（三）影像学检查

影像学检查如腹部泌尿系统彩超、X 线腹部平片、静脉肾盂造影（IVP）、排尿期膀胱输尿管反流造影、逆行性肾盂造影等，目的是了解尿路情况，及时发现有无尿路结石、梗阻、反流、畸形等导致尿路感染反复发作的因素。

六、诊断与鉴别诊断

（一）诊断

有尿路感染症状和体征，如尿路刺激征（尿频、尿急、尿痛）、耻骨上方疼痛、腰部疼痛或叩击痛等、尿细菌培养菌落数均≥10^5/ml，即可诊断尿路感染。如尿培养的菌落数不能达到上述指标，但可满足下列指标一项时，也可帮助诊断：①硝酸盐还原试验和（或）白细胞酯酶阳性；②白细胞尿（脓尿）；③未离心新鲜尿液革兰氏染色发现病原体，且一次尿培养菌落数均≥10^3/ml。

（二）鉴别诊断

尿路感染需与尿道综合征、肾结核、慢性肾小球肾炎进行鉴别。

七、治　疗

治疗原则：控制症状、消除病原菌、去除诱因、防止复发。

（一）一般治疗

急性期注意休息，多饮水，勤排尿。发热者给予易消化、高热量、富含维生素饮食。膀胱刺激征和血尿明显者，可口服碳酸氢钠片1g，每日3次，碱化尿液、缓解症状、抑制细菌生长，避免形成血凝块，对应用磺胺类抗生素者还可以增强药物的抗菌活性并避免尿路结晶形成。尿路感染反复发作者应积极寻找病因，及时去除诱发因素。

（二）抗感染治

用药目标：以最小的副作用、最少的细菌耐药、最低廉的费用来获得最佳的治疗效果。同时，也为预防或治疗败血症，减轻全身局部症状，清除隐藏在生殖道和肠道内的病原体，预防远期后遗症。

原则：选用致病菌敏感的抗生素，无病原学结果前，一般首选对革兰氏阴性杆菌有效的抗生素，尤其是首发尿感；抗生素在尿和肾内的浓度要高；选用肾毒性小、不良反应少的抗生素；单一药物治疗失败、严重感染、混合感染、耐药菌株出现时应联合用药；对不同类型的尿路感染给予不同治疗时间。

1. 急性非复杂性膀胱炎　初诊可采用3天抗菌疗法。

对于女性急性非复杂性膀胱炎，一线药物推荐SMZ-TMP（复方磺胺甲噁唑）（800mg/160mg，每日2次，疗程3天），呋喃妥因（50mg，每8小时1次，疗程5～7天），磷霉素（3g单剂）。另外如阿莫西林、头孢菌素类、喹诺酮类亦可选用，疗程一般3～7天。

2. 肾盂肾炎　首次发生的急性肾盂肾炎的致病菌80%为大肠埃希菌，在留取尿细菌检查标本后应立即开始治疗，首选对革兰氏阴性杆菌有效的药物。72h显效者无须换药；否则应按药敏结果更改抗生素。

（1）病情较轻者：可在门诊口服药物治疗，疗程10～14天。常用药物有喹诺酮类，如氧氟沙星0.2g，每日2次；半合成青霉素类，如阿莫西林5g，每日3次；头孢菌素类，如头孢呋辛0.25g，每日2次。治疗14天后，通常90%可治愈。如尿菌仍阳性，应参考药敏试验选用有效抗生素继续治疗 4～6 周。

（2）严重感染全身中毒症状明显者：需住院治疗，应静脉给药。常用药物如氨苄西林 1.0～2.0g，q4h；头孢曲松钠 1.0～2.0g，q12h；左氧氟沙星 0.2g，q12h。必要时联合用药。氨基糖苷类抗生素肾毒性大，应慎用。经过上述治疗若好转，可于热退后继续用药 3 天再改为口服抗生素，完成 2 周疗程。治疗 72h 无好转，应按药敏结果更换抗生素，疗程不少于 2 周。经此治疗，仍有持续发热者，应注意肾盂肾炎并发症，如肾盂积脓、肾周脓肿、感染中毒症等。

慢性肾盂肾炎治疗的关键是积极寻找并去除易感因素。急性发作时治疗同急性肾盂肾炎。

3. 再发性尿路感染 再发性尿路感染包括重新感染和复发。

（1）重新感染：治疗后症状消失，尿菌阴性，但在停药 6 周后再次出现真性细菌尿，菌株与上次不同，称为重新感染。多数病例有尿路感染症状，治疗方法与首次发作相同。

（2）复发：治疗后症状消失，尿菌阴转后在 6 周内再出现菌尿，菌种与上次相同（菌种相同且为同一血清型），称为复发。复发且为肾盂肾炎者，特别是复杂性肾盂肾炎，在去除诱发因素（如结石、梗阻、尿路异常等）的基础上，应按药敏选择强有力的杀菌性抗生素，疗程不少于 6 周。

4. 无症状性菌尿 是否治疗目前存有争议，一般认为有下述情况者应予治疗：妊娠期无症状性菌尿；学龄前儿童；曾出现有症状感染者；肾移植、尿路梗阻及其他尿路有复杂情况者。根据药敏结果选择有效抗生素，主张短疗程用药，如治疗后复发，可选长程低剂量抑菌疗法。

5. 妊娠期尿路感染 宜选用毒性小的抗菌药物，如阿莫西林、呋喃妥因或头孢菌素类等。孕妇的急性膀胱炎治疗时间一般为 3～7 天。孕妇急性肾盂肾炎应静脉滴注抗生素治疗，可用半合成广谱青霉素或第三代头孢菌素，疗程为 2 周。

6. 复杂性尿路感染 因基础疾病不同，感染的部位、细菌类型和疾病严重程度不一样，需要个体化对待，尽量根据尿培养结果选择用药。若采用经验治疗，48～72h 后应对疗效进行评估，并根据尿培养结果调整用药。

（三）疗效评定

1. 治愈 症状消失，尿菌阴性，疗程结束后 2 周、6 周复查尿菌仍阴性。

2. 治疗失败 治疗后尿菌仍阳性，或治疗后尿菌阴性，但 2 周或 6 周复查尿菌转为阳性，且为同一种菌株。

第六节 急性肾损伤

案例 8-6

患者，男性，40 岁。剧烈运动后进行性少尿 3 天。查体：血压 156/90mmHg，呼吸急促，颜面及双下肢水肿，双肺底可闻及湿啰音。辅助检查：血红蛋白 121g/L，尿蛋白（++），入院前日血肌酐 367.6μmol/L，入院当日血肌酐 656.0μmol/L，血钾 5.8mmol/L，血二氧化碳结合力 12mmol/L。彩超检查双肾体积增大。

问题： *初步诊断、诊断依据和治疗原则是什么？*

急性肾损伤（acute kidney injury，AKI），既往称为急性肾衰竭（acute renal failure，ARF），是临床常见的危重症之一，是由各种病因引起短时间内肾功能快速减退而导致的临床综合征。改善全球肾脏疾病预后组织（Kidney Disease Improving Global Outcomes，KDIGO）在 2012

年发表了急性肾损伤的临床实践指南，对急性肾损伤的定义、分期和诊治制定了一系列的推荐和建议意见。KDIGO 急性肾损伤的定义：48h 内血肌酐增高≥0.3mg/dl（≥26.5μmol/L），或血肌酐增高至≥基础值的 15 倍，且明确或经推断其发生在之前 7 天之内，或持续 6h 尿量＜0.5ml/（kg · h）。

一、病因与分类

急性肾损伤病因多样，根据解剖部位的不同，可分为肾前性、肾性和肾后性三类。肾前性急性肾损伤的常见病因包括血容量减少、有效动脉血容量减少和肾内血流动力学改变等。肾后性急性肾损伤的特征是急性尿路梗阻，梗阻可发生从肾盂到尿道的任一水平。肾性急性肾损伤指出现肾实质损伤，以肾缺血和肾毒性药物或毒素导致的急性肾小管坏死（acute tubular necrosis，ATN）最常见。其他包括肾小球疾病、血管病和小管间质炎症伴有的肾功能突然下降。本节主要以急性肾小管坏死（ATN）为代表进行叙述。

二、原因与机制

急性肾损伤的发病原因与机制见表 8-5。

表 8-5　急性肾损伤的发病原因与机制

常见类型	原因与机制
肾脏低灌注	低血压、低血容，加上自我调节失代偿，交感及 RAAS 系统激活，导致肾脏低灌注；持续存在低灌注导致肾小管上皮细胞凋亡/坏死，内皮细胞损伤，以及炎症反应激活
心肾综合征（Ⅰ型）	心功能不全导致有效循环减少，中心静脉压升高，导致肾脏低灌注，交感兴奋、RAAS 系统激活、氧自由基产生增加都可能参与其中
脓毒血症	重症感染通过全身血流动力学不稳定、肾脏微循环功能障碍影响肾脏血流灌注与再分布，导致肾小管与内皮缺血、缺氧；或者通过增加循环炎症因子与白细胞活性，形成微血栓，作用于内皮细胞；或者通过炎症细胞入侵，作用于肾小管细胞，加重肾损伤
肾毒性暴露	包括药物（抗生素、造影剂等）和内源性毒素（肌红蛋白、血红蛋白等），在肾小管浓缩聚集，可以直接导致肾小管上皮细胞、内皮细胞损伤，肾脏内部血流再分布，或者结晶直接损伤
大手术	术中体液/血液大量丢失，全身性麻醉药物使用是大手术相关 AKI 常见原因，肾脏缺血-再灌注损伤、氧自由基、炎症反应都参与其中；较为典型的代表为低温体外循环手术
肾小球疾病	肾小球免疫炎症反应和损伤是主要机制
急性/亚急性间质性肾炎	药物、感染都可诱发；间质炎性细胞浸润刺激细胞因子的表达，促进细胞外基质的增生和增殖
腹内压增加	腹腔内压超过一定值时，肾脏动脉流入和静脉流出的减少、以及鲍曼囊静水压的增加，导致肾脏灌注减少
肾后梗阻	肾外（前列腺肥大、腹膜后纤维化等）或肾内（肾结石、血凝块等）梗阻导致肾小管内压升高、肾血流量受损和炎症反应

三、病理生理

ARF 根据病因与病理生理可分为肾前性、肾性和肾后性三类。

1. 肾前性 ARF　常见病因包括各种原因引起的液体丢失和出血，有效循环血容量减少，引起肾实质有效灌注减少和肾内血流动力学改变等，此时肾组织尚未发生器质性损害，故也称为功能性 ARF。

2. 肾后性 ARF 特征是急性尿路梗阻，梗阻可发生在从肾盂到尿道的尿路中任一个部位。由于梗阻上方压力增加，导致肾实质受压，肾小球滤过率（GFR）下降。肾后性 ARF 早期并无肾实质的器质性损伤，及时解除梗阻，可使肾功能迅速恢复。常见原因包括尿道阻塞（尿道狭窄、前列腺肥大等）、神经性膀胱、输尿管阻塞（结石、血块、肿瘤、结晶）等。

3. 肾性 ARF 肾性 ARF 是肾实质损伤，即各种肾脏组织病变导致的 ARF。按主要病变部位又可分为：①急性肾小管坏死（ATN）；②急性间质性肾炎；③肾小球疾病导致的 ARF，如急进性肾炎或重症急性肾炎；④肾血管性 ARF，包括肾脏小血管炎，血栓性微血管病如恶性高血压所致的肾小动脉纤维素样坏死、溶血性尿毒症综合征等。最常见的为肾缺血或肾毒性原因引起的急性肾小管坏死，此外，还有急性肾皮质坏死及急性肾乳头坏死引起的 ARF，但较少见。

四、临床表现

ATN 是肾性急性肾损伤最常见的类型，通常按其病因分为缺血性和肾毒性。但临床上常是多因素，如发生在危重疾病时，包括脓毒血症、肾脏低灌注和肾毒性药物等因素。

临床病程典型可分为以下三期。

（一）起始期

此期患者常有一些 ATN 的病因，如低血压、缺血、脓毒血症和肾毒素等，但尚未发生明显的肾实质损伤，此阶段急性肾损伤是可以预防的。但随着肾小管上皮细胞发生明显损伤，GFR 突然下降，临床上急性肾损伤综合征的表现变得明显，则进入维持期。

（二）进展期和维持期

典型的为 7～14 天，但也可短至数天或长至 4～6 周。部分患者可出现少尿（≤400ml/d）和无尿（≤100ml/d），但也有尿量在 400ml/d 以上，称为非少尿型急性肾损伤，其病情大多较轻，预后较好。然而，不论尿量是否减少，随着肾功能减退，临床上均可出现尿毒症一系列表现，主要是尿毒症毒素潴留和水、电解质及酸碱平衡紊乱所致。

1. 急性肾损伤的全身并发症

（1）消化系统症状：食欲减退、恶心、呕吐、腹胀、腹泻等，严重者可发生消化道出血。

（2）呼吸系统症状：除感染的并发症外，因过度容量负荷，尚可出现呼吸困难、咳嗽、憋气、胸痛等症状。

（3）循环系统症状：多因尿少和未控制饮水，以致体液过多，出现高血压及心力衰竭、肺水肿表现；因毒素潴留、电解质紊乱、贫血及酸中毒引起各种心律失常及心肌病变。

（4）神经系统症状：出现意识障碍、躁动、谵妄抽搐、昏迷等尿毒症脑病症状。

（5）血液系统症状：可有出血倾向及轻度贫血。

（6）感染：是急性肾损伤另一个常见而严重的并发症。在急性肾损伤同时或在疾病发展过程中可能出现多个脏器衰竭，此类患者病死率可高达 70%。

2. 水、电解质和酸碱平衡紊乱 ①代谢性酸中毒：主要因为肾排酸能力降低，同时又因急性肾损伤常合并高分解代谢状态，使酸性产物明显增多。②高钾血症：除肾排泄钾减少外，酸中毒、组织分解过快也是主要原因。在严重创伤、烧伤等所致横纹肌溶解引起的急性肾损伤，血钾可上升 1.0～2.0mmol/（L · d）以上。③低钠血症：主要由水潴留引起的稀释性低钠。

（三）恢复期

肾小管细胞再生、修复，肾小管完整性恢复。肾小球滤过率逐渐恢复正常或接近正常范围。少尿型患者开始出现利尿，可有多尿表现，在不使用利尿剂的情况下，每日尿量可达3000～5000ml，或更多。通常持续1～3周，继而逐渐恢复。与肾小球滤过率相比，肾小管上皮细胞功能（溶质和水的重吸收）的恢复相对延迟，常需数月后才能恢复，少数患者可最终遗留不同程度的肾脏结构和功能缺陷。

五、实验室检查

（一）血液检查

可有轻中度贫血、血肌酐和尿素氮进行性上升，血肌酐每日平均增加≥44.2pmol/L，高分解代谢者上升速度更快，每日平均增加≥176.8pmol/L，血清浓度升高，血pH和碳酸氢根离子降低。血清钠浓度正常或偏低。血钙降低，血磷升高。

血浆尿素氮（BUN，mg/dl）与肌酐（Cr，mg/d）的比值正常为（10～15）∶1。肾前性少尿时由于肾小管功能未受损，低尿流速率导致肾小管重吸收尿素增加，使血浆BUN/Cr不成比例增加，可达20∶1或更高。BUN/Cr比值增加应注意排除消化道出血及其他应激的尿素产生增多的情况。而ATN患者因肾小管重吸收尿素氮的能力下降，该比值＜(10～15)∶1。

（二）尿液检查

不同病因所致AKI的尿检异常相差甚大。肾前性AKI时无蛋白尿和血尿，可见少量透明管型。ATN时尿蛋白多为（±～+），常以小分子蛋白为主。尿沉渣检查可见肾小管上皮细胞、上皮细胞管型和颗粒管型及少许红细胞、白细胞等；尿比重降低且较固定，多在1.015以下，因肾小管重吸收功能损害，尿液不能浓缩所致；尿渗透浓度低于350mOsm/（kg·H_2O），尿与血渗透浓度之比低于1.1；尿钠含量增高，多在20～60mmol/L；肾衰竭指数常大于1，滤过钠排泄分数（FENa）＞1%。

（三）影像学检查

尿路超声显像对排除尿路梗阻很有帮助。如有足够的理由怀疑由梗阻所致且与急性肾炎功能减退有关，可做逆行性或下行性肾盂造影。CT血管造影、MRI或放射性核素检查对检查血管有无阻塞有帮助，但要明确诊断仍需行肾血管造影。

（四）肾活检

肾活检是AKT鉴别诊断的重要手段。在排除肾前性及肾后性原因后，拟诊肾性AKI但不能明确病因时，可行肾活检。

六、诊断与鉴别诊断

急性肾损伤诊断与分期见表8-6。

表8-6　急性肾损伤分期标准

分期	血清肌酐标准	尿量标准
1期	绝对值升高≥0.3mg/dl（≥26.5μmol/L）或较基础值相对升高≥50%，但＜1倍	＜0.5ml/（kg·h）（≥6h，但＜12h）

续表

分期	血清肌酐标准	尿量标准
2 期	相对升高≥1 倍，但<2 倍	<0.5ml/（kg · h）（≥12h，但<24h）
3 期	升高至≥4.0mg/dl（≥353.6μmol/L） 或相对升高≥2 倍 或开始时肾脏替代治疗 或<18 岁患者估算肾小球滤过率下降至<35ml/（min · 1.73m²）	<0.3ml/（kg · h）（≥24h） 或无尿≥12h

在鉴别诊断方面，首先应排除慢性肾脏病（CKD）基础上的急性肾损伤：CKD 可从存在双侧肾缩小、贫血、尿毒症面容、肾性骨病和神经病变等得到提示。其次应除外肾前性和肾后性原因。在确定为肾性急性肾损伤后，尚应鉴别是肾小球、肾血管还是肾间质病变引起的。急性肾损伤病因不同，其治疗方法不同。

七、治　　疗

总体治疗原则：尽早识别并纠正可逆病因，及时采取干预措施避免肾受到进一步损伤，维持水、电解质和酸碱平衡，适当营养支持，积极预防并发症，适时进行肾脏替代治疗。急性肾损伤的治疗包括非透析治疗和透析治疗。

（一）非透析治疗

1. 维持期

（1）卧床休息。

（2）营养支持治疗：早期蛋白质的摄入量应限制为 0.5g/（kg · d），保证急性肾损伤患者每日所需热量供给，以减少体内蛋白质的分解。给予 20% 脂肪乳 500ml/d、葡萄糖及各种维生素，并适当给予胰岛素。每日入液量原则上不超过前一日的尿量加 500～1000ml。

（3）纠正高钾血症：血钾超过 6.5mmol/L，应予以紧急处理。①钙剂：10% 葡萄糖酸钙 10～20ml，稀释后静脉缓慢注射。25% 碳酸氢钠 100～200ml 静脉滴注。② 50% 葡萄糖溶液 50～100ml 加普通胰岛素 6～12U 缓慢地静脉注射。③口服离子交换（降钾）树脂（15～30g，每日 3 次）。以上措施无效为高分解代谢型 ATN 的高钾血症患者，透析是最有效的治疗。

（4）纠正酸中毒：应及时治疗，如碳酸氢根<15mmol/L，可选用 5% 碳酸氢钠 125～250ml 静脉滴注。对于严重酸中毒患者，应立即开始透析。

（5）控制感染：应尽早使用抗生素。根据细菌培养和药物敏感试验选用对肾无毒性或毒性低的药物，并按肌酐清除率调整用药剂量。

（6）纠正心力衰竭：AKI 心力衰竭患者对利尿剂反应差，对洋地黄制剂疗效也差，且易发生洋地黄中毒。药物疗效多以扩血管为主，减轻心脏前负荷。

2. 多尿期　重点仍是维持水、电解质和酸碱平衡，控制氮质血症和防止各种并发症。约 1 周后，BUN 及血肌酐（Scr）可逐渐降至正常，此时饮食中应增加蛋白质。

3. 恢复期　一般无特殊治疗，定期监测肾功能、避免使用肾毒性药物，肾功能恢复半年至 1 年时间。

4. 肾脏替代治疗（RRT）　是 AKI 治疗的重要组成部分，包括腹膜透析、间歇性血液透析和连续性肾脏替代治疗（CRRT）等。

（二）透析治疗

可选用腹膜透析或血液透析。透析指征：严重高钾血症（＞6.5mmol/L）、代谢性酸中毒、容量负荷过重对利尿剂治疗无效者、心包炎和严重脑病等。在急性肾损伤时多强调早透析或预防透析，即在诊断明确尚未出现并发症之前。

第七节　慢性肾衰竭

案例 8-7

患者，女性，65 岁。乏力 5 年、恶心 3 个月，尿量减少 2 周。查体：BP 160/100mmHg，贫血外观，颜面及双下肢水肿。辅助检查：血红蛋白 70g/L，尿蛋白（++），血肌酐 960μmol/L，血钾 5.8mmol/L，二氧化碳结合力 12mmol/L，超声检查：双肾小，包膜不光滑，血流供应明显减少。

问题：初步诊断、诊断依据和治疗原则是什么？

各种原因引起的肾脏结构或功能异常超过 3 个月，包括肾小球滤过率（glomerular filtration rate，GFR）正常和不正常的病理损伤、血液或尿液成分异常及影像学检查异常，或有肾移植病史，或不明原因的 GFR 下降（GFR＜60ml/min）超过 3 个月，称为慢性肾脏病（chronic kidney disease，CKD）。而广义的慢性肾衰竭（chronic renal failure，CRF）则是指慢性肾脏病引起的肾小球滤过率下降及与此相关的代谢紊乱和临床症状组成的综合征，简称慢性肾衰竭。慢性肾衰竭常进展为终末期肾病（end stage renal disease，ESRD），慢性肾衰竭晚期为尿毒症。慢性肾脏病 KDIG0 分期及治疗计划见表 8-7。

表 8-7　慢性肾脏病 KDIG0 分期及治疗计划

分期	描述	GFR［ml/（min · $1.73m^2$）］	治疗计划
1	肾功能指标（+），GFR 正常或↑	＞90	CKD 病因的诊断和治疗，治疗并发症，延缓疾病进展
2	肾功能指标（+），GFR 轻度↓	60～90	估计疾病身份会进展和进展速度
3	GFR 中度↓	30～59	评价和治疗并发症
4	GFR 重度↓	15～29	准备肾脏替代治疗
5	肾衰竭	＜15 或需透析	肾脏替代治疗

一、病因与分类

（一）原发性

慢性肾小球肾炎、慢性肾盂肾炎及多囊肾等。

（二）继发性

1. 原发性高血压

2. 代谢性疾病　糖尿病肾病、痛风肾病。

3. 结缔组织病　狼疮性肾炎等。

4. 血管性及遗传性疾病　结节性多动脉炎肾损害、肾动脉狭窄肾损害。

5. 肿瘤性疾病　多发性骨髓瘤、其他部位肿瘤（癌）。

6. 梗阻性肾病 肾结石等。

二、发病机制

（一）慢性肾衰竭进展的机制

1. 肾单位血流动力学改变 慢性肾衰竭时肾实质减少后，残余肾单位血流动力学发生改变，表现为肾小球毛细血管内压及流量增加，出现高灌注和高滤过状态是导致肾小球硬化和残余单位进一步丧失的重要原因之一。

2. 肾小管高代谢 慢性肾衰竭的肾单位减少后，残余肾单位肾小管高代谢状况是肾小管萎缩、间质纤维化和肾单位进行性损害的重要原因之一。

3. 肾组织上皮细胞表型转化的作用 在某些生长因子（如 TGF-β）或炎症因子的诱导下，肾小管上皮细胞、肾小球上皮细胞（如包曼囊上皮细胞或足突细胞）、肾间质成纤细胞均可分化为肌成纤维细胞，在肾间质纤维化、局灶节段性成球性肾小球硬化过程中起重要作用。

4. 某些细胞因子、生长因子的作用 慢性肾衰竭、肾组织内某些细胞因子和生长因子（如 TGF-β、白细胞介素-1、单个核细胞趋化蛋白-1、血管紧张素Ⅱ、内皮素 1 等），均参与肾小球和小管间质的损伤过程，并在促进细胞外基质增多中起重要作用。

5. 其他 在多种慢性肾病动物模型中发现细胞凋亡可能在慢性肾衰竭进展中起某种作用。此外，醛固酮增多也参与肾小球硬化和间质纤维化的过程。

（二）尿毒症症状的发生机制

目前一般认为，尿毒症的症状及体内各系统损害的原因，主要与尿毒症毒素的毒性作用有关，同时也与多种体液因子或营养素的缺乏有关。

三、临床表现

在慢性肾衰竭的不同阶段，其临床表现也各不相同。在 CKD1～3 期，患者可以无任何症状或仅有乏力、腰酸、夜尿增多等轻度不适；少数患者可有食欲减退、代谢性酸中毒及轻度贫血。进入 CKD3b 期以后，上述症状更趋明显。到 CKD5 期时，可出现急性心力衰竭、严重高钾血症、消化道出血、中枢神经系统障碍等，甚至有生命危险。

（一）水、电解质代谢紊乱

慢性肾衰竭时，酸碱平衡失调和各种电解质代谢紊乱相当常见。在这类代谢紊乱中，以代谢性酸中毒和水钠平衡紊乱最为常见。

1. 代谢性酸中毒 在部分轻中度慢性肾衰竭（GFR＞25ml/min，或 Scr＜350μmol/L）患者中，部分患者由于肾小管分泌氢离子障碍、产氨功能低下，因而发生正常阴离子间隙的高氯血症性代谢性酸中毒，即肾小管性酸中毒。当 GFR 降低至＜25ml/min（Scr＞350μmol/L）时，肾衰竭时代谢产物如磷酸、硫酸等酸性物质因肾的排泄障碍而潴留，可发生高氯血症性（或正氯血症性）高阴离子间歇性代谢性酸中毒，即“尿毒症性酸中毒”。

多数患者能耐受轻度慢性酸中毒，若动脉血 HCO_3^-＜15mmol/L，则可有较明显症状，如食欲减退、呕吐、软弱无力、呼吸深长等。上述症状可能是因酸中毒时，体内多种酶的活性受抑制有关。

2. 水钠代谢紊乱 水钠平衡紊乱主要表现为水钠潴留。肾功能不全时，肾脏对钠负荷过多或容量过多的适应能力逐渐下降。水钠潴留可表现为不同程度的皮下水肿或（和）体腔积液，这在临床相当常见；此时易出现血压升高，严重时导致左心衰竭和水肿。

水钠平衡紊乱有时也可表现为低血容量和低钠血症。低血容量主要表现为低血压和脱水。低钠血症的原因，既可因缺钠引起（真性低钠血症），也可因水过多或其他因素所引起（假性低钠血症），而以后者更为多见，两者临床情况与处理完全不同，故应注意鉴别。

3. 钾代谢紊乱　当 GFR 降至 20～25ml/min 或更低时，肾排钾能力逐渐下降，此时易于出现高钾血症；尤其当钾摄入过多、酸中毒、感染、创伤、消化道出血、溶血、输血等情况发生时，更易出现高钾血症。需要注意的是，某些药物容易引起高钾血症，如 ACEI/ARB、保钾利尿剂等。严重高钾血症（血清钾＞6.5mmol/L）有一定危险，需及时治疗抢救。有时由于钾摄入不足、胃肠道丢失过多、应用排钾利尿剂等因素，也可出现低钾血症。

4. 钙磷代谢紊乱　主要表现为钙缺乏和磷过多。钙缺乏主要与钙摄入不足、活性维生素 D 缺乏、高磷血症、代谢性酸中毒等多种因素有关，明显钙缺乏时可出现低钙血症。

血磷浓度由肠道对磷的吸收及肾的排泄来调节。当肾小球滤过率下降、尿排出减少，血磷浓度逐渐升高。血磷浓度高会与血钙结合成磷酸钙沉积于软组织，导致软组织异位钙化，使血钙降低，并抑制近曲小管产生 1, 25-$(OH)_2D_3$（骨化三醇），刺激甲状旁腺激素（PTH）升高。低钙血症、高磷血症、活性维生素 D 缺乏等可诱发继发性甲状旁腺功能亢进（简称甲旁亢）和肾性骨营养不良。

5. 镁代谢紊乱　当 GFR＜20ml/min 时，由于肾排镁减少，常有轻度高镁血症，患者常无任何症状。但不宜使用含镁的药物，如含镁的抗酸药、泻药等。低钾血症也偶可出现，与镁摄入不足或过多应用利尿剂有关。

（二）蛋白质、糖类、脂肪和维生素的代谢紊乱

慢性肾衰竭患者蛋白质代谢紊乱一般表现为蛋白质代谢产物蓄积（氮质血症），也有血清白蛋白水平下降、血浆和组织必需氨基酸水平下降等。上述代谢紊乱主要与蛋白质分解增多或（和）合成减少、负氮平衡、肾排出障碍等因素有关。

糖代谢异常主要表现为糖耐量减低和低血糖症两种情况，前者多见，后者少见。糖耐量减低主要与胰高血糖素升高、胰岛素受体障碍等因素有关，可表现为空腹血糖水平或餐后血糖水平升高，但一般较少出现自觉症状。

慢性肾衰竭患者中高脂血症相当常见，其中多数患者表现为轻到中度高甘油三酯血症，少数患者表现为轻度高胆固醇血症，或二者兼有。

慢性肾衰竭患者维生素代谢紊乱相当常见，如血清维生素 A 水平增高、水溶性维生素缺失等，常与饮食摄入不足及某些酶活性下降有关。

（三）心血管系统表现

心血管病变是 CKD 患者的主要并发症和最常见的死因。尤其是进入终末期肾病阶段，则死亡率进一步增高。慢性肾衰竭除了传统导致心血管并发症的因素如贫血、高血压、糖代谢异常、脂质代谢紊乱外，还有一些慢性肾衰竭本身的因素，如尿毒症毒素潴留、高半胱氨酸血症、动静脉内泌导致的动静脉分流等，使传统导致心血管并发症的因素在慢性肾衰竭患者中更加突出。慢性肾衰竭心血管疾病主要表现有以下几种。

1. 高血压和左心室肥厚　大部分患者有不同程度的高血压，多由于水钠潴留、肾素-血管紧张素水平增高和（或）某些舒张血管的因子不足所致。高血压可引起动脉硬化、左心室肥厚和心力衰竭。贫血和血液透析用的动静脉内瘘，会引起高搏出量状态，加重左心室负荷和左心室肥厚。

2. 心力衰竭 是尿毒症患者最常见的死亡原因。随着肾功能的不断恶化，心衰的患病率明显增加，至尿毒症期可达65%～70%。其原因大多与水钠潴留、高血压及尿毒症心肌病变有关。其中急性左心衰竭是非常严重并常见的并发症，积极有效地控制急性左心衰竭对改善慢性肾衰竭预后、提高患者生存质量、延长生命具有重要意义。

3. 尿毒症性心肌病 其病因可能与代谢废物的潴留和贫血等有关，部分患者可伴有冠状动脉粥样硬化性心脏病。各种心律失常的出现与心肌损伤、缺氧、电解质紊乱、尿毒症毒素蓄积等因素有关。

4. 心包病变 心包积液在慢性肾衰竭患者中相当常见，其原因多与尿毒症毒素蓄积、低蛋白血症、心力衰竭等因素有关，少数情况下也可能与感染、出血等因素有关。

5. 血管钙化和动脉粥样硬化 近年发现，由于高磷血症、钙分布异常和“血管保护性蛋白”（如胎球蛋白A）缺乏而引起的血管钙化，在心血管病变中亦起着重要作用。动脉粥样硬化往往进展迅速，血液透析患者的病变程度比非透析患者严重。除冠状动脉外，脑动脉和全身周围动脉亦同样发生动脉粥样硬化和钙化。

（四）呼吸系统症状

体液过多或酸中毒时均可出现气短、气促，严重酸中毒可致呼吸深长。体液过多、心功能不全可引起肺水肿或胸腔积液。由尿毒症毒素诱发的肺泡毛细血管渗透性增加、肺充血可引起“尿毒症肺水肿”此时肺部X线检查可出现“蝴蝶翼”征。

（五）胃肠道症状

主要表现有食欲减退、恶心、呕吐、口腔有尿味。消化道出血也较常见，其发生率比正常人明显增高，多是由于胃黏膜糜烂或消化性溃疡引起。

（六）血液系统表现

慢性肾衰竭患者血液系统异常主要表现为肾性贫血和出血倾向及血栓形成倾向。

（七）神经肌肉系统症状

早期症状可有疲乏、失眠、注意力不集中等。其后会出现性格改变、抑郁、记忆力减退、判断力降低。尿毒症时常有表情淡漠、谵妄、惊厥、幻觉、昏迷、精神异常等。周围神经病变也很常见，感觉神经障碍更显著，最常见的是肢端袜套样分布的感觉丧失，也可有肢体麻木、烧灼感或疼痛感、深反射迟钝或消失，并可有神经肌肉兴奋性增加，如肌肉震颤、痉挛、下肢不宁综合征、肌萎缩、肌无力等。

（八）内分泌功能紊乱

主要表现有：①肾脏本身内分泌功能紊乱，如1, 25-二羟维生素D_3、红细胞生成素不足和肾内肾素-血管紧张素Ⅱ过多。②下丘脑-垂体内分泌功能紊乱，如催乳素、促黑色素激素（MSH）、促黄体生成激素FSH促卵泡激素（LH）、促肾上腺皮质激素（ACTH）等水平增高。③外周内分泌腺功能紊乱，大多数患者均有继发性甲旁亢，部分患者有轻度甲状腺素水平降低；其他如胰岛素受体障碍、性腺功能减退等也相当常见。④糖耐量异常和胰岛素抵抗，与骨骼肌及外周器官摄取糖能力下降、酸中毒、肾脏降解小分子物质能力下降有关。

（九）骨骼病变

肾性骨营养不良相当常见，包括纤维囊性骨炎（高转化性骨病）、骨生成不良、骨软化症及骨质疏松症。在透析前患者中骨骼X线发现异常者约35%，而出现骨痛、行走不便和自发性骨折相当少见（<10%）。而骨活体组织检查（骨活检）约 90% 可发现异常，故早期诊断要靠骨活检。

四、诊断与鉴别诊断

慢性肾衰竭诊断主要依靠病史、肾功能检查及相关临床表现。

慢性肾衰竭与急性肾损伤的鉴别在多数情况下并不困难，常根据患者的病史即可做出鉴别诊断。在患者病史欠详时，可借助于影像学检查（如彩超、CT 等），或肾图检查结果分析，如双肾体积明显缩小（糖尿病肾病、肾淀粉样变性、多囊肾、双肾多发囊肿等疾病肾常不缩小），或肾图提示慢性病变则支持慢性肾衰竭的诊断。

慢性肾衰竭有时可发生急性加重或伴发急性肾损伤。如慢性肾衰竭本身已相对较重，或其病程加重过程未能反映急性肾损伤演变特点，则称之为"慢性肾衰竭急性加重"。如果慢性肾衰竭较轻，而急性肾损伤相对突出，且其病程发展符合急性肾损伤演变过程，则可称为"慢性肾衰竭合并急性肾损伤"，其处理原则基本上与急性肾损伤相同。

五、治　　疗

慢性肾衰竭早中期治疗的主要目的在于延缓肾功能恶化，保护残余肾功能，并开始肾衰竭并发症的预防治疗；晚期以肾脏替代治疗为主，并积极治疗各种并发症，提高患者的生活质量。

（一）饮食治疗

1. 限制蛋白饮食　目前认为限制蛋白质摄入可能延缓 CKD 进展，减轻尿毒症氮质血症及其症状，蛋白质摄入量应根据 GFR 调整：GFR 25～60ml/min 时，低蛋白饮食为 0.6～0.75g/（kg・d）；GFR<25ml/min 时，低蛋白饮食为 0.6g/（kg・d）和极低蛋白饮食为 0.3g/（kg・d）。饮食中蛋白质应是高生物价蛋白质，即富含必需氨基酸的蛋白质，提高动物蛋白质的摄入达 50%～60%。对于蛋白质摄入量在 0.6g/（kg・d）以下包括极低蛋白饮食者，应补充必需氨基酸或 α-酮酸制剂 0.1～0.2g/（kg・d）。

2. 保证足够的能量摄入　一般认为慢性肾衰竭的患者能量摄入应为 125.6～146.5kJ/kg［30～35kcal/（kg・d）］。

3. 其他　有水肿、高血压、少尿者应限制钠盐摄入，每天 3g 左右，根据病情调整；限制磷的摄入，每天不超过 800mg；少尿者应限钾。每天应口服补充叶酸 5mg，维生素 C 0.1g，维生素 B 5～10mg。

（二）必需氨基酸的应用

低蛋白饮食超过 3 周，会发生蛋白质营养不良症，须加用必需氨基酸（EAA），或 EAA 与 α-酮酸混合剂，EAA 一般用量为 0.1～0.2g/d。不能口服者可静脉滴注。α-酮酸制剂的主要机制包括：进入人体后和代谢废物中的氮生成必需氨基酸，有助于尿素的再利用；含有钙盐，对纠正钙、磷代谢紊乱，减轻继发性甲状腺功能亢进有一定的疗效；可对饮食中蛋白质生物价的要求相对降低。

（三）控制高血压

一般非透析患者应控制血压 130/80mmHg 以下，维持透析患者血压不超过 140/90mmHg。

首选血管紧张素转换酶抑制药（ACEI）或血管紧张素Ⅱ受体阻断药（ARB），即使血压不高者，若血肌酐水平在265μmol/L以下，也可使用，以降低肾小球内压力。常用的口服制剂有贝那普利10～20mg，每日1次；缬沙坦80～160mg，每日1次。控制血压尚可用钙通道阻滞药、β受体阻断药等。

（四）吸附剂使用

包括氧化淀粉和活性炭制剂。

（五）纠正水、电解质和酸碱失衡

1. 钠、水平衡失调 有水肿者应限盐、限水；《中国居民膳食指南（2022）》推荐钠摄入量不应超过5g/d。有明显水肿、高血压者，钠摄入量限制在2～3g/d（氯化钠摄入量5～7g/d），个别严重病例可限制为1～2g/d（氯化钠2.5～5g/d）。较重者，可用呋塞米、布美他尼等，噻嗪类利尿剂和潴钾利尿剂如螺内酯对于中重度慢性肾衰竭患者应避免使用，因为此时用药疗效很差，并且可导致高血钾、高尿酸及药物的蓄积；已透析者应加强超滤；发展至肺水肿时应紧急透析治疗。

2. 高钾血症 寻找引起高钾血症的诱因，如严重的酸中毒、服用ACEI或含钾药物特别是中草药合剂的使用。CKD 3期以上的患者应适当限制钾的摄入。当GFR＜10ml/min或血钾水平＞5.5mmol/L时，则应更严格地限制钾摄入。若血钾＞6.0mmol/L，心电图有高钾表现或神经肌肉症状时应紧急处理。方法：首先应用10%葡萄糖酸钙20ml，稀释后缓慢静脉注射；继而5%碳酸氢钠100ml静脉注射，5min注射完毕；然后用50%葡萄糖50～100ml加普通胰岛素4～8U静脉滴注。经上述处理后，还应立即透析治疗。

3. 代谢性酸中毒 不严重者应用碳酸氢钠片1.5～3.0g/d，口服；中、重度患者3～15g/d，必要时可静脉补碱。

4. 钙磷平衡失调 高血压者应除饮食限磷外，同时积极用肠道磷合剂，如碳酸钙1～2g/d，每日3次，口服；结磷钙（醋酸钙）500～700mg，每日3次，口服；酮酸钙疗效更佳。上述制剂在肠道结合清除磷的同时，也能补充体内钙水平。活性维生素D能提高肠道钙剂吸收。不含钙的磷结合剂：碳酸镧1.5～3.0g/d，近年来，正在临床上推广应用，效果良好。拟钙剂如盐酸西那卡塞、Evocalcet等，可有效降低甲状旁腺激素，从而缓解钙磷代谢紊乱。

（六）慢性肾衰竭贫血的治疗

促红细胞生成素（EPO）疗效显著，用量为每周80～120U/kg，分2～3次（或每次2000～3000U，每周2～3次），皮下注射、皮下或静脉注射，血红蛋白上升至110～120g/L后，EPO可逐渐减量，但不能完全停药，而应使用维持量，因为完全停药后不久，患者又会再发贫血。不建议后期用药时维持Hb＞130g/L。使用EPO时，必须同时补充铁剂，首选口服方式给药，可同时联用维生素C，可利于铁的吸收，如有消化性溃疡活动性出血等口服铁剂的禁忌时需静脉用药，如蔗糖铁100～200mg，静脉滴注，每周1～2次。此外尚需补充叶酸等造血原料。除非存在快速纠正贫血的并发症（如急性出血、急性冠脉综合征等），慢性肾衰竭贫血患者通常不建议输注红细胞治疗。

肾性贫血最新进展——新型缺氧诱导因子脯氨酰羟化酶抑制剂roxadustat，为患者提供了新的剂型选择。

（七）肾性骨营养不良症的治疗

慢性肾衰竭早期即应开始，主要措施有纠正钙磷平衡失调，使用骨化三醇，如罗盖全

0.25～0.5μg，每日 1 次，口服；或阿尔法 D0.25 ～ 0.5μg，每日 1 次，口服。若甲状旁腺激素明显升高（＞500pg/ml）时，没有高磷高钙，可考虑用骨化三醇冲击治疗。如影像学检查证实有甲状旁腺腺瘤或增生，可用无水乙醇或 1, 25-$(OH)_2$ 维生素 D 注射剂行局部瘤体注射。甲状旁腺全切加前臂移植术对继发性甲状旁腺亢进治疗效果更佳。

（八）中药治疗

大黄及其制剂能延缓慢性肾衰竭的进展；尿毒清、肾衰宁及其他冬虫夏草制剂可用于慢性肾衰竭的辅助治疗。

（九）肾替代治疗

对于 CKD 4 期以上或预计 6 个月内需要接受透析治疗的患者，建议进行肾脏替代治疗准备。通常对于非糖尿病肾病患者，GFR＜10ml/min 并有明显尿毒症症状和体征，则应进行肾脏替代治疗。对糖尿病肾病患者，可适当提前至 GFR＜15ml/min 时安排肾脏替代治疗。肾脏替代治疗包括血液透析、腹膜透析和肾移植。血液透析和腹膜透析可替代肾部分排泄功能，成功的肾移植可完全恢复肾功能，临床上需根据患者病情选择合适的肾脏替代治疗方式。

1. 血液净化 当肌酐清除率＜10ml/min，即可进行血液净化治疗。常用的血液净化治疗法有血液透析、血液滤过、血液透析滤过、连续性肾脏替代治疗（CRRT）、腹膜透析等，应根据病情选择合适的治疗技术。关于腹膜透析，近年来出现自动化腹膜透析，利用自动化腹膜透析机自动持续进行各种方式的腹膜透析，同时可自行监测、记录每次的灌流量、停留时间、流出量等指标，操作简单，也降低了感染机会，未来发展前景较好。

2. 肾移植 成功的肾移植可恢复正常肾功能。移植肾供体可来源于尸体或亲属供肾。HLA 配型佳者，移植肾的存活率高。肾移植后须长期服用免疫抑制剂，以防排斥反应。

思 考 题

1. 试述急性肾小球肾炎、急进性肾小球肾炎、肾病综合征如何进行鉴别？
2. 简述原发性肾病综合征的病理类型及其临床特征。
3. 简述泌尿系统感染的临床表现、诊断依据及治疗原则。
4. 急性肾损伤的分期标准是什么？
5. 急性肾损伤与慢性肾衰竭如何鉴别？
6. 简述慢性肾衰竭的诊断标准与治疗原则。

（赵向阳）

第九章 血液和造血系统疾病

血液系统由血液和造血组织组成。血液由血浆和悬浮于其中的血细胞（红细胞、白细胞和血小板等）组成。造血组织包括骨髓、胸腺、淋巴结、肝、脾及胚胎和胎儿的造血组织。血液系统疾病系指原发或主要累及血液和造血器官的疾病。根据不同的血细胞系列和发病机制，通常可分为红细胞疾病、白细胞疾病、出血性及血栓性疾病等。每一类疾病又可因病因和发病机制的不同而包括若干种疾病。由于血液系统疾病的临床表现多为全身性的且缺乏特异性，其最后确诊往往依赖于实验室检查。

第一节 红细胞系统疾病

一、概 述

贫血（anemia）是指全身循环血液中红细胞容量低于正常的病理状态。鉴于红细胞容量的测定较为复杂，临床上常以测定血液红细胞浓度来判定贫血的有无及其程度。外周血单位体积内血红蛋白量、红细胞数和（或）红细胞比容低于正常时即称为贫血，其中以血红蛋白浓度最为精确可靠且重复性好。正常人红细胞浓度与年龄、性别、居住地海拔及某些生理状况（如妊娠）等有关。在我国海平面地区，成年男性 Hb＜120g/L，成年女性 Hb＜110g/L，孕妇 Hb＜100g/L，即可诊断为贫血。另外，在某些病理状况下，血浆容量改变明显，但以血红蛋白浓度指标判定贫血易引起漏诊或误诊。贫血不是一种特定的疾病，而是多种不同疾病共有的症状。

（一）分类

贫血有多种分类方法，临床最为常用的是红细胞形态分类、病因和（或）发病机制分类。

1. 根据红细胞形态特点分类 根据红细胞指数分为大细胞性贫血、正细胞性贫血和小细胞低色素性贫血（表 9-1）。

2. 根据贫血的病因和（或）发病机制分类 分为红细胞生成减少、红细胞破坏过多和失血性贫血（表 9-2）。

此外，按贫血进展速度可分为急性和慢性贫血；按血红蛋白浓度降低程度可分为轻度（＞90g/L）、中度（60～90g/L）、重度（30～59g/L）和极重度（＜30g/L）贫血。

表 9-1 贫血的红细胞形态分类

类型	MCV（fl）	MCH（pg）	MCHC（%）	常见疾病
大细胞性贫血	＞100	＞32	32～35	巨幼细胞贫血、骨髓增生异常综合征、肝脏疾病
正细胞性贫血	80～100	26～32	32～35	再生障碍性贫血、部分溶血性贫血、骨髓病性贫血、急性失血性贫血
小细胞低色素性贫血	＜80	＜26	＜32	缺铁性贫血、铁粒幼细胞贫血、珠蛋白生成障碍性贫血

注：MCV：红细胞平均体积；MCH：红细胞平均血红蛋白含量；MCHC：红细胞平均血红蛋白浓度

表 9-2 贫血的病因和发病机制分类

病因和发病机制	临床疾病
1. 红细胞生成减少	
（1）造血干祖细胞和造血微环境异常	再生障碍性贫血、骨髓增生异常综合征、肾性贫血、白血病、多发性骨髓瘤、骨髓转移癌、骨髓纤维化等
（2）造血原料不足或利用障碍	
DNA 合成障碍	巨幼细胞贫血
血红蛋白合成障碍	缺铁性贫血、铁粒幼细胞性贫血、慢性病性贫血
2. 红细胞破坏过多	
（1）红细胞自身缺陷	红细胞膜缺陷，如遗传性球形红细胞增多症、阵发性睡眠性血红蛋白尿症 遗传性红细胞酶缺陷，如葡萄糖-6-磷酸脱氢酶缺乏症 遗传性血红蛋白病，如地中海贫血
（2）红细胞外部异常	自身免疫性溶血性贫血、血型不合输血、新生儿溶血病
3. 失血	创伤、消化性溃疡、痔、月经过多等急性、慢性失血性贫血

（二）临床表现

贫血临床表现的病理生理基础是血液携氧能力降低，其临床表现取决于贫血的病因、发生的速度和程度、机体对缺氧的代偿能力和耐受能力等。

贫血患者通过下列机制进行代偿：①血红蛋白氧解离曲线右移。贫血刺激红细胞生成更多的 2, 3-二磷酸甘油酸，使血红蛋白氧解离曲线右移，血红蛋白氧亲和力下降，有利于氧的释放和被组织利用。②血液再分布。贫血时，机体血管发生选择性收缩，血流出现再分布，使更多的血液流向脑、心脏等重要器官或组织，皮肤和肾的血流减少。③心排血量增加。一般来说只有贫血较重（Hb＜70g/L）时，才会出现心排血量增加。当贫血的程度超出上述机体可代偿能力时，即会出现临床症状。

1. 一般症状 乏力、困倦和运动耐力减退是贫血最常见和最早出现的症状。许多贫血患者常因此而就诊。

2. 皮肤黏膜及附属器 皮肤黏膜苍白是贫血最常见的客观体征。一般以睑结膜、口唇、甲床及手掌部位最为可靠，可伴有毛发枯细、指甲薄脆、皮肤粗糙等表现，溶血性贫血时可出现皮肤巩膜黄染。

3. 呼吸循环系统 心悸和呼吸困难是贫血的常见症状之一，体力活动时尤为明显。长期严重的贫血可导致贫血性心脏病，甚至出现心力衰竭及心绞痛。

4. 神经系统 头晕、耳鸣、头痛、失眠、多梦、记忆减退、注意力不集中等为常见症状，严重者可出现晕厥。

5. 消化系统 由于消化道缺氧、消化液分泌减少及胃肠蠕动失调可出现饱胀、食欲减退等症状，巨幼细胞贫血或恶性贫血可引起牛肉舌、镜面舌等。

6. 泌尿生殖系统 严重可出现夜尿增多，低比重尿和轻度蛋白尿，女性患者可有月经异常。男女均有性欲减退。

7. 其他 严重贫血患者基础代谢可增高，常出现低热；部分患者可出现下肢轻度水肿。严重的溶血性贫血患者可有腹痛、腰痛和发热等症状。

（三）实验室及辅助检查

1. 血常规检查 可确定有无贫血，并可判断贫血的程度及受累细胞系。网织红细胞

（reticulocyte，Ret）计数可间接反映骨髓红系增生（对贫血的代偿）情况。综合红细胞参数（MCV、MCH、MCHC）、Ret 和外周血细胞形态提供的信息，有助于初步确定追查贫血病因的方向。

2. 骨髓检查 包括骨髓细胞涂片和骨髓活检，有助于判断贫血的病因和发病机制。骨髓细胞涂片反映骨髓细胞的增生程度、细胞成分、比例及形态变化。骨髓活检在有效造血面积评估、异常细胞浸润和分布及骨髓纤维化的诊断上更有优势。必要时可用骨髓标本进行细胞化学染色、流式细胞术、遗传学及分子生物学的检查，有助于贫血的诊断及鉴别诊断。

3. 其他检查 常根据病因选择其他相关检查，如肝功能、肾功能、尿常规、便常规、铁代谢、叶酸和维生素 B_{12} 水平及溶血性贫血相关检查等。

（四）治疗原则

贫血性疾病的治疗分“对症”和“对因”两类。

1. 对症治疗 目的是减轻重度贫血对患者的致命影响。输血是贫血的对症治疗措施之一，应严格掌握适应证。原则上，慢性贫血 Hb＜60g/L 和急性失血超过总容量的 30% 是输血的指征，建议采取去除白细胞的成分输血。反复多次输血继发铁过载者应给予祛铁治疗。

2. 对因治疗 即针对贫血病因和发病机制的治疗。详见具体疾病。

二、缺铁性贫血

铁是合成血红蛋白必需的元素，也是保证机体细胞功能正常的重要物质。缺铁性贫血（iron deficiency anemia，IDA）是指体内用来合成血红蛋白的贮存铁缺乏，使血红蛋白合成量减少所导致的一种小细胞低色素性贫血，是铁缺乏症的最终阶段。铁缺乏症是一个渐进的发展过程，机体对铁的需求与供给失衡，首先导致体内贮存铁耗尽（iron depletion，ID），继之缺铁性红细胞生成（iron deficiency erythropoiesis，IDE），并最终导致 IDA。

IDA 是最常见的贫血，其发病率在发展中国家、经济不发达地区尤为明显，生长发育期的儿童、育龄和妊娠期妇女发病率最高。

（一）病因

正常情况下，铁的吸收和排泄保持动态平衡。任何原因使铁的摄入减少、需要量增加或丢失增多，即可引起缺铁，甚至 IDA。

1. 需铁量增加和铁摄入不足 多见于婴幼儿、青少年、妊娠和哺乳期妇女。上述人群的铁需要量增加，补充不足易引起缺铁。为维持铁平衡，建议每日饮食中铁的摄入量男性为 5～10mg，儿童、青少年、妊娠期及哺乳期妇女为 7～20mg，妊娠后期需常规补充铁剂，以满足生理需要量。

2. 铁吸收障碍 如胃大部切除术后、胃肠吻合术后、萎缩性胃炎、炎性肠病、胃肠道功能紊乱等，均可影响铁的吸收。

3. 铁丢失过多 消化道肿瘤慢性失血是成人 IDA 的最常见原因。失血 1ml 丢失铁 0.5mg。消化性溃疡、食管静脉曲张出血、痔出血等引起的慢性胃肠道失血是男性和绝经后女性 IDA 最常见的原因。月经过多是育龄期女性 IDA 的常见病因。

（二）临床表现

IDA 患者除有贫血表现，部分患者可有原发病及组织缺铁的表现。

1. 原发病表现 如消化性溃疡、消化道肿瘤、痔导致的黑便、血便或腹部不适；妇女月经过多等。

2. 贫血表现　头晕、乏力、心慌、气短、面色苍白等贫血症状及体征。

3. 组织缺铁的表现　IDA 的黏膜损害较常见，易出现口角炎、舌炎、舌乳头萎缩、慢性萎缩性胃肠炎等，吞咽困难或吞咽时有梗阻感（Plummer-Vinson 综合征）是铁缺乏的特殊表现之一。外胚叶组织营养障碍可表现为毛发干枯脱落，指甲缺乏光泽、变薄、变平，甚至呈反甲或匙状甲。缺铁可影响小儿生长发育，导致心理行为障碍，如易激怒、注意力不集中等。由于缺铁引起机体细胞免疫功能下降，中性粒细胞杀菌能力减弱，感染发生率可能上升。部分患者可出现异食癖。

（三）实验室及辅助检查

1. 血常规　表现为小细胞低色素性贫血：MCV＜80fl，MCH＜27pg，MCHC＜32%，红细胞体积分布宽度增高。血涂片可见成熟红细胞大小不一、体积小、中央淡染区扩大。网织红细胞计数正常或轻度增高，白细胞和血小板计数大多在正常范围内。

2. 骨髓象　主要表现为红系增生活跃或明显活跃，以中、晚幼红细胞为主，其体积小、核染色质致密、细胞质少偏蓝色，细胞质的发育落后于细胞核，呈“核老浆幼”现象。骨髓铁染色细胞内、外铁均减少。

3. 生化检查　反应铁代谢的检查：血清铁（SI）降低，＜8.95μmol/L；总铁结合力（TIBC）多升高，＞64.4mol/L；转铁蛋白饱和度（TS）降低，＜15%。血清转铁蛋白受体（sTfR）增高。血清铁蛋白（SF）降低，＜12μg/L，是反映机体铁贮备的敏感指标，但在伴有感染、炎症、肿瘤及肝肾疾病时血清铁蛋白浓度升高应结合临床和骨髓铁染色加以判断。红细胞内游离原卟啉（FEP）含量增加，通常＞0.9μmol/L。

（四）诊断

根据病史、症状、体征，血常规检查符合小细胞低色素性贫血，IDA 诊断并不困难。依据铁代谢指标：血清铁蛋白减少、血清铁降低、总铁结合力增高、转铁蛋白饱和度下降；红细胞游离原卟啉增高可做出 IDA 的诊断。IDA 诊断的同时，需进一步明确病因或原发病。有时缺铁的病因诊断比贫血本身更重要。

（五）治疗原则

IDA 的治疗原则是去除病因和补足贮存铁。

1. 病因治疗　去除病因是根治本病、预防复发的关键。因营养不足引起的 IDA 应改善饮食；因消化性溃疡、痔或月经过多所致，应积极治疗原发病；寄生虫感染者应驱虫治疗等。

2. 铁剂治疗

（1）口服铁剂：口服铁剂安全且疗效可靠，为首选治疗。常用的有硫酸亚铁、富马酸亚铁、琥珀酸亚铁等。每日剂量以 150～200mg 元素铁为宜。口服铁剂的主要不良反应为胃肠道刺激症状，餐中或餐后服用可减少不良反应。治疗期间应注意饮食结构，谷类、乳类、茶等会抑制铁的吸收，鱼、肉类、维生素 C 可促进铁的吸收。铁剂治疗有效者首先表现为网织红细胞升高，7～10 天达高峰，2 周后血红蛋白浓度明显上升，1～2 个月后可达到正常水平。在血红蛋白恢复正常后，铁剂治疗仍需持续 4～6 个月，待铁蛋白正常后停药，以补足贮存铁。对疗效不佳的患者应重新评估病情。

（2）注射铁剂：副作用较多，仅用于口服铁剂不能耐受、有消化道疾病者口服铁剂可加重病情、消化道吸收障碍或不易控制的慢性失铁量超过消化道吸收铁量等情况。目前临床常用的注射铁剂有右旋糖酐铁、葡萄糖酸铁和蔗糖铁等。注射铁剂的不良反应主要为注射局部疼痛、发热、荨麻疹及关节痛等，但多为轻度、暂时的，偶尔会出现过敏性休克。常用的注射用铁剂为蔗糖铁和右旋糖酐铁，其总剂量按公式计算：补铁总剂量 =［150g/L– 患者的血红蛋白浓度（g/L）］× 患者体重（kg）×0.33。

三、巨幼细胞贫血

巨幼细胞贫血（megaloblastic anemia，MA）是一组因 DNA 合成障碍所致的疾病，骨髓出现核浆发育不平衡的巨幼细胞是其共同的形态学特征。MA 最常见的原因是叶酸和（或）维生素 B_{12}（vitamin B_{12}，VitB_{12}）缺乏。我国巨幼细胞贫血以营养性多见，其中 VitB_{12} 缺乏者较多。而在欧美，VitB_{12} 缺乏或内因子抗体者多见。

（一）叶酸和维生素 B_{12} 的代谢

叶酸属水溶性 B 族维生素，富含于新鲜深绿色蔬菜、水果和肉类食品中。人体不能合成叶酸，需从食物中摄取。人体叶酸的每日需要量约为 200μg，贮存量为 5～20mg，可供 4 个月代谢需要，如摄入不足，容易导致缺乏。生长期的儿童、妊娠期妇女及哺乳期妇女的叶酸需要量增加，是正常的 3～6 倍，其中孕妇推荐量为 600μg/d。叶酸主要在近端空肠吸收，以多聚谷氨酸盐的形式贮存于肝，大部分经尿液排泄。叶酸的吸收存在肠肝循环，每日有 0.1mg 叶酸逆浓度梯度分泌至胆汁，而后被小肠重吸收，仅少量由粪便排出。

VitB_{12} 又名钴胺素，属于水溶性 B 族维生素。人体不能合成 VitB_{12}，需从如肉类、肝脏、蛋、海鲜和牛乳等富含 VitB_{12} 的动物性食物中摄取，植物中尚未发现 VitB_{12} 存在。正常成人 VitB_{12} 的每日需要量为 1～2μg，生长期、高代谢状态和妊娠期需要量增加。人体内 VitB_{12} 的储存量为 2～5mg，可供 3～5 年之用。因此，除长期严格素食，生理情况下不易发生 VitB_{12} 缺乏。VitB_{12} 主要在回肠末端吸收，大部分储存于肝脏；VitB_{12} 的吸收存在肠肝循环，每日有 0.5～9μg 的 VitB_{12} 排入胆汁，其中 65%～75% 在回肠被重吸收。VitB_{12} 的排泄甚少，主要经肾和胆汁排出，唾液、泪液及乳汁中排出量极少。

（二）病因

1. 叶酸缺乏的病因

（1）摄入不足：与摄入新鲜蔬菜少、食物烹饪过度导致叶酸被破坏或偏食等有关。

（2）吸收不良：小肠（特别是空肠段）炎症、肿瘤，空肠手术，热带口炎性腹泻等影响叶酸的吸收；乙醇也可影响叶酸的吸收，酗酒特别是伴有肝硬化者易发生叶酸缺乏。

（3）需求增加：生长快速的婴幼儿、妊娠、哺乳等特殊时期，慢性溶血、恶性肿瘤、甲亢等。

（4）利用障碍：抗核苷酸合成药物，如甲氨蝶呤、甲氧苄啶、乙胺嘧啶、氨苯蝶呤等，可干扰叶酸的代谢和利用。

2. VitB_{12} 缺乏的病因

（1）摄入减少：体内 VitB_{12} 贮备丰富，且存在肠肝循环再吸收，故营养性 VitB_{12} 缺乏极少见，只有严格素食相当长时间（10～15 年）才可引起 VitB_{12} 缺乏。

（2）吸收障碍：是 VitB_{12} 缺乏最常见的原因，最主要的病因是恶性贫血。恶性贫血患者常有胃黏膜完全萎缩和内因子抗体，影响 VitB_{12} 的吸收。另外全身性疾病可影响到 VitB_{12} 的吸收，如全胃（胃大部）切除术后导致内因子缺乏；寄生虫或细菌感染，消耗 VitB_{12}；胃酸和胃蛋白酶缺乏、肠道疾病、药物等影响 $VitB_{12}$ 吸收。

（三）发病机制

四氢叶酸和 $VitB_{12}$ 都是 DNA 合成过程中重要的辅酶。叶酸和 $VitB_{12}$ 缺乏会导致 DNA 合成障碍，但对 RNA 合成影响不大，血红蛋白合成无障碍，导致受累细胞发育不平衡，细胞核发育滞后于细胞质，形成“巨幼样变”。病变可累及骨髓红、粒、巨核三系细胞，且细胞未发育到成熟就在骨髓内破坏，发生无效造血，临床上常表现为全血细胞减少。

DNA 合成障碍也累及黏膜上皮组织，引起口腔和胃肠道功能改变。$VitB_{12}$ 缺乏时因甲基丙二酰辅酶 A 转变成琥珀酰辅酶 A 减少，影响神经鞘膜的功能，可发生神经系统症状。

（四）临床表现

1. 血液系统表现　除贫血的一般表现，如头晕、乏力、耳鸣、心悸、气促、面色及皮肤黏膜苍白等，部分患者可因发生原位溶血，出现轻度黄疸。可同时出现白细胞及血小板的减少，但感染和出血少见。

2. 消化系统症状　常见症状有食欲减退、恶心、腹胀、腹泻或便秘、舌炎等，以舌炎最为突出，表现为味觉消失、舌质绛红如“牛肉样舌”；舌乳头萎缩致舌面光滑如“镜面舌”。

3. 神经系统症状　主要见于 $VitB_{12}$ 缺乏，特别是恶性贫血患者，可早于贫血发生。早期为周围神经病变，表现为远端肢体麻木、深感觉障碍等。疾病进展可发生脊髓侧索和后索脱髓鞘病变，表现为肌力、肌张力及腱反射异常、共济失调、锥体束征阳性等。患者可有精神症状，如记忆力减退、抑郁；重者可有幻觉、谵妄甚至精神错乱等。

（五）实验室及辅助检查

1. 血象　表现为大细胞性贫血（MCV＞100fl），多数有白细胞及血小板减少，网织红细胞正常或轻度升高。血涂片上红细胞大小不均，缺乏中央淡染区，可见大卵圆形红细胞。中性粒细胞核分叶过多（5 叶核占 5% 以上或有 6 叶者），偶可见到巨大血小板。

2. 骨髓象　骨髓增生活跃，红系明显增生；各阶段幼红细胞均呈巨幼变，细胞核发育落后于细胞质，呈“核幼浆老”的现象。粒系亦有巨幼变，细胞体积增大，有巨晚幼粒细胞和巨杆状粒细胞。巨核细胞体积增大，分叶增多。

3. 生化检查　血清叶酸＜6.81nmol/L，血清 $VitB_{12}$＜74pmol/L。红细胞叶酸测定能较准确地反映体内叶酸储备，红细胞叶酸＜227nmol/L 提示叶酸缺乏。

如果诊断考虑恶性贫血，进行胃液分析和内因子抗体测定。

（六）诊断

根据病史和临床表现，结合特征性血象、骨髓象和生化检查，可做出诊断。巨幼细胞贫血确诊后，须进一步明确引起叶酸缺乏或 $VitB_{12}$ 缺乏的原因。

（七）治疗原则

1. 病因治疗　积极治疗原发病，如营养缺乏者，应合理饮食，加强营养；药物所致者应停药。

2. 药物治疗

（1）补充叶酸：口服叶酸 5～10mg，每日 2～3 次。严重吸收障碍者可用四氢叶酸钙注射剂，3～6mg 肌内注射，每日 1 次。用至贫血恢复正常，若无原发疾病者，不必维持治疗。伴有 $VitB_{12}$ 缺乏者，应同时补充 $VitB_{12}$，否则会加重神经系统症状。

（2）$VitB_{12}$治疗：肌内注射$VitB_{12}$，每次500μg，每周2次，至血象恢复正常。对于非吸收障碍患者，可采用口服制剂。有神经系统症状者，贫血正常后应维持治疗6个月。恶性贫血或全胃切除者，需终身替代治疗。

四、再生障碍性贫血

再生障碍性贫血（aplastic anemia，AA）简称再障，是由多种原因引起的骨髓造血功能衰竭性疾病，主要表现为骨髓有核细胞增生低下、全血细胞减少，以及由此所致的贫血、出血和感染。我国再障年发病率为7.4/100万，可发生于各年龄段，男女发病率无明显差异。

根据病因AA分为遗传性和获得性。遗传性AA主要见于儿童，相对罕见，包括范科尼贫血（Fanconi anemia，FA）、先天性角化不良（dyskeratosis congenita）和施瓦赫曼-戴蒙德（Shwachman-Diamond）综合征等。本章主要介绍临床常见的获得性AA，根据有无明确诱因分为原发性和继发性。

（一）病因及发病机制

多数病因不明确，可能的病因如下。

1. 化学因素 包括多种化学物质和药物，前者以苯及其衍生物为常见，后者如氯霉素和磺胺类等，它们对骨髓的抑制作用可呈剂量相关性和剂量非相关性（即个体敏感性，如氯霉素）。

2. 物理因素 放射线可引起DNA损伤，造成造血干细胞数量减少，其损伤程度呈剂量依赖性。

3. 生物因素 AA发病可能与多种病毒感染有关，其中肝炎病毒最为重要，肝炎相关性AA更多是由血清学阴性肝炎所致，且多为重型再生障碍性贫血（severe aplastic anemia，SAA）。此外，EB病毒、微小病毒B19、HIV等可能与AA发病相关。

AA发病机制尚不明确。造血干细胞缺陷、骨髓造血微环境异常和免疫异常为可能的发病机制。近年来，T淋巴细胞异常活化、功能亢进造成骨髓抑制在原发性获得性AA发病机制中占主要地位。新近研究显示，遗传背景在AA发病中可能发挥一定作用，如端粒酶基因突变及其他体细胞突变等。

（二）临床表现

再生障碍性贫血主要表现为贫血、出血和感染。依据临床表现的严重程度、发病急缓、血象及骨髓象的改变、预后，将AA分为重型（SAA）和非重型（NSAA）。

1. 重型AA 起病急，症状重，病情进展快，患者常以出血和（或）感染而就诊，贫血多呈进行性加重。感染部位以上呼吸道感染最常见。病原菌以细菌为主，常见的为革兰氏阴性菌、金黄色葡萄球菌，易合并败血症而危及生命，亦有真菌感染。患者常见明显的皮肤黏膜出血，可有内脏出血，甚至发生颅内出血，是死亡的主要原因之一。

2. 非重型AA 患者起病和进展较缓慢，病情较轻。多以贫血症状就诊，表现为皮肤黏膜苍白、乏力、头晕、活动后心悸、气促等。感染较轻，多为上呼吸道感染。出血倾向亦轻，常为皮肤黏膜出血，如皮肤瘀斑、瘀点、牙龈出血、月经过多等。

（三）实验室及辅助检查

1. 血象 全血细胞减少为最主要的特点，属正细胞正色素性贫血，网织红细胞计数降低，中性粒细胞及单核细胞数量减少，淋巴细胞百分比增高。

2. 骨髓象 多部位骨髓增生减低，粒、红系及巨核细胞明显减少且形态大致正常，非造血细胞比例明显增高，巨核细胞减少或缺如。骨髓活检显示造血组织均匀减少，脂肪组织增加。

3. 其他检查 部分患者 $CD4^+/CD8^+$ 比值倒置，Th1/Th2 型比例增高；Th1 型细胞因子如 IL-2、IFNγ 等增高。$CD34^+$ 细胞数量减少；绝大多数染色体核型正常；可伴有 PNH 克隆。中性粒细胞碱性磷酸酶（NAP）染色强阳性。

（四）诊断

1. 诊断标准

（1）全血细胞减少：网织红细胞＜1% 或绝对值＜40×10^9/L，血细胞计数至少符合以下 3 项中两项：Hb＜100g/L；PLT＜20×10^9/L；中性粒细胞绝对值＜1.5×10^9/L。

（2）骨髓穿刺：多部位增生减低或重度减低，小粒空虚，非造血细胞比例增高；巨核细胞明显减少或缺如；红系、粒系细胞均明显减少。

（3）骨髓活检（髂骨）：全切片增生减低，造血组织减少，脂肪细胞和（或）非造血细胞增多，网硬蛋白不增加，无异常细胞。

（4）除外先天性和其他继发性骨髓衰竭性疾病。

2. AA 分型诊断标准（Camitta 标准）

（1）SAA：①骨髓细胞增生程度＜正常的 25%；如≥正常的 25% 但＜50%，则残留的造血细胞应＜30%。②血常规具备下列 3 项中的两项，ANC＜0.5×10^9/L；网织红细胞绝对值＜20×10^9/L；PLT＜20×10^9/L。③若 ANC＜0.2×10^9/L 为极重型 AA（VSAA）。

（2）NSAA：未达到 SAA 标准的 AA。

（五）治疗原则

有明确原因或原发疾病的获得性 AA，首先应去除病因或积极治疗原发病；AA 要根据分型及患者年龄早期进行规范的综合治疗。

1. 支持治疗 采取保护措施预防感染、避免出血，避免接触对骨髓有抑制作用的物质。严重贫血如 Hb＜60g/L，可输注红细胞，但应避免过多输血。有出血者可应用止血药物；对血小板减少引起的严重出血可输注血小板。有感染者，及时给予经验性抗感染治疗，并同时进行病原微生物的培养及药敏试验。

2. 免疫抑制治疗

（1）抗淋巴/胸腺细胞球蛋白（ALG/ATG）：主要用于治疗 SAA。可与环孢素、血小板受体激动药联合使用。

（2）环孢素：适用于全部 AA。剂量为 3～5mg/（kg · d），分 2～3 次口服，应根据患者个体的情况和血药浓度调整剂量。

3. 促造血治疗

（1）雄激素治疗：主要用于 NSAA，常用的有丙酸睾酮和司坦唑醇等。疗程及剂量应视药物的效果和不良反应（如男性化、肝功能损害等）调整。

（2）造血生长因子：单独应用造血刺激因子治疗 AA 效果有限且短暂，合并感染时可短期应用 G-CSF；血小板受体激动药艾曲波帕/海曲波帕，已经被推荐用于接受强化免疫抑制治疗（ALG/ATG± 环孢素）的 SAA 患者。不推荐常规应用重组人红细胞生成素和重组人血小板生成素。

4. 异基因造血干细胞移植（allo-HSCT） 是 AA 的可治愈性手段，可作为 SAA 的一线治疗手段，也可作为强化免疫抑制治疗失败患者的治疗选择。应根据患者年龄、并发症及供者的可及性进行选择。

第二节 急性白血病

白血病（leukemia）是起源于造血干细胞的恶性克隆性疾病，受累细胞（白血病细胞）出现增殖失控、分化障碍、凋亡受阻，大量蓄积于骨髓和其他造血组织，从而抑制骨髓正常造血功能并浸润淋巴结、肝、脾等组织器官，产生相应的临床表现。

根据白血病细胞的成熟程度，将白血病分为急性和慢性两大类。急性白血病（AL）的细胞分化停滞在较早阶段，多为原始细胞及早期幼稚细胞，病情发展迅速，自然病程仅几个月。慢性白血病（CL）的细胞分化停滞在较晚阶段，多为较成熟幼稚细胞和成熟细胞，病情发展缓慢，自然病程为数年。根据主要受累的细胞系列可将 AL 分为急性淋巴细胞白血病（ALL）和急性髓系白血病；CL 则分为慢性髓性白血病（CML）和慢性淋巴细胞白血病（CLL）。

白血病占癌症总发病率的 3%～5%。我国白血病发病率为（3～4）/10 万，在恶性肿瘤所致的死亡率中，白血病居男性第 6 位和女性第 8 位，儿童及 35 岁以下成人中，居于第 1 位。我国急性白血病比慢性白血病多见，其中急性髓系白血病（AML）最多（1.62/10 万），其次为 ALL（0.69/10 万），慢性白血病中以 CML 多见（0.36/10 万），CLL 少见（0.05/10 万）。男性发病率略高于女性，成人急性白血病中以 AML 多见，儿童以 ALL 多见。CML 随年龄增长而发病率逐渐升高。CLL 在 50 岁以后发病才明显增多。

我国白血病发病率与亚洲其他国家相近，低于欧美国家。尤其是 CLL 不足白血病的 5%，而在欧美国家则占 25%～30%。

一、病因和发病机制

人类白血病的病因和发病机制至今尚不完全清楚，可能与下列因素有关。

（一）生物因素

主要是病毒感染。成人 T 细胞白血病/淋巴瘤（ALT）可由人类 T 淋巴细胞病毒 Ⅰ 型（HIV-Ⅰ）所致。部分免疫功能异常患者白血病危险度会增加。

（二）物理因素

包括 X 射线、γ 射线等电离辐射。有证据表明接触放射线能引起白血病，如在第二次世界大战中日本的广岛和长崎在遭受原子弹袭击后的幸存者中，白血病的发生率较其他地区的人群高数十倍。

（三）化学因素

长期接触某些化学物质和药物，如苯及含苯的有机溶剂，与白血病发生有关。有些药物如氯霉素、保泰松、抗肿瘤药物中的烷化剂和拓扑异构酶 Ⅱ 抑制剂等，均被认为与白血病的发病密切相关。

（四）遗传因素

在单卵孪生子中，如果一个人患白血病，另一个人的发病率为 20%，较双卵孪生子高 12 倍。虽然有这些发现，但并不认为白血病是遗传病。

白血病的发生并非单一因素作用的结果，而是多种综合因素所导致。首先患者可能存在着某种先天性易感素质或者本身存在着染色体畸变，这是白血病发生的内因，再加上外界因素的作用，比如说病毒感染、电离辐射、化学因素等引起单个细胞的突变，继而激活癌基因，并可以使部分抑癌基因失活，而凋亡抑制基因则过度地表达，从而可以导致突变的细胞凋亡受阻，恶性增殖。这些白血病细胞可以在骨髓内大量增殖累积，并浸润其他非造血组织和器官，正常的造血功能受到抑制。

二、分　类

白血病的分类主要有两大标准，一个是FAB分型，见表9-3；另一个是WHO分型，见表9-4，表9-5。FAB分型是形态分类的基础，按照细胞形态和细胞化学染色分为AML和ALL，AML分为M_0～M_7 8个亚型，ALL分为L_1、L_2和L_3型。由于ALL的FAB分型在临床已经不再适用，这里就不作介绍。WHO分型是基于FAB分型基础上，整合了形态学（morphology）、免疫学（immunology）、细胞遗传学（cytogenetics）和分子生物学（molecular biology）（简称MICM）制定而成的，并在2022年再次进行更新，进一步突出了遗传学定义的重要性。

表9-3　急性髓系白血病的FAB分型

分型	中文名	骨髓特点
M_0	急性髓细胞白血病微分化型	原始细胞＞30%，无嗜天青颗粒及奥氏（Auer）小体，光镜下髓过氧化物酶（MPO）及苏丹黑B阳性细胞＜3%，电镜下MPO阳性，CD33及CD13阳性，淋巴抗原及血小板抗原阴性
M_1	急性粒细胞白血病未分化型	原粒细胞占骨髓非红系有核细胞（NEC）的90%以上，其中MPO阳性细胞＞3%
M_2	急性粒细胞白血病部分分化型	原粒细胞占骨髓NEC30%～89%，其他粒细胞≥10%，单核细胞＜20%
M_3	急性早幼粒细胞白血病（APL）	骨髓中以颗粒增多的早幼粒细胞为主，此类细胞在NEC中≥30%
M_4	急性粒细胞-单核细胞白血病	骨髓中原始细胞占NEC的30%以上，各阶段粒细胞≥20%，各阶段单核细胞≥20%
M_4E_0	伴嗜酸性粒细胞增多M_4	除上述M_4型各特点外，嗜酸性粒细胞在NEC中≥5%
M_5	急性单核细胞白血病	骨髓NEC中原单核、幼单核细胞≥30%，且原单、幼单及单核细胞≥80%。如果原单核细胞≥80%为M_{5a}，＜80%为M_{5b}
M_6	红白血病	骨髓中幼红细胞≥50%，原始细胞占NEC≥30%
M_7	急性巨核细胞白血病	骨髓中原始巨核细胞≥30%，血小板抗原阳性，血小板过氧化物酶阳性

表9-4　AML的WHO分型（2016）

AML伴重现性遗传异常
AML伴t（8；21）（q22；q22.1）；*RUNX1-RUNX1T1*
AML伴inv（16）（p13.1；q22）或t（16；16）（p13.1；q22）；*CBFB-MYH11*
APL伴*PML-RARA*
AML伴t（9；11）（p21.3；q23.3）；*MLLT3-KMT2A*
AML伴t（6；9）（p23；q34.1）；*DEK-NUP214*
AML伴inv（3）（q21.3；q26.2）或t（3；3）（q21.3；q26.2）；*GATA2*，*MECOM*
AML（原始巨核细胞）伴t（1；22）（p13.3；q13.3）；*RBM15-MKL1*
暂命名：AML伴*BCR-ABL1*
AML伴*NPM1*突变
AML伴*CEBPA*双等位基因突变
暂命名：AML伴*RUNX1*突变

续表

AML 伴骨髓增生异常相关改变
治疗相关 AML
非特殊类型 AML（AML，NOS）
AML 微分化型
AML 未分化型
AML 部分分化型
急性粒细胞-单核细胞白血病
急性单核细胞白血病
纯红血病
急性巨核细胞白血病
急性嗜碱性粒细胞白血病
急性全髓增生伴骨髓纤维化
髓系肉瘤
唐氏（Down）综合征相关的髓系增殖
短暂性异常骨髓增殖（TAM）
Down 综合征相关的髓系白血病

表 9-5 ALL 的 WHO 分型（2016）

原始 B 淋巴细胞白血病
B-ALL，非特指型
伴重现性遗传学异常的 B-ALL
B-ALL 伴 t（9；22）（q34.1；q11.2）；*BCR-ABL1*
B-ALL 伴 t（v；11q23.3）；*KMT2A* 重排
B-ALL 伴 t（2；21）（p13.2；q22.1）；*ETV6-RUNX1*
B-ALL 伴超二倍体
B-ALL 伴亚二倍体
B-ALL 伴 t（5；14）（q31.1；q32.3）；*IL3-IGH*
B-ALL 伴 t（1；19）（q23；p13.3）；*TCF3-PBX1*
暂命名
B-ALL，*BCR-ABL1* 样
B-ALL 伴 21 号染色体内部扩增（*iAMP21*）
原始 T 淋巴细胞白血病
暂命名：早期前体 T-淋巴细胞白血病（ETP-ALL）
暂命名：自然杀伤（NK）细胞白血病

三、临床表现

AL 起病急缓不一。急者可以是突然高热，类似“感冒”，也可以是严重的出血。缓慢者常为面色苍白、皮肤紫癜，月经过多或拔牙后出血难止而就医时被发现。

（一）正常骨髓造血功能受抑制表现

1. 贫血 常为首发表现，呈进行性加重。部分患者因病程短可无贫血。半数患者就诊时已有重度贫血。

2. 发热 半数患者以发热为早期表现。可为低热，亦可高热，伴有畏寒、出汗等。高热往往提示有继发感染，感染可发生在各部位，以口腔炎、牙龈炎、咽峡炎最常见，可发生溃疡或坏死；肺部感染、肛周炎、肛旁脓肿亦常见，严重时可有血流感染。最常见致病菌为革兰氏阴性杆菌，比如肺炎克雷伯菌、铜绿假单胞菌、大肠埃希菌、鲍曼不动杆菌等；革兰氏阳性球菌的发病率有所上升，如金黄色葡萄球菌、表皮葡萄球菌、肠球菌等。长期应用抗生素者及粒细胞缺乏者可出现真菌感染，如念珠菌、曲霉菌、隐球菌等。因患者伴有免疫功能缺陷，可发生病毒感染，如单纯疱疹病毒、带状疱疹病毒、巨细胞病毒感染等，偶见卡氏肺孢子虫病。

3. 出血 近40%患者以出血为早期表现。出血可发生在全身各部位，以皮肤瘀斑、鼻出血、牙龈出血、月经过多为多见。眼底出血可致视力障碍。急性早幼粒细胞白血病（APL）易发生凝血异常而全身广泛性出血。颅内出血时会出现头痛、呕吐、瞳孔大小不对称，甚至昏迷、死亡。有资料表明AL死于出血者占62.24%，其中87%为颅内出血。大量白血病细胞在血管中淤滞及浸润、血小板减少、凝血异常及感染是出血的主要原因。

（二）白血病细胞增殖浸润的表现

1. 淋巴结和肝脾大 是最常见的体征，以急性淋巴细胞白血病多见。白血病患者可有轻至中度肝脾大，除慢性髓性白血病急性变，巨脾罕见。

2. 骨和关节 患者常有胸骨下段局部压痛。可出现四肢关节痛或骨疼痛，尤以儿童多见。

3. 口腔和皮肤 AL尤其是M_4和M_5，由于白血病细胞浸润可使牙龈增生、肿胀；皮肤可出现蓝灰色斑丘疹，局部皮肤隆起、变硬，呈紫蓝色结节。

4. 眼部 部分AML可伴粒细胞肉瘤或绿色瘤，常累及骨膜，以眼眶周围部位最常见，可引起眼球突出、复视或失明。

5. 中枢神经系统 由于化疗药物难以通过血脑屏障，隐藏在中枢神经系统的白血病细胞不能有效被杀灭而引起中枢神经系统白血病（CNSL）。CNSL可发生在疾病各个时期，但常发生在化疗后缓解期。以ALL最常见，儿童多见，其次是M_4和M_5。临床上轻者表现头痛、头晕，重者有呕吐、颈项强直，甚至抽搐、昏迷。

6. 睾丸 浸润睾丸引起一侧睾丸无痛性肿大，另一侧虽无肿大，但在活检时往往也发现有白血病细胞浸润。睾丸白血病多见于ALL化疗缓解后的幼儿和青年，是仅次于CNSL的白血病髓外复发的部位。

此外，白血病可浸润其他组织器官。肺、心、消化道、泌尿生殖系统等均可受累。

四、实验室及辅助检查

1. 血象 大多数患者白细胞增多，超过$10\times10^9/L$，称为白细胞增多性白血病。低者可小于$1.0\times10^9/L$，称为白细胞不增多性白血病。血涂片分类检查可见原始和幼稚细胞，但白细胞不增多型病例血片上很难找到原始细胞。患者常伴有不同程度正常细胞性贫血。约50%的患者血小板减少，低于$60\times10^9/L$，晚期血小板常重度减少。

2. 骨髓象 骨髓增生多明显活跃或极度活跃，也可以呈增生减低。少数甚至骨髓“干抽”，主要见于白血病细胞显著增多，或合并骨髓纤维化的患者，需骨髓活检明确诊断。多数病例骨髓象以原幼细胞显著增多，而较成熟的中间阶段细胞缺如，并残留少量成熟粒细胞，形成“裂孔”现象。正常的巨核细胞和幼红细胞减少。Auer 小体是急性髓系白血病的特征。

3. 细胞化学 细胞化学染色是形态诊断的重要组成部分，可以用于鉴别 AML 和 ALL，常见反应见表 9-6。近年随着流式细胞免疫表型的广泛开展，逐渐被免疫表型代替。

表 9-6 三种急性白血病的细胞化学鉴别

细胞化学染色	急淋白血病	急粒白血病	急单白血病
髓过氧化物酶（MPO）	(–)	分化差：(–)～(+) 分化好：(+)～(+++)	(–)～(+)
糖原染色（PAS）	(+) 成块或颗粒	(–)～(+) 呈弥漫性淡红色	(–)～(+) 呈弥漫性淡红色或颗粒状
碱性磷酸酶（NAP）	增高	明显降低	正常或增高
非特异性脂酶（NSE）	(–)	(–)～(+) NaF 抑制＜50%	(+)，NaF 抑制＞50%

4. 免疫学检查 根据 WHO（2016）分类，急性白血病可以分为 AML、ALL 和系列模糊的急性白血病。其中系列模糊的急性白血病可以分为急性未分化细胞白血病、混合表型急性白血病伴 t（9；22）、混合表型急性白血病伴 t（v；11q23）、混合表型急性白血病 B/髓非特指型、混合表型急性白血病 T/髓非特指型。流式细胞仪的免疫学检查主要用于急性白血病的分型，造血细胞各系常见的表面标志见表 9-7。既往急性白血病的分型依赖于 EGIL 标准，目前 WHO 分型用于 AML 和 ALL 与系列模糊的急性白血病的鉴别使用了新的标准，见表 9-8。

表 9-7 造血细胞常见的表面标志

肿瘤类型	免疫学标记
髓系、单核系	CD33、CD117、CD13、CD14、CD15、CD64
B 细胞及其肿瘤	CD10、CD19、CD20、CD22、CD79a
T 细胞及其肿瘤	CD2、CD3、CD4、CD7、CD8
NK 细胞及其肿瘤	CD16、CD56

表 9-8 WHO 的混合表型白血病诊断标准

系列认定标准
髓系
MPO 阳性（流式，免疫组化或细胞化学）
或者单核系至少下面中的 2 个阳性：细胞化学染色的非特异酯酶，CD11c，CD14，CD64，溶菌酶
T 系
强表达胞质 CD3（用 CD3ε 链抗体）
或者膜 CD3
B 系
强表达 CD19，同时强表达 CD79a、胞质 CD22 或 CD10 中的至少 1 个或
弱表达 CD19，同时强表达 CD79a、胞质 CD22 或 CD10 中的至少 2 个

5. 血生化的改变 化疗使尿酸产生和排泄增多，如形成结晶沉积于肾小管可导致急性肾衰竭。白血病细胞短期内大量崩解，释出细胞内钾可导致高钾血症。急性单核和急粒-单核细胞白血病血清和尿溶菌酶活性显著升高。

五、诊断及鉴别诊断

根据临床表现、血象和骨髓象特点，一般不难诊断。进一步进行 MICM 分型诊断，有助于选择治疗方案及评价预后。应注意排除以下疾病。

1. 类白血病反应　类白血病反应表现为外周血白细胞增多，涂片可见中、晚幼粒细胞，骨髓粒系左移，有时原始细胞增多。但类白血病有原发病，血液学异常指标随原发病的好转而恢复。

2. 骨髓增生异常综合征　表现为血细胞减少的患者需与骨髓增生异常综合征相鉴别。主要鉴别点在于骨髓增生异常综合征骨髓原始细胞＜20%，WHO 分型已将 RAEB-t（原始细胞 20%～30%）划分为 AL。

3. 再生障碍性贫血　表现为全血细胞减少，骨髓增生减低的 AL 患者需与该病相鉴别。该病无原始细胞，无肝脾大。

4. 其他原因引起的白细胞异常　EB 病毒感染如传染性单核细胞增多症，百日咳、传染性淋巴细胞增多症、风疹等病毒感染及幼年特发性关节炎，也可表现为发热、脾淋巴结肿大或全血细胞减少。但此类疾病病程短，呈良性经过，骨髓象原始幼稚细胞均不增多。

5. 巨幼细胞贫血　巨幼细胞贫血有时可与红白血病混淆。但前者骨髓中原始细胞不增多、幼粒细胞 PAS 反应常为阴性，予以叶酸、$VitB_{12}$ 治疗有效。

六、治　　疗

白血病确诊后，医师应该权衡患者知情权和保护性医疗制度，以适当的方式告知患者和家属。根据患者的 MICM 结果及临床特点，进行预后危险分层；根据患者的体能状态及危险分层，结合患者意愿、经济能力制定治疗方案。考虑治疗需要及减少患者反复穿刺的痛苦，建议留置深静脉导管。适合异基因造血干细胞移植（HSCT）者应做 HLA 配型。

（一）一般治疗

1. 紧急处理高白细胞血症　当血中白细胞＞200×10^9/L 时，患者可出现白细胞淤滞的表现如呼吸困难、低氧血症、呼吸窘迫、反应迟钝、言语不清、颅内出血等。病理学显示白血病血栓栓塞与出血并存，高白细胞不仅会增加患者早期死亡率，也增加髓外白血病的发病率和复发率，需进行降白治疗，可按白血病分型诊断实施化疗前短期预处理：ALL 应用糖皮质激素及环磷酰胺，AML 应用羟基脲 ± 低剂量阿糖胞苷，降低白细胞水平，然后进行联合化疗。需预防白血病细胞溶解综合征的高尿酸血症、酸中毒、电解质紊乱、凝血异常等。当白细胞过高时，有条件可进行白细胞分离术（APL 除外）。

2. 防治感染　应对患者加强护理，注意个人卫生，保持皮肤黏膜的清洁。G-CSF 可缩短粒细胞缺乏期，用于 ALL、老年患者、强化疗或伴严重感染的 AML 患者。发热应做细菌培养和药敏试验，并迅速进行经验性抗生素治疗。

3. 成分输血支持　严重贫血输浓缩红细胞，维持 Hb＞80g/L，白细胞淤滞时，不宜马上输红细胞以免进一步增加血黏度。血小板计数过低会引起出血，应及时输血小板悬液。为预防输血相关移植物抗宿主病（TA-GVHD），输注前应将含细胞成分血液辐照 25～30Gy，以灭活其中的淋巴细胞。

4. 防治高尿酸血症肾病　由于白血病细胞大量破坏，特别是在化疗期间，血清和尿中尿酸浓度增高，积聚在肾小管，引起阻塞而发生急性肾功能损害。因此应鼓励患者多饮水，同时静脉补液，使每小时尿量＞150ml/m^2。出现少尿和无尿时，应按急性肾功能不全处理。

5. 营养支持 化疗和放疗常使患者出现食欲减退、恶心、呕吐及胃肠功能紊乱等，应注意补充营养，维持水、电解质平衡，给患者高蛋白、高热量、易消化食物，必要时经静脉补充营养。

（二）化学治疗

抗白血病的第一阶段是诱导缓解治疗，主要方法是联合化疗，目标是使患者迅速获得完全缓解（complete remission，CR）。所谓 CR，即白血病症状体征消失；外周血无原始细胞，无髓外白血病；骨髓三系造血恢复，原始细胞＜5%；外周血中性粒细胞绝对值≥1.0×10^9/L，血小板≥100×10^9/L。理想的 CR 为初诊时免疫学、细胞遗传学、分子生物学异常标志均消失。

达到 CR 后进入抗白血病治疗的第二阶段，即缓解后治疗，主要方法为化疗和 HSCT。诱导缓解获得 CR 后，体内的白血病细胞由发病时的 10^{10}～10^{12} 降至 10^8～10^9，这些残留的白血病细胞称为微小残留病灶（MRD）。MRD 水平可预测复发，必须定期进行监测。MRD 持续阴性的患者有望获得长期无病生存（DFS）甚至治愈。

1. AML 的治疗

（1）AML（非 APL）的治疗

1）诱导缓解治疗：对于年龄≤60 岁能够耐受强化疗的初治成人 AML 患者，诱导治疗方案以蒽环类药物联合标准剂量的阿糖胞苷为基础，常用的有去甲氧柔红霉素（IDA）或柔红霉素（DNR）联合阿糖胞苷（Ara-C）组成的 IA/DA（3+7）方案。其他药物还有高三尖杉酯（HHT）、阿克拉霉素、米托蒽醌等药物，可以组成 HAD、HAA 等方案。

2）缓解后治疗：以大剂量 Ara-C± 造血干细胞移植为主要巩固治疗方式，根据危险分层选择相应的治疗手段。①高危组：首选异体 HSCT；②低危组：首选大剂量 Ara-C 为主的巩固化疗，阿糖胞苷剂量 3g/m^2，每 12 小时一次，共 6 个剂量，3～4 个疗程；③中危组：HSCT 和化疗均可采用。巩固治疗过程中监测 MRD 水平，中低危患者 MRD 水平下降不理想，需行异基因 HSCT。

（2）老年 AML 的治疗：老年患者年龄＜75 岁，一般情况好，不具有不良预后因素，可采用 3+7 方案诱导治疗。年龄≥75 岁，一般情况差或有不良预后因素的患者多采用支持治疗或低强度治疗（如维奈克拉联合去甲基化药物，如阿扎胞苷或地西他滨；去甲基化药物单药或 CAG 方案等）。缓解后根据体能状态可使用标准剂量的化疗巩固治疗或低强度治疗。对于预后良好的患者也可以使用中剂量阿糖胞苷巩固。有异基因 HSCT 适应证，一般情况良好且有合适供者的患者在缓解后可行降低强度预处理的造血干细胞移植。巩固治疗结束后，患者可用去甲基化药物维持治疗。

（3）APL 的治疗：根据白细胞数和血小板数量进行预后分组。低危组：WBC＜10×10^9/L 且 PLT＞40×10^9/L；中危组：WBC＜10×10^9/L 且 PLT＜40×10^9/L；高危组：WBC＞10×10^9/L。不同预后分组可采用不同的治疗方案。

1）诱导缓解治疗：多采用全反式维 A 酸（ATRA）联合砷剂量 ± 蒽环类药物。中低危组：采用 ATRA 25～45mg/（m^2 · d）口服并联合三氧化二砷（ATO）0.15mg/（kg · d）（最大剂量 10mg/d）；高危组：多需联合蒽环类药物化疗。治疗过程中，需警惕出现分化综合征（differential syndrome），其机制可能与细胞因子大量释放和黏附分子表达增加有关，表现为发热、肌肉骨骼疼痛、胸腔与心包积液、肺间质浸润、体重增加等。一旦出现，应给予糖皮质激素治疗，并予以吸氧、利尿，严重者可暂停 ATRA。除分化综合征外，ATRA 的其他不良反应有颅内压增高、肝功能损害等，ATO 患者有肝功能损害、心电图 Q-T 间期延长等。APL 合并凝血功能障碍或出血者应给予血制品输注，维持 PLT＞40×10^9/L，纤维蛋白原＞1.5g/L，减少由出血导致的早期死亡。

2）缓解后治疗：多采用 ATRA、砷剂、化疗等药物交替维持治疗近两年，砷剂不耐受者，可选用甲氨蝶呤、巯嘌呤及 ATRA 维持治疗。

（4）复发难治 AML 的治疗：复发 AML 的再缓解率偏低，预后较差。AML（非 APL）的治疗首选临床试验；或无交叉耐药的新药组成联合化疗方案；中、大剂量阿糖胞苷组成的联合化疗方案等。再诱导达 CR 后尽快行 allo-HSCT。APL 复发患者可以使用砷剂治疗，同时可以联合 ATRA 或化疗。对于 PML/RARα 融合基因达到阴性的复发 APL 可以进行自体造血干细胞移植，而对于 PML/RARα 融合基因不能达到阴性的复发 APL 应进行异基因造血干细胞移植。

2. ALL 的治疗　ALL 抗白血病治疗主要是多药联合化疗，一般分为诱导缓解治疗、巩固强化治疗、维持治疗 3 个阶段，总疗程需 2～3 年。

（1）Ph^-ALL

1）诱导治疗：以长春新碱（VCR）和泼尼松（P）组成的 VP 方案是 ALL 的基本方案，此方案可使 50% 的成人 ALL 获 CR，CR 期 3～8 个月。在此方案上联合柔红霉素（DNR）、天冬酰胺酶（L-ASP）、环磷酰胺（C）组成的 VDCP/VDCLP 方案是目前常用的 ALL 诱导方案。L-ASP 可提高患者无病生存期，主要副作用为肝损害、胰腺炎、凝血因子合成减少及过敏反应。DNR 主要副作用为心脏毒性，VCR 主要副作用为末梢神经炎。

2）巩固强化治疗：主要有化疗和 HSCT 两种方式。强化治疗时化疗药物剂量宜大，不同种类要交替轮换使用以避免蓄积毒性，如高剂量甲氨蝶呤（HDMTX）、Ara-C、6-巯嘌呤（6-MP）和 L-ASP。HDMTX 的主要副作用为黏膜炎，肝、肾功能损害，故在治疗时需要充分水化、碱化和及时亚叶酸钙解救。对于高危患者应进行异基因造血干细胞移植。

3）维持治疗：对于 ALL（成熟-BLL 除外），即使经过强烈诱导和巩固治疗，仍必须给予维持治疗。口服 6-MP 和 MTX 的同时间段给予 VP 方案化疗是普遍采用的有效维持治疗方案。如未行 allo-HSCT，ALL 在缓解后的巩固维持治疗一般需要持续 2～3 年，定期检测 MRD 并根据 MRD 状态调整缓解后治疗策略。

（2）Ph^+ALL：是一个独立疾病群体，诱导治疗和巩固强化治疗阶段在化疗基础上加用酪氨酸激酶抑制剂（TKIs，如伊马替尼或达沙替尼）进行靶向治疗，CR 率可提高至 90%～95%。对于老年或体能状态较差的患者可适当降低化疗强度。TKIs 推荐持续应用至维持治疗结束。异基因造血干细胞移植联合 TKIs 的治疗可使患者生存时间及生活质量进一步提高。

（3）ALL 复发治疗：骨髓复发最常见，髓外复发部位多见于中枢神经系统和睾丸。单纯髓外复发者多能同时检出骨髓 MRD 阳性，随之出现血液学复发；因此髓外局部治疗的同时，需进行全身化疗。ALL 一旦复发，不管采用何种化疗方案，CR 2 期通常都较短暂，长期生存率＜5%，应尽早考虑 allo-HSCT 或二次移植。

（三）中枢神经系统白血病（CNSL）的预防和治疗

CNSL 的防治措施包括颅脊椎照射、鞘内注射化疗药物［地塞米松、MTX 和（或）Ara-C］和（或）高剂量的全身化疗（如 HDMTX、Ara-C）。颅脊椎照射疗效确切，但其不良反应如认知障碍、继发肿瘤、内分泌受损和神经毒性限制了其应用。现多采用早期全身化疗和鞘内注射化疗药物预防 CNSL，颅脊椎照射仅作为 CNSL 发生时的挽救治疗。

1. CNSL 的预防

（1）ALL：成人 ALL 初诊时 CNSL 的发生率为 5%～10%，未经预防的成人 ALL 中枢神经系统复发率达 30%。CNSL 的预防要贯穿 ALL 治疗的整个过程，预防次数取决于发生 CNSL

风险的大小，一般应 6 次以上。T-ALL、成熟 B-ALL、高白细胞数、血清 LDH 升高、髓外浸润明显或白血病细胞增殖旺盛的患者 CNSL 的风险较高，增加鞘内注射预防的次数。

（2）AML：CNSL 的发生率不到 3%，对初诊时白血病细胞高，伴髓外病变，M_4/M_5、存在 t（8；21）或 inv（16），或有颅内出血者，应在 CR 后做脑脊液检查，无 CNSL 者，建议进行 4～6 次鞘内注射预防 CNSL。

2. CNSL 的治疗 脑脊液白细胞计数≥5/μL，离心标本证明为原始细胞者，即可诊断 CNSL。流式细胞术检测脑脊液在 CNSL 中的诊断尚无一致意见，但出现阳性按 CNSL 处理。确诊 CNSL 的患者，尤其是症状和体征较明显者，建议先行腰椎穿刺 + 鞘内注射，每周 2 次，直至脑脊液正常；以后每周 1 次，共 4～6 周。也可以在鞘注化疗药物至脑脊液白细胞数正常、症状体征好转后再行放疗（头颅 + 脊髓放疗）。

另外，因血生精小管屏障，睾丸也是 ALL 的“庇护所”。对于睾丸白血病患者，即使仅有单侧睾丸肿大也要进行双侧照射。

（四）造血干细胞移植

尽管急性白血病化疗的疗效取得了长足进步，但 HSCT 仍然是部分成人急性白血病唯一可治愈性手段。

1. AML 患者的 HSCT

（1）AML（非 APL）：复发难治 AML；CR1 期中高危 AML；低危组 AML 获得 CR1 后，MRD 下降不理想或强化治疗后由阴性转为阳性。

（2）APL：首次复发的 APL 患者，再诱导未缓解；经再诱导治疗后无论是否达 CR2，只要 PML/RARα 仍阳性，具有 allo-HSCT 指征。

2. ALL 患者的 ASCT allo-HSCT 使 40%～65% 的患者长期存活。主要适应证为：①复发难治 ALL。② CR2 期 ALL。③ CR1 期高危 ALL，如细胞遗传学分析为 Ph^+，亚二倍体者；MLL 基因重排阳性者；WBC ≥30×10^9/L 的前 B-ALL 和 WBC ≥100×10^9/L 的 T-ALL；获 CR 时间＞4～6 周；CR 后在巩固维持治疗期间 MRD 持续存在或仍不断升高者。

（五）新的治疗方法

随着近年来对急性白血病致病机制、生物学特性及耐药机制研究的突破性进展，众多新药、新的治疗方法逐步应用于临床，改善了急性白血病患者的预后。新型细胞毒性药物为基础方案，如克罗拉滨、氟达拉滨已广泛用于 AML 的挽救治疗和老年 AML 患者的治疗。分子靶向药物，如 FLT3 抑制剂索拉非尼、吉瑞替尼、米哚妥林，IDH1/2 抑制剂 AG-120 和 AG-221 等，已批准应用于初诊和（或）复发 AML 治疗。与刺孢毒素结合的抗 CD22 单克隆抗体、CD3-CD19 双特异性抗体已被批准用于复发难治性 ALL；靶向 CD19 的嵌合抗原受体 T 细胞（CAR-T）已被广泛用于复发难治性 B-ALL，成为复发难治性 ALL 患者成功走向干细胞移植的桥梁。

（六）预后

急性白血病若不经特殊治疗平均生存期仅 3 个月，死亡原因主要有感染、出血和器官衰竭。遗传学异常特征常能提供独立预后信息。AML 患者中，APL 若能避免早期死亡则预后良好，多可治愈。对于 ALL，1～9 岁且 WBC＜50×10^9/L 患者的预后最好，80% 能够长期生存甚至治愈。成人 ALL 预后远不如儿童，3 年以上存活率仅 30%。继发于放化疗或 MDS 的白血病、复发耐药患者预后不良。

第三节 淋 巴 瘤

淋巴瘤（lymphoma）是淋巴细胞和淋巴组织来源的恶性肿瘤。

依据组织病理学特点，淋巴瘤分为霍奇金淋巴瘤（Hodgkin lymphoma，HL）和非霍奇金淋巴瘤（non - Hodgkin lymphoma，NHL）两大类。淋巴瘤可发生在身体的任何部位，淋巴结、脾及骨髓最易受累及。无痛性进行性淋巴结肿大是淋巴瘤最常见的临床表现，常伴有发热、消瘦、盗汗等全身症状。

淋巴瘤在西方欧美人群及黑色人种中的发病率要明显高于黄色人种。在我国，淋巴瘤发病率在40～60岁以后明显上升，到70～85岁发病率最高。HL的发病率和死亡率分别为0.57/10万和0.15/10万，而NHL的发病率和死亡率则达到4.99/10万和2.32/10万。男性发病率及死亡率均高于女性。

案例 9-1

患者，男性，50岁。因“发现右侧颈部包块2个月，伴盗汗、体重减轻2周”就诊。查体：右侧颈部可扪及多个淋巴结，最大的3cm×2cm，质韧，无融合及压痛，局部皮肤无红肿热痛。心、肺、腹部查体无异常。血常规：WBC 3.7×10^9/L，淋巴细胞百分率41.1%，RBC 3.8×10^{12}/L，Hb 114g/L，PLT 254×10^9/L。骨髓象：增生活跃，粒:红＝3.77∶1，粒系增生活跃占52%，各阶段粒细胞形态大致正常。红系增生活跃占20%，形态未见异常。

问题：患者目前诊断可能是什么病？还需要做哪些检查？

一、病因和发病机制

（一）病因

淋巴瘤的病因尚未完全明确，流行病学研究显示许多危险因素与淋巴瘤的发生密切相关，如病毒感染和免疫缺陷等因素。

1. 感染因素 与淋巴瘤发病相关的病原微生物主要包括病毒（EBV、HTLV、HIV、HCV）和细菌。

（1）病毒感染：是引起淋巴瘤的重要病因。EBV是非洲中部儿童Burkitt淋巴瘤的直接病因。此外，EBV感染还与结外NK/T细胞淋巴瘤-鼻型、经典型HL、移植后淋巴增殖性疾病、部分弥漫性大B细胞淋巴瘤等有关。HIV感染导致$CD4^+$ T细胞数量减少、耗竭，患者可发生多种肿瘤，其中以淋巴瘤最为常见。乙型肝炎病毒（HBV）和丙型肝炎病毒（HCV）与淋巴瘤的发生可能有一定关系。人类T淋巴细胞病毒（HTLV）有两种亚型，其中HTLV-1被证明是成人T细胞白血病/淋巴瘤的病因，另一种HTLV-2被认为与T细胞皮肤淋巴瘤（蕈样肉芽肿）的发病有关。

（2）细菌及其他微生物感染：幽门螺杆菌（*H.pylori*，Hp）导致的慢性感染与胃黏膜相关性淋巴样组织（MALT）淋巴瘤的发病关系密切。部分免疫增殖性小肠病（IPSID）、眼附属器MALT、皮肤MALT、肺MALT分别与空肠弯曲菌、鹦鹉热衣原体、伯氏疏螺旋体、木糖氧化无色杆菌等感染相关。

2. 免疫因素 免疫功能低下也与淋巴瘤的发病有关。近年来发现遗传性或获得性免疫缺陷伴发淋巴瘤者明显上升，器官移植后长期应用免疫抑制剂而发生恶性肿瘤者，其中 1/3 为淋巴瘤。干燥综合征患者中淋巴瘤的发病率比一般人高。

3. 理化因素 电离辐射、某些化学物质或药物（如苯、免疫抑制剂、抗癫痫药及皮质激素等）的长期应用等均可导致淋巴瘤发病率增加。

4. 遗传因素 淋巴瘤发病的种族差异及家族聚集，说明遗传因素在淋巴瘤发展中发挥重要作用。

（二）发病机制

1. 染色体异常 各种染色体异常在淋巴瘤中均可见到，染色体易位是淋巴瘤最常见的异常形式。此外，染色体片段的缺失或扩增也常见。

2. 基因突变 随着二代测序技术的应用，越来越多的突变在淋巴瘤中发现，主要包括与疾病发生相关的突变，如 *MYD88* 突变；与疾病预后有关的突变，如 *TP53*、*NOTCH* 突变；以及仅为伴随突变，与发病及预后意义不大。

3. 表观遗传学异常 表观遗传学一般指基因及染色体水平没有（发现）异常，但出现可传代的表型的改变。如在多种淋巴瘤中，常存在 *DNMT3A*、*CREBBP*、*EZH2*、*TET2*、*IDH2* 突变，这些突变导致基因表达调控异常，细胞的分化发育障碍，参与淋巴瘤的发生。

4. 微环境的影响 包括免疫微环境和局部炎性刺激。肿瘤的发生是畸变细胞与机体免疫细胞进行斗争最终逃脱免疫监视的结果。淋巴瘤患者常存在细胞免疫功能和体液免疫功能的缺陷或紊乱。此外，多种淋巴瘤的发生与外来微生物或自身抗原、抗体的反复刺激有关。

二、分　类

依据组织病理学淋巴瘤分为霍奇金淋巴瘤和非霍奇金淋巴瘤两大类。

（一）霍奇金淋巴瘤（HL）

HL 的病理形态学特征是淋巴结正常结构全部或部分破坏；在多种非肿瘤性炎性细胞混合增生的背景中见到诊断性 Reed-Sternberg（RS）细胞及其变异性细胞。典型的 RS 细胞为 15～45μm 的巨细胞，胞质较丰富，嗜双染性，双核对称，如同“镜影”状，称为镜影细胞。背景细胞包括小淋巴细胞、组织细胞、嗜酸性粒细胞、中性粒细胞和浆细胞等，可有毛细血管增生和不同程度的纤维化。

2001 年世界卫生组织（WHO）分类将霍奇金淋巴瘤分为结节性淋巴细胞为主型霍奇金淋巴瘤（nodular lymphocyte predominant Hodgkin lymphoma，NLPHL）和经典型霍奇金淋巴瘤（classical Hodgkin lymphoma，CHL）两大类型。NLPHL 与 CHL 在形态学、免疫表型等方面均有差异。

1. NLPHL 占所有 HL 的 5%，病理表现为结节性为主或结节和弥漫混合的病变，可见特征性爆米花样细胞；背景细胞成分主要是小淋巴细胞、组织细胞和上皮样组织细胞，免疫表型是 $CD20^{+}CD15^{-}CD30^{-}$。

2. CHL 占 HL 的 95%，其肿瘤细胞即 RS 细胞，大小不一，呈单核、双核或多核，细胞质丰富，核仁大，嗜酸性。RS 细胞免疫表型是 $CD15^{+}CD30^{+}CD20^{-}$。CHL 包括以下 4 个亚型。

（1）富于淋巴细胞型（lymphocyte-rich CHL，LRCHL）：占 CHL 的 5%。在病理形态学上有两种生长方式：结节性和弥漫性，以结节性常见。

（2）结节硬化型（nodular sclerosis CHL，NSCHL）：约占 CHL 的 70%，形态学特征表现

为粗大的胶原束将淋巴组织分隔成大小不等的结节状，因组织经甲醛固定后RS细胞常发生收缩，使其看起来像处于一个陷窝中，故称为“陷窝细胞”。

（3）混合细胞型（mixed cellularity CHL，MCCHL）：占CHL的20%～40%，组织学改变表现为肿瘤细胞散在分布于中性粒细胞、嗜酸性粒细胞、组织细胞和浆细胞等混合性炎症细胞构成的背景中，常见到典型的RS细胞。

（4）淋巴细胞消减型（lymphocyte-depleted CHL，LDCHL）：是最罕见的HL亚型，占CHL的不足5%。病理特征是肿瘤细胞较为丰富，而非肿瘤性炎症细胞相对较少。其主要有两种表现，一种与MCCHL相似，但RS细胞及其变异型数量增多；另一种则表现为弥漫性纤维化，伴或不伴纤维细胞增生，RS细胞很少。

（二）非霍奇金淋巴瘤（NHL）

非霍奇金淋巴瘤病变的淋巴结切面外观呈鱼肉样，镜下正常淋巴结结构破坏，淋巴滤泡和淋巴窦消失。增生或浸润的淋巴瘤细胞成分单一、排列紧密，被膜及被膜下窦也被破坏。

根据NHL自然病程，可分为惰性、侵袭性、高度侵袭性三大临床类型。根据淋巴细胞起源不同，可分为B细胞、T细胞和NK细胞淋巴瘤。

NHL是一组具有不同的组织学特点和起病部位的淋巴瘤，易发生早期远处播散。国际卫生组织（WHO）在2016年提出了淋巴组织肿瘤分型新标准，该标准基于肿瘤细胞的发育和分子生物学特征，阐明了淋巴瘤病理分型的多样性和临床特征的异质性，为制订合理的治疗策略和预后评估起到了重要作用。

三、临床表现

无痛性、进行性淋巴结肿大或局部肿块是淋巴瘤共同的临床表现，可发生在身体的任何部位，因受压迫或浸润的组织、范围和程度不同，引起的症状也不同。霍奇金淋巴瘤多见于青年，儿童少见。非霍奇金淋巴瘤随年龄增长而发病增多，男性较女性为多，且除惰性淋巴瘤外，一般发展迅速。

（一）全身症状

发热、消瘦、盗汗等为主要的全身症状。可有皮肤瘙痒和疲乏，多见于年轻女性。局灶性瘙痒发生于病变部淋巴引流的区域，全身瘙痒大多发生于纵隔或腹部有病变的患者。热型多不规则，可呈持续高热，也可呈间歇低热。30%～40% HL患者可能出现原因不明的持续发热，少数HL患者出现周期热。非霍奇金淋巴瘤全身症状多见于晚期，皮肤瘙痒较少见。

（二）淋巴结肿大

患者多首先表现为无痛性淋巴结肿大，常见的受累淋巴结区包括颈部、腋窝、腹股沟等表浅部位，纵隔淋巴结、肠系膜淋巴结、腹膜后淋巴结等深部淋巴结也常受累。霍奇金淋巴瘤首发症状常是无痛性颈部或锁骨上淋巴结进行性肿大，其次为腋下淋巴结肿大。肿大的淋巴结可以活动，也可以互相粘连，融合成块，触诊有软骨样感觉，其淋巴结受累多为连续性，依次侵及邻近区域淋巴结，饮酒后淋巴结疼痛是其特有的症状。非霍奇金淋巴瘤受侵淋巴结部位多为跳跃性的，淋巴结肿大多为渐进性的，受累淋巴结多质硬、无痛、无局部感染征象。

（三）淋巴结外器官受累

淋巴结外受累部位几乎可以遍布全身各个组织器官，出现相应的症状、体征，如累及胃肠道可有腹痛、腹泻、腹部包块等，易出现肠梗阻、肠穿孔、出血等急症；骨髓受累可出现全血细胞减少，表现为感染、出血、贫血；咽淋巴环受累可有吞咽困难、鼻塞、鼻出血及颌下淋巴结肿大等；胸部以肺门及纵隔受累最多见，也可引起肺实质、胸膜及心包等浸润；肝受累可引起肝大和肝区疼痛，少数可发生黄疸；肾受累表现为肾肿大、高血压、肾功能不全及肾病综合征；中枢神经系统受累可出现头痛、恶心、呕吐、神经功能受损等表现；骨骼损害以胸椎和腰椎最常见。霍奇金淋巴瘤以结外病变起病较为少见，非霍奇金淋巴瘤有远处播散和结外侵犯倾向，对结外器官的压迫和浸润多于霍奇金淋巴瘤。

四、实验室及辅助检查

（一）病理检查

病理检查是淋巴瘤诊断的基础和“金标准”。应选取较大的淋巴结行完整切除活检，深部淋巴结依靠超声或 CT 引导下穿刺取材，做病理诊断。少数疑难或无法取到病理组织的病例需剖腹探查，以取得病理明确诊断，但创伤较大，应权衡利弊。对切片进行免疫组化染色进一步确定淋巴瘤亚型。免疫组化的作用体现在确定细胞系别和大致分化阶段，确定肿瘤的克隆性，帮助确定肿瘤的具体类型以及反应增殖和预后。如 CD20、CD79a 是 B 细胞标志，CD3 是 T 细胞标志，CD5 用于区分小 B 细胞肿瘤，Ki-67 反应细胞增殖指数，侵袭性、高度侵袭性淋巴瘤一般在 50% 以上，而惰性淋巴瘤多在 30% 以下。

（二）分子生物学及分子遗传学检查

随着二代测序技术、染色体及荧光原位杂交（fluorescence in situ hybridization，FISH）检测技术的应用，发现淋巴瘤中合并多种基因突变和染色体异常。FISH 检测可以发现特定的染色体断裂、易位及缺失或扩增等，是特定染色体异常相关淋巴瘤的诊断依据（表 9-9）。

表 9-9　淋巴瘤常见染色体易位及所涉及基因

淋巴瘤类型	染色体易位	所涉及基因
滤泡性淋巴瘤	t（14；18）（q32；q21）	*IGH-BCL2*
套细胞淋巴瘤	t（11；14）（q13；q32）	*CCND1-IGH*
黏膜相关淋巴组织结外边缘区淋巴瘤	t（11；18）（q21；q21）	*API2-MALT1*
Burkitt 淋巴瘤	t（8；14）（q24；q32）	*MYC-IGH*

（三）流式细胞术

流式细胞术（flow cytometry，FCM）是国际公认的淋巴造血组织肿瘤的检测方法，其应用主要在外周血、骨髓、渗出液等液态标本，联合组织活检标本诊断淋巴瘤具有相当高的灵敏度和特异性。

（四）影像学检查

影像学检查是淋巴瘤诊断的重要手段，包括 X 线、CT、PET/CT、MRI、B 超检查、放射性核素显像等检查，主要用于确定肿瘤累及的范围、大小、代谢情况以及疾病分期、预后判断。PET/CT 可以评估肿瘤的代谢活性，能更清楚地显示肿瘤的范围，确定分期，评估疗效时可减少遗漏小肿瘤性淋巴结，并可排除残存无活性的坏死组织的影响，有助于精确判断治疗反应，目前已成为疗效评价的重要指标。

（五）血象和骨髓象

霍奇金淋巴瘤血象变化较早，常有轻或中度贫血，少数白细胞轻度或明显增加，中性粒细胞增多，部分患者嗜酸性粒细胞升高。骨髓被广泛浸润或发生脾功能亢进时，可有全血细胞减少。骨髓涂片找到RS细胞是霍奇金淋巴瘤骨髓浸润的依据，活检可提高阳性率。非霍奇金淋巴瘤白细胞数多为正常，伴有淋巴细胞绝对和相对增多。晚期并发急性淋巴细胞白血病时，可呈现白血病样血象和骨髓象。

（六）其他检查

疾病活动期有血沉加快，血清乳酸脱氢酶升高提示预后不良。当血清碱性磷酸酶及血钙增高时，提示有骨骼受累。NHL 可并发溶血性贫血，抗人球蛋白试验阳性。淋巴瘤容易合并自身免疫病，治疗前进行如抗核抗体、类风湿因子等检查。HBV、HCV、EBV、HIV 等感染，与部分淋巴瘤发病有关，治疗前及治疗中应进行监测。

五、诊　断

（一）诊断

对进行性、无痛性淋巴结肿大，尤其伴发热者应考虑本病，应做淋巴结活检，根据组织病理学结果、染色体及基因改变做出淋巴瘤的诊断和分型诊断。同时应进行影像学检查明确病变累及范围进行分期判断，并依据生化检查及细胞遗传学判断预后。无论霍奇金淋巴瘤还是非霍奇金淋巴瘤，都应考虑与其他原因所致的淋巴结肿大疾病如淋巴结炎、恶性肿瘤转移、淋巴结结核、传染性单核细胞增多症等相鉴别。

（二）分期

根据淋巴瘤的分布范围，按照 Ann Arbor（1989 年）提出的 HL 临床分期方案进行分期。

Ⅰ期：病变仅限于 1 个淋巴结区（Ⅰ）；或单个结外器官局限受累（ⅠE）。

Ⅱ期：病变累及横膈同侧 2 个以上淋巴结区（Ⅱ）；或病变局限侵犯淋巴结以外器官及横膈同侧 1 个以上淋巴结区（ⅡE）。

Ⅲ期：横膈上下均有淋巴结病变（Ⅲ）；或伴脾累及（ⅢS）；或结外器官局限受累（ⅢE）；或脾与局限性结外器官受累（ⅢES）。

Ⅳ期：一个或多个淋巴结外器官受到广泛性或播散性侵犯，伴或不伴淋巴结肿大。肝或骨髓只要受到累及均属Ⅳ期。

全身症状分组：分为 A、B 两组。

A：无全身症状者。

B：有如下 1 个或 1 个以上症状者：①不明原因发热 38℃以上；②半年内体重减轻 10%以上；③盗汗。

六、治疗原则

目前多采用以化疗为主的化、放疗结合的综合治疗方案。

（一）化疗为主的综合治疗

1. 霍奇金淋巴瘤　Ⅰ、Ⅱ期 HL 的治疗：给予适量全身化疗，而放疗趋向于降低放疗总剂量，缩小照射野的范围。化疗采用 ABVD（A 多柔比星；B 博来霉素；V 长春碱；D 达卡巴嗪）方案，2 个周期化疗后 PET-CT 评估，调整治疗方案。对预后良好组的患者给予 2～4 个周期 ABVD 方案，联合受累野放疗（30～40Gy）；对预后不良组的患者给予 4～6 个周期 ABVD 方案，联合受累野放疗（30～40Gy）。

Ⅲ、Ⅳ期 HL 的治疗：6 个周期 ABVD 方案，化疗前有大肿块或化疗后肿瘤残留做放疗。于化疗过程中进展或复发的患者，应考虑更换治疗方案及造血干细胞移植。

2. 非霍奇金淋巴瘤 因为非霍奇金淋巴瘤呈跳跃性播散且有较多结外侵犯，决定了其治疗策略应以化疗为主。

（1）惰性淋巴瘤：包括源于 B 细胞的小淋巴细胞淋巴瘤、滤泡性淋巴瘤、边缘区淋巴瘤等。T 细胞惰性淋巴瘤指蕈样肉芽肿/Sézary 综合征。惰性淋巴瘤发展较慢，放、化疗有效，但不易治愈。中位生存时间较长。多数类型需要具备一定治疗指征才开始进行治疗，否则可以观察等待。

（2）侵袭性淋巴瘤：包括源于 B 细胞的弥漫性大 B 细胞淋巴瘤、套细胞淋巴瘤、Burkitt 淋巴瘤等。T 细胞侵袭性淋巴瘤包括外周 T 细胞淋巴瘤、血管免疫母细胞性 T 细胞淋巴瘤、间变性大细胞淋巴瘤等。侵袭性淋巴瘤不论分期均以化疗为主，对化疗残留肿块、局部巨大肿块或中枢神经系统累及者，可联合局部放疗。CHOP（环磷酰胺-多柔比星-长春新碱-泼尼松）方案是治疗侵袭性非霍奇金淋巴瘤的标准方案。对 B 细胞淋巴瘤多数采取免疫化疗，如 R-CHOP 方案，化疗疗程数依据分期及疗效判断而调整。对 T 细胞淋巴瘤，CHOP 和 CHOP 样方案是最常用的一线方案。对于 CD30 阳性患者，一线推荐 CD30 抗体联合 CHP（环磷酰胺-多柔比星-泼尼松）。

对于中枢浸润高危风险的侵袭性淋巴瘤，应进行中枢预防，包括大剂量甲氨蝶呤化疗、鞘内注射化疗药物等手段。

（二）生物治疗

1. 单克隆抗体 以 CD20 单抗（利妥昔单抗）为代表的单克隆抗体治疗，明显提高了多种 CD20 阳性 B 细胞淋巴瘤的疗效，已成为 CD20 阳性 B 细胞淋巴瘤的标准治疗药物之一。奥法木单抗是一种人源化的、Ⅰ型的、IgG1 型靶向 CD20 单克隆抗体，具有更强的补体依赖的细胞毒性和抗体依赖的细胞介导的细胞毒性作用。奥妥珠单抗（GA101）是一种全人源化的、Ⅱ型的、IgG1 型单克隆抗体，对肿瘤细胞具有很强的直接杀伤功能。CD30 靶向抗体-药物偶联物 Brentuximab Vedotin，目前已作为 CD30 阳性外周 T 细胞淋巴瘤的一线推荐用药，且已被批准治疗自体造血干细胞移植或二线以上多药联合化疗失败的 CHL。CD52 单抗对于外周 T 细胞淋巴瘤、小淋巴细胞淋巴瘤有一定的治疗作用。此外，靶向 CD3/CD20 的双特异性抗体和靶向 CD79b 的抗体药物偶联物（Polatuzumab Vedotin，Pola）已获批上市。

2. PD-1/PD-L1 单抗 为针对免疫检查点的药物，能减少肿瘤组织及微环境细胞对 T 细胞功能的抑制，恢复其对肿瘤细胞的杀伤作用。应用 PD-1 抑制剂治疗复发难治 HL，疗效达 60%～80%。

3. CAR-T（chimeric antigen receptor T-cell）细胞免疫治疗 即嵌合抗原受体 T 细胞免疫疗法治疗复发难治 B 细胞淋巴瘤取得疗效，反应率为 50%～80%。

4. 分子靶向治疗

（1）BTK（Bruton tyrosine kinase）抑制剂：通过抑制 B 细胞受体信号通路的关键调节因子 BTK 的活性，阻断信号通路活化，调节 B 细胞的存活与凋亡，先后批准应用于治疗多种 B 细胞淋巴瘤，目前已上市的药物包括伊布替尼、奥布替尼及泽布替尼。

（2）PI3K 抑制剂：PI3K /Akt /mTOR 信号通路在淋巴瘤中异常活化。针对该信号通路的分子靶向抑制剂具有抑制肿瘤细胞增殖、促进肿瘤细胞凋亡的作用，在复发难治小淋巴细胞淋巴瘤中取得了不错的疗效。

（三）放射治疗

目前，放射治疗作为一线治疗推荐的淋巴瘤主要包括：1～3a 级Ⅰ期/局限侵犯的Ⅱ期滤泡淋巴瘤，Ⅰ/Ⅱ期结内及原发于胃以外部位的结外边缘区淋巴瘤，Ⅰ期无危险因素的 NK/T 淋巴瘤鼻型。

（四）造血干细胞移植

造血干细胞移植是淋巴瘤常规治疗后进一步提高疗效的措施。根据供者不同，造血干细胞移植可分为自体造血干细胞移植（ASCT）和异基因造血干细胞移植（Allo-SCT），淋巴瘤主要采取自体造血干细胞移植。

自体造血干细胞移植目前主要用于套细胞淋巴瘤、外周 T 细胞淋巴瘤、NK/T 细胞淋巴瘤及高危弥漫性大 B 细胞淋巴瘤的一线治疗和多种淋巴瘤复发后（化疗敏感）的二线治疗。原则上选择年龄＜60 岁，体能状态好的患者。异基因造血干细胞移植主要适用于化疗不甚敏感的年轻高危淋巴瘤患者，或部分高度侵袭性淋巴瘤患者的一线治疗，以及侵袭性淋巴瘤的二线治疗选择。

（五）手术治疗

仅在某些情况下采用手术治疗，如原发结外病灶及脾边缘区淋巴瘤，手术可明确诊断，又有一定的治疗作用。

七、预　　后

一般而言，HL 的预后明显优于 NHL。

HL 的预后与组织类型和临床分期密切相关。结节性淋巴细胞为主型霍奇金淋巴瘤预后最好，其次是结节硬化型，混合细胞型较差，淋巴细胞消减型最差。Ⅰ期、Ⅱ期 5 年生存率 90% 以上，Ⅳ期为 31.9%。

NHL 的预后与患者本身因素和肿瘤因素相关，国际预后指数是广泛接受的预后评价方法，主要适用于以弥漫性大 B 细胞淋巴瘤为代表的侵袭性淋巴瘤，根据不同类型的淋巴瘤的相关因素，相继出现了滤泡性淋巴瘤的 FLIPL、套细胞淋巴瘤的 MIPI 等。此外，特定的基因改变也与预后相关，如 *TP53* 突变在多种淋巴瘤中预后较差。弥漫性大 B 细胞淋巴瘤中，GCB 亚型预后较 ABC 亚型好，伴有 MYC 和 Bcl-2 和（或）Bcl-6 重排的双打击或三打击时，预后较差。总之，针对 NHL 的预后评估越来越精细化，需要在国际预后指数的基础上结合病理类型、细胞来源及遗传学因素进行综合判断。

第四节　过敏性紫癜

过敏性紫癜（Henoch-Schönlein purpura），是指一种常见的血管变态反应性疾病，因机体对某些致敏物质产生变态反应，导致毛细血管脆性及通透性增加，血液外渗，表现皮肤紫癜、黏膜及某些器官出血的临床综合征。本病多见于儿童及青少年，男性略多于女性，春秋季节发病较多。

一、病　因

（一）感染

1. 细菌　为最常见原因。以β-溶血性链球菌最多见，其次是金黄色葡萄球菌、肺炎球菌等。

2. 病毒　以麻疹、水痘、风疹等多见。

3. 寄生虫感染　以蛔虫常见，其次是钩虫、丝虫等。

（二）食物

主要是人体对异种蛋白过敏，如鱼、虾、蟹、蛋、鸡等。

（三）药物

抗菌药物如青霉素、链霉素、头孢菌素类等；解热镇痛药如水杨酸类、保泰松、吲哚美辛等；其他类药物如磺胺类、阿托品及异烟肼等。

（四）其他

花粉、尘埃、疫苗接种、昆虫叮咬、受凉、寒冷刺激及遗传因素等。

二、发病机制及病理改变

发病机制不明确，主要认为是IgA介导的体液免疫异常，IgA聚集或IgA补体复合物沉积在血管壁引起异常免疫应答，发生血管炎症反应。各种刺激因子如病原体、变应原进入体内，引发T细胞改变，炎症介质、细胞因子的参与，导致血管脆性及通透性增加，造成组织和脏器损伤。

病理改变主要为全身性小血管炎。皮肤小血管周围中性粒细胞、嗜酸性粒细胞浸润，间质水肿，血管壁纤维素样坏死；肠道黏膜可因微血管血栓出血坏死；肾小球毛细血管内皮增生，局部纤维化和血栓形成，免疫荧光检查可见IgA为主的免疫复合物沉积。

三、临床表现

起病可急可缓，多数患者发病前1～3周有上呼吸道感染、全身不适、低热、乏力等前驱症状，随之出现典型临床表现，通常根据病变累及部位所出现的临床表现分为以下类型。

（一）单纯型，也称皮肤型

是最常见的类型。主要表现为皮肤瘀点、瘀斑，具有分批出现、反复发生、对称分布的特点。主要局限于四肢，尤其是下肢及臀部，躯干极少累及。瘀点大小不等，按之不褪色，可融合成片形成瘀斑或出血性丘疹，可伴发皮肤水肿或荨麻疹，略高于皮肤表面，可伴痒感，随后数日内逐渐变成紫色、褐色，经7～14天逐渐消退。

（二）腹型，也称Henoch型

除皮肤紫癜外，因消化道黏膜及腹膜脏层毛细血管受累而产生一系列消化道症状和体征，是最具潜在威胁的一种类型。主要表现为腹痛，多位于脐周或下腹部，呈阵发性绞痛，可伴有恶心、呕吐、腹泻、便血等，肠鸣音活跃，可并发肠套叠、肠梗阻、肠穿孔及出血性小肠炎，严重者可因消化道大出血出现休克。在皮肤紫癜出现之前易被误诊为外科急腹症。

（三）关节型，也称 Schönlein 型

在紫癜基础上出现关节肿胀、疼痛及功能障碍等表现，多见于膝、踝、肘、腕等大关节，疼痛反复性发作，呈游走性，数日后自愈，不遗留关节畸形。

（四）肾型

称为紫癜肾，多见于少年，是最严重的类型，发病率达 12%～40%。发生于皮肤紫癜出现后 2～4 周，亦可延迟出现。因肾小球毛细血管袢炎症而出现血尿、蛋白尿及管型尿，有时伴有水肿、高血压及肾衰竭等表现。肾损害多在数周内恢复。少数病例因反复发作而演变为慢性肾炎或肾病综合征。

（五）混合型

皮肤紫癜合并上述两种以上临床表现称为混合型。其中同时有腹型和关节型症状者称为 Henoch-Schönlein 紫癜。少数病变累及眼部、中枢神经系统、呼吸系统等而出现视神经萎缩、虹膜炎及中枢神经系统相关症状、体征。

四、实验室及辅助检查

1. 尿常规检查 肾型或合并肾型患者可有红细胞、蛋白、管型。

2. 肾功能检查 多数患者为正常，少数急性肾炎或急进性肾炎可出现肾功能异常，如血尿素氮升高、内生肌酐清除率下降。

3. 血小板计数、功能及凝血相关检查 白细胞正常或轻度升高，中性粒细胞可增多。血小板计数正常。除出血时间（BT）可能延长外，其他血小板功能及凝血各项检查均正常。

4. 免疫学检查 血清 IgA 常增高，血管免疫荧光检查可见 IgA 、C3 等在血管壁沉积。

五、诊断及鉴别诊断

（一）诊断依据

（1）发病前 1～3 周有低热、咽痛、乏力或上呼吸道感染史。

（2）典型四肢皮肤紫癜，可伴腹痛、关节肿痛及血尿、血便。

（3）血小板计数、功能及凝血相关检查正常。

（4）排除其他原因所致的血管炎及紫癜。

（二）鉴别诊断

本病与下列疾病进行鉴别：遗传性出血性毛细血管扩张症，单纯性紫癜，原发免疫性血小板减少症，类风湿关节炎，外科急腹症等。

六、治疗原则

（一）病因治疗

寻找并去除病因和致病因素。如防止感染、驱除肠道寄生虫、避免接触可能致敏性的食物及药物等。

（二）一般治疗

应用抗组胺药如盐酸异丙嗪、氯雷他定、阿司咪唑等；降低毛细血管通透性及脆性如维生素 C、曲克芦丁等。

（三）糖皮质激素

糖皮质激素可抑制抗原抗体反应、改善血管通透性、减轻血管炎作用，主要用于关节肿痛、严重腹痛合并消化道出血及有急进性肾炎或肾病综合征等严重肾脏病变者。常用泼尼松 1～2mg/（kg·d），顿服。重症者可用甲泼尼龙 5～10mg/（kg·d）或地塞米松 10～15mg/d 静脉滴注，症状减轻后改为口服。疗程一般为 2～4 周，肾型者可酌情延长。

（四）对症治疗

腹痛较重者可予阿托品或山莨菪碱口服；关节痛可酌情用镇痛药；伴有呕吐、便血者，可用奥美拉唑等针对消化道出血对症治疗。

（五）其他

疗效不佳或反复发作者，可酌情使用以下药物：①免疫抑制剂：如环孢素、环磷酰胺等；②抗凝疗法：适用于肾型患者，如肝素或华法林，疗程 2～3 个月；③中药：以清热凉血、解毒、活血化瘀为主，适用于慢性或肾型患者。

（六）预后

本病病程一般 2 周左右，多数预后良好，少数肾型患者预后较差，可转为慢性肾炎及肾病综合征。

思 考 题

1. 缺铁性贫血的诊断依据和治疗原则是什么？
2. 急性白血病的临床表现有哪些？ MICM 分型要点是什么？
3. 霍奇金淋巴瘤的临床表现有哪些？

（李昱瑛　高素君）

第十章 内分泌系统疾病

第一节 甲状腺功能亢进症

案例 10-1

患者，女性，28岁。5个月前无诱因出现乏力、消瘦、食欲亢进，体重下降4kg，心悸2周，自发病以来易激动、烦躁失眠、饮食正常，大便次数增加4～5次/天。既往体健，无烟酒嗜好，无遗传病家族史。

查体：T 36℃，P 96次/分，R 19次/分，BP 105/70mmHg。双眼突出，眼睑水肿，颈静脉怒张，甲状腺Ⅰ度肿大，血管杂音（+）。双手平伸震颤（+）。双肺未闻及干、湿啰音。心界不大，心率96次/分，律齐，各瓣膜听诊区未闻及杂音。腹平软，无压痛，肝脾肋下未触及。双下肢无水肿。

实验室检查：甲状腺功能示 FT_3 7.12pmol/L（参考值3.19～9.15pmol/L），FT_4 15pmol/L，TSH 0.01IU/ml。

问题： 1. 该患者的初步诊断是什么？其诊断依据是什么？

2. 该患者还应与哪些疾病进行鉴别诊断？该患者需要的进一步检查是什么？其治疗原则是什么？

甲状腺功能亢进症（hyperthyroidism）简称甲亢，是指甲状腺腺体不适当地持续合成和分泌过多甲状腺激素而引起的一种临床综合征。其中弥漫性毒性甲状腺肿（Graves disease，GD，又称突眼性甲状腺肿）最为常见，其患病率为1%，以20～40岁中青年为多见，男女之比为1∶（4～6）。临床上GD引起的甲亢占80%以上，本节着重阐述GD的药物治疗。

一、病因与病理生理

（一）病因

Graves病（GD）是器官特异性自身免疫病之一。它与自身免疫甲状腺炎等同属于自身免疫性甲状腺疾病。GD与*HLA*、*CTLA4*、*PTPN22*、*CD20*、*IL-2R*、*FcRL3*、*Tg*和*TSHR*等基因相关；环境因素如细菌感染、性激素、应激等都对本病的发生有影响。

（二）病理生理

GD是一种在遗传基础上由精神刺激等应激因素诱发的自身免疫病，由于患者体内抗促甲状腺激素（TSH）受体抗体（TRAb）刺激甲状腺细胞上的TSH受体，引起甲状腺激素生成和释放增多，患者血中的 T_3、T_4 升高，TSH降低。

GD的免疫异常通常反映在甲状腺和眼球后组织有淋巴细胞和浆细胞浸润；甲状腺组织有IgG、IgM、IgA沉着；周围血液循环中的淋巴细胞绝对值和百分比增高，常伴有淋巴结、胸腺和脾淋巴组织增生；患者或其家属发生其他自身免疫病者较多见；皮质类固醇和免疫抑制剂可缓解GD的甲亢和眼征。GD眼征的病因仍不清楚，可能与免疫机制有一定关联，因2/3有活动性GD眼征的患者血清中可检出突眼性免疫球蛋白（IgG）。

二、分类及临床表现

GD 患者常见的症状和体征是甲状腺肿大、局部黏液性水肿及甲状腺外的异常表现。甲状腺外的异常表现反映在甲亢患者眼征、神经兴奋性增高、代谢增高综合征及其他等。

临床表现主要由循环中甲状腺激素过多引起，其症状和体征的严重程度与病史长短、激素升高的程度和患者年龄等因素相关。症状主要有易激动、烦躁失眠、心悸、乏力、怕热多汗、消瘦、食欲亢进、大便次数增多或腹泻、女性月经稀少。可伴发周期性瘫痪和近端肌肉进行性无力、萎缩，后者称为甲亢性肌病，以肩胛带和骨盆带肌群多累及为主。Graves 病有 1% 伴发重症肌无力。少数老年患者高代谢症状不典型，相反表现为乏力、心悸、厌食、抑郁、嗜睡、体重明显减少，称之为“淡漠型甲亢（apathetic hyperthyroidism）”。

Graves 病大多数患者有程度不等的甲状腺肿大。甲状腺肿为弥漫性，质地中等（病史较久或食用含碘食物较多者可坚韧），无压痛。甲状腺上、下极可以触及震颤，闻及血管杂音。也有少数病例甲状腺不肿大；结节性甲状腺肿伴甲亢可触及结节性肿大的甲状腺；甲状腺自主性高功能腺瘤可扪及孤立结节。心血管系统表现有心率增快、心脏扩大、心律失常、心房颤动、脉压增大等。少数病例下肢胫骨前皮肤可见黏液性水肿。

眼部表现分为两类：一类为单纯性突眼，病因与甲状腺毒症所致的交感神经兴奋性增高有关；另一类为浸润性突眼，即 Graves 眼病，病因与眶后组织的炎症反应有关。单纯性突眼包括下述表现：眼球轻度突出，眼裂增宽，瞬目减少。浸润性突眼的眼球明显突出，超过眼球突度参考值上限的 3mm 以上（中国人群突眼度：女性 16mm；男性 18.6mm），少数患者仅有单侧突眼。患者自诉有眼内异物感、胀痛、畏光、流泪、复视、斜视、视力下降。查体见眼睑肿胀，结膜充血水肿，眼球活动受限，严重者眼球固定，眼睑闭合不全、角膜外露而形成角膜溃疡、全眼炎，甚至失明。

黏液性水肿见于少数 GD 患者，白种人中多见。多发生在胫骨前下 1/3 部位，也见于足背、踝关节、肩部、手背或手术瘢痕处，偶见于面部，皮损大多为对称性。早期皮肤增厚，变粗，有广泛大小不等的棕红色或红褐色或暗紫色突起不平的斑块或结节，边界清楚，直径 5～30mm，连片时更大，皮损周围的表皮稍发亮，薄而紧张，病变表面及周围可有毳毛增生，变粗、毛囊角化；后期皮肤粗厚，如橘皮或树皮样。

特殊的临床表现和类型如下。

（一）甲状腺危象

甲状腺危象（thyroid crisis）也称甲亢危象，是甲状腺毒症急性加重的一个综合征，发生原因可能与循环内甲状腺激素水平增高有关。多发生于较重甲亢未予治疗或治疗不充分的患者。常见诱因有感染、手术、创伤、精神刺激等。临床表现有高热或过高热、大汗、心动过速（140 次/分以上）、烦躁、焦虑不安、谵妄、恶心、呕吐、腹泻，严重患者可有心力衰竭、休克及昏迷等。甲亢危象的诊断主要靠临床表现综合判断。临床高度疑似本症及有危象前兆者应按甲亢危象处理。甲亢危象的病死率在 20% 以上。

（二）甲状腺毒症心脏病

甲状腺毒症对心脏有 3 个作用：①增强心脏 β 受体对儿茶酚胺的敏感性；②直接作用于心肌收缩蛋白，发挥正性肌力作用；③继发于甲状腺激素导致的外周血管扩张，阻力下降，心排血量代偿性增加。上述作用导致心动过速、心排血量增加、心房颤动和心力衰竭。心力衰竭分为两种类型：一类是心动过速和心排血量增加导致的心力衰竭，主要发生在年轻甲亢患者；此类心力衰竭非心脏泵衰竭所致，而是由于心脏高排血量后失代偿引起，称为“高排血量型心力衰竭”；常随甲亢控制，心力衰竭得以恢复。另一类是诱发和加重已有或潜在缺血性心脏病患者发生的心力衰竭，多发生在老年患者；此类心力衰竭是心脏泵衰竭。心房颤动也是影响心脏功能的因素之一，甲亢患者中10%～15%发生心房颤动。甲亢患者发生心力衰竭时，30%～50%与心房颤动并存。

（三）淡漠型甲亢

多见于老年患者。起病隐匿，高代谢综合征、眼征和甲状腺肿均不明显。主要表现为明显消瘦心悸、乏力、头晕、晕厥、神经质或表情淡漠、腹泻、厌食。可伴有心房颤动、震颤和肌病等体征。70%的患者无甲状腺肿大。临床中患者常因明显消瘦而被误诊为恶性肿瘤，因心房颤动误诊为冠心病，所以老年人不明原因的突然消瘦、新发生心房颤动时应考虑本病。

（四）T_3型甲状腺毒症

T_3型甲状腺毒症是由于甲状腺功能亢进时，产生T_3和T_4的比例失调，T_3产生量显著多于T_4所致。发病机制尚不清楚。Graves病、毒性结节性甲状腺肿和自主高功能性腺瘤都可发生T_3型甲亢。老年人多见。实验室检查示TT_4、FT_4正常，TT_3和FT_3升高，TSH减低。

（五）妊娠期甲状腺功能亢进症

妊娠期甲亢有其特殊性，需注意以下几个问题：①妊娠期雌激素刺激肝甲状腺激素结合球蛋白增加，引起血清TT_4和TT_3增高，所以妊娠期甲亢的诊断应依赖血清FT_4、FT_3和TSH。②妊娠一过性甲状腺毒症，本病需要与GD甲亢相鉴别。该病是由于绒毛膜促性腺激素（human chorionic gonadotropin，hCG）刺激甲状腺TSH受体所致，在妊娠3个月达到高峰。③新生儿甲状腺功能亢进症，母体的TSAb可以透过胎盘刺激胎儿的甲状腺引起胎儿或新生儿甲亢。④产后由于免疫抑制的解除，GD易于发生，称为产后GD。⑤甲亢对妊娠的负面影响主要是流产、早产、先兆子痫、胎盘早剥等，如果患者的甲亢未控制，建议不要妊娠；如果患者正在接受抗甲状腺药物治疗，血清TT_3、TT_4达到正常范围，停药或者应用药物的最小剂量，可以妊娠；如果患者为妊娠期间发现甲亢，选择继续妊娠，则选择药物治疗和妊娠中期手术治疗。有效控制甲亢可以明显改善妊娠的不良结果。

（六）Graves眼病（GO）

又称甲状腺相关性眼病（thymid-associated ophthalmopathy，TAO）或浸润性突眼，25%～50%的GD患者伴有不同程度的GO。与GD不同，TAO多见于男性。单眼受累的病例占GO的10%～20%。甲亢与GO发生顺序的关系是：43%两者同时发生，44%甲亢先于突眼发生。

三、实验室与辅助检查

（一）促甲状腺激素（TSH）

血清TSH浓度的变化是反映甲状腺功能最敏感的指标。血清TSH测定技术经历了放射免疫法、免疫放射法（IRMA）后，目前已经进入第三代和第四代测定方法，即敏感TSH（sTSH，检测限达到0.005ml/L），sTSH成为筛查甲亢的第一线指标，甲亢时sTSH通常＜0.1mU/L，TSH使得诊断亚临床甲亢成为可能，因为后者甲状腺激素水平正常，仅有sTSH水平的改变。

（二）血清总甲状腺素（TT）

血清总甲状腺素指标稳定，重复性好，是诊断甲亢的主要指标之一。T_4 全部由甲状腺产生，每天需产生 80～100μg。血清中 99.96% 的 T_4 以与蛋白结合的形式存在，其中 80%～90% 与甲状腺激素结合球蛋白（TBG）结合。TT_4 测定的是这部分结合于蛋白的激素，但是血清 TBG 量和蛋白与激素结合力的变化都会影响测定结果，例如，妊娠、雌激素、急性病毒性肝炎、先天性因素等可引起 THG 升高，导致 TT_4 增高；雄激素、糖皮质激素、低蛋白血症、先天性因素等可以引起 TBG 降低，导致 TT_4 减低。

（三）血清游离甲状腺素（FT_4）和游离三碘甲腺原氨酸（FT_3）

游离甲状腺激素是实现该激素生物效应的主要部分。尽管 FT_4 仅占 T_4 的 0.025%，FT_3 仅占 T_3 的 0.35%，但它们与甲状腺激素的生物效应密切相关，所以是诊断临床甲亢的主要指标。但因血中 FT_4、FT_3 含量甚微，测定的稳定性不如 TT_4 和 TT_3。

（四）血清总三碘甲腺原氨酸（TT_3）

20% 的血清 T_3 由甲状腺素产生，80% 的 T_3 在外周组织由 T_4 转换而来。大多数甲亢时血清 TT_3 与 TT_4 同时升高。T_3 型甲状腺毒症时仅有 TT_3 增高。

（五）TSH 受体抗体（TRAb）

TRAb 是鉴别甲亢病因、诊断 GD 的重要指标之一。测定原理为放射受体法。反应体系中的 TSH 受体是放射碘标记的重组人 TSH 受体。新诊断的 GD 患者 75%～96% 有 TRAb 阳性。需要注意的是，TRB 中包括刺激性（TSAb）和抑制性（TSBAb）两种抗体，而检测到的 TRAb 仅能反映有针对 TSH 受体抗体存在，不能反映这种抗体的功能。

（六）TSH 受体刺激抗体（TSAb）

TSAb 与 TRAb 相比，TSAb 不仅能与 TSH 受体结合，而且还可产生对甲状腺细胞的刺激作用。主要利用体外培养的转染了人 TSH 受体的中国仓鼠卵巢细胞（CHO 细胞）进行测定。85%～100% 新诊断的 GD 患者 TSA 为阳性，其活性平均为 200%～300%。

（七）电子计算机 X 线体层显像（CT）和磁共振成像（MRI）

眼部 CT 和 MRI 可以排除其他原因所致的突眼，评估眼外肌受累的情况。

（八）甲状腺放射性核素扫描

甲状腺放射性核素扫描对于诊断甲状腺自主高功能腺瘤有意义。肿瘤区聚集大量核素，肿瘤区外的甲状腺组织和对侧甲状腺无核素吸收。

四、诊　断

诊断的程序如下：①甲状腺毒症的诊断，测定血清 TSH、TT_4、FT_4、TT_3、FT_3 的水平；②确定甲状腺毒症是否来源于甲状腺的功能亢进；③确定甲亢的原因，如 GD、结节性毒性甲状腺肿、甲状腺自主高功能腺瘤等。

（一）甲亢的诊断

（1）高代谢症状和体征。

（2）甲状腺肿大。

（3）血清 TT_4、FT_4 增高，TSH 降低。

具备以上 3 项诊断即可成立。应注意的是，淡漠型甲亢的高代谢症状不明显，仅表现为明显消瘦或心房颤动，尤其老年患者；少数患者无甲状腺肿大；T_3 型甲亢仅有血清 TT_3 增高。

（二）GD 的诊断

（1）甲亢症状和体征。

（2）甲状腺弥漫性肿大。

（3）血清 TSH 水平降低，TT_3、FT_3、TT_4、FT_4 升高。

（4）眼球突出和其他浸润性眼征。

（5）胫前黏液性水肿。

（6）TSH 受体抗体（TRAb）阳性。

在以上标准中，（1）～（3）为诊断必备条件，（4）～（6）为诊断辅助条件。

五、鉴别诊断

1. 病因鉴别诊断 多结节性毒性甲状腺肿、毒性甲状腺腺瘤、碘甲亢、垂体性甲亢。

2. 非甲亢性甲状腺毒症鉴别诊断 桥本甲状腺炎（慢性淋巴细胞性甲状腺炎）、产后甲状腺炎、亚急性甲状腺炎等。另外，妊娠期甲亢需与妊娠期一过性甲状腺毒症相鉴别。

六、治 疗

目前尚不能对 GD 进行对因治疗。治疗的目的是控制甲亢症状，使血清中的甲状腺激素水平降到正常，促进免疫监护的正常化。

治疗主要措施如下。

1. 内科治疗 ①抗甲状腺药物治疗：硫脲类、咪唑类等，其中以硫脲类药物为主；β 受体阻断药（如普萘洛尔等）辅助对症治疗，起到迅速控制症状的作用。②生活治疗：以适当休息、给予足够的营养和热量、避免精神刺激和过度劳累为主。

2. 放射性碘（^{131}I） 可破坏甲状腺组织。

3. 甲状腺次全切除手术 即手术切除部分甲状腺组织。

以上 3 种疗法各有利弊，应根据患者的具体情况选择治疗方案。

治疗药物选用

1. 轻、中度甲亢 轻、中度甲亢患者可服用抗甲状腺药物或放射性碘治疗。服用抗甲状腺药物 PTU 或 MM 后，多数患者 4～8 周后症状明显减轻，部分患者需 3 个月后症状方缓解。当症状完全消失，T_3、T_4 恢复正常，即可逐渐减量，维持治疗 1～1.5 年或更长时间。在减药期开始时，可适当加服小剂量甲状腺素制剂，如左甲状腺素（L-T_4）50～100μg，每日 1 次，以稳定下丘脑-垂体-甲状腺轴的反馈机制，避免甲状腺肿和突眼加重。

放射性碘治疗后 2～4 周症状减轻，6～12 周甲状腺功能恢复至正常，约 80% 的患者可一次治愈，未治愈者 6 个月后可进行第二次治疗。孕妇、哺乳期妇女，严重的心、肝、肾衰竭，活动性肺结核，外周白细胞 $<3\times10^9$/L，重症浸润性突眼及甲状腺危象患者均禁用放射性碘治疗。

抗甲状腺药物作用缓慢，不能迅速控制甲亢的多种症状，尤其是交感神经兴奋性增高的表现。因此，在治疗初期可联合应用 β 受体阻断药普萘洛尔以改善心悸、心动过速、多汗、震颤及精神紧张等症状。普萘洛尔还适用于甲亢危象和甲状腺手术或放射性碘治疗前的准备，对急性甲亢性肌病也有一定的效果，对患有支气管哮喘，房室传导阻滞、心功能不全和妊娠者禁用。支气管疾病者可选用β受体阻断药美托洛尔、阿替洛尔等。

2. 甲状腺危象 甲状腺危象是甲亢最凶险的并发症，发展快、病死率较高，一旦诊断成立，应立即抢救。首先应迅速减少甲状腺激素释放、合成和转化，应先用大剂量丙硫氧嘧啶抑制甲状腺激素合成，抑制 T_4 转变为 T_3，再用大剂量碘抑制甲状腺激素释放。注意不能单用碘剂，必须与抗甲状腺药物同时应用。对碘剂过敏者可试用锂盐。应用普萘洛尔可降低周围组织对甲状腺激素的反应，有哮喘或心功能不全者禁用普萘洛尔，可用利舍平或胍乙啶。应用糖皮质激素氢化可的松 200～300mg/d 静脉滴注，可纠正危象时可能存在的肾上腺皮质功能不全的应激反应，病情好转即减量或停用。

第二节　甲状腺功能减退症

甲状腺功能减退症（hypothyroidism）简称甲减，是由于甲状腺激素合成和分泌减少或组织作用减弱导致的全身代谢减低综合征。国外报道的甲减患病率为0.8%～1.0%，发病率为3.5/1000；我国报道的临床甲减患病率是1.0%，发病率为2.9/1000。

案例 10-2

患者，男性，58岁。反复水肿5年。患者5年前无明显诱因出现面部及下睑水肿，伴有怕冷、乏力、懒言少语、反应迟钝。3年前开始出现上睑、双小腿及双足水肿，1.5年前出现双手水肿。患者半个月内体重下降3kg。自发病以来精神萎靡、饮食不振，二便正常。既往体健，无烟酒嗜好，无遗传病家族史。

查体：T 36.5℃，P 70次/分，R 18次/分，BP 120/75mmHg。皮肤未见出血点和皮疹，浅表淋巴结未触及肿大，巩膜无黄染。右下肺叩诊浊音，可闻及支气管呼吸音，双肺未闻及干、湿啰音。心界不大，心率70次/分，律齐，各瓣膜听诊区未闻及杂音。腹平软，无压痛，肝脾肋下未触及。双下肢无水肿。

实验室检查：甲状腺功能五项示 FT_3 0.56pg/ml（0.7～2.2pg/ml），FT_4 0.54ng/dl（60～135ng/dl）、TSH 76.5mIU/L、TPOAb＞1000IU/ml、TGAb＞4000IU/ml。

甲状腺彩超：双叶甲状腺改变。

心电图：T波低平、电轴左偏、低电压。

问题： 1. 该患者的初步诊断是什么？其诊断依据是什么？

2. 该患者还应与哪些疾病进行鉴别诊断？

3. 该患者需要的进一步检查是什么？其治疗原则是什么？

一、病因与病理生理

（一）病因

成人甲减的主要病因如下。

1. 自身免疫损伤 最常见的原因是自身免疫性甲状腺炎，包括桥本甲状腺炎、萎缩性甲状腺炎、产后甲状腺炎等。

2. 甲状腺破坏 包括甲状腺手术治疗等，10年甲减累积发生率为40%～70%。

3. 碘过量　碘过量可引起具有潜在性甲状腺疾病者发生甲减，也可诱发和加重自身免疫性甲状腺炎。含碘药物胺碘酮（amiodarone）诱发甲减的发生率是 5%～22%。

4. 抗甲状腺药物　如锂盐、硫脲类、咪唑类等。

（二）病理生理

其病理特征是黏多糖在组织和皮肤堆积，表现为黏液性水肿。

二、分类和临床表现

（一）分类

1. 根据病变发生的部位分类

（1）原发性甲减（primary hypothyroidism）：由甲状胞腺体本身病变引起的甲减占全部甲减的 95% 以上，且 90% 以上原发性甲减是由自身免疫、甲状腺手术和甲亢 ^{131}I 治疗所致。

（2）中枢性甲减（central hypothyroidism）：由下丘脑和垂体病变引起的促甲状腺激素释放激素（TRH）或促甲状腺激素（TSH）产生和分泌减少所致的甲减，垂体外照射、垂体大腺瘤、颅咽管瘤及产后大出血是其较常见的原因，其中由于下丘脑病变引起的甲减称为三发性甲减（tertiary hypothyroidism）。

（3）甲状腺激素抵抗综合征：由甲状腺激素在外周组织实现生物效应障碍引起的综合征。

2. 根据病变的原因分类　药物性甲减、手术后甲减、^{131}I 治疗后甲减、特发性甲减、垂体或下丘脑肿瘤手术后甲减等。

3. 根据甲状腺功能减退的程度分类　临床甲减（overt hypothyroidism）和亚临床甲减（subclinical hypothyroidism）。

（二）临床表现

本病发病隐匿，病程较长，不少患者缺乏特异症状和体征。症状主要表现以代谢率减低和交感神经兴奋性下降为主，病情轻的早期患者可以没有特异症状。典型患者畏寒乏力、手足肿胀感、嗜睡、记忆力减退、少汗、关节疼痛、体重增加、便秘，女性月经紊乱或月经过多、不孕。

体格检查：典型患者可有表情呆滞、反应迟钝、声音嘶哑、听力障碍，面色苍白、颜面和（或）眼睑水肿、唇厚舌大、常有齿痕，皮肤干燥、粗糙、脱皮屑，皮肤温度低，水肿、手和脚掌皮肤可呈姜黄色，毛发稀疏干燥，跟腱反射时间延长，脉率缓慢。少数病例出现胫前黏液性水肿。本病累及心脏可以出现心包积液和心力衰竭。重症患者可发生黏液性水肿昏迷。

三、实验室与辅助检查

（一）血清 TSH、T_4 和 FT_4

原发性甲减血清 TSH 增高，T_4 和 FT_4 均降低。TSH 增高以及 TT_4 和 FT_4 降低的水平与病情程度相关。血清 TT_3、FT_3 早期正常，晚期减低。因为 T_3 主要来源于外周组织 T_4 的转换，所以不作为诊断原发性甲减的必备指标。亚临床甲减仅有 TSH 增高，TT_4 和 FT_4 正常。

（二）甲状腺过氧化物酶抗体（TPOAb）

甲状腺球蛋白自身抗体（TGAb）是确定原发性甲减病因的重要指标和诊断自身免疫性

甲状腺炎（包括桥本甲状腺炎、萎缩性甲状腺炎）的主要指标。一般认为 TPOAb 的意义较为肯定。日本学者经甲状腺细针穿刺细胞学检查证实，TPOAb 阳性者的甲状腺均有淋巴细胞浸润。如果 TPOAb 阴性伴血清 TSH 水平增高，说明甲状腺细胞已经发生损伤。我国学者经过对甲状腺抗体阳性、甲状腺功能正常的个体随访 5 年发现，当初访时 TPOAb＞50IU/ml 和 TGAb 40IU/ml，临床甲减和亚临床甲减的发生率显著增加。

（三）其他检查

轻、中度贫血，血清总胆固醇、心肌酶谱可以升高，少数病例血清催乳素升高，蝶鞍增大。

四、诊　断

（1）甲减的症状和体征。

（2）实验室检查血清 TSH 增高，FT_4 减低，原发性甲减即可以成立。进一步寻找甲减的病因。如果 TPOAb 阳性，可考虑甲减的病因是自身免疫甲状腺炎。

（3）实验室检查血清 TSH 减低或者正常，TT_4、FT_4 减低，考虑中枢性甲减。可通过 TRH 兴奋试验证实。进一步寻找垂体和下丘脑的病变。

五、治　疗

治疗甲减的药物主要是甲状腺激素类，首选左甲状腺素（L-T_4）单药替代治疗，多需终身服药。L-T_4 治疗剂量取决于甲减的程度、病因、年龄、特殊情况、体重和个体差异。成人 L-T_4 替代剂量按照标准体重计算为 1.6～1.8μg/（kg · d），儿童约 2.0μg/（kg · d），老年人约 1.0μg/（kg · d）；甲状腺癌术后约 2.2μg/（kg · d），妊娠时替代剂量需要增加 20%～30%。碘塞罗宁是人工合成的三碘甲状腺原氨酸钠（T_3），作用快，持续时间短，适用于黏液性水肿昏迷的抢救。干甲状腺片是猪甲状腺的干制剂，因其甲状腺激素含量不稳定和 T_3 超生理剂量，已很少使用（表 10-1）。

表 10-1　甲状腺功能减退症的药物治疗

药物种类	用药指征	首选药物	备选药物
甲状腺激素类	甲状腺功能减退症替代治疗	左甲状腺素	干甲状腺片
	黏液水肿性昏迷	三碘甲状腺原氨酸钠	左甲状腺素或干甲状腺片

L-T_4 替代治疗后 4～8 周需监测血清促甲状腺激素（TSH），治疗达标后，每 6～12 个月复查一次，或根据临床需要决定监测频率。原发性甲减根据 TSH 水平调整 L-T_4 剂量，治疗目标个体化。中枢性甲减依据总甲状腺素（TT_4）、游离甲状腺素（FT_4）水平，而非 TSH 水平调整治疗剂量。替代治疗过程中要注意避免用药过量导致临床或亚临床甲状腺功能亢进症。

第三节　糖　尿　病

糖尿病（diabetes mellitus）是一种在多种因素长期共同作用下，由于胰岛素分泌绝对或相对不足，引起机体渐进性糖、蛋白质、脂肪、水和电解质代谢紊乱的内分泌代谢性疾病，其中以高血糖为其主要标志。近 30 多年来，我国糖尿病患病率显著增加。

案例 10-3

患者，男性，47 岁。因“发现血糖升高 6 年”。诊断为“2 型糖尿病”，予“二甲双胍 2 片，格列齐特 1 片（80mg）”控制血糖，血糖控制基本正常（具体不详），后不规律服药，未监测血糖。10 天前自觉双眼干涩不适，1 周前测空腹血糖 7.2mmol/L，治疗后无好转。自患病以来，患者精神、饮食、睡眠可，大便正常，近期体重无明显改变。无烟酒嗜好，两个哥哥诊断为 2 型糖尿病。

查体：T 36.2℃，P 80 次/分，R 20 次/分，BP 145/81mmHg，BMI 27.6kg/m²，一般情况可，神志清楚，呼吸平稳，呼吸中无酮味，舌干少津，咽无充血，扁桃体无肿大，甲状腺未触及肿大，双肺呼吸音粗，未闻及明显干、湿啰音，心率 80 次/分，律齐，腹软，无压痛、反跳痛，肝脾未及，移动性浊音阴性，双下肢无指压性水肿。

实验室检查：眼底，双眼底图谱未见明显糖尿病视网膜病变；CPT，四肢末梢可见周围神经病变，且处于功能减退期。四肢多普勒：血管弹性轻度降低。踝肱指数（ABI）：右 1.13，左 1.16；趾肱指数（TBI）：右 0.84，左 0.85。心率变异：正常。内脏脂肪 78cm²。

问题：1. 该患者的初步诊断是什么？其诊断依据是什么？

2. 该患者还应与哪些疾病进行鉴别诊断？该患者需要的进一步检查是什么？其治疗原则是什么？

一、病因与病理生理

（一）病因及主要分型

糖尿病主要由胰岛素（insulin）分泌缺陷和（或）胰岛素抵抗（insulin resistance，IR）（靶细胞对胰岛素的反应性降低）引起。糖尿病主要分为 1 型糖尿病（type 1 diabetes mellitus，T1DM）和 2 型糖尿病（type 2 diabetes mellitus，T2DM），此外，还有妊娠期发病的妊娠糖尿病及特殊类型的糖尿病。以 2 型糖尿病为主，1 型糖尿病及其他类型糖尿病少见。

（二）病理生理

T1DM、T2DM 和妊娠糖尿病是临床常见类型。T1DM 病因和发病机制尚未完全明确，其显著的病理学和病理生理学特征是胰岛 B 细胞数量显著减少乃至消失所导致的胰岛素分泌显著下降或缺失。T2DM 的病因和发病机制目前亦不明确，其显著的病理生理学特征为胰岛素调控葡萄糖代谢能力的下降（胰岛素抵抗）伴胰岛 B 细胞功能缺陷所导致的胰岛素分泌减少（相对减少）。特殊类型糖尿病是病因学相对明确的糖尿病。随着对糖尿病发病机制研究的深入，特殊类型糖尿病的种类会逐渐增加。

二、分型和临床表现

（一）分型

采用 WHO（1999 年）的糖尿病病因学分型体系，根据病因学证据将糖尿病分为 4 种类型，即 1 型糖尿病（T1DM）、2 型糖尿病（T2DM）、特殊类型糖尿病和妊娠糖尿病。T1DM 包括免疫介导型和特发性 T1DM。

1. T1DM 主要由胰岛B细胞遭到严重破坏使胰岛素分泌绝对不足所致。T1DM具有以下特点：年龄通常＜30岁；“三多一少”症状明显；常以酮症或酮症酸中毒起病；非肥胖体型；空腹或餐后的血清C肽浓度明显降低；出现胰岛自身免疫标记物，如谷氨酸脱羧酶抗体（GADA）、胰岛细胞抗体（ICA）、胰岛细胞抗原2抗体（IA-2A）、锌转运体8抗体（ZnT8A）等。

2. T2DM 占糖尿病总数的90%以上。一般认为T2DM的进程开始于胰岛素抵抗，导致胰岛素抵抗的主要因素是胰岛素受体和受体后信号转导的缺陷。

3. 妊娠糖尿病（gestational diabetes mellitus，GDM） GDM是指妊娠期间发生的糖代谢异常，但血糖未达到显性糖尿病的水平，占妊娠高血糖的83.6%。诊断标准为：孕期任何时间行75g口服葡萄糖耐量试验（OGTT），5.1mmol/L≤空腹血糖＜7.0mmol/L，OGTT 1h血糖≥10.0mmol/L，8.5mmol/L≤OGTT 2h血糖＜11.1mmol/L，任1个点血糖达到上述标准即诊断GDM。由于空腹血糖随孕期进展逐渐下降，孕早期单纯空腹血糖＞5.1mmol/L不能诊断GDM，需要随访。

（二）临床表现

1. 糖尿病及其急性并发症的临床表现 糖尿病患者因血糖升高和渗透性利尿而出现多尿、口干和多饮，因体内葡萄糖不能充分氧化供能而导致易饥多食，因脂肪和蛋白质的分解代谢增强而出现体重减轻，形成典型的“三多一少”症状。

T1DM常见于儿童和青少年，30岁以前发病的糖尿病以1型占多数。T1DM起病较急，“三多一少”症状较典型，易出现急性并发症酮症酸中毒，此时患者症状加重，出现食欲减退、恶心、呕吐、乏力、烦躁、呼吸加深加快、呼气中有烂苹果味（查尿酮体强阳性），严重者可发生昏迷。

T2DM常见于中老年人，多数体形较肥胖，起病缓慢，症状较轻，多在体检时检测血糖水平发现，部分患者以并发症来就诊时发现。

T2DM通常不发生酮症酸中毒，但在感染、饮食不当、创伤、手术、妊娠、分娩及各种原因发生应激反应时也可发生。糖尿病的另一个急性并发症是高血糖高渗状态，患者失水严重，并可发展为惊厥和昏迷。糖尿病急性并发症若不及时抢救易致死亡。

2. 糖尿病慢性并发症的临床表现

（1）糖尿病神经病变：常表现为远端、对称性、多发性感觉神经病变，引起手套-袜套状分布的感觉异常，伴肢端麻木、刺痛、灼热感，有时伴痛觉过敏。检查发现早期腱反射亢进，后期减弱或消失，触觉和温度觉也有不同程度的降低。多发性神经病变可致糖尿病患者足溃疡和关节病变。

（2）糖尿病性大血管病变：表现为冠心病、脑血管病、肾动脉硬化、肢体动脉硬化等，肢体动脉硬化常表现为下肢疼痛、感觉异常和间歇性跛行，严重供血不足可导致肢体坏疽。

（3）糖尿病微血管病变：表现为微循环障碍、微动脉瘤形成和微血管基底膜增厚，主要发生在视网膜、肾、神经、心肌等组织，以糖尿病肾病和视网膜病变最重要。

（4）糖尿病肾病：晚期出现严重肾衰竭，是主要的死亡原因之一。

（5）糖尿病视网膜病变：可能导致失明。

（6）糖尿病足：是与下肢远端神经病变和不同程度的周围血管病变相关的足部感染、溃疡或深层组织破坏，是截肢、致残的主要原因。

（7）其他：高血糖可使细胞免疫功能下降，从而导致真菌、细菌感染增多，如疖、肺结核、尿路感染、胆囊炎、真菌性阴道炎、体癣及足癣等。

三、实验室与辅助检查

（一）糖代谢异常严重程度或控制程度的检查

1. 尿糖测定　尿糖阳性是诊断糖尿病的重要线索。但尿糖阳性只是提示血糖值超过肾糖阈（约 10mml/L），因而尿糖阴性不能排除糖尿病可能。并发肾脏病变时，肾糖阈升高，虽然血糖升高，但尿糖阴性。肾糖阈降低时，虽然血糖正常，尿糖可阳性。

2. 血糖测定和 OGTT　血糖升高是诊断糖尿病的主要依据，又是判断糖尿病病情和控制情况的主要指标。血糖值反映的是瞬间血糖状态。常用葡萄糖氧化酶法测定。抽静脉血或取毛细血管血，可用血浆、血清或全血。如血细胞比容正常，血浆、血清血糖比全血血糖可升高 15%。诊断糖尿病时必须用静脉血浆测定血糖，治疗过程中随访血糖控制情况可用便携式血糖计测定末梢血糖。

当血糖高于正常范围而又未达到诊断糖尿病标准时，须进行 OGTT。OGTT 应在无摄入任何热量 8h 后，清晨空腹进行，成人口服 75g 无水葡萄糖，溶于 250～300ml 水中，5～10min 饮完，空腹及开始饮葡萄糖水后 2h 测静脉血浆葡萄糖。儿童服糖量按每千克体重 1.75g 计算，总量不超过 75g。

3. 糖化血红蛋白（GHbA1）和糖化血浆白蛋白测定　GHbA1 是葡萄糖或其他糖与血红蛋白的氨基发生非酶催化反应（一种不可逆的蛋白糖化反应）的产物，其量与血糖浓度呈正相关。GHbA1 有 a、b、c 三种，以 GHbA1c（HbA1c）最主要。正常人 HbA1c 占血红蛋白总量的 3%～6%，不同实验室之间其参考值有一定差异。血糖控制不良者 HbA1c 升高，并与血糖升高的程度和持续时间相关。由于红细胞在血循环中的寿命约为 120d，因此 HbA1c 反映患者近 8～12 周平均血糖水平，需要注意，HbA1c 受检测方法、有否贫血和血红蛋白异常疾病、红细胞转换速度、年龄等诸多因素的影响。另外，HbA1c 不能反映瞬时血糖水平及血糖波动情况，也不能确定是否发生过低血糖。

（二）胰岛 B 细胞功能检查

1. 胰岛素释放试验　正常人空腹基础血浆胰岛素 35～145pmol/L（5～20mIU/L），口服 75g 无水葡萄糖（或 100g 标准面粉制作的馒头）后，血浆胰岛素在 30～60min 上升至高峰，峰值为基础值的 5～10 倍，3～4h 恢复到基础水平。本试验反映基础和葡萄糖介导的胰岛素释放功能。胰岛素测定受血清中胰岛素抗体和外源性胰岛素干扰。

2. C 肽释放试验　方法同上。正常人空腹基础值不小于 400pmol/L，高峰时间同上，峰值为基础值的 5～6 倍。也反映基础和葡萄糖介导的胰岛素释放功能。C 肽测定不受血清中的胰岛素抗体和外源性胰岛素影响。

3. 其他检测 B 细胞功能的方法　如静脉注射葡萄精-胰岛素释放试验和高糖钳夹试验可了解胰岛素释放第一时相；胰高血糖素-C 肽刺激试验和精氨酸刺激试验可了解非糖介导的胰岛素分泌功能等。可根据患者的具体情况和检查目的而选用。

（三）并发症检查

急性严重代谢紊乱时的酮体、电解质、酸碱平衡检查，心、肝、肾、脑、眼科、口腔及神经系统的各项辅助检查等。

（四）有关病因和发病机制的检查

GADA、ICA、IAA 及 IA-2A 的联合检测；胰岛素敏感性检查；基因分析等。

四、糖尿病的诊断

依据静脉血浆葡萄糖而不是毛细血管血糖测定结果诊断糖尿病。若无特殊提示，本章所提到的血糖均为静脉血浆葡萄糖值。糖代谢状态分类标准和糖尿病诊断标准见表 10-2、表 10-3。

表 10-2 糖代谢状态分类（世界卫生组织 1999 年）

糖代谢状态	静脉血浆葡萄糖（mmol/L）	
	空腹血糖	糖负荷后 2h 血糖
正常血糖	＜6.1	＜7.8
空腹血糖受损	≥6.1，＜7.0	≤7.8
糖耐量减低	≤7.0	≥7.8，＜11.1
糖尿病	≥7.0	≥11.1

注：空腹血糖受损和糖耐量减低统称为糖调节受损，也称糖尿病前期；空腹血糖正常参考范围下限通常为 3.9mmol/L

表 10-3 糖尿病的诊断标准

诊断标准	静脉血浆葡萄糖或 HbA1c 水平
典型糖尿病症状	
加上随机血糖	≥11.1mmol/L
或加上空腹血糖	≥7.0mmol/L
或加上 OGTT 2h 血糖	≥11.1mmol/L
或加上 HbA1c	≥6.5%
无糖尿病典型症状者，需改日复查确认	

注：OGTT 为口服葡萄糖耐量试验；HbA1c 为糖化血红蛋白。典型糖尿病症状包括烦渴多饮、多尿、多食、不明原因体重下降；随机血糖指不考虑上次用餐时间，一天中任意时间的血糖，不能用来诊断空腹血糖受损或糖耐量受损；空腹状态指至少 8h 没有进食热量

在条件具备的国家和地区采用糖化血红蛋白（HbA1c）诊断糖尿病，诊断切点为 HbA1c≥6.5%，在中国成人中 HbA1c 诊断糖尿病的最佳切点为 6.2%～6.5%，将 HbA1c≥6.5% 作为糖尿病的补充诊断标准。但是，在以下情况下只能根据静脉血浆葡萄糖水平诊断糖尿病：镰状细胞病、妊娠（中、晚期）、葡萄糖-6-磷酸脱氢酶缺乏症、艾滋病、血液透析、近期失血或输血、促红细胞生成素治疗等。此外，不推荐采用 HbA1c 筛查囊性纤维化相关糖尿病。

空腹血浆葡萄糖、75g 口服葡萄糖耐量试验（OGTT）后的 2h 血浆葡萄糖值或 HbA1c 可单独用于流行病学调查或人群筛查。建议血糖水平已达到糖调节受损的人群，应行 OGTT，以提高糖尿病的诊断率。

急性感染、创伤或其他应激情况下可出现暂时性血糖升高，不能以此时的血糖值诊断糖尿病，须在应激消除后复查，再确定糖代谢状态。在上述情况下检测 HbA1c 有助于鉴别应激性高血糖和糖尿病。

五、鉴别诊断

注意鉴别其他原因所致的尿糖阳性。

甲亢、胃空肠吻合术后，因碳水化合物在肠道吸收快，可引起进食后 0.5～1h 血糖过高，出现糖尿，但 FPC 和 2h PG 正常。严重肝病时肝糖原合成受阻，肝糖原贮存减少，进食后 0.5～1h 血糖过高，出现糖尿，但 FPC 偏低，餐后 2～3h 血糖正常或低于正常。

六、糖尿病的治疗

（一）治疗原则

糖尿病的治疗应遵循综合管理的原则，包括控制高血糖、高血压、血脂异常、超重肥胖、高凝状态等心血管多重危险因素，在生活方式干预的基础上进行必要的药物治疗，以提高糖尿病患者的生存质量和延长预期寿命。根据患者的年龄、病程、预期寿命、并发症或合并症病情严重程度等确定个体化控制目标。

（二）治疗目标

2 型糖尿病的综合治疗包括降血糖、降血压、调节血脂、抗血小板聚集、控制体重和改善生活方式等。综合控制目标见表 10-4。对健康状态差的糖尿病患者，可以酌情放宽控制目标。但应避免高血糖引发的症状及可能出现的急性并发症。HbA1c 分层控制目标值建议见表 10-5。

表 10-4 中国 2 型糖尿病的综合控制目标

测量指标	目标值
毛细血管血糖（mmol/L）	
空腹	4.4～7.0
非空腹	＜10.0
糖化血红蛋白（%）	＜7.0
血压（mmHg）	＜130/80
总胆固醇（mmol/L）	＜4.5
高密度脂蛋白胆固醇（mmol/L）	
男性	＞1.0
女性	＞1.3
甘油三酯（mmol/L）	＜1.7
低密度脂蛋白胆固醇（mmol/L）	
未合并动脉粥样硬化性心血管疾病	＜2.6
合并动脉粥样硬化性心血管疾病	＜1.8
体重指数（kg/m^2）	＜24.0

注：体重指数（BMI）（kg）/身高的平方（m^2）；1mmHg=0.133kPa

表 10-5 糖化血红蛋白 A1c（HbA1c）分层控制目标值建议

HbA1c 水平	适用人群
＜6.5%	年龄较轻、病程较短、预期寿命较长、无并发症、未合并心血管疾病的 2 型糖尿病，其前提是无低血糖或其他不良反应
＜7.0%	大多数非妊娠成年 2 型糖尿病患者
＜8.0%	年龄较大、病程较长、有严重低血糖史、预期寿命较短、有显著的微血管或大血管并发症或严重合并症的患者

（三）生活方式干预

对已确诊的糖尿病患者，应立即启动并坚持生活方式干预，各类生活方式干预的内容和目标见表 10-6。

表 10-6 生活方式干预的内容及目标

内容	目标
控制体重	超重[a]/肥胖[b]患者减重的目标是 3～6 个月减轻体重 5%～10%。消瘦[c]者应通过合理的营养计划达到并长期维持理想体重
合理膳食	控制总热量，能量平衡。膳食营养均衡，满足患者对营养素的需求。减少精制碳水化合物（如白米饭、面食、饼干等）和含糖饮料的摄入，以全谷物或杂豆类替代 1/3 精白米、面等主食。提倡选择低血糖负荷的食品
适量运动	成人 2 型糖尿病患者每周至少 150min（如每周运动 5 天，每次 30min）中等强度（50%～70% 最大心率，运动时有点用力，心跳和呼吸加快但不急促）有氧运动（如快走、骑车、打太极拳等）；应增加日常身体活动，减少坐姿时间。建议每周进行 2～3 次抗阻练习（两次锻炼间隔≥48h）。伴有急性并发症或严重慢性并发症时，不应采取运动治疗
戒烟戒酒	科学戒烟，避免被动吸烟。不建议糖尿病患者饮酒。有饮酒习惯的应当戒酒
限盐	食盐摄入量限制在每天 5g 以内
心理平衡	规律作息，减轻精神压力，保持心情愉悦

注：a. 超重为体重指数（BMI）24.0～28.0kg/m^2；b. 肥胖为 BMI≥28.0kg/m^2；c. 消瘦为 BMI＜18.5kg/m^2

（四）药物治疗

控制高血糖的策略是综合性的，包括上面提及的生活方式管理、血糖监测、糖尿病教育，同时还包括主要方面应用降血糖药物等措施。医学营养治疗和运动治疗是生活方式管理的核心，是控制高血糖的基础治疗措施，应贯穿于糖尿病管理的始终。二甲双胍是目前最常用的降血糖药，具有良好的降糖作用、多种降糖作用之外的潜在益处、优越的费效比、良好的药物可及性、临床用药经验丰富等优点，且不增加低血糖风险。虽然二甲双胍缺乏安慰剂对照的心血管结局试验（CVOT），但许多研究结果显示二甲双胍具有心血管获益，而且目前已发表的显示钠-葡萄糖共转运蛋白 2 抑制剂（SGLT2i）和胰高糖素样肽-1 受体激动药（GLP-1RA）具有心血管和肾脏获益的 CVOT 研究都是在二甲双胍作为背景治疗的基础上取得的。因此，推荐生活方式管理和二甲双胍作为 T2DM 患者高血糖的一线治疗。若无禁忌证，二甲双胍应一直保留在糖尿病的治疗方案中。有二甲双胍禁忌证或不耐受二甲双胍的患者可根据情况选择胰岛素促泌剂、α-糖苷酶抑制剂、噻唑烷二酮类（TZD）、二肽基肽酶Ⅳ抑制剂（DPP-4i）、SGLT2i 或 GLP-1RA。

T2DM 是一种进展性疾病，随着病程的进展，血糖有逐渐升高的趋势，控制高血糖的治疗强度也应随之加强。如单独使用二甲双胍治疗而血糖未达标，则应进行二联治疗。二联治疗的药物可根据患者病情特点选择。如果患者低血糖风险较高或发生低血糖的危害大（如独居老人、驾驶者等）则尽量选择不增加低血糖风险的药物，如 α-糖苷酶抑制剂、TZD、DPP-4i、SGLT2i 或 GLP-1RA。如患者需要降低体重则选择有体重降低作用的药物，如 SGLT2i 或 GLP-1RA。如患者 HbA1c 距离目标值较大则选择降糖作用较强的药物，如胰岛素促泌剂或胰岛素。部分患者在诊断时 HbA1c 较高，可起始二联治疗。在新诊断 T2DM 患者中进行的维格列汀联合二甲双胍用于 T2DM 早期治疗的有效性研究结果显示，DPP-4i 与二甲双胍的早期联合治疗相比二甲双胍单药起始的阶梯治疗，血糖控制更持久，并显著降低了治疗失败的风险，提示早期联合治疗的优势。

二联治疗 3 个月不达标的患者，应启动三联治疗，即在二联治疗的基础上加用一种不同机制的降血糖药物。如三联治疗血糖仍不达标，则应将治疗方案调整为多次胰岛素治疗（基础胰岛素加餐时胰岛素或每日多次预混胰岛素）。采用多次胰岛素治疗时应停用胰岛素促分泌剂。一些患者在单药或二联治疗时甚至在诊断时即存在显著的高血糖症状乃至酮症，可直接给予短期强化胰岛素治疗，包括基础胰岛素加餐时胰岛素、每日多次预混胰岛素或胰岛素泵治疗。

并发症和合并症是 T2DM 患者选择降血糖药的重要依据。基于 GLP-1RA 和 SGLT2i 的 CVOT 研究证据，推荐合并动脉粥样硬化性心血管疾病（ASCVD）或心血管风险高危的 T2DM 患者，不论其 HbA1c 是否达标，只要没有禁忌证都应在二甲双胍的基础上加用具有 ASCVD 获益证据的 GLP-1RA 或 SGLT2i。合并慢性肾脏病（CKD）或心力衰竭的 T2DM 患者，不论其 HbA1c 是否达标，只要没有禁忌证都应在二甲双胍的基础上加用 SGLT2i。合并 CKD 的 T2DM 患者，如不能使用 SGLT2i，可以考虑选用 GLP-1RA。如果患者在联合 GLP-1RA 或 SGLT2i 治疗后 3 个月仍然不能达标，可启动包括胰岛素在内的三联治疗。合并 CKD 的糖尿病患者易出现低血糖，合并 ASCVD 或心力衰竭的患者低血糖危害性大，应加强血糖监测。如有低血糖，应立即处理。

HbA1c 联合 SMBG 和 CGM 是优化血糖管理的基础。如果 HbA1c 已达标，但 SMBG 和 CGM 的结果显示有低血糖或血糖波动很大，亦需调整治疗方案。在调整降糖治疗方案时应加强 SMBG、CGM 及低血糖知识的宣教，尤其是低血糖风险大及低血糖危害大的患者。

T2DM 高血糖治疗的简易路径见图 10-1。

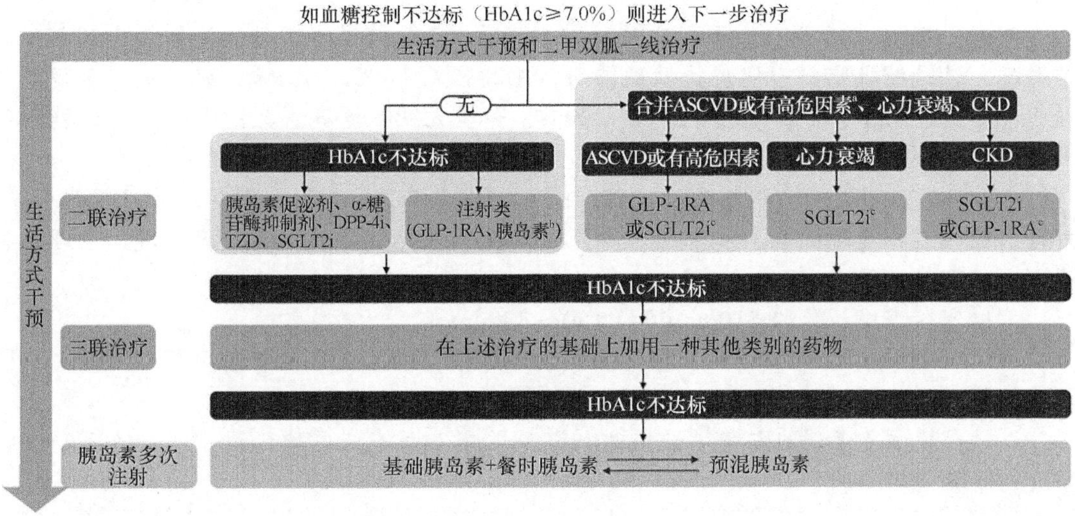

注：HbA1c 为糖化血红蛋白；ASCVD 为动脉粥样硬化性心血管疾病；CKD 为慢性肾脏病；DPP-4i 为二肽基肽酶Ⅳ抑制剂；TZD 为噻唑烷二酮；SGLT2i 为钠-葡萄糖共转运蛋白 2 抑制剂；GLP-1RA 为胰高糖素样肽-1 受体激动药。a 高危因素指年龄≥55 岁，伴以下至少 1 项：冠状动脉或颈动脉或下肢动脉狭窄≥50%，左心室肥厚；b 通常选用基础胰岛素；c 加用

图 10-1　2 型糖尿病患者高血糖治疗的简易路径

胰岛素：胰岛素治疗是控制高血糖的重要方法。

分类：根据来源和化学结构的不同，胰岛素可分为动物胰岛素、人胰岛素和胰岛素类似物。根据作用特点的差异，胰岛素又可分为超短效胰岛素类似物、常规（短效）胰岛素、中效胰岛素、长效胰岛素、长效胰岛素类似物、预混胰岛素、预混胰岛素类似物和双胰岛素类似物。

胰岛素的起始治疗：1 型糖尿病、2 型糖尿病患者经过生活方式和口服降血糖药联合治疗 3

个月，若血糖仍未达到控制目标，应及时起始胰岛素治疗。2 型糖尿病患者的胰岛素起始治疗可以采用每日 1～2 次胰岛素皮下注射，每日 1 次胰岛素治疗者往往需要联合应用口服降糖药。

对于 HbA1c≥9.0% 或空腹血糖≥11.1mmol/L 同时伴明显高血糖症状的新诊断 2 型糖尿病患者可考虑短期（2 周～3 个月）胰岛素强化治疗或及时转诊。

第四节　高尿酸血症和痛风

一、高尿酸血症

高尿酸血症是嘌呤代谢紊乱引起的代谢异常综合征。无论男性还是女性，非同日 2 次血尿酸水平超过 420μmol/L，称之为高尿酸血症。高尿酸血症与痛风是一个连续、慢性的病理生理过程，其临床表型具有显著的异质性。随着新的更敏感、更特异的影像学检查方法的广泛应用，无症状高尿酸血症与痛风的界线渐趋模糊。因此，对其管理也应是一个连续的过程，需要长期，甚至是终身病情监测与管理。

随着经济快速发展和人群生活方式的明显改变，中国高尿酸血症和痛风患病率显著增高，根据最新研究结果，高尿酸血症患者已占总人口 13.3%，而痛风患病率为 1%～3%，且逐年上升。近年研究认为，痛风/高尿酸血症与多种慢性病的发生发展密切相关，如代谢性疾病，心脑血管疾病和肾脏病等，因此已被多学科认识和重视。

案例 10-4

患者，男性，46 岁。右足跖趾关节肿痛 7 天。7 天前患者因进食海鲜后出足跖趾关节肿痛，呈持续性胀痛，伴皮肤温度增高，无肿胀无水肿，无头晕，无头痛，无视物旋转模糊。精神尚可、饮食、睡眠可，二便如常。体重无明显增减。既往体健，无烟酒嗜好，无遗传病家族史。否认“高血压、糖尿病、冠心病”等病史。

查体：T 36.7℃，P 78 次/分，R 20 次/分，BP 137/76mmHg。发育正常，营养中等，神清，精神可，普通面容，心肺腹及神经系统查体未见异常，双下肢无水肿。生理反射存在，病理征未引出。

实验室检查：血尿酸 510μmol/L（150～380μmol/L）。

左足 X 线：受累关节可见非特征性软组织肿胀，未见关节面骨质缺损。

问题：1. 该患者的初步诊断是什么？其诊断依据是什么？

2. 该患者还应与哪些疾病进行鉴别诊断？该患者需要的进一步检查是什么？其治疗原则是什么？

（一）病因与分类

痛风及高尿酸血症根据病因主要分为原发性、继发性两大类。

1. 原发性高尿酸血症

（1）特发性尿酸增多症：绝大多数发病原因不明，10%～20% 的患者有阳性家族史，仅 1% 左右患者由先天性酶缺陷引起，如家族性幼年高尿酸性肾病、次黄嘌呤-鸟嘌呤磷酸核糖转移酶缺陷、磷酸核糖焦磷酸合成酶活性增高、Ⅰ型糖原贮积症、遗传性果糖不耐受症等。

（2）尿酸产生过多：与高嘌呤饮食、酒精过多摄入、高糖饮食、核酸代谢增强相关，常合并代谢综合征相关的临床表现或疾病。

2. 继发性高尿酸血症

（1）血液系统疾病：如急慢性白血病、红细胞增多症、多发性骨髓瘤、溶血性贫血、淋巴瘤及多种实体肿瘤化疗时，由于细胞内核酸大量分解而致尿酸产生过多。

（2）各类肾脏病：由于肾功能不全、肾小管疾病造成尿酸排泄减少而使血尿酸增高。

（3）服用某些药物：常见为利尿剂（如氢氯噻嗪、呋塞米等）、复方降压片、吡嗪酰胺等抗结核药、抗帕金森病药物、小剂量阿司匹林（75～300mg/d）、维生素 B_{12}、烟草酸、细胞毒性化疗药物、免疫抑制剂（如他克莫司、环孢素 A、硫唑嘌呤）等。

（4）有机酸产生过多，抑制尿酸排泄：如乳酸酸中毒，糖尿病酮症酸中毒，过度运动、饥饿、酒精等。

3. 病理生理

（1）高尿酸血症的形成：尿酸（uric acid）作为嘌呤代谢的终产物主要由细胞代谢分解的核酸和其他嘌呤类化合物以及食物中的嘌呤经酶的作用分解而来。人体中尿酸 80% 来源于内源性嘌呤代谢，20% 来源于富含嘌呤或核酸蛋白食物。正常人体内血清尿酸浓度在一个较窄的范围内波动。血尿酸水平的高低受种族、饮食习惯、区域、年龄及体表面积等多重因素影响。在 37℃的饱和浓度约为 420pmol/L（7mg/dl），高于此值即为高尿酸血症。

尿酸排泄减少，尿酸排泄障碍是引起高尿酸血症的重要因素，包括肾小球滤过减少、肾小管重吸收增多、肾小管分泌减少及尿酸盐（monosodium urate，MSU）结晶沉积。80%～90% 的高尿酸血症有尿酸排泄障碍，且以肾小管分泌减少最为重要。

尿酸生成增多主要由酶的缺陷所致，酶缺陷有多个部位。

原发性高尿酸血症常伴有肥胖、糖尿病、动脉粥样硬化、冠心病和高血压等，目前认为与胰岛素抵抗有关。原发性高尿酸血症需建立在排除其他疾病基础之上；而继发者则主要由于肾脏病导致尿酸排泄减少，骨髓增生性疾病致尿酸生成增多，某些药物抑制尿酸的排泄等多种原因所致。

（2）急性痛风性关节炎：临床上仅有部分高尿酸血症患者发展为痛风，多数患者临床表现为急性关节炎。确切原因不清。

（3）尿酸性肾结石：部分高尿酸血症的患者可以出现尿酸性结石，结石的发生率随血尿酸浓度的增高、尿酸排出量的增加而增多。尿酸在碱性环境中的溶解度远远高于酸性环境。酸性环境下可导致尿酸盐的溶解度下降，使尿酸结石易于形成。

（4）急性尿酸性肾病：由于尿酸结晶在肾集合管、肾盂、肾盏及输尿管内沉积，可使尿流阻塞发生少尿和急性肾衰竭，常见于骨髓增生性疾病化疗或放疗时尿酸盐大量产生的患者。

（二）病程及临床表现

痛风及高尿酸血症的临床病程经典分期常分为以下 4 个阶段。

1. 无症状的高尿酸血症 指血尿酸水平升高，而临床尚未出现急性痛风性关节炎或尿酸性肾结石。《2018 版欧洲抗风湿病联盟（EULAR）痛风诊断循证专家建议更新》推荐采用新的痛风及高尿酸血症分期方法，将无症状期进一步分为无症状高尿酸血症期（无晶体沉积）和无症状 MSU 晶体沉积期。

2. 急性痛风性关节炎 急性痛风性关节炎好发于下肢单关节，典型发作起病急骤，数小时内症状发展至高峰，关节及周围软组织出现明显的红、肿、热、痛，疼痛剧烈。大关节受累时可有关节渗液，并可伴有头痛、发热、白细胞计数增高等全身症状。半数以上患者首发于足第一跖趾关节，而在整个病程中约 90% 患者的该关节被累及，其他跖趾、踝、膝、指、腕、肘关节亦为好发部位，而肩、髋、脊椎等关节则较少发病。关节局部损伤（如外伤）、穿鞋过紧、走路过多、外科手术、饱餐、饮酒、脱水、过度疲劳、受冷、受潮和感染等都可能是诱发因素。自然病程＜2 周，治疗及时者症状可于数小时内缓解。

3. 间歇期 指两次急性痛风性关节炎发作之间的阶段。

4. 慢性痛风石及慢性痛风性关节炎 绝大多数患者因未长期坚持控制高尿酸血症，更多关节受累，痛风发作变得频繁，对药物治疗的反应变差，发作时间可能持续更长，逐渐进展为慢性、双侧受累、多发性关节炎，最终出现关节畸形，在关节附近肌腱腱鞘及皮肤结缔组织中形成痛风结节或痛风石，并出现高尿酸血症的并发症，如痛风性肾病等。

长期高尿酸血症患者可出现肾脏损害，包括慢性尿酸盐肾病、肾结石等。其中慢性尿酸盐肾病也称作痛风性肾病，可表现为尿浓缩功能下降（如夜尿增多、低比重尿、小分子蛋白尿）或肾小球滤过率下降，由于痛风患者常伴有高血压、动脉硬化、肾结石、尿路感染等，因此痛风性肾病可能是综合因素的结果。同时，部分高尿酸血症患者肾结石的症状早于关节炎的发作。痛风及高尿酸血症患者结石成分主要为尿酸性结石和草酸钙结石。酸性尿及尿酸浓度增加呈过饱和状态为尿酸结石形成的两个主要因素，另外肥胖、代谢综合征、慢性腹泻、糖尿病也是尿酸性结石形成的危险因素。患者常出现腰痛急性发作或血尿，大量尿酸结晶广泛阻塞肾小管腔或尿路结石造成尿道梗阻，将可能导致急性肾衰竭。通过多饮水、碱化尿液、降低血尿酸等，可挽救部分肾功能。慢性梗阻可引起肾积水、肾实质性萎缩，不及时诊治最终可发展为终末期肾病。另外，痛风患者中出现含钙肾结石亦常见，应建议转诊。

（三）实验室与辅助检查

1. 血尿酸测定 血清标本，尿酸氧化酶法。正常男性为 150～380μmol/L（2.5～6.4mg/dl），女性为 100～300pmol/L（1.6～5.0mg/dl），更年期后接近男性。血尿酸存在较大波动，应反复监测。

2. 尿酸测定 限制嘌呤饮食 5 天后，每日尿酸排出量超过 3.57mmol（600mg），可认为尿酸生成增多。

3. 滑囊液或痛风石内容物检查 偏振光显微镜下可见针形尿酸盐结晶。

4. X 线检查 见痛风章节。

5. CT 与 MRI 检查 CT 扫描受累部位可见不均匀的斑点状高密度痛风石影像；MRI 的 T_1 和 T_2 加权图像呈斑点状低信号。

（四）诊断

2018 年 EULAR 的推荐也再次强调了这一点，同时推荐在没有关节镜检穿刺的情况下，基层医院和非风湿科医师可以依赖分类标准进行痛风的临床诊断，临床表现评分累计≥8 分或出现以下表现之一可以临床诊断痛风：足或踝关节的单关节炎（尤其是第一跖趾关节）；既往曾有类似急性关节炎发作；关节肿痛症状出现急剧（24h 内达峰）；关节局部红斑；男性并存在心血管疾病和高尿酸血症。

（五）鉴别诊断

需与其他原因所致关节炎如类风湿关节炎、感染性关节炎（如化脓性关节炎、莱姆关节炎、淋病性关节炎等）、焦磷酸钙或碱性磷酸钙结晶沉积所致的假性痛风、创伤性及反应性关节炎、结节病、骨关节病、不典型慢性感染（如结核、布鲁氏菌病）等相鉴别。

（六）治疗

改善生活方式是治疗痛风及高尿酸血症的核心，特别是对于早期发现的患者。治疗的目标是促进晶体溶解和防止晶体形成，合理的综合治疗能提高患者的生命质量，减少并发症的发生，改善预后。

1. 非药物治疗　痛风相关健康常识、健康行为宣传；改善饮食习惯与控制饮酒；体重管理；痛风性关节炎的运动指导。

2. 药物治疗　在治疗过程中，避免滥用抗菌药物、长效糖皮质激素；要规范使用降尿酸治疗药物等。

（1）急性痛风性关节炎的药物治疗：总体原则：急性发作期患者可卧床休息，患肢制动，局部冷敷，并尽早（越早使用，镇痛效果越好）给予药物控制炎症。对于反复发作的慢性痛风性关节炎，基层医生需要梳理除关节炎之外其他合并症或并发症，严格掌握常规抗炎症药物的使用方法及可能的不良反应。若筛查梳理后仍不能确定，可嘱患者关节制动，局部冷敷，并尽快向上级医院转诊。

（2）降尿酸药物治疗

1）降尿酸药物治疗的建议

A. 对于符合以下临床情况的痛风患者可以开始药物降尿酸治疗（需要注意降尿酸药物的不良反应）。①痛风性关节炎发作≥2 次/年；②痛风性关节炎发作 1 次且同时合并以下任何一项：有痛风石、泌尿系结石、慢性肾脏病（CKD）3 期以上。

B. 以下患者建议结合专科医师意见决定降尿酸治疗。痛风性关节炎发作 1 次合并以下任何一项：年龄＜40 岁；血尿酸＞480μmol/L；合并高血压、糖耐量异常或糖尿病、血脂紊乱、肥胖、冠心病、脑卒中、心功能不全患者。

C. 对于无症状高尿酸血症患者（无关节炎发作、无引起高尿酸血症明确病因），建议进行非药物治疗观察随诊，6～12 个月效果不佳，可考虑转诊。不建议基层医师加用降尿酸药物治疗。

2）降尿酸治疗原则

A. 滴定：所有降尿酸药物应从小剂量起始，每 4 周左右检测血尿酸，并酌情缓慢递增剂量直到血尿酸达标。

B. 达标：血尿酸目标水平为血尿酸水平＜360μmol/L。对于痛风石、慢性关节病等痛风患者，血清尿酸水平应＜300μmol/L。长期治疗的过程中，不建议血清尿酸＜180μmol/L。

C. 长程：长期服药，规律随访。定期（3～6 个月）检查血尿酸水平，血尿酸稳定在正常水平时可逐渐减量。

D. 急性发作：不调整已用降尿酸药物剂量。

3）抑制尿酸合成药物：代表药物为别嘌醇和非布司他。

4）促尿酸排泄药物：代表药物为苯溴马隆。

（3）肾损害的处理

1）高尿酸血症患者出现肾结石：建议转诊。同时，在尿酸性结石的治疗及预防方面应进行如下处理：增加液体摄入，要求 24h 尿量达到 2L 以上；适当碱化尿液；饮食上减少嘌呤摄入、酌情使用黄嘌呤氧化酶抑制剂，减少尿酸生成。

2）慢性尿酸盐肾病：最有效的预防措施为高尿酸血症早期发现及治疗。痛风患者长期有效控制血尿酸水平，减少痛风的反复发作，才能从根本上预防尿酸盐肾病。如果已经进展至慢性肾脏病，除了降尿酸之外，治疗上还包括控制血压、治疗贫血及钙磷代谢紊乱等慢性肾脏病并发症的治疗。

（4）心血管危险因素管理：目前美国心脏病协会把高尿酸血症列为动脉粥样硬化性心血管疾病（ASCVD）的危险因素及动脉硬化的促进因子。基层医师应对所有痛风及高尿酸血症患者进行 ASCVD 危险因素的筛查，包括年龄和性别（男性＞45 岁，绝经后女性）、家族史、吸烟、超重或肥胖、高血压、血脂异常、糖尿病或糖耐量异常，并对危险因素进行干预。

二、痛　　风

痛风是指因血尿酸过高而沉积在关节、组织中造成多种损害的一组疾病，严重者可并发心脑血管疾病、肾衰竭，最终可能危及生命，是糖尿病、代谢综合征、血脂异常、慢性肾脏病和脑卒中等疾病发生的独立危险因素。

（一）病因与发病机制

病因和发病机制不清。

1. 高尿酸血症的形成　见尿酸章节。

2. 痛风的发生　临床上 5%～15% 高尿酸血症患者发展为痛风，表现为痛风性关节炎、痛风肾和痛风石等，确切原因不清。痛风患者常有阳性家族史，属多基因遗传缺陷。

急性关节炎是由于尿酸盐结晶沉积引起的炎症反应，因尿酸盐结晶可趋化白细胞，故在关节滑囊内尿酸盐沉积处可见白细胞显著增加并吞噬尿酸盐，然后释放白三烯 B4（LTB4）和糖蛋白等化学趋化因子；单核细胞受尿酸盐刺激后可释放白介素 1（IL-1）。长期尿酸盐结晶沉积招致单核细胞、上皮细胞和肥大细胞浸润，形成异物结节即痛风石。痛风性肾病是痛风特征性的病理变化之一，表现为肾髓质和锥体内有小的白色针状物沉积，周围有白细胞和巨噬细胞浸润。

（二）临床表现

传统的痛风自然病程分为无症状高尿酸血症期、急性发作期、发作间歇期和慢性痛风石病变期。在 2018 版欧洲抗风湿病联盟更新的痛风诊断循证专家建议中，将痛风的病程分为临床前期（无症状高尿酸血症及无症状 MSU 结晶沉积）和痛风期（即临床期，分为痛风性关节炎发作期及发作间期、慢性痛风性关节炎期）。

1. 急性发作期　典型痛风发作常于夜间发作，起病急骤，疼痛进行性加剧，12h 左右达高峰。疼痛呈撕裂样、刀割样或咬噬样，难以忍受。受累关节及周围软组织红肿，皮温升高，触痛明显。症状多于数天或 2 周内自行缓解。多数患者发病前无前驱症状，部分患者发病前有疲乏、周身不适及关节局部刺痛等先兆。首次发作多为单关节受累，50% 以上发生于第一跖趾关节。痛风好发于下肢，如足背、足跟、踝、膝关节，指、肘、腕关节也可受累。随着病程进展，反复发作的患者受累关节逐渐增多，少数可影响到骶髂关节、肩关节或脊柱关节，也可累及关节周围滑囊、肌腱、腱鞘等部位，且发作的症状和体征渐趋不典型。部分严重的患者发作时可伴有全身症状，如发热、寒战、乏力、心悸等。发作前多有诱发因素，多为饮酒、高嘌呤饮食、受冷和剧烈运动。

2. 发作间歇期　急性关节炎发作缓解后一般无明显后遗症状，偶有炎症区皮肤色素沉着。二次发作的间隔时间无定论，多数患者在初次发作后 1～2 年复发，随着病情的进展，发作频率逐渐增加，发作持续时间延长，无症状的间隙期缩短，甚至部分患者发作后症状不能完全缓解，关节肿痛持续存在。

3. 慢性痛风石病变期 皮下痛风石和慢性痛风石关节炎是长期血尿酸显著升高未受控制的结果，两者经常同时存在。皮下痛风石常见的发生部位为耳廓、反复发作关节的周围以及鹰嘴、跟腱、髌骨滑囊等处，外观为皮下隆起的大小不一的黄白色赘生物，破溃后排出白色粉状或糊状物，不易愈合。慢性痛风石关节炎为关节内沉积大量MSU结晶导致痛风石形成，表现为持续关节肿痛、压痛、畸形和功能障碍，其可造成关节骨质的破坏、关节周围组织纤维化、继发退行性变等。

4. 并发症和伴发疾病

（1）肾脏病变：痛风的发病过程中，尿酸盐也可沉积在泌尿系统，导致急性或慢性尿酸盐肾病、尿酸性尿路结石。

（2）代谢综合征：痛风患者常伴有体内代谢异常，易并发肥胖症、高血压、高脂血症、2型糖尿病等代谢综合征的表现。

（3）心血管疾病：痛风患者存在高尿酸血症，其是心血管疾病的独立危险因素，同时与许多传统的心血管危险因素相互作用参与心血管疾病的发生、发展及转归。研究显示，血尿酸水平每升高60μmol/L，女性心血管病病死率和缺血性心脏病病死率增加26%和30%，男性增加9%和17%。高尿酸血症是女性全因死亡和冠心病死亡的独立危险因素，高尿酸血症对男性和女性冠心病的发生及预后影响不同，女性更大，可能与雌激素水平有关。

（4）神经系统疾病：血尿酸水平和神经系统疾病关系复杂，高尿酸血症促进了缺血性卒中的发生，并与预后不良相关；但生理浓度的血尿酸水平对神经系统同时有一定的保护作用，血尿酸水平过低则有可能增加神经退行性疾病发生的风险。

（三）实验室检查

1. 常规化验 包括血常规、尿常规、肝肾功能、血糖、血脂、红细胞沉降率、C反应蛋白和泌尿系统超声检查等。痛风急性发作期多数患者有红细胞沉降率和C反应蛋白增快。慢性尿酸盐肾病时，尿常规可显示低比重尿、小分子蛋白尿、白细胞尿、轻度血尿及管型尿。此外，应根据患者的器官受累情况进行其他相应的辅助检查。

2. 血尿酸测定 正常嘌呤饮食状态下，非同日两次空腹检测，血尿酸＞420μmol/L（7mg/dl）时，诊断高尿酸血症。由于血尿酸受多种因素影响会有波动，应多次测定。

3. 尿液尿酸测定 测定前需严格低嘌呤饮食5天后才能进行，24h尿液尿酸排泄量＞600mg为尿酸生成过多型；＜600mg为尿酸排泄减少型；但不能除外两种情况同时存在。在正常饮食情况下，24h尿液尿酸排泄量以800mg进行区分。此项检查目前不作为常规检查。

4. *HLA-B*5801*基因检测 与使用别嘌醇产生严重不良反应，如Steven-Johnson或中毒性表皮坏死松解症等重症药疹密切相关。我国人群中*HLA-B*5801*基因阳性率为11.51%，以华南地区最高，可达20.19%。在有条件的地区应用别嘌醇前应进行基因检测，以减少严重药物不良反应的发生。

5. 影像学检查

（1）关节X线片：可见由于MSU结晶沉积造成的关节软骨下骨质破坏，表现为偏心性圆形或卵圆形囊性变，甚至呈虫噬样、穿凿样缺损，骨缺损边缘可呈“悬挂边缘征”。晚期可出现关节间隙明显变窄甚至消失，形成纤维性强直，也可出现关节半脱位或脱位，甚至病理性骨折。

（2）超声：对疑诊痛风性关节炎或慢性痛风石关节炎患者的诊断更有意义。最重要的4

种超声征象是痛风石、聚集物（关节积液内聚集的点状高回声，后方不伴声影，又称为“暴风雪征”）、软骨表面的“双轨征”和骨侵蚀，其中“双轨征”是尿酸沉积在关节内特异性很高的表现，其诊断痛风性关节炎的敏感度为78%，特异度为97%。

（3）双能 CT（DECT）：能特异性识别尿酸盐结晶，诊断痛风的敏感度为84%（81%～87%），特异度为93%（93%～96%）。对早期或无痛风石的患者双能 CT 的敏感性要低一些，同时也有假阳性的情况。

（4）关节腔穿刺/痛风石抽吸物 MSU 结晶检查：偏振光显微镜下表现为2～20μm 强的负性双折光的针状或杆状的 MSU 结晶。但即使是痛风发作期该检查也有阴性的可能。

（四）诊断

广泛被认可的痛风分类标准是美国风湿病学会（American College of Rheumatology，ACR）1977 年痛风分类标准和 2015 年 ACR 和欧洲抗风湿病联盟（European League Against Rheumatism，EULAR）共同制订的痛风分类标准，均将关节穿刺液镜检发现单钠尿酸盐晶体作为诊断“金标准”。2018 年 EULAR 的推荐，也再次强调了这一点，同时推荐在没有关节镜检穿刺的情况下，可以依赖分类标准进行痛风的临床诊断，临床表现评分累计≥8 分或出现以下表现之一可以临床诊断痛风：①足或踝关节的单关节炎（尤其是第一跖趾关节）；②既往曾有类似急性关节炎发作；③关节肿痛症状出现急剧（24h 内达峰）；④关节局部红斑；⑤男性并存在心血管疾病和高尿酸血症。

（五）鉴别诊断

需与其他原因所致关节炎如类风湿关节炎、感染性关节炎（如化脓性关节炎、莱姆关节炎、淋病性关节炎等）、焦磷酸钙或碱性磷酸钙结晶沉积所致的假性痛风、创伤性及反应性关节炎、结节病、骨关节病、不典型慢性感染（如结核、布鲁氏菌病）等相鉴别。

（六）治疗

1. 非药物治疗 痛风非药物治疗的总体原则是生活方式的管理，首先是饮食控制、减少饮酒、运动、肥胖者减轻体重等；其次是控制痛风相关伴发病及危险因素，如高脂血症、高血压、高血糖、肥胖和吸烟。饮食方面需限制高嘌呤的动物性食品，如动物内脏、贝壳和沙丁鱼等，减少中等嘌呤食品的摄入。除了酒类，含有高果糖浆（high-fructose corn syrup，HFCS）的饮料也会导致血尿酸水平升高，应限制饮用。需强调的是，饮食控制不能代替降尿酸药物治疗。

2. 药物治疗

（1）降尿酸治疗的指征。目前国内一般推荐，①痛风性关节炎发作≥2 次；②或痛风性关节炎发作 1 次且同时合并以下任何一项：年龄＜40 岁、血尿酸＞480μmol/L、有痛风石、尿酸性肾石症或肾功能损害［估算肾小球滤过率（eGFR）＜90ml/min］、高血压、糖耐量异常或糖尿病、血脂紊乱、肥胖、冠心病、脑卒中、心功能不全，则立即开始药物降尿酸治疗。

（2）降尿酸治疗的时机：因血尿酸波动可导致痛风急性发作，大多数痛风指南均不建议在痛风急性发作期开始时使用降尿酸药物，须在抗炎、镇痛治疗 2 周后再酌情使用。也有一些国外痛风指南提出，在足量抗炎、镇痛药应用下，允许在痛风急性期进行降尿酸治疗，但该建议的依据来自小样本的随机对照研究，推荐级别弱，尚未被国内外学者普遍接受。如果在稳定的降尿酸治疗过程中出现痛风急性发作，则无须停用降尿酸药物，可同时进行抗炎、镇痛治疗。

（3）降尿酸治疗的目标和疗程：痛风患者降尿酸治疗目标为血尿酸＜360μmol/L，并长期维持；若患者已出现痛风石、慢性痛风性关节炎或痛风性关节炎频繁发作，降尿酸治疗目标为血尿酸＜300μmol/L，直至痛风石完全溶解且关节炎频繁发作症状改善，可将治疗目标改为血尿酸＜360μmol/L，并长期维持。因人体中正常范围的尿酸有其重要的生理功能，血尿酸过低可能增加阿尔茨海默病、帕金森病等神经退行性疾病的风险。因此建议，降尿酸治疗时血尿酸不低于180μmol/L。

（4）降尿酸治疗：降尿酸药物的选择需个体化。目前国内常用的降尿酸药物包括抑制尿酸合成（别嘌醇和非布司他）和促进尿酸排泄（苯溴马隆）两类。别嘌醇和非布司他均是通过抑制黄嘌呤氧化酶活性，减少尿酸合成，从而降低血尿酸水平；而苯溴马隆则通过抑制肾小管尿酸转运蛋白-1，抑制肾小管尿酸重吸收而促进尿酸排泄，降低血尿酸水平。

（5）急性期治疗：急性期治疗原则是快速控制关节炎的症状和疼痛。急性期应卧床休息，抬高患肢，最好在发作24h内开始应用控制急性炎症的药物。一线治疗药物有秋水仙碱和非甾体抗炎药，当存在治疗禁忌或治疗效果不佳时，也可考虑短期应用糖皮质激素抗感染治疗。若单药治疗效果不佳，可选择上述药物联合治疗。对上述药物不耐受或有禁忌时，国外也有应用白细胞介素-1（IL-1）受体阻断药作为二线痛风急性发作期的治疗。目前无证据支持弱阿片类、阿片类镇痛药物对痛风急性发作有效。

糖皮质激素：主要用于急性痛风发作伴有全身症状，或秋水仙碱和非甾体抗炎药无效或使用禁忌，或肾功能不全的患者。一般推荐泼尼松0.5mg/（kg · d）连续用药5～10天停药，或用药2～5天后逐渐减量，总疗程7～10天，不宜长期使用。若痛风急性发作累及大关节时，或口服治疗效果差，可给予关节腔内或肌内注射糖皮质激素，如复方倍他米松和曲安奈德，但需排除关节感染，并避免短期内反复注射。应用糖皮质激素时要注意高血压、高血糖、高血脂、水钠潴留、感染、胃肠道风险、骨质疏松等不良反应。

（6）药物降尿酸治疗期间预防痛风急性发作：降尿酸治疗期间易导致反复出现急性发作症状，可给予预防治疗。在初始降尿酸治疗的3～6个月，口服小剂量秋水仙碱0.5mg，1～2次/日。当秋水仙碱无效或存在用药禁忌时，考虑低剂量非甾体抗炎药作为预防性治疗。上述两药使用存在禁忌或疗效不佳时，也可应用小剂量（5～10mg/d）泼尼松预防发作，但应注意糖皮质激素长期应用的副作用。

促尿酸排泄药物不推荐用于一线治疗，禁用于CKD≥3期患者或有肾结石高危风险的患者，虽然亚裔人群因细胞色素P450（CYP）2C9基因多态性罕有暴发性肝坏死报道，但仍建议在使用过程中密切监测肝功能，合并慢性肝病患者应谨慎使用苯溴马隆。

3. 痛风急性发作期的药物治疗 秋水仙碱或非甾体抗炎药（NSAID）是急性关节炎发作的一线治疗药物，上述药物有禁忌或效果不佳时可考虑选择糖皮质激素控制炎症。如果痛风发作期患者不能耐受或禁忌NSAID，可使用白介素-1（interleukin-1，IL-1）抑制剂优于不治疗；对于无法使用口服药物患者，推荐使用糖皮质激素；推荐局部使用冰敷优于无治疗措施。

同时，小剂量秋水仙碱或NSAID是降尿酸治疗（最长可应用3～6个月）初期预防痛风反复发作的一线选择。NSAID选用需要结合患者的个体情况。

4. 碱化尿液治疗 慢性肾功能不全合并高尿酸血症和（或）痛风、接受促尿酸排泄药物治疗、尿酸性肾结石的患者，必要时可碱化尿液，但应注意避免过度碱化增加其他结石风险。碳酸氢钠适用于慢性肾功能不全合并代谢性酸中毒患者；枸橼酸盐制剂主要用于尿酸性肾结石、胱氨酸结石及低枸橼酸尿患者，禁用于急慢性肾衰竭、严重酸碱平衡失调、慢性泌尿道尿素分解菌感染及氯化钠绝对禁用患者。

（七）预后

本病预后相对良好，如果及早诊断并进行规范治疗，大多数患者可正常工作和生活。慢性期病变有一定的可逆性，长期规范达标治疗可使痛风石缩小或消失，关节症状和功能改善，相关肾脏病也可减轻。伴发高血压、糖尿病、其他肾脏病及心血管疾病者预后欠佳。

第五节 血脂异常

案例 10-5

患者，女性，55 岁。体检发现血脂异常 7 天。患者 7 天前行体检筛查时发现总胆固醇（TC）6.37mmol/L（正常值<1.7mmol/L），无口渴、多饮、多尿，无明显体重下降，无头晕、头痛，无恶心、腹痛等不适。既往体健。无药物过敏史。发病以来精神、饮食正常，大小便正常。既往体健，无烟酒嗜好，无遗传病家族史。否认“高血压、糖尿病、冠心病”等病史。

查体：T 36.2℃，P 70 次/分，R 19 次/分，BP 121/71mmHg。一般情况好，心、肺、腹及神经系统查体未见异常，足背动脉搏动正常。腹平软，无压痛，肝脾肋下未触及。双下肢无水肿。

实验室检查：甘油三酯（TG）4.47mmol/L（正常值<5.2mmol/L），总胆固醇（TC）6.37mmol/L（正常值<1.7mmol/L）；高密度脂蛋白（HDL）1.12mmol/L；低密度脂蛋白（LDL）3.29mmol/L

问题：1. 该患者的初步诊断是什么？其诊断依据是什么？

2. 该患者还应与哪些疾病进行鉴别诊断？

3. 该患者需要的进一步检查是什么？其治疗原则是什么？

血脂异常（dyslipidemia）通常指血浆中总胆固醇（total cholesterol，TC）和（或）甘油三酯（triglyceride，TG）升高，因为脂质不溶或微溶于水，必须与蛋白质结合以脂蛋白的形式存在才能在血液中循环，所以血脂异常是通过高脂蛋白血症表现出来的，也称为高脂蛋白血症（hyperlipoproteinemia），简称高脂血症（hyperlipidemia）。实际上高脂血症也泛指包括低密度脂蛋白胆固醇（low-density lipoprotein cholesterol，LDL-C）升高、高密度脂蛋白胆固醇（high-density lipoprotein cholesterol，HDL-C）降低等在内的各种血脂异常。血脂异常是心脑血管疾病发病的危险因素，积极治疗血脂异常可降低冠心病、脑卒中事件的发生率。

一、病因与病理生理

脂蛋白代谢过程复杂，任何病因，引起脂质来源、脂蛋白合成、代谢过程关键酶异常或降解过程受体通路障碍等，均可能导致血脂异常。

1. 原发性高脂血症 是由于单一基因或多个基因突变所致。多具有家族聚集性，有明显的遗传倾向，特别是单一基因突变者，故临床上通常称为家族性高脂血症。大多数原发性血脂异常原因不明，认为是由多个基因与环境因素相互作用的结果。临床上血脂异常与肥胖症、高血压、糖耐量异常或糖尿病等疾病相伴发生，与胰岛素抵抗有关，称为代谢综合征。血脂异常可能参与上述疾病的发病，至少是其危险因素，或与上述疾病有共同的遗传或环境发病基础。有关的环境因素包括体力活动不足、肥胖、年龄增长及吸烟、酗酒等。

2. 继发性高脂血症 是指由于其他疾病所引起的血脂异常。其中包括全身系统性疾病引起血脂异常的疾病主要有，见表 10-7。

表 10-7 影响脂蛋白代谢异常的因素

因素	TC、LDL-C 水平升高	TG 升高，HDL-C 降低
疾病	甲状腺机能减退症	糖尿病严重控制不佳
	梗阻性肝脏疾病	酒精性肝炎，酒精中毒
	肾病综合征、直立性蛋白尿	严重代谢应激（心肌梗死，脑血管意外）
	蛋白异常血症（如骨髓瘤）	甲状腺功能减退症
	急性间歇性卟啉病	梗阻性肝脏疾病、急性肝炎
	神经性厌食症	尿毒症
	库欣综合征	蛋白异常血症，系统性红斑狼疮
饮食	过量饱和脂肪和胆固醇	过量酒精（可同时升高 TG 和 HDL-C）
药物	肾上腺皮质激素	肾上腺皮质激素
	孕激素	雌激素，口服避孕药
	噻嗪类利尿剂	尼古丁
		β 受体阻断药
		雄激素

二、临床表现与分类

（一）临床表现

高脂血症的临床表现少见。主要包括：脂质在真皮内沉积所引起的黄色瘤、脂质在血管内皮沉积所引起的动脉粥样硬化和高脂血症眼底改变。高脂血症眼底改变常是严重的高 TG 血症并伴有乳糜微粒血症的特征表现。此外，严重的高胆固醇血症尤其是纯合子型 FH（HoFH）可出现游走性多关节炎，罕见但多为自限性。严重的高甘油三酯血症还可引起急性胰腺炎。

（二）临床分类

目前临床诊断多以实验室检查结果为主，根据临床血脂检测的基本项目 TC、TG、LDL-C 和 HDL-C 的值进行分类。其他血脂项目如 Apo A、Apo B 和 Lp（a）的临床应用价值也日益受到关注，分类如下。

1. 高胆固醇血症 单纯胆固醇升高。

2. 高甘油三酯血症 单纯 TG 升高。

3. 混合性高脂血症 胆固醇和 TG 均有升高。

4. 低 HDL-C 血症 HDL-C 偏低。

三、实验室与辅助检查

血脂异常一般是通过实验室检查发现、诊断及分型的。测定空腹（禁食 12～14h）血浆或血清 TC、TG、LDL-C 与 HDL-C。抽血前的最后一餐应忌食高脂食物和禁酒。

四、诊　　断

（一）血脂异常的筛查

早期检出血脂异常个体，监测其血脂水平变化，是有效实施动脉粥样硬化性心血管疾病（atherosclerotic cardiovascular disease，ASCVD）防治措施的重要基础。建议：20～40 岁成人至少每 5 年检测一次血脂；40 岁以上男性和绝经期后女性每年检测血脂；ASCVD 患者及其高危人群，应每 3～6 个月检测一次血脂；因 ASCVD 住院患者，应在入院时或入院 24h 内检测血脂。

血脂检测的重点对象为：有 ASCVD 病史者；存在多项 ASCVD 危险因素（如高血压、糖尿病、肥胖、吸烟）的人群；有早发性心血管病家族史者（指男性一级直系亲属在 55 岁前或女性一级直系亲属在 65 岁前患缺血性心血管病），或有家族性高脂血症患者；或肌腱黄色瘤及跟腱增厚者。

（二）血脂合适水平和异常切点

血脂异常的主要危害是增加 ASCVD 的发病危险，血脂合适水平和异常切点主要适用于 ASCVD 一级预防目标人群。见表 10-8。

表 10-8　我国 ASCVD 一级预防血脂合适水平和异常分层标准　　单位：mmol/L（mg/dl）

分层	TC	LDL-C	HDL-C	TG
理想水平	—	<2.6（100）	—	—
合适水平	<5.2（200）	<3.4（130）	—	<1.7（150）
边缘水平	≥5.2（200）且<6.2（240）	≥3.4（130）且<4.1（160）	—	≥1.7（150）且<2.3（200）
升高	≥6.2（240）	≥4.1（160）	—	≥2.3（200）
降低	—	—	<1.0（40）	—

—：无

（三）血脂异常危险分层及目标值

干预血脂异常是为预防 ASCVD。LDL-C 或 TC 水平对个体或群体 ASCVD 发病危险具有独立的作用。全面评价 ASCVD 总体危险是防治血脂异常的必要前提。根据个体 ASCVD 危险分层判断血脂异常干预的目标水平。血脂异常的诊断流程见图 10-2。

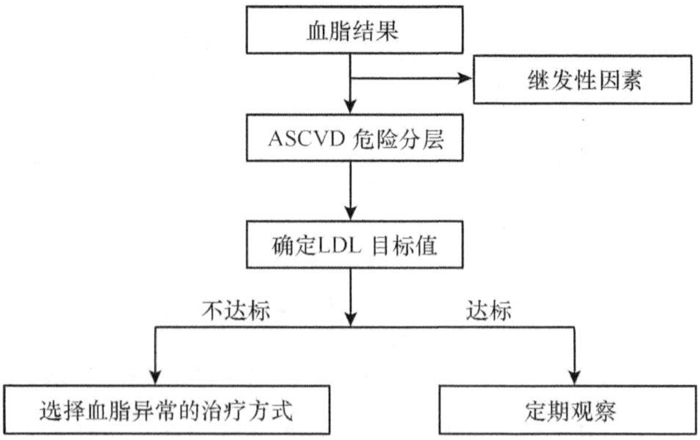

图 10-2　血脂异常诊断流程

（四）分类诊断

根据前述进行分类，并鉴别原发性血脂异常和继发性血脂异常。对原发性家族性脂蛋白异常血症可进行基因诊断。

五、治　　疗

纠正血脂异常的目的在于降低缺血性心血管疾病（冠心病和缺血性脑卒中）患病率和死亡率。TC、LDL-C、TG 和 VLDL-C 增高是冠心病的危险因素，其中以 LDL-C 最为重要，而 HDL-C 被认为是冠心病的保护因素。

（一）以 LDL-C 为治疗目标值

血脂异常尤其是 LDL-C 升高是导致 ASCVD 发生、发展的关键因素。大量临床研究证实，无论采取何种药物或措施，只要血清 LDL-C 水平下降，就可稳定、延缓或逆转动脉粥样硬化病变，并能显著降低 ASCVD 的发生率、致残率和死亡率。国内外血脂异常防治指南均强调，LDL-C 在 ASCVD 发病中起着核心作用，提倡以降低血清 LDL-C 水平来防控 ASCVD 危险。所以，推荐以 LDL-C 为首要干预靶点（Ⅰ类推荐，A 级证据）。

（二）危险分层诊断流程

符合下列任意条件者，可直接列为高危或极高危人群

（1）极高危：ASCVD 患者，包括急性冠脉综合征、稳定型冠心病、血运重建术后、缺血性心肌病、缺血性脑卒中、短暂性脑缺血发作、外周动脉粥样硬化病等。

（2）高危

1）LDL-C≥4.9mmol/L 或 TC≥7.2mmol/L。

2）糖尿病患者 1.8mmol/L≤LDL-C＜4.9mmol/L 或 3.1mmol/L≤TC＜7.2mmol/L 且年龄≥40 岁。

3）ASCVD 10 年发病危险为中危且年龄＜55 岁者，评估余生危险，具有以下任意 2 项及以上危险因素者，定义为高危：收缩压≥160mmHg（1mmHg=0.133kPa）或舒张压≥100mmHg；非-HDL-C≥5.2mmol/L（200mg/dl）；HDL-C＜1.0mmol/L（40mg/dl）；BMI≥28kg/m^2；吸烟。

（三）降脂治疗目标值

血脂异常危险分层及目标值见表 10-9。

对不符合上述条件者，评估 10 年 ASCVD 的发病风险，评估方法见表 10-10。

表 10-9　血脂异常危险分层及目标

危险分层	疾病或危险因素	LDL-C 目标值
极高危	ASCVD 患者[a]	＜1.8mmol/L
高危	LDL-C ≥ 4.9mmol/L 或 TC ≥ 7.2mmol/L	＜2.6mmol/L
	糖尿病患者 1.8mmol/L≤LDL-C＜4.9mmol/L 或 3.1mmol/L≤TC＜7.2mmol/L 且年龄≥40 岁	
	高血压 +2 项及以上危险因素[b]	
中危	无高血压，2 项及以上危险因素[b]	＜3.4mmol/L
	高血压 +1 项危险因素[b]	

续表

危险分层	疾病或危险因素	LDL-C 目标值
低危	无高血压，0～1 项危险因素[b]	＜3.4mmol/L
	高血压，无危险因素[b]	

注：a. ASCVD-动脉粥样硬化性心血管疾病，包括急性冠脉综合征（ACS）、稳定型冠心病、血运重建术后、缺血性心肌病、缺血性脑卒中、短暂性脑缺血发作、外周动脉粥样硬化病等；b. 危险因素有吸烟、年龄（男性＞45 岁、女性＞55 岁）、HDL-C＜1.0mmol/L（40mg/dl）

表 10-10　10 年 ASCVD 发病风险评估方法

危险因素（个）[a]		血清胆固醇水平分层（mmol/L）		
		3.1≤TC＜4.1 或 1.8≤LDL-C＜2.6	4.1≤TC＜5.2 或 2.6≤LDL-C＜3.4	5.2≤TC＜7.2 或 3.4≤LDL-C＜4.9
无高血压	0～1	低危	低危	低危
	2	低危	低危	中危
	3	低危	中危	中危
有高血压	0	低危	低危	低危
	1	低危	中危	中危
	2	中危	高危	高危
	3	高危	高危	高危

注：a. 包括吸烟、低 HDL-C 及男性≥45 岁或女性≥55 岁；慢性肾脏病患者的危险评估及治疗请参见特殊人群血脂异常的治疗；低危＜5%；中危 5%～9%；高危≥10%

（四）血脂异常的干预

1. 一般治疗　尽量避免使用对血脂有不利影响的药物。尤其老年人常因合并许多其他慢性疾病而服用较多药物，所以要特别注意避免某些药物（如部分降压药物等）对血脂代谢的不利影响。如治疗高血压时，避免使用 β 受体阻断药和噻嗪类利尿剂，宜选用血管紧张素转换酶抑制药、钙通道阻滞药或 α 受体阻断药作为治疗老年人高血压病的一线药物。

2. 生活方式改变　健康的生活方式可以降低所有年龄段人群的 ASCVD 风险，延缓年轻人群危险因素发展的进程，也是代谢综合征的一级预防治疗策略。无论任何年龄阶段、无论是否进行药物治疗，都必须坚持控制饮食和健康的生活方式（Ⅰ类推荐，A 级证据）。健康的生活方式包括抗动脉粥样硬化饮食、控制体重、规律锻炼、戒烟。对居民膳食主要推荐如下：食物多样，谷类为主；吃动平衡，健康体重；多吃蔬果、奶类、大豆；适量吃鱼、禽、蛋、瘦肉；少盐少油，控糖限酒。

3. 治疗药物　①高胆固醇血症：首选他汀类，如他汀类不能使血脂达到治疗目标值可加用依折麦布或单酸螯合剂，强化降脂。②高甘油三酯血症：该类患者首选贝特类，同时辅以烟酸类或海鱼油制剂。③混合性高脂血症：对于此类型患者，需根据胆固醇和甘油三酯水平高低决定治疗方案。胆固醇升高更明显，则首选他汀类，同时辅以烟酸类或贝特类；当胆固醇有明显降低而甘油三酯仍较高时，改用贝特类；若以甘油三酯升高为主，可首选贝特类，同时辅以烟酸类或他汀类；如果单一种药物疗效差，必须同时选用两种药物时，则均自小剂量开始，采取早晨用贝特类、晚上用他汀类，避免血药浓度升高，同时更严密监测肝功能及肌酶。④低高密度脂蛋白血症：目标是降低 LDL-C 并达目标值；单纯低 HDL-C 时，以增加体力活动为主，必要时可考虑采用烟酸、他汀类或贝特类等升高 HDL-C 的药物，但主要是针对合并冠心病或冠心病等危症者。治疗引起 HDL-C 水平降低的原发性疾病，如肾病综合征、糖尿病等。

（五）血脂异常治疗后复查

药物治疗开始后 4～8 周复查血脂、肝功能、肌酸激酶，若无特殊情况且血脂达标可改为每 6～12 个月复查一次；长期达标者可每年复查一次。如血脂未达标则需调整降脂药剂量或种类，或联合应用不同作用机制的降脂药进行治疗。每当调整降脂药种类或剂量时，都应在治疗后 6 周内复查。

思　考　题

1. 抗甲状药物治疗的适应证是什么？
2. 甲状腺功能减退有哪些主要临床表现？
3. 简述糖尿病的口服降糖药分类及其代表药物。
4. 抗痛风药物的分类及适应证是什么？

（闫鸿丽）

第十一章 脑血管疾病

脑血管疾病（cerebrovascular disease）是指各种原因所致的脑血流变化从而继发的脑功能障碍，包括血管损伤出血、狭窄、阻塞等导致脑部血液供应障碍（脑组织缺血或出血）或血液成分异常产生脑功能暂时或永久性功能障碍。

脑卒中是指以局灶性神经功能缺失为共同特征的急性脑血管病，分为出血性脑卒中和缺血性脑卒中。出血性脑卒中包括蛛网膜下腔出血和脑出血。缺血性脑卒中是由于脑局部血液循环不畅或受阻而导致脑组织缺血所引起的神经功能障碍，其症状和体征与受累脑血管的血供区域相一致，并持续至少 24h 或存在经影像学证实的新发梗死灶。如脑缺血的症状仅持续数分钟至数小时，且无影像学证实的新发梗死病变则称为短暂性脑缺血发作。

第一节 短暂性脑缺血发作

短暂性脑缺血发作（transient ischemic attack，TIA），又称小卒中（mini-stroke）是指由于短暂脑或视网膜局灶性缺血所致的、不伴急性梗死的短暂性神经功能缺损发作。TIA 会引起与卒中相关的相同症状，例如身体一侧无力或麻木、视力突然变暗或丧失、说话或理解语言困难、口齿不清或意识模糊，但 TIA 的临床症状一般多在 1～2h 恢复，不遗留神经功能缺损症状和体征，且影像学上没有急性脑梗死的证据。

一、病因与发病机制

TIA 多发生于老年人，男性多于女性。患者多伴有高血压、糖尿病、血脂异常、动脉粥样硬化及心脏病、血液成分的改变等脑血管病的危险因素。

1. 微栓塞 导致 TIA 最常见的原因是心房颤动，收缩不协调会导致心房内形成凝块，该凝块可能会脱落并进入脑动脉。TIA 另一个常见的原因是位于颈总动脉尤其是位于颈内、外颈动脉之间的分叉处动脉粥样硬化斑块，部分脱落，形成微栓子随血液流入脑中，阻塞远端血管引起临床症状。而当微栓子崩解或向血管远端移动后，局部血流恢复，症状便消失。

2. 血流动力学改变 在颈部动脉或颅内动脉狭窄的基础上，当低血压或血压波动超出脑血流的自动调节范围时，狭窄部位远端血管的血流减少，导致短暂性脑缺血症状的出现。当血压回升后，脑血流恢复正常，短暂性脑缺血的症状消失。颈部动脉或颅内动脉狭窄导致的 TIA 发作大多具有频繁、短暂、刻板的特征。

3. 血液成分改变 当血液成分改变时，如真性红细胞增多症、白血病、血小板增多症、异常蛋白血症、血纤维蛋白原含量增高及其他各种原因所致的血液高凝状态（如镰状细胞贫血）时，血液中有形成分在脑部微血管中淤积，形成血栓，阻塞微血管，也可导致 TIA。

4. 其他 任何原因导致的脑局部缺血均有可能导致 TIA，如脑血管痉挛或受压可引起 TIA。当头臂干和锁骨下动脉狭窄或闭塞时，上肢活动可能引起血液从椎动脉进入锁骨下动脉（椎动脉进入锁骨下动脉盗血现象），使脑血流减少，导致椎-基底动脉系统 TIA。

案例 11-1

患者，男性，78 岁。发作性左侧肢体无力，言语不能 5 小时余。患者及其家属诉患者于今日 20: 30 开始发作左侧肢体无力，言语不能，无胸闷气促，视物异常，大小便失禁，意识障碍，症状持续至 10 余分钟缓解，未重视。23:00 左右再次发作上述类似症状，持续 10 余分钟缓解，为求诊治特到我院就诊，急诊行头颅 CT 提示：①多发性腔隙性脑梗死；②脑萎缩。自发病以来精神、饮食、大小便正常。

查体：T 36.6℃，P 82 次/分，R 18 次/分，BP 120/75mmHg。神志清楚，言语清晰，双侧眼球活动自如，直径 3mm，直、间接对光反射存在，双侧鼻唇沟对称，颈软，无抵抗，四肢肌力 5 级，双侧深浅感觉正常，双侧病理征（－）。

既往史：高血压 12 年，血压最高 165/95mmHg，口服硝苯地平缓释片降压，平时血压控制在 130/85mmHg。发现糖尿病 5 年，口服二甲双胍降血糖治疗，平素血糖控制欠佳。

实验室检查：血常规示 Hb 125g/L，WBC 8.5×10^9/L，PLT 225×10^9/L。血生化示血糖 12.5mmol/L，总胆固醇 6.28mmol/L，甘油三酯 2.25mmol/L，低密度脂蛋白胆固醇 3.14mmol/L，糖化血红蛋白 7.5%。

头颅 MRI+MRA 示：多发性腔隙性脑梗死；脑动脉粥样硬化。

问题：1. 该患者的初步诊断是什么？其诊断依据是什么？

2. 该患者的诊断还应与哪些疾病进行鉴别诊断？

二、临床表现

患者多有反复发作的病史，每次发作时的临床表现基本相似，均突然起病、迅速出现局灶性中枢神经系统或视网膜功能缺损，一般多在发作后 1～2h 恢复，不遗留神经功能缺损体征。椎-基底动脉系统 TIA 更易出现反复发作。TIA 以反复发作性（尤其是椎-基底动脉系统 TIA 更易反复发作）、短暂性、可逆性、临床症状多样性为其特征。

1. 颈内动脉系统 TIA

（1）常见症状：病变对侧发作性的肢体单瘫、偏瘫和面瘫、病变对侧单肢或偏身麻木，吞咽困难、伸舌偏斜（指向肢体瘫痪侧）、口齿不清。

（2）特征性症状：根据受累的血管不同，可出现不同症状。当眼动脉受累时，出现病变同侧单眼一过性黑朦或单眼失明，当颈内动脉外壁上的交感神经节后纤维受损时，出现同侧 Horner 征 。优势半球受累可出现失语，非优势半球受累可出现体像障碍。

（3）可能出现的症状：病灶对侧同向性偏盲（大脑中-后动脉皮质支分水岭区缺血，颞-枕交界区受累所致）。

2. 椎-基底动脉系统 TIA

（1）常见症状：最常见的症状是眩晕、恶心和呕吐，为脑干前庭系统缺血的表现。少数伴有耳鸣，是迷路动脉缺血的症状。小脑受累时，可能出现平衡问题。不伴有其他后循环缺血症状的孤立性眩晕多数不是 TIA。

（2）特征性症状：脑神经交叉性瘫痪（病变同侧脑神经麻痹和对侧肢体瘫痪）和交叉性感觉障碍（病变同侧面部及对侧半身感觉障碍）。大脑后动脉缺血会导致一侧或两侧视力障碍或视野缺损。

（3）可能出现的症状：包括眼外肌麻痹、眼震、交叉性感觉障碍（Wallenberg 综合征）、脑神经交叉性瘫痪、吞咽困难和构音障碍（真性或假性延髓性麻痹）、共济失调及平衡障碍

（小脑或小脑-脑干联系纤维损害）、意识障碍（脑干网状结构受损）等。脑干网状结构缺血可引起跌倒发作，但整个过程中患者意识清楚。还可表现有精神症状、意识障碍、半侧舞蹈样发作或偏身投掷，短暂性全面遗忘症（一过性记忆丧失），伴时间、空间定向力障碍，无意识障碍，患者的自知力存在，较复杂的皮质高级活动如书写、计算和对话等保留完整，无神经系统其他异常表现，症状持续数分钟或数小时后缓解，大多不超过 24h，可完全或部分遗留对发作期事件的遗忘，预后多较好。

三、辅助检查

（一）常规化验

血常规、血糖和血脂、凝血功能等检测，对查找病因、判定预后及预防脑卒中十分必要。

（二）心电图及超声心动图

有助于判断是否有心源性栓子的可能。矛盾栓塞可能是存在卵圆孔未闭的不明原因脑梗死的始动致病机制，发泡试验可查出心脏右向左分流和肺动静脉分流，能够为其提供诊断依据。

（三）头部 CT 和 MRI

一般头部 CT 和 MRI 检查多正常，主要用于排除脑出血和脑梗死。MRI 弥散加权成像（DWI）有助于发现新发梗死灶。在 TIA 发作时，磁共振灌注加权成像（perfusion weighted imaging，PWI）可显示脑组织局部微观缺血性改变。

（四）经颅多普勒（TCD）及颈动脉超声

通过 TCD 检查可监测微栓子。通过颈动脉超声对颈部动脉和椎-基底动脉的颅外段进行检查，可发现动脉硬化斑块并评价斑块性质，也可判断血管狭窄的程度及是否存在闭塞。

（五）血管造影

MRA 和 CTA 是无创性血管成像技术，可以初步了解脑部血管狭窄等情况。数字减影血管造影（digital subtraction angiography，DSA）是评估颅内外血管病变最为精准的方法，属于有创检查。

四、诊断

诊断主要依靠病史，因多数 TIA 患者就诊时临床症状已经消失。如中老年人突然出现局灶性脑损害症状，符合脑缺血后的表现，持续数分钟或数小时后完全恢复，应高度怀疑为 TIA。应检查头部 CT 和 MRI 排除其他疾病后，即可诊断 TIA。

临床诊断为 TIA 后，应进一步确定哪个系统的 TIA，并进行病因发病机制分类、评估 TIA 危险因素。

五、鉴别诊断

TIA 需要与偏头痛、梅尼埃病、良性发作性位置性眩晕、局灶性癫痫及可能会引起近似于 TIA 症状的疾病相鉴别。

六、治　　疗

应全面评估，积极筛查病因及危险因素，给予相应治疗，同时应遵循个体化原则，防止脑卒中的发生。

1. 药物治疗

（1）抗血小板聚集药物：对非心源性TIA患者，建议给予抗血小板治疗，如阿司匹林（50～325mg，qd）和氯吡格雷（75mg，qd）。阿司匹林的作用机制是通过抑制环氧化酶而抑制血小板聚集，服用可致消化道出血。氯吡格雷是腺苷二磷酸（ADP）诱导血小板聚集的抑制剂，其上消化道出血的发生率比阿司匹林低，在预防血管性事件如TIA的发生方面优于阿司匹林。

（2）抗凝治疗：不作为TIA患者的常规治疗。对于伴有心房颤动（包括阵发性）、风湿性二尖瓣病变及人工机械瓣膜等的TIA患者（感染性心内膜炎除外），建议使用华法林（warfarin）口服抗凝治疗。因华法林起效缓慢，如需快速达到抗凝效果，可同时应用普通肝素或低分子量肝素，待华法林充分发挥抗凝作用后停用肝素。一般华法林1～3mg，每日1次，口服，3～5天后改为2.5～5mg维持，并参考国际标准化比值（international normalized ratio，INR）调整剂量，使INR控制在2.0～3.0。有出血倾向、溃疡病、严重高血压及肝肾疾病的患者禁忌抗凝治疗。非瓣膜性心房颤动患者除了可应用华法林外也可选用新型口服抗凝血药物直接凝血酶抑制剂达比加群酯（dabigatran）。对于存在抗凝治疗禁忌或拒绝接受抗凝治疗的患者，应使用抗血小板药物治疗。

（3）钙通道阻滞药：尼莫地平为选择性作用于脑血管平滑肌，脂溶性高，易通过血-脑脊液屏障，扩张脑血管，增加脑血流量，并可拮抗5-HT、花生四烯酸、TXA2等所致的脑血管痉挛。用于急性脑血管病恢复期，增加血流量，改善微循环。尼莫地平（nimodipine）20～40mg，每日3次；盐酸氟桂利嗪（flunarizine）5～10mg，每日睡前口服1次，能防止因缺血等原因导致的细胞内病理性钙超载而造成的细胞损害，缓解脑血管痉挛。

（4）其他：应用中医中药也可用改善循环药物。如患者血纤维蛋白原明显增高，可以考虑应用降纤药物如巴曲酶、降纤酶、蚓激酶等，具有降低血黏度、分解血纤维蛋白原、抑制血栓形成。有过敏体质及有消化性溃疡病史者慎用。

2. 病因治疗　针对可能存在的脑血管病危险因素，如高血压、糖尿病、血脂异常、心脏疾病等进行积极有效的干预治疗。同时应建立健康的生活方式，戒烟、避免酗酒，合理运动，适度降低体重等。病因治疗是预防TIA复发的关键。

3. 手术和介入治疗　采用颈动脉内膜切除术（CEA）和动脉血管成形术（PTA）等减少动脉狭窄。

七、预　　后

发生TIA的风险因素和脑卒中一致，TIA患者发生脑卒中的概率明显高于一般人群。TIA患者短期卒中风险很高，7天内脑卒中发生风险为4%～10%，90天内为10%～20%，其中有25%～50%发生于TIA后2天内。DWI发现新发梗死灶的患者按新的定义属于缺血性脑卒中，该部分患者再发卒中风险高。另外，TIA患者发生心肌梗死和猝死的风险也增高。

第二节　脑　梗　死

脑梗死（cerebral infarction）又称缺血性脑卒中（cerebral ischemic stroke），是指因脑部

血液循环障碍，缺血、缺氧所致的局限性脑组织的缺血性坏死或软化，其原因包括血栓形成、栓塞、全身性低灌、脑静脉窦血栓形成等。

脑梗死是脑血管病中最常见的一种类型，约占全部急性脑血管病的 70%。脑梗死的分型方法有很多种，有依据临床表现的分型方法，有依据病因的分型方法，还有依据影像学表现的分型方法。TOAST 分型基于临床症状以及进一步检查的结果；按其发病的原因，脑卒中被分为大动脉粥样硬化型、心源性栓塞型、小动脉闭塞型、其他已确定原因和未确定原因型。此分类有助于判断预后、指导治疗及选择个体化的二级预防措施，也有助于未知领域开展相关的临床研究，以便更好地解决患者的具体问题。

案例 11-2

患者，女性，33 岁。突发头晕伴左侧肢体无力 1 小时 30 分钟。患者于今日 8:10 在活动中突感头晕，随即出现左侧肢体无力，不能持物及行走，伴口齿含糊，不能与人正常交流，无头痛，无恶心、呕吐，无畏寒、发热，无肢体抽搐，9:30 到我院急诊，抽血查血常规、凝血功能均正常，急诊行头部 CT 检查未见明显异常，10:15 给予静脉溶栓（阿替普酶 0.9mg/kg）治疗，症状无改善。

查体：T 36.2℃，P 78 次/分，R 18 次/分，BP 125/70mmHg。神志清楚，口齿含糊，双侧瞳孔等大等圆，左侧鼻唇沟浅，伸舌左偏，左侧肢体肌力 3^-级，左侧 Babinski 征（+），左侧偏身针刺觉减退，心律齐、二尖瓣听诊器闻及舒张期隆隆样杂音。NIHSS 评分 8 分。

既往史：既往体健。

实验室检查：血常规、凝血功能、肝肾功能正常。

入院头颅 CT 示：未见明显异常（阅片见大脑中动脉高密度征）。

入院头颅 MRI+MRA 示右侧大脑半球梗死，右侧大脑中动脉闭塞（图 11-1）。

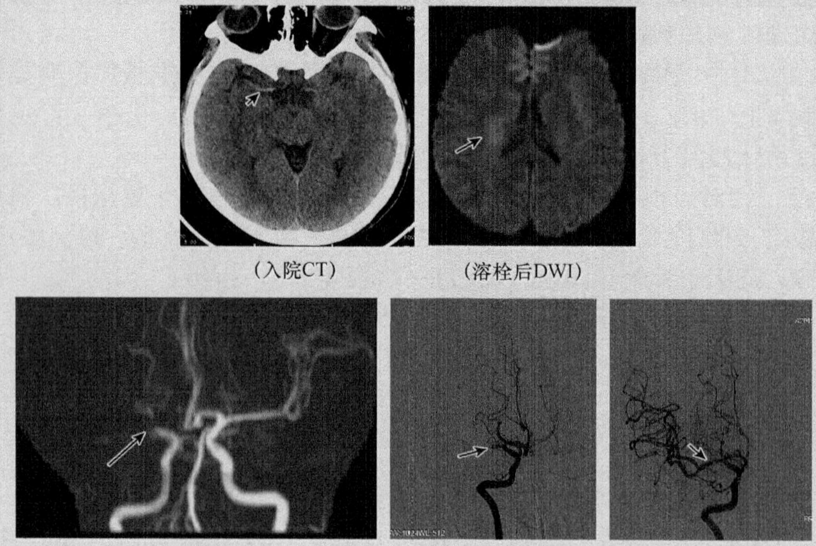
（入院CT）（溶栓后DWI）

（溶栓后MRA）（术前造影）（术后造影）

图 11-1 入院影像

问题：1. 该患者的初步诊断是什么？

2. 该患者已经给予静脉溶栓治疗，症状无改善，用什么治疗再通血管？

一、大动脉粥样硬化性脑梗死

以大动脉粥样硬化（large artery atherosclerosis）性脑梗死最为常见。在脑动脉粥样硬化的基础上形成血栓（通常在动脉粥样硬化斑块周围）、动脉栓塞、载体动脉病变堵塞穿支动脉或动脉远端低灌注等，造成局部脑组织因血液供应中断而发生缺血、缺氧性坏死，引起相应的神经系统症状和体征。由于动脉阻塞是渐进的，有症状的血栓性脑卒中发作比出血性脑卒中慢。如果血栓或动脉粥样硬化斑块脱落并在血流中移动，即使栓子没有完全阻塞血管，也可能导致栓塞性脑卒中。

（一）病因与发病机制

大血管疾病涉及颅内及颈部大动脉，包括颈总动脉和颈内动脉、椎动脉和 Willis 环等。可能在大血管中形成血栓的疾病包括（发病率递减）动脉粥样硬化、血管收缩、主动脉、颈动脉或椎动脉夹层、血管壁的各种炎症性疾病（高安动脉炎、巨细胞动脉炎、血管炎）、非炎症性血管病、烟雾病和纤维肌肉发育不良等。动脉粥样硬化形成的过程比较复杂，反复的机械性或非机械性（如炎症性）动脉内膜损伤及脑血管病的危险因素在动脉粥样硬化形成过程中起着重要作用。动脉粥样硬化容易发生在动脉分支附近，如颈动脉窦部及虹吸部、大脑中动脉近端及椎动脉近端等部位，与这些部位血液易发生湍流有关。大动脉粥样硬化导致脑梗死的机制主要包括血栓形成、动脉到动脉栓塞、载体动脉病变堵塞穿支动脉及低灌注。

1. 血栓形成　动脉粥样硬化病变，尤其伴有高血压和糖尿病时，血管内皮更易损伤，促进血小板的黏附、聚集和释放，进而导致血栓形成。随着动脉粥样硬化病变的发展和反复的血栓形成，最终导致管腔闭塞。

2. 动脉到动脉栓塞　是指动脉粥样硬化斑块碎片或动脉粥样硬化部位形成的血栓部分或完全脱落的栓子堵塞远端血管。

3. 载体动脉病变堵塞穿支动脉　动脉粥样硬化斑块或血栓形成阻挡了穿支动脉的开口，导致穿支动脉闭塞。

4. 低灌注　动脉粥样硬化病变导致管腔狭窄后，当出现低血压或血压波动时，引起病变血管的血流减少，脑组织供血不足，出现低灌注，严重时可导致脑组织缺血、坏死。

5. 混合机制　同一患者可并存多种不同的发病机制，如对于颈内动脉粥样硬化性严重狭窄的患者，其发生脑梗死机制可以是动脉到动脉栓塞合并低灌注。如果脑动脉血流中断持续5min，神经细胞就会发生不可逆性损害，出现脑梗死。

（二）病理

脑梗死发生的 5～8h，常无明显肉眼改变，12～36h 病变区域灰白质界限开始模糊不清，灰质色泽苍白、质地变软。脑梗死发生 2～10 天病变区域脑组织除急性期病变更加明显外，最显著的特点是出现脑水肿，脑组织切片可见梗死区和非梗死区的分裂伪迹（cracking artefact）。其后，水肿减退。3～4 周后，小的梗死灶可被肉芽组织所取代，形成胶质瘢痕，大的梗死灶开始发生液化性坏死（liquefactive necrosis），最终导致空洞形成；数月后缺血区脑组织囊腔形成、周围脑组织萎缩，也可表现为不规则脑软化（encephalomalacia）灶形成。

在急性期（第 1～4 天）：病变脑组织染色变浅，神经元固缩，呈嗜酸性改变，神经元形成，周围神经毡空泡形成，皮质下白质少突胶质细胞发生退行性变。在亚急性期（第 5～30 天）：病变脑组织以坏死微血管为中心出现不同程度的中性粒细胞浸润、小胶质细胞活化、泡沫样组织细胞出现。第 5～12 天，病变区域可出现不同程度的血管内皮细胞增生和血管新生；第

8～14 天，无核、缺乏细胞质细节的神经元出现、吞噬细胞吞噬脂质和星形胶质细胞反应性增生更加明显；第 15～30 天，梗死区灶内神经元消失，坏死的白质内可见大量吞噬细胞和反应性改变。在慢性期（数周至数月或数年），病程达数月的梗死灶内仍可见少量泡沫样吞噬细胞浸润，伴含铁血黄素沉积，囊腔之间可见薄壁血管穿行，梗死灶周围被大量反应性增生的星形胶质细胞所包绕，即使是大面积的皮质梗死灶，分子层也往往相对保留，伴反应性星形胶质细胞增生。梗死灶及其周围脑组织内残留的神经元和轴突周围可伴有铁离子和钙盐沉积，偶尔在梗死灶周围可见栓塞的血管。

（三）临床表现

多发生在中老年，一般有脑梗死的危险因素，如高血压、糖尿病、冠心病及血脂异常等，部分病例在发病前可有 TIA 发作。临床表现取决于梗死灶的大小和部位，主要为局灶性神经功能缺损的症状和体征。患者一般意识清楚，在发生基底动脉闭塞或大面积脑梗死时，病情严重，可出现意识障碍，甚至脑疝形成，导致死亡。

1. 颈内动脉系统（前循环）脑梗死

（1）颈内动脉闭塞：颈内动脉搏动减弱或消失，听诊可闻及血管杂音。其临床表现复杂多样，取决于颈内动脉的狭窄程度和侧支循环代偿的状况。如果侧支循环代偿良好，可以全无症状。若侧支循环不良，可引起 TIA，也可表现为大脑中动脉和（或）大脑前动脉缺血症状，或分水岭梗死（位于大脑前、中动脉或大脑中、后动脉之间）。患者可出现同侧 Horner 征，出现对侧偏瘫、偏身感觉障碍、双眼对侧同向性偏盲，优势半球受累可出现失语，非优势半球受累可有体像障碍。当眼动脉受累时，可有单眼一过性失明，偶尔成为永久性视力丧失。

（2）大脑中动脉闭塞：其临床表现可轻、可重，主要取决于闭塞的部位及侧支循环的状况。若大脑中动脉主干闭塞，可能会导致引起大面积的脑梗死、不同程度的意识障碍，严重时可导致脑疝形成，甚至死亡。可出现对侧偏瘫、偏身感觉障碍和同向性偏盲，可伴有双眼向病灶侧凝视，优势半球受累可出现失语，非优势半球病变可有体像障碍。

（3）大脑前动脉闭塞：非近段闭塞时，出现对侧偏瘫，下肢重于上肢，有轻度感觉障碍，优势半球病变可有 Broca 失语，可伴有尿失禁（旁中央小叶受损）及对侧强握反射等。深穿支闭塞时，出现对侧面、舌瘫及上肢轻瘫（内囊膝部及部分内囊前肢）。双侧大脑前动脉闭塞时，可出现淡漠、欣快等精神症状，双下肢瘫痪，尿潴留或尿失禁及强握等原始反射。如果前交通动脉开放，一侧大脑前动脉近段闭塞可以完全没有症状。

2. 椎-基底动脉系统（后循环）脑梗死

（1）大脑后动脉闭塞：动脉的闭塞位置和 Willis 环的代偿功能在很大程度上决定了脑梗死的范围和临床症状严重程度。主干闭塞表现为对侧偏盲、偏瘫及偏身感觉障碍，丘脑综合征，优势半球受累可伴有失读。皮质支、基底动脉上端、深穿支闭塞可出现不同的症状。如皮质支闭塞出现双眼对侧视野同向偏盲（但有黄斑回避）。基底动脉上端闭塞，尤其是双侧后交通动脉异常细小时，会引起双侧大脑后动脉皮质支闭塞，表现为双眼全盲，对光反射存在。深穿支闭塞可出现感觉、运动障碍、共济失调、意向性震颤等。

（2）椎动脉闭塞：是否有临床表现，取决于椎动脉的粗细和侧支循环代偿的状况。当一侧闭塞时，若对侧椎动脉粗细正常，可通过其进行代偿，可以无明显的症状。约 10% 的患者椎动脉一侧椎动脉粗大（优势椎动脉），一侧细小。当脑干仅由一侧椎动脉供血时，优势椎动脉闭塞导致的病变范围等同于基底动脉或双侧椎动脉阻塞后的梗死区域，症状较为严重，导致脑干、小脑等的损伤，可表现为延髓背外侧综合征（Wallenberg syndrome），出现眩晕、恶心、呕吐和眼球震颤（前庭神经核受损）；声音嘶哑、吞咽困难及饮水呛咳（疑核及舌咽、迷走神经受损）；病灶侧小脑性共济失调（绳状体或小脑损伤）；交叉性感觉障碍，即病灶同侧面部痛、温觉减退或消失（三叉神经脊束核受损），病灶对侧偏身痛、温觉减退或消失（对侧交叉的脊髓丘脑束受损）；病灶同侧 Horner 征（交感神经下行纤维损伤）。

（3）基底动脉闭塞：基底动脉主干闭塞时，表现为眩晕、恶心及呕吐、眼球震颤、复视、构音障碍、吞咽困难及共济失调等，病情进展迅速可出现延髓性麻痹、四肢瘫痪、昏迷、中枢性高热、应激性溃疡，常导致死亡。基底动脉分支的闭塞会引起脑干和小脑的梗死，表现为多种临床综合征，如脑桥前下部综合征、闭锁综合征（locked-in syndrome）、基底动脉尖综合征。

（四）辅助检查

1. 血液化验及心电图检查 血液检查包括血常规、凝血功能、血糖、血脂、肾功能及血电解质等。这些检查有利于发现脑梗死的危险因素。

2. 头颅 CT 对于急性卒中患者，应尽快做头颅 CT 检查，为决定是否急性静脉溶栓做准备。CT 对急性期的小梗死灶不敏感，特别是脑干和小脑的小梗死灶更难检出。在脑梗死的超早期阶段（发病 3h 内），CT 仅可以发现一些轻微的改变。

3. MRI 与 CT 相比，MRI 可以发现脑干、小脑梗死及小梗死灶。脑梗死发病数小时后，即可显示 T_1 低信号，T_2 高信号的病变区域。如弥散加权成像（DWI）和灌注加权成像（PWI），可以在发病后的数分钟内检测到缺血性改变。

4. 经颅多普勒（TCD）及颈动脉超声检查 通过颈动脉超声对颈部动脉和椎-基底动脉的颅外段进行检查和通过 TCD 可显示动脉硬化斑块、血管狭窄及闭塞，发现颅内、外大动脉狭窄、闭塞，评估侧支循环的情况，进行微栓子监测，在血管造影前评估脑血液循环状况。

5. 血管造影 数字减影血管造影（DSA）、CT 血管造影（CTA）和磁共振动脉成像（MRA）可以显示脑部大动脉的狭窄、闭塞和其他血管病变，如纤维肌性发育不良、头颈部动脉夹层、血管炎及烟雾病（moyamoya 病）等。DSA 是诊断脑血管疾病最重要的手段。MRA 作为无创性检查，其应用非常广泛，但对于小血管显影不清，无法替代 DSA 及 CTA。

（五）诊断

中老年患者，有动脉粥样硬化及高血压、糖尿病等脑卒中的危险因素，病前可有反复 TIA 发作，出现局灶性神经功能缺损，梗死的范围与某一脑动脉的供应区域相一致，症状常在数小时或数天内达高峰，头部 CT 在早期多正常，24～48h 出现低密度病灶。DWI 和 PWI 有助于早期诊断，血管造影可发现狭窄或闭塞的动脉。

（六）鉴别诊断

脑梗死需要与脑出血、蛛网膜下腔出血、硬膜外血肿、硬膜下血肿、颅内占位性病变等疾病进行鉴别。

（七）治疗

治疗应根据不同的病因、发病机制、临床类型、发病时间等确定治疗方案，实施以分型、分期为核心的个体化治疗原则。在时间窗内有适应证者可行溶栓、取栓治疗。在一般内科支持治疗的基础上，可酌情选用改善脑循环、脑保护、抗脑水肿降颅内压等措施。

1. 一般治疗 包括保持呼吸道通畅及吸氧，调控血压、控制血糖、降颅内压治疗。脑卒中患者急性期容易发生呼吸道、泌尿系统感染，是导致病情加重的重要原因。早期识别和处理吞咽问题和误吸，对预防吸入性肺炎作用显著。患者平卧位时头应偏向一侧，以防止舌根后坠和分泌物阻塞呼吸道，经常变换体位，定时翻身和拍背，加强康复活动，是防治肺炎的重要措施。尿路感染主要继发于因尿失禁或尿潴留留置导尿管，其中约5%出现败血症，与卒中预后不良有关。疑有肺炎、泌尿系统感染的发热患者应给予抗生素治疗，但不推荐预防性使用抗生素。脑卒中患者上消化道出血是由胃、十二指肠黏膜出血性糜烂和急性溃疡所致，处理包括用冰生理盐水胃内灌洗，50～100ml生理盐水加入去甲肾上腺素1～2mg口服；对仍不能止血者，可采用50～100ml冰生理盐水加入凝血酶1000～2000U口服。对有意识障碍或吞咽困难患者，可给予鼻饲导管内注入。并静脉应用生长抑素及质子泵抑制剂。如有循环衰竭表现，应给予补液，必要时可输血液制品。上述多种治疗无效情况下，仍有顽固性大量出血，可在胃镜下进行高频电凝止血或考虑手术止血。脑卒中患者应常规进行水、电解质检测，对有意识障碍和进行脱水治疗的患者，尤其应注意水盐平衡，出现水、电解质紊乱时应积极纠正。若出现高钠血症或低钠血症，应纠正，但纠正速度不宜过快，以免引起脑桥中央髓鞘溶解症（纠正低钠血症过快）或脑水肿（纠正高钠血症过快）。

发病早期应密切观察心脏情况，必要时进行动态心电监测及心肌酶谱检查，及时发现脑卒中是否合并的心脏损伤包括急性心肌缺血、心肌梗死、心律失常及心力衰竭等，并给予治疗。注意缺血性脑卒中后是否出现癫痫，并及时处理。卒中后应鼓励患者尽早活动、抬高下肢；尽量避免下肢（尤其是瘫痪侧）静脉输液。对于发生深静脉血栓形成及肺栓塞风险高且无禁忌者，可给予皮下注射低分子肝素治疗，有抗凝禁忌者给予阿司匹林治疗。

2. 特殊治疗 如溶栓、取栓治疗。

（1）发病4.5h内患者静脉溶栓治疗：溶栓治疗是目前最重要的恢复血流的措施，重组组织型纤溶酶原激活剂（recombinant tissue type plasminogen activator，rt-PA）和尿激酶（urokinase，UK）是我国目前使用的主要溶栓药物。目前认为有效抢救半暗带组织的时间窗为：使用rt-PA溶栓应在4.5h内或使用尿激酶溶栓应在6h内。治疗前需要排除颅内出血、无静脉溶栓禁忌证，包括既往有颅内出血病史、症状提示蛛网膜下腔出血、颅内肿瘤、动静脉畸形或动脉瘤、近3个月有严重头颅外伤史或脑梗死病史，但不包括陈旧小腔隙梗死未遗留神经功能症状及体征；近1周内有在不易压迫止血部位的动脉穿刺史、近期有颅内或椎管内手术史、严重心、肝、肾功能不全或严重糖尿病患者、伴有活动性出血、急性出血倾向、血糖＜2.7mmol/L（50mg/dl）、收缩压＞185mmHg，或舒张压＞110mmHg，或在时间窗内不能安全地将血压控制在要求范围。

溶栓药物治疗方法：① rt-PA。剂量为0.9mg/kg（最大剂量为90mg）静脉滴注，先将10%的药量在1min内静脉推注，其余的在1h持续滴注完成，用药期间及用药24h内应严密监护患者。动脉溶栓较静脉溶栓治疗有更高的血管再通率，但其优点往往被耽误的时间所抵消。②尿激酶。100万～150万U，溶于生理盐水100～200ml中，持续静脉滴注30min，用药期间应严密监护患者。

（2）发病6h内患者桥接/血管内治疗：桥接治疗是指在静脉溶栓的基础上进行动脉血管内介入再灌注治疗，分为直接桥接治疗和挽救桥接治疗。直接桥接治疗指静脉溶栓后不观察、等待溶栓效果，直接进行取栓治疗。挽救桥接治疗指静脉溶栓后观察神经功能变化、无效后再进一步考虑取栓治疗。

（3）发病6～24h患者血管内治疗：对于发病6～24h大脑前循环梗死患者，血管内治疗（机械取栓）效果明显，但对大脑后循环梗死患者，效果不及大脑前循环梗死患者。对于发病超24h的患者，血管内治疗也报道有不错的治疗效果。

3. 抗血小板聚集治疗 对溶栓治疗者，阿司匹林等抗血小板药物应在溶栓 24h 后开始使用。对不能耐受阿司匹林者，可考虑选用氯吡格雷、西洛他唑等抗血小板药物。不符合溶栓适应证且无禁忌证的缺血性脑卒中患者应在发病后尽早给予口服阿司匹林。对于发病 24h 内且无禁忌证的非心源性轻型脑梗死患者（NIHSS 评分≤3 分），可尽早给予阿司匹林联合氯吡格雷治疗，持续时间不超过 3 周。对于颅内大动脉粥样硬化性严重狭窄（70%～99%）的非心源性脑梗死患者，如果无出血风险高等禁忌，可考虑给予阿司匹林联合氯吡格雷治疗，持续时间不超过 3 个月。

4. 抗凝治疗 脑卒中后早期应用普通或低分子量肝素并不能降低脑梗死患者早期神经功能恶化风险或卒中再发风险，反而增加出血风险。因此，不推荐一般急性脑梗死患者立即应用抗凝血药物。对于存在心脏内附壁血栓或动脉夹层等少数特殊情况，可在谨慎评估风险和获益后慎重选择抗凝治疗。溶栓后 24h 内禁止应用抗凝血药物。使用抗凝治疗时应该密切监测凝血功能。

5. 降纤治疗 很多研究显示脑梗死急性期血浆纤维蛋白原和血液黏度增高，蛇毒酶制剂巴曲酶（batroxobin）、降纤酶（defibrase）及安克洛酶（ancrod）可显著降低血浆纤维蛋白原，并有轻度溶栓和抑制血栓形成作用。对不适合溶栓并经过严格筛选的脑梗死患者，特别是高纤维蛋白血症者可选用降纤治疗。

6. 神经保护治疗 理论上，针对急性缺血或再灌注后细胞损伤的药物（神经保护剂）（如依达拉奉、长春西汀和 Cerebrolysin 等）可保护脑细胞，提高对缺血缺氧的耐受性，但缺乏有说服力的大样本临床观察资料。

7. 其他疗法

（1）丁苯酞：丁苯酞是由芹菜籽提炼，是我国在脑血管领域第一个拥有自主知识产权的一类化学新药，保护线粒体、缩小梗死区域，具有改善侧支循环和挽救半暗带的作用。几项评价急性脑梗死患者应用丁苯酞的多中心随机、双盲、安慰剂对照试验显示：丁苯酞治疗组神经功能缺损和生活能力评分均较对照组显著改善，安全性好。

（2）人尿激肽原酶（尤瑞克林）：也是近年来国内开发的另一个一类新药。评价急性脑梗死患者静脉使用人尿激肽原酶的多中心随机、双盲、安慰剂对照试验显示功能改善较安慰剂明显，并安全。

（3）扩容治疗：对于脑血流低灌注或低血压导致的急性脑梗死如分水岭梗死可考虑扩容治疗，但可能加重脑水肿、心力衰竭，应注意观察。若出现，应及时处理。

（4）中医中药治疗：多种药物如银杏、三七、丹参、红花、水蛭、地龙、银杏叶制剂等在国内常有应用。例如，银杏内酯（ginkgolide）主要通过拮抗血小板激活因子，从而抑制血小板聚集、促进神经功能的恢复。但中成药和针刺治疗急性脑梗死的疗效尚需更多高质量随机对照试验进一步证实。

（5）出血转化的治疗：脑梗死出血转化发生率为 8.5%～30%，其中有症状的为 1.5%～5%。症状性出血转化时应停用抗栓治疗。出血转化的症状和体征与自发性脑出血相似。目前缺乏出血转化治疗和何时重新使用抗凝和抗血小板的高质量证据，因此尚无统一的标准化治疗方案。

（6）康复治疗：病情稳定后应尽早进行运动、语言、认知、心理、职业与社会康复等康复治疗，目标是减轻脑卒中引起的功能缺损，提高患者的生活质量。在急性期，康复运动主要是先重建正常运动模式，抑制异常的原始反射活动，然后加强肌肉力量的训练。

（八）预后及预防

脑卒中急性期的病死率为5%～15%。在存活患者中，其致残率高达50%。影响预后的因素较多，最重要的是神经功能缺损的严重程度，其他还包括患者的年龄及脑卒中的病因等。通过积极控制脑卒中危险因素，应用抗血小板聚集药物，降低脑卒中复发的危险性。

二、心源性脑栓塞

脑栓塞（cerebral embolism）是指各种栓子随血流进入脑动脉阻塞血管，当侧支循环不能代偿时，引起该动脉供血区脑组织缺血性坏死，出现局灶性神经功能缺损。导致脑栓塞的栓子来源有多种，包括动脉粥样硬化的斑块、脂肪、肿瘤细胞、纤维软骨或空气。如果引起脑栓塞的栓子来自心脏，则称为心源性脑栓塞（cardiogenic cerebral embolism）。

（一）病因与发病机制

当存在心房颤动、心房扑动、心脏瓣膜病、人工心脏瓣膜、感染性心内膜炎、心肌梗死、心肌病、心力衰竭、心脏黏液瘤等疾病时，在心脏内壁和瓣膜形成的血栓或赘生物脱落后可阻塞脑动脉，引起脑栓塞。心房颤动是心源性脑栓塞中最常见的原因。当存在右向左分流的心脏病如卵圆孔未闭等，静脉系统的栓子不经过肺循环而直接进入左心，并随血流到达脑动脉，引起反常性栓塞。

（二）病理

心源性脑栓塞可以发生在脑的任何部位，但由于左侧颈总动脉直接起源于主动脉弓，栓塞部位以左侧大脑中动脉的供血区较多见，以其主干为最常见的发病部位。

心源性栓子通常相对较大，易阻塞较大血管，起病迅速，易引起脑血管痉挛，没有足够的时间建立有效的侧支循环，心源性脑栓塞与大动脉粥样硬化性脑梗死相比，病变范围大，临床症状较重。脑栓塞导致的脑组织坏死可以是贫血性或出血性梗死。如果栓子碎裂分解，进入更小的动脉，最初栓塞动脉的血管壁已受损，血流恢复后易从破损的血管壁流出，形成出血性梗死。脑栓塞发生后，栓子阻塞管腔，不再移动，形成贫血性梗死。

（三）临床表现

可发生于任何年龄，患者多有心房颤动或心脏瓣膜病、感染性心内膜炎、心脏手术及介入性治疗等病史。患者可有心房颤动、风湿性心内膜炎、心肌梗死等疾病的表现，部分患者有皮肤、黏膜栓塞或其他脏器栓塞的表现。

一般发病突然，无明显诱因，很少有前驱症状，症状常在数秒或数分钟内达到高峰。偶尔病情在数小时内逐渐进展，症状加重，可能是脑栓塞后有逆行性血栓形成。发生于颈内动脉系统的脑栓塞约占80%，发生于椎-基底动脉系统的脑栓塞约占20%。多数患者有意识障碍，但持续时间常较短。当颅内大动脉或椎-基底动脉栓塞时，脑水肿导致颅内压增高，短时间内患者出现昏迷。同时，脑栓塞后，可引起癫痫发作，其发生率高于大动脉粥样硬化性脑梗死。局灶性神经功能缺损取决于栓塞的血管及阻塞的位置。约30%的脑栓塞为出血性梗死，可出现意识障碍突然加重或肢体瘫痪加重，应注意观察识别。

（四）辅助检查

1. 常规进行心电图、胸部X线片和超声心动图检查 常规检查是否存在心房颤动、心脏内壁和瓣膜形成的血栓或赘生物。怀疑感染性心内膜炎时，应进行血常规、血沉和血细菌培养等检查。特殊检查还包括 24h Holter 监护、经食管超声心动图等。怀疑存在右向左分流的心脏病如卵圆孔未闭等时，应进行发泡实验检查。

2. 头部 CT 及 MRI　可显示脑栓塞的部位和范围。CT 检查在病变部位出现低密度改变，发生出血性梗死时可见在低密度的梗死区出现 1 个或多个高密度影。

3. 脑脊液检查　压力正常或升高，在出血性梗死时可有红细胞增多。感染性心内膜炎产生含细菌的栓子，脑脊液中白细胞增加、蛋白升高。

（五）诊断及鉴别诊断

任何年龄均可发病，有心房颤动或风湿性心脏病等病史。起病急，症状常在数秒或数分钟达到高峰，表现为偏瘫、失语等局灶性神经功能缺损。头颅 CT 和 MRI、超声心动图、心电图、血液细菌培养有助于明确诊断。本病应与其他脑血管病，如脑出血等相鉴别，其他少见的栓子，如空气、肿瘤细胞、寄生虫虫卵、脂肪滴、异物等也可引起脑栓塞，病史、头颅影像学检查有助于鉴别。

（六）治疗

治疗基本原则与治疗大动脉粥样硬化性脑梗死类似，包括急性期的综合治疗，尽可能恢复脑部血液循环（包括溶栓或取栓），进行康复治疗。急性期应注意休息，避免活动量过大，以降低再发的风险。

当发生出血性脑梗死时，应立即停用溶栓、抗凝和抗血小板聚集的药物，防止出血加重和血肿扩大，适当应用止血药物，治疗脑水肿，调节血压；若血肿量较大，内科保守治疗无效时，考虑手术治疗。对感染性栓塞应使用抗生素，并禁用溶栓和抗凝治疗，防止感染扩散。

预防心源性脑栓塞的发生和复发非常重要。主要是进行抗凝和抗血小板治疗。同时要治疗原发病，如针对心脏瓣膜病和引起心内膜病变的相关疾病的治疗纠正心律失常，根除栓子的来源。

（七）预后

心源性脑栓塞急性期病死率高达 5%～15%，严重脑水肿引起的脑疝、肺炎和心力衰竭等为常见的死因。脑栓塞容易再发，10 天内发生二次栓塞的概率为 10%～20%，病死率更高。

三、小动脉闭塞性脑梗死

小动脉闭塞性（small artery occlusion）脑梗死是指大脑或脑干深部的小穿支动脉，在高血压等疾病的基础上，动脉粥样硬化斑块或不稳定斑块脱落导致血管闭塞导致管腔闭塞，形成小的梗死灶。常见的发病部位有内囊、丘脑及脑桥、壳核、尾状核等。

（一）病因与发病机制

高龄、慢性高血压、吸烟和糖尿病是危险因素。病因主要为高血压引起的脑部小动脉壁脂肪玻璃样变、玻璃样变、纤维素样坏死。部分患者有糖尿病史，进而发生小血管病变。另外，小穿支动脉粥样硬化、炎性或免疫介导的小血管病及遗传性疾病等也可导致小穿支动脉闭塞。病变血管是直径 100～200μm 的深穿支，多为终末动脉。

血管壁的病变引起管腔狭窄，当有血栓形成或微栓子脱落阻塞血管时，由于侧支循环差，故发生缺血性梗死。梗死灶多为直径 0.2～15mm 的囊性病灶，呈多发性，小梗死灶仅稍大于血管管径。坏死组织被吸收后，可残留小囊腔。内皮功能障碍和血脑屏障通透性增加导致血液内容物渗漏，促进神经胶质增生和磁共振成像上的白质形成高强度。

（二）临床表现

常见于中老年人，多有长期高血压病史。急性起病，一般无头痛，也无意识障碍。小动脉闭塞性脑梗死多数表现为腔隙性脑梗死（lacunar infarction），Fisher 将腔隙性脑梗死的症状归纳为 21 种综合征。临床较为常见的有 5 种。

1. 纯运动性轻偏瘫 是最常见的类型，约占 60%。偏瘫累及同侧面部和肢体，瘫痪程度大致均等，不伴有感觉障碍、视野改变。也可能出现构音障碍、吞咽困难。病变部位在内囊后肢体、放射冠或脑桥基底部分等处。

2. 纯感觉性卒中 约占 10%，以身体一侧麻木（感觉丧失）为特征；之后可能会在身体的一侧出现刺痛、疼痛、灼热或其他不愉快的感觉。病变位于丘脑腹后外侧核、内囊、放射冠、中脑。

3. 混合感觉运动卒中 影响丘脑和邻近的内囊后部、外侧脑桥，表现为对侧偏瘫或肌力下降、对侧感觉障碍。

4. 构音障碍-手笨拙综合征 约占 20%，表现为构音障碍、吞咽困难、病变对侧面瘫、手轻度无力及精细运动障碍，通常在患者书写时最为突出。腿部可有不自主运动。病变常位于脑桥基底部、内囊前肢或膝部、放射冠、基底节、丘脑、大脑脚。

5. 共济失调性轻偏瘫 表现为轻偏瘫，合并有瘫痪侧肢体共济失调，下肢常重于上肢。病变多位于脑桥基底部、内囊后肢或放射冠、红核、豆状核。本病常反复发作，引起多发性腔隙性脑梗死，常累及双侧皮质脊髓束和皮质脑干束，出现假性延髓性麻痹、认知功能损害、痴呆、帕金森综合征等表现。

（三）辅助检查

头部 CT 检查可发现病变部位出现低密度改变，对于小病灶或病灶位于脑干时，应进行头颅 MRI 检查。影像学检查是确诊的主要依据。DWI 呈高信号，Flair 可鉴别腔隙性脑梗死、腔隙灶和血管周围间隙增大、对于诊断更有帮助。

（四）诊断及鉴别诊断

中老年患者，有多年高血压病史，急性起病，出现局灶性神经功能缺损，头颅 CT 或 MRI 检查可发现相应脑部有符合小穿支动脉闭塞特征的病灶，可做出诊断。本病应与小量脑出血、脱髓鞘病、脑囊虫病及转移瘤等引起的腔隙性软化灶相鉴别。

（五）治疗

治疗原则基本同大动脉粥样硬化性脑梗死。虽然小动脉闭塞性脑梗死的预后良好，但易反复发作，故应针对脑血管病的各种危险因素及病因进行规范化治疗和二级预防。

（六）预后

本病预后良好，病死率和致残率均低，但容易反复发作。

第三节 脑出血

案例 11-3

患者，男性，53 岁。被发现口齿不清，左侧肢体无力 8h 入院。

现病史：患者于今日7时晨起时家人发现其说话不清楚，交流困难，左侧肢体无力，步态不稳，左上肢上举困难，伴恶心，无呕吐，无神志不清，无肢体麻木，无畏寒、发热，就诊于当地医院，行头颅CT提示脑出血，为进一步治疗来我院，急诊拟“脑出血”收入我科。患者发病以来，精神差，饮食小便正常，大便未解。

查体：T 36.5℃，P 70次/分，R 20次/分，BP 158/89mmHg。神志清楚，口齿含糊，双侧瞳孔等大等圆，对光反射灵敏，左侧鼻唇沟浅，伸舌左偏，左侧肢体肌力3级，左侧病理征（+），右侧病理征（－），双侧深浅感觉正常。

既往史：高血压病史5年，最高170/100mmHg，间断口服尼群地平降压，平时未监测血压。

入院实验室检查：血常规、凝血功能、肝肾功能正常。

入院头颅CT示：右侧基底节区高密度影（图11-2）。

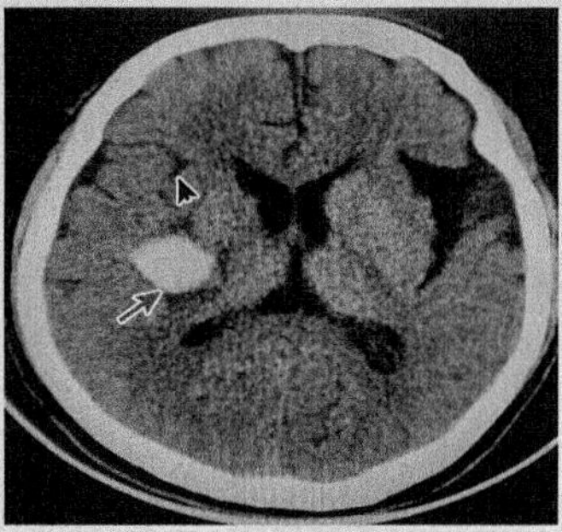

图11-2　入院颅脑CT

问题：1. 该患者的初步诊断是什么？

2. 该患者治疗方案是什么？

脑出血（intracerebral hemorrhage，ICH）是指原发性非外伤性脑实质内出血，是脑卒中的第二大常见原因（占急性脑血管病的20%～30%），也是最致命的脑卒中（急性期病死率为30%～40%）。其年发病率为（60～80）/10万。在脑出血中大脑半球出血约占80%，脑干和小脑出血约占20%。脑出血发生的原因主要与脑血管的病变有关，即与高血脂、糖尿病、高血压、血管的老化、吸烟等密切相关。

（一）病因和发病机制

最常见的病因是高血压合并细、小动脉粥样硬化，血压升高可能会导致大脑内的小动脉破裂，脑动静脉畸形、动脉瘤使动脉壁隆起或变弱、淀粉样变血管病、血液病（白血病、再生障碍性贫血、血小板减少性紫癜、血友病和镰状细胞贫血病等）、梗死后出血、烟雾病、脑动脉炎、抗凝、抗血小板或溶栓治疗、血管瘤和转移性肿瘤等血管丰富的肿瘤会渗入脑组织、酒精、可卡因等违禁药物等可导致脑出血。

脑内动脉壁薄弱，中层肌细胞和外膜结缔组织较少，而且外弹力层缺失。长期高血压使脑细、小动脉发生玻璃样变及纤维素样坏死，管壁弹性减弱，甚至形成微动脉瘤或夹层动脉瘤，血压骤然升高时血管易破裂出血。高血压脑出血的发病部位以基底节区最多见，主要是因为供应此处的豆纹动脉从大脑中动脉呈直角发出，在原有血管病变的基础上，受到压力较高的血流冲击后易致血管破裂。其他原因也可导致动脉壁弹性减弱、破裂，血小板、凝血功能下降等原因也均可导致脑出血。

（二）病理

颅内出血后，血在局部积聚形成血肿从而分割和压迫邻近脑组织，导致神经功能障碍。常见脑出血的部位是壳核，占所有脑出血的30%～50%。其次为丘脑、脑叶、脑桥、小脑及脑室等。由于血肿的占位效应及血肿周围脑组织水肿，可引起脑组织受压移位，大的颅内血肿可导致颅内压增高。幕上血肿及其邻近的水肿可引起颅内压升高，向下挤压丘脑下部和脑干，使其变形、移位和继发出血从而引起小脑天幕疝，常引起中脑和脑桥的继发出血。如颅内压增高明显或小脑大量出血时可发生枕骨大孔疝。如果出血破入脑室系统（脑室内出血），可引起急性脑积水。小脑血肿也可以蔓延至脑室从而阻塞第四脑室引起急性脑积水；出血也可渗入脑干。直径＞3cm的小脑血肿可导致中线移位或脑疝。脑疝、中脑或脑桥出血、急性脑积水或出血渗入脑干等均可影响患者的意识水平，引起昏迷甚至死亡。

原发性高血压、淀粉样变血管病、脑动脉瘤和脑动静脉畸形等常导致血管破裂，出血量大，病情较重；血液病、脑动脉炎及部分梗死后出血常表现为点状、环状出血，出血量小，症状相对较轻。新鲜的出血呈红色，红细胞降解后形成含铁血黄素而带棕色。血块溶解，吞噬细胞清除含铁血黄素和坏死的脑组织，胶质增生，小出血灶形成胶质瘢痕，大出血灶形成中风囊，囊腔内有含铁血黄素等血红蛋白降解产物及黄色透明黏液。出血性脑卒中也会出现氧化应激、细胞凋亡、兴奋性毒性和血脑屏障损伤。病理检查可见血肿中心充满血液或紫色葡萄浆状血块，周围水肿，并有炎症细胞浸润。脑损伤后，小胶质细胞被激活，从而诱导促炎性细胞因子的产生，如TNF-α，可以引起神经元损伤并加剧脑卒中。

（三）临床表现

脑出血常发生于50岁以上患者，多有高血压病史。通常始于活动期间或情绪激动时出现突发的头痛，但在老年人中头痛症状可能轻微或缺失。发病后几秒或几分钟内意识丧失也比较常见。一般无前驱症状，少数可有头晕、头痛及肢体无力等。脑出血引起的神经功能障碍常是突发及进行性加重，发病后症状在数分钟至数小时内达到高峰。血压常明显升高，并出现头痛、呕吐、肢体瘫痪、意识障碍、言语不清、尿失禁、脑膜刺激征和癫痫发作等。临床表现的轻重主要取决于出血量和出血部位。小的脑出血可仅有局部神经功能障碍而无意识水平的改变，不伴或仅伴轻度头痛、恶心。小的脑出血的临床表现常与缺血性脑卒中类似。位于大脑半球的大的血肿可引起偏瘫；位于颅后窝的大的血肿可引起小脑或脑干功能障碍如眼肌麻痹、鼾样呼吸、针尖样瞳孔和昏迷等。

（四）辅助检查

1. 头颅CT 是确诊脑出血的首选检查。CT可准确显示出血的部位、大小、脑水肿情况及是否破入脑室、血肿周围水肿带和占位效应等；如脑室大量积血可见高密度铸型，脑室扩张。CT动态观察可发现进展型脑出血。有助于指导治疗和判定预后。

2. 头颅MRI 对幕上出血的诊断价值不如CT，对幕下出血的检出率优于CT。可发现CT不能确定的脑干或小脑小量出血，能分辨病程4～5周后CT不能辨认的脑出血，区别陈旧性脑出血与脑梗死，显示血管畸形流空现象。

3. 脑血管造影及增强CT、MRA、CTA和数字减影脑血管造影（DSA）等 可显示脑血管的位置、形态及分布等，并检出脑动脉瘤、脑动静脉畸形、moyamoya病和血管炎等。

4. 心电图检查 脑血管病患者因为脑-心综合征或心脏本身就有疾病，可有心脏功能和血管功能的改变。①传导阻滞：如P-R间期延长，结性心律或房室分离；②心律失常：房性或室性期前收缩；③缺血性改变：S-T段延长、下降，T波改变；④假性心肌梗死的心电图改变等。

5. 动态血压监测 急性脑血管病发病1周内血压明显升高，高于正常参照值，也高于发病前的血压水平，提示高血压与急性脑血管病的发病有密切关系。同时，血压波动及低血压状态在急性脑血管病的发病中占有一定比例。

6. 经颅多普勒（TCD） 有助判断颅内高压和脑死亡。当血肿＞25ml，TCD显示颅内血流动力学不对称改变，表示颅内压力不对称，搏动指数较平均血流速度更能反映颅内压力的不对称性。

7. 其他检查 血常规、尿常规、血糖、肝功能、肾功能、凝血功能、血电解质及心电图等检查，有助于了解患者的全身状态。

（五）诊断

1. 脑出血诊断主要依据

（1）大多数为 50 岁以上，较长期的高血压动脉硬化病史。

（2）体力活动或情绪激动时突然发病，出现头痛、呕吐、意识障碍等症状。

（3）发病快，在几分钟或几小时内出现肢体功能障碍及颅内压增高的症状。

（4）查体有神经系统定位体征。

（5）脑 CT 扫描检查：脑内血肿呈高密度区域，对于直径＞1.5cm 的血肿均可精确显示。可确定出血的部位、血肿的大小、是否破入脑室、有无脑水肿和脑疝形成，确诊以脑 CT 扫描见到出血病灶为准，CT 对脑出血几乎 100% 诊断。

（6）腰椎穿刺可见血性脑脊液，但目前已很少根据脑脊液诊断脑出血。

2. 病因诊断 对脑出血不能只限于脑出血的诊断本身，一定要寻找病因，以利于治疗和预防。脑出血多数病因是高血压动脉粥样硬化所致。但还有许多其他不常见的原因可以引起或诱发脑出血，如单纯动脉硬化、动静脉畸形、血液病及活动状态、排便、情绪激动等，特别是对 50 岁以下发病的青壮年患者更应全面考虑以下病因。

（1）脑实质内小型动静脉畸形或先天性动脉瘤破裂：破裂后形成血肿，畸形血管或瘤体自行消失，即使做脑血管造影也难以显示。

（2）结节性动脉周围炎：病毒、立克次体感染等可引起动脉炎，导致管壁坏死、破裂。

（3）维生素 C 和 B 族维生素缺乏，脑内小血管内膜坏死，可发生点状出血亦可融合成血肿。

（4）血液病：如白血病、血小板缺乏性紫癜、血友病等。

（5）抗凝治疗过程中，可发生脑出血。

（6）颅内肿瘤出血：肿瘤可侵蚀血管引起脑出血，肿瘤内新生血管破裂出血。

（7）淀粉样血管病：多见于老年人，临床上以反复性和（或）多发性脑叶出血为主要临床表现，以额、顶叶的皮质最为明显。

（8）过敏反应：可产生脑部点状出血。

（六）鉴别诊断

1. 脑梗死 老年人多见，多有动脉粥样硬化的危险因素，可有 TIA 病史，头痛、恶心、呕吐少见，头颅 CT 和 MRI 检查有助于鉴别。

2. 蛛网膜下腔出血 各年龄组均可见，以青壮年多见，多在动态时起病，病情进展急骤，头痛剧烈，多伴有恶心、呕吐，多无局灶性神经功能缺损的症状和体征，头颅 CT、头颅 MRI 及脑脊液检查有助于明确诊断。

3. 外伤性颅内血肿特别是硬膜下血肿 有头部外伤史，头颅 CT 检查有助于确诊。这类出血以颅内压增高症状为主。

4. 其他昏迷患者 对发病突然，迅速昏迷，局灶体征不明显的患者，应与引起昏迷的全身性疾病相鉴别，如中毒（CO 中毒、酒精中毒、镇静催眠药中毒等）和某些系统性疾病（低血糖、肝性昏迷、肺性脑病、尿毒症等）。应仔细询问病史和认真查体，并进行相关的实验室检查，头颅 CT 能排除脑出血。

（七）治疗

基本治疗原则：脱水降颅内压，减轻脑水肿；调整血压；防止继续出血；保护血肿周围脑组织；促进神经功能恢复；防治并发症。

1. 内科治疗

（1）一般治疗

1）卧床休息：一般应卧床休息 2～4 周，避免情绪激动和用力大便及血压升高。密切注意患者的意识、瞳孔大小、血压、呼吸等改变，有条件时应对昏迷患者进行监护。

2）保持呼吸道通畅：昏迷患者应将头歪向一侧，防止舌根后坠阻塞呼吸道和利于口腔分泌物及呕吐物流出，随时吸出口腔内的分泌物和呕吐物，必要时行气管切开。

3）吸氧：有意识障碍、血氧饱和度下降或缺氧现象的患者应给予吸氧。

4）鼻饲：昏迷或吞咽困难的患者，如短期内不能恢复自主进食，则可通过鼻饲管进食。

5）对症治疗：便秘者可选用缓泻剂，以防止患者用力大便。过度烦躁不安的患者可适量使用镇静药。

6）预防感染：加强口腔护理，及时吸痰，保持呼吸道通畅；留置导尿时应做膀胱冲洗；昏迷患者可酌情用抗生素预防感染。

（2）脱水降颅内压，减轻脑水肿：颅内压增高的主要原因是早期血肿的占位效应和血肿周围脑组织的水肿，脑出血后 3～5 天，脑水肿达到高峰。颅内压增高是脑出血患者死亡的主要原因，因此降低颅内压为治疗脑出血的重要任务。脑出血的降颅内压治疗首先以高渗脱水药（如甘露醇、甘油果糖）为主，可同时应用呋塞米 20～40mg，静脉或肌内注射，或两者交替使用，维持渗透梯度。人白蛋白能提高血浆胶体渗透压，减轻脑水肿，但价格昂贵，应用受限。皮质类固醇因其副作用大，且降颅内压效果不如高渗脱水药，应慎用。

（3）调控血压：脑出血多伴有血压升高，在脑出血急性期进行强化降血压安全并可获得更好的预后。因此，如脑出血急性期收缩压＞180mmHg 或舒张压＞100mmHg，可予以平稳降压治疗，并严密观察血压变化。

（4）亚低温治疗：是脑出血的一种新的辅助治疗方法，能够减轻脑水肿，减少自由基生成，促进神经功能缺损恢复，改善患者预后，且无不良反应，安全有效，越早应用越好。

（5）纠正凝血异常：针对凝血异常进行对因治疗。如过量肝素引起的脑出血，应立即停用肝素，并给予鱼精蛋白。

（6）并发症的防治：如丘脑下部散热中枢受损会导致中枢性高热，表现为体温迅速上升，出现 39℃以上的高热，躯干温度高而肢体温度次之。解热镇痛剂无效，应予以物理降温治疗。其他常见并发症有肺部感染、下肢深静脉血栓形成、肺栓塞、癫痫发作等。

2. 外科治疗 清除血肿，降低颅内压，挽救生命，尽可能减少血肿对周围脑组织的损伤，降低致残率。同时针对脑出血的病因，如脑动脉瘤、脑动静脉畸形等进行治疗。

3. 康复治疗 早期将患肢置于功能位，危险期过后如病情允许，应及早进行肢体功能、言语障碍及心理的康复治疗。

（八）预后

与出血部位、出血量及是否有并发症有关。

第四节 蛛网膜下腔出血

蛛网膜下腔出血（subarachnoid hemorrhage，SAH），又称原发性蛛网膜下腔出血，是指脑底部或脑表面血管破裂后，血液流入蛛网膜下腔（蛛网膜和软脑膜之间）引起相应临床症状的一种脑卒中。脑实质内出血、脑室出血、硬膜外或硬膜下血管破裂血液流入蛛网膜下腔者，称为继发性蛛网膜下腔出血。本节仅叙述原发性蛛网膜下腔出血。

案例 11-4

患者，女性，77 岁。突发剧烈头痛伴恶心、呕吐 5h 入院。

现病史：患者于今日 17:00 在活动中突发剧烈头痛，为全头爆炸样头痛，伴恶心、呕吐，呕吐物为胃内容物，神志清楚，无明显肢体乏力，无畏寒、发热等不适，至当地诊所测血压时 160/110mmHg，为进一步诊治来我医院。患者自发病以来精神差，饮食、小便正常，大便未解。

查体：T 36.0℃，P 72 次/分，R 15 次/分，BP 189/83mmHg。嗜睡，颈抵抗，颏胸距 3 横指，口齿清楚，双侧瞳孔等大等圆，对光反射灵敏，双侧鼻唇沟对称，伸舌居中，双侧深浅感觉正常，四肢肌容积正常，四肢肌张力正常，四肢腱反射（++），踝阵挛（−），双侧病理征（−），双侧 Kernig 征（+）。

既往史：高血压病史 3 年，最高 180/105mmHg，未口服降压药物，平时未监测血压。

实验室检查：血常规、凝血功能、肝肾功能正常。

头颅 CT 示蛛网膜下腔高密度影；CTA 示左侧大脑中动脉 M2 段血管突起（图 11-3）。

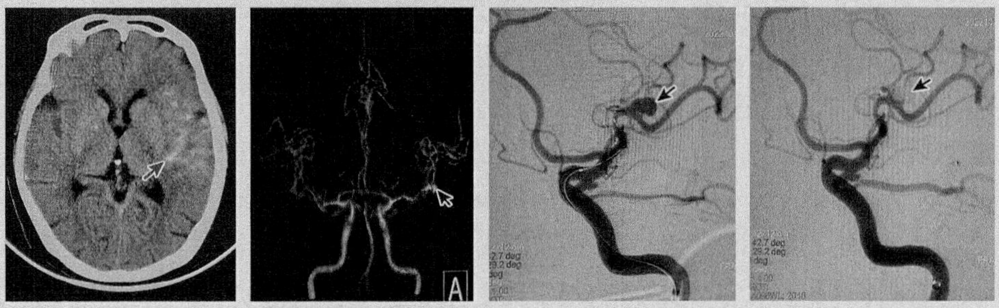

（入院CT）　（入院CTA）　（术前造影）　（术后造影）

图 11-3　入院影像学检查及治疗

问题：1. 该患者的初步诊断及诊断依据？

2. 该患者治疗方案？

一、病因和发病机制

常见病因是：颅内动脉瘤（占 50%～85%）；脑动脉畸形（约占 2%）；烟雾病（约占 1%）；病因包括动脉夹层、血管炎、颅内静脉系统血栓形成、结缔组织病、血液病、颅内肿瘤、凝血障碍性疾病、抗凝治疗并发症等。它可以是自发性的，通常来自破裂的脑动脉瘤，其主要危险因素包括高血压、吸烟、过量饮酒、既往有动脉瘤破裂史、动脉瘤＞7mm 、多发性动脉瘤、毒品（如可卡因）等。吸烟者动脉瘤更大，且动脉瘤容易多发。也可以由头部损伤引起。

颅内动脉瘤好发于脑底 Willis 环的分支部位，梭形动脉瘤好发于脑底部较大的动脉主干，可能由动脉壁先天性肌层缺陷或后天获得性内弹力层变性或二者联合作用所致。动脉瘤的发生存在一定程度的遗传倾向和家族聚集性，如在有多囊肾、动脉粥样硬化、动脉瘤家族史患者中，动脉瘤患病率较高；随着年龄的增长，动脉壁弹性逐渐减弱，薄弱的管壁在血流冲击等因素影响下向外突出形成囊状动脉瘤。当脑动脉硬化时，动脉壁肌层由纤维组织代替，内弹力层变性、断裂，胆固醇沉积于内膜，管壁受损，在血流冲击下，逐渐扩张形成与血管纵轴平行的梭形动脉瘤。脑动静脉畸形破裂多导致脑内血肿，仅极少数（＜5%）出现蛛网膜下腔出血而不伴脑内血肿。血管破裂后，血液进入蛛网膜下腔，在脑脊液内迅速播散，刺激脑膜引起脑膜刺激征。同时，在脑室和脑底凝固的血液可阻塞脑脊液循环通路，使其吸收和回流受阻引起梗阻性脑积水或蛛网膜粘连。颅内容量增加引起颅内压增高，甚至脑疝。后交通动脉瘤扩张或破裂出血可压迫邻近的动眼神经，产生不同程度的动眼神经麻痹。脑血管痉挛是蛛网膜下腔出血的并发症之一，通常发生在蛛网膜下腔出血后的第 3 天，并在第 5～7 天达到高峰，严重者可发生脑梗死。血细胞释放的血管活性物质刺激酪氨酸激酶通路，导致细胞内储存的钙离子释放，导致脑动脉平滑肌收缩。脑脊液中的氧合血红蛋白通过增加自由基、内皮素-1、前列腺素和降低一氧化氮、前列环素的水平来引起血管收缩。血液刺激下丘脑可引起血糖升高、发热等内分泌和自主神经功能紊乱（也会引起脑血管痉挛）等。

二、病　　理

动脉瘤好发于 Willis 环及其附近分支，尤其是动脉分叉处，约 20% 的患者有两个或两个以上动脉瘤，多位于对侧相同动脉，称为“镜像”动脉瘤。动脉瘤破裂最常发生在以下部位：①后交通动脉和颈内动脉交界处（约为 40%）；②前交通动脉和大脑前动脉（约为 30%）；③大脑中动脉在外侧裂的第一个主要分支处（约为 20%）；④后循环动脉瘤多发生在基底动脉尖或椎动脉与小脑后下动脉连接处（约为 10%）。

动脉瘤形状通常不规则，破裂处多在瘤顶部，流入蛛网膜下腔的血液多沉积在脑底部各脑池中，血液可形成凝块覆盖颅底脑组织、血管及神经。大量出血时，血液充填各脑室，使脑脊液回流受阻引起急性梗阻性脑积水，脑室扩大，脑膜可表现为无菌性炎症反应。有时血液可进入动脉瘤附近的脑实质而形成脑内血肿，多发生在额颞叶。

三、临 床 表 现

多见于青壮年，女性多于男性。突然起病，患者常能清楚地描述发病时间和情景。情绪激动，剧烈运动如用力、咳嗽、排便等是常见诱因，患者多在数秒或数分钟内出现剧烈头痛。常以突发难以忍受的剧烈胀痛或爆裂样局限性或全头痛起病，多伴有恶心、呕吐；也可以头晕、眩晕等症状起病。上颈段有时也可出现疼痛，持续不能缓解或进行性加重；部分患者可有意识障碍或烦躁、谵妄、幻觉等精神症状，少数患者出现部分性或全面性癫痫发作。发病数小时后检查可发现脑膜刺激征阳性。少数患者可出现如动眼神经麻痹、轻偏瘫、失语或感觉障碍等局灶性神经功能缺损。部分患者（特别是老年患者）头痛、脑膜刺激征等临床表现常不典型，精神症状可较明显。部分患者检查可见玻璃体膜下出血、视神经盘水肿或视网膜出血。

本病常见并发症为再出血、脑血管痉挛、脑积水等。再出血的病死率约为 50%，发病后 4 周内再出血的风险均较高，以发病后 12h 内再出血的风险最高。在病情稳定或好转的情况下，突然发生剧烈头痛、恶心、呕吐、意识障碍加重、抽搐、原有症状和体征加重或重新出现等时，应考虑再出血的可能。20%～30% 的 SAH 患者出现脑血管痉挛，引起迟发性缺血性损伤，可继发脑梗死。缺血症状的发生与初期 CT 显示脑池积血量有关。表现为意识改变、局灶性神经功能损害体征或二者均有，以动脉瘤附近脑组织损害的症状通常最严重。

15%～87% 的患者可出现急性梗阻性脑积水，多发生于出血后 1 周内，因蛛网膜下腔和脑室内血凝块堵塞脑脊液循环通路所致。轻者表现为嗜睡、精神运动迟缓和近记忆损害，重者出现头痛、呕吐、意识障碍等。大部分可因出血被吸收而好转，仅 3%～5% 的患者在 SAH

后遗留交通性脑积水，表现为精神障碍或痴呆、步态异常和尿失禁，脑脊液压力正常，故又称为正常颅压脑积水。头颅 CT 或 MRI 显示脑室扩大。SAH 后，5%～10% 的患者出现癫痫发作。5%～30% 的患者出现低钠血症。主要由抗利尿激素分泌改变和游离水潴留引起。少数严重患者因丘脑下部损伤可出现神经源性心功能障碍和肺水肿，与儿茶酚胺水平波动和交感神经功能紊乱有关。

四、辅助检查

1. 头颅 CT　是诊断 SAH 的首选方法，在发病 6h 内敏感度可达 100%。CT 平扫最常表现为基底池弥散性高密度影像。CT 还可显示局部脑实质出血或硬膜下出血、脑室扩大、较大而有血栓形成的动脉瘤和血管痉挛引起的脑梗死。

2. 头颅 MRI　病后 1～2 周，MRI 可作为诊断蛛网膜下腔出血和了解破裂动脉瘤部位的一种重要方法。

3. 脑脊液（CSF）　腰椎穿刺不作为常规检查方法。临床疑为蛛网膜下腔出血但 CT 检查无阳性发现时，如病情允许则需行腰椎穿刺检查 CSF，最好在发病 12h 后进行腰穿。

4. 脑血管影像学检查　脑血管造影是确诊 SAH 病因特别是颅内动脉瘤最有价值的方法，以数字减影血管造影（DSA）效果最好，可以清楚显示动脉瘤的位置、大小、与载瘤动脉的关系、有无血管痉挛等。经颅多普勒（TCD）可动态检测颅内主要动脉流速，发现脑血管痉挛倾向和痉挛程度，但结果可靠性有限。

五、诊　断

根据突然发生的剧烈头痛、呕吐、脑膜刺激征阳性及头颅 CT 相应改变可诊断为蛛网膜下腔出血。如果 CT 无异常或无法进行 CT 检查时，可根据临床表现结合腰椎穿刺 CSF 呈均匀一致血性、压力增高等特点，考虑蛛网膜下腔出血的可能。确定蛛网膜下腔出血的诊断后，应进一步进行病因诊断（脑血管造影、MRI 及血液等检查），以便对因治疗。

六、治　疗

1. 一般处理及对症治疗　治疗的目的是防止再出血、血管痉挛及脑积水等并发症，降低死亡率和致残率。

应对 SAH 患者进行密切监护，监测生命体征和神经系统体征变化，保持气道通畅，维持稳定的呼吸、循环系统功能。嘱患者卧床休息，保持安静，避免情绪激动和用力（如咳嗽或用力大便）。针对症状，进行对症处理，如发热患者，采用物理降温；烦躁者可给予安定类药物镇静，癫痫发作时可以短期应用抗癫痫药物如地西泮（安定）、卡马西平或丙戊酸钠等。

2. 降低颅内压　对有颅内压增高者，应适当限制液体入量，防治低钠血症，采用脱水剂（如甘露醇、呋塞米、甘油果糖），或酌情选用白蛋白降颅内压。伴发体积较大的脑内血肿时，应采用手术清除血肿，降低颅内压以抢救生命。

3. 防治再出血

（1）安静休息及对症处理：安静和避光，卧床休息，避免用力和情绪激动。及时对症处理，包括镇静、镇痛、镇吐、镇咳，控制癫痫。

（2）调控血压：如果收缩压＞160mmHg 或平均动脉压＞120mmHg，可在密切监测血压下使用短效降压药物，保持血压稳定在正常或起病前水平。可选用钙离子通道阻滞药、β 受体阻断药或 ACEI 类等，避免突然将血压降得太低。

（3）抗纤溶药物：为防止动脉瘤周围的血块溶解引起再出血，可酌情选用抗纤维蛋白溶解剂。对于近期内无法手术治疗，且有显著的再破裂风险的动脉瘤性 SAH 患者，如果无药物禁忌，短期内（＜72h）使用 6-氨基己酸或氨甲苯酸可能减少早期再出血的风险。

（4）外科手术或介入治疗：诊断为蛛网膜下腔出血后，应尽快请脑外科和神经介入专家会诊，考虑是否可选择手术夹闭动脉瘤或介入栓塞动脉瘤。对破裂动脉瘤的手术或介入应尽早（发病后 72h 内）进行。

4. 防治脑血管痉挛

（1）维持血容量和血压：避免过度脱水。血压偏低者，应首先去除诱因，如减少或停用脱水和降压药物；亦可予以胶体溶液（白蛋白、血浆等）扩容升压，必要时使用升压药物如多巴胺静脉滴注。血压偏高者给予降压治疗。在国外较多应用高血容量（hypervolemia）、升高血压（hypertension）和血液稀释（hemodilution）（3H 疗法）治疗 SAH 后的脑血管痉挛，但可能导致颅内压升高，诱发动脉瘤破裂、心脏负荷增加、电解质紊乱和肺水肿等。

（2）早期使用钙通道阻滞药：常用尼莫地平 40～60mg，口服，每日 4～6 次，共服 21 天。必要时可静脉使用，应注意其降低血压等副作用。

（3）早期手术或介入治疗：通过去除动脉瘤及血凝块，避免血凝块释放导致动脉痉挛的物质，从而防止脑动脉痉挛。

5. 防治脑积水 轻度急、慢性脑积水可用药物治疗，给予乙酰唑胺 0.25g，每日 3 次，以减少 CSF 分泌。还可选用甘露醇、呋塞米等药物。

对于 SAH 后脑室积血扩张或形成铸型出现急性脑积水，经内科治疗后症状仍进行性加剧，伴有意识障碍者，或因年老，有心、肺、肾等内脏严重功能障碍，不能耐受开颅手术者，采用紧急脑室 CSF 外引流术，可以降低颅内压、改善脑脊液循环、减少梗阻性脑积水和脑血管痉挛的发生，可使 50%～80% 的患者临床症状改善。如果内科治疗无效、CT 或 MRI 显示脑室明显扩大者，可行脑室-心房分流术或脑室-腹腔分流术。

七、预　　后

影响预后因素包括首次出血的严重程度、年龄、动脉瘤部位和大小，既往有高血压病史，入院时血压等。约 12% 的患者在接受治疗以前死亡。30 天内病死率约为 25% 或更高。再出血病死率约为 50%。

第五节　偏　头　痛

案例 11-5

患者，男性，36 岁。头痛 20 年，再发加重 2 天。患者自述 20 年前无明显诱因开始间断出现剧烈运动后双眼一过性闪光，后出现头痛，主要为前额部“血管搏动样”疼痛，程度中等，活动后加重，休息后可明显缓解；后间断因过度劳累、剧烈运动均可诱发头痛，性质同前，休息一晚即可完全好转，未予以重视；2 天前疲劳后再次出现双眼一过性闪光，视物模糊，后出现头痛，性质同前，无恶心、呕吐，无黑矇，持续 2～3 天，无其他特殊不适。患者自发病以来精神、饮食、体重、二便正常，既往体健。

查体：T 36.3℃，P61 次/分，R 14 次/分，BP116/74mmHg。皮肤未见出血点和皮疹，

浅表淋巴结未触及肿大，巩膜无黄染。双肺叩诊呈清音，未闻及干、湿啰音。心界不大，心率 61 次/分，律齐，各瓣膜听诊区未闻及杂音。腹平软，无压痛，肝、脾肋下未触及。双下肢无水肿。

神经专科查体：神志清楚，口齿清晰，脑神经功能正常，四肢肌力、肌张力、肌容积正常，四肢腱反射（++），病理征（-），脑膜刺激征（-），共济运动正常，眼底未窥入。

实验室检查：血常规、尿常规、大便常规、肝肾功能均未见明显异常。心电图、头颅 MRI、肺部 CT 均未见明显异常。发泡试验阳性；经食管超声提示房间隔膨出卵圆孔未闭可能。正常范围脑电图；TCD 显示：血管未见异常。

问题：1. 该患者的初步诊断是什么？其诊断依据是什么？

2. 该患者还应与哪些疾病进行鉴别诊断？

偏头痛（migraine）是一种通常为单侧但有时为双侧，以中至重度反复搏动性头痛为特征的遗传性神经系统疾病，并可伴有恶心、呕吐、对光线更加敏感、对声音更加敏感（hyperacusis），且肢体活动会加重疼痛的感觉。1/3 的患者有短暂的视觉、感觉、语言或肢体障碍等头痛即将发作的先兆。多发于 25～55 岁女性。女性的偏头痛患病率为 15%～20%，男性的偏头痛患病率为 4%～7%。

一、病因与发病机制

（一）病因

偏头痛的根本原因尚不清楚。普遍认为偏头痛可能与环境和遗传因素有关。偏头痛具有明显的家族聚集性，以偏瘫性偏头痛和脑干先兆偏头痛患者最明显。先兆偏头痛的遗传影响强于无先兆偏头痛。单基因疾病导致偏头痛的很少见。 偏头痛可以由多种因素触发，疲劳、抽烟、喝酒和熬夜和某些食物（巧克力、含咖啡因的饮料、含酪胺的食物、味精和糖精等）、药物（如硝酸甘油）和天气变化都可能是触发因素。

（二）发病机制

腺苷是一种神经调节剂，由腺苷三磷酸（ATP）逐渐分解后产生，作用于腺苷受体，通过扩张血管和减慢心率使身体和大脑处于低活动状态，如在睡眠前和睡眠早期。已发现在偏头痛发作期间腺苷水平很高，因此可以解释咖啡因作为腺苷受体抑制剂减少偏头痛。

神经递质 5-羟色胺（5-HT）水平低，也被认为与偏头痛有关。曲普坦类药物是 5-HT1B、5-HT1D、5-HT1F 有效的受体激动药，对 5-HT1A 受体激动效果较差。越来越多的数据表明曲普坦抗偏头痛的作用与它们刺激血管和神经末梢上 5-HT1B/1D 受体的作用有关。选择性 5-HT1F 受体激动药（如 Lasmiditan，不导致血管收缩）对神经末梢的作用可以终止急性偏头痛。

已发现降钙素基因相关肽（CGRP）在与偏头痛相关疼痛的发病机制中发挥作用，因为它的水平在发作期间升高。感觉超敏是偏头痛的特点之一，可能是由于位于脑干和丘脑的单胺能感觉控制系统出现功能障碍。在三叉神经和三叉神经核的血管终末，血管神经肽的释放激活了三叉神经核的细胞，尤其是与基因有关的降钙素多肽（CGRP）。CGRP 受体阻断药在治疗急性偏头痛中有效。

二、临 床 表 现

偏头痛是一种以反复发作的搏动性头痛为特征的原发性头痛，常呈单侧疼痛并伴恶心和呕吐。少数典型者发作前有视觉（暗点、闪光和黑矇等）、感觉和运动障碍等先兆，可有家族史。ICHD-3（β版）对偏头痛做了如下分类。①无先兆偏头痛（migraine without aura）；②先兆偏头痛（migraine with aura）：包括典型先兆偏头痛、脑干先兆偏头痛、偏瘫性偏头痛和视网膜性偏头痛；③慢性偏头痛；④偏头痛的并发症：包括偏头痛持续状态、无梗死的持续先兆、偏头痛性脑梗死和偏头痛先兆触发的癫痫发作；⑤很可能的偏头痛：包括很可能的无先兆偏头痛和很可能的先兆偏头痛；⑥可能与偏头痛相关的发作性综合征：包括复发性胃肠道紊乱、良性阵发性眩晕和良性阵发性斜颈。

1. 无先兆偏头痛 约80%的偏头痛患者表现为无先兆偏头痛（之前称为普通型偏头痛或单纯性半侧颅痛）。无先兆头痛患者常有家族史，头痛的性质与先兆偏头痛相似，但多无明确的先兆，持续时间较先兆偏头痛更长，可以持续数天，程度较先兆偏头痛轻。主要为一侧搏动性头痛，伴恶心、呕吐、出汗、畏光等症状。症状持续72h以上不缓解的重度头痛，称为偏头痛持续状态。但偏头痛持续状态期间，也有可能有不超过4h（除去睡眠）的无痛期。

2. 先兆偏头痛 约15%的偏头痛患者表现为先兆偏头痛（之前称为典型偏头痛）。疼痛通常以可能持续数小时至数天的先兆症状开始，此时患者注意到难以集中注意力或疲劳而没有头痛。先兆症状可能会发生也可能不会发生，但通常在头痛开始之前就存在。头痛可能是单侧的或双侧的，搏动性，中度至重度，并随着活动而恶化。伴随的临床特征包括恶心、呕吐和对光、声异常敏感性。其他临床特征包括颈部疼痛、偶尔的头晕、渗透恐惧症（对气味敏感）和难以清晰地思考。偏头痛先兆通常是视觉的，但也可以是感觉的或包括失语或眩晕。没有头痛的偏头痛先兆始于神经系统障碍（如视觉现象），但随后没有头痛。虽然传统上认为先兆先于头痛，但它也可能在头痛阶段出现。

3. 慢性偏头痛 慢性偏头痛是偏头痛的常见并发症，大多源于无先兆偏头痛，只有2%～3%的普通型偏头痛会发展为慢性偏头痛。

4. 可能与偏头痛相关的发作性综合征 包括复发性胃肠道紊乱、良性阵发性眩晕和良性阵发性斜颈3个亚型。复发性胃肠道紊乱又包含周期性呕吐综合征和腹型偏头痛两个亚型。周期性呕吐表现为反复发作性呕吐和剧烈恶心，发作形式常固定，伴有面色苍白和嗜睡. 每次持续1h到5天，间歇期完全缓解。腹型偏头痛表现为反复发作性腹部中线附近的中至重度疼痛，伴有厌食、恶心、呕吐和面色苍白（少数为潮红），每次持续1～72h，间歇期完全缓解。多数儿童成年后会出现偏头痛。良性阵发性眩晕表现为无诱因的反复短暂发作性眩晕，常伴有眼球震颤或呕吐，有时会出现单侧搏动样头痛，脑电图正常。良性阵发性斜颈表现为反复发作性头歪向一侧，可有轻微转动，数分钟至数天自发缓解，多在1岁以内起病，可伴面色苍白、易激惹、不适感、呕吐及共济失调，共济失调多见于年长儿童。

此外，还有家族性及散发性偏瘫性偏头痛和脑干先兆偏头痛。

三、诊 断

偏头痛的诊断基于病史、体征和症状。神经影像学检查不是诊断偏头痛所必需的，但可用于在检查和病史未证实偏头痛诊断的患者中发现其他导致头痛的原因。据报道，仍有大量患有这种疾病的患者未被诊断出来。目前偏头痛的诊断多采用国际头痛协会ICHD 3（β版）标准。

四、治　　疗

患者治疗应该采用分级治疗，包括根据头痛类型制订治疗方法，可减少头痛天数和药物使用量。及时治疗，避免过度使用镇痛剂（尤其是阿片类药物）以避免药物滥用性头痛的产生。

轻度偏头痛的发作通常可以通过非处方镇痛药治疗，例如，对乙酰氨基酚（建议剂量，650～1000mg）或非甾体抗炎药（阿司匹林 250～1000mg；布洛芬 1000～1200mg；萘普生 500～825mg；双氯芬酸 50mg；酮洛芬 75mg）。妊娠期患者的轻到中度偏头痛发作如果非药物治疗手段（饮食规律、适合的睡眠方式、生物反馈、放松训练和合理的运动疗法等）无效，可以用对乙酰氨基酚治疗轻至中度头痛发作。另外，在妊娠期患者的中度头痛可能需要联合使用乙酰氨基酚、半乳糖二酸异美汀（一种较为温和的血管收缩剂，65mg）和二氯醛比林（中效镇静剂，100mg）。虽然许多具有血管收缩作用的药物可治疗偏头痛，但高血压未控制好的患者、有冠心病或心绞痛病史的患者都不应选择这类药物。

对于慢性反复发作性原发性偏头痛患者口服阿片类药物的作用不大，应列为非甾体抗炎药和 5-羟色胺受体激动药如双氢麦角碱或舒马曲普坦之后的备用方案。另外，对于妊娠期妇女或患有严重血管疾病的患者来说，阿片类和非甾体抗炎药联合使用（如乙酰氨基酚 325mg 和可待因 30mg）也许是治疗慢性反复发作性原发性头痛仅有的合适选择。即使如此，使用时也应谨慎，应将阿片类药物的反跳性头痛和依赖性等风险在治疗前向患者说明。

对于中至重度偏头痛患者，可选用双氢麦角碱（1～2mg 滴鼻）；舒马曲坦的口服、滴鼻或皮下给药（口服 25～100mg，滴鼻 20mg 或皮下 4～6mg）；或其他曲普坦类药物（例如，那拉曲普坦 2.5mg；佐米曲普坦 5mg；利扎曲普坦 10mg；依来曲普坦 40mg；夫罗曲普坦 2.5mg；阿莫曲普坦 12.5mg）治疗。第二代药物作用机制与效果均与舒马曲普坦相似，但其起效更快，对冠状动脉缩血管作用较小。麦角胺（2mg 舌下或 1～2mg 口服）是沿用最久的确定抗偏头痛药物，如果能够耐受治疗所伴随的恶心和外周血管收缩，在偏头痛发作早期给予则可能有效。

极重度头痛发作患者有时需在急诊室进行静脉或肌内注射治疗。双氢麦角碱是可供注射的氢化麦角，对末梢动脉的收缩作用低于麦角碱，即使发作中给药，一般也有效。双氢麦角碱皮下（1mg）或静脉（0.5～1mg）注射均可。

另外，对于血管活性抑制剂治疗无效或禁忌的严重或持续偏头痛发作患者，可给予静脉注射精神镇静剂来治疗。可给予氯丙嗪 10mg 静脉注射，如无效可在 1h 后重复一次。为预防氯丙嗪静脉注射所致的低血压，可在氯丙嗪 10mg 静脉注射前给予 500ml 生理盐水。

五、预　　防

当头痛影响每月 3 天或更多天的活动、头痛严重或持续时间长，或偏头痛并发脑梗死等事件时，通常建议进行预防性治疗。如果预防性偏头痛药物能将偏头痛发作的频率或严重程度降低至少 50%，则被认为是有效的。

六、替代疗法

物理疗法、按摩和放松及脊椎推拿在预防偏头痛方面可能与普萘洛尔或托吡酯同样有效。并且，有研究认为使用减压技术（如认知行为疗法、生物反馈、放松技术和定期进行体育锻炼等）可能会降低频率。目前，已经开发了许多旨在预防或减少成人偏头痛频率的心理方法，包括教育方法、放松技巧、帮助制订应对策略、改变人们对偏头痛的看法的策略，以及减少偏头痛症状的策略。

在替代药物中，蜂斗菜和小白菊都可用于偏头痛的治疗。然而，未加工的蜂斗菜可能含有称为吡咯里西啶生物碱（PA）的化学物质，会导致肝损伤。并且，蜂斗菜可能会引起对豚草等植物敏感的人的过敏反应。小白菊传统上被用于治疗发热、头痛和偏头痛、妇女分娩困难和月经调节困难、缓解胃痛、牙痛和昆虫叮咬等病症。在过去的几十年里，它主要用于治疗头痛和偏头痛的预防性治疗。

七、预　　后

偏头痛患者的预后是可变的。在许多患者中，头痛的严重程度随着年龄的增长而降低，但没有先兆的偏头痛随着年龄的增长而变得更加频繁。避免饮食诱因（酪胺、苯乙胺、乙醇）和环境因素（光、声、气味），预防、改善失眠，可能可以减少偏头痛的发作。由于先兆偏头痛和缺血性脑卒中似乎存在共同的遗传易感性，因此需要特别注意心血管危险因素。

思　考　题

1. TIA（短暂性脑缺血）发作的治疗原则是什么？
2. 脑血栓形成的诊断标准和治疗原则是什么？
3. 脑出血的临床表现和诊断标准是什么？
4. 蛛网膜下腔出血的治疗原则是什么？

（刘昌云　陈枝挺　姚栋元）

第十二章　外科基本问题

第一节　无　菌　术

无菌术（asepsis）是临床医学的一个基本操作规范。人体和周围环境普遍存在着各种微生物。在手术、穿刺、插管、注射及换药等过程中，必须采取一系列严格措施，防止微生物通过接触、空气或飞沫进入伤口或组织，以免引起感染。无菌术就是针对微生物及感染途径所采取的一系列操作规范。灭菌（sterilization）是指杀灭一切活微生物，包括芽孢。消毒（disinfection）则是指杀灭病原微生物和其他有害微生物，但并不要求清除或杀灭所有微生物。从临床角度来看，无论灭菌还是消毒，都必须杀灭所有致病微生物，达到临床无菌术的要求。通常对应用于手术区域或伤口的物品按灭菌要求处理，即预先用物理或化学方法把相关物品上所有微生物彻底消灭掉；患者皮肤、手术人员手臂、某些特殊手术器械、手术室内空气等按消毒标准进行处理，去除有害微生物。无菌术内容不仅涉及各种灭菌和消毒方法，相关操作规则及管理制度也非常重要。医务人员在医疗护理操作过程中，需遵循一套操作规程，保持无菌物品、无菌区域不被污染，防止病原微生物侵入人体。所有医护人员都必须自觉遵守、严格执行这些规定及制度，确保无菌术的实施。

一、物品的灭菌、消毒法

（一）高压蒸汽灭菌法

高压蒸汽灭菌是目前医院内应用最多的灭菌法，效果可靠。高压蒸汽灭菌器分为下排气式和预真空式两种（表 12-1）。当蒸汽压力达到 104.0～137.3kPa 时，温度 121～126℃，维持 30min，即能杀灭包括细菌芽孢在内的一切微生物。高压蒸汽灭菌法用于耐高温的物品。高压蒸汽法适用于大多数医用物品的灭菌，包括手术器械、消毒衣巾及布类敷料等。

表 12-1　高压蒸汽灭菌器灭菌参数

设备类别	物品类别	温度（℃）	所需最短时间（min）	压力（kPa）
下排气式	敷料	121	30	102.9
	器械	121	20	102.9
预真空式	器械、敷料	132～134	4	205.8

（二）煮沸法

此法适用于金属器械、玻璃制品及橡胶类物品。在水中煮沸至 100℃并持续 15～20min，一般细菌即可被杀灭，但带芽孢的细菌至少需煮沸 1h 才能被杀灭。

（三）干热灭菌法

适用于耐热、不耐湿，蒸汽或气体不能穿透的物品的灭菌。如玻璃、粉剂、油剂等物品的灭菌。干热温度达到 160℃，最短灭菌时间为 2h，170℃为 1h，180℃为 30min。

（四）药液浸泡法

锐利手术器械、内镜等还可以采用化学药液浸泡达到消毒的目的。目前临床上大多采用

2% 中性戊二醛作为浸泡液，30min 达到消毒效果，灭菌时间为 10h。用于消毒的其他浸泡液还有 10% 甲醛溶液、70% 乙醇溶液、1∶1000 苯扎溴铵溶液和 1∶1000 氯己定溶液等。

（五）化学气体灭菌法

这类方法适用于不耐高温、湿热的医疗材料灭菌，如电子仪器、光学仪器、内镜及其专用器械、心导管、导尿管及其他橡胶制品等。目前主要采用环氧乙烷气体灭菌法、过氧化氢等离子体低温灭菌法和甲醛蒸汽灭菌法等。

（六）电离辐射法

属于工业化灭菌法，主要应用于无菌医疗耗材（如一次性注射器、丝线）和某些药品，常用 ^{60}Co 释放的 γ 射线或加速器产生的电子射线起到灭菌的作用。

二、手术人员和患者手术区域的准备

（一）手术人员的术前准备

手术人员需要按照一定规程进行术前准备，以保证手术在无菌条件下进行。

1. 一般准备 手术人员进入手术室后，要先换穿手术室准备的清洁鞋和衣裤，戴好帽子和口罩。帽子要盖住全部头发，口罩要盖住鼻孔。剪短指甲，并去除甲缘下积垢。手或臂部有破损或有化脓性感染时，不能参加手术。

2. 外科手消毒 包括清洁和消毒两个步骤。先用皂液或洗手液，按“七步洗手法”彻底清洗手臂，去除表面各种污渍，然后用消毒剂消毒皮肤。外科手消毒最常用的是刷洗法，按一定顺序刷洗手臂 3min，可达到外科手消毒标准。传统的手臂消毒法有肥皂水刷洗、乙醇浸泡法，需要 15min 才能完成，现在已很少使用。新型手消毒剂的出现使消毒过程逐渐简化。

3. 穿无菌手术衣和戴手套的方法 手臂消毒完成后，需要按无菌术的要求，穿无菌手术衣，戴无菌手套。

（二）患者手术区的准备

除局部麻醉外，术前皮肤消毒应在麻醉后进行。消毒规范：涂擦消毒剂时，应由手术区中心部向四周涂擦。如为感染部位手术，或为肛门区手术，则应从手术区外周涂向感染处或会阴肛门处。已经接触污染部位的药液纱布，不应再返擦清洁处。手术区皮肤消毒范围包括手术切口周围 15cm 的区域。如切口有延长的可能，应相应扩大皮肤消毒范围。

手术区消毒后，需铺设无菌巾单，目的是遮盖除显露手术切口所必需的最小皮肤区以外的非手术区，尽量减少手术中污染，为手术操作提供充分的无菌平面。除手术切开部位外，手术切口周围必须覆盖 4 层或 4 层以上无菌巾。铺巾原则：先铺相对不洁区（如下腹部、会阴部），最后铺靠近操作者的一侧，并用布巾钳将交角夹住，以防移动。无菌巾铺设完成后，不可随便移动，如果位置不准确，只能由手术区向外移，不能由外向内移动。

三、手术进行中的无菌原则

在手术开始之际，手术器械物品均已灭菌消毒，手术人员完成手臂消毒、穿手术衣、戴手套，患者手术区也已消毒并覆盖无菌巾单。这一切已为手术提供了一个无菌操作的环境。但是在手术过程中，如果没有一定的规章制度来保持这种无菌环境，则已经灭菌和消毒的物品或手术区域很有可能受到污染，以致引发伤口甚至深部组织感染。所有参加手术的人员都

应该认真执行以下无菌操作规定。

（1）手术人员穿手术衣和戴手套后，个人的无菌空间为肩部以下、腰部以上的身前区（至腋中线）、双侧手臂。手不能接触背部、腰部以下和肩部以上部位，这些区域属于有菌地带；同样，也不要接触手术台边缘以下的布单。如发生意外污染，需要立即更换或重新消毒。

（2）不可在手术人员背后传递手术器械及用品，坠落到无菌巾或手术台边以外的器械、物品，按污染处理，不准拾回再用。

（3）手术中如果手套破损或接触到有菌地方，应更换无菌手套。如果前臂或肘部触碰到有菌地方，应更换无菌手术衣或加套无菌袖套。如果无菌巾、布单等已被浸湿，其无菌隔离作用已不再完整，应加盖干的无菌布单。

（4）在手术过程中，同侧手术人员如需调换位置，一人应先退一步，背对背转身到达另一位置，以防触及对方背部非无菌区。

（5）术前清点器械、敷料。手术结束时，检查胸、腹等体腔，待核对器械、敷料数无误后，才能关闭切口。

（6）切口边缘应以无菌大纱布垫遮盖。例如，腹部手术在进腹后将无菌巾与腹膜缝合，保护腹壁切口。现已有工业化生产的切口保护装置问世，开腹后将切口保护器置入腹腔，其无菌薄膜外翻后即可覆盖整个切口，对切口有良好的保护作用。

（7）做皮肤切口以及缝合皮肤之前，需用 70% 乙醇溶液再涂擦消毒皮肤一次。

（8）切开空腔脏器前，要先用纱布垫保护周围组织，以防止或减少污染。

（9）参观手术人员不能太多，应与手术人员和无菌器械台保持 30cm 以上距离，尽量减少在手术间走动。

（10）术中不应开窗通风或用电扇，室内空调机风口不能吹向手术台。

（11）所有参加手术人员必须严格遵守无菌制度，人人应对无菌原则保持高度的责任感。对于可疑被污染的物品，一律按污染处理。

（12）特殊感染手术后，手术室的消毒方法（铜绿假单胞菌、破伤风梭菌、乙型肝炎病毒）。

1）铜绿假单胞菌：先用乳酸进行空气消毒，1～2h 后进行扫除，用 1∶1000 苯扎溴铵溶液擦洗室内用品后，开窗通风 1h。

2）破伤风梭菌：用 40% 甲醛溶液消毒手术室（按每立方米甲醛溶液 2ml 和高锰酸钾 1g），12h 后开窗通风。

3）乙型肝炎病毒：可喷洒 0.1% 次氯酸钠水溶液，30min 后清扫和清拭；或可用 5% 碘伏清拭；或用紫外线消毒手术室空气。

四、手术室的管理

手术室需要有严格的管理制度以保证其环境洁净。相关制度包括消毒、卫生制度，灭菌消毒物品的保存和监测，以及特殊感染患者所用器械物品的处理等。

第二节　外 科 休 克

休克（shock）是机体有效循环血容量减少、组织灌注不足，细胞代谢紊乱和功能受损的病理过程，它是一个由多种病因引起的综合征。通常将休克分为低血容量性（包括失血性及创伤性）、感染性、心源性、神经源性和过敏性休克 5 类。

一、病因和病理生理

有效循环血容量锐减及组织灌注不足，以及产生炎症介质是各类休克共同的病理生理基础。一方面，创伤、失血、感染等可以直接引起组织灌注不足；另一方面，产生细胞炎症反应，引起一系列炎症应答，又加重组织灌注的不足，从而促进休克的进展。

1. 微循环的变化 微血管收缩期、微血管扩张期、微循环衰竭期。

2. 代谢改变 主要包括无氧代谢引起代谢性酸中毒和能量代谢障碍。

3. 炎症介质释放和缺血再灌注损伤 严重创伤、感染、出血等可刺激机体释放过量炎症介质，形成“瀑布样”连锁放大反应。炎症介质包括白介素、肿瘤坏死因子、集落刺激因子、干扰素和血管扩张剂一氧化氮等。活性氧代谢产物可引起脂质过氧化和细胞膜破裂。

二、临床表现

按照休克的发病过程可分为休克代偿期和失代偿期，也称休克早期和休克期。

1. 休克代偿期 表现为精神紧张、兴奋或烦躁不安、皮肤苍白、四肢厥冷、心率加快、脉压小、呼吸加快、尿量减少等。

2. 休克失代偿期 表情淡漠、反应迟钝，甚至可出现意识模糊或昏迷；出冷汗、口唇肢端发绀；脉搏细速、血压进行性下降。严重时，全身皮肤、黏膜明显发绀，四肢厥冷，脉搏摸不清、血压测不出，尿少甚至无尿。若皮肤、黏膜出现瘀斑或消化道出血，提示病情已发展至弥散性血管内凝血阶段。若出现进行性呼吸困难、脉速、烦躁、发绀，一般吸氧不能改善呼吸状态，应考虑并发急性呼吸窘迫综合征。休克的临床表现要点见表 12-2。

3. 诊断 关键是早期发现并准确分期：①凡遇到严重损伤、大量出血、重度感染以及过敏患者和有心脏病病史者，应想到并发休克的可能。②临床观察中，对于有出汗、兴奋、心率加快、脉压小或尿少等症状者，应疑有休克。③若患者出现表情淡漠、反应迟钝、皮肤苍白、呼吸浅快、收缩压降至 90mmHg 以下及尿少或无尿者，标志着患者已进入休克失代偿期。

三、休克的监测

通过监测不但可了解患者病情变化和治疗反应，并为调整治疗方案提供客观依据。

1. 一般监测

（1）精神状态：是脑组织血液灌流和全身循环状况的反应。

（2）皮肤温度、色泽：是体表灌流情况的标志。

（3）血压：通常认为收缩压＜90mmHg，脉压＜20mmHg 是休克存在的表现；血压回升、脉压增大则是休克好转的征象。

（4）脉率：脉率是休克监测中的又一个重要的生理指标。

（5）尿量：是反映肾血液灌注情况的重要指标。尿少通常是早期休克和休克复苏不完全的表现。尿量＜25ml/h、比重增加者表明仍存在肾血管收缩和供血量不足，当尿量维持在 30ml/h 以上时，则休克已纠正。

2. 特殊监测 包括以下多种血流动力学监测（hemodynamic monitoring）项目。

（1）中心静脉压（CVP）：中心静脉压代表右心房或胸腔段腔静脉内压力，可反映全身血容量与右心功能之间的关系。

（2）动脉血气分析：通过监测动脉血气的动态变化有助于了解休克时酸碱平衡情况。碱

表 12-2　休克的临床表现要点

分期	程度	神志	口渴	皮肤黏膜		脉搏	血压	体表血管	尿量	估计失血量
				色泽	温度					
休克代偿期	轻度	神志清楚，伴有痛苦表情，精神紧张	口渴	开始苍白	正常，发凉	100 次/分以下，尚有力	收缩压正常或稍升高，舒张压增高，脉压缩小	正常	正常	20% 以下（800ml 以下）
休克失代偿期	中度	神志尚清楚	很口渴	苍白	发冷	100～200 次/分	收缩压为 70～90mmHg 脉压小	表浅静脉塌陷，毛细血管充盈迟缓	尿少	20%～40%（800～1600ml）
	重度	表情淡漠，意识模糊，甚至昏迷	非常口渴，可能无主诉	显著苍白，肢端青紫	厥冷（肢端更明显）	速而细弱，或摸不清	收缩压在 70mmHg 以下或测不到	毛细血管充盈非常迟缓，表浅静脉塌陷	尿少或无尿	40% 以上（1600ml 以上）

缺失（BD）可反映全身组织酸中毒情况，反映休克的严重程度和复苏状况。

（3）动脉血乳酸盐测定：组织灌注不足可引起无氧代谢和高乳酸血症，监测乳酸盐水平有助于估计休克及复苏的变化趋势。正常值为1～1.5mmol/L，危重患者有时会达到4mmol/L。乳酸的水平与患者的预后密切相关，持续的高乳酸血症往往表明患者死亡率增加。

（4）DIC的检测：对疑有DIC的患者，应测定其血小板的数量和质量、凝血因子的消耗程度及反映纤溶活性的多项指标，包括：血小板计数＜80×10^9/L；凝血酶原时间比对照组延长3s以上；血浆纤维蛋白原＜1.5g/L或呈进行性降低；3P（血浆鱼精蛋白副凝）试验阳性；血涂片中破碎红细胞超过2%等。该5项检查中出现3项以上异常，结合临床上有休克及微血管栓塞症状和出血倾向时，便可诊断DIC。

（5）应用Swan-Ganz漂浮导管可测得心排血量（CO），并计算心排血指数（CI），反映心排血量及外周血管阻力，同时也可测得肺动脉压（PAP）和肺毛细血管楔压（PCWP），可反映肺静脉、左心房和左心室的功能状态。但肺动脉导管技术是一项有创性检查，有发生严重并发症的可能（发生率3%～5%），故应当严格掌握适应证。

四、治　疗

应当针对引起休克的原因和休克不同发展阶段的重要生理紊乱采取下列相应治疗，其中重点是恢复灌注和对组织提供足够的氧，目的是防止多器官功能不全综合征的发生。

1. 紧急治疗　包括积极处理引起休克的原发伤病，如创伤制动、大出血止血、保证呼吸道通畅等。采取头和躯干抬高20°～30°、下肢抬高15°～20°的体位，以增加回心血量。及早建立静脉通道，并用药维持血压。早期予以鼻导管或面罩吸氧。注意保温。对重症或创伤患者的处理，应掌握以下原则：①保证呼吸道通畅；②及时控制活动性出血；③手术控制出血的同时给予血制品及一定量的晶体液扩容。

2. 补充血容量　是纠正休克引起的组织低灌注和缺氧的关键。晶体液仍然是容量复苏时的第一线选择，大量液体复苏时可联合应用人工胶体液，必要时进行成分输血。

3. 积极处理原发病　外科疾病引起的休克，有时应在积极抗休克的同时进行手术，以免延误抢救时机。

4. 纠正酸碱平衡失调　酸性内环境对心肌、血管平滑肌和肾功能均有抑制作用。

5. 血管活性药物的应用　在容量复苏的同时应用血管活性药物可以迅速升高血压和改善循环，尤其是在感染性休克患者。理想的血管活性药物应能迅速提高血压，改善心脏和脑血流灌注，又能改善肾和肠道等内脏器官血流灌注。

（1）血管收缩剂：有多巴胺、去甲肾上腺素和间羟胺等。多巴胺是最常用的血管活性药，兼具兴奋α、β_1和多巴胺受体作用，其药理作用与剂量有关。去甲肾上腺素是以兴奋α受体为主、轻度兴奋β受体的血管收缩剂，能兴奋心肌，收缩血管，升高血压及增加冠状动脉血流量，作用时间短。间羟胺（阿拉明）间接兴奋α、β受体，对心脏和血管的作用同去甲肾上腺素，但作用弱，维持时间约30min。

（2）血管扩张剂：分为α受体阻断药和抗胆碱能药物两类。前者包括酚妥拉明、酚苄明等，能解除去甲肾上腺素所引起的小血管收缩和微循环淤滞并增强左心室收缩力；后者包括阿托品、山莨菪碱和东莨菪碱。临床上较常用的是山莨菪碱（人工合成品为654-2），可使血管舒张，从而改善微循环。还可通过抑制花生四烯酸代谢，降低白三烯、前列腺素的释放而保护细胞，是良好的细胞膜稳定剂。多用于感染性休克。

（3）强心药：包括兴奋α和β肾上腺素能受体兼有强心功能的药物，如多巴胺和多巴酚丁胺等，其他还有强心苷如毛花苷C（西地兰），可增强心肌收缩力，减慢心率。

6. 治疗 DIC 改善微循环　略。

7. 皮质类固醇和其他药物的应用　略。

第三节　外科患者的营养治疗

临床营养支持治疗是20世纪临床医学中的重大进展之一，已经成为危重患者救治中不可缺少的重要措施。人体在正常生命活动过程中需要不断摄取各种营养物质，通过转化和利用以维持机体的新陈代谢。外源性营养底物包括碳水化合物、脂肪、蛋白质、水、电解质、微量元素和维生素，这些营养物质进入人体后，参与体内一系列代谢过程，通过氧化过程产生能量，成为机体生命活动必不可少的能源，通过合成代谢使人体结构得以生长、发育、修复及再生。

外科患者由于疾病和手术创伤，机体会发生明显的代谢改变，此时如果得不到及时、足够的营养补充，易导致营养不良，影响组织、器官的结构和功能及机体的康复过程，严重者将会导致多器官功能衰竭，从而影响患者的预后。临床营养支持已经成为重症患者救治中不可缺少的重要措施。充分了解机体各种状况下的代谢变化，有效提供合适的营养底物，选择正确的喂养途径和时机，可降低应激状况下机体的分解代谢，维护重要脏器功能，提高救治成功率，改善患者的临床结局。

一、肠外营养

肠外营养（parenteral nutrition，PN）是指通过胃肠道以外途径（即静脉途径）提供营养支持的方式，肠外营养是肠功能障碍患者必不可少的治疗措施，挽救了大量危重患者的生命，疗效确切。凡是需要营养支持，但又不能或不宜接受肠内营养支持的患者均为肠外营养支持的适应证。具体为：1周以上不能进食或胃肠道功能障碍不能耐受肠内喂养者；通过肠内营养无法达到机体需要的目标量时应补充肠外营养。

（一）肠外营养制剂

肠外营养由碳水化合物、脂肪乳剂、氨基酸、水、维生素及微量元素等基本营养素组成，以提供患者每日所需的能量及各种营养物质，维持机体正常代谢。

1. 碳水化合物制剂　葡萄糖是肠外营养中最主要的能源物质，肠外营养时葡萄糖的供给量一般为3～3.5g/（kg·d），供能约占总热量的50%。应激状态下的患者，葡萄糖供给量降至2～3g/（kg·d），以避免摄入过量所致的代谢不良反应。

2. 氨基酸制剂　氨基酸是肠外营养氮源物质，是机体合成蛋白质所需的底物。由于各种蛋白质由特定的氨基酸组成，因此，输入的氨基酸液中各种氨基酸配比应该合理，才能提高氨基酸利用率，有利于蛋白质合成。肠外营养理想的氨基酸制剂是含氨基酸种类较齐全的平衡型氨基酸溶液，包括所有必需氨基酸。肠外营养时推荐的氨基酸摄入量为1.2～2.0g/（kg·d），严重分解代谢状态下需要量增加。

3. 脂肪乳剂　脂肪乳剂是肠外营养中较理想的能源物质，可提供能量、生物合成碳原子及必需脂肪酸。一般情况下肠外营养中脂肪乳剂占30%～40%总热量，剂量为0.7～1.3g甘油三酯/（kg·d）。严重应激状态下，脂肪乳剂摄入量可占50%非蛋白热量，其摄入量可增至1.5g甘油三酯/（kg·d）。脂肪乳剂的输注速度为1.2～1.7mg/（kg·d）。存在高脂血症（血甘油三酯＞4.6mmol/L）患者，脂肪乳剂摄入量应减少或停用。

临床上常用的脂肪乳剂有长链脂肪乳剂、中/长链脂肪乳剂、含橄榄油的脂肪乳剂及含鱼油的脂肪乳剂，不同脂肪乳剂各有其特点。

4. 电解质制剂 电解质对维持机体水、电解质和酸碱平衡，保持人体内环境稳定，维持各种酶的活性和神经、肌肉的应激性均有重要作用。

5. 维生素及微量元素制剂 维生素及微量元素是维持人体正常代谢和生理功能不可缺少的营养素。肠外营养时需要添加水溶性维生素和脂溶性维生素及微量元素制剂，以避免出现维生素及微量元素缺乏。

（二）肠外营养液的配制

为使输入的营养物质在体内获得更好的代谢、利用，减少污染等并发症的机会，肠外营养时应将各种营养制剂混合配制后输注，称为全合一（all-in-one，AIO）营养液系统。肠外营养液配制所需的环境、无菌操作技术、配制流程、配制顺序均有严格要求。

（三）肠外营养途径选择

肠外营养的输注途径主要有中心静脉和周围静脉途径。中心静脉途径适用于需要长期肠外营养和需要高渗透压营养液的患者。常用的中心静脉途径有：①颈内静脉途径；②锁骨下静脉途径；③经头静脉或贵要静脉插入中心静脉导管（PICC）途径。周围静脉途径是指浅表静脉，大多数是上肢末梢静脉，适用于短期（＜2 周）肠外营养支持的患者。

（四）肠外营养液的输注

肠外营养的输注有持续输注法和循环输注法两种。持续输注是指一天营养液在 24h 内持续均匀输入体内；循环输注法是持续输注营养液稳定的基础上缩短输注时间，使患者有一段不输液时间。此方法适合于病情稳定、需长期肠外营养、而且肠外营养量无变化者。

（五）肠外营养的并发症及防治

肠外营养的并发症主要有静脉导管相关并发症、代谢性并发症、脏器功能损害及代谢性骨病等。

1. 静脉导管相关并发症 非感染性并发症主要有气胸、空气栓塞、血管损伤、神经损伤、导管脱出、导管折断、导管堵塞。感染性并发症主要有中心静脉导管相关感染。周围静脉则可发生血栓性静脉炎。

2. 代谢性并发症 如高血糖、低血糖、氨基酸代谢紊乱、高脂血症、电解质及酸碱代谢失衡、必需脂肪酸缺乏、再喂养综合征、维生素及微量元素缺乏症等。

3. 脏器功能损害 长期肠外营养可引起肝损害。此外，长期禁食可引发肠源性感染。

4. 代谢性骨病 骨钙丢失、骨质疏松、血碱性磷酸酶增高、高钙血症、尿钙排出增加、四肢疼痛，甚至出现骨折等表现，称为代谢性骨病。

二、肠 内 营 养

肠内营养（enteral nutrition，EN）是指通过胃肠道途径提供营养的方式，它具有符合生理状态，能维持肠道结构和功能的完整性，费用低、使用和监护简便、并发症较少等优点，因而是临床营养支持的首选方法。临床上，肠内营养的可行性取决于患者的胃肠道是否具有吸收所提供的各种营养素的能力，以及胃肠道是否耐受肠内营养制剂。只要具备上述两个条件，在患者因原发疾病或因治疗需要而不能或不愿经口摄食，或摄食量不足以满足机体合成代谢需要时，均可采用肠内营养。

（一）肠内营养制剂

1. 非要素型制剂　也称整蛋白型制剂，该类制剂以整蛋白或蛋白质游离物为氮源，渗透压接近等渗，口感较好，口服或管饲均可，使用方便，耐受性强。适于胃肠道功能较好的患者，是应用最广泛的肠内营养制剂。

2. 要素型制剂　该制剂是氨基酸或多肽类、葡萄糖、脂肪、矿物质和维生素的混合物。

3. 组件型制剂　该制剂是仅以某种或某类营养素为主的肠内营养剂，是对完全型肠内营养制剂进行补充或强化，以适合患者的特殊需要。

4. 疾病专用型制剂　糖尿病、肝病、肿瘤、婴幼儿、肺病、肾病、创伤等专用制剂。

肠内营养制剂有粉剂及溶液两种。

（二）肠内营养途径选择

1. 鼻胃、鼻十二指肠、鼻空肠置管　通过鼻胃或鼻肠置管进行肠内营养简单易行，是临床上使用最多的方法。适合于需短时间（<2 周）营养支持的患者。

2. 胃及空肠造口　用于需要较长时间进行肠内喂养患者。

（三）肠内营养的输注

肠内营养的输注方式有一次性投给、间歇性重力滴注和连续性经泵输注 3 种。

（四）肠内营养的并发症及防治

1. 机械性并发症　鼻、咽及食管损伤，喂养管堵塞，喂养管拔出困难，造口并发症等。

2. 胃肠道并发症　恶心、呕吐、腹泻、腹胀、肠痉挛等是临床上常见的消化道并发症。

3. 代谢性并发症　代谢方面的并发症主要有水、电解质及酸碱代谢异常，糖代谢异常，微量元素、维生素及脂肪酸的缺乏，各脏器功能异常。

4. 感染性并发症　主要与营养液的误吸和营养液污染有关。吸入性肺炎是肠内营养最严重的并发症。

第四节　麻　　醉

麻醉（anesthesia）一词来源于希腊文，其原意是感觉丧失，即指应用药物或其他方法使患者整体或局部暂时失去感觉，从而消除手术时的疼痛。

麻醉学是临床医学的一个重要学科，现代麻醉学的理论和技术是随着基础医学、临床医学和医学生物工程等现代科学技术综合发展而形成的，主要包括临床麻醉、重症治疗、急救复苏和疼痛治疗 4 个部分，其中临床麻醉是现代麻醉学的主要部分。在围手术期，麻醉医师使用各种监测技术最为频繁，尤其是对呼吸、循环及中枢神经系统功能的监测；对呼吸道的控制和呼吸管理最为熟悉，包括呼吸模式的观察、人工呼吸、机械通气等；术中经常进行大量、快速输液、输血，使用多种血管活性药物及其他强效、速效药物。麻醉学的理论和技术，包括术前对患者的评估、人工气道的建立、器官功能的监测、心肺复苏和疼痛治疗等，不仅应用于手术中，而且广泛应用于手术室以外的诊疗工作中。对于临床医学生来说，无论将来从事何种专业，都可以应用麻醉学的基本理论和操作技术来处理各种临床问题。因此，学好麻醉学不仅可以拓宽临床思路，并可在临床工作中增强发现问题、分析问题和解决问题的能力。

一、全身麻醉

根据用药途径和作用机制，全身麻醉药（简称全麻）可分为吸入麻醉药和静脉麻醉药。此外，肌松药和麻醉性镇痛药也是全身麻醉术中不可或缺的药物。

（一）全身麻醉药

1. 吸入麻醉药（inhalation anesthetics） 是指经呼吸道吸入进入人体内并产生全身麻醉作用的药物。

1）吸入麻醉药的强度以最低肺泡浓度（MAC）衡量。

2）MAC 是指某种吸入麻醉药在一个大气压下与纯氧同时吸入时，能使 50% 患者在切皮时不发生摇头四肢、运动等反应时的最低肺泡浓度。

3）吸入麻醉药的强度与油/气分配系数（即脂溶性）成正比。

4）吸入麻醉药的可控性与血/气分配系数（即药物在血液中的溶解度）相关。

5）吸入麻醉药的理化性质（表 12-3）。

表 12-3 吸入麻醉药的理化性质

麻醉药	分子量	油/气	血/气	代谢率（%）	MAC（%）
乙醚	74	65	12	2.1～3.6	1.9
氧化亚氮	44	1.4	0.47	0.004	105
氟烷	197	224	2.4	15 ～20	0.75
恩氟烷	184	98	1.9	2～5	1.7
异氟烷	184	98	1.4	0.2	1.15
七氟烷	200	53.4	0.65	2～3	2.0
地氟烷	168	18.7	0.42	0.02	6.0

2. 影响肺泡药物浓度即肺泡浓度（FA）的因素 通气效应、浓度效应、心排血量（CO）、血/气分配系数、麻醉药在肺泡和静脉血中的浓度差。

3. 常用吸入麻醉药 ①氧化亚氮（笑气，nitrous oxide，N_2O）；②七氟烷（七氟醚，sevoflurane）；③地氟烷（地氟醚，desflurane）等。

（二）静脉麻醉药

经静脉注射进入体内，通过血液循环作用于中枢神经系统而产生全身麻醉作用的药物，称为静脉麻醉药（intravenous anesthetics）。常用静脉麻醉药有氯胺酮（ketamine）、依托咪酯（乙咪酯，etomidate）、丙泊酚（异丙酚，propofol）、咪达唑仑（midazolam）、右旋美托咪定（dexmedetomidine）。

1. 肌肉松弛药（muscle relaxant） 简称肌松药，能阻断神经-肌肉传导功能而使骨骼肌松弛。肌松药只能使骨骼肌麻痹，而不产生麻醉作用，不能使患者的神志和感觉消失，也不产生遗忘作用。肌松药主要分为两类：去极化类肌松药（depolarizing muscle relaxant）和非去极化类肌松药（non-depolarizing muscle relaxant）。去极化肌松药以琥珀胆碱为代表，非去极化肌松药以筒箭毒碱为代表。常用肌松药有琥珀胆碱、泮库溴铵、维库溴铵、阿曲库铵等。

2. 麻醉性镇痛药 常用麻醉性镇痛药为阿片类药物（opioids），与体内阿片受体结合。阿片受体主要分布在脑内和脊髓内痛觉传导区以及与情绪行为相关区域，主要分为 3 型：μ 受体、

κ 受体和 σ 受体，激动不同受体，产生不同效应。有吗啡（morphine）、哌替啶、芬太尼、舒芬太尼。

（三）全身麻醉的实施及维持

1. 全身麻醉的诱导（induction of anesthesia） 患者接受全麻药后，由清醒状态到神志消失，并进入全麻状态后进行气管内插管，这一阶段称为全麻诱导期，诱导前应准备好麻醉机、气管插管用具及吸引器等，开放静脉和胃肠减压管，测定血压和心率的基础值，并监测心电图和 SpO_2。全麻诱导方法有面罩吸入诱导法、静脉诱导法。

2. 全身麻醉的维持

（1）吸入麻醉药维持：经呼吸道吸入一定浓度的吸入麻醉药，以维持适当的麻醉深度。目前吸入的气体麻醉药为氧化亚氮，挥发性麻醉药为氟化类麻醉药，如异氟烷、七氟烷等。

（2）静脉麻醉药维持：为全麻诱导后经静脉给药以维持适当麻醉深度的方法。

（3）复合全身麻醉：是指两种或两种以上的全麻药或（和）麻醉方法复合应用，彼此取长补短，以达到最佳临床麻醉效果。根据给药的途径不同，复合麻醉（combined anesthesia）可大致分为全静脉麻醉和静脉与吸入麻醉药复合的静-吸复合麻醉。

（4）全身麻醉时常见反流与误吸：尤其以产科和小儿外科患者的发生率较高。还可见呼吸道梗阻，如舌后坠、口腔内分泌物及异物阻塞、喉头水肿、喉痉挛等。还要注意心律失常及高热、惊厥等。

3. 全身麻醉的并发症

（1）反流与误吸。

（2）呼吸道梗阻，如舌后坠、口腔内分泌物或血液及异物阻塞、喉头水肿及喉痉挛、支气管痉挛、气管导管扭折、导管斜面堵塞、分泌物或误吸物堵塞气管及支气管等。

（3）通气量不足。

（4）低氧血症。

（5）低血压。

（6）高血压。

（7）心律失常。

（8）高热、抽搐和惊厥，常见于小儿麻醉。

二、局部麻醉

用局部麻醉药暂时阻断某些周围神经的冲动传导，使这些神经所支配的区域产生麻醉作用，称为局部麻醉（local anesthesia），简称局麻。局麻是一种简便易行、安全有效、并发症较少的麻醉方法，并可保持患者意识清醒，适用于较表浅、局限的手术，但也可干扰重要器官的功能。因此，施行局麻时应熟悉局部解剖和局麻药的药理作用，掌握规范的操作技术。

（一）常用局部麻醉药

1. 普鲁卡因 是一种弱效、短时效但较安全的常用局麻药。成人一次限量为 1g。

2. 丁卡因 是一种强效、长时效的局麻药。成人一次限量表面麻醉为 40mg、神经阻滞为 80mg。

3. 利多卡因 是中等效能和时效的局麻药。成人一次限量表面麻醉为 100mg，局部浸润麻醉和神经阻滞为 400mg。

4. 丁哌卡因 是一种强效和长时效局麻药。常用于神经阻滞、腰麻及硬膜外阻滞，成人一次限量为150mg。使用时应注意其心脏毒性。左旋丁哌卡因的基本药理性能和临床使用与丁哌卡因相似，但其心脏毒性弱于丁哌卡因。

5. 罗哌卡因 是一种新的酰胺类局麻药，其成人一次限量为150mg。适用于硬膜外镇痛如术后镇痛和分娩镇痛。

（二）局部麻醉药的不良反应

1. 毒性反应 局麻药吸收入血液后，当血药浓度超过一定阈值时，就会发生局麻药的全身毒性反应，严重者可致死。原因有：①一次用量超过患者的耐受量；②意外血管内注入；③注药部位血供丰富，吸收增快；④患者因体质衰弱等原因而导致耐受力降低。

2. 过敏反应即变态反应 过敏反应是指使用很少量局麻药后出现荨麻疹、咽喉水肿、支气管痉挛、低血压和血管神经性水肿，甚至危及患者生命。如发生过敏反应首先中止用药；保持呼吸道通畅、吸氧、维持循环稳定。

（三）局部麻醉方法

1. 表面麻醉 将穿透力强的局麻药施用于黏膜表面，使其透过黏膜而阻滞位于黏膜下的神经末梢，使黏膜产生麻醉现象，称为表面麻醉。

2. 局部浸润麻醉 将局麻药注射于手术区的组织内，阻滞神经末梢而达到麻醉作用，称局部浸润麻醉。基本操作方法：先在手术切口线一端进针，针的斜面向下刺入皮内，注药后形成橘皮样隆起，称为皮丘。将针拔出，在第一个皮丘的边缘再进针，如法操作形成第二个皮丘，如此在切口线上形成皮丘带。再经皮丘向皮下组织注射局麻药，即可切开皮肤和皮下组织。

3. 区域阻滞 包围手术区，在其四周和底部注射局麻药，阻滞通入手术区的神经纤维，称为区域阻滞。适用于肿块切除术，如乳房良性肿瘤的切除术、头皮手术等。用药同局部浸润麻醉。

4. 神经阻滞 在神经干、丛、节的周围注射局麻药，阻滞其冲动传导，使其所支配的区域产生麻醉作用，称为神经阻滞。常用神经阻滞有肋间、眶下、坐骨、指（趾）神经干阻滞，颈丛、臂神经丛阻滞，以及诊疗用的星状神经节和腰交感神经节阻滞等。

三、椎管内麻醉

椎管内有两个可用于麻醉的腔隙，即蛛网膜下隙（蛛网膜下腔）和硬脊膜外间隙。根据局麻药注入的腔隙不同，分为蛛网膜下腔阻滞（简称腰麻），硬膜外间隙阻滞及腰麻-硬膜外间隙联合阻滞（combined spinal-epidural block，CSE），统称椎管内麻醉。

（一）椎管内麻醉的解剖基础

脊柱和椎管脊柱是由脊椎重叠而成的。

1. 脊椎 由位于前方的椎体和后方的椎弓所组成，中间为椎孔，所有上下椎孔连接在一起即成椎管。椎管上起枕骨大孔，下止于骶裂孔。正常脊柱有4个生理弯曲，即颈、胸、腰和骶尾弯曲，颈曲和腰曲向前突，胸曲与骶曲向后突。患者仰卧时，C_3和L_3所处位置最高，T_5和S_4最低，这对腰麻时药液的分布有重要影响。

2. 韧带 连接椎弓的韧带与椎管内麻醉关系密切。从外至内分别是棘上韧带、棘间韧带和黄韧带。棘上韧带连接脊椎棘突尖端，质地较坚韧，老年人常发生钙化。棘间韧带连结上下两棘突，质地较疏松。黄韧带连接上下椎板，覆盖着椎板间孔，几乎全部由弹力纤维构成，组织致密坚韧，针尖穿过时有阻力，穿过后有落空感。椎管内麻醉时，穿刺针经过皮肤、皮下组织、棘上韧带、棘间韧带和黄韧带，即进入硬膜外间隙，如再刺过硬脊膜和蛛网膜即至蛛网膜下隙。

3. 脊髓、脊膜与腔隙　椎管内有脊髓和三层脊髓被膜。脊髓下端成人一般终止于 L_1 椎体下缘或 L_2 上缘，新生儿在 L_3 下缘，并随年龄增长而逐渐上移。故成人做腰椎穿刺应选择 L_2 以下的椎间隙，而儿童则在 L_3 以下间隙。

脊髓的被膜从内至外为软膜、蛛网膜和硬脊膜。硬脊膜由坚韧的结缔组织形成，血供较少，刺破后不易愈合。软膜和蛛网膜之间的腔隙称为蛛网膜下隙，上与脑蛛网膜下隙沟通，下端止于 S_2 水平，内有脑脊液。在 S_2 水平，硬脊膜和蛛网膜均封闭而成硬膜囊。硬脊膜与椎管内壁（即黄韧带和骨膜）之间的腔隙为硬膜外间隙，内有脂肪、疏松结缔组织、血管和淋巴管。硬膜外间隙在枕骨大孔处闭合，与颅腔不通，其尾端止于骶裂孔。硬脊膜和蛛网膜之间有一潜在腔隙，称为硬膜下间隙。

4. 根硬膜、根蛛网膜和根软膜　硬脊膜、蛛网膜和软膜均沿脊神经根向两侧延伸，包裹脊神经根，故分别称为根硬膜、根蛛网膜和根软膜。

5. 骶管　骶管内有稀疏结缔组织、脂肪和丰富的静脉丛，容积 25～30ml。

6. 脊神经　脊神经共 31 对：颈神经（C）8 对，胸神经（T）12 对，腰神经（L）5 对，骶神经（S）5 对和尾神经（Co）1 对。

（二）椎管内麻醉的机制及生理

1. 脑脊液　成人总容积 120 ～150ml，其中脊蛛网膜下隙内仅 25～30ml。脑脊液透明澄清，侧卧位时压力为 0.69～1.67kPa，坐位时为 1.96～2.94kPa。脑脊液在腰麻时起稀释和扩散局麻药的作用。腰麻时，局麻药直接作用于脊神经根和脊髓表面。

2. 药物作用部位　腰麻时，局麻药直接作用于脊神经根和脊髓表面。

3. 麻醉平面与阻滞作用　麻醉平面是指感觉神经被阻滞后，用针刺法测定皮肤痛觉消失的范围。交感神经被阻滞后，能减轻内脏牵拉反应；感觉神经被阻断后，能阻断皮肤和肌肉的疼痛传导；运动神经被阻滞后，能产生肌松弛。由于神经纤维的粗细不同，交感神经最先被阻滞，且阻滞平面一般要比感觉神经高 2～4 个节段；运动神经最迟被阻滞，其平面比感觉神经要低 1～4 个节段。

4. 椎管内麻醉对生理的影响

（1）对呼吸的影响：取决于阻滞平面的高度，尤以运动神经被阻滞的范围更为重要。

（2）对循环的影响：低血压；心动过缓。

（3）对其他系统的影响：椎管内麻醉下，迷走神经功能亢进，胃肠蠕动增加，容易诱发恶心、呕吐；对肝肾功能有一定影响；也可能引起尿潴留。

（三）蛛网膜下腔阻滞

局麻药注入蛛网膜下腔，阻断部分脊神经的传导功能而引起相应支配区域的麻醉作用称为蛛网膜下腔阻滞。根据给药方式、麻醉平面和局麻药药液的比重分类。

1. 给药方式　可分为单次法和连续法。

2. 麻醉平面　阻滞平面达到或低于 T_{10} 为低平面，高于 T_{10} 但低于 T_4 为中平面，如高至 T_4 或以上为高平面腰麻（须警惕其安全可控性差）。

3. 局麻药液的比重　根据所用药液的比重高于、等于、低于脑脊液比重情况，分别称为重比重、等比重、轻比重腰麻。

（四）硬膜外阻滞

将局麻药注射到硬脊膜外间隙，阻滞部分脊神经的传导功能，使其所支配区域的感觉或

（和）运动功能消失的麻醉方法，称为硬脊膜外间隙阻滞，又称硬膜外阻滞或硬膜外麻醉。硬膜外阻滞有单次法和连续法两种，临床常用连续法。

（五）麻醉期间的监测管理

患者在手术麻醉期间，由于外科疾病或并存疾病的影响，麻醉方法和药物的影响，手术创伤及失血，以及体位的改变等因素，都可对生理功能带来不同程度的影响，严重者可危及患者的生命。因此，麻醉期间应主动采取措施，预防严重生理变化的发生。密切观察患者各种生理功能的变化，力求及早发现和及时纠正，以避免发生严重并发症。

1. 呼吸监测和管理 麻醉期间最容易和最先受到影响的是呼吸功能。麻醉期间保持呼吸功能正常是一项十分重要的任务。呼吸功能正常是指能维持动脉血氧分压（PaO_2）、二氧化碳分压（$PaCO_2$）和血液 pH（同时受代谢因素的影响）在正常范围内。麻醉期间必须持续监测 SpO_2 全麻控制呼吸的患者还应监测潮气量、呼吸频率、气道压及 PCO_2，必要时检查动脉血气分析，以保证患者的呼吸功能正常。

2. 循环监测和管理 麻醉期间维持循环功能的稳定在麻醉管理中占有重要地位，麻醉期间维持充足的有效循环血容量是非常重要的，血压降低往往与绝对或相对血容量不足有关。应根据术前心、肾功能及禁食、脱水等情况，对术中失血及围手术期体液丢失量进行补充。建立必要的循环监测措施有助于临床判断。麻醉过浅可引起机体的应激反应，使血压升高、心率增快；麻醉过深可抑制心肌收缩功能，引起外周血管舒张和阻力降低，导致血压降低。因此，根据病情和手术要求及时调节麻醉深度，对于维持循环稳定是非常重要的，必要时可应用血管活性药物来支持循环功能。

3. 控制性降压 在某些情况下，为了降低血管张力、便于施行手术（如动脉导管未闭、颅内动脉瘤等），或减少手术野的渗血以方便手术操作、减少失血量（如脊柱手术、后颅窝手术等），或控制血压过度升高、防止发生心血管并发症（如心肌缺血、急性肺水肿等），麻醉期间需要利用药物和（或）麻醉技术使动脉血压降低并控制在一定水平，称为控制性降压。血压降低有可能使重要器官（脑、心、肾）的血流量减少，导致缺氧和功能障碍。因此，必须严格掌握适应证和血压控制标准，并在降压期间加强监测，维持正常的血管内容量，维持各重要器官的组织灌注和供氧在正常范围。

4. 体温的监测和管理 体温是重要的生命体征之一，因此术中的体温监测十分必要。术中的体温监测通常采用鼻咽温，某些情况下（如体外循环）还应监测中心体温（食管或直肠温度）。常用的术中保温措施包括温毯、暖风机和输液加温等。

5. 其他 麻醉期间还应密切观察患者的全身情况。非全麻患者应注意神志和表情的变化，严重低血压和缺氧可使患者的表情淡漠、神志突然丧失。发生局麻药毒性反应时，患者可出现精神兴奋症状，严重者可发生惊厥。此外，电解质、酸碱平衡、血糖、凝血功能的监测和维持正常也非常重要。

思 考 题

1. 什么是无菌术？手术进行中的无菌原则有哪些？
2. 休克的主要临床表现及诊断依据是什么？
3. 局部麻醉的方法有哪些？

（张庆富）

第十三章　损伤与腺体疾病

第一节　创　　伤

狭义的创伤是指机械性致伤因素作用于人体所造成的组织结构完整性的破坏或功能障碍；而广义上讲，物理、化学、心理等因素对人体造成的伤害也可称为创伤。

一、病因与分类

（一）病理

1. 局部反应　组织结构破坏、细胞变性坏死、微循环障碍，或病原微生物入侵及异物存留等。主要表现为局部炎症反应。

2. 全身反应　是致伤因素作用于人体后引起的一系列神经内分泌活动增强并由此而引发的各种功能和代谢改变的过程，是一种非特异性应激反应，不仅包括神经内分泌系统和物质能量代谢，还涉及凝血系统、免疫系统、重要的生命器官和一些炎症介质及细胞因子等。

3. 组织修复和创伤愈合　组织修复的基本方式是由伤后增生的细胞和细胞间质再生增殖、充填、连接或替代损伤后的缺损组织。理想的修复是组织缺损完全由原来性质的细胞来修复，恢复原有的结构和功能，称为完全修复。创伤后多为不完全修复，即组织损伤不能由原来性质的细胞修复，而是由其他性质细胞（如成纤维细胞）增生替代来完成。

（1）组织修复的基本过程大致分为：①局部炎症反应阶段；②细胞增殖分化和肉芽组织生成阶段；③组织塑形阶段。

（2）创伤愈合的类型：①一期愈合。组织修复以原来的细胞为主，仅含少量纤维组织，局部无感染、血肿或坏死组织，再生修复过程迅速，结构和功能修复良好。②二期愈合。以纤维组织修复为主，不同程度地影响结构和功能恢复，多见于损伤程度重、范围大、坏死组织多，且常伴有感染而未经合理的早期外科处理的伤口。

（3）影响创伤愈合的因素：伤口感染是最常见的局部因素，局部血液循环障碍也是重要的局部因素，采取的处理措施不当造成组织继发性损伤也不利于愈合。全身因素主要有营养不良、大量使用细胞增生抑制剂（如皮质激素等）、免疫功能低下及全身性严重并发症。

（4）创伤并发症：①感染；②休克；③脂肪栓塞综合征；④应激性溃疡；⑤凝血功能障碍；⑥器官功能障碍等。

（二）分类

1. 按致伤机制分类　可分为挫伤、擦伤、刺伤、切割伤、挤压伤、撞击伤、火器伤等。

2. 按受伤部位分类　一般分为头部伤、颌面部伤、颈部伤、胸（背）部伤、腹（腰）部伤、骨盆伤、脊柱脊髓伤、四肢伤和多发伤等。

3. 按伤后皮肤或黏膜完整性分类　皮肤或黏膜完整无伤口者称为闭合伤（closed injury），如挫伤（contusion）、挤压伤（crush injury）、扭伤（sprain）、震荡伤（concussion）、关节脱位和半脱位、闭合性骨折等；有皮肤或黏膜破损者称为开放伤（open injury），如擦伤（abrasion）、撕裂伤（laceration）、切割伤、砍伤和刺伤等。

4. 按伤情轻重分类 一般分为轻度、中度和重度伤。

二、实验室与辅助检查

1. 实验室检查 血常规、尿常规、血细胞比容、血电解质、血气分析等。对疑有肾损伤者，可进行肾功能检查；疑有胰腺损伤时，应做血或尿淀粉酶测定等。

2. 穿刺和导管检查 诊断性穿刺是一种简单、安全的辅助方法。放置导尿管或灌洗可诊断尿道或膀胱的损伤；监测中心静脉压可辅助判断血容量和心功能；心包穿刺可证实心包积液和积血。

3. 影像学检查 X 线平片检查可明确骨折类型及损伤情况，可明确气胸、血气胸、肺病变或腹腔积气，确定伤处某些异物的大小、形状和位置等。超声检查可发现胸、腹腔积血和肝、脾包膜内破裂等。CT 用于诊断颅脑损伤和某些腹部实质器官及腹膜后的损伤。选择性血管造影可帮助确定血管损伤和某些隐蔽的器官损伤。

三、诊断与鉴别诊断

诊断创伤主要是明确损伤的部位、性质、程度、全身性变化及并发症，特别是原发损伤部位相邻或远处内脏器官是否损伤及其程度。

1. 受伤史 主要了解受伤的经过、症状及既往疾病史等。

2. 体格检查 首先应从整体上观察伤员的状态，判断伤员的一般情况，区分伤情轻重。对生命体征平稳者，可做进一步的仔细检查，伤情较重者，可先着手急救，在抢救中逐步检查。

3. 辅助检查 参考本章第二节。

4. 创伤检查的注意事项 ①发现危重情况如窒息、大出血、心搏骤停等，必须立即抢救，不能单纯为了检查而耽误抢救时机。②检查步骤尽量简捷，询问病史和体格检查可同时进行。检查动作必须谨慎轻柔，切勿因检查而加重损伤。③重视症状明显的部位，同时应仔细寻找比较隐蔽的损伤。④接收批量伤员时，切勿忽视异常安静的患者，这些患者往往是更重的患者。⑤难以即刻诊断清楚的损伤，应在对症处理过程中密切观察，争取尽早确诊。

四、治　疗

1. 急救 心跳、呼吸骤停，窒息、大出血、张力性气胸和休克等紧急病症必须优先抢救。主要包括复苏、通气、止血、包扎、固定和搬运等。

（1）复苏：心跳、呼吸骤停时，应立即行胸外心脏按压及口对口人工呼吸；有条件时用面罩给氧或气管内插管接呼吸机支持呼吸；在心电监测下电除颤，紧急时可开胸心脏按压；药物除颤，兼顾脑复苏。

（2）通气：呼吸道阻塞是伤员死亡的主要原因之一，故抢救时必须争分夺秒地解除各种阻塞原因，维持呼吸道通畅。必要时进行气管内插管、环甲膜穿刺或切开、气管切开插管等。

（3）止血：出血性休克是伤员的主要死亡原因之一，因此止血是创伤救治的主要抢救技术。常用的止血方法有指压法、加压包扎法、填塞法和止血带法。

（4）包扎：包扎的目的是保护伤口、减少污染、压迫止血、固定骨折并止痛。最常用的材料是绷带、三角巾和四头带。

（5）固定：骨关节损伤时必须固定制动，以减轻疼痛，避免骨折端损伤血管和神经，并有利于防治休克和搬运护送。

（6）搬运：伤员经过初步处理后，需从现场送到医院做进一步的检查和治疗。正确的搬运可减少伤员痛苦，避免继发损伤。多采用担架或徒手搬运。

2. 进一步救治

（1）判断伤情：①第一类为致命性创伤，如危及生命的大出血、窒息、开放性或张力性气胸。对这类伤员，做短时的紧急复苏，尽早进行手术治疗。②第二类为生命体征尚属平稳的伤员，如不会立即影响生命的刺伤、火器伤或胸腹部伤，可观察或复苏1～2h，争取时间做好交叉配血及必要的检查，同时做好手术准备。③第三类为潜在性创伤，性质尚未明确，有可能需要手术治疗，应继续密切观察，并做进一步检查。

（2）呼吸支持：维持呼吸道通畅和吸氧。张力性气胸穿刺排气或闭式引流；开放性气胸封闭伤口后行闭式引流。如有多根肋骨骨折引起反常呼吸时，先用加垫包扎或肋骨牵引限制部分胸廓浮动，再行肋骨固定。发生外伤性膈疝时，可先插入气管导管行人工呼吸，再行手术整复。另外，应保持足够有效的供氧。

（3）循环支持：主要是抗休克。对循环不稳定或休克伤员应建立一条以上静脉输液通道，必要时可考虑做锁骨下静脉或颈内静脉穿刺，或经周围静脉切开插管。应尽快恢复有效循环血容量，维持循环稳定。在扩充血容量的基础上，可酌情使用血管活性药物。髂静脉或下腔静脉损伤及腹膜后血肿者，禁止经下肢静脉输血或输液，以免增加伤处出血。对心搏骤停者，应立即行胸外心脏按压及电除颤起搏。心脏压塞者应立即行心包穿刺抽血。

（4）镇静镇痛和心理治疗：剧烈疼痛可诱发或加重休克，故在不影响病情观察的情况下选用药物镇静镇痛。无昏迷和瘫痪的伤员可皮下或肌内注射哌替啶（杜冷丁）75～100mg或盐酸吗啡5～10mg镇痛。

（5）防治感染：遵循无菌术操作原则，使用抗菌药物。开放性创伤需注射破伤风抗毒素。

（6）密切观察：严密注视伤情变化，特别是对严重创伤怀疑有潜在性损伤的患者，必要时进行生命体征的监测和进一步检查。发现病情变化，应及时处理。

（7）支持治疗：主要是维持水、电解质和酸碱平衡，保持重要脏器功能，并给予营养支持。

3. 急救程序　基本原则是先救命，后治伤。可分为5个步骤进行：①把握呼吸、血压、心率、意识和瞳孔等生命体征，观察伤部，迅速评估伤情；②对生命体征的重要改变迅速做出反应，如心肺复苏、抗休克及外出血的紧急止血等；③重点询问受伤史，分析受伤情况，仔细体格检查；④实施各种诊断性穿刺或安排必要的辅助检查；⑤进行确定性治疗，如各种手术等。

4. 闭合性创伤的处理　软组织挫伤多因钝性外力碰撞或打击导致部分组织细胞受损，微血管破裂出血，继而发生炎症。临床表现为局部疼痛、肿胀、触痛，或有皮肤发红，继而转为皮下青紫瘀斑。常用物理疗法，如伤后初期局部可用冷敷，12h后改用热敷或红外线治疗，或包扎制动，还可服用云南白药等。少数挫伤后有血肿形成时，可加压包扎。如挫伤系由强大暴力所致，须检查深部组织器官有无损伤，以免因漏诊和延误治疗而造成严重后果。

5. 开放性创伤的处理　擦伤、表浅的小刺伤和小切割伤，可用非手术疗法。其他开放性创伤均需手术处理，目的是修复断裂的组织，但必须根据具体伤情进行选择。清洁伤口可以直接缝合。开放性创伤早期为污染伤口，可行清创术、直接缝合或延期缝合。感染伤口先引流，再做其他处理。较深入体内的创伤在手术中必须仔细探查和修复。伤口或组织内存有异物，应尽量取出；如果异物数量多，或者摘取可能造成严重的再次损伤，处理时必须衡量利弊。污染和感染伤口还要根据伤情和感染程度考虑使用抗菌药物。

6. 康复治疗 主要包括物理治疗和功能练习，特别是对骨折和神经损伤者更是必要。

第二节 烧 伤

由火焰、热液、高温气体、激光、炽热金属液体或固体等所引起的组织损害，为通常所称的或狭义的烧伤（临床上也有将热液、蒸汽所致的烧伤称为烫伤）。由电、化学物质等所致的损伤，也属烧伤范畴。

案例 13-1

男性，40 岁，60kg，因“全身多处烧伤 1h”入院。患者夜间睡眠中因室内着火大声呼救，被烧伤头、面、颈、背部及臀部。查体：声嘶，P 115 次/分，R 28 次/分，BP 85/60mmHg。神情恍惚，头、面、颈、背部有大量水疱，臀部呈皮革样。痛苦面容，口渴，烦躁，心肺未见异常，腹平坦，无压痛及反跳痛，肠鸣音未见异常。

实验室检查：血常规示 Hb 160g/L，WBC 14.5×10^9/L，中性粒细胞百分率 85%，PLT 225×10^9/L。尿常规正常。B 超检查腹部未见明显异常。

问题： 1. 该患者的初步诊断是什么？其诊断依据是什么？

2. 简述烧伤的分期？

一、病因与分类

（一）病理

根据烧伤的病理生理和临床特点，一般将烧伤的临床过程分为 4 期。

1. 急性体液渗出期（休克期） 组织烧伤后的立即反应是体液渗出，渗出的主要原因是毛细血管通透性增加。渗出一般以伤后 3h 最剧烈，8h 达到高峰，随后逐渐减缓，至 48h 逐渐恢复。此期主要问题是低血容量。

2. 感染期 急性体液渗出期过后马上进入水肿回吸收，感染即成为主要矛盾。烧伤感染在伤后 1～3 周创面溶痂时达到高峰，可持续很长时间，目前是危重烧伤的主要死亡原因。

3. 修复期 创面修复过程在创面出现炎症改变后不久就已开始。浅度烧伤（Ⅰ度、浅Ⅱ度）可经换药愈合，不留瘢痕，深Ⅱ度烧伤经换药瘢痕愈合，Ⅲ度烧伤主要通过手术植皮及换药愈合，留有瘢痕。修复期持续时间长，直至创面完全康复。

4. 功能康复期 大面积重度烧伤患者创面愈合后，产生的瘢痕至外观改变及功能障碍、心理障碍等，机体的恢复需要一个锻炼、调整、适应过程，以恢复正常的生理及心理功能。

（二）分类

1. 按致病原因分类

（1）热力烧伤。

（2）化学烧伤。

（3）放射性烧伤。

（4）电烧伤。

2. 按烧伤深度分类 三度四分法：Ⅰ度、浅Ⅱ度、深Ⅱ度、Ⅲ度。

3. 烧伤严重程度分类

（1）轻度烧伤：Ⅱ度烧伤面积≤9%。

（2）中度烧伤：Ⅱ度烧伤面积 10%～29%；或Ⅲ度以上烧伤面积≤9%。

（3）重度烧伤：烧伤总面积 30%～49%；或Ⅲ度以上烧伤面积 10%～19%；或烧伤面积虽达不到上述标准，但有吸入性损伤、休克、较重的复合伤等情况者。

（4）特重烧伤：烧伤总面积≥50%；或Ⅲ度以上烧伤面积≥20%；或已有严重并发症者。

二、烧伤性休克

烧伤性休克为低血容量性休克，其特点是以丢失血浆样成分为主，血液呈浓缩状态，有明确的发生期限（烧伤后 48h 内）。诊断依据：

1. 有明确的烧伤病史及创面

2. 发生于体液渗出期（休克期）

3. 代偿期烧伤性休克　精神紧张，皮肤发凉及苍白，口渴，心率加快，收缩压高于 90mmHg，脉压小于 20mmHg；尿量正常等。

4. 失代偿期烧伤性休克　烦躁或表情淡漠，皮肤湿冷或发绀，脉搏细速，少尿或无尿，收缩压低于 90mmHg。

（一）烧伤面积估算

常用烧伤面积的估算方法有两种，即中国新九分法和手掌法。

1. 中国新九分法　成人大面积烧伤可用中国新九分法来估算烧伤面积，12 岁以下的儿童有头大腿小的特点，估算面积时需校正（表 13-1）。

2. 手掌法　小面积烧伤可采用手掌法，即患者自己的手掌五指并拢为体表的 1%。当全身大部分被烧伤时，手掌法可用于估算健康皮肤面积，全身体表面积（100%）减去健康皮肤面积，即为烧伤面积。

表 13-1　烧伤面积估算表

部	位	占成人体表面积（%）			占儿童体表面积（%）
头颈	发部	3	9×1	（9%）	9+（12−年龄）
	面部	3			
	颈部	3			
双上肢	双上臂	7	9×2	（18%）	9×2
	双前臂	6			
	双手	5			
躯干	躯干前	13	9×3	（27%）	9×3
	躯干后	13			
	会阴	1			
双下肢	双臀	5	9×5+1	（46%）	9×5+1−（12−年龄）
	双大腿	21			
	双小腿	13			
	双足	7			

（二）治疗

小面积浅度烧伤按外科原则，及时给予清创、保护创面，大多能自行愈合。大面积深度烧伤的全身反应重、并发症多、死亡率和伤残率高，治疗原则是：①早期及时补液，迅速纠正休克，维持呼吸道通畅；②使用有效抗生素，及时有效地防治全身性感染；③尽早切除深度烧伤组织，用自、异体皮移植覆盖，促进创面修复，减少感染来源；④积极治疗严重吸入性损伤，采取有效的措施防治脏器功能障碍；⑤实施早期救治与功能恢复重建一体化理念，早期重视心理、外观和功能的康复。

（三）现场急救、转送与初期处理

1. 现场急救、转送 现场抢救应尽快去除致伤原因，脱离现场和对危及生命的情况采取救治措施。

（1）迅速去除致伤原因：包括尽快扑灭火焰、脱去着火或沸液浸渍的衣服。及时冷疗能防止热力继续作用于创面使其加深，并可减轻疼痛，减少渗出和水肿，越早治疗效果越好。

（2）注意有无心跳及呼吸停止、复合伤：对大出血、窒息、开放性气胸、骨折、严重中毒等危及患者生命的情况应先施行相应的急救处理。

（3）妥善保护创面：在现场附近，创面只求不再污染、不再损伤。

（4）保持呼吸道通畅：火焰烧伤常伴烟雾、热力等吸入性损伤，应注意保持呼吸道通畅。合并 CO 中毒者应移至通风处，有条件者应吸入氧气。

（5）其他救治措施：①严重口渴、烦躁不安者常提示休克严重，应迅速建立静脉通道加快输液；②安慰和鼓励患者，使其情绪稳定。疼痛剧烈者可酌情使用地西泮、哌替啶（杜冷丁）等。

（6）转送：严重大面积烧伤早期应避免长途转送，烧伤面积较大者，如不能在伤后 1～2h 送到附近医院，应在原单位积极抗休克治疗或气管切开，待休克被控制后再转送。必须转送者应建立静脉输液通道，途中继续输液，保证呼吸道通畅，并最好有医护人员陪同。

2. 入院后初期处理

（1）轻度烧伤：主要为创面处理，采取包扎疗法、暴露疗法，使用抗生素和破伤风抗毒素。

（2）中、重度烧伤：应按下列程序处理。①简要了解受伤史后，记录血压、脉搏、呼吸，注意有无吸入性损伤及其他合并伤，严重吸入性损伤应及早行气管切开。②立即建立静脉输液通道，按照补液公式输液防治休克。③留置导尿管，观察每小时尿量、比重、pH，并注意有无血红蛋白尿。④清创，估算烧伤面积和深度（应绘图示意）。特别应注意肢体、躯干有无Ⅲ度环状焦痂的压迫，如影响血液循环或呼吸，应行焦痂切开减张术。⑤按烧伤面积、深度和补液反应，调整制订第 1 个 24h 输液计划。⑥广泛大面积深度烧伤一般采用暴露疗法。⑦注射破伤风抗毒素血清，并使用抗生素治疗防止感染。

（四）烧伤休克的防治

1. 休克防治 补液治疗是防治烧伤休克最重要的措施，常根据患者的烧伤面积和体重按下述公式计算补液量：伤后第 1 个 24h 补液量：成人每 1% Ⅱ度、Ⅲ度烧伤面积每千克体重补充电解质液 1ml 和胶体液 0.5ml（电解质与胶体比例为 2∶1），另加基础水分 2000ml，伤后前 8h 内输入一半，后 16h 补入另一半。伤后第 2 个 24h 补液量：胶体及电解质均为第 1 个 24h 实际输入量的一半，补充水分 2000ml（小儿另按年龄、体重计算）。广泛深度烧伤者与小儿烧伤胶体及电解质比例可改为 1∶1。第 2 个 24h，胶体和电解质液为第 1 个 24h 的一半，水分补充仍为2000ml。上述补液公式只是估计量，应仔细观察患者尿量［应达1ml/（kg·h）］、精神状态、皮肤黏膜色泽、血压和心率、血液浓缩等指标，有条件者可监测肺动脉压、肺动脉楔压、中心静脉压和心排血量，随时调整输液的量与质。

延迟复苏患者第1个24h需要的液体量多，补液速度快，应非常慎重，特别是幼儿。应在严密监护下进行，防止发生补液过多过快所致的并发症。此外，广泛深度烧伤者，常伴有较严重的酸中毒和血红蛋白尿，为纠正酸中毒和避免血红蛋白降解产物在肾小管的沉积，在输液成分中可增配1.25%碳酸氢钠溶液。

2. 休克监测 观察指标：①每小时尿量每千克体重每小时不低于1ml；②患者安静，无烦躁不安；③无明显口渴；④脉搏、心跳有力，脉率在120次/分以下；⑤收缩压维持在90mmHg以上，脉压维持在20mmHg以上；⑥呼吸平稳；⑦有条件者可检测中心静脉压、血气、血乳酸等。如出现血压低、尿量少、烦躁不安等现象，则应加快输液速度。同时，特别应注意保持呼吸道的通畅。

三、电烧伤

电烧伤分为电弧烧伤、接触电烧伤、雷击伤。其临床表现如下。

1. 全身性损害 轻者有恶心、心悸、头晕或短暂的意识障碍；重者昏迷，呼吸、心搏骤停，少数患者以后可能发生白内障，多见于电流通过头部者。

2. 局部损害 电流通过人体有“入口”和“出口”，入口处较出口处重。入口处常碳化，形成裂口或洞穴，烧伤常深达肌肉、肌腱、骨骼，损伤范围常外小内大；没有明显的坏死层面；局部渗出较一般烧伤重，包括筋膜腔内水肿；由于邻近血管的损害，经常出现进行性坏死，伤后坏死范围可扩大数倍。

第三节　腹部损伤

损伤，是指人体受到外界各种创伤因素作用所引起的皮肉、筋骨、脏腑等组织结构的破坏及其所带来的局部和全身反应。

一、病因与分类

（一）病因

开放性损伤常由刀刃、枪弹、弹片等利器所引起，闭合性损伤常系坠落、碰撞、冲击、挤压、拳打脚踢、棍棒等钝性暴力所致。无论开放性损伤还是闭合性损伤，都可导致腹部内脏损伤。在开放性损伤中常见受损内脏依次是肝、小肠、胃、结肠、大血管等；在闭合性损伤中依次是脾、肾、小肠、肝、肠系膜等。

（二）分类

根据损伤是否穿透腹壁以及腹腔是否与外界相通，腹部损伤可分为开放性和闭合性两大类。

二、临床表现

一般单纯腹壁损伤的症状和体征较轻，可表现为受伤部位疼痛，局限性腹壁肿胀、压痛，有时可见皮下瘀斑。如为内脏挫伤，可有腹痛或无明显症状。严重者主要的病理变化是腹腔内出血和腹膜炎。

实质脏器或大血管损伤主要表现为腹腔内（或腹膜后）出血，包括面色苍白、脉率加快，严重时脉搏微弱，血压不稳，甚至休克。腹痛呈持续性，一般不剧烈，腹膜刺激征也不严重。但肝破裂伴有较大肝内胆管断裂时，因有胆汁沾染腹膜；胰腺损伤若伴有胰管断裂，胰液溢入腹腔，可出现明显的腹痛和腹膜刺激征。体征最明显处一般即损伤所在部位。肩部放射痛提示肝或脾的损伤。肝、脾包膜下破裂或肠系膜、网膜内出血可表现为腹部肿块。移动性浊音虽然是内出血的有力证据，但已是晚期体征。肾脏损伤时可出现血尿。

空腔脏器破裂的主要临床表现是弥漫性腹膜炎。除胃肠道症状及稍后出现的全身性感染的表现外，最突出的是腹部腹膜刺激征，其程度因空腔器官内容物不同而异，通常是胃液、胆汁、胰液刺激最强，肠液次之，血液最轻。伤者有时可有气腹征，而后可因肠麻痹而出现腹胀，严重时发生感染性休克。腹膜后十二指肠破裂的患者有时可出现睾丸疼痛、阴囊血肿和阴茎异常勃起。空腔脏器破裂处也可有某种程度的出血，但出血量一般不大，除非有合并邻近大血管的损伤。如果两个脏器同时破裂，则出血和腹膜炎表现可以同时存在。

三、实验室与辅助检查

诊断性腹腔穿刺术和腹腔灌洗术、X 线检查、超声检查、CT 检查、诊断性腹腔镜检查、选择性血管造影、MRI 检查、MRCP 检查等可辅助诊断腹腔内脏器和组织的损伤。

四、诊断与鉴别诊断

依据外伤史和临床表现可初步诊断腹部损伤。有下列情况之一者，应考虑有腹内脏器损伤：①早期出现休克征象者，尤其是出血性休克；②有持续性甚至进行性加重的腹部剧痛伴恶心、呕吐等消化道症状者；③有明显腹膜刺激征者；④有气腹表现者；⑤腹部出现移动性浊音者；⑥有便血、呕血或血尿者；⑦直肠指诊发现前壁有压痛或波动感，或指套染血者。腹部损伤患者如发生顽固性休克，首先考虑腹部内脏伤所致，其次考虑是否有其他部位的合并伤。

五、治　疗

腹壁闭合性损伤和盲管伤的处理原则与其他软组织的相应损伤是一致的。穿透性开放损伤和闭合性腹内损伤多需手术。对于已确诊或高度怀疑腹内脏器损伤者，处理的原则是做好紧急术前准备，力争尽早手术。

心搏骤停、窒息、大出血、休克、张力性气胸等危及生命的情况要优先抢救。有腹腔内出血时，开腹后应立即吸出积血，清除凝血块，迅速查明出血来源进行相应处理。决定腹腔探查顺序时可以参考以下两点：①根据术前诊断或判断，首先探查受伤的脏器；②凝血块集中处一般即出血部位。若出血猛烈，危及生命，一时又无法判明来源时，可用手指压迫腹主动脉穿过膈肌处，暂时控制出血，争取时间补充血容量，查明原因再做处理。

如果没有腹腔内大出血，则应对腹腔脏器进行系统、有序地探查，做到既不遗漏伤情，又避免不必要的重复探查。探查次序原则上应先探查肝、脾等实质器官，同时探查膈肌、胆囊等有无损伤；接着从胃开始，逐段探查十二指肠第一段、空肠、回肠、大肠及其系膜，然后探查盆腔脏器，再后则切开胃结肠韧带显露网膜囊，检查胃后壁和胰腺；如有必要，最后还应切开后腹膜探查十二指肠二、三、四段。探查过程中发现的出血性损伤或脏器破裂，应随时进行止血或夹闭破口。探查次序也可根据切开腹膜时的所见决定探查顺序，如有气体逸出，提示胃肠道破裂，如见到食物残渣应先探查上消化道，见到粪便先探查下消化道，见到胆汁先探查肝外胆道及十二指肠等。纤维蛋白沉积最多或网膜包裹处往往是穿孔所在部位。探查结束后应对伤情做全面估计，然后按轻重缓急逐一处理。原则上应先处理出血性损伤，后处理空腔器官破裂伤；对于空腔器官破裂伤，应先处理污染重的损伤，后处理污染轻的损伤。

关腹前应彻底清除腹腔内残留的液体和异物，恢复腹腔脏器的正常解剖关系；用生理盐水冲洗腹腔，污染严重的部位应反复冲洗；根据需要选用乳胶管引流或双套管负压吸引；腹壁切口污染不重者，可以分层缝合，污染较重者，可在皮下放置乳胶片引流，或暂不缝合皮肤和皮下组织，留作延期处理。

第四节　腺体外科疾病

一、单纯性甲状腺肿

（一）病因与分类

1. 甲状腺素原料（碘）缺乏　环境缺碘是引起单纯性甲状腺肿（simple goiter）的主要因素。单纯性甲状腺肿又称地方性甲状腺肿（endemic goiter）。由于碘摄入不足，无法合成足够量的甲状腺素，反馈性地引起垂体 TSH 分泌增高并刺激甲状腺增生和代偿性肿大。

2. 甲状腺素需要量增加　青春发育期、妊娠期或绝经期妇女，由于对甲状腺素的需要量暂时性增加，有时也可发生轻度弥漫性甲状腺肿，称为生理性甲状腺肿。

3. 甲状腺素合成和分泌的障碍

（二）临床表现

女性多见，一般无全身症状。甲状腺不同程度的肿大，能随吞咽上下活动。病程早期，甲状腺呈对称、弥漫性肿大，腺体表面光滑，质地柔软，随吞咽上下移动。随后，在肿大腺体的一侧或两侧可扪及多个（或单个）结节；通常存在多年，增长缓慢。单纯性甲状腺肿体积较大时可压迫气管、食管和喉返神经，出现气管弯曲、移位和气道狭窄。开始只在剧烈活动时感觉气促，发展严重时，甚至休息、睡觉时也有呼吸困难。少数喉返神经或食管受压的患者可出现声音嘶哑或吞咽困难。甲状腺肿向胸骨后延伸生长形成胸骨后甲状腺肿，易压迫气管和食管，还可能压迫颈深部大静脉，引起头颈部静脉回流障碍。此外，结节性甲状腺肿可继发甲亢，也可发生恶变。

（三）诊断与鉴别诊断

检查发现甲状腺肿大或结节比较容易，但临床上更需要判断甲状腺肿及结节的性质，这就需要仔细收集病史，认真检查，对于居住于高原山区缺碘地带的甲状腺肿患者或家属中有类似病情者，常能及时做出地方性甲状腺肿的诊断。

（四）预防

全国各地已普遍进行了甲状腺肿的普查和防治工作，发病率已大大降低。在流行地区，甲状腺肿的集体预防极为重要，一般补充加碘盐。

（五）治疗

1. 生理性甲状腺肿　不予用药，宜多食含碘丰富的食物。

2. 对 20 岁以下的弥漫性单纯甲状腺肿患者　可给予小量甲状腺素或优甲乐，以抑制腺垂体 TSH 分泌，缓解甲状腺的增生和肿大。

3. 有以下情况时，应及时施行甲状腺大部切除术 ①因气管、食管或喉返神经受压引起临床症状者；②胸骨后甲状腺肿；③巨大甲状腺肿影响生活和工作者；④结节性甲状腺肿继发功能亢进者；⑤结节性甲状腺肿疑有恶变者。

4. 手术方式 常采用甲状腺次全切除术。

二、亚急性甲状腺炎

亚急性甲状腺炎（subacute thyroiditis）又称 DeQuervain 甲状腺炎（thyroiditis）或巨细胞性甲状腺炎。常继发于病毒性上呼吸道感染，是颈前肿块和甲状腺疼痛的常见原因。

（一）临床表现

多数表现为甲状腺突然肿胀、发硬、吞咽困难及疼痛，并向患侧耳颞处放射。常始于甲状腺的一侧，很快向腺体其他部位扩展。患者可有发热、血沉增快。病程约为 3 个月，愈后甲状腺功能多不减退。

（二）诊断

发病前 1～2 周有上呼吸道感染病史。病后 1 周内因部分滤泡破坏可表现为基础代谢率略高，血清 T_3、T_4 浓度升高，但甲状腺摄取 ^{131}I 量显著降低（分离现象）和泼尼松试验治疗有效有助于诊断。

（三）治疗

泼尼松每日 4 次，每次 5mg，2 周后减量，全程 1～2 个月；同时加用甲状腺抑制剂，效果较好。停药后如果复发，则给予放射治疗，效果较持久。

三、急性乳腺炎

急性乳腺炎（acute mastitis）是乳腺的急性化脓性感染，多见于产后哺乳的妇女，尤以初产妇更为多见，多发生在产后 3～4 周。

（一）病因

1. 乳汁淤积 乳汁是理想的培养基，乳汁淤积将有利于入侵细菌的生长繁殖。

2. 细菌入侵 乳头破损或皲裂，使细菌沿淋巴管入侵。

案例 13-2

患者，女性，26 岁。妊娠后哺乳 1 个月余，左侧乳房胀痛 3 天，外上象限局部红肿，并伴有压痛性肿块。T 39℃，P 130 次/分，R 22 次/分，BP 125/80mmHg，情绪烦躁。血常规：WBC 14. 5×10^9/L，中性粒细胞 9.01×10^9/L，Hb 120g/L，PLT 131×10^9/L。

问题：该患者初步诊断是什么？诊断依据是什么？

（二）临床表现

乳房疼痛，局部红肿、发热。重者寒战、高热、脉搏加快，常有患侧淋巴结肿大、压痛，白细胞计数明显增高。一般起初呈蜂窝织炎样表现，数天后可形成脓肿，脓肿可以是单房性或多房性。脓肿可向外溃破，深部脓肿还可穿至乳房与胸肌间的疏松组织中，形成乳房后脓肿。

感染严重者，可并发脓毒症。

（三）治疗

治疗原则是消除感染、排空乳汁。

早期呈蜂窝织炎表现，未形成脓肿之前，应用抗生素可获得良好的效果。因主要病原菌为金黄色葡萄球菌，可不必等待细菌培养的结果，应用青霉素治疗，或用耐青霉素酶的苯唑西林钠（新青霉素Ⅱ），或第一代头孢菌素如头孢拉啶。对青霉素过敏者，则应用红霉素。

脓肿形成后，主要治疗措施是及时做脓肿切开引流。病侧乳房停止哺乳，并用吸乳器吸尽乳汁，促使乳汁通畅排出。可口服溴隐亭 1.25mg，每日 2 次，服用 7～14 天，或己烯雌酚 1～2mg，每日 3 次，共 2～3 天，或肌内注射苯甲酸雌二醇，每次 2mg，每日 1 次，至乳汁停止分泌为止。

思　考　题

1. 简述创伤的定义和分类。
2. 简述烧伤深度判断标准和烧伤严重程度分度。
3. 简述腹部损伤剖腹探查的手术指征。
4. 简述急性乳腺炎的临床表现。

（张庆富）

第十四章　外科常见疾病

第一节　急性阑尾炎

急性阑尾炎为最常见的外科急腹症，居各种急腹症的首位。转移性右下腹痛及阑尾点压痛、反跳痛为其常见表现。急性阑尾炎的病情变化多端，其临床表现为持续伴阵发性加剧的右下腹痛、恶心、呕吐，多数患者白细胞和嗜中性粒细胞计数增高。而右下腹阑尾区（麦氏点）压痛，则是该病的一个重要体征。

案例 14-1

患者，男性，30 岁。腹部疼痛 2 天。患者 2 天前因出差旅途劳累，饮食不节，时觉中上腹胀痛不适，夜间上腹疼痛加剧，伴恶心、呕吐一次，今晨腹痛转移至右下腹，痛势剧烈，持续不减，无腹泻，伴恶心、食欲减退，轻度发热，遂来就诊。

查体：T 37.2℃，P 90 次/分，R 19 次/分，BP 110/70mmHg。神清，痛苦面容，心、肺未见异常，腹平坦，右下腹压痛明显，反跳痛，右下腹局限性肌紧张，肠鸣音未见异常。

实验室检查：血常规示 Hb 125g/L，WBC 14.5×10^9/L，中性粒细胞百分率 85%，PLT 225×10^9/L。尿常规正常。B 超检查腹部未见明显异常。

问题：1. 该患者的初步诊断是什么？其诊断依据是什么？

2. 该患者还应与哪些疾病进行鉴别诊断？

3. 该病治疗原则是什么？

一、病因与分类

（一）病因

1. 阑尾管腔梗阻　目前已确定阑尾腔梗阻是急性阑尾炎最常见的病因。阑尾管腔梗阻的最常见原因有阑尾淋巴滤泡增生、粪石阻塞、阑尾炎反复发作致瘢痕形成管腔狭窄、阑尾扭曲、寄生虫或虫卵阻塞等。阑尾腔开口端阻塞后，阑尾黏膜分泌的液体积聚，导致阑尾腔内压力增加，引起黏膜缺血，黏膜的屏障功能丧失，腔内细菌过度繁殖并移位，引起阑尾炎症、水肿，甚至坏死。

2. 细菌感染　细菌侵入阑尾壁，可以是细菌直接入侵、血源性感染或邻近感染累及。在术中未发现有阑尾管腔梗阻时，需考虑此类因素。致病菌多为革兰氏阴性杆菌和厌氧菌。

3. 其他　阑尾先天畸形，如阑尾过长、过度扭曲、管腔细小、血运不佳等都是急性炎症的病因，胃肠道功能障碍引起内脏神经反射，导致肠管肌肉和血管痉挛，黏膜受损，细菌入侵而致急性炎症。

（二）分类

根据急性阑尾炎的临床过程和病理解剖学变化，可分为 4 种病理类型。

1. 急性单纯性阑尾炎　属轻型阑尾炎或病变早期。炎症局限于阑尾黏膜及黏膜下层，逐渐扩展至肌层、浆膜层。阑尾外观轻度水肿，浆膜充血，质地稍硬，常有少量纤维素性渗出物。

镜下阑尾壁可见中性粒细胞浸润，黏膜面可能出现小的出血点和溃疡。

2. 急性化脓性阑尾炎　亦称蜂窝织炎性阑尾炎。阑尾远端血运严重受阻。炎症发展到阑尾壁全层，阑尾外观明显肿胀，浆膜面重度充血，附着脓性渗出物，并与周围组织或大网膜粘连，邻近腹腔内有脓性渗出液。此时镜下阑尾壁各层均有大量中性粒细胞浸润，壁内有小脓肿形成，黏膜坏死脱落或溃疡，腔内充满脓液。

3. 急性坏疽性或穿孔性阑尾炎　属重型阑尾炎。阑尾壁出现全层坏死、变薄而失去组织弹性，坏死部分呈暗紫色或黑色，黏膜几乎全部糜烂脱落，阑尾腔内有血性脓液，呈黑褐色而带有明显臭味，阑尾周围有脓性渗出，此时的阑尾极易破溃穿孔，穿孔部位多在阑尾根部和尖端，穿孔后可引起局限性腹膜炎，严重者可引起中毒性休克等。

4. 阑尾周围脓肿　急性阑尾炎化脓或坏疽时，大网膜下移将阑尾包裹，形成粘连，便形成阑尾周围脓肿。脓肿在非手术治疗下可被吸收，但感染亦可能扩大，发展为急性弥漫性腹膜炎。

以上各型阑尾炎，如能得到及时治疗，可在不同阶段上得到控制，趋向好转或痊愈。

二、临 床 表 现

1. 症状

（1）腹痛：典型的腹痛发作一般始于上腹或脐周，疼痛位置不固定，呈阵发性。数小时（6～8h）后疼痛转移并局限在右下腹，呈持续性疼痛，70%～80%的患者具有这种典型的转移性右下腹疼痛，部分病例发病初始即出现右下腹痛。不同类型的阑尾炎其腹痛也有差异，如单纯性阑尾炎表现为轻度隐痛；化脓性阑尾炎呈阵发性胀痛或剧痛；坏疽性阑尾炎呈持续性剧烈腹痛；阑尾穿孔后因阑尾腔压力骤减，腹痛可暂时减轻，但出现腹膜炎后，腹痛又会持续加剧。不同位置的阑尾炎，其腹痛部位也有区别，急性阑尾炎的疼痛部位亦随之变化，临床上需仔细判断。

（2）胃肠道症状：急性阑尾炎患者中恶心、呕吐、腹泻、便秘等胃肠道症状较为常见，其中，恶心、呕吐症状的发生率仅次于腹痛，可能是由于反射性胃痉挛所致，见于该病早期，临床上有许多急性阑尾炎患者常因胃肠道症状突出而被误诊为急性胃肠炎。疾病后期，弥漫性腹膜炎可致麻痹性肠梗阻，腹胀、排气排便减少。

（3）全身症状：多数患者有发热，达38℃左右，大多有呼吸急促、心率增快，血压一般无明显变化。化脓性、坏疽性阑尾炎合并穿孔后，可达39℃以上。如发生门静脉炎，可伴有寒战、高热和轻度黄疸。

2. 体征

（1）视诊：急性面容，表情痛苦，烦躁不安。常表现为强迫仰卧位或弯腰站立位，并用双手轻按在腹部疼痛位置，借以减轻腹部肌肉的紧张程度。

（2）触诊：右下腹压痛：右下腹（麦氏点）压痛是急性阑尾炎最典型的体征。麦氏点位于脐与右侧髂前上棘连线的中、外1/3交界处，当炎症加重时，压痛范围也随之扩大，当阑尾穿孔时压痛范围可波及全腹，表现为腹膜炎体征，但此时仍以阑尾所在位置的压痛最明显。

3. 辅助诊断的其他体征

（1）结肠充气试验：患者取仰卧位，用一手按压左下腹，再用另一手挤压近侧结肠，使结肠内气体传至盲肠和阑尾，引起右下腹疼痛者为阳性。如结肠内有粪块阻塞，或者阑尾根部已经穿孔时，结肠充气试验可为阴性。

（2）腰大肌试验：患者取左侧卧位，使右大腿后伸，引起右下腹疼痛者为阳性，提示阑尾为盲肠后位或腹膜后位。

（3）闭孔内肌试验：患者取仰卧位，使右髋和右大腿屈曲，然后被动向内旋转，引起右下腹疼痛者为阳性。提示阑尾为盆位，炎症刺激闭孔内肌而引起疼痛。

（4）直肠指检：引起炎症阑尾所在位置压痛。指检直肠右前壁有触痛，提示阑尾为盆位。如为坏疽性阑尾炎穿孔时，指检直肠周围可有饱满感，提示有局部积脓。当形成阑尾周围脓肿时，可触及痛性肿块。

三、实验室与辅助检查

1. 实验室检查 大多数急性阑尾炎患者的白细胞计数和中性粒细胞比例增高。白细胞计数升高到（10～20）$\times 10^9$/L，可发生核左移。部分患者白细胞可无明显升高，多见于单纯性阑尾炎或老年患者。尿检查一般无阳性发现，如尿中出现少数红细胞，说明炎性阑尾与输尿管或膀胱相靠近。

2. 影像学检查

（1）腹部X线检查：腹部X线检查可见盲肠扩张或液气平面，有助于排除空腔脏器穿孔、肠梗阻等急腹症类疾病。

（2）B超检查：单纯性急性阑尾炎时，其诊断价值并不高。可发现肿大的阑尾或脓肿。

（3）CT和MRI检查：当急性阑尾炎并发周围炎性肿块或脓肿时，CT或MRI具有较高的敏感性，尤其有助于阑尾周围脓肿的诊断。

四、诊断与鉴别诊断

诊断主要依靠病史、临床表现和辅助检查。临床具备典型的转移性右下腹痛、阑尾部位局限性压痛和白细胞升高这三项特征，是确立急性阑尾炎诊断的重要依据。对于症状和体征不明显的患者，可利用影像学检查进行鉴别诊断。

需要与急性阑尾炎鉴别的常见疾病有：胃十二指肠溃疡穿孔，右侧输尿管结石，异位妊娠破裂，急性肠系膜淋巴结炎，回盲部肿瘤，Crohn病，Meckel憩室炎或穿孔，小儿肠套叠等。

五、治　　疗

治疗原则：急性阑尾炎确诊后，应尽早手术治疗。早期外科手术既安全、简单，又可防止复发，减少并发症的发生。

1. 非手术治疗 不同意手术的单纯性阑尾炎患者，或发病已超过72h，已形成炎性肿块等有手术禁忌证者，年老体弱伴有严重心肺功能不全不能耐受手术者，可采用中西医结合非手术治疗。非手术治疗方法包括禁食、胃肠减压、抗炎补液及中医药治疗。急性阑尾炎非手术治疗过程中，要严密观察病情变化。如在治疗过程中，症状、体征反而加重，应考虑坏疽性阑尾炎或阑尾脓肿有增大趋势，应立即中转手术。

2. 手术治疗 绝大多数急性阑尾炎一旦确诊，应早期施行开腹阑尾切除术或腹腔镜阑尾切除术。早期手术系指阑尾炎症还处于管腔阻塞或仅有充血水肿时就手术切除，此时手术操作较简易，术后并发症少。如化脓坏疽或穿孔后再手术，不但操作困难且术后并发症会明显增加。术前即应用抗生素，有助于防止术后感染的发生。

第二节　胃十二指肠溃疡穿孔

胃十二指肠溃疡穿孔是消化性溃疡的并发症之一，主要由于胃十二指肠溃疡病灶向深度发展，穿透浆膜层从而出现穿孔，是外科常见急腹症之一。

案例 14-2

患者，男性，38 岁，因“上腹部突发刀割样疼痛 6h”入院。患者曾有十二指肠溃疡病史。查体：BP 100/60mmHg，HR 100 次/分，面色苍白、肢冷、出汗。全腹压痛、反跳痛，腹肌紧张，以上腹部为显著，肠鸣音消失，肝浊音界明显缩小。急诊查血常规检查示：WBC 16.8×10^9/L，中性粒细胞百分率 89%；腹部 X 线检查见膈下游离气体。

问题：1. 该患者的初步诊断是什么？其诊断依据是什么？

2. 该病治疗原则是什么？

一、病　　因

十二指肠溃疡穿孔多发生在球部前壁。而胃溃疡穿孔多见于胃小弯。溃疡穿孔后酸性的胃内容物流入腹腔，引起化学性腹膜炎。腹膜受到刺激产生剧烈腹痛和渗出。6～8h 后细菌开始繁殖，逐渐形成化脓性腹膜炎。常见病菌为大肠埃希菌、链球菌。大量液体丢失加上细菌毒素吸收，可以造成休克。胃十二指肠后壁溃疡穿孔，可在局部导致粘连包裹，形成慢性穿透性溃疡。

二、临 床 表 现

1. 症状

（1）腹痛、穿孔：多在夜间空腹或饱腹后发生，疼痛最初开始于上腹部穿孔部位，常表现为突发性上腹部刀割样剧痛，可迅速蔓延至全腹。由于疼痛发作突然而剧烈，患者甚至有一时性晕厥感。患者可出现面色苍白、出冷汗、脉搏细速、血压下降等休克表现。可出现腰背部或肩部牵涉性疼痛。当胃肠内容物沿右结肠旁沟向下流至右髂窝时，可出现明显右下腹痛。

（2）恶心、呕吐：多数患者穿孔后可伴有恶心、呕吐，呕吐物为胃液及食物；后期因弥漫性腹膜炎导致肠麻痹，呕吐可加重，可呕出粪样物，同时伴腹胀。

2. 体征

（1）视诊：急性面容，表情痛苦，烦躁不安，腹式呼吸减弱或消失。

（2）听诊：早期可有肠鸣音亢进，至弥漫性腹膜炎时，肠鸣音明显减弱或消失。

（3）触诊：腹膜刺激征，腹部压痛、反跳痛及腹肌紧张，以上腹部为甚。弥漫性腹膜炎时，呈板状腹，全腹压痛明显，但穿孔部位压痛仍较其他位置显著。

（4）叩诊：大部分患者叩诊肝浊音界缩小或消失。由于肠腔内胀气，全腹叩诊呈鼓音；如腹膜腔内渗液较多时，可叩出移动性浊音。

三、实验室与辅助检查

1. 实验室检查　血常规检查可见白细胞总数及中性粒细胞明显增多。

2. X 线检查　约 80% 的患者腹部立位片可见半月形膈下游离气体，对诊断有重要意义。

但约有 20% 的患者可无气腹 X 线表现，故检查时若未发现气腹，并不能排除溃疡病穿孔的可能性。

3. 腹部 B 型 超声检查可帮助判断腹腔渗液量的多少，有无局限性积液及脓肿形成，作为穿刺引流的定位等。

4. 腹腔穿刺 可疑病例可行腹腔穿刺，阳性者有助于诊断，穿刺液行细菌培养及药敏试验还可为抗菌药物的选择提供依据。

四、诊断与鉴别诊断

既往有溃疡病史，突发上腹部刀割样剧痛，加上典型的“板状腹”腹部体征和 X 线检查的膈下游离气体，可以确定诊断。高龄、体弱及空腹小穿孔患者的临床表现和腹部体征可以表现不典型，需要详细询问病史和仔细的体格检查进行鉴别。

胃十二指肠溃疡穿孔需要与急性胆囊炎、急性胰腺炎、急性阑尾炎溃疡穿孔相鉴别。

五、治　　疗

胃十二指肠溃疡急性穿孔的治疗原则是立即终止胃肠内容物进入腹腔，有效地控制和终止腹膜炎发展，以挽救患者生命。常采用的治疗方法有非手术治疗和手术治疗，具体采用何种治疗手段应根据患者当时的全身情况和当地医疗条件决定。

1. 非手术治疗

（1）适应证

1）穿孔早期：患者一般情况好，无明显全身中毒症状，急性腹膜炎体征较轻，范围局限。

2）单纯性溃疡穿孔：无合并出血、梗阻、癌变等溃疡病的严重并发症，腹膜炎无扩大趋势。

3）穿孔时间超过 24h，腹膜炎已局限。

4）患者全身情况极差，身体情况无法耐受手术治疗。

（2）治疗方法

1）患者取半卧位，禁食。如有休克则先取平卧位，待情况好转后再改半卧位。

2）持续胃肠减压，减少胃肠内容物继续外漏。

3）应用制酸药物如质子泵抑制剂或 H_2 受体阻断药，抑制胃酸分泌。

4）静脉输液以维持水、电解质及酸碱平衡，并予营养支持。

5）全身应用广谱抗生素以控制感染。非手术治疗 6～8h 后病情无好转或出现加重，应立即采用手术治疗，以免延误病情。

2. 手术治疗

（1）单纯穿孔修补术：穿孔超过 8h，腹腔内感染及炎症较严重；无出血、梗阻等并发症；有其他系统疾病，无法耐受彻底性溃疡手术的患者适合此术式。此术式的优点是操作简单、手术时间短，安全性高，但部分患者因溃疡未愈仍需行彻底性溃疡手术。对所有胃溃疡穿孔患者，需做活检或术中快速病理检查除外胃癌。

（2）彻底性溃疡手术：优点是能彻底解决溃疡和穿孔问题，但操作较为复杂，危险性大。患者身体状况较好，穿孔时间未超过 8h，或虽超过 8h，但腹腔感染不严重；慢性溃疡病患者内科治疗期间穿孔；十二指肠溃疡穿孔修补术后再穿孔，有幽门梗阻或出血等的患者适合这类手术。手术的具体手术方式有：胃大部切除术；十二指肠溃疡穿孔修补术加高选择性迷走神经切断术或选择性神经切断加胃窦切除术。

第三节　胆道感染

胆道感染主要是胆囊炎和不同部位的胆管炎，分为急性、亚急性和慢性炎症。胆道感染主要因胆道梗阻、胆汁淤滞造成，胆道结石是导致梗阻的最主要原因，而反复感染可促进结石形成并进一步加重胆道梗阻。

一、急性胆囊炎

（一）病因与分类

1. 病因

（1）梗阻因素：结石、胆道寄生虫、炎症粘连等都可引起胆道梗阻使胆汁潴留。高浓度的胆汁酸可引起胆管系统细胞损害，加重黏膜炎症水肿。胆胰共同通道路梗阻，胰液逆流入胆道，被激活的胰酶也会使胆道发生严重病变。

（2）细菌感染：致病菌多为革兰氏阴性杆菌，可由各种途径侵入胆道，如肠道上行感染、全身或局部感染后经血行引起胆道感染和邻近器官的炎症扩散等。

（3）其他因素：一些严重创伤、烧伤、休克和大手术后的患者，胆囊收缩功能降低，胆道系统局部血运障碍，导致胆汁、血流淤滞，胆道感染。

2. 分类

（1）急性单纯性胆囊炎：炎症初期，病变局限于黏膜层，黏膜充血、水肿，镜下有炎症细胞浸润，治疗得当，炎症消退后大部分组织可恢复原来结构，不遗留瘢痕。

（2）急性化脓性胆囊炎：病情进一步加重，病变波及胆囊壁全层，囊壁增厚，有纤维素或脓性渗出。

（3）坏疽性胆囊炎：胆囊梗阻未解除，胆囊内压继续增高，致使胆囊壁发生血运障碍，继而缺血坏疽，则为坏疽性胆囊炎。

（4）急性胆囊炎穿孔：坏疽性胆囊炎常并发胆囊穿孔，可引起严重胆汁性腹膜炎，穿孔部位常发生在底部和颈部。

案例 14-3

患者，女性，58 岁。因“持续性右上腹痛，阵发性加剧 6h”入院，伴寒战、高热，且有黄疸，恶心、呕吐。患者曾有胆石症病史。查体：BP 100/60mmHg，HR 110 次/分，面色苍白、肢冷、出汗。全腹压痛、反跳痛，腹肌紧张，以上腹部为显著，肠鸣音正常。急诊查血常规：WBC 18.8×10^9/L，中性粒细胞百分率 91%；B 超提示胆囊结石、胆总管结石伴胆总管扩张。

问题：1. 该患者患有何种疾病？诊断依据是什么？

2. 该患者应如何治疗？

（二）临床表现

1. 症状

（1）腹痛：腹痛是急性胆囊炎的主要症状，常为右上腹剧烈绞痛，阵发性加重，称为胆绞痛，可向右肩胛部放射，常在高脂肪饮食，过度疲劳、受寒及精神因素等刺激下而诱发。

（2）胃肠道症状：可出现恶心、呕吐、厌食、便秘等消化道症状。

（3）全身症状：患者常有轻至中度发热，通常无寒战，可有畏寒，当患者出现寒战、高热时表明病变严重，可能出现胆囊坏疽，穿孔或胆囊积脓甚至合并急性胆管炎。少数患者可出现轻度黄疸。

2. 体征 右上腹胆囊区域可有压痛，程度个体有差异。炎症波及浆膜时，可有腹肌紧张及反跳痛，Murphy 征阳性。有些患者可触及肿大的胆囊并有触痛。如发生坏疽、穿孔则出现弥漫性腹膜炎的表现。

3. 辅助检查 血液检查：患者可出现白细胞升高，血清谷丙转氨酶、碱性磷酸酶常升高。超声检查可见胆囊增大、胆囊壁增厚（＞4mm），明显水肿时可见“双边征”，胆囊结石显示强回声，其后有声影；对急性胆囊炎的诊断准确率为 85%～95%。必要时可做 CT、MRI 检查。

（三）诊断

临床上急性胆囊炎的诊断基于局部炎症、全身炎症和影像学 3 个方面的表现。

1. 局部炎症表现 ① Murphy 征；②右上腹包块、疼痛和（或）压痛。

2. 全身炎症表现 ①发热；② C 反应蛋白升高；③白细胞计数升高。

3. 影像学检查 急性胆囊炎的影像学表现。

上述 3 个方面各有一项可确切诊断，前两方面各有一项为疑似诊断。

（四）治疗

因本病易坏疽穿孔，一经诊断，应及早手术治疗。可选用胆囊切除、胆囊造口术或经皮经肝胆囊穿刺引流（percutaneous transhepatic gallbladder drainage，PTGD）治疗，未能确诊或病情较轻过程中，应在严密观察下行积极的非手术治疗，一旦病情恶化，及时实施手术。

二、慢性胆囊炎

慢性胆囊炎（chronic cholecystitis）是胆囊持续地、反复发作的炎症过程，超过 90% 的患者有胆囊结石。

（一）病理

病理特点是黏膜下和浆膜下纤维组织增生及单核细胞浸润，随着炎症反复发作，可使胆囊与周围组织粘连，囊壁增厚并逐渐瘢痕化，最终导致胆囊萎缩，完全失去功能。

（二）临床表现

常不典型，多数患者有胆绞痛病史。患者常在饱餐、进食油腻食物后出现腹胀、腹痛，疼痛程度不一，多在上腹部，可牵涉到右肩背部，较少出现畏寒、高热或黄疸，可伴有恶心、呕吐。腹部检查可无阳性体征，或仅有上腹部轻压痛，Murphy 征或呈阳性。

（三）诊断

右上腹或中上腹反复发作合并胆囊结石者，应考虑慢性胆囊炎的诊断。超声检查：如发现胆囊结石、胆囊壁增厚、缩小或变形，有诊断意义。 腹部 X 线平片：如系慢性胆囊炎，可发现胆结石、胀大的胆囊、胆囊钙化斑和胆囊乳状不透明阴影等。

（四）治疗

确诊为慢性胆囊炎者应行胆囊切除术。不能耐受手术者可选择非手术治疗，方法包括应用抗生素等。

三、急性梗阻性化脓性胆管炎

急性梗阻性化脓性胆管炎（acute obstructive suppurative cholangitis，AOSC），亦称急性重症型胆管炎（acute cholangitis of severe type，ACST）。本病的发病基础是胆道梗阻及细菌感染。

（一）病因

在我国，最常见的病因是肝内外胆管结石，其次为胆道寄生虫和胆管狭窄。

（二）临床表现

本病除有急性胆管炎的 Charcot 三联征外，还有休克、神经中枢系统受抑制表现，称为 Reynolds 五联征。

本病发病急骤，病情进展迅速。可分为肝外梗阻和肝内梗阻两种，肝外梗阻者腹痛、寒战高热、黄疸均较明显，肝内梗阻者主要表现为寒战高热，可有腹痛，黄疸较轻。常伴有恶心、呕吐等消化道症状。神经系统症状主要表现为表情淡漠、嗜睡、神志不清，甚至昏迷；合并休克时可表现为烦躁不安、谵妄等。

辅助检查

（1）体格检查：体温常呈弛张热或持续升高达 39～40℃以上，脉搏快而弱，血压降低。口唇发绀，指甲床青紫，全身皮肤可能有出血点和皮下瘀斑。剑突下或右上腹有压痛，可有腹膜刺激征。肝常肿大并有压痛和叩击痛。胆总管梗阻者胆囊肿大。

（2）实验室检查：白细胞计数升高。肝功能可有不同程度的损害，凝血酶原时间延长。动脉血气分析常见有代谢性酸中毒。

（3）影像学检查：应根据病情选择简单、实用、方便的检查方法。超声能及时了解胆道梗阻部位、肝内外胆管扩张情况及病变性质。可行 CT 或 MRCP 检查。对需要同时行经皮经肝胆管引流术（PTCD）或经内镜鼻胆管引流术（ENBD）减压者可行 PTC 或 ERCP 检查。

（三）诊断

急性梗阻性化脓性胆管炎患者可能会出现腹痛、寒战高热、黄疸、休克和精神症状（Reynolds 五联征）。当存在全身性炎症［发热和（或）实验室检查数据］、胆汁淤积和影像学表现（胆道扩张）或影像学病因时，诊断明确。

1. 全身性炎症

（1）发热（T＞38℃）和（或）寒战。

（2）实验室检查：炎症反应示白细胞计数升高；CRP≥10mg/L。

2. 胆汁淤积

（1）黄疸。

（2）肝功能检查异常：总胆红素≥34μmol/L；AST、ALT、ALP 和 γ-谷氨酰转移酶＞1.5×正常上限值（ULN）。

3. 影像学表现

（1）胆道扩张。

（2）影像学病因（狭窄、结石、支架等）。

疑似诊断：第 1 项中的一个项目 + 第 2 项或第 3 项中的一个项目。

确切诊断：第 1、2、3 项各有至少一个项目。

（四）治疗

1. 非手术治疗

（1）疾病早期，在严密观察下可实行非手术治疗：包括抗感染、纠正水电解质紊乱及酸碱失衡，解痉镇痛，如病情加重应立即行手术治疗。

（2）经内镜鼻胆管引流术：可有效胆道减压，避免急诊手术。

2. 手术治疗 手术原则：积极做好术前准备，紧急手术、解除胆管梗阻、通畅引流。手术力求简单有效，通常采用胆总管切开减压，T 形管引流。

第四节 胆 石 症

胆石病（cholelithiasis）包括发生在胆管和胆囊的结石，是常见病和多发病。

一、胆 囊 结 石

（一）病因与分类

1. 病因 胆结石的成因十分复杂，与多种因素有关。目前认为其基本因素是胆汁的成分和理化性质发生了改变，导致胆汁中的胆固醇或胆红素呈过度饱和状态，易于沉淀析出和结晶而形成结石。主要病因有胆汁淤滞、胆道感染、胆道异物和代谢因素等。另外，胆结石患者的胆汁中可能存在一种促成核因子，可分泌大量黏液糖蛋白促使成核和结石形成。此外，胆囊收缩功能减低，胆囊内胆汁淤滞也有利于结石形成。

2. 分类

（1）胆固醇类结石：包括混合性结石和纯胆固醇性结石，80% 以上胆囊结石属于此类。X 线检查多不显影。

（2）胆色素类结石：分为胆色素钙结石和黑色素石。前者为游离胆色素与钙等金属离子结合而成，并含有脂肪酸、胆汁酸、细菌、黏蛋白等成分，其质软易碎呈棕色或褐色，故又称棕色石。主要发生在肝内外各级胆管。黑色素石不含细菌、质较硬，由不溶性的黑色胆色素多聚体、各种钙盐和黏液糖蛋白组成，几乎均发生在胆囊内。

（3）其他结石：此外，还有碳酸钙、磷酸钙或棕榈酸钙为主要成分的少见结石。如果结石钙盐含量较多，X 线检查常可显影。

（二）临床表现

大多数患者无症状，称为无症状胆囊结石。胆囊结石的典型症状为胆绞痛，主要临床表现如下。

1. 胆绞痛典型的发作 是在饱餐、进食油腻食物后或睡眠中体位改变时发生。疼痛位于右上腹或上腹部，呈阵发性，或持续疼痛阵发性加剧，可向右肩胛部和背部放射，可伴有恶心、呕吐。

2. 上腹隐痛 多数患者仅在进食过多、吃肥腻食物、工作紧张或休息不好时感到上腹部或右上腹隐痛，或者有饱胀不适、嗳气、呃逆等，常被误诊为“胃病”。

3. 胆囊积液 胆囊结石长期嵌顿或阻塞胆囊管但未合并感染时，胆囊黏膜吸收胆汁中的胆色素，并分泌黏液性物质，导致胆囊积液。积液呈透明无色，称为白胆汁。

4. 其他 ①极少引起黄疸，即使黄疸也较轻；②小结石可通过胆囊管进入并停留于胆总管内成为胆总管结石；③进入胆总管的结石通过 Oddi 括约肌可引起损伤或嵌顿于壶腹部导致胰腺炎，称为胆源性胰腺炎；④因结石压迫引起胆囊炎症慢性穿孔，可造成胆囊十二指肠瘘或胆囊结肠瘘，大的结石通过瘘管进入肠道偶尔可引起肠梗阻称为胆石性肠梗阻；⑤结石及炎症的长期刺激可诱发胆囊癌。

5. Mirizzi 综合征 是特殊类型的胆囊结石，临床特点是胆囊炎及胆管炎反复发作及黄疸。胆道影像学检查可见胆囊增大、肝总管扩张、胆总管正常。

（三）实验室与辅助检查

首选 B 超检查，发现胆囊内有强回声光团，随体位改变而移动，后方伴声影。CT、MRI 也可显示胆囊结石。

（四）诊断与鉴别诊断

临床典型的绞痛病史是诊断的重要依据，影像学检查可帮助确诊。首选超声检查，其诊断准确率接近 100%。

（五）治疗

对于有症状和（或）并发症的胆囊结石，首选胆囊切除术治疗。腹腔镜胆囊切除已是常规手术，具有损伤小、恢复快、疼痛轻、瘢痕不易发现等优点。下列情况应考虑手术治疗：①结石数量多及结石直径≥2～3cm；②胆囊壁钙化或瓷性胆囊；③伴有胆囊息肉≥1cm；④胆囊壁增厚（>3mm）即伴有慢性胆囊炎。

行胆囊切除时，有下列情况应同时行胆总管探查术：①术前病史、临床表现或影像学检查提示胆总管有梗阻，包括梗阻性黄疸、胆总管结石，反复发作胆绞痛、胆管炎、胰腺炎；②术中证实胆总管有病变；③胆总管扩张直径超过 1cm，胆囊壁明显增厚，发现胰腺炎或胰头肿物，胆管穿刺抽出脓性、血性胆汁或泥沙样胆色素颗粒；④胆囊结石小，有可能通过胆囊管进入胆总管。术中应争取行胆道造影或胆道镜检查，避免使用金属胆道探子盲目的胆道探查造成不必要的并发症。胆总管探查后一般需置 T 形管引流。

二、肝内胆管结石

肝内胆管结石病情复杂，病程较长，可出现多种并发症，因此临床表现多种多样，主要取决于胆管梗阻、胆道感染的程度及并发症的情况。

（一）病因及病理

肝内胆管结石又称肝胆管结石，是我国常见而难治的胆道疾病。其病因复杂，主要与胆道感染、胆道寄生虫（蛔虫、华支睾吸虫）、胆汁淤滞、胆管解剖变异、营养不良等有关。

（二）临床表现

此病常见的临床表现是急性胆管炎引起的寒战、高热和腹痛，严重者出现急性梗阻性化脓性胆管炎、全身脓毒血症或感染性休克。反复胆管炎可导致多发的肝脓肿，形成较大的脓肿可穿破膈肌和肺形成胆管支气管瘘，咳出胆砂或胆汁样痰；长期梗阻甚至导致肝硬化，表现为黄疸、腹水、门静脉高压和上消化道出血、肝衰竭。

（三）实验室检查

急性胆管炎时白细胞升高、分类中性粒细胞增高并核左移，肝功能酶学检查异常。糖链抗原（CA19-9）或 CEA 明显升高应高度怀疑恶变。

（四）诊断

超声检查可显示肝内胆管结石及部位。CT 或 MRI 对肝硬化或癌变者有重要的诊断价值。

（五）治疗

无症状的胆管结石可不治疗，仅定期观察、随访即可。临床症状反复出现者应手术治疗，原则为尽可能取净结石、解除胆道狭窄及梗阻、去除结石部位和感染病灶、恢复和建立通畅的胆汁引流、防止结石的复发。手术方法如下：

（1）胆管切开取石：是最基本的方法。

（2）胆肠吻合术。

（3）肝切除术。

（4）术中的辅助措施：术中胆道造影、超声等检查可帮助确定结石的数量和部位。胆道镜可用于术中诊断、碎石和取石。

残留结石的处理：肝胆管结石手术后结石残留较常见，治疗措施包括术后经引流管窦道胆道镜取石、激光、超声、等离子碎石等。

三、肝外胆管结石

肝外胆管结石临床表现复杂，主要决定于胆道梗阻的程度和有无继发感染。

（一）病因

肝外胆管结石分为原发性结石和继发性结石。原发性结石多为棕色胆色素类结石。继发性结石主要是胆囊结石排进胆管并停留在胆管内，故多为胆固醇类结石或黑色素结石。少数可能来源于肝内胆管结石。

（二）临床表现

1. 症状 一般无症状或仅有上腹部不适，当结石造成胆管梗阻时可出现反复腹痛或黄疸；可出现典型的 Charcot 三联征：腹痛、寒战高热和黄疸。

（1）腹痛：发生在剑突下或右上腹，多为绞痛，呈阵发性发作，或为持续性疼痛阵发性加剧，可向右肩或背部放射，常伴恶心、呕吐。

（2）寒战高热：胆管梗阻继发感染导致胆管炎，胆管壁炎症水肿，加重梗阻致胆管内压升高，细菌及毒素逆行经毛细胆管入肝窦至肝静脉，再进入体循环引起全身感染。

（3）黄疸：胆管梗阻后可出现黄疸。出现黄疸时常伴有尿色加深，粪色变浅，完全梗阻时大便呈陶土样，患者可出现皮肤瘙痒。

2. 体征 平日无发作时无阳性体征，或仅有剑突下和右上腹深压痛。如合并胆管炎时，可有不同程度的腹膜炎征象，主要在右上腹。如有广泛渗出或穿孔，也可出现弥漫性腹膜炎体征。胆囊或可触及，有触痛。

（三）实验室与辅助检查

1. 实验室检查 血清总胆红素及结合胆红素升高，血清转氨酶和碱性磷酸酶升高，尿中胆红素升高，尿胆原降低或消失，粪中尿胆原减少。当合并胆管炎时，外周血白细胞及中性粒细胞升高。

2. 影像学检查 除含钙的结石外，X 线平片难以观察到结石。超声可作为首选检查方法，能发现结石并明确大小和部位。内镜超声（EUS）检查可不受影响，对胆总管远端结石的诊断有重要价值。PTC 及 ERCP 为有创性检查，能清楚地显示结石及部位。CT 扫描能发现胆管扩张和结石部位。MRCP 是无损伤的检查方法，可以发现胆管梗阻的部位。

（四）诊断

根据临床表现及影像学检查，一般不难诊断。ERCP 或 MRCP 和 CT 检查有助于诊断。EUS 检查对鉴别诊断有较大帮助。

（五）治疗

肝外胆管结石仍以手术治疗为主。术中应尽量取尽结石，解除胆道梗阻，术后保持胆汁引流通畅。

1. 手术治疗　胆总管切开取石、T 形管引流术：可采用腹腔镜或开腹手术。适用于单纯胆总管结石，胆管上下端通畅，无狭窄或其他病变者。放置 T 形管后应注意：①观察胆汁引流的量和性状，术后 T 管引流胆汁 200～300ml/d，较澄清，如 T 形管无胆汁引出，应检查 T 形管有无脱出或扭曲；如胆汁过多，应检查 T 形管下端有无梗阻；如胆汁浑浊，应注意有无结石遗留或胆管炎症未控制。②术后 10～14 天可行 T 形管造影，造影后应继续引流 24h 以上，再试行闭管。常用的吻合方式为胆管空肠 Roux-en-Y 吻合。胆肠吻合术后，胆囊已不能发挥其功能，故应同时将其切除。吻合口无类似 Oddi 括约肌的功能。嵌顿在胆总管开口的结石不能取出时，可通过内镜或手术行 Oddi 括约肌切开取石。

2. 非手术治疗的治疗措施　①应用抗生素应根据敏感细菌选择用药，主要针对革兰氏阴性细菌的抗生素；②解痉；③利胆；④纠正水、电解质及酸碱平衡紊乱；⑤加强营养支持和补充维生素；⑥护肝及纠正凝血功能异常。争取在胆道感染控制后才行择期手术治疗。

第五节　肠　梗　阻

任何原因引起的肠内容物不能正常运行、顺利通过肠道，称为肠梗阻。

案例 14-4

患者，男性，46 岁。因“腹部阵发性绞痛伴呕吐、腹胀、停止肛门排便排气 2 天”入院。患者 2 天前无明显诱因出现脐周阵发性绞痛，伴恶心、呕吐，吐出胆汁及粪样物，腹部疼痛时自诉有气块移动，腹胀逐渐加重。患者近 2 天未解大便，肛门未排气。患者 3 年前曾行阑尾切除术。查体：体温 38.5℃，腹部膨隆，右下腹可见手术瘢痕。脐右侧可触及胀气肠袢，腹肌紧张，腹部压痛、反跳痛阳性，移动性浊音阳性，听诊有气过水声和高调肠鸣音。诊断性腹穿抽出血性液体。血常规：WBC 13.6×10^9/L，中性粒细胞百分率 86%。X 线片：右侧腹部孤立胀大肠袢，伴多个气液平面。

问题：1. 该患者患有何种疾病？诊断依据是什么？

2. 该患者应如何治疗？

一、病因与分类

（一）按肠梗阻发生的基本原因分类

1. 机械性肠梗阻　最常见类型，是由于各种原因致肠管狭窄，使肠内容物通过发生障碍。

原因：①肠壁病变，如肠管肿瘤、先天性肠道闭锁、炎症狭窄等；②肠管受压，如粘连带压迫、肠扭转、肿瘤推挤和嵌顿疝卡压等；③肠腔内堵塞，如粪石、异物堵塞等。

2. 动力性肠梗阻 是由于毒素刺激或神经反射致肠蠕动丧失或肠管痉挛，肠内容物不能正常运行通过。常见于急性腹膜炎、腹部大手术、腹膜后血肿或全身严重感染引起的麻痹性肠梗阻。痉挛性肠梗阻少见，出现于肠道功能紊乱病及慢性铅中毒的患者。

3. 血运性肠梗阻 是由于肠系膜血管出现栓塞或血栓形成，使肠管血运发生障碍，肠内容物不能正常运行。

（二）按肠管壁有无引起血运障碍分类

1. 单纯性肠梗阻 指肠内容物通过受阻，但肠管无血运障碍。

2. 绞窄性肠梗阻 指肠内容物通过受阻同时伴有肠壁血运障碍。

（三）按梗阻发生的部位分类

1. 高位 如空肠上段。

2. 低位 如回肠末段、结肠。

（四）按梗阻的程度分类

1. 完全性肠梗阻

2. 不完全性肠梗阻

（五）按梗阻的发展速度分类

1. 急性肠梗阻

2. 慢性肠梗阻

闭袢性肠梗阻是指一段肠袢两端完全梗阻，如肠扭转、结肠肿瘤。

二、临 床 表 现

肠梗阻由于梗阻的原因、部位、病变程度、发病快慢不同，临床表现会有所不同，但肠内容物不能顺利通过肠腔是相同的，它们有着以下共同临床表现。

1. 腹痛 机械性肠梗阻时，梗阻以上的肠腔因积液积气而膨胀，肠蠕动反应性增强，表现为阵发性绞痛。疼痛的部位多在腹中部，也可偏梗阻部位。腹痛时可伴有高调肠鸣音及气过水声，自觉有“气块”在腹部游动。同时可见肠型与蠕动波，如果腹痛的间隙不断缩短，以至呈剧烈的持续性腹痛，应警惕绞窄性肠梗阻的发生。

2. 呕吐 梗阻位置愈高，呕吐出现愈早、愈频繁，呕吐物为胃及十二指肠内容物；位置愈低，呕吐出现愈晚，呕吐物少而呈粪样。呕吐物呈血性或棕褐色是肠管血运障碍的表现。麻痹性肠梗阻时，呕吐多呈溢出性。

3. 腹胀 与梗阻的部位高低有关，高位梗阻腹胀不明显，低位梗阻和麻痹性肠梗阻腹胀明显，遍及全腹。腹部隆起不均匀对称，是肠扭转等闭袢性梗阻的特点。

4. 停止肛门排气、排便 停止肛门排气、排便程度与梗阻程度、梗阻位置有关，完全性肠梗阻多不再排气、排便。梗阻的位置愈高，梗阻远端储存的粪便愈多，便闭时间相对愈迟。某些绞窄性肠梗阻，可排出血性黏液样粪便。

单纯性肠梗阻早期全身情况无明显变化。晚期因呕吐、脱水及电解质紊乱可出现唇干舌燥、眼窝内陷、皮肤弹性减退、脉搏细弱等。绞窄性肠梗阻患者可出现全身中毒症状及休克。

腹部视诊：机械性肠梗阻常可见肠型和蠕动波。肠扭转时腹胀多不对称；麻痹性肠梗阻则腹胀均匀。触诊：单纯性肠梗阻因肠管膨胀，可有轻度压痛，但无腹膜刺激征；绞窄性肠梗阻时，可有固定压痛和腹膜刺激征，压痛的肿块常为有绞窄的肠袢。叩诊：绞窄性肠梗阻时，腹腔有渗液，移动性浊音可呈阳性。听诊：肠鸣音亢进，有气过水声或金属音，为机械性肠梗阻表现。麻痹性肠梗阻时，则肠鸣音减弱或消失。

三、实验室与辅助检查

1. 化验检查　单纯性肠梗阻早期变化不明显，随着病情发展，由于失水和血液浓缩，白细胞计数、血红蛋白和血细胞比容都可增高。尿比重也增高。呕吐物和粪便检查，有大量红细胞或隐血阳性，应考虑肠管有血运障碍。

2. X 线检查　一般在肠梗阻发生 4～6h，X 线检查即显示出肠腔内气体，可见肠袢和液气平面。肠梗阻的部位不同，X 线表现也各有其特点：空肠黏膜的环状皱襞在肠腔充气时呈鱼骨刺状；回肠扩张的肠袢多，可见阶梯状的液平面；结肠胀气位于腹部周边，显示结肠袋形。当疑有肠套叠、肠扭转或结肠肿瘤时，可做钡剂灌肠或 CT 检查以协助诊断。

四、诊断与鉴别诊断

1. 是否肠梗阻　根据腹痛、腹胀、呕吐、停止肛门排气排便四大症状和 X 线检查，一般可做出诊断。而早期的诊断则需要与输尿管结石、卵巢囊肿蒂扭转、急性坏死性胰腺炎等相鉴别。密切观察四大症状和腹部体征，必要时行 X 线复查，能及时确诊肠梗阻。

2. 是机械性还是动力性梗阻　机械性肠梗阻肠蠕动亢进，腹痛呈阵发性绞痛，早期腹胀不显著。麻痹性肠梗阻肠蠕动减弱或消失，腹痛呈持续性胀痛，腹胀显著。X 线、CT 检查示麻痹性肠梗阻大、小肠全部充气扩张，机械性肠梗阻只有梗阻上段肠管扩张，晚期并发肠绞窄和麻痹，结肠也不会全部胀气。

3. 是单纯性还是绞窄性肠梗阻　绞窄性肠梗阻必须及早进行手术治疗。以下情况提示肠绞窄可能：①腹痛转为持续性绞痛或阵发性绞痛间隙仍有持续性疼痛，肠鸣音不再亢进，可出现腰背部疼痛，呕吐频繁；②病情发展迅速，早期出现休克，抗休克治疗后，病情改善不明显；③呕吐物、胃肠减压抽出物、粪便为血性，腹穿抽出血性液体；④出现明显的腹膜炎体征和中毒症状；⑤腹胀不对称，腹部有固定、压痛、隆起的包块；⑥经积极非手术治疗，症状体征改善不明显；⑦ X 线检查见孤立、胀大的肠袢，不因时间改变位置，或有假肿瘤症，腹腔积液。

4. 高位还是低位肠梗阻　高位小肠梗阻的特点是呕吐早而频繁，腹胀较轻；低位小肠梗阻腹胀明显，呕吐迟而少，呕吐物呈粪样。X 线检查高位梗阻扩张肠管少，低位梗阻扩张肠管多，结肠梗阻扩张的结肠分布在腹部周围，可见结肠袋。

5. 是完全性还是不完全性肠梗阻　完全性肠梗阻呕吐频繁，肛门完全停止排气、排便，X 线检查见梗阻上段肠管扩张明显，梗阻下段肠管无气体；不完全性肠梗阻呕吐与腹胀都较轻，X 线检查示肠管胀气不明显，梗阻远端肠管仍有气体，肛门仍有少量气体及粪便排出。

6. 引起梗阻的原因　可根据年龄、病史、体征、X 线、CT 等影像学检查综合分析。

五、治　　疗

肠梗阻的治疗原则是纠正因肠梗阻引起的全身生理紊乱和解除梗阻。治疗方法的选择要根据肠梗阻的原因、性质、部位以及全身情况和病情严重程度而定。

1. 非手术治疗

（1）胃肠减压：是肠梗阻治疗的重要方法之一，吸出胃肠道的气体和液体，可以减轻腹胀，降低肠管压力，减少细菌繁殖和毒素产生，改善肠壁血液循环。

（2）纠正水、电解质紊乱和酸碱平衡：根据呕吐情况、缺水体征、电解质、血气分析、胃肠减压引流量，综合计算，给予肠外营养，必要时补充血浆等胶体，以维持内环境稳定。

（3）防治感染：肠梗阻后，肠壁血液循环有障碍，肠黏膜屏障功能受损而有肠道细菌移位，或是肠腔内细菌直接穿透肠壁至腹腔内产生感染。同时，膈肌升高影响肺部气体交换与分泌物排出，易发生肺部感染。

（4）其他治疗：腹胀可影响肺的功能，患者宜吸氧。为减轻胃肠道的膨胀可给予生长抑素（somatostatin）以减少胃肠液的分泌量。止痛剂的应用应遵循急腹症治疗原则。

2. 手术治疗　手术是治疗肠梗阻的一个重要措施，手术的目的是解除梗阻、去除病因，手术的方式可根据患者的全身情况与梗阻的病因、性质、部位等加以选择。单纯解除梗阻的手术如粘连松解术，肠切开取除肠石、蛔虫等，肠套叠或肠扭转复位术等。

（1）单纯解除梗阻的手术：如粘连松解术、肠切开取除结石、蛔虫等，肠套叠或肠扭转复位术等。

（2）肠切除肠吻合术：对肠管因肿瘤、炎症性狭窄，或局部肠袢已经失活坏死，则应作肠切除肠吻合术。对于绞窄性肠梗阻，应争取在肠坏死以前解除梗阻，恢复肠管血液循环：有下列表现则表明肠管已无生机：①肠壁已呈紫黑色并已塌陷；②肠壁已失去张力和蠕动能力，对刺激无收缩反应；③相应的系膜终末小动脉无搏动。手术中肠袢生机的判断常有困难，小段肠袢当不能肯定有无血运障碍时，以切除为安全。但当有较长段肠袢尤其全小肠扭转，贸然切除将影响患者将来的生存。可在纠正血容量不足与缺氧的同时，可用盐水纱布热敷，或在肠系膜血管根部注射 1% 普鲁卡因等药物以缓解血管痉挛，观察 15～30min 后，如仍不能判断有无生机，可将肠管回纳腹腔后暂时关腹，严密观察，24h 内再次进腹探查，最后确认无生机后始可考虑切除。

（3）肠短路吻合术：当梗阻的部位切除有困难时，为解除梗阻，可分离梗阻部远近端肠管做短路吻合，旷置梗阻部。但应注意旷置的肠管尤其是梗阻部的近端肠管不宜过长，以免引起盲袢综合征（blind loop syndrome）。

（4）肠造口或肠外置术：肠梗阻部位的病变复杂或患者情况很差，不允许行复杂的手术，可用这类术式解除梗阻，即在梗阻近端肠管做肠造口术以减压，解除因肠管高度膨胀而带来的生理紊乱。主要适用于低位肠梗阻，如急性结肠梗阻，如已有肠坏死或肠肿瘤，可切除坏死或肿瘤肠段，将两断端外置做造口术，以后再行二期手术重建肠道的连续性。

第六节　尿　石　症

尿石症分为上尿路结石和下尿路结石，肾和输尿管结石又称上尿路结石，其临床表现与结石部位、大小、是否活动及有无损伤、感染、梗阻等因素有关。下尿路结石包括膀胱结石和尿道结石。

一、上尿路结石

（一）病因

尿路结石成因复杂，可能是由环境因素、饮食因素等造成。

（二）临床表现

肾和输尿管结石为上尿路结石，主要症状是疼痛和血尿。其程度与结石部位、大小、活动与否及有无损伤、感染、梗阻等有关。

案例 14-5

患者，男性，36 岁。因“右侧腰部疼痛伴血尿 8h”入院。患者 8h 前无明显诱因突然出现右腰部绞痛，伴恶心、呕吐，呈间断性发作。伴血尿，无发热。查体：右肾区叩击痛，右侧输尿管走行区有明显深压痛，膀胱区无明显隆起，无压痛。彩超提示右肾内有 0.4cm×0.7cm 的强回声光团，后方有声影，右侧肾盂输尿管连接部有 12cm×15cm 的强回声光团，后方有声影。尿常规提示红细胞 20 个/HPF。

问题：1. 该患者患有何种疾病？诊断依据是什么？

2. 该患者应如何治疗？

1. 症状

（1）疼痛：肾盂及肾盏内大结石可无疼痛，若结石引起肾盏颈部梗阻或肾盂结石移动不大时，可引起上腹或腰部钝痛。结石引起肾盂输尿管连接处或输尿管完全性梗阻时，出现肾绞痛。疼痛剧烈难忍，为阵发性，患者辗转不安，大汗，恶心、呕吐。如梗阻在肾盂输尿管连接处或上段输尿管，疼痛常位于腰部或上腹部，并沿输尿管放射到会阴部或大腿内侧。如结石梗阻在输尿管中段，疼痛会放射到中下腹部。当结石位于输尿管末端时常有排尿终末痛及尿频、尿急的症状及尿道和阴茎头部放射痛。

（2）血尿：多为镜下血尿，亦可以出现肉眼血尿。血尿的多寡与结石引起黏膜的损伤程度有关。

（3）恶心、呕吐：是由于输尿管和肠有共同的神经支配。

（4）膀胱刺激症状：结石伴感染或输尿管膀胱壁段结石时，可有尿频、尿急、尿痛。

2. 并发症及表现 结石并发急性肾盂肾炎或肾积脓时，可有畏寒、发热、寒战等全身症状。结石所致肾积水，可在上腹部扪及增大的肾。双侧上尿路结石引起双侧尿路完全性梗阻或孤立肾上尿路完全性梗阻时，可导致无尿，出现尿毒症。小儿上尿路结石以尿路感染为重要表现。

（三）实验室与辅助检查

1. 血液分析 应检测血钙、尿酸、肌酐。

2. 尿液分析 常能见到肉眼或镜下血尿；伴感染时有脓尿，感染性尿路结石患者应行尿液细菌及真菌培养。

（1）尿常规检查：镜下血尿或肉眼血尿，感染时可有脓尿。

（2）感染时尿细菌培养阳性。

（3）肾功能测定。

3. 结石成分分析 是确定结石性质的方法，也是制订结石预防措施和选用溶石疗法的重要依据。

4. 影像学检查

（1）B 型超声检查：结石显示为特殊声影，亦能评价肾积水引起的肾包块或肾实质萎缩等，可发现泌尿系统平片不能显示的小结石和透 X 线结石。

（2）泌尿系统平片：95% 以上结石能在平片中发现。

（3）排泄性尿路造影：可显示结石所致肾结构和功能改变，透 X 线的尿酸结石可表现为充盈缺损。

（4）CT 检查：能发现平片、排泄性尿路造影和超声检查不能显示的结石。

（5）逆行肾盂造影：仅适用于其他方法不能确定时。

5. 内镜检查 当腹部平片未显示结石，排泄性尿路造影有充盈缺损而不能确定诊断时，做此检查能明确诊断并可进行治疗。

（四）诊断与鉴别诊断

主要依靠病史、临床表现和辅助检查进行诊断。与活动有关的血尿和疼痛，应首先考虑上尿路结石。有排石史更有利于诊断。在诊断肾、输尿管结石中应注意与胆石症、胆囊炎、急性阑尾炎和卵巢囊肿扭转的鉴别。

（五）治疗

由于尿路结石复杂多变，结石的性质、形态、大小、部位不同，患者个体差异等因素，治疗方法的选择及疗效也大不相同，有的仅多饮水就自行排出结石，有的则采用多种方法但未必能取尽结石。因此，对尿路结石的治疗必须实施患者个体化治疗，有时需要综合各种治疗方法。

1. 病因治疗 少数患者能找到结石的形成病因，如甲状旁腺功能亢进（主要是甲状旁腺瘤），只有切除腺瘤才能防止尿路结石复发；尿路梗阻者，只有解除梗阻，才能避免结石复发。

2. 药物治疗 结石＜0.6cm、表面光滑、结石以下尿路无梗阻时可采用药物排石治疗。还需增加液体摄入量，包括大量饮水，以增加尿量。中药和针灸对结石排出有促进作用。肾绞痛是泌尿外科的常见急症，需紧急处理。肾绞痛的治疗以解痉镇痛为主，常用的镇痛药物包括非甾体镇痛抗炎药物（如双氯芬酸钠）及阿片类镇痛药（如哌替啶、曲马多等），解痉药如 M 型胆碱受体阻断药、钙通道阻滞药、黄体酮等。

3. 体外冲击波碎石（extracorporeal shock wave lithotripsy，ESWL） 通过 X 线或超声对结石进行定位，利用高能冲击波聚焦后作用于结石，使结石裂解，直至粉碎成细砂，随尿液排出体外。它是一种安全有效的非侵入性治疗，且大多数上尿路结石可采用此方法治疗。

（1）适应证：适用于直径≤2cm 的肾结石及输尿管上段结石。

（2）禁忌证：结石远端尿路梗阻、妊娠、出血性疾病、严重心脑血管病、主动脉或肾动脉瘤、尚未控制的泌尿系统感染等。过于肥胖、肾位置过高、骨关节严重畸形、结石定位不清等，由于技术性原因而不适宜采用此法。

（3）碎石效果：与结石部位、大小、性质、是否嵌顿等因素有关。

（4）并发症：碎石后多数患者出现一过性肉眼血尿，一般无须特殊处理。肾周围血肿形成较为少见，可保守治疗。碎石排出过程中，由于结石碎片或颗粒排出可引起肾绞痛。若碎石过多地积聚于输尿管内，可引起“石街”，患者腰痛或不适，有时可合并继发感染等。为了减少并发症应采用低能量治疗、限制每次冲击次数。若需再次治疗，间隔时间 10～14 天为宜，推荐 ESWL 治疗次数不超过 3～5 次。

4. 手术治疗

（1）经皮肾镜碎石取石术（percutaneous nephrolithotomy，PCNL）：输尿管镜碎石取石术（ureteroscopic lithotripsy，URL）属腔内手术，对于复杂性肾结石，可与体外冲击波碎石术联合应用。

（2）开放手术治疗：①肾盂切开取石术；②肾实质切开取石术；③肾部分切除术；④肾切除术；⑤输尿管切开取石术。

双侧上尿路结石手术治疗原则：①双侧输尿管结石，应尽可能同时解除梗阻。②一侧肾结石，另一侧输尿管结石时，先处理输尿管结石。③双侧肾结石时，在尽可能保留肾的前提下，先处理容易取出且安全的一侧。若肾功能极差，梗阻严重，全身情况不良，宜先行经皮肾造瘘。待患者情况改善后再处理结石。④孤立肾上尿路结石或双侧上尿路结石引起急性完全性梗阻无尿时，一旦诊断明确，只要患者全身情况许可，应及时施行手术。若病情严重不能耐受手术，亦应试行输尿管插管，通过结石后留置导管引流。

（六）预防

尿路结石发病率和复发率高，因而合适的预防十分重要。因而采用合适的预防措施有重要意义。

1. 大量饮水 稀释尿液，增加尿量，使成人 24h 尿量达 2000ml 以上。

2. 调节饮食 高钙摄入者应减少含钙食物的摄入量，少食用牛奶、豆制品、巧克力、坚果类食品。磷酸钙结石者，少食肉和蛋黄，可用维生素 C 酸化尿液。草酸盐结石患者少食浓茶、菠菜、番茄、花生等，可口服维生素 B_6 以减少草酸盐形成。高尿酸盐的患者少食肝、肾等富含嘌呤的食物，可服用小苏打片碱化尿液。

3. 特殊性预防 ①草酸盐结石患者可口服维生素 B_6，以减少草酸盐形成；口服氧化镁可增加尿中草酸溶解度；②尿酸结石患者可口服别嘌呤醇和碳酸氢钠，以抑制结石形成；③有尿路梗阻、尿路异物、尿路感染或长期卧床等，应及时去除这些结石诱因。

二、下尿路结石

下尿路结石包括膀胱结石和尿道结石。

（一）膀胱结石

1. 临床表现 典型症状为排尿突然中断，疼痛放射至阴茎、阴茎头和会阴部，伴排尿困难和膀胱刺激症状，常有终末血尿。结石位于膀胱憩室内时，常无上述症状，表现为尿路感染。由于排尿时结石对膀胱颈口的反复撞击，会导致局部黏膜损伤、炎症和恶变。膀胱区 X 线平片能显示绝大多数结石。B 超检查能显示强光团及声影，可同时发现膀胱憩室、前列腺增生症等。

2. 诊断 根据典型症状和影像学检查可做出诊断。前尿道结石可沿尿道扪及，后尿道结石经直肠指检可触及，较大的膀胱结石可经直肠-腹壁双合诊被扪及。

常用辅助诊断方法：①超声检查，能发现膀胱及后尿道强光团及声影，还可同时发现膀胱憩室、良性前列腺增生等。② X 线检查，能显示绝大多数结石，怀疑有尿路结石可能时，还需做尿路平片及排泄性尿路造影。③膀胱尿道镜检查，能直接见到结石，并可发现膀胱及尿道病变。

3. 治疗 膀胱结石采用手术治疗，并应同时治疗病因。膀胱感染严重时，应用抗菌药物；若有排尿困难，则应先留置导尿，以利于引流尿液及控制感染。

（1）经尿道膀胱镜取石或碎石：大多数结石可应用碎石钳机械碎石，并将碎石取出，适用于结石小于 2～3cm 者。较大的结石需采用超声、激光或气压弹道碎石。

（2）耻骨上膀胱切开取石术：为传统的开放手术方式。合并严重尿路感染者，应待感染控制后再行取石手术。适合于巨大膀胱结石或膀胱结石合并膀胱颈梗阻或膀胱肿瘤患者。

（二）尿道结石

1. 临床表现 常表现为排尿困难，点滴状排尿，伴尿痛，因不能排空膀胱而出现尿潴留。疼痛可放射到阴茎头、会阴和阴囊部疼痛。

2. 诊断 前尿道结石可通过仔细触诊而发现。后尿道结石经直肠指诊可触及。B 超和 X 线检查有助于明确诊断。

3. 治疗 前尿道结石：可在阴茎阻滞麻醉下压迫结石近端尿道后注入无菌液体石蜡，再轻轻向远端挤出结石，切忌动作粗暴。若不能挤出，可钩取或钳出结石，或应用腔内器械碎石，尽量不做尿道切开取石。后尿道结石：在麻醉下用尿道探条将结石轻轻推入膀胱，再按膀胱结石处理。

第七节 良性前列腺增生

良性前列腺增生（benign prostatic hyperplasia，BPH），又称前列腺增生症，是引起男性老年人排尿障碍原因中最常见的一种良性疾病，主要表现为组织学上的前列腺间质和腺体成分的增生、解剖学上的前列腺增大、尿动力学上的膀胱出口梗阻，临床表现为下尿路症状（lower urinary tract symptoms，LUTS）及相关并发症。

案例 14-6

患者，男性，70 岁。因“排尿困难伴尿频、尿急 3 年”入院。患者 3 年前无明显诱因逐渐出现排尿困难，有尿频、尿急、尿流变细、尿无力、尿分叉、尿后滴沥、间断尿中断。夜尿 4 次，每次尿量少，排尿需等待。3 年来上述症状进行性加重，近 5 天着凉后症状更加明显。查体：双肾区无叩痛，双侧输尿管走行区无明显压痛，膀胱区无明显隆起，叩诊无浊音。直肠指诊：直肠前方可触及约鸭蛋大小的前列腺，上极不能触及，中央沟消失，质地较硬，无压痛，未触及包块及结节。泌尿系 B 超提示：前列腺大小为 5cm×4cm×6cm。

问题：1. 该患者患有何种疾病？诊断依据是什么？

2. 该患者应如何治疗？

一、病因与分类

有关良性前列腺增生发病机制的研究很多，但至今病因仍不完全清楚。目前公认老龄和有功能的睾丸是前列腺增生发病的两个重要因素，二者缺一不可。BPH 的发病率随年龄的增长而增加。前列腺的正常发育有赖于雄激素，随着年龄增长体内性激素平衡失调以及雌、雄激素的协同效应等，可能是前列腺增生的重要病因。

二、临 床 表 现

排尿困难是前列腺增生最重要的症状，病情发展缓慢。典型表现为排尿迟缓、断续、尿流细而无力、射程短、终末滴沥、排尿时间延长。当梗阻加重达一定程度时，残余尿逐渐增加，继而发生慢性尿潴留及充溢性尿失禁。

前列腺增生合并感染或结石时，可出现明显尿频、尿急、尿痛症状。增生腺体表面黏膜较大的血管破裂时，亦可发生不同程度的无痛性肉眼血尿，应与泌尿系肿瘤引起的血尿相鉴别。梗阻引起严重肾积水、肾功能损害时，可出现慢性肾功能不全，如食欲缺乏、恶心、呕吐、贫血、乏力等症状。长期排尿困难导致腹压增高，还可引起腹股沟疝、内痔与脱肛等。

1. 症状

（1）尿频：是前列腺增生患者最常见的早期症状，夜间更明显。当合并感染或结石时，出现明显尿频、尿急、尿痛症状。

（2）排尿困难：排尿困难是前列腺增生最重要的症状，病情发展缓慢。典型表现为排尿迟缓、断续，尿流细而无力，射程短、终末滴沥、排尿时间延长。

（3）尿潴留：梗阻加重达一定程度，排尿时不能排尽膀胱内全部尿液，出现膀胱残余尿。梗阻程度愈重，残余尿量愈大。过多的残余尿可使膀胱失去收缩能力，逐渐发生尿潴留，并可出现尿失禁，是由于膀胱过度充胀而使少量尿从尿道口溢出，称为充溢性尿失禁。

（4）梗阻后并发症：前列腺增生因局部充血可以发生无痛血尿。晚期可出现肾积水和肾功能不全征象。长期排尿困难导致腹压增高，发生腹股沟疝、内痔或脱肛等。

2. 体征 多数患者行直肠指检可触及肿大的前列腺，表面光滑，质韧、有弹性，边界清楚，中央沟变浅或消失。

三、实验室与辅助检查

1. 直肠指检 是重要的检查方法，前列腺增生症患者均需做此项检查。多数患者可触及增大的前列腺，表面光滑，质韧、有弹性，边缘清楚，中间沟变浅或消失。

2. 超声 采用经腹壁或直肠途径进行。经腹壁超声检查时膀胱需要充盈，扫描可清晰显示前列腺体积大小，增生腺体是否突入膀胱，了解有无膀胱结石及上尿路继发积水等病变。

3. 尿流率检查 一般认为排尿量在 150～400ml/时，如最大尿流率＜15ml/s 表明排尿不畅；如＜10ml/s 则表明梗阻较为严重。

4. 血清前列腺特异性抗原（prostate specific antigen，PSA）测定 对排除前列腺癌，尤其前列腺有结节时十分必要。

此外，IVU、CT、MRI 和膀胱镜检查等，可以除外合并有泌尿系统结石、肿瘤等病变。放射性核素肾图有助于了解上尿路有无梗阻及肾功能损害。

四、诊断与鉴别诊断

主要依靠病史、临床表现和辅助检查进行诊断。凡 50 岁以上的男性有进行性排尿困难，须考虑有前列腺增生的可能。良性前列腺增生症主要与前列腺癌、神经源性膀胱功能障碍、尿道狭窄、膀胱颈纤维化增生（膀胱颈挛缩）相鉴别。

五、治　　疗

1. 观察等待　前列腺增生的症状较轻的患者可以等待观察，不予治疗，但必须定期随访，如症状加重，则采取适宜的治疗方法。

2. 药物治疗　治疗前列腺增生的药物很多，常用的有α受体阻断药和5α-还原酶抑制剂。α受体阻断药可以降低膀胱颈部及前列腺的平滑肌张力，减少尿道阻力，改善排尿功能。可用盐酸坦索罗辛或盐酸特拉唑嗪口服，用药过程中须注意防止直立性低血压。5α-还原酶抑制剂通过阻止体内睾酮转变为双氢睾酮，从而使前列腺体积缩小，改善排尿症状，可用非那雄胺片。

3. 手术治疗　前列腺增生梗阻严重，残余尿量较多，症状明显而药物治疗无效，身体状况能耐受手术者，应考虑手术治疗。对肾功能不全者或有尿路感染和心、肺、肝疾病患者，应先导尿或膀胱造瘘引流，待全身情况改善后再手术。

手术方式：①开放性手术。耻骨上前列腺切除术、耻骨后前列腺切除术、经会阴前列腺切除术。②经尿道手术。经尿道前列腺电切术（TURP）、经尿道等离子前列腺切除术（TUBVP）经尿道钬激光前列腺切除术（HOLRP）等。

4. 其他疗法　经尿道球囊扩张术、前列腺尿道支架及经直肠高强度聚焦超声（HIFU）等对缓解前列腺增生引起的梗阻症状均有一定疗效，适用于不能耐受手术的患者。

思　考　题

1. 简述急性阑尾炎的临床类型。
2. 简述胃十二指肠溃疡穿孔的临床表现和诊断标准。
3. 如何鉴别单纯性肠梗阻和绞窄性肠梗阻?
4. 简述双侧上尿路结石手术治疗的原则。
5. 简述良性前列腺增生症的手术适应证。

（张庆富）

第十五章　妇产科基础

第一节　生殖系统解剖

女性生殖系统包括内、外生殖器及其相关组织。

一、外 生 殖 器

女性外生殖器指生殖器的外露部分，又称外阴（vulva），位于两股内侧间，前为耻骨联合，后为会阴，包括阴阜、大阴唇、小阴唇、阴蒂和阴道前庭。

1. 阴阜（mons pubis） 为耻骨联合前面隆起的脂肪垫。青春期发育时，其上的皮肤开始生长呈倒三角形分布的阴毛。阴毛的疏密与色泽存在种族和个体差异。

2. 大阴唇（labium majus） 为两股内侧一对纵行隆起的皮肤皱襞，自阴阜向下向后延伸至会阴。大阴唇外侧面为皮肤，青春期后有色素沉着和阴毛，内含皮脂腺和汗腺；大阴唇内侧面湿润似黏膜。皮下为疏松结缔组织和脂肪组织，含丰富血管、淋巴管和神经，外伤后易形成血肿。未产妇女两侧大阴唇自然合拢，产后向两侧分开，绝经后大阴唇逐渐萎缩。

3. 小阴唇（labium minus） 系位于两侧大阴唇内侧的一对薄皮肤皱襞。表面湿润、褐色、无毛，富含神经末梢。两侧小阴唇前端融合，再分为前后两叶，前叶形成阴蒂包皮，后叶形成阴蒂系带，大、小阴唇后端汇合，在正中线形成阴唇系带。

4. 阴蒂（clitoris） 位于两小阴唇顶端下方，与男性阴茎同源，由海绵体构成，在性兴奋时勃起。阴蒂分为三部分，前为阴蒂头，暴露于外阴，富含神经末梢，对性刺激敏感；中为阴蒂体；后为两阴蒂脚，附着于两侧耻骨支上。

5. 阴道前庭（vaginal vestibule） 为一菱形区域，前为阴蒂，后为阴唇系带，两侧为小阴唇。阴道口与阴唇系带之间有一浅窝，称为舟状窝（fossa navicularis），又称为阴道前庭窝，经产妇受分娩影响，此窝消失。在此区域内有以下结构。

（1）前庭球（vestibular bulb）：又称为球海绵体，位于前庭两侧，由具有勃起性的静脉丛组成。其前端与阴蒂相接，后端膨大，与同侧前庭大腺相邻，表面被球海绵体肌覆盖。

（2）前庭大腺（major vestibular gland）：又称为巴氏腺（Bartholin gland），位于大阴唇后部，被球海绵体肌覆盖，如黄豆大小，左右各一。腺管细长（1～2cm），向内侧开口于阴道前庭后方小阴唇与处女膜之间的沟内。性兴奋时，分泌黏液起润滑作用。正常情况下不能触及此腺，若腺管口闭塞，可形成前庭大腺囊肿，则能触及并看到；若伴有感染，可形成脓肿。

（3）尿道外口（external orifice of urethra）：位于阴蒂头后下方，圆形，边缘折叠而合拢。尿道外口后壁上有一对并列腺体，称为尿道旁腺。尿道旁腺开口小，容易有细菌潜伏。

（4）阴道口（vaginal orifice）和处女膜（hymen）：阴道口位于尿道外口后方的前庭后部。其周缘覆有一层较薄的黏膜皱襞，称为处女膜，内含结缔组织、血管及神经末梢。处女膜多在中央有一孔，圆形或新月形，少数呈筛状或伞状。孔的大小变异很大，小至不能通过1指，甚至闭锁；大至可容两指，甚至可处女膜缺如。处女膜可因性交撕裂或由于其他损伤破裂，并受阴道分娩影响，产后仅留有处女膜痕。

二、内生殖器

女性内生殖器位于真骨盆内，包括阴道、子宫、输卵管和卵巢，后二者合称为子宫附件（uterine adnexa）。

（一）阴道

阴道（vagina）是性交器官，也是月经血排出及胎儿娩出的通道。

1. 位置和形态 位于真骨盆下部中央，为一上宽下窄的管道，前壁长 7～9cm，与膀胱和尿道相邻；后壁长 10～12cm，与直肠贴近。上端包绕子宫颈阴道部，下端开口于阴道前庭后部。子宫颈与阴道间的圆周状隐窝，称为阴道穹隆（vaginal fornix）。按其位置分为前、后、左、右 4 部分，其中后穹隆最深，与盆腔最低的直肠子宫陷凹紧密相邻，临床上可经此穿刺，引流或作为手术入路。

2. 组织结构 阴道壁自内向外由黏膜、肌层和纤维组织膜构成。黏膜层由非角化复层鳞状上皮覆盖，无腺体，淡红色，有许多横行皱襞，有较大伸展性，阴道上端 1/3 处黏膜受性激素影响有周期性变化。肌层由内环和外纵两层平滑肌构成，纤维组织膜与肌层紧密粘贴。阴道壁富有静脉丛，损伤后易出血或形成血肿。

（二）子宫

子宫（uterus）是孕育胚胎、胎儿和产生月经的器官。

1. 形态 子宫是有腔壁厚的肌性器官，呈前后略扁的倒置梨形，重 50～70g，长 7～8cm，宽 4～5cm，厚 2～3cm，容量约 5ml。子宫分为子宫体（corpus uteri）和子宫颈（cervix uteri）两部分。子宫体较宽，位于子宫上部，顶部称为子宫底（fundus uteri），子宫底两侧称为子宫角（cornua uteri）。子宫颈，习称宫颈，较窄呈圆柱状，位于子宫下部。子宫体与子宫颈的比例因年龄和卵巢功能而异，青春期前为 1∶2，生育期妇女为 2∶1，绝经后为 1∶1。

子宫腔（uterine cavity）为上宽下窄的三角形，两侧通输卵管，尖端朝下接子宫颈管。子宫体与子宫颈之间形成最狭窄的部分，称为子宫峡部（isthmus uteri），在非孕期长约 1cm，其上端因解剖上狭窄，称为解剖学内口；其下端因在此处子宫内膜转变为子宫颈黏膜，称为组织学内口。妊娠期子宫峡部逐渐伸展变长，妊娠末期可达 7～10cm，形成子宫下段，成为软产道的一部分，也是剖宫产术常用切口部位。子宫颈内腔呈梭形，称为子宫颈管（cervical canal），成年妇女长 2.5～3.0cm，其下端称为子宫颈外口，通向阴道。子宫颈以阴道为界，分为上下两部，上部占子宫颈的 2/3，两侧与子宫主韧带相连，称为子宫颈阴道上部；下部占子宫颈的 1/3，伸入阴道内，称为子宫颈阴道部。未产妇的子宫颈外口呈圆形，经产妇受阴道分娩影响形成横裂，将子宫颈分为前唇和后唇。

2. 组织结构 子宫体和子宫颈的组织结构不同。

（1）子宫体：子宫体壁由三层组织构成，由内向外分为子宫内膜层、肌层和浆膜层。

1）子宫内膜层：衬于宫腔表面，无内膜下层组织。子宫内膜分为 3 层：致密层、海绵层和基底层。内膜表面 2/3 为致密层和海绵层，统称为功能层，受卵巢性激素影响，发生周期变化而脱落。基底层为靠近子宫肌层的 1/3 内膜，不受卵巢性激素影响，不发生周期变化。

2）子宫肌层：较厚，非孕时厚约 0.8cm，由大量平滑肌组织、少量弹性纤维与胶原纤维组成。子宫肌层分为 3 层：内层肌纤维环行排列，痉挛性收缩可形成子宫收缩环；中层肌纤维交叉排列，在血管周围形成“8”字形围绕血管，收缩时可压迫血管，有效地制止子宫出血；外层肌纤维纵行排列，极薄，是子宫收缩的起始点。

3）子宫浆膜层：为覆盖子宫底部及其前后面的脏腹膜。在子宫前面，近子宫峡部处的腹膜向前反折覆盖膀胱，形成膀胱子宫陷凹。在子宫后面，腹膜沿子宫壁向下，至子宫颈后方及阴道后穹隆再折向直肠，形成直肠子宫陷凹（rectouterine pouch），也称道格拉斯陷凹（Douglas pouch）。

（2）子宫颈：主要由结缔组织构成，含少量平滑肌纤维、血管及弹性纤维。子宫颈管黏膜为单层高柱状上皮，黏膜内腺体分泌碱性黏液，形成黏液栓堵塞子宫颈管。黏液栓成分及性状受性激素影响，发生周期性变化。子宫颈阴道部由复层鳞状上皮覆盖，表面光滑。子宫颈外口柱状上皮与鳞状上皮交接处是子宫颈癌的好发部位。

3. 位置 子宫位于盆腔中央，前为膀胱，后为直肠，下端接阴道，两侧有输卵管和卵巢。子宫底位于骨盆入口平面以下，子宫颈外口位于坐骨棘水平稍上方。当膀胱空虚时，成人子宫的正常位置呈轻度前倾前屈位。子宫的正常位置依靠子宫韧带及骨盆底肌和筋膜的支托，任何原因引起的盆底组织结构破坏或功能障碍均可导致子宫脱垂。

4. 子宫韧带 共 4 对。

（1）阔韧带（broad ligament）：位于子宫两侧呈翼状的双层腹膜皱襞，由覆盖子宫前后壁的腹膜自子宫侧缘向两侧延伸达盆壁而成，能够限制子宫向两侧倾斜。阔韧带有前后两叶，其上缘游离，内 2/3 部包绕输卵管（伞部无腹膜遮盖），外 1/3 部包绕卵巢动静脉，形成骨盆漏斗韧带（infundibulopelvic ligament），又称卵巢悬韧带（suspensory ligament of ovary），内含卵巢动静脉。卵巢内侧与子宫角之间的阔韧带稍增厚，称为卵巢固有韧带或卵巢韧带。卵巢与阔韧带后叶相接处称为卵巢系膜。输卵管以下、卵巢附着处以上的阔韧带称为输卵管系膜，内含中肾管遗迹。在子宫体两侧的阔韧带中有丰富的血管、神经、淋巴管及大量疏松结缔组织，称为宫旁组织。子宫动静脉和输尿管均从阔韧带基底部穿过。

（2）圆韧带（round ligament）：呈圆索状得名，由平滑肌和结缔组织构成，全长 12 ～ 14cm。起自子宫角的前面、输卵管近端的稍下方，在阔韧带前叶的覆盖下向前外侧走行，到达两侧骨盆侧壁后，经腹股沟管止于大阴唇前端。有维持子宫前倾位置的作用。

（3）主韧带（cardinal ligament）：又称子宫颈横韧带。在阔韧带的下部，横行于子宫颈两侧和骨盆侧壁之间。为一对坚韧的平滑肌和结缔组织纤维束，是固定子宫颈位置、防止子宫脱垂的主要结构。

（4）宫骶韧带（uterosacral ligament）：起自子宫体和子宫颈交界处后面的上侧方，向两侧绕过直肠到达第 2、3 骶椎前面的筋膜。韧带外覆腹膜，内含平滑肌、结缔组织和支配膀胱的神经，广泛性子宫切除术时，可因切断韧带和损伤神经引起尿潴留。宫骶韧带短厚有力，向后向上牵引子宫颈，维持子宫前倾位置。

（三）输卵管

输卵管（fallopian tube，oviduct）为一对细长而弯曲的肌性管道，为卵子与精子结合场所及运送受精卵的通道。位于阔韧带上缘内，内侧与子宫角相连通，外端游离呈伞状，与卵巢相近，全长 8～14cm。根据输卵管的形态，由内向外分为 4 部分。①间质部（interstitial portion）：潜行于子宫壁内的部分，长约 1cm，管腔最窄；②峡部（isthmic portion）：在间质部外侧，细而较直，管腔较窄，长 2～3cm；③壶腹部（ampulla portion）：在峡部外侧，壁薄，管腔宽大且弯曲，长 5～8cm，内含丰富皱襞，受精常发生于此；④伞部（fimbrial portion）：在输卵管最外侧端，长 1～1.5cm，开口于腹腔，管口处有许多指状突起，有“拾卵”作用。

输卵管壁由三层构成：外层为浆膜层，为腹膜的一部分；中层为平滑肌层，该层肌肉的收缩有协助拾卵、运送受精卵及一定程度地阻止经血逆流和子宫腔内感染向腹腔内扩散的作用；内层为黏膜层，由单层高柱状上皮覆盖。上皮细胞分为纤毛细胞、无纤毛细胞、楔状细胞和未分化细胞 4 种。纤毛细胞的纤毛摆动，能协助运送受精卵；无纤毛细胞有分泌作用，又称分泌细胞；楔形细胞可能是无纤毛细胞的前身；未分化细胞又称游走细胞，是上皮的储备细胞。输卵管肌肉的收缩和黏膜上皮细胞的形态、分泌及纤毛摆动，均受性激素的影响而有周期性变化。

（四）卵巢

卵巢（ovary）为一对扁椭圆形的性腺，是产生与排出卵子，并分泌甾体激素的性器官。由外侧的骨盆漏斗韧带（卵巢悬韧带）和内侧的卵巢固有韧带悬于盆壁与子宫之间，借卵巢系膜与阔韧带相连。卵巢前缘中部有卵巢门，神经血管通过骨盆漏斗韧带经卵巢系膜在此出入卵巢；卵巢后缘游离。卵巢的大小、形状因年龄大小而有差异。青春期前卵巢表面光滑；青春期开始排卵后，表面逐渐凹凸不平。生育期妇女卵巢大小约 4cm×3cm×1cm，重 5g～6g，灰白色；绝经后卵巢逐渐萎缩变小变硬，妇科检查时不易触到。

卵巢表面无腹膜，由单层立方上皮覆盖，称为表面上皮。上皮的深面有一层致密纤维组织，称为卵巢白膜。再往内为卵巢实质，又分为外层的皮质和内层的髓质。皮质是卵巢的主体，由大小不等的各级发育卵泡、黄体和它们退化形成的残余结构及间质组织组成；髓质与卵巢门相连，由疏松结缔组织及丰富的血管、神经、淋巴管以及少量与卵巢韧带相延续的平滑肌纤维构成。

第二节 妊娠诊断

妊娠期从末次月经的第一日开始计算，约为 280 天（40 周）。临床上分为 3 个时期：妊娠未达 14 周称为早期妊娠，第 14～27^{+6} 周称为中期妊娠，第 28 周及其后称晚期妊娠。

一、早期妊娠的诊断

早期妊娠也称为早孕，是胚胎形成、胎儿器官分化的重要时期，因此早期妊娠的诊断主要是确定妊娠、胎数、孕龄，排除异位妊娠等病理情况。

（一）症状与体征

1. 停经 生育期、有性生活史的健康妇女，平时月经周期规则，一旦月经过期，应考虑到妊娠，停经 10 天以上，尤应高度怀疑妊娠。

2. 早孕反应（morning sickness） 在停经 6 周左右出现畏寒、头晕、流涎、乏力、嗜睡、食欲缺乏、喜食酸物、厌恶油腻、恶心、晨起呕吐等症状，称为早孕反应，部分患者有情绪改变。多在停经 12 周左右自行消失。

3. 尿频 由前倾增大的子宫在盆腔内压迫膀胱所致，当子宫增大超出盆腔后，尿频症状自然消失。

4. 乳房变化 自觉乳房胀痛。检查乳房体积逐渐增大，有明显的静脉显露，乳头增大，乳头乳晕着色加深。乳晕周围皮脂腺增生出现深褐色结节，称为蒙氏结节（Montgomery's tubercles）。哺乳妇女妊娠后乳汁明显减少。

5. 妇科检查 阴道黏膜和宫颈阴道部充血呈紫蓝色。妊娠 6～8 周时，双合诊检查子宫峡部极软，感觉子宫颈与子宫体之间似不相连，称为黑加征（Hegar sign）。子宫逐渐增大变软，呈球形。妊娠 8 周时，子宫为非孕时的 2 倍，妊娠 12 周时为非孕时的 3 倍，子宫底超出盆腔，可在耻骨联合上方触及。

6. 其他　部分患者出现雌激素增多的表现，如蜘蛛痣 、肝掌、皮肤色素沉着（面部、腹白线、乳晕等）。部分患者出现不伴有子宫出血的子宫收缩痛或不适、腹胀、便秘等不适。

（二）辅助检查

1. 妊娠试验　受精卵着床后不久，即可用放射免疫法测出受检者血液中 hCG 水平升高。临床上多用早早孕试纸法检测受检查者的尿液，结果阳性结合临床表现可诊断妊娠。但要确定是否为宫内妊娠，尚需超声检查。

2. 超声检查　妊娠早期超声检查的主要目的是确定宫内妊娠，排除异位妊娠、滋养细胞疾病、盆腔肿块等。确定胎数，若为多胎，可通过胚囊数目和形态判断绒毛膜性。估计孕龄，停经 35 天时，子宫腔内见到圆形或椭圆形妊娠囊（gestational sac，GS）；妊娠 6 周时，可见到胚芽和原始心管搏动。妊娠 11～13^{+6} 周测量胎儿头臀长度（crown-rump length，CRL）能较准确地估计孕周，校正预产期，同时检测胎儿颈项透明层（nuchal translucency，NT）厚度和胎儿鼻骨（nasal bone）等，可作为早孕期染色体疾病筛查的指标。妊娠 9～13^{+6} 周超声检查可以排除严重的胎儿畸形，如无脑儿。

（三）诊断

有性生活史的生育期妇女出现停经或月经异常，均应考虑妊娠的可能；血或尿 hCG 阳性提示妊娠；超声发现宫内孕囊或胚芽可以确诊为宫内妊娠，见原始心管搏动提示胚胎存活，因此，血或尿 hCG 阳性、超声检查见胚芽和原始心管搏动才能确诊正常的早期妊娠。若临床高度怀疑妊娠，血或尿 hCG 阳性而超声检查未发现孕囊或胚芽，不能完全排除妊娠。可能是超声检查时间太早或异位妊娠，需要定期复查。

根据超声测量估计孕龄：根据末次月经推算的预产期有 50% 不准确，需要妊娠早期超声确认或校正。特别是妊娠 11～13^{+6} 周测量胎儿 CRL 来估计孕龄是最准确的方法，妊娠≥14 周采用双顶径、头围、腹围和股骨长度综合判断孕龄。如果妊娠 22 周前没有进行超声检查确定或校正孕龄，单纯根据末次月经推算的预产期称为日期不准确妊娠。

二、中、晚期妊娠的诊断

中、晚期妊娠是胎儿生长和各器官发育成熟的重要时期，这个时期的诊断主要是判断胎儿生长发育情况、宫内状况和发现胎儿畸形。

（一）病史与症状

有早期妊娠的经过，感到腹部逐渐增大、自觉胎动。

（二）体征与检查

1. 子宫增大　腹部检查触及增大的子宫，手测子宫底高度或尺测耻上子宫长度可估计胎儿大小及孕周（表 15-1）。子宫底高度因孕妇的脐耻间距离、胎儿发育情况、羊水量、单胎、多胎等有差异。不同孕周的子宫底增长速度不同，妊娠 20～24 周时生长速度较快，平均每周增长 1.6cm，至第 36～39^{+6} 周增长速度减慢，每周平均增长 0.25cm。正常情况下，子宫高度在妊娠 36 周时最高，至妊娠足月时因胎先露入盆略有下降。

2. 胎动 指胎儿的躯体活动。孕妇常在妊娠 20 周左右自觉胎动（fetal movement，FM）。胎动随妊娠进展逐渐增强，至妊娠 32～34 周达高峰，妊娠 38 周后逐渐减少。胎动夜间和下午较为活跃，常在胎儿睡眠周期消失，持续 20～40 分钟。妊娠 28 周以后，正常胎动次数≥10 次/2 小时。

3. 胎体 妊娠达 20 周及以上后，经腹壁能触到子宫内的胎体。妊娠达 24 周及以上后触诊能区分胎头、胎背、胎臀和胎儿肢体。胎头圆而硬，有浮球感；胎背宽而平坦；胎臀宽而软，形状不规则；胎儿肢体小且有不规则活动。随妊娠进展，通过四步触诊法能够查清胎儿在子宫内的位置。

4. 胎心音 听到胎心音能够确诊为妊娠且为活胎。于妊娠 12 周用多普勒胎心听诊仪能够探测到胎心音；妊娠 18～20 周用一般听诊器经孕妇腹壁能够听到胎心音。胎心音呈双音，似钟表“滴答”声，速度较快，正常时每分钟 110～160 次。胎心音应与子宫杂音、腹主动脉音、脐带杂音相鉴别。

表 15-1 不同孕龄的子宫高度和子宫长度

妊娠周数	手测子宫高度	尺测耻上子宫长度（cm）
12 周末	耻骨联合上 2～3 横指	
16 周末	脐耻之间	
20 周末	脐下 1 横指	18（15.3～21.4）
24 周末	脐上 1 横指	24（22.0～25.1）
28 周末	脐上 3 横指	26（22.4～29.0）
32 周末	脐与剑突之间	29（25.3～32.0）
36 周末	剑突下 2 横指	32（29.8～34.5）
40 周末	脐与剑突之间或略高	33（30.0～35.3）

（三）辅助检查

1. 超声检查 超声检查不仅能显示胎儿数目、胎产式、胎先露、胎方位、有无胎心搏动、胎盘位置及其与子宫颈内口的关系、羊水量、评估胎儿体重，还能测量胎头双顶径、头围、腹围和股骨长等多条径线，了解胎儿生长发育情况。在妊娠 20～24 周，可采用超声进行胎儿系统检查，筛查胎儿结构畸形。

2. 彩色多普勒超声 可检测子宫动脉、脐动脉和胎儿动脉的血流速度和波形。妊娠中期子宫动脉血流舒张期早期切迹（diastolic notching）可评估子痫前期的风险，妊娠晚期的脐动脉搏动指数（pulsation index，PI）和阻力指数（resistance index，RI）可评估胎盘血流，胎儿大脑中动脉（middle cerebral artery，MCA）的收缩期峰值流速（the peak systolic velocity，PSV）可判断胎儿贫血的程度。

三、胎姿势、胎产式、胎先露、胎方位

妊娠未达 28 周时胎儿小，羊水相对较多，胎儿在子宫内活动范围较大，胎儿位置不固定。妊娠达 32 周及以上后，胎儿生长迅速，羊水相对减少，胎儿与子宫壁贴近，胎儿的姿势和位置相对恒定，但亦有极少数胎儿的姿势和位置在妊娠晚期发生改变，胎方位甚至在分娩期仍可改变。胎儿位置的诊断需要根据腹部四步触诊、阴道或肛门检查、超声检查等综合判断。

1. 胎姿势（fetal attitude） 指胎儿在子宫内的姿势。正常胎姿势为胎头俯屈，颏部贴近

胸壁，脊柱略前弯，四肢屈曲交叉于胸腹前，其体积及体表面积均明显缩小，整个胎体呈头端小、臀端大的椭圆形。

2. 胎产式（fetal lie） 指胎体纵轴与母体纵轴的关系。胎体纵轴与母体纵轴平行者，称为纵产式（longitudinal lie），占足月妊娠分娩总数的99.75%；胎体纵轴与母体纵轴垂直者，称为横产式（transverse lie），仅占足月妊娠分娩总数的0.25%；胎体纵轴与母体纵轴交叉者，称为斜产式。斜产式是暂时的，在分娩过程中多转为纵产式，偶尔转成横产式。

3. 胎先露（fetal presentation） 指最先进入骨盆入口的胎儿部分。纵产式有头先露和臀先露，横产式为肩先露。根据胎头屈伸程度，头先露分为枕先露、前囟先露、额先露及面先露。臀先露分为单臀先露、完全臀先露、不完全臀先露，不完全臀先露可以分为单足先露、双足先露等。横产式时最先进入骨盆的是胎儿肩部，为肩先露。偶见胎儿头先露或臀先露与胎手或胎足同时入盆，称为复合先露。

4. 胎方位（fetal position） 指胎儿先露部的指示点与母体骨盆的关系。枕先露以枕骨、面先露以颏骨、臀先露以骶骨、肩先露以肩胛骨为指示点。每个指示点与母体骨盆入口左、右、前、后、横的不同位置构成不同胎位。头先露、臀先露各有6种胎方位，肩先露有4种胎方位。如枕先露时，胎头枕骨位于母体骨盆的左前方，应为枕左前位，余类推。

思　考　题

1. 卵巢的位置，有何固定装置？
2. 子宫正常位置靠哪些韧带维持？各韧带的作用如何？
3. 行全子宫-双侧输卵管切除或全子宫-双侧附件切除时，切除的范围有何不同？
4. 简述胎姿势、胎产式、胎先露、胎方位。

（张　颐）

第十六章　妇产科常见疾病

第一节　输卵管妊娠

受精卵在子宫体腔以外着床称为异位妊娠（ectopic pregnancy），习惯称宫外孕，以输卵管妊娠为最常见（占95%）。输卵管妊娠（tubal pregnancy）以壶腹部妊娠最多见，约占78%，其次为峡部、伞部，间质部妊娠较少见。另外，在偶然情况下，可见输卵管同侧或双侧多胎妊娠，或宫内与宫外同时妊娠，尤其多见于辅助生殖技术和促排卵受孕者。

案例 16-1

患者，女性，26岁。停经50天后出现少量阴道流血伴右下腹隐痛。今晨起床时突感右下腹撕裂样疼痛。

查体：血压90/60mmHg，面色苍白，下腹稍膨隆，右下腹压痛及反跳痛明显，肌紧张不明显。妇科检查：阴道后穹隆稍饱满，宫颈举摆痛阳性，子宫稍大稍软，右附件区触及一压痛包块，边界不清。

实验室检查：尿妊娠试验（+），Hb96g/L。

经腹盆腔超声：子宫肌层回声均匀，未见异常。左附件区未见异常，右附件区可见一大小为3cm×3cm的包块，与周围形成包裹，分界不清。盆腔内可见无回声，深度约4cm。

问题：1. 该患者的初步诊断是什么？其诊断依据是什么？

2. 该患者还应与哪些疾病进行鉴别诊断？

3. 该患者需要的进一步检查是什么？其治疗原则是什么？

一、病　　因

1. 输卵管炎症　是输卵管妊娠的主要病因。可分为输卵管黏膜炎和输卵管周围炎。输卵管黏膜炎轻者可使黏膜皱褶粘连，管腔变窄，或使纤毛功能受损，从而导致受精卵在输卵管内运行受阻而于该处着床；输卵管周围炎病变主要在输卵管浆膜层或浆肌层，常造成输卵管周围粘连，输卵管扭曲，管腔狭窄，蠕动减弱，影响受精卵运行。淋病奈瑟菌及沙眼衣原体所致的输卵管炎常累及黏膜，而流产和分娩后感染往往引起输卵管周围炎。

结节性输卵管峡部炎是一种特殊类型的输卵管炎，多由结核分枝杆菌感染生殖道引起，该病变的输卵管黏膜上皮呈憩室样向肌壁内伸展，肌壁发生结节性增生，使输卵管近端肌层肥厚，影响其蠕动功能，导致受精卵运行受阻，容易发生输卵管妊娠。

2. 输卵管妊娠史或手术史　曾有输卵管妊娠史，不管是经过保守治疗后自然吸收，还是接受输卵管保守性手术，再次异位妊娠的概率达10%。输卵管绝育史及手术史者，输卵管妊娠的发生率为10%～20%。尤其是腹腔镜下电凝输卵管及硅胶环套术绝育，可因输卵管瘘或再通而导致输卵管妊娠。曾因不孕接受输卵管粘连分离术、输卵管成形术（输卵管吻合术或输卵管造口术）者，再次输卵管妊娠的可能性亦增加。

3. 输卵管发育不良或功能异常　输卵管过长、肌层发育差、黏膜纤毛缺乏、双输卵管、输卵管憩室或有输卵管副伞等，均可造成输卵管妊娠。输卵管功能（包括蠕动、纤毛活动以及上皮细胞分泌）受雌、孕激素调节。若调节失常，可影响受精卵正常运行。此外，精神因素可引起输卵管痉挛和蠕动异常，干扰受精卵运送。

4. 辅助生殖技术 近年由于辅助生殖技术的应用，使输卵管妊娠发生率增加，既往少见的异位妊娠，如卵巢妊娠、宫颈妊娠、腹腔妊娠的发生率增加。

5. 避孕失败 包括宫内节育器避孕失败、口服紧急避孕药失败，发生异位妊娠的机会较大。

6. 其他 子宫肌瘤或卵巢肿瘤压迫输卵管，影响输卵管管腔的通畅性，使受精卵运行受阻。输卵管子宫内膜异位可增加受精卵着床于输卵管的可能性。

二、病　　理

（一）输卵管的特点

输卵管管腔狭窄，管壁薄且缺乏黏膜下组织，受精卵很快穿过黏膜上皮接近或进入肌层，受精卵或胚胎往往发育不良，常发生以下结局：

1. 输卵管妊娠破裂（rupture of tubal pregnancy） 多见于妊娠6周左右输卵管峡部妊娠。受精卵着床于输卵管黏膜皱襞间，胚泡生长发育时绒毛向管壁方向侵蚀肌层及浆膜，最终穿破浆膜，形成输卵管妊娠破裂。输卵管肌层血管丰富，短期内可发生大量腹腔内出血，使患者出现休克。出血量远较输卵管妊娠流产多，腹痛剧烈，也可反复出血，在盆腔与腹腔内形成积血和血肿，孕囊可自破裂口排入盆腔。输卵管妊娠破裂绝大多数为自发性，也可发生于性交或盆腔双合诊后。

输卵管间质部妊娠（interstitial tubal pregnancy）常与宫角妊娠（cornual pregnancy）混用，但严格地讲，间质部妊娠更靠近输卵管黏膜，而宫角妊娠则位于宫腔的侧上方。间质部妊娠虽不多见，但由于输卵管间质部管腔周围肌层较厚，血运丰富，因此破裂常发生于妊娠12～16周。一旦破裂，犹如子宫破裂，症状极严重，往往在短时间内出现低血容量休克症状，后果严重。

2. 输卵管妊娠流产（tubal abortion） 多见于妊娠8～12周的输卵管壶腹部或伞端妊娠。受精卵种植在输卵管黏膜皱襞内，由于蜕膜形成不完整，发育中的胚泡常向管腔突出，最终突破包膜而出血。胚泡与管壁分离，若整个胚泡剥离落入管腔，刺激输卵管逆蠕动经伞端排出到腹腔，形成输卵管妊娠完全流产，出血量一般不多。若胚泡剥离不完整，妊娠产物部分排出到腹腔，部分尚附着于输卵管壁，形成输卵管妊娠不全流产，滋养细胞继续侵蚀输卵管壁，导致反复出血。出血的量和持续时间与残存在输卵管壁上的滋养细胞多少有关。如果伞端堵塞血液不能流入盆腔，积聚在输卵管内，形成输卵管血肿或输卵管周围血肿。如果血液不断流出并积聚在直肠子宫陷窝，造成盆腔积血和血肿，量多时甚至流入腹腔。

3. 输卵管妊娠胚胎停止发育并吸收 这种情况常在临床上被忽略，要靠检测血hCG进行诊断，但若血hCG水平很低，常被诊断为未知部位妊娠（pregnancy of unknown location，PUL），不容易跟宫内妊娠隐性流产相鉴别。

4. 陈旧性宫外孕 输卵管妊娠流产或破裂，若长期反复内出血形成的盆腔血肿不消散，血肿机化变硬并与周围组织粘连。机化性包块可存在多年，甚至钙化形成石胎。

5. 继发性腹腔妊娠 无论输卵管妊娠流产或破裂，胚胎从输卵管排入腹腔内或阔韧带内，多数死亡，偶尔也有存活者。若存活胚胎的绒毛组织附着于原位或排至腹腔后重新种植而获得营养，可继续生长发育，形成继发性腹腔妊娠。

（二）子宫的变化

输卵管妊娠和正常妊娠一样，合体滋养细胞产生hCG维持黄体生长，使甾体激素分泌增加，致使月经停止来潮，子宫增大变软，子宫内膜出现蜕膜反应。

若胚胎受损或死亡，滋养细胞活力消失，蜕膜自宫壁剥离而发生阴道流血。有时蜕膜可完整剥离，随阴道流血排出三角形蜕膜管型（decidual cast）；有时呈碎片排出。排出的组织见不到绒毛，组织学检查无滋养细胞，此时血 hCG 下降。子宫内膜形态学改变呈多样性，若胚胎死亡已久，内膜可呈增殖期改变，有时可见 Arias-Stella（A-S）反应，镜检见内膜腺体上皮细胞增生、增大，细胞边界不清，腺细胞排列成团突入腺腔，细胞极性消失，细胞核肥大、深染，细胞质有空泡。这种子宫内膜过度增生和分泌反应，可能为甾体激素过度刺激所引起；若胚胎死亡后部分深入肌层的绒毛仍存活，黄体退化迟缓，内膜仍可呈分泌反应。

三、临床表现

输卵管妊娠的临床表现与受精卵着床部位、是否流产或破裂以及出血量多少和时间长短等有关。在输卵管妊娠早期，若尚未发生流产或破裂，常无特殊的临床表现，其过程与早孕或先兆流产相似。

（一）症状

典型症状为停经、腹痛与阴道流血，即异位妊娠三联征。

1. 停经 多有 6～8 周停经史，但输卵管间质部妊娠停经时间较长。还有 20%～30% 患者无停经史，把异位妊娠的不规则阴道流血误认为月经，或由于月经过期仅数日而不认为是停经。

2. 腹痛 是输卵管妊娠患者的主要症状，占 95%。输卵管妊娠发生流产或破裂之前，由于胚胎在输卵管内逐渐增大，常表现为一侧下腹部隐痛或酸胀感。当发生输卵管妊娠流产或破裂时，突感一侧下腹部撕裂样疼痛，常伴有恶心、呕吐。若血液局限于病变区，主要表现为下腹部疼痛，当血液积聚于直肠子宫陷凹时，可出现肛门坠胀感。随着血液由下腹部流向全腹，疼痛可由下腹部向全腹扩散，血液刺激膈肌，可引起肩胛部放射性疼痛及胸部疼痛。

3. 阴道流血 占 60%～80%。胚胎死亡后，常有不规则阴道流血，色暗红或深褐，量少呈点滴状，一般不超过月经量，少数患者阴道流血量较多，类似月经。阴道流血可伴有蜕膜管型或蜕膜碎片排出，是子宫蜕膜剥离所致。阴道流血常常在病灶去除后或绒毛滋养细胞完全坏死吸收后方能停止。

4. 晕厥与休克 由于腹腔内出血及剧烈腹痛，轻者出现晕厥，严重者出现失血性休克。出血量越多越快，症状出现越迅速越严重，但与阴道流血量不成正比。

5. 腹部包块 输卵管妊娠流产或破裂时所形成的血肿时间较久者，由于血液凝固并与周围组织或器官（如子宫、输卵管、卵巢、肠管或大网膜等）发生粘连形成包块，包块较大或位置较高者，腹部可扪及。

（二）体征

1. 一般情况 当腹腔出血不多时，血压可代偿性轻度升高；当腹腔出血较多时，可出现面色苍白、脉搏快而细弱、心率增快和血压下降等休克表现。通常体温正常，休克时体温略低，腹腔内血液吸收时体温略升高，但不超过 38℃。

2. 腹部检查 下腹有明显压痛及反跳痛，尤以患侧为著，但腹肌紧张轻微。出血较多时，叩诊有移动性浊音。有些患者下腹可触及包块，若反复出血并积聚，包块可不断增大变硬。

3. 妇科检查 阴道内常有来自宫腔的少许血液。输卵管妊娠未发生流产或破裂者，除子宫略大较软外，仔细检查可触及胀大的输卵管及轻度压痛。输卵管妊娠流产或破裂者，阴道后穹隆饱满，有触痛。将宫颈轻轻上抬或向左右摆动时引起剧烈疼痛，称为宫颈举痛或摇摆痛，此为输卵管妊娠的主要体征之一，因加重对腹膜的刺激所致。内出血多时，检查子宫有漂浮感。子宫一侧或其后方可触及肿块，其大小、形状、质地常有变化，边界多不清楚，触痛明显。病变持续较久时，肿块机化变硬，边界亦渐清楚。输卵管间质部妊娠时，子宫大小与停经月份基本符合，但子宫不对称，一侧角部突出，破裂所致的征象与子宫破裂极相似。

四、诊　　断

输卵管妊娠未发生流产或破裂时，临床表现不明显，诊断较困难，需采用辅助检查方能确诊。由于血 hCG 检测和经阴道超声检查的应用，很多异位妊娠在发生流产或破裂前得到及早的诊断。

输卵管妊娠流产或破裂后，诊断多无困难。若有困难应严密观察病情变化，若阴道流血淋漓不断，腹痛加剧，盆腔包块增大以及血红蛋白呈下降趋势，有助于确诊。必要时可采用超声检查、hCG 测定协助诊断。

五、鉴别诊断

输卵管妊娠应与流产、急性输卵管炎、急性阑尾炎、黄体破裂及卵巢囊肿蒂扭转鉴别。

六、治　　疗

异位妊娠的治疗包括手术治疗、药物治疗和期待治疗。

1. 手术治疗　根据是否保留患侧输卵管分为保守手术和根治手术。手术治疗适用于：生命体征不稳定或有腹腔内出血征象者；异位妊娠有进展者（如血 hCG＞3000U/L 或持续升高、有胎心搏动、附件区大包块等）；随诊不可靠者；药物治疗禁忌证或无效者；持续性异位妊娠者。

（1）保守手术：适用于有生育要求的年轻妇女，特别是对侧输卵管已切除或有明显病变者。近年异位妊娠早期诊断率明显提高，输卵管妊娠在流产或破裂前确诊者增多，采用保守手术明显增多。根据受精卵着床部位及输卵管病变情况选择术式，若为伞部妊娠可行挤压将妊娠产物挤出；壶腹部妊娠行输卵管切开术，取出胚胎再缝合；峡部妊娠行病变节段切除及断端吻合。输卵管妊娠行保守手术后，残余滋养细胞有可能继续生长，再次发生出血，引起腹痛等，称为持续性异位妊娠（persistent ectopic pregnancy），发生率为 3.9%～11.0%。术后应密切监测血 hCG 水平，每周复查一次，直至正常水平。若术后血 hCG 不降或升高、术后 1 天血 hCG 未下降至术前的 50% 以下、术后 12 天未下降至术前的 10% 以下，均可诊断为持续性异位妊娠，可给予甲氨蝶呤治疗，必要时需再手术。发生持续性异位妊娠的有关因素包括：术前 hCG 水平过高、上升速度过快或输卵管肿块过大等。

（2）根治手术：适用于无生育要求的输卵管妊娠、内出血并发休克的急症患者；目前的循证依据支持对侧输卵管正常者行患侧输卵管切除术更合适。重症患者应在积极纠正休克同时，手术切除输卵管，并酌情处理对侧输卵管。

输卵管间质部妊娠，应争取在破裂前手术，避免可能威胁生命的大量出血。手术应作子宫角部楔形切除及患侧输卵管切除，必要时切除子宫。

输卵管妊娠手术通常在腹腔镜下完成，除非生命体征不稳定，需要快速开腹止血并完成手术。腹腔镜手术具有住院日更短、术后康复更快等优点。

2. 药物治疗 采用化学药物治疗，主要适用于病情稳定的输卵管妊娠患者及保守性手术后发生持续性异位妊娠者。化疗必须用于异位妊娠确诊和排除了宫内妊娠的患者。符合下列条件可采用此法：无药物治疗禁忌证；输卵管妊娠未发生破裂；妊娠囊直径＜4cm；血hCG＜2000U/L；无明显内出血。主要的禁忌证为：生命体征不稳定；异位妊娠破裂；妊娠囊直径≥4cm或直径≥3.5cm伴胎心搏动；药物过敏、慢性肝病、血液系统疾病、活动性肺部疾病、免疫缺陷、消化性溃疡等。化疗主要采用全身用药，亦可采用局部用药。全身用药常用甲氨蝶呤（MTX），治疗机制是抑制滋养细胞增生，破坏绒毛，使胚胎组织坏死、脱落、吸收。治疗方案很多，常用剂量为0.4mg/（kg·d），肌内注射，5天为一疗程；若单次剂量肌内注射常用50mg/m^2，在治疗第4天和第7天测血hCG，若治疗后4～7天血hCG下降＜15%，应重复治疗，然后每周测血hCG，直至hCG降至5U/L，一般需3～4周。应用化学药物治疗，未必每例均获成功，故应在MTX治疗期间，应用超声检查和血hCG进行严密监护，并注意患者的病情变化及药物毒副反应。若用药后14天血hCG下降并连续3次阴性，腹痛缓解或消失，阴道流血减少或停止者为显效。若病情无改善，甚至发生急性腹痛或输卵管破裂症状，则应立即进行手术治疗。局部用药可采用在超声引导下穿刺或在腹腔镜下将甲氨蝶呤直接注入输卵管的妊娠囊内。

3. 期待治疗 适用于病情稳定、血清hCG水平较低（＜1500U/L）且呈下降趋势。期待治疗必须向患者说明病情及征得同意。

第二节 前置胎盘

妊娠28周以后，胎盘位置低于胎先露部，附着在子宫下段、下缘达到或覆盖宫颈内口称为前置胎盘（placenta praevia）。为妊娠晚期阴道流血最常见的原因，也是妊娠期严重并发症之一。国外发病率为0.3%～0.5%，国内报道为0.24%～1.57%。

一、病因

高危因素包括多次流产史、宫腔操作史、产褥感染史、高龄、剖宫产史、多孕产次、孕妇不良生活习惯（吸烟或吸毒妇女）、双胎妊娠、辅助生殖技术受孕、子宫形态异常、妊娠28周前超声检查提示胎盘前置状态等。可能与下述因素有关：

1. 胎盘异常 形态和胎盘大小异常。胎盘位置正常而副胎盘位于子宫下段接近宫颈内口；胎盘面积过大和膜状胎盘大而薄延伸至子宫下段；双胎较单胎妊娠前置胎盘的发生率高1倍。

2. 子宫内膜病变或损伤 剖宫产、子宫手术史、多次流产刮宫史、产褥感染、盆腔炎等可引起子宫内膜炎或萎缩性病变。受精卵植入受损的子宫内膜，子宫蜕膜血管形成不良造成胎盘血供不足，为了摄取足够营养胎盘延伸到子宫下段以增大面积。前次剖宫产手术瘢痕妨碍胎盘于妊娠晚期随着子宫峡部的伸展而上移等。

3. 受精卵滋养层发育迟缓 滋养层尚未发育到可以着床的阶段时，受精卵已达子宫腔，继续下移，着床于子宫下段进而发育成前置胎盘。

4. 辅助生殖技术 使用的促排卵药物，改变了体内性激素水平，由于受精卵的体外培养和人工植入，造成子宫内膜与胚胎发育不同步，人工植入时可诱发宫缩，导致其着床于子宫下段。

二、分　类

按胎盘下缘与宫颈内口的关系，将前置胎盘分为 4 类：完全性前置胎盘、部分性前置胎盘、边缘性前置胎盘、低置胎盘。

1. 完全性前置胎盘（complete placenta praevia） 又称中央性前置胎盘（central placenta praevia），胎盘组织完全覆盖宫颈内口。

2. 部分性前置胎盘（partial placenta praevia） 胎盘组织覆盖部分宫颈内口。

3. 边缘性前置胎盘（marginal placenta praevia） 胎盘附着于子宫下段，下缘达到宫颈内口，但未超越宫颈内口。

4. 低置胎盘（low-lying placenta） 胎盘附着于子宫下段，边缘距宫颈内口＜2cm。

由于子宫下段的形成、宫颈管消失、宫口扩张等因素，胎盘边缘与宫颈内口的关系常随孕周的不同时期而改变。目前临床上以处理前最后一次检查结果来确定其分类。

既往有剖宫产史或子宫肌瘤剔除术史，此次妊娠为前置胎盘，胎盘附着于原手术瘢痕部位者，发生胎盘粘连、植入和致命性大出血的风险高，称之为凶险性前置胎盘（pernicious placenta praevia）。

三、临床表现

1. 症状 典型症状为妊娠晚期或临产后发生无诱因、无痛性反复阴道流血。妊娠晚期子宫峡部拉长形成子宫下段，牵拉宫颈内口，宫颈管逐渐缩短；临产后规律宫缩使宫颈管消失成为软产道一部分。宫颈口扩张时，附着于子宫下段及宫颈内口的胎盘前置部分伸展性能力差与其附着处发生错位分离，血窦破裂出血。前置胎盘出血前一般无明显诱因，初次出血量较少，血液凝固出血可停止；但不排除有初次即发生致命性大出血而导致休克的可能性。由于子宫下段不断伸展，前置胎盘出血常频繁出现，出血量也增多。阴道流血发生时间、出血量多少以及反复发生次数与前置胎盘类型有关。

2. 体征 一般情况与出血量、出血速度密切相关，大量出血呈现面色苍白、脉搏细弱、四肢湿冷、血压下降等休克表现。反复出血表现为贫血貌。腹部检查：子宫软，无压痛，轮廓清楚，大小与孕周相符。由于胎盘占据子宫下段，影响胎先露部衔接入盆，故胎先露高浮，1/3 合并有胎位异常。反复出血或一次出血量过多可使胎儿宫内缺氧，胎心有异常甚至消失，严重者胎死宫内。当前置胎盘附着于子宫前壁时，可在耻骨联合上方闻及胎盘血流杂音。

四、诊　断

超声诊断前置胎盘需注意孕周，胎盘覆盖宫腔的面积在妊娠中期约为 1/2、至妊娠晚期为 1/3 或 1/4，子宫下段的形成增加了宫颈内口与胎盘边缘之间的距离，原附着在子宫下段的胎盘可随宫体上移而改变为正常位置胎盘。目前许多学者认为，对于妊娠中期超声检查发现胎盘前置者，不宜诊断为前置胎盘，而应称为胎盘前置状态。

1. 高危因素 既往有多次流产史、宫腔操作史、产褥感染史、高龄、剖宫产史、多孕产次等。

2. 临床表现

（1）症状：典型症状是妊娠晚期或临产时，发生无诱因、无痛性反复阴道流血。患者一般情况与出血量有关，大量出血呈现面色苍白、脉搏增快微弱、血压下降等休克表现。

（2）腹部检查：子宫软，轮廓清楚，无压痛，子宫大小与孕周相符。胎位清楚，胎先露高浮或伴有胎位异常。

（3）阴道检查：应采用超声检查确定胎盘位置，若前置胎盘诊断明确，无须再行阴道检查。若必须通过阴道检查明确诊断或选择分娩方式时，可在输液、输血及做好紧急剖宫产的手术条件下进行。禁止肛查。

3. 影像学检查

（1）超声检查：可清楚显示子宫壁、胎盘、胎先露部及宫颈的位置，有助于确定前置胎盘类型。阴道超声检查能更准确地确定胎盘边缘和宫颈内口的关系，准确性明显高于腹部超声检查，故对怀疑胎盘位置异常的患者均推荐阴道超声检查。

（2）磁共振检查：怀疑合并胎盘植入者，有条件的医院可选择磁共振检查，以了解胎盘植入子宫肌层的深度，是否侵及膀胱等，对凶险性前置胎盘的诊断更有帮助。

五、鉴别诊断

前置胎盘应与胎盘早剥、胎盘边缘血窦破裂、脐带帆状附着、前置血管破裂、宫颈病变等产前出血相鉴别。结合病史、临床表现及辅助检查，一般不难鉴别。

六、处　　理

治疗原则是抑制宫缩、纠正贫血、预防感染和适时终止妊娠。根据阴道流血量、孕周、产次、胎位、有无休克、是否临产、胎儿是否存活及前置胎盘类型等综合做出判断。临床处理前以最后一次检查结果来确定其分类。凶险性前置胎盘应当在有救治条件的医院治疗。

（一）期待疗法

目的是在保障母儿安全的前提下，尽量延长妊娠时间，提高胎儿存活性。适用于妊娠＜36 周、胎儿存活、一般情况良好、阴道流血量少、无须紧急分娩的孕妇。建议在有母儿抢救能力的医疗机构进行治疗，一旦有阴道流血，强调住院治疗的必要性，且加强对母儿状况的监测及治疗。

1. 一般处理　阴道流血期间减少活动量，注意休息，禁止肛门检查和不必要的阴道检查。密切观察阴道流血，监护胎儿宫内状况；维持正常血容量，必要时输血。常规备血，做好急诊手术的准备。

2. 纠正贫血　目标使血红蛋白≥110g/L 及以上，血细胞比容＞0.30，以增加母体储备。

3. 止血　对于有早产风险的患者，可酌情给予宫缩抑制剂，防止因宫缩引起的进一步出血。

4. 糖皮质激素　孕 35 周前有早产风险时，应促胎肺成熟。

（二）终止妊娠

1. 指征

（1）出血量大甚至休克：为挽救孕妇生命，无须考虑胎儿情况，应立即终止妊娠。

（2）出现胎儿窘迫等产科指征时：胎儿已可存活，可行急诊手术。

（3）临产后诊断的前置胎盘：出血量较多，估计短时间内不能分娩者，也应终止妊娠。

（4）无临床症状的前置胎盘根据类型决定分娩时机：①合并胎盘植入者可妊娠 36 周及以上择期终止妊娠；②完全性前置胎盘可于妊娠37周及以上择期终止妊娠；③边缘性前置胎盘可于 38 周及以上择期终止妊娠；④部分性前置胎盘应根据胎盘遮盖宫颈内口情况适时终止妊娠。

2. 手术管理 手术应当由技术娴熟的医师实施，做好分级手术的管理。术前积极纠正贫血、预防感染、出血及备血，做好处理产后出血和抢救新生儿的准备。参考产前超声检查及手术探查定位胎盘，子宫切口应尽量避开胎盘。胎儿娩出后，立即子宫肌壁注射缩宫素，出血仍多时，可选用前列腺素类或麦角新碱药物。局部缝合开放血窦、单用或联合使用子宫压迫缝合术、宫腔纱条填塞术、子宫动脉或髂内动脉结扎术、子宫动脉栓塞术等多种方法止血。若各项措施均无效，则与患者及家属充分沟通病情后实施子宫切除术。

在剖宫产术中发现子宫下段有局限性怒张血管，前置胎盘着床在前次剖宫产切口处，则应高度怀疑胎盘植入。应做好各种抢救产妇和新生儿的准备。同时以中心静脉压监测血容量，积极抢救出血与休克，预防感染，注意纠正心肺衰竭、肾衰竭等多器官功能衰竭。

3. 阴道分娩 仅适用于边缘性前置胎盘、低置胎盘、枕先露、阴道流血少，估计在短时间内能结束分娩者，在有条件的机构，备足血源的前提下，可在严密监测下行阴道试产。

七、预　　防

采取积极有效的避孕措施，减少子宫内膜损伤和子宫内膜炎的发生；避免多产、多次刮宫或引产以及剖宫产，预防感染，宣传妊娠期保健知识，养成良好的生活，计划妊娠妇女应戒烟、戒毒，避免被动吸烟；加强妊娠期管理，按时产前检查及正确的妊娠期指导，发生妊娠期反复发作无痛性阴道流血，及时到医院就诊，早期确诊前置胎盘并做出正确处理。

第三节　胎盘早剥

胎盘早剥（placental abruption）指妊娠 20 周后正常位置的胎盘在胎儿娩出前，部分或全部从子宫壁剥离，发病率约为 1%。属于妊娠晚期严重并发症，疾病发展迅猛，若处理不及时可危及母儿生命。

一、病　　因

确切发病机制不清，考虑与下列因素有关。

1. 血管病变 妊娠期高血压疾病尤其是重度子痫前期、慢性高血压、慢性肾脏疾病或全身病变的孕妇，底蜕膜螺旋小动脉痉挛或硬化，引起远端毛细血管变性坏死甚至破裂出血，血液在底蜕膜与胎盘之间形成血肿，致使胎盘与子宫壁分离。此外，妊娠中、晚期或临产后，妊娠子宫压迫下腔静脉，回心血量减少，血压下降，子宫静脉淤血，静脉压突然升高，蜕膜静脉床淤血或破裂，形成胎盘后血肿，导致胎盘与子宫壁部分或全部剥离。

2. 机械性因素 外伤尤其是腹部钝性创伤会导致子宫突然拉伸或收缩而诱发胎盘早剥。一般发生于外伤后 24h 之内。

3. 宫腔内压力骤减 未足月胎膜早破；双胎妊娠分娩时，第一胎儿娩出过快；羊水过多时，人工破膜后羊水流出过快，宫腔内压力骤减，子宫骤然收缩，胎盘与子宫壁发生错位而剥离。

4. 其他因素 高龄多产、有胎盘早剥史的孕妇再发胎盘早剥的风险明显增高。此外，其他一些因素还包括吸烟、吸毒、绒毛膜羊膜炎、接受辅助生殖技术助孕、有血栓形成倾向等。

二、病理及病理生理变化

主要为底蜕膜出血、形成血肿，使该处胎盘自子宫壁剥离。如剥离面积小，血液易凝固而出血停止，临床可无症状或症状轻微。如继续出血，胎盘剥离面也随之扩大，形成较大胎盘后血肿，血液可冲开胎盘边缘及胎膜经宫颈管流出，称为显性剥离。如胎盘边缘或胎膜与子宫壁未剥离，或胎头进入骨盆入口压迫胎盘下缘，使血液积聚于胎盘与子宫壁之间而不能外流，故无阴道流血表现，称为隐性剥离。

当隐性剥离内出血急剧增多时，胎盘后血液积聚于胎盘与子宫壁之间，压力不断增加，血液浸入子宫肌层，引起肌纤维分离、断裂乃至变性。血液浸入浆膜层时，子宫表面呈现紫蓝色瘀斑，以胎盘附着处明显，称为子宫胎盘卒中（uteroplacental apoplexy），又称为库弗莱尔子宫（Couvelaire uterus）。血液还可渗入卵巢表面上皮下、输卵管系膜、阔韧带内。大量组织凝血活酶从剥离处的胎盘绒毛和蜕膜中释放进入母体血液循环，激活凝血系统并影响血供，导致多器官功能障碍。随着促凝物质不断入血，激活纤维蛋白溶解系统，产生大量的纤维蛋白原降解产物（FDP），引起继发性纤溶亢进。大量凝血因子消耗，最终导致凝血功能障碍。

三、临床表现及分级

典型临床表现是阴道流血、腹痛，可伴有子宫张力增高和子宫压痛，尤以胎盘剥离处最明显。阴道流血特征为陈旧不凝血，但出血量往往与疼痛程度、胎盘剥离程度不一定符合，尤其是后壁胎盘的隐性剥离。早期表现通常以胎心率异常为首发变化，宫缩间歇期子宫呈高张状态，胎位触诊不清。严重时子宫呈板状，压痛明显，胎心率改变或消失，甚至出现恶心、呕吐、出汗、面色苍白、脉搏细弱、血压下降等休克征象。

在临床上推荐按照胎盘早剥的 Page 分级标准评估病情的严重程度（表 16-1）。

表 16-1　胎盘早剥的 Page 分级标准

分级	标准
0 级	分娩后回顾性产后诊断
Ⅰ级	外出血，子宫软，无胎儿窘迫
Ⅱ级	胎儿宫内窘迫或胎死宫内
Ⅲ级	产妇出现休克症状，伴或不伴弥散性血管内凝血

出现胎儿宫内死亡的患者胎盘剥离面积常超过 50%；接近 30% 的胎盘早剥会出现凝血功能障碍。

四、辅助检查

1. 超声检查　可协助了解胎盘的部位及胎盘早剥的类型，并可明确胎儿大小及存活情况。典型的声像图显示胎盘与子宫壁之间出现边缘不清楚的液性低回声区即为胎盘后血肿，胎盘异常增厚或胎盘边缘“圆形”裂开。需要注意的是，超声检查阴性结果不能完全排除胎盘早剥，尤其是胎盘附着在子宫后壁时。

2. 电子胎心监护　协助判断胎儿的宫内状况，电子胎心监护可出现胎心基线变异消失、变异减速、晚期减速、正弦波形及胎心率缓慢等。

3. 实验室检查　包括全血细胞计数、血小板计数、凝血功能、肝肾功能及血电解质检查等。Ⅲ级患者应检测肾功和血气分析，DIC 筛选试验结果可疑者进一步做纤溶确诊试验（包括凝血酶时间、优球蛋白溶解时间和血浆鱼精蛋白副凝试验）。血纤维蛋白原＜2.5g/L 为异常，如果＜1.5g/L对凝血功能障碍有诊断意义。情况紧急时，可抽取肘静脉血2ml放入干燥试管中，7min后若无血块形成或形成易碎的软凝血块，提示凝血功能障碍。

五、诊断与鉴别诊断

依据病史、症状、体征，结合实验室检查及超声检查等结果，不难做出临床诊断。怀疑有胎盘早剥时，应当在腹部体表画出子宫底高度，以便观察。0级和Ⅰ级临床表现不典型，通过超声检查辅助诊断，并需要与前置胎盘相鉴别。应密切关注症状以及凝血功能的变化。Ⅱ级及Ⅲ级胎盘早剥症状与体征比较典型，诊断较容易，主要与先兆子宫破裂相鉴别。

六、治　　疗

胎盘早剥严重危及母儿生命，母儿的预后取决于处理是否及时与恰当。治疗原则为早期识别、积极处理休克、及时终止妊娠、控制DIC、减少并发症。

1. 纠正休克　监测产妇生命体征，积极输血、迅速补充血容量及凝血因子，维持全身血液循环系统稳定。依据血红蛋白量决定输注血制品类型，包括红细胞、血浆、血小板、冷沉淀等。有DIC表现者尽早纠正其凝血功能障碍。应使血细胞比容超过0.30，血红蛋白维持在100g/L，尿量＞30ml/h。

2. 监测胎儿宫内情况　连续监测胎心以判断胎儿宫内情况。对于有外伤史的产妇，疑有胎盘早剥时，应连续胎心监护，以早期发现胎盘早剥。

3. 及时终止妊娠　一旦确诊Ⅱ、Ⅲ级胎盘早剥应及时终止妊娠。根据孕妇病情轻重、胎宫内状况、产程进展、胎产式等，决定终止妊娠的方式。

（1）阴道分娩：适用于0～Ⅰ级患者，一般情况良好，病情较轻，以外出血为主，宫口已扩张，估计短时间内可结束分娩。人工破膜使羊水缓慢流出，缩小子宫容积，腹部包裹腹带压迫胎盘使其不再继续剥离，必要时滴注缩宫素缩短第二产程。产程中应密切观察心率、血压、宫底高度、阴道出血量以及胎儿宫内状况，发现异常征象，应行剖宫产术。

对20～34^{+6}周合并Ⅰ级胎盘早剥的产妇，尽可能保守治疗延长孕周，孕35周前应用糖皮质激素促进胎肺成熟。注意密切监测胎盘早剥情况，一旦出现明显阴道流血、子宫张力高、凝血功能障碍及胎儿窘迫时应立即终止妊娠。

（2）剖宫产术：Ⅰ级胎盘早剥，出现胎儿窘迫征象者；Ⅱ级胎盘早剥，不能在短时间内结束分娩者；Ⅲ级胎盘早剥，产妇病情恶化，胎儿已死，不能立即分娩者；破膜后产程无进展者；产妇病情急剧加重危及生命时，不论胎儿是否存活，均应立即行剖宫产。剖宫产取出胎儿与胎盘后，立即注射宫缩剂，人工剥离胎盘的同时应促进子宫收缩。发现有子宫胎盘卒中时，可边按摩子宫，边用热盐水纱垫温热敷子宫，多数子宫收缩较佳，出血量减少。若发生DIC以及难以控制的大量出血，应快速输血、凝血因子，并行子宫切除术。

4. 并发症的处理

（1）产后出血：胎儿娩出后应立即给予子宫收缩药物，如缩宫素、前列腺素制剂、麦角新碱等；胎儿娩出后，促进胎盘剥离。注意预防DIC的发生。若有不能控制的子宫出血或血不凝、凝血块较软，应按凝血功能障碍处理。另可采用子宫压迫止血、动脉结扎、动脉栓塞、子宫切除等手段控制出血。

（2）凝血功能障碍：迅速终止妊娠、阻断促凝物质继续进入孕妇血液循环，同时纠正凝血功能障碍。补充血容量和凝血因子，及时、足量输入同等比例的红细胞悬液、血浆和血小板。

也可酌情输入冷沉淀，补充纤维蛋白原。

（3）肾衰竭：若患者尿量＜30ml/h 或无尿（＜100ml/24h），提示血容量不足，应及时补充血容量；若尿量＜17ml/h，在血容量已补足基础上可给予呋塞米 20～40mg 静脉推注，必要时重复用药。注意维持电解质及酸碱平衡。经过上述处理后，短期内尿量不增且血清尿素氮、肌酐、血钾进行性升高，二氧化碳结合力下降，提示肾衰竭可能性大。出现尿毒症时，应及时行血液透析治疗。

七、预　　防

健全孕产妇三级保健制度，对妊娠期高血压疾病、慢性高血压、肾脏疾病孕妇，应加强妊娠期管理并积极治疗；指导产妇养成良好的生活习惯；预防宫内感染；避免腹部外伤；对高危患者不主张行外倒转术；行外倒转术纠正胎位时，动作应轻柔；羊膜腔穿刺应在超声引导下进行，以免误穿胎盘等。妊娠晚期或分娩期，应鼓励孕妇做适量的活动，避免长时间仰卧；应在宫缩间歇期进行人工破膜，减缓羊水流出的速度。

第四节　子宫肌瘤

子宫肌瘤（uterine myoma，fibroid）是女性生殖器最常见的良性肿瘤，由平滑肌及结缔组织组成。常见于 30～50 岁妇女，20 岁以下少见。据尸检统计，30 岁以上妇女约 20% 有子宫肌瘤。因肌瘤多无症状或很少有症状，临床报道发病率远低于肌瘤真实发病率。

一、发病相关因素

确切病因尚未明了。因肌瘤好发于生育期，青春期前少见，绝经后萎缩或消退，提示其发生可能与女性激素相关。生物化学检测证实肌瘤中雌二醇的雌酮转化明显低于正常肌组织；肌瘤中雌激素受体浓度明显高于周边肌组织，故认为肌瘤组织局部对雌激素的高敏感性是肌瘤发生的重要因素之一。此外，研究还证实孕激素有促进肌瘤有丝分裂、刺激肌瘤生长的作用。细胞遗传学研究显示 25%～50% 子宫肌瘤存在细胞遗传学的异常，包括 12 号和 14 号染色体长臂片段相互换位、12 号染色体长臂重排、7 号染色体长臂部分缺失等。分子生物学研究提示子宫肌瘤是由单克隆平滑肌细胞增殖而成，多发性子宫肌瘤是由不同克隆平滑肌细胞增殖形成。

二、分　　类

1. 按肌瘤生长部位分类　分为宫体肌瘤（约 90%）和宫颈肌瘤（约 10%）。

2. 按肌瘤与子宫肌壁的关系分类　分为 3 类。

（1）肌壁间肌瘤（intramural myoma）：占 60%～70%，肌瘤位于子宫肌壁间，周围均被肌层包围。

（2）浆膜下肌瘤（subserous myoma）：约占 20%，肌瘤向子宫浆膜面生长，并突出于子宫表面，肌瘤表面仅由子宫浆膜覆盖。若瘤体继续向浆膜面生长，仅有一蒂与子宫相连，称为带蒂浆膜下肌瘤，营养由蒂部血管供应。若血供不足肌瘤可变性坏死。若蒂扭转断裂，肌瘤脱落形成游离性肌瘤。若肌瘤位于子宫体侧壁向宫旁生长突出于阔韧带两叶之间，称为阔韧带肌瘤。

（3）黏膜下肌瘤（submucous myoma）：占 10%～15%。肌瘤向宫腔方向生长，突出于宫腔，表面仅为子宫内膜覆盖。黏膜下肌瘤易形成蒂，在宫腔内生长犹如异物，常引起子宫收缩，肌瘤可被挤出宫颈外口而突入阴道。

子宫肌瘤常为多个，各种类型的肌瘤可发生在同一子宫，称为多发性子宫肌瘤。

三、病　理

1. 巨检　肌瘤为实质性球形包块，表面光滑，质地较子宫肌层硬，压迫周围肌壁纤维形成假包膜，肌瘤与假包膜间有一层疏松网状间隙，故易剥出。肌瘤长大或多个相融合时，呈不规则形状。切面呈灰白色，可见漩涡状或编织状结构。颜色和硬度与纤维结缔组织多少有关。

2. 镜检　主要由梭形平滑肌细胞和不等量纤维结缔组织构成。肌细胞大小均匀，排列成漩涡状或棚状，核为杆状。极少情况下尚有一些特殊的组织学类型，如富细胞性、奇异型、核分裂活跃、上皮样平滑肌瘤及静脉内和播散性腹膜平滑肌瘤等，这些特殊类型平滑肌瘤的性质及恶性潜能尚有待确定。

四、临床表现

1. 症状　多无明显症状，仅在体检时发现。症状与肌瘤部位、大小和有无变性相关，而与肌瘤数目关系不大。常见症状有：

（1）经量增多及经期延长：是子宫肌瘤最常见的症状。多见于大的肌壁间肌瘤及黏膜下肌瘤，肌瘤使宫腔增大，子宫内膜面积增加并影响子宫收缩，此外肌瘤可能使肿瘤附近的静脉受挤压，导致子宫内膜静脉丛充血与扩张，从而引起经量增多、经期延长。黏膜下肌瘤伴有坏死感染时，可有不规则阴道流血或血样脓性排液。长期经量增多可继发贫血，出现乏力、心悸等症状。

（2）下腹包块：肌瘤较小时在腹部摸不到肿块，当肌瘤逐渐增大使子宫超过妊娠 3 个月大时，可从腹部触及。较大的黏膜下肌瘤可脱出于阴道外，患者可因外阴脱出肿物就诊。

（3）白带增多：肌壁间肌瘤使宫腔面积增大，内膜腺体分泌增多，致使白带增多；子宫黏膜下肌瘤一旦感染，可有大量脓样白带。若有溃烂、坏死、出血时，可有血性或脓血性、伴有恶臭的阴道流液。

（4）压迫症状：子宫前壁下段肌瘤可压迫膀胱引起尿频；宫颈肌瘤可引起排尿困难、尿潴留；子宫后壁肌瘤可引起便秘等症状。阔韧带肌瘤或宫颈巨大肌瘤向侧方发展，嵌入盆腔内压迫输尿管使上泌尿道受阻，造成输尿管扩张甚至肾盂积水。

（5）其他：包括下腹坠胀、腰酸背痛。肌瘤红色样变时有急性下腹痛，伴呕吐、发热及肿瘤局部压痛；浆膜下肌瘤蒂扭转可有急性腹痛；子宫黏膜下肌瘤由宫腔向外排出时也可引起腹痛。黏膜下肌瘤和引起宫腔变形的肌壁间肌瘤可引起不孕或流产。

2. 体征　与肌瘤大小、位置、数目及有无变性相关。较大肌瘤可在下腹部扪及实质性肿块。妇科检查扪及子宫增大，表面不规则单个或多个结节状突起。浆膜下肌瘤可扪及单个实质性球状肿块与子宫有蒂相连。黏膜下肌瘤位于宫腔内者子宫均匀增大，脱出于宫颈外口者，阴道窥器检查即可看到宫颈口处有肿物，粉红色，表面光滑，宫颈外口边缘清楚。若伴感染时可有坏死、出血及脓性分泌物。

五、诊断及鉴别诊断

根据病史、体征和超声检查，诊断多无困难。超声检查能区分子宫肌瘤与其他盆腔肿块。磁共振检查可准确判断肌瘤大小、数目和位置。若有需要，还可选择宫腔镜、腹腔镜、子宫输卵管造影等协助诊断。子宫肌瘤应与下列疾病鉴别：

1. 妊娠子宫 肌瘤囊性变时质地较软，应注意与妊娠子宫相鉴别。妊娠者有停经史及早孕反应，子宫随停经月份增大变软，借助尿或血 hCG 测定、超声检查可确诊。

2. 卵巢肿瘤 多无月经改变，肿块多呈囊性，位于子宫一侧。注意实质性卵巢肿瘤与带蒂浆膜下肌瘤鉴别，肌瘤囊性变与卵巢囊肿鉴别。注意肿块与子宫的关系，可借助超声检查协助诊断，必要时腹腔镜检查可明确诊断。

3. 子宫腺肌病 可有子宫增大、月经增多等。局限型子宫腺肌病类似子宫肌壁间肌瘤，质硬。但子宫腺肌病继发性痛经明显，子宫多呈均匀增大，较少超过 3 个月妊娠子宫大小。超声检查及外周血 CA125 检测有助于诊断。但有时两者可以并存。

4. 子宫恶性肿瘤

（1）子宫肉瘤：好发于老年妇女，生长迅速，多有腹痛、腹部包块及不规则阴道流血，超声及磁共振检查有助于鉴别，但通常术前较难明确诊断。

（2）子宫内膜癌：以绝经后阴道流血为主要症状，好发于老年女性，子宫呈均匀增大或正常。注意围绝经期妇女肌瘤可合并子宫内膜癌。诊刮或宫腔镜检查有助于鉴别。

（3）子宫颈癌：有不规则阴道流血及白带增多或不正常阴道排液等症状，外生型较易鉴别，内生型宫颈癌应与宫颈黏膜下肌瘤鉴别。可借助于超声检查、宫颈脱落细胞学检查、HPV 检测、宫颈活检、宫颈管搔刮等鉴别。

5. 其他 卵巢子宫内膜异位囊肿、盆腔炎性包块、子宫畸形等，可根据病史、体征及超声等影像学检查鉴别。

六、治　　疗

治疗应根据患者年龄、症状和生育要求，以及肌瘤的类型、大小、数目全面考虑。

1. 观察 无症状肌瘤一般不须治疗，特别是近绝经期妇女。绝经后肌瘤多可萎缩和症状消失。每 3～6 个月随访一次，若出现症状可考虑进一步治疗。

2. 药物治疗 适用于症状轻、近绝经年龄或全身情况不宜手术者。

（1）促性腺激素释放激素类似物（gonadotropin-releasing hormone agonist，GnRH-a）：采用大剂量连续或长期非脉冲式给药，可抑制 FSH 和 LH 分泌，降低雌激素至绝经后水平，以缓解症状并抑制肌瘤生长使其萎缩，但停药后又逐渐增大。用药后可引起绝经综合征，长期使用可引起骨质疏松等副作用，故不推荐长期用药。应用指征：缩小肌瘤以利于妊娠；术前用药控制症状、纠正贫血；术前用药缩小肌瘤，降低手术难度，或使经阴或腹腔镜手术成为可能；对近绝经妇女，提前过渡到自然绝经，避免手术。一般应用长效制剂，每月 1 次。

（2）其他药物：米非司酮（mifepristone），每日 10mg 或 12.5mg 口服，可作为术前用药或提前绝经使用。但不宜长期使用，因其拮抗孕激素后，子宫内膜长期受雌激素刺激，增加子宫内膜病变的风险。

3. 手术治疗 手术适应证：因肌瘤导致月经过多，致继发贫血；严重腹痛、性交痛或慢性腹痛、有蒂肌瘤扭转引起的急性腹痛；肌瘤体积大压迫膀胱、直肠等引起相应症状；因肌瘤造成不孕或反复流产；疑有肉瘤变。

手术方式：

（1）子宫肌瘤切除术（myomectomy）：适用于希望保留生育功能的患者，包括肌瘤经腹剔除、黏膜下肌瘤和突向宫腔的肌壁间肌瘤宫腔镜下切除及突入阴道的黏膜下肌瘤阴道内摘除。术后有残留或复发可能。

（2）子宫切除术（hysterectomy）：不要求保留生育功能或疑有恶变者，可行子宫切除术，包括全子宫切除和次全子宫切除。术前应行宫颈细胞学检查，排除子宫颈鳞状上皮内病变或子宫颈癌。发生于围绝经期的子宫肌瘤要注意排除合并子宫内膜癌。

手术可经腹、经阴道或经宫腔镜及腹腔镜进行。若选择腹腔镜手术行肌瘤剔除或子宫次全切除，需要使用粉碎器取出切除的肌瘤或子宫体（目前指南不推荐），因此，术前应尽可能排除子宫肉瘤或合并子宫内膜癌，并向患者及家属说明其风险。

4. 其他治疗　为非主流治疗方法，主要适用于不能耐受或不愿手术者。

（1）子宫动脉栓塞术（uterine artery embolization，UAE）：通过阻断子宫动脉及其分支，减少肌瘤的血供，从而延缓肌瘤的生长，缓解症状。但该方法可能引起卵巢功能减退并增加潜在的妊娠并发症的风险，对有生育要求的妇女一般不建议使用。

（2）高能聚焦超声（high-intensity focused ultrasound，HIFU）：通过物理能量使肌瘤组织坏死，逐渐吸收或瘢痕化，但存在肌瘤残留、复发，并需要除外恶性病。类似治疗方法还有微波消融等。

（3）子宫内膜切除术（transcervical resection of endometrium）：经宫腔镜切除子宫内膜以减少月经量或造成闭经。

七、子宫肌瘤合并妊娠

肌瘤合并妊娠占肌瘤患者0.5%～1%，占妊娠0. 3%～0.5%，肌瘤小且无症状者常被忽略，实际发病率高于报道。

肌瘤对妊娠及分娩的影响与肌瘤类型及大小有关。黏膜下肌瘤可影响受精卵着床，导致早期流产；肌壁间肌瘤过大可使宫腔变形或内膜供血不足引起流产。生长位置较低的肌瘤可妨碍胎先露下降，使妊娠后期及分娩时胎位异常、胎盘早剥、产道梗阻等。胎儿娩出后易因胎盘附着面大或排出困难及子宫收缩不良导致产后出血。妊娠期及产褥期肌瘤易发生红色变，通常采用保守治疗，可缓解症状。妊娠合并子宫肌瘤多能自然分娩，但应预防产后出血。若肌瘤阻碍胎儿下降应行剖宫产术，术中是否同时切除肌瘤，需根据肌瘤大小、部位和患者情况而定。

第五节　子宫内膜癌

子宫内膜癌（endometrial carcinoma）是发生于子宫内膜的一组上皮性恶性肿瘤，来源于子宫内膜腺体的腺癌最常见。是女性生殖道三大恶性肿瘤之一，占女性全身恶性肿瘤的7%，占女性生殖道恶性肿瘤20%～30%。近年来发病率在世界范围内呈上升趋势。平均发病年龄为60岁，其中75%发生于50岁以上妇女。

一、发病相关因素

病因不是十分清楚。通常将子宫内膜癌分为两种类型，Ⅰ型是雌激素依赖型（estrogendependent），其发生可能是在无孕激素拮抗的雌激素长期作用下，发生子宫内膜增生、不典型增生，继而癌变。子宫内膜增生主要分为两类：不伴有不典型的增生（hyperplasia without atypia）和不典型增生（atypical hyperplasia，AH），前者属于良性病变，后者属于癌前病变，有可能发展为癌。Ⅰ型子宫内膜癌多见，均为子宫内膜样癌，患者较年轻，常伴有肥胖、高血压、糖尿病、不孕或不育及绝经延迟，或伴有无排卵性疾病、功能性卵巢肿瘤、长期服用单一雌激素或他莫昔芬等病史，肿瘤分化较好，雌、孕激素受体阳性率高，预后好。*PTEN* 基因失活和微卫星不稳定是常见的分子事件。Ⅱ型子宫内膜癌是非雌激素依赖型（estrogen-independent），发病与雌激素无明确关系。这类子宫内膜癌的病理形态属少见类型，如子宫内膜浆液性癌、透明细胞癌、癌肉瘤等。多见于老年妇女，在癌灶周围可以是萎缩的子宫内膜，肿瘤恶性度高，分化差，雌、孕激素受体多呈阴性或低表达，预后不良。*p53* 基因突变和 *HER2* 基因过度表达为常见的分子事件。

近年研究发现，这种子宫内膜癌的二元论分型存在分子特征的交叉，部分病例与病理特征并不完全一致，因此有学者通过基因组序列分析，根据分子特征将子宫内膜癌分为四种亚型 POLE 突变型、微卫星不稳定型（MSI），低拷贝型（CN low）和高拷贝型（CN high）。该分子分型对子宫内膜癌的预后有较高的预测价值，POLE 突变型预后较好，而高拷贝型预后最差。

大多数子宫内膜癌为散发性，但约有 5% 与遗传有关，其中关系最密切的遗传综合征是林奇综合征（Lynch syndrome），也称遗传性非息肉结直肠癌综合征（hereditary non-polyposis colorectal cancer syndrome，HNPCC），是一种由错配修复基因突变引起的常染色体显性遗传病，与年轻女性的子宫内膜癌发病有关。

二、病　　理

1. 巨检　不同组织学类型内膜癌的肉眼观无明显区别。大体可分为弥散型和局灶型。①弥散型：子宫内膜大部或全部为癌组织侵犯，并突向宫腔，常伴有出血、坏死；癌灶也可侵入深肌层或宫颈，若阻塞宫颈管可引起宫腔积脓。②局灶型：多见于宫腔底部或宫角部，癌灶小，呈息肉或菜花状，易浸润肌层。

2. 镜检及病理类型

（1）内膜样癌（endometrioid carcinoma）：占 80%～90%，内膜腺体高度异常增生，上皮复层，并形成筛孔状结构。癌细胞异型明显，核大、不规则、深染，核分裂活跃，分化差的内膜样癌腺体少，腺结构消失，成实性癌块。根据细胞分化程度或实性成分所占比例分为三级，高分化（G1）、中分化（G2）和低分化（G3），低分化肿瘤的恶性程度高。

（2）浆液性癌（serous carcinoma）：占 1%～9%。癌细胞异型性明显，多为不规则复层排列，呈乳头状、腺样及实性巢片生长，1/3 可伴砂粒体。恶性程度高，易有深肌层浸润和腹腔播散，以及淋巴结及远处转移，无明显肌层浸润时也可能发生腹腔播散，预后差。

（3）黏液性癌（mucinous carcinoma）：约占 5%，肿瘤半数以上由胞质内充满黏液的细胞组成，大多腺体结构分化良好，生物学行为与内膜样癌相似，预后较好。

（4）透明细胞癌（clear cell carcinoma）：占不足 5%，多呈实性片状、腺管样或乳头状排列，细胞质丰富、透亮，核呈异型性，或由靴钉状细胞组成。恶性程度高，易早期转移。

（5）癌肉瘤（carcinosarcoma）：较少见，是一种由恶性上皮和恶性间叶成分混合组成的子宫恶性肿瘤，也称恶性米勒管混合瘤（malignant Müllerial mixed tumor，MMMT），现认为其为上皮来源恶性肿瘤向间叶转化。常见于绝经后妇女。肿瘤体积可以很大，并侵犯子宫肌层，伴出血坏死。镜下见恶性上皮成分通常为米勒管型上皮，间叶成分分为同源性和异源性，后者常见恶性软骨、横纹肌成分，恶性程度高。

三、转移途径

多数子宫内膜癌生长缓慢，局限于内膜或在宫腔内时间较长，部分特殊病理类型（浆液性癌、透明细胞癌、癌肉瘤）和高级别（G3）内膜样癌可发展很快，短期内出现转移。其主要转移途径为直接蔓延、淋巴转移和血行转移。

1. 直接蔓延 癌灶初期沿子宫内膜蔓延生长，向上可沿子宫角波及输卵管，向下可累及宫颈管及阴道。若癌瘤向肌壁浸润，可穿透子宫肌层，累及子宫浆膜，种植于盆腹腔腹膜、直肠子宫陷凹及大网膜等部位。

2. 淋巴转移 为子宫内膜癌的主要转移途径。当肿瘤累及子宫深肌层、宫颈间质或为高级别时，易发生淋巴转移。转移途径与癌肿生长部位有关：宫底部癌灶常沿阔韧带上部淋巴管网经骨盆漏斗韧带转移至腹主动脉旁淋巴结。子宫角或前壁上部病灶沿圆韧带淋巴管转移至腹股沟淋巴结。子宫下段或已累及子宫颈管癌灶的淋巴转移途径与子宫颈癌相同，可累及宫旁、闭孔、髂内、髂外及髂总淋巴结。子宫后壁癌灶可沿宫骶韧带转移至直肠旁淋巴结。约 10% 内膜癌经淋巴管逆行引流累及阴道前壁。

3. 血行转移 晚期患者经血行转移至全身各器官，常见部位为肺、肝、骨等。

四、分　期

子宫内膜癌的分期，采用国际妇产科联盟（FIGO，2009 年）修订的手术-病理分期。见表 16-2。

表 16-2 子宫内膜癌手术病理分期（FIGO，2009 年）

分期	描述
Ⅰ期	肿瘤局限于子宫体
ⅠA	肿瘤浸润深度＜1/2 肌层
ⅠB	肿瘤浸润深度≥1/2 肌层
Ⅱ期	肿瘤侵犯子宫颈间质，但无子宫体外蔓延
Ⅲ期	肿瘤局部和（或）区域扩散
ⅢA	肿瘤累及子宫浆膜层和（或）附件
ⅢB	阴道和（或）子宫旁受累
ⅢC	盆腔淋巴结和（或）腹主动脉旁淋巴结转移
ⅢC1	盆腔淋巴结转移
ⅢC2	腹主动脉旁淋巴结转移，伴或不伴盆腔淋巴结转移
Ⅳ期	肿瘤侵及膀胱和（或）直肠黏膜，和（或）远处转移
ⅣA	肿瘤侵及膀胱和（或）直肠黏膜
ⅣB	远处转移，包括腹腔内和（或）腹股沟淋巴结转移

尽管腹水或腹腔冲洗液细胞学检查结果不影响 FIGO 分期，但是细胞学阳性是不良预后因素，因此要常规送检，并单独报告。

五、临床表现

1. 症状 约 90% 的患者出现阴道流血或阴道排液症状。

（1）阴道流血：主要表现为绝经后阴道流血，量一般不多。尚未绝经者可表现为经量增多、经期延长或月经紊乱。

（2）阴道排液：多为血性液体或浆液性分泌物，合并感染则有脓血性排液，恶臭。因异常阴道排液就诊者约占 25%。

（3）下腹疼痛及其他：若肿瘤累及宫颈内口，可引起宫腔积脓，出现下腹胀痛及痉挛样疼痛。肿瘤浸润子宫周围组织或压迫神经可引起下腹及腰骶部疼痛。晚期可出现贫血、消瘦及恶病质等相应症状。

2. 体征 早期患者妇科检查无异常发现。晚期可有子宫增大，合并宫腔积脓时可有明显压痛，宫颈管内偶有癌组织脱出，触之易出。癌灶浸润周围组织时，子宫固定或在宫旁扪及不规则结节状物。

六、诊　断

1. 病史及临床表现 对于绝经后阴道流血、绝经过渡期月经紊乱，均应排除子宫内膜癌后再按良性疾病处理。对有以下情况的异常阴道流血妇女要警惕子宫内膜癌：①有子宫内膜癌发病高危因素如肥胖、不育、绝经延迟者；②有长期应用雌激素、他莫昔芬或雌激素增高疾病史者；③有乳腺癌、子宫内膜癌家族史者。

2. 影像学检查 经阴道超声检查可了解子宫大小、宫腔形状、宫腔内有无赘生物、子宫内膜厚度、肌层有无浸润及深度，可对异常阴道流血的原因做出初步判断，并为选择进一步检查提供参考。典型子宫内膜癌的超声图像有宫腔内不均回声区，或宫腔线消失、肌层内有不均回声区。彩色多普勒显像可显示丰富血流信号。其他影像学检查更多用于治疗前评估，磁共振成像对肌层浸润深度和宫颈间质浸润有较准确的判断，腹部 CT 可协助判断有无子宫外转移。

3. 诊断性刮宫 是常用而有价值的诊断方法。常行分段诊刮，以同时了解宫腔和宫颈的情况。对病灶较小者，诊断性刮宫可能会漏诊。组织学检查是子宫内膜癌的确诊依据。

4. 宫腔镜检查 可直接观察宫腔及宫颈管内有无癌灶存在，癌灶大小及部位，直视下活检，对局灶型子宫内膜癌的诊断和评估宫颈是否受侵更为准确。

5. 其他

（1）子宫内膜微量组织学或细胞学检查：操作方法简便，国外文献报道其诊断的准确性与诊断性刮宫相当。

（2）血清 CA125 测定；有子宫外转移者或浆液性癌，血清 CA125 值可升高。也可作为疗效观察的指标。

七、鉴别诊断

绝经后及绝经过渡期异常子宫出血为子宫内膜癌最常见的症状，故子宫内膜癌应与引起阴道流血的各种疾病相鉴别。

1. 萎缩性阴道炎 主要表现为血性白带。检查时可见阴道黏膜变薄、充血或有出血点、分泌物增多等表现。超声检查宫腔内无异常发现，治疗后可好转。必要时可先抗感染治疗后，再作诊断性刮宫。

2. 子宫黏膜下肌瘤或内膜息肉 有月经过多或不规则阴道流血，可行超声检查、宫腔镜检查以及诊断性刮宫以明确诊断。

3. 内生型子宫颈癌、子宫肉瘤及输卵管癌 均可有阴道排液增多或不规则流血。内生型子宫颈癌因癌灶位于宫颈管内，宫颈管变粗、硬或呈桶状。子宫肉瘤可有子宫明显增大、质软。输卵管癌以阴道流血、下腹隐痛、间歇性阴道排液为主要症状，可有附件包块。分段诊刮及影像学检查可协助鉴别。

八、治　　疗

根据肿瘤累及范围及组织学类型，结合患者年龄及全身情况制定适宜的治疗方案。早期患者以手术为主，术后根据高危因素选择辅助治疗。影响子宫内膜癌预后的高危因素有：非子宫内膜样腺癌、高级别腺癌、肌层浸润超过1/2、脉管间隙受侵、肿瘤直径大于2cm、宫颈间质受侵、淋巴结转移和子宫外转移等。晚期患者采用手术、放射、药物等综合治疗。对于影像学评估病灶局限于子宫内膜的高分化的年轻子宫内膜样癌患者，可考虑采用孕激素治疗为主的保留生育功能治疗。

1. 手术治疗 为首选治疗方法。手术目的：一是进行手术-病理分期，确定病变范围及预后相关因素；二是切除病变子宫及其他可能存在的转移病灶。分期手术（surgical staging）步骤包括：①留取腹腔积液或盆腔冲洗液，行细胞学检查；②全面探查盆腹腔，对可疑病变取样送病理检查；③切除子宫及双侧附件，术中常规剖检子宫标本，必要时行冰冻切片检查，以确定肌层侵犯程度；④切除盆腔及腹主动脉旁淋巴结。手术可经腹或腹腔镜途径进行。切除的标本应常规进行病理学检查，癌组织还应行雌、孕激素受体检测，作为术后选用辅助治疗的依据。

病灶局限于子宫体者的基本术式是筋膜外全子宫切除及双侧附件切除术，但对年轻、无高危因素者，可考虑保留卵巢；对于伴有高危因素者应同时行盆腔和腹主动脉旁淋巴结切除，也可以考虑前哨淋巴结绘图活检，以避免系统淋巴结切除引起的并发症。病变侵犯宫颈间质者行改良广泛性子宫切除、双侧附件切除及盆腔和腹主动脉旁淋巴结切除。病变超出子宫者实施肿瘤细胞减灭术，以尽可能切除所有肉眼可见病灶为目的。

2. 放疗 是治疗子宫内膜癌有效方法之一，分近距离照射及体外照射两种。近距离照射多用后装治疗机，放射源多为铱-192、钴-60、铯-137。体外照射以三维适形放疗及调强放疗为主，常用直线加速器或钴-60治疗机。

（1）单纯放疗：仅用于有手术禁忌证的患者或无法手术切除的晚期患者。近距离照射总剂量按低剂量率计算为40～50Gy。体外照射总剂量40～45Gy。对Ⅰ期、高分化者选用单纯腔内近距离照射外，其他各期均应采用腔内联合体外照射治疗。

（2）放疗联合手术：Ⅱ期、ⅢC期和伴有高危因素的Ⅰ期（深肌层浸润、G3）患者，术后应辅助放疗，可降低局部复发，改善无瘤生存期。对Ⅲ期和Ⅳ期病例，通过手术、放疗和化疗联合应用，可提高疗效。

3. 化疗 为全身治疗，适用于晚期或复发子宫内膜癌，也可用于术后有复发高危因素患者的治疗，以期减少盆腔外的远处转移。常用化疗药物有顺铂、多柔比星、紫杉醇等。可单独或联合应用，也可与孕激素合并应用。子宫浆液性癌术后应常规给予化疗，方案同卵巢上皮性癌。

4. 孕激素治疗 主要用于保留生育功能的早期子宫内膜癌患者，也可作为晚期或复发子宫内膜癌患者的综合治疗方法之一。以高效、大剂量、长期应用为宜，至少应用12周以上方可评定疗效。孕激素受体（PR）阳性者有效率可达80%。常用药物及用法：醋酸甲羟孕酮250～500mg/d口服；甲地孕酮160～320mg/d口服；已酸孕酮500mg肌内注射，每周2次。长期使用可有水钠潴留或药物性肝炎等副作用，停药后可恢复。有血栓性疾病史者慎用。

九、预　　后

影响预后的因素主要有：①肿瘤的恶性程度及病变范围，包括手术病理分期、组织学类型、肿瘤分级、肌层浸润深度、淋巴转移及子宫外转移等；②患者全身状况；③治疗方案的选择等。

第六节　子宫颈癌

子宫颈癌（cervical cancer）是最常见的妇科恶性肿瘤。高发年龄为50～55岁。由于子宫颈癌筛查的普及，得以早期发现和治疗子宫颈癌和癌前病变，其发病率和死亡率明显下降。

一、发病相关因素

子宫颈癌与人乳头状瘤病毒（human papilloma virus，HPV）感染、多个性伴侣、吸烟、性生活过早（＜16岁）、性传播疾病、经济状况低下、口服避孕药和免疫抑制等因素相关。

1. HPV感染 目前已知HPV共有160多种型别，40余种与生殖道感染有关，其中13～15种与子宫颈鳞状上皮内病变和子宫颈癌发病密切相关。接近99%的子宫颈癌组织发现有高危型HPV感染，其中约70%与HPV16和18型相关。高危型HPV产生病毒癌蛋白，其中E6和E7分别作用于宿主细胞的抑癌基因*p53*和*Rb*使之失活或降解，继而通过一系列分子事件导致癌变。接种HPV预防疫苗可实现子宫颈癌的一级预防。

2. 性行为及分娩次数 多个性伴侣、初次性生活＜16岁、早年分娩、多产与子宫颈癌发生有关。与有阴茎癌、前列腺癌或其性伴侣曾患子宫颈癌的高危男子性接触的妇女，也易患子宫颈癌。

3. 其他 吸烟可增加感染HPV效应，屏障避孕法有一定的保护作用。

二、病　　理

1. 浸润性鳞状细胞癌 占子宫颈癌的75%～80%。

（1）巨检：微小浸润性鳞状细胞癌肉眼观察无明显异常，或类似子宫颈柱状上皮异位。随病变发展，可形成4种类型。

1）外生型：最常见，癌灶向外生长呈乳头状或菜花样，组织脆，触之易出血。常累及阴道。

2）内生型：癌灶向子宫颈深部组织浸润，子宫颈表面光滑或仅有柱状上皮异位，子宫颈肥大变硬，呈桶状。常累及宫旁组织。

3）溃疡型：上述两型癌组织继续发展合并感染坏死，脱落后形成溃疡或空洞，似火山口状。

4）颈管型：癌灶发生于子宫颈管内，常侵入子宫颈管和子宫峡部供血层及转移至盆腔淋巴结。

（2）显微镜检

1）微小浸润性鳞状细胞癌：指在高度鳞状上皮内病变（HSIL）（CIN3）基础上镜检发现小滴状、锯齿状癌细胞团突破基底膜，浸润间质。

2）浸润性鳞状细胞癌：指癌灶浸润间质范围超出微小浸润癌，多呈网状或团块状浸润间质。根据癌细胞核的多形性与大小及核分裂程度等可将鳞状细胞癌分为高（Ⅰ级）、中（Ⅱ级）、低分化（Ⅲ级）3种，这种分级法可能提供了肿瘤对化疗和放疗相关的预后信息，但目前更倾向于分为角化型和非角化型。①角化型：大致相当于高分化鳞癌，细胞体积大，有明显角化珠形成，可见细胞间桥，细胞异型性较轻，无核分裂或核分裂罕见。②非角化型：大致相当于中分化和低分化鳞癌。细胞体积大或较小，可有单细胞角化但无角化珠，细胞间桥不明显，细胞异型性常明显，核分裂象多见。除上述最常见的两种亚型外还有以下多种亚型，如乳头状鳞状细胞癌、基底细胞样鳞状细胞癌、湿疣样癌、疣状癌、鳞状移行细胞癌和淋巴上皮样瘤样癌。

2. 腺癌 近年来子宫颈腺癌的发生率呈上升趋势，占子宫颈癌的20%～25%。

（1）巨检：来自子宫颈管内，浸润管壁；或自子宫颈管内向子宫颈外口突出生长；常可侵犯宫旁组织；病灶向子宫颈管内生长时，子宫颈外观可正常，但因子宫颈管膨大，形如桶状。

（2）显微镜检

1）普通型宫颈腺癌：最常见的组织学亚型，约占宫颈腺癌的90%。虽然来源于子宫颈管柱状黏液细胞、偶尔间质内可见黏液池形成，但肿瘤细胞内见不到明确黏液，胞浆双嗜性或嗜酸性。镜下见腺体结构复杂、呈筛状和乳头状，腺上皮细胞增生呈复层，核异型性明显，核分裂象多见。该亚型绝大部分呈高-中分化。

2）黏液性腺癌：该亚型的特征是细胞内可见明确黏液，又进一步分为胃型、肠型、印戒细胞样和非特指型。其中，高分化的胃型腺癌，既往称为微偏腺癌（minimal deviation adenocarcinoma，MDA），虽然分化非常好，但几乎是所有宫颈腺癌中预后最差的一种亚型，5年生存率仅为普通宫颈腺癌的一半。

3. 其他 少见类型如腺鳞癌、腺样基底细胞癌、绒毛状管状腺癌、内膜样癌等上皮性癌、神经内分泌肿瘤、间叶性肿瘤等。

三、转移途径

主要为直接蔓延和淋巴转移，血行转移极少见。

1. 直接蔓延 最常见，癌组织向邻近器官及组织扩散。常向下累及阴道壁，极少向上累及子宫腔。向两侧扩散可累及主韧带及子宫颈旁、阴道旁组织直至骨盆壁；癌灶压迫或侵及输尿管时，可引起输尿管阻塞及肾积水。晚期可向前、后蔓延侵及膀胱或直肠。

2. 淋巴转移 癌灶侵入淋巴管，形成瘤栓，随淋巴液引流进入局部淋巴结。淋巴转移一级组包括子宫旁淋巴结、闭孔淋巴结、髂内淋巴结、髂外淋巴结、髂总淋巴结、骶前淋巴结；二级组包括腹股沟深浅淋巴结、腹主动脉旁淋巴结。

3. 血行转移 极少见，晚期可转移至肺、肝或骨骼等。

四、临床分期

采用国际妇产科联盟（FIGO，2018年）的临床分期标准（表16-3）。

五、临 床 表 现

早期子宫颈癌常无明显症状和体征。子宫颈管型患者因子宫颈外观正常易漏诊或误诊。随病变发展，可出现以下表现。

1. 症状

（1）阴道流血：常表现为接触性出血，即性生活或妇科检查后阴道流血。也可表现为不规则阴道流血，或经期延长、经量增多。老年患者常为绝经后不规则阴道流血。出血量根据病灶大小、侵及间质内血管情况而不同，若侵蚀大血管可引起大出血。一般外生型癌出血较早，量多；内生型癌出血较晚。

（2）阴道排液：多数患者有白色或血性、稀薄如水样或米泔状、有腥臭味的阴道排液。晚期患者因癌组织坏死伴感染，可有大量米泔样或脓性恶臭白带。

（3）晚期症状：根据癌灶累及范围出现不同的继发性症状。如尿频、尿急、便秘、下肢肿痛等；癌肿压迫或累及输尿管时，可引起输尿管梗阻、肾盂积水及尿毒症；晚期可有贫血、恶病质等全身衰竭症状。

表 16-3　子宫颈癌临床分期（FIGO，2018 年）

临床分期	肿瘤特征
Ⅰ期	肿瘤仅局限在子宫颈（扩散至子宫体者不予考虑）
ⅠA	显微镜下诊断的浸润癌，最大浸润深度≤5.0mm
ⅠA_1	间质浸润深度≤3.0mm
ⅠA_2	间质浸润深度＞3.0mm 而≤5.0mm
ⅠB	最大浸润深度＞5.0mm 的浸润癌（大于Ⅰ A 期的范围）
ⅠB_1	癌灶最大径线≤2.0cm
ⅠB_2	癌灶最大径线＞2.0cm 而≤4.0cm
ⅠB_3	癌灶最大径线＞4.0cm
Ⅱ期	子宫颈癌侵犯至子宫外，但未扩散至阴道下 1/3 或骨盆壁
ⅡA	累及阴道上 2/3，无子宫旁浸润
ⅡA_1	癌灶最大径线≤4.0cm
ⅡA_2	癌灶最大径线＞4.0cm
ⅡB	子宫旁浸润，但未达骨盆壁
Ⅲ期	子宫颈癌累及阴道下 1/3 和（或）扩散至骨盆壁和（或）导致肾积水或无功能肾和（或）累及盆腔和（或）腹主动脉旁淋巴结
ⅢA	子宫颈癌累及阴道下 1/3，但未扩散至骨盆壁
ⅢB	扩散至骨盆壁和（或）导致肾积水或无功能肾（明确排除其他原因）
ⅢC	盆腔和（或）腹主动脉旁淋巴结受累（包括微小转移）
ⅢC_1	只有盆腔淋巴结转移
ⅢC_2	腹主动脉旁淋巴结转移
Ⅳ期	癌症已扩散超出真骨盆或已累及膀胱或直肠黏膜（活检证实）
ⅣA	扩散至邻近的器官
ⅣB	转移至远处器官

2. 体征　微小浸润癌可无明显病灶，子宫颈光滑或糜烂样改变。随病情发展，可出现不同体征。外生型子宫颈癌可见息肉状、菜花状赘生物，常伴感染，质脆易出血；内生型表现为子宫颈肥大、质硬、子宫颈管膨大；晚期癌组织坏死脱落，形成溃疡或空洞伴恶臭。阴道壁受累时，可见赘生物生长或阴道壁变硬；宫旁组织受累时，双合诊、三合诊检查可扪及子宫颈旁组织增厚、结节状、质硬或形成冰冻骨盆状。

六、诊　断

早期病例的诊断应采用子宫颈细胞学检查和（或）HPV 检测、阴道镜检查、子宫颈活组织检查的“三阶梯”程序，确诊依据为组织学诊断。子宫颈有明显病灶者，可直接在癌灶取材。对子宫颈活检为 HSIL 但不能除外浸润癌者，或活检为可疑微小浸润癌需要测量肿瘤范围或除外进展期浸润癌者，需行子宫颈锥切术。切除组织应作连续病理切片（24～36 张）检查。

确诊后根据具体情况选择胸部 X 线或 CT 平扫、静脉肾盂造影、膀胱镜检查、直肠镜检查、超声检查及盆腔或腹腔增强 CT 或磁共振、PET-CT 等影像学检查。

七、鉴别诊断

主要依据子宫颈活组织病理检查，与有类似临床症状或体征的各种子宫颈病变相鉴别。

1. 子宫颈良性病变　子宫颈柱状上皮异位、子宫颈息肉、子宫颈子宫内膜异位症和子宫颈结核性溃疡等。

2. 子宫颈良性肿瘤　子宫颈管肌瘤、子宫颈乳头状瘤等。

3. 子宫颈转移性癌

八、治　疗

根据临床分期、患者年龄、生育要求、全身情况、医疗技术水平及设备条件等，综合考虑制订适当的个体化治疗方案。采用手术和放疗为主、化疗为辅的综合治疗。

1. 手术治疗　手术的优点是年轻患者可保留卵巢及阴道功能。主要用于早期子宫颈癌（ⅠA～ⅡA 期）患者。①ⅠA_1 期：无淋巴脉管间隙浸润者行筋膜外子宫全切术，有淋巴脉管间隙浸润者按ⅠA_2 期处理。②ⅠA_2 期：行改良广泛性子宫切除术及盆腔淋巴结切除术或考虑前哨淋巴结绘图活检。③ⅠB_1 期、ⅠB_2 期和ⅡA_1 期：行广泛性子宫切除术及盆腔淋巴结切除术或考虑前哨淋巴结绘图活检，必要时行腹主动脉旁淋巴结取样。④部分ⅠB_3 期和ⅡA_2 期：行广泛性子宫切除术及盆腔淋巴结切除术和选择性腹主动脉旁淋巴结取样；或同期放、化疗后行子宫全切术；也有采用新辅助化疗后行广泛性子宫切除术及盆腔淋巴结切除术和选择性腹主动脉旁淋巴结取样。未绝经、＜45 岁的鳞癌患者可保留卵巢。要求保留生育功能的年轻患者，ⅠA_1 期无淋巴脉管间隙浸润者可行子宫颈锥形切除术（至少 1mm 阴性切缘）；ⅠA_1 期有淋巴脉管间隙浸润和ⅠA_2 期可行子宫颈锥形切除术加盆腔淋巴结切除术或考虑前哨淋巴结绘图活检，或和ⅠB_1 期处理相同；一般推荐肿瘤直径＜2cm 的ⅠB_1 期行广泛性子宫颈切除术及盆腔淋巴结切除术或考虑前哨淋巴结绘图活检，但若经腹或腹腔镜途径手术，肿瘤直径也可扩展至 2～4cm。

2. 放射治疗　①根治性放疗：适用于部分ⅠB_3 期和ⅡA_2 期和ⅡB～ⅣA 期患者和全身情况不适宜手术的ⅠA_1～ⅠB_2/ⅡA_1 期患者；②辅助放疗：适用于手术后病理检查发现有中、

高危因素的患者；③姑息性放疗：适用于晚期患者局部减瘤放疗或对转移病灶姑息放疗。放射治疗包括外照射和腔内放疗。外照射放疗以三维适形放疗及调强放疗为主，主要针对子宫、子宫旁及转移淋巴结。腔内放疗多采用铱-192 高剂量率腔内及组织间插值放疗，主要针对子宫颈、阴道及部分子宫旁组织给予大剂量照射。外照射和腔内放疗的合理结合，使病变部位的剂量分布更符合肿瘤生物学特点，可提高局部控制率。

3. 全身治疗 包括全身化疗和靶向治疗、免疫治疗。化疗主要用于晚期、复发转移患者和根治性同期放化疗，也可用于手术前后的辅助治疗。常用抗癌药物有顺铂、卡铂、紫杉醇、拓扑替康等，多采用静脉联合化疗，也可用动脉局部灌注化疗。靶向药物主要是贝伐珠单抗，常与化疗联合应用。方案如顺铂/紫杉醇/贝伐珠单抗、顺铂/紫杉醇、拓扑替康/紫杉醇/贝伐珠单抗、卡铂/紫杉醇方案等。免疫治疗如 PD-1/PD-L1 抑制剂等也已在临床试用中。

九、预　　后

与临床期别、病理类型等密切相关，有淋巴结转移者预后差。

思 考 题

1. 输卵管妊娠的临床表现是什么？协助诊断的检查方法有哪些？
2. 前置胎盘的诊断要点有哪些？
3. 简述胎盘早剥的治疗原则及治疗措施有哪些？
4. 子宫肌瘤的分类有哪些？
5. 简述子宫内膜癌手术病理分期。
6. 简述子宫内膜癌的临床表现。
7. 简述子宫内膜癌的诊断要点。
8. 简述子宫颈癌临床分期。
9. 简述子宫颈癌的病理分型。

（张　颐）

第十七章　儿科常见疾病

第一节　新生儿黄疸

黄疸（jaundice）是新生儿期最常见的临床问题，是因胆红素在体内积聚引起的皮肤或巩膜黄染。新生儿血中胆红素超过5mg/dl，即可出现肉眼可见的黄疸。部分高未结合胆红素血症患儿可发生胆红素脑病（核黄疸），可留有不同程度的神经系统后遗症，甚至导致死亡。

案例 17-1

患儿，女，出生后29h，发现皮肤黄染13h。

13h前（出生后16h）患儿颜面部皮肤出现黄染，黄染进行性加重达躯干和四肢近端，测经皮胆红素为12.0mg/dl，以“新生儿黄疸”转入新生儿病房。病程中无嗜睡、拒乳、反应低下。生后已开奶，纯母乳喂养，24h内已排胎便，已排尿。患儿系第一胎第一产儿，胎龄40周，因活跃期停滞行剖宫产娩出，出生体重3320g，无宫内窘迫及胎膜早破，羊水、脐带、胎盘无异常。出生后Apgar评分1min、5min、10min均10分。其母孕期平顺，父血型B型，Rh血型不详，母血型O型，RhD阳性。

查体：T 36.8℃，P 142次/分，R 39次/分，BP 77/50mmHg，体重3250g，精神反应好，全身皮肤轻至中度黄染，四肢末梢暖。前囟平软，无头颅血肿，无头皮水肿。双肺呼吸音清，未闻及啰音。心律齐，心音有力，未闻及杂音。腹软，肝肋下1cm，质软边锐，脾未及，肠鸣音正常。四肢肌张力正常，原始反射正常引出。

实验室检查：血常规示WBC $16.21\times10^9/L$，Hb 139g/L，PLT $418\times10^9/L$，中性粒细胞百分率61.8%，淋巴细胞百分率27.0%，CRP 4mg/L。生化示ALT 6IU/L，AST 18IU/L，总蛋白45.5g/L，白蛋白34.7g/L，总胆红素230.4μmol/L，直接胆红素8.6μmol/L。血型B型，RhD阳性，直接Coombs试验阳性。

问题：1. 该患儿是否为病理性黄疸？

2. 引起该患儿高胆红素血症的原因是什么？

一、新生儿胆红素代谢特点

（一）胆红素生成相对较多

新生儿红细胞数量多且寿命短，因此新生儿由于红细胞破坏产生的胆红素量是成人的2倍（新生儿8.8mg/kg，成人3.8mg/kg）。新生儿非血红蛋白的血红素（如肌红蛋白、肝内游离血红素）和尚未成熟就在造血器官中破坏的红细胞也较多。

（二）肝细胞对胆红素的摄取能力不足

新生儿由于肝脏配体蛋白缺乏，肝细胞对胆红素的摄取能力不足，Y蛋白和Z蛋白的活性要到出生后5天才接近成人水平。

（三）肝脏微粒体中形成结合胆红素的功能缺陷

未结合胆红素与葡萄糖醛酸结合形成结合胆红素，需要尿苷二磷酸葡萄糖醛酸转移酶

（UDP-glucuronosyl transferase，UGT）的作用。足月新生儿的 UGT 活性仅为成人的 1%，出生后迅速增加，3 月龄达成人水平。中国黄疸患儿中 UGT 缺陷并不少见。

（四）胆红素排泄缺陷

未结合胆红素必须转化成结合胆红素才能从胆汁排泄到肠道，新生儿肝脏排泄胆红素的能力比年长儿差。新生儿肠道菌群尚未建立，不能将肠道内的结合胆红素还原成尿胆原和尿胆素排出体外。

（五）肠肝循环（enterohepatic circulation）特点

在成人，肠道内的结合胆红素被细菌还原成尿胆原及其氧化产物，其中大部分随粪便排出，小部分被结肠吸收后，极少量由肾排泄，余下的经门静脉至肝重新转变为结合胆红素，再经胆道排泄，即胆红素的肠肝循环。新生儿肠壁有较多 β-葡糖醛酸糖苷酶，可将结合胆红素水解为未结合胆红素，加之肠道内缺乏细菌，导致未结合胆红素的产生和吸收增加。此外，胎粪含胆红素 80～180mg，胎粪排泄延迟可使肠肝循环明显增加。

二、分　　类

（一）生理性黄疸（physiologic jaundice）

新生儿生理性黄疸是指单纯由于新生儿胆红素代谢特点引起的暂时性黄疸。50%～60% 的足月儿和 80% 的早产儿出现生理性黄疸。其特点为：没有任何疾病状态；足月儿出生后 2～3 天出现黄疸，4～6 天达高峰，出生后 2 周内消退；早产儿黄疸多于出生后 3～5 天出现，5～7 天达高峰，3～4 周消退；每日血清胆红素升高＜85μmol/L（5mg/dl）。需要注意的是，生理性黄疸是除外性诊断，必须排除引起病理性黄疸的各种原因后方可确定。

（二）病理性黄疸（pathologic jaundice）

其特点是：出生后 24h 内出现黄疸；血清胆红素足月儿＞221μmol/L（12.9mg/dl）、早产儿＞257μmol/L（15mg/dl），总胆红素水平每日上升＞85.5μmol/L（5mg/dl）或每小时上升＞8.5μmol/L（0.5mg/dl）；黄疸持续时间足月儿＞2 周，早产儿＞4 周；黄疸退而复现；血清结合胆红素＞34μmol/L（2mg/dl）。若具备上述任何一项者均可诊断为病理性黄疸。

因新生儿出生后胆红素水平是一个动态变化的过程，对于胎龄≥35 周的新生儿，美国儿科学会指南推荐当胆红素水平超过新生儿小时胆红素列线图的 95 百分位时定义为高胆红素血症，应该予以干预。我国新生儿小时胆红素百分位值列线图（图 17-1）也应作为我国病理性

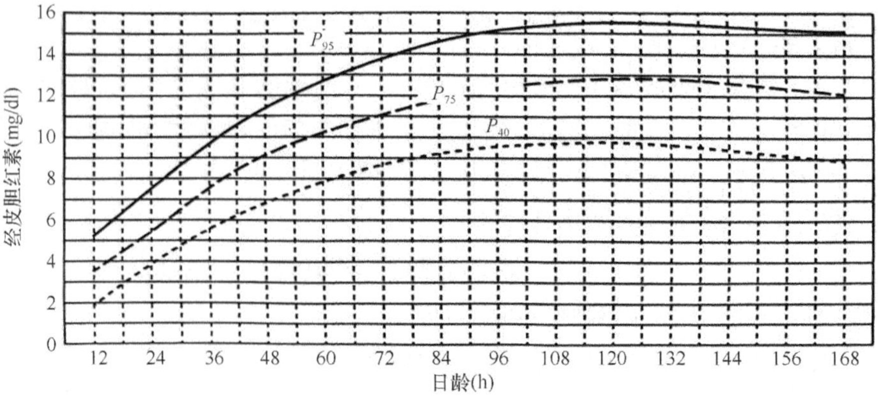

图 17-1　新生儿小时经皮胆红素百分位数列线图（*P* 表示百分位数）

黄疸诊断和干预的参考。

三、病　　因

病理性黄疸根据其发病原因分为如下三类。

（一）胆红素生成过多

因过多红细胞的破坏及肠肝循环增加，使血清未结合胆红素升高。

1. 红细胞增多症 即静脉血红细胞＞6×10^{12}/L，血红蛋白＞220g/L，红细胞比容＞65%。常见于母-胎或胎-胎间输血、脐带结扎延迟、青紫型先天性心脏病及糖尿病母亲所分娩出的婴儿等。

2. 血管外溶血 如较大的头颅血肿、皮下血肿、颅内出血、肺出血和其他部位出血。

3. 新生儿溶血病 见于血型不合如ABO或Rh血型不合等，我国以ABO溶血病较为多见。

4. 感染 细菌感染是新生儿高胆红素血症的一个重要原因，除可引起红细胞的破坏增加外，还可抑制UGT的活性，降低胆红素的转化和排泄。

5. 肠肝循环增加 先天性肠梗阻、先天性幽门肥厚、先天性巨结肠、饥饿和喂养延迟等均可使胎粪排泄延迟，增加胆红素在肠道的重吸收。

6. 由红细胞酶或结构异常导致的先天性溶血性疾病 会引起红细胞破坏增多，从而加重黄疸。包括：①红细胞酶缺陷，葡萄糖-6-磷酸脱氢酶（G-6-PD）、丙酮酸激酶和已糖激酶缺陷等均可影响红细胞正常代谢，使红细胞膜变形能力减弱，引起新生儿期溶血及高胆红素血症。②红细胞形态异常，遗传性球形红细胞增多症等由于红细胞膜结构异常使红细胞在脾脏破坏增加。③血红蛋白病，地中海贫血是我国长江以南地区常见的遗传性溶血性疾病，由于血红蛋白肽链数量和质量缺陷而引起红细胞寿命缩短，发生溶血。

（二）肝胆红素代谢障碍

由于肝细胞摄取和结合胆红素的功能低下，使血清未结合胆红素升高。

1. 母乳性黄疸（breast milk jaundice） 母乳性黄疸可分为早发型和晚发型。早发型又称为母乳喂养性黄疸，是由于母乳摄入不足，肠肝循环增加，导致血清胆红素水平增高。黄疸于出生后3～4天出现，早期开奶及增加哺乳次数有助于预防母乳喂养性黄疸的发生。晚发型母乳性黄疸可能与母乳中的β-葡糖醛酸糖苷酶进入患儿肠内，使肠道内未结合胆红素生成增加有关，见于母乳喂养儿，黄疸于出生后3～8天出现，1～3周达高峰，6～12周消退，停喂母乳3～5天，黄疸明显减轻或消退有助于诊断。

2. 缺氧和感染 如窒息和心力衰竭等，均可抑制肝脏UGT的活性。

3. Crigler-Najjar综合征 即先天性UGT缺乏，Ⅰ型为常染色体隐性遗传，酶完全缺乏，酶诱导剂治疗无效，很难存活，根治需肝移植或基因治疗；Ⅱ型为常染色体显性遗传，系部分UGT活性缺陷，可表现为新生儿期较轻的黄疸，肝药酶诱导剂（如苯巴比妥）治疗有效。

4. Gilbert综合征 即先天性非溶血性未结合胆红素增高症，为常染色体显性遗传或隐性遗传，是由于UGT1A1基因突变导致UGT活性减低或肝细胞摄取胆红素功能障碍，黄疸较轻。本病特点为良性、慢性或复发性的发病过程，不伴有肝损害和溶血，酶诱导剂治疗有效，预后良好。

5. Lucey-Driscoll综合征 即家族性暂时性高胆红素血症，由于妊娠中后期孕妇血清中存在一种 UGT 抑制素，抑制 UGT 活性所致。本病有明显家族史，新生儿出生后 48h 内出现严重黄疸，如不及时换血治疗，可发生胆红素脑病。

6. 其他 先天性甲状腺功能减退、垂体功能低下和 21-三体综合征等常伴有血胆红素升高或黄疸消退延迟。某些药物如磺胺、水杨酸盐等，也可与胆红素竞争 Y 蛋白、Z 蛋白的结合位点而加重黄疸。

（三）胆汁排泄障碍

肝细胞排泄结合胆红素障碍或胆管受阻，可致高结合胆红素血症，但如果同时伴有肝细胞功能受损，也可有未结合胆红素增高。

1. 新生儿肝炎 多由病毒引起的宫内感染所致。常见有乙型肝炎病毒、巨细胞病毒、风疹病毒、单纯疱疹病毒、肠道病毒及 EB 病毒等。

2. 先天性代谢缺陷病 α_1-抗胰蛋白酶缺乏症、半乳糖血症、果糖不耐受症、酪氨酸血症、糖原贮积病Ⅳ型及脂质累积病（尼曼-皮克病、戈谢病）等均可有肝细胞损害。

3. 胆管阻塞 先天性胆道闭锁和先天性胆总管囊肿等，使肝内或肝外胆管阻塞，结合胆红素排泄障碍，是新生儿期阻塞性黄疸的常见原因。

四、鉴别诊断

（一）临床诊断与鉴别诊断

1. 识别新生儿病理性高胆红素血症

（1）黄疸的色泽：未结合胆红素增高时黄疸色泽多为明黄，结合胆红素增高时黄疸色泽多暗沉。

（2）黄疸的范围：黄疸通常开始于面部（5mg/dl），随着总胆红素升高，黄疸进展到下腹部（10mg/dl）和足底（20mg/dl）。

（3）对重度黄疸的患儿应特别注意有无神经系统症状，如精神萎靡或易激惹、前囟张力增高、凝视、肌张力增高或减低、生理反射减弱或消失等。

2. 寻找病理性黄疸的病因

（1）出生 24h 之内出现的黄疸，首先考虑母婴血型不合引起的溶血，其次为宫内感染、隐匿性出血或败血症。

（2）出生后第 2～3 天出现的黄疸常为生理性黄疸及早发母乳喂养性黄疸，也要警惕 Lucey-Driscoll 综合征、Crigler-Najjar 综合征等，长江以南地区需考虑 G-6-PD 缺乏的可能。

（3）出生后 3 天～1 周的黄疸，应当考虑细菌性败血症或尿路感染，也可能是其他感染，如梅毒、弓形虫、巨细胞病毒或肠道病毒感染。继发于头颅血肿、胎便排出延迟、红细胞增多症所致的黄疸，以生后第 4～5 天较为明显。

（4）出生 1 周后开始的黄疸，提示母乳性黄疸、败血症、先天性溶血性贫血急性发作等。

（5）出生 1 个月持续不退的黄疸，未结合胆红素升高者仍要考虑母乳性黄疸、甲状腺功能减退或遗传性非溶血性高胆红素血症。结合胆红素升高可继发于新生儿溶血病、胆汁淤积、宫内病毒感染或先天性胆道闭锁。

（二）新生儿黄疸的鉴别诊断思路（图 17-2）

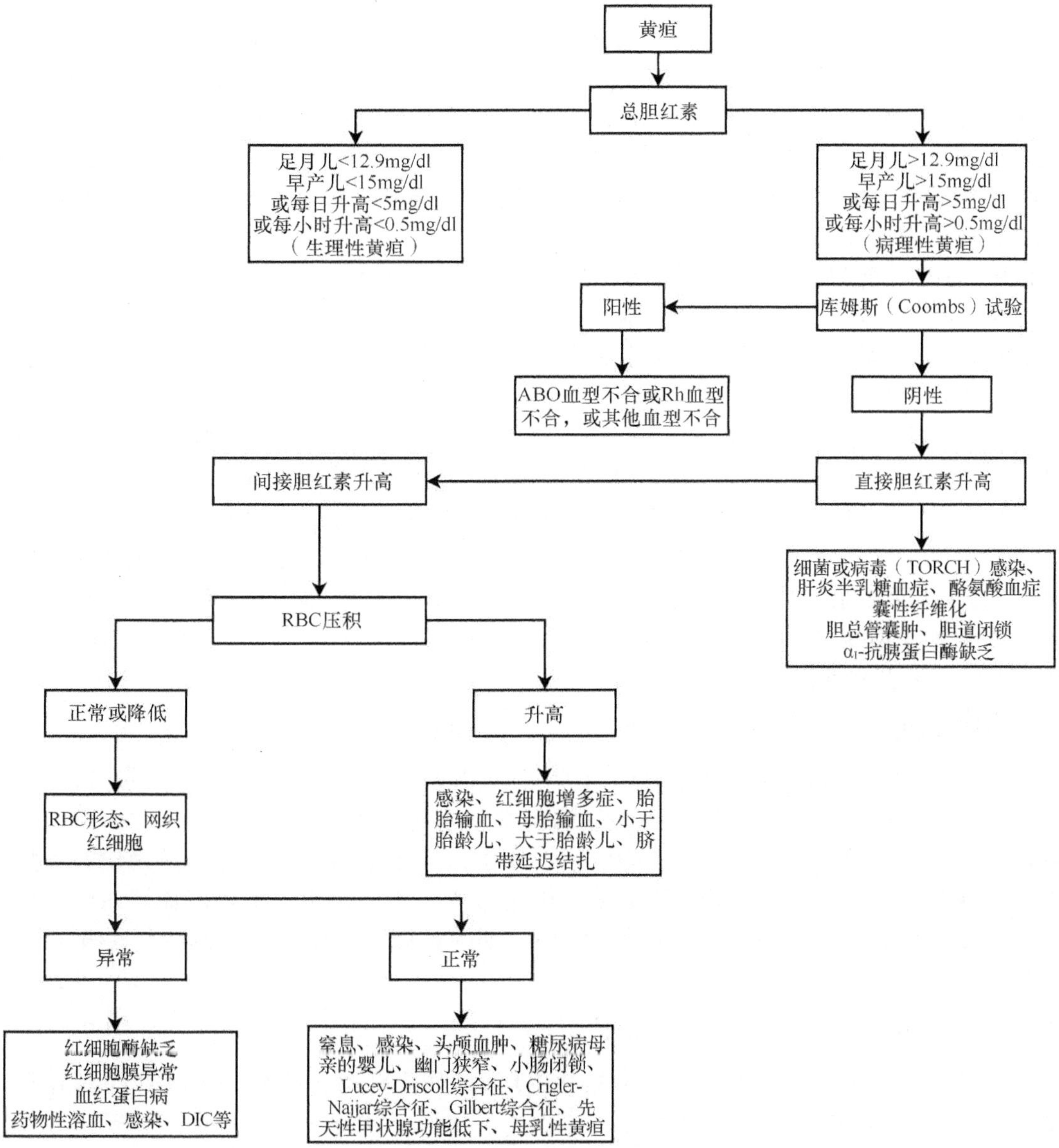

图 17-2　新生儿黄疸的鉴别诊断思路

五、新生儿溶血病

新生儿溶血病（hemolytic disease of newborn，HDN）系指母婴血型不合引起的同族免疫性溶血。在已发现的人类 26 个血型系统中，以 ABO 血型不合最常见，其次为 Rh 血型不合。

（一）病因及发病机制

由父亲遗传而母亲所不具有的显性胎儿红细胞血型抗原，通过胎盘进入母体，刺激母体产生相应的血型抗体，当不完全抗体（IgG）又经胎盘循环进入胎儿血循环后，与红细胞的相应抗原结合（致敏红细胞），在单核-吞噬细胞系统内被破坏，引起溶血。若母婴血型不合的胎儿红细胞在分娩时进入母血，则母亲产生的抗体不使这一胎发病，而可能使下一胎发病（血型与上一胎相同）。

1. ABO 血型不合溶血病 主要发生在母亲 O 型血而胎儿为 A 型或 B 型。40%～50% 的 ABO 血型不合溶血病发生在第一胎，其原因是 O 型血的母亲在首次妊娠前，已受到自然界 A 或 B 血型物质（某些植物、寄生虫、伤寒疫苗、破伤风及白喉类毒素等）的刺激，产生了抗 A 或抗 B 抗体（IgG）。ABO 血型不合溶血病相对较轻，是由于 A 和 B 抗原也存在于红细胞外的许多组织中，通过胎盘的抗 A 或抗 B IgG 仅小部分与红细胞结合，其余都被其他组织的 AB 血型物质所吸收。

2. Rh 血型不合溶血病 Rh 血型系统有 5 种抗原，即 D、C、c、E、e，其抗原性强弱依次为 D＞E＞C＞c＞e，故 Rh 溶血病中以 RhD 溶血病最常见。红细胞缺乏 D 抗原称为 Rh 阴性，而具有 D 抗原称为 Rh 阳性，中国人绝大多数为 Rh 阳性。Rh 溶血病一般不发生在第一胎，是因为自然界无 Rh 血型物质，Rh 抗体只能由人类红细胞 Rh 抗原刺激产生。Rh 阴性母亲首次妊娠，于妊娠末期或胎盘剥离（包括流产及刮宫）时，Rh 阳性的胎儿血（＞0.5ml）进入母血中，经过 2～6 个月产生 IgM 抗体（初发免疫反应），此抗体不能通过胎盘，故第一胎常处于原发性免疫反应的潜伏阶段而不发病。如母亲再次妊娠（与第一胎 Rh 血型相同），怀孕期可有少量（0.05～0.1ml）胎儿血进入母体循环，于几天内便可产生大量 IgG 抗体（次发免疫反应），该抗体能够通过胎盘引起胎儿红细胞致敏而发生溶血。第一胎发生 Rh 溶血病提示母亲既往曾接触过 Rh 阳性红细胞，如输血、流产、异位妊娠或各种产前操作、孕母母亲为 Rh 阳性（外祖母学说）等。

（二）病理生理

ABO 溶血除引起黄疸外，其他变化不明显。Rh 溶血可引起胎儿重度贫血，甚至心力衰竭。由于重度贫血、低蛋白血症和心力衰竭可导致全身水肿（胎儿水肿）。贫血时，髓外造血增强，可出现肝脾大。胎儿血中的胆红素经胎盘入母亲肝脏进行代谢，故娩出时黄疸往往不明显。出生后，由于新生儿处理胆红素的能力较差，因而出现黄疸。若血清未结合胆红素过高，则可透过血脑屏障，使基底核等处的神经细胞黄染、坏死，发生胆红素脑病（bilirubin encephalopathy）。

（三）临床表现

症状轻重与溶血程度基本一致。多数 ABO 溶血病患儿除黄疸外，无其他明显异常。Rh 溶血病症状较重，严重者甚至出现死胎。

1. 黄疸 大多数 Rh 溶血病患儿出生后 24h 内出现黄疸并迅速加重，而多数 ABO 溶血病在出生后第 2～3 天出现黄疸。血清胆红素以未结合胆红素升高为主，但如溶血严重，造成胆汁淤积，结合胆红素也可升高。

2. 贫血 程度不一。ABO 血型不合的婴儿出生时通常没有或仅有轻度贫血。Rh 溶血的婴儿可表现出明显的贫血症状，需要输注红细胞，重症 Rh 溶血，出生后即可有严重贫血、胎儿水肿或伴有心力衰竭。部分患儿因其抗体持续存在，也可于出生后 3～6 周发生晚期贫血。

3. 肝脾大 Rh 溶血病患儿多有不同程度的肝脾肿大，ABO 溶血病患儿则不明显。

（四）辅助检查

1. 确定母子血型 检查母子 ABO 和 Rh 血型，证实有血型不合存在。

2. 确定有无溶血 溶血时红细胞和血红蛋白减少，早期新生儿血红蛋白＜145g/L 可诊断为贫血；网织红细胞增高（＞6%）；血涂片有核红细胞增多（＞10/100 个有核细胞）；血清总胆红素和未结合胆红素明显增加。

3. 致敏红细胞和血型抗体测定

（1）改良直接抗人球蛋白试验：即改良 Coombs 试验，是用“最适稀释度”的抗人球蛋白血清与充分洗涤后的受检红细胞盐水悬液混合，如有红细胞凝聚为阳性，表明红细胞已致敏。Rh 溶血病其阳性率高而 ABO 溶血病阳性率低。该项为新生儿溶血病的确诊试验。

（2）抗体释放试验（antibody release test）：通过加热使患儿血中致敏红细胞的血型抗体释放于释放液中，将与患儿相同血型的成人红细胞（ABO 系统）或 O 型标准红细胞（Rh 系统）致敏，再加入抗人球蛋白血清，如有红细胞凝聚为阳性。Rh 和 ABO 溶血病一般均为阳性。该项是检测致敏红细胞的敏感试验，故也为新生儿溶血病的确诊实验。

（3）游离抗体试验（free antibody test）：在患儿血清中加入与其相同血型的成人红细胞（ABO 系统）或 O 型标准红细胞（Rh 系统）致敏，再加入抗人球蛋白血清，如有红细胞凝聚为阳性。表明血清中存在游离的 ABO 或 Rh 血型抗体，并可能与红细胞结合引起溶血。该项试验有助于估计是否继续溶血或换血后的效果评价，但不是新生儿溶血病的确诊试验。

（五）治疗

1. 产前治疗

（1）胎儿宫内输血：对胎儿水肿或胎儿 Hb＜80g/L，而肺功能不成熟者，可直接将与孕妇血清不凝集的抗原阴性的浓缩红细胞在 B 超引导下注入胎儿脐血管内，以纠正贫血。

（2）孕母静脉注射免疫球蛋白（IVIg）：在妊娠 28 周前，胎儿受累较重但尚未发生胎儿水肿者，可给予孕母注射 IVIg 400mg/（kg · d），疗程 4～5 天。间隔 15～21 天可重复，直至分娩。该疗法成本极高，应用受限。

（3）提前分娩：既往有输血、死胎、流产和分娩史的 Rh 阴性孕妇，本次妊娠 Rh 抗体效价逐渐升至 1∶32 或 1∶64 以上，用分光光度计测定羊水胆红素增高，也可在 35 周前计划分娩。计划分娩前应评估胎儿的成熟度，并在产前 48h 给予糖皮质激素促胎肺成熟。孕妇于分娩期前 1 周开始口服苯巴比妥，可诱导胎儿 UGT 产生增加，以减轻新生儿黄疸。

2. 新生儿治疗

（1）光照疗法：简称光疗，是降低血清未结合胆红素简单而有效的方法。

1）原理：未结合胆红素在光的作用下，转变成水溶性异构体，经胆汁和尿液排出。波长 425～475nm 的蓝光和波长 510～530nm 的绿光效果较好，日光灯或太阳光也有一定疗效。光疗主要作用于皮肤浅层组织，因此皮肤黄疸消退并不一定表明血清未结合胆红素已降至正常。

2）设备：主要有光疗箱、光疗灯和光疗毯等。光疗的效果与暴露的面积、光照的强度及持续时间有关，双面光优于单面光；上、下灯管距床面距离分别为 40cm 和 20cm。光照时，婴儿双眼用黑色眼罩保护，以免损伤视网膜，除会阴、肛门部用尿布遮盖外，其余均裸露。照射时间以不超过 4 天为宜。

3）副作用：可出现发热、腹泻和皮疹，但多不严重，可继续光疗；蓝光可分解体内核黄素（维生素 B_2），光疗超过 24h 可引起核黄素减少，并进而降低红细胞谷胱甘肽还原酶活性而加重溶血，故光疗时应补充核黄素（光疗时每日 3 次，5mg/次；光疗后每日 1 次，连服 3 天）。当血清结合胆红素＞68μmol/L（4mg/dl），并且血清谷丙转氨酶和碱性磷酸酶增高时，光疗可使皮肤呈青铜色，即青铜症，此时应停止光疗，青铜症可自行消退。此外，光疗时应适当补充水分及钙剂。

4）指征：不同胎龄、不同日龄的新生儿均应有不同的光疗指征，还需考虑是否存在胆红素脑病的高危因素。出生胎龄35周以上的晚期早产儿和足月儿可参照2014年《新生儿黄疸干预推荐方案》的光疗标准（图17-3），或将血清胆红素超过小时胆红素曲线的95百分位数作为光疗干预标准。

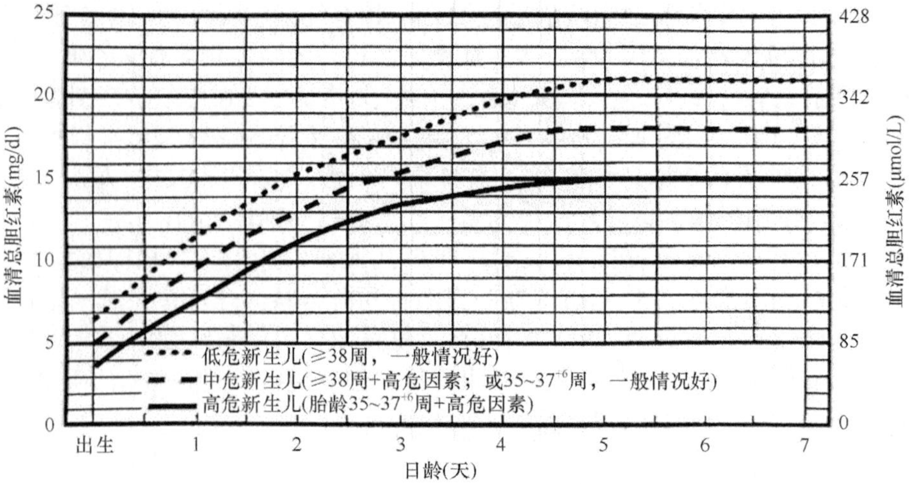

图17-3　胎龄≥35周的光疗曲线

（2）药物治疗

1）静脉注射免疫球蛋白（IVIg）：可阻断单核-吞噬细胞系统Fc受体，抑制吞噬细胞破坏致敏红细胞，用法为1g/kg，于6～8h静脉滴入，必要时可24h重复1次。早期应用临床效果较好。

2）白蛋白：输白蛋白1g/kg，可增加其与未结合胆红素的联结，减少胆红素脑病的发生。

3）肝酶诱导剂：能诱导UGT的生成，增加未结合胆红素与葡萄糖醛酸结合的能力，从而增加肝脏清除胆红素的能力。常用苯巴比妥每日5mg/kg，分2～3次口服，共4～5天；需用药2～3天开始生效。

4）其他：纠正代谢性酸中毒。应用5%碳酸氢钠提高血pH，以利于未结合胆红素与白蛋白联结；应用益生菌制剂可改变肠道内环境，对黄疸的减轻，尤其是母乳性黄疸可作为一种辅助治疗。

（3）换血疗法

1）作用：换出部分血中游离抗体和致敏红细胞，减轻溶血；换出血中大量胆红素，防止发生胆红素脑病；纠正贫血，改善携氧，防止心力衰竭。

2）指征：大部分Rh溶血病和个别严重ABO溶血病。符合下列条件之一者即应换血：①出生胎龄≥35周的晚期早产儿及足月儿参照中国新生儿高胆红素血症诊断和治疗专家共识推荐的换血参考标准（图17-4），出生体重＜2500g的早产儿换血标准可参考表17-1；②产前已明确诊断，出生时脐血总胆红素＞76μmol/L（4.5mg/dl），血红蛋白＜110g/L，伴水肿、肝脾大和心力衰竭者；③不论血清胆红素水平高低，已有胆红素脑病的早期表现者。

3）方法：①血源的选择。Rh溶血病应选用Rh血型与母亲同型，ABO血型与患儿同型的血液，紧急情况下也可选用O型血；ABO溶血病，如母亲O型、患儿为A或B型，首选AB型血浆和O型红细胞的混合血，紧急情况下也可用抗A或抗B效价不高的O型血或与患儿同型血。②换血量。一般为患儿血容量的2倍（150～160ml/kg）。③换血途径。一般选用脐静脉或其他较大静脉进行换血，也可选用动、静脉或外周动、静脉进行同步换血。

（4）其他治疗：防止低血糖、低体温，纠正缺氧、贫血、水肿和心力衰竭等。

表 17-1 出生体重＜2500g 新生儿光疗及换血标准

出生体重	总胆红素（mg/dl）											
	＜24h		＜48h		＜72h		＜96h		＜120h		≥120h	
	光疗	换血	光疗	换血	光疗	换血	光疗	换血	光疗	换血	光疗	换血
＜1000g	4	8	5	10	6	12	7	12	8	15	8	15
1000～1249g	5	10	6	12	7	15	9	15	10	18	10	18
1250～1999g	6	10	7	12	9	15	10	15	12	18	12	18
2000～2299g	7	12	8	15	10	18	12	20	13	20	14	20
2300～2499g	9	12	12	18	14	20	16	22	17	23	18	23

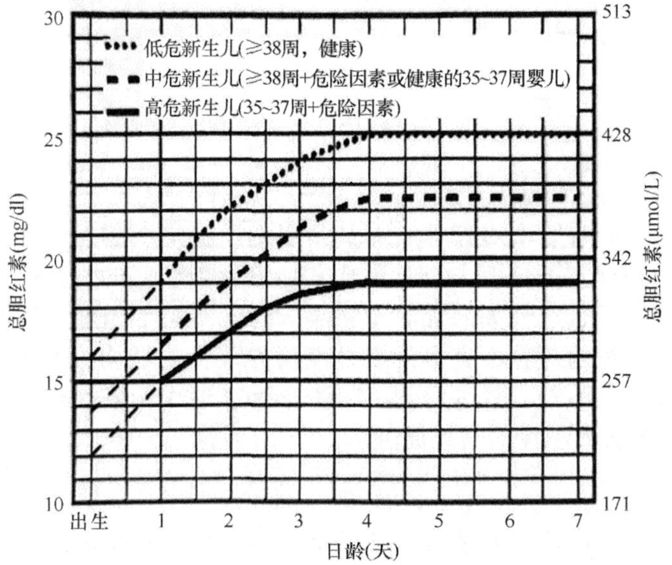

图 17-4 胎龄≥35 周新生儿换血指征

第二节 蛋白质-能量营养不良

蛋白质-能量营养不良（protein-energy malnutrition，PEM）是由于膳食中能量和（或）蛋白质摄入不足、吸收不良或消耗增加而导致的机体生长发育和功能障碍，往往也伴随其他营养素的缺乏。多见于 3 岁以下婴幼儿，特征为体重不增、体重下降、渐进性消瘦或水肿、皮下脂肪减少或消失，并可导致儿童免疫力下降、生长发育障碍、智力发育迟缓、学习能力下降。

案例 17-2

女孩，3 岁 5 个月。主诉：不能自主进食、消瘦 2 年。现病史：患儿近 2 年不会自己进食，伴吞咽困难，不能进食固体食物，每天鼻饲约 600ml 配方奶，有时喂少量肉泥和果泥。患儿自发病以来食欲差，进食量少，易患“感冒”，偶有一过性发热，二便正常，智力运动发育落后且伴有倒退，体重不增。

既往史：患儿发育落后2年，间断抽搐1年6个月伴发育倒退2个月余，家系全外显子基因突变筛查发现ATP8A2基因纯合变异。诊断：小脑共济失调、发育迟缓和平衡失调综合征3型。

个人史：系第4胎第2产儿，足月顺产，出生体重2.9kg，身长50cm；围生期无特殊。生后3个月抬头，17个月会坐，不会独站，不会独走，不会有意识叫“爸爸”“妈妈”。生后混合喂养，6月龄添加辅食，每天补充1粒维生素AD。一直吃奶量少，不能吃固体食物，目前每天鼻饲600ml配方奶，有时喂少量肉泥和果泥。

家族史：父亲患酒精性肝硬化，母亲及哥哥健康。否认遗传病史和类似病史。

查体：T 37℃，P 98次/分，R 24次/分，BP 97/56mmHg，体重8.1kg，身长91cm，头围46cm，胸围39cm，张力可。神志清，反应可，定向力差。全身皮肤黏膜无黄染、苍白，弹性差，无水肿，腹部、臀部皮下脂肪消失，面部、四肢皮下脂肪菲薄。

问题：1. 如何评价患儿的营养状态？

2. 可能发生哪些合并症？

一、病因

（一）摄入不足

小儿处于生长发育的阶段，对营养素尤其是蛋白质的需要相对较多，喂养不当是导致营养不良的重要原因，如母乳不足而未及时添加其他富含蛋白质的食品；奶粉配制过稀；过早或过迟添加辅食或添加不合理（如添加大量稀粥、米汤等）；长期以淀粉类食品（粥、米粉、奶糕）喂养等。较大儿童的营养不良多为婴儿期营养不良的继续，或因不良的饮食习惯如偏食、挑食、吃零食过多、不吃早餐等引起。青少年为了追求苗条而过度节食，甚至发生神经性厌食，是青春期儿童营养不良的常见原因。

（二）消化吸收不良

消化吸收功能障碍，如消化系统解剖或功能上的异常（包括唇裂、腭裂、幽门梗阻等）、吞咽困难、迁延性腹泻、过敏性肠炎、小肠吸收不良综合征等均可影响食物的消化和吸收。

（三）需求量增加

急、慢性传染病（如麻疹、伤寒、肝炎、结核）的恢复期、生长发育快速阶段等均可因需要量增多而造成营养相对缺乏；糖尿病、大量蛋白尿、发热性疾病、甲状腺功能亢进、恶性肿瘤等均可使营养素的消耗量增多而导致营养不足。低出生体重儿以及早产、双胎因追赶生长而需要量增加也可引起营养不良。

二、病理生理

（一）新陈代谢异常

1. 蛋白质 由于蛋白质摄入不足或蛋白质丢失过多，使体内蛋白质代谢处于负平衡。当血清总蛋白浓度＜40g/L、白蛋白＜20g/L时，便可发生低蛋白性水肿。

2. 脂肪 能量摄入不足时，体内脂肪大量消耗以维持生命活动的需要，故血清胆固醇浓度下降。肝脏是脂肪代谢的主要器官，当体内脂肪消耗过多，超过肝脏的代谢能力时可造成肝脏脂肪浸润及变性。

3. 糖类 由于摄入不足和消耗增多，故糖原不足和血糖偏低，轻度时症状并不明显，重者可引起低血糖昏迷甚至猝死。

4. 水、电解质代谢 由于脂肪大量消耗，故细胞外液容量增加，低蛋白血症可进一步加剧而呈现浮肿。由于能量缺乏导致细胞膜上 Na^{+}-K^{+}-ATP 泵功能障碍，引起细胞内钠潴留，细胞外液一般为低渗状态，易出现低渗性脱水、酸中毒、低血钾、低血钠、低血钙和低镁血症等。

5. 其他 营养不良儿体温偏低，可能与热能摄入不足；皮下脂肪菲薄，散热快；血糖降低；氧耗量低、脉率降低和周围血循环量减少等有关。另外，其他一些激素分泌亦发生紊乱，表现为甲状腺素和性激素分泌减少，导致基础代谢率下降，青春期女性可出现初潮推迟或闭经。

（二）各系统功能低下

1. 消化系统 由于消化液和酶的分泌减少、酶活力降低，肠蠕动减弱，菌群失调，致消化功能低下，易发生腹泻。

2. 循环系统 心脏收缩力减弱，心排血量减少，血压偏低，脉细弱。

3. 泌尿系统 肾小管重吸收功能减低，尿量增多而尿比重下降。

4. 中枢神经系统 脑体积减小、重量减轻，脑细胞数量减少，成分也有改变。如营养不良发生在胎儿期、新生儿期及婴儿期等脑发育的关键期，可导致不可逆的改变，乃至影响日后的智力和行为。年长儿营养不良时可出现精神抑郁但时有烦躁不安、表情淡漠、反应迟钝、记忆力减退、条件反射不易建立等表现。

5. 免疫功能 非特异性（如皮肤黏膜屏障功能、白细胞吞噬功能、补体功能）和特异性免疫功能均明显降低。患儿结核分枝杆菌素等迟发性皮肤反应可呈阴性，常伴 IgG 亚类缺陷和 T 细胞亚群比例失调等。由于免疫功能全面低下，患儿极易并发各种感染。

三、临床表现

体重不增是营养不良的早期表现。随营养失衡持续存在或加重，体重逐渐下降，患儿主要表现为消瘦，皮下脂肪逐渐减少以至消失，皮肤干燥、苍白、皮肤逐渐失去弹性、额部出现皱纹如老人状、肌张力逐渐降低、肌肉松弛、肌肉萎缩呈“皮包骨”时、四肢可有挛缩。皮下脂肪消耗的顺序首先是腹部，其次为躯干、四肢、臀部，最后为面颊。皮下脂肪层厚度是判断营养不良程度的重要指标之一。

营养不良初期，身高并无影响，但随着病情加重，骨骼生长减慢，身高亦低于正常。

轻度营养不良，精神状态正常，但重度可有精神萎靡，反应差，体温偏低，脉细无力，无食欲，腹泻、便秘交替。合并血浆白蛋白明显下降时，可有凹陷性浮肿、皮肤发亮，严重时可破溃、感染形成慢性溃疡。重度营养不良可有重要脏器功能损害，如心脏功能下降，可有心音低钝、血压偏低、脉搏变缓、呼吸浅表等。

常见的并发症有营养性贫血，贫血与缺乏铁、叶酸、维生素 B_{12}、蛋白质等造血原料有关，可出现营养性缺铁性贫血、营养性巨幼细胞贫血或营养性混合性贫血，其中缺铁性贫血较为常见。营养不良时可有多种维生素缺乏，尤以脂溶性维生素（维生素 A 及维生素 D）缺乏常见。在营养不良时，由于生长迟缓，维生素 D 缺乏的症状可能不明显，在恢复期生长发育加快时症状反而比较突出，严重营养不良的患儿常伴锌、铜、硒等微量元素的缺乏。

由于免疫功能低下，故易患各种感染，如反复呼吸道感染、鹅口疮、肺炎、结核病、中耳炎、尿路感染等；婴儿腹泻常迁延不愈加重营养不良，从而形成恶性循环。

营养不良可并发自发性低血糖，患儿可突然表现为面色灰白、神志不清、脉搏减慢、呼吸暂停、体温不升，但一般无抽搐，若不及时诊治，可致死亡。

另外，严重营养不良可影响大脑功能的发育，使患儿的认知功能降低。由于影响体格发育，使成年期的劳动能力下降。生命早期的营养不良还可以增加成年期冠心病、高血压、糖尿病、肥胖、过敏性疾病等慢性非传染性疾病的发生风险。

四、实验室检查

（一）血浆蛋白浓度降低

血浆总蛋白及白蛋白降低是蛋白质-能量营养不良最重要的改变，但其半衰期较长（19～21天），不能及时反映机体的营养状况，不能作为早期识别营养不良的指标。视黄醇结合蛋白（半衰期12h）、前白蛋白（半衰期1.9天）和转铁蛋白（半衰期8～9天）等代谢周期较短的血浆蛋白质具有早期诊断价值。

（二）胰岛素样生长因子1（IGF1）降低

IGF1在营养不良患者身高、体重等体格发育指标尚未改变之前已经下降，且不受肝功能的影响，是蛋白质营养不良早期诊断灵敏可靠的指标。

（三）其他

营养不良小儿牛磺酸和必需氨基酸浓度降低，而非必需氨基酸变化不大；血清淀粉酶、脂肪酶、胆碱酯酶、转氨酶、碱性磷酸酶、胰酶和黄嘌呤氧化酶等活性降低，经治疗后可迅速恢复正常；血糖、胆固醇水平降低，各种电解质及微量元素含量皆可下降。

五、诊　断

根据病史及喂养史，有体重下降、皮下脂肪减少、全身各系统功能紊乱及其他营养素缺乏的临床症状和体征，典型病例的诊断并不困难。对轻度营养不良的患儿，需通过定期生长监测、随访以早期识别，尽早干预治疗。确诊后需详细询问病史和进一步检查，以确定病因，积极治疗。

诊断营养不良的基本测量指标为身长和体重。根据年龄和体重、年龄和身高、身高和体重对儿童蛋白质-能量营养不良进行判断及分度。

（一）标准差（SD）法

1. 体重低下　体重低于同年龄、同性别参照人群值的均值减2SD以下为体重低下。如低于同年龄、同性别参照人群值的均值减2～3SD为中度；在均值减3SD以下为重度。该项指标主要反映慢性或急性营养不良。

2. 生长迟缓　身长低于同年龄、同性别参照人群值的均值减2SD为生长迟缓。如低于同年龄、同性别参照人群均值减2～3SD为中度；在均值减3SD以下为重度。此指标主要反映慢性长期营养不良。

3. 消瘦　体重低于同性别、同身高参照人群值的均值减2SD为消瘦。如低于同性别、同身高参照人群值的均值减2～3SD为中度；低于均值减3SD为重度。此项指标主要反映近期急性营养不良。

（二）Z 评分

又称标准差离差法（SDS）。营养不良的程度判定见表 17-2。

$$Z\text{评分}=（\text{实测值}-\text{同年龄同性别参考值均数}）/\text{标准差}$$

表 17-2 儿童营养不良分型与分度（Z 评分法）

分型	轻度	中度	重度
体重低下	–2≤Z 评分<–1	–3≤Z 评分<–2	Z 评分<–3
消瘦	–2≤Z 评分<–1	–3≤Z 评分<–2	Z 评分<–3
生长迟缓	–2≤Z 评分<–1	–3≤Z 评分<–2	Z 评分<–3

临床常综合应用体重低下、消瘦和生长迟缓这几项指标来判断患儿营养不良的类型和严重程度。以上三项判断营养不良的指标可以同时存在，也可仅符合其中一项。符合一项即可诊断营养不良。

六、治　疗

营养不良的治疗原则包括加强营养支持和监测，调节消化道功能，治疗原发病、合并症及并发症。

（一）营养支持

1. 轻-中度营养不良 通过调整膳食的量及内容，增加其能量和蛋白质等营养素的摄取，满足其生长发育所需。6 月龄以下母乳喂养的婴儿，可增加母乳强化剂，非母乳喂养可选择合适的高能量特殊配方奶粉。6 月龄以后的婴儿在继续母乳或配方奶粉喂养的基础上，注意添加富含能量和蛋白质的辅食。

2. 重度营养不良 应根据患儿的胃肠道耐受情况进行针对性营养治疗，循序渐进补充能量、蛋白质及各种微量营养素。

（1）初始期（1～7 天）：首先纠正水、电解质紊乱，维持体液平衡，可采用口服或静脉滴注方式进行补液，同时注意补充维生素及微量元素。能量供给在患儿近期摄入能量的基础上增加 20% 左右，或控制在推荐摄入量的 50%～75%。经消化道供给时应少量多次。对于血浆蛋白过低的患儿，可输注白蛋白或血浆。

（2）恢复期（2～6 周）：经过初始阶段的治疗，在严密监测电解质、心脏功能以及喂养耐受性的基础上，能量供给可以每天 10%～20% 的速度增加。在患儿体重开始增加和追赶生长之前，能量供给稳定在一个合适水平。对于 3 岁以内的婴幼儿，能量供给应在标准身高体重所需能量的 100%～120%。

（3）随访期（7～26 周）：患儿可以自由进食，逐渐进行正常的体力活动。为了实现患儿的追赶生长，所需能量一般要高出推荐摄入量的 20%～30%，同时蛋白质需求量也要增加。

（二）处理危及生命的并发症

严重营养不良常发生危及生命的并发症，如腹泻时的严重脱水和电解质紊乱、酸中毒、休克、肾衰竭、自发性低血糖、继发感染及维生素 A 缺乏所致的眼部损害等。有真菌感染的患儿，除积极给予支持治疗外，要及时进行抗真菌治疗及其他相应的处理。

（三）治疗原发病

在查明病因的基础上，积极治疗原发病，如纠正消化道畸形、控制感染性疾病、根治各种消耗性疾病、改进喂养方法等。

（四）调整饮食改善消化功能

膳食方案由少到多，由稀到干，由单一到多样化，直到患儿恢复正常饮食、营养改善。注意补充消化酶和B族维生素。另外，中药参苓白术散能调整脾胃功能，改善食欲；针灸、推拿、抚触、捏脊等也有一定疗效。

七、预　　防

（1）消除贫困，保证丰富的食物供应。

（2）做好孕期保健。加强对孕妇的营养指导，特别是孕中晚期的营养指导。

（3）合理均衡喂养，保证蛋白质-能量的充足摄入。大力提倡母乳喂养，及时进行食物转换，合理添加辅食，养成良好的饮食习惯，学龄期儿童的一日三餐应均衡合理搭配。加强营养宣教，提高父母的养育技能。

（4）加强生长监测，定期进行体格发育和营养监测，有利于早干预、早治疗。

（5）预防出生缺陷和先天性疾病的发生，可减少继发性营养不良的发生。

第三节　维生素D缺乏症

维生素D是一种脂溶性维生素，为一组具有抗佝偻病作用，结构类似的固醇类衍生物的总称。人体缺乏维生素D可导致钙磷代谢紊乱，影响骨骼生长，出现佝偻病或手足搐搦症。

案例 17-3

7月龄男婴，主因“多汗、睡眠不安4个月”就诊。

现病史：患儿4个月前开始无明显诱因出现多汗，与环境温度及活动无关，夜间睡眠不安，常有夜惊哭，未予诊治，症状逐渐加重。

个人史：患儿为第一胎第一产儿，胎龄34^{+6}周顺产，出生体重2.15kg，出生后纯母乳喂养至今，母乳充足，出生后2周起每日补充维生素D 400IU，2周前开始添加辅食，现已添加了米粉和南瓜泥。4月龄会翻身、会笑出声，目前会扶坐、会伸手抓物。近2个月来开始户外活动，每天半小时。出生并久居北京，母亲孕期至今未补钙及维生素D。

查体：体重9kg，身长70cm，头围44cm，前囟2.5cm×2.5cm，方颅，可见枕秃，未出牙，轻度肋骨外翻，轻度鸡胸，余无异常。

化验：25-(OH)-D_3不足（12ng/ml）；血钙正常、磷正常，ALP增高。

膝关节X线片：临时钙化带稍模糊。

问题：1. 该患儿最有可能的诊断是什么？诊断依据有哪些？

2. 针对该患儿的治疗计划包括哪些？

一、维生素D缺乏性佝偻病

佝偻病（rickets）是一类多种因素导致钙磷代谢异常而引起的以长骨生长板软骨细胞分

化异常、生长板软骨基质和类骨质矿化障碍为主要特征的慢性疾病。发生于长骨骨骺和干骺端融合之前的儿童生长发育期。婴幼儿阶段的佝偻病既可因维生素 D 缺乏，也可因钙缺乏引起，称营养性佝偻病（nutritional rickets），其中维生素 D 缺乏性佝偻病（vitamin D deficiency rickets）最为常见。婴幼儿特别是小婴儿是高危人群，北方佝偻病患病率高于南方。近年来，随着社会经济文化水平的提高，我国营养性维生素 D 缺乏性佝偻病的发病率逐年降低，重症佝偻病大为减少。但维生素 D 缺乏症及维生素 D 缺乏性佝偻病仍是我国儿童需要重点预防的疾病。

（一）病因

1. 妊娠期及哺乳期母体维生素 D 缺乏　母亲妊娠期，特别是妊娠后期维生素 D 营养不足，如孕妇长期在室内工作生活，未及时补充维生素 D 和钙，或母亲严重营养不良、肝肾疾病、慢性腹泻，以及早产、双胎均可使婴儿的体内维生素 D 和钙贮存不足，且母乳中维生素 D 和钙的含量也会减低。

2. 日照不足　因紫外线不能通过玻璃窗，婴幼儿被长期过多地留在室内活动，使内源性维生素 D 生成不足。大城市高大建筑可阻挡日光照射，大气污染如烟雾、尘埃可吸收部分紫外线。居住地纬度、季节、气候的影响，如冬季日照短、紫外线较弱、天空云量多等，均可影响部分内源性维生素 D 的生成。另外紫外线防护措施、肤色、皮肤暴露面积等也通过影响紫外线照射强度而影响维生素 D 的合成。

3. 生长发育过快，需要增加　婴儿尤其是早产及双胎婴儿、青少年阶段生长发育快，骨骼生长迅速，对维生素 D 的需求量增多，易发生维生素 D 缺乏。而重度营养不良婴儿因生长迟缓，发生佝偻病者不多，但在治疗后追赶生长阶段需注意补充维生素 D。

4. 摄入不足　因天然食物中含维生素 D 少，断母乳后若未辅以维生素 D 强化的配方奶喂养或未补充维生素 D 制剂，均会导致维生素 D 缺乏。

5. 疾病影响　胃肠道或肝胆疾病，如吸收不良综合征、先天性胆道狭窄或闭锁、婴儿肝炎综合征、慢性腹泻等，均可影响维生素 D 吸收，肝、肾严重损害可致维生素 D 羟化障碍，$1,25\text{-}(OH)_2\text{-}D_3$ 生成不足而引起佝偻病。

6. 药物影响　长期服用抗惊厥药物如苯妥英钠、苯巴比妥，以及抗结核药异烟肼，可干扰维生素 D 的合成与代谢，导致维生素 D 缺乏；糖皮质激素有对抗维生素 D 对钙的调节作用。

（二）发病机制

维生素 D 缺乏性佝偻病可以看成机体为维持血钙水平而对骨骼造成的损害。长期严重维生素 D 缺乏造成肠道吸收钙、磷减少和低钙血症，以致甲状旁腺功能代偿性亢进，PTH 分泌增加以动员骨钙释出，使血清钙浓度维持在正常或接近正常的水平；但 PTH 同时也抑制肾小管重吸收磷，继发机体严重钙、磷代谢失调，特别是严重低血磷的结果。细胞外液钙、磷浓度不足破坏了软骨细胞正常增殖、分化和凋亡的程序；钙化管排列紊乱，使长骨钙化带消失、骺板失去正常的形态，参差不齐；骨基质不能正常矿化，成骨细胞代偿增生，碱性磷酸酶分泌增加，骨样组织堆积于干骺端，骺端增厚，向两侧膨出，在各个肋骨端形成“串珠”，在上下肢长骨远端形成“手足镯”。骨膜下骨矿化不全，成骨异常，骨皮质被骨样组织替代，骨膜增厚，骨皮质变薄，骨质疏松；负重出现弯曲；颅骨骨化障碍而颅骨软化，颅骨骨样组织堆积出现“方颅”。临床即出现一系列佝偻病症状和血生化改变（图 17-5）。

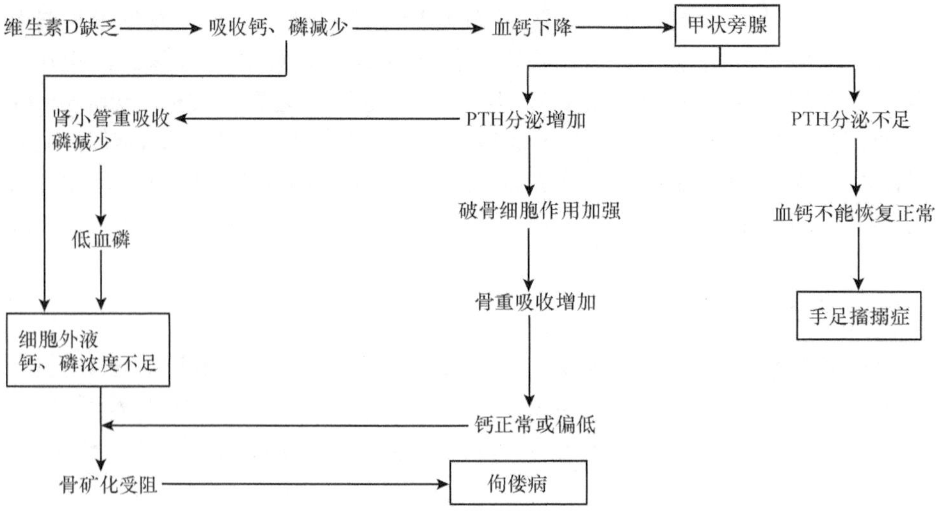

图 17-5　维生素 D 缺乏性佝偻病和手足搐搦症的发病机制

（三）临床表现

临床上把维生素 D 缺乏性佝偻病分为 4 期，即初期、活动期、恢复期和后遗症期。症状和体征的发生基础是肌肉发育及神经兴奋性的改变和生长最快部位的骨骼改变。佝偻病的骨骼改变常在维生素 D 缺乏数月后出现，围生期维生素 D 不足的婴儿佝偻病出现较早。重症佝偻病患儿还可有消化和心肺功能障碍，并可影响行为发育和免疫功能。

1. 初期（早期） 多见 6 月龄以内，特别是 3 月龄以内小婴儿。主要为神经兴奋性增高的表现，如易激惹、烦闹、多汗、夜惊等。多汗与气候无关。由于汗液刺激，患儿经常摩擦枕部，形成枕秃。这些并非佝偻病的特异症状，仅作为临床早期诊断的参考依据。此期骨骼表现不明显，血清 25-(OH)-D_3 水平降低，PTH 升高，血钙、磷正常或稍低，碱性磷酸酶正常或稍高。骨骼 X 线可正常，或临时钙化带稍模糊，干骺端稍增宽。

2. 活动期（激期） 早期维生素 D 缺乏的婴儿未经治疗，继续加重，出现 PTH 功能亢进和钙、磷代谢失常的典型骨骼改变，往往发生在生长速度较快的部位；因患儿年龄、维生素 D 缺乏的程度不同，骨骼变化也不同。

（1）头部：①颅骨软化，多见于 3～6 月龄的婴儿。6 月龄以内婴儿的佝偻病骨骼损害以颅骨改变为主。检查者用双手固定婴儿头部，指尖稍用力压迫颞枕部，可有压乒乓球样的感觉。此后尽管病情仍在进展，但颅骨软化消失。②骨膜下骨样组织增生，额骨和顶骨中心部分对称性隆起，形成"方颅"，重者可呈"蝶鞍颅"。③前囟增大，闭合延迟，严重者可迟至 2～3 岁。④出牙延迟，可至 1 岁以后出牙，牙齿排列不齐，釉质发育不良。

（2）胸部：①肋骨串珠，也称佝偻病串珠（rachitic rosary），由于肋骨干骺端因骨样组织堆积而膨大，于肋骨与肋软骨交界处可扪及圆形隆起，从上至下如串珠，以第 7～10 肋骨最明显。②肋膈沟或郝氏沟（Harrison's groove），因肋骨软化使得膈肌附着处的肋骨受膈肌牵拉而内陷，形成沿胸骨下缘水平的凹沟，多见于 1 岁以内小儿。③鸡胸（pigeon chest）或漏斗胸（funnel chest），肋骨骺部位内陷而胸骨前突，形成鸡胸；胸骨剑突部位内陷，形成漏斗胸。这些骨骼改变会引起胸腔体积减小，严重时压迫心肺组织，引起心肺功能障碍。

（3）四肢和脊柱：①长骨干骺端增生肥大，引起手腕、足踝部位呈钝圆形隆起，形似手镯或脚镯，多见于 6 月龄以上的婴幼儿。②骨质软化和肌肉关节松弛使得婴儿站立行走后因双下肢负重，可出现股骨、胫骨、腓骨弯曲，膝内翻者为“O”形腿，膝外翻者为“X”形腿，偶见“K”形样下肢畸形。③严重时可出现脊柱侧弯或后凸，以及骨盆畸形，导致女性患儿成年后因骨盆异常而难产。

（4）其他：重症佝偻病会出现韧带松弛、肌肉软弱无力，可表现为坐、立、走等“里程碑运动”发育落后，腹部膨大如“蛙腹”。较大儿童可诉腿痛。因免疫功能降低，易患各种呼吸道、消化道感染，并使感染加重，死亡率提高。重症佝偻病患儿常伴多种营养素缺乏以及智力发育迟缓，出现相应的症状。

（5）血生化检测：血钙正常或稍低，血磷明显降低，碱性磷酸酶明显升高；血 25-(OH)-D_3 显著降低，PTH 增高。

（6）X 线检查：长骨干骺端增宽，临时钙化带模糊或消失，呈毛刷样、杯口状改变；骨骺软骨盘增宽（＞2mm）；骨质稀疏，骨皮质变薄，骨密度降低；可有骨干弯曲畸形或青枝骨折，骨折可无临床症状。

3. 恢复期 初期或激期患儿经维生素 D 治疗或日光照射后，临床症状和体征逐渐减轻或消失。血钙、磷逐渐恢复正常，25-(OH)-D_3 逐渐恢复正常，碱性磷酸酶需 1～2 个月降至正常水平。治疗 2～3 周后骨骼 X 线改变有所改善，长骨干骺端临时钙化带重现、增宽、密度增加，骨骺软骨盘＜2mm，逐渐恢复正常。

4. 后遗症期 多见于 3 岁以后的儿童，因婴幼儿期严重佝偻病而遗留不同程度的骨骼畸形。一般无任何临床症状，血生化正常，X 线检查骨骼干骺端病变消失。

（四）诊断

根据患儿维生素 D 缺乏的高危因素和病因、临床症状和体征、血生化改变做出临床诊断，通过骨骼 X 线检查确诊。应注意早期的神经兴奋性增高的症状无特异性，如多汗、烦闹等，仅据临床表现的诊断准确率较低；血清 25-(OH)-D_3 水平为最可靠的诊断标准。

目前把维生素 D 营养状况分为 4 个级别：血清 25-(OH)-D_3＜30nmol/L 为维生素 D 缺乏，30～50nmol/L 为维生素 D 不足，50～250nmol/L 为维生素 D 充足，＞250nmol/L 为维生素 D 中毒。较为理想的血 25-(OH)-D_3 适宜范围为 50～150nmol/L。

（五）鉴别诊断

佝偻病需要与具有佝偻病样体征的疾病（如黏多糖、软骨营养不良等）及佝偻病体征相同而病因不同的疾病（如低血磷抗维生素 D 佝偻病、远端肾小管性酸中毒、维生素 D 依赖性佝偻病等）进行鉴别诊断。

（六）治疗

目的在于控制活动期，防止骨骼畸形。应做到早发现、早诊断、早治疗。

1. 维生素 D 治疗 给药方式应以口服为主，一般剂量为每日 50～100μg（2000～4000IU），或 1, 25-$(OH)_2$-D_3 0.5～2.0μg。大剂量维生素 D 冲击疗法与治疗效果无正比例关系，不缩短疗程，与临床分期无关；故只有口服用药依从性差或无法口服者可大剂量肌内注射维生素 D 5 万～30 万 IU 一次。任何一种给药方法，治疗 1 个月后应随访，如症状、体征、血生化与骨骼 X 线已痊愈，改为预防量 400IU/d，若无恢复征象，应与其他疾病相鉴别。

2. 补钙 提倡补充维生素 D 和补钙同时进行。首选含钙丰富的膳食（牛奶、配方奶和豆制品等）补充，膳食来源的钙元素至少 500mg/d，膳食不能满足时，额外口服补充钙剂。

3. 其他 ①适量的日照促进皮肤维生素 D 合成；②必要时补充其他矿物质和维生素；

③严重畸形可行外科手术矫正。

（七）预防

确保儿童每日获得维生素 D 400IU 是预防和治疗的关键。

1. 保持适当光照 晒太阳是预防佝偻病最有效、方便、经济的方法。提倡夏秋季节晒太阳，冬春季节额外补充维生素 D。夏秋季节平均户外活动时间应在每天 1～2h。晒太阳的时间一般在上午 9～10 时和下午 3～4 时较为合适。夏季日照要少穿衣，不可过分防护遮挡紫外线，可在屋檐或树荫下接受折射的紫外线。紫外线不能穿透窗玻璃，故需开窗晒太阳。

2. 维生素 D 补充

（1）围生期：孕妇应多户外活动，食用富含钙、磷、维生素 D 及其他营养素的食物。妊娠期至少应保证维生素 D 每天 400～1000IU 的摄入量，有益于胎儿贮存充足维生素 D，以满足胎儿和出生后一段时间生长发育的需要。

（2）婴幼儿期：新生儿出生后即可开始补充维生素 D。一般建议婴儿出生后 2 周开始每日补充维生素 D 400IU 至 2 岁。早产儿、低出生体重儿、双胎儿生后开始每天补充维生素 D 800～1000IU，3 个月后改为每天 400～800IU。维生素 D 摄入量应包括食物、日光照射、维生素 D 制剂及强化食品中的维生素 D 含量。夏秋季节如果婴儿每天摄入 500ml 以上的配方奶（含 200IU 维生素 D），加上适当的户外活动，可不必额外补充维生素 D，而冬春季节则要及时补充。

二、维生素 D 缺乏性手足搐搦症

维生素 D 缺乏性手足搐搦症（tetany of vitamin D deficiency）是维生素 D 缺乏性佝偻病的伴发症状之一，是由于维生素 D 缺乏、血钙降低而引起的神经肌肉兴奋性增高的一种疾病，主要表现为惊厥、手足搐搦或喉痉挛。多见于 2 岁以下婴幼儿，特别是 6 月龄以下的小婴儿。目前因预防维生素 D 缺乏工作的普遍开展，维生素 D 缺乏性手足搐搦症已较少发生。

（一）病因和发病机制

能引起维生素 D 缺乏或钙缺乏的病因均可引发本病，特别是在应用维生素 D 治疗佝偻病过程中或冬春季交替时节。维生素 D 治疗佝偻病使钙向骨骼沉积，如果钙摄入不足或肠道吸收减少，则易造成低血钙。冬春交替时节患儿接触日光增多，皮肤合成维生素 D 快速增加，大量钙沉着于骨，血钙暂时下降而促使发病。有些患儿在遇到感染、饥饿、体液代谢紊乱和酸碱失衡等因素时即可发病。如长期腹泻或梗阻性黄疸使维生素 D 与钙的吸收减少，以致血钙降低；急性感染性疾病时，因细胞内的磷释放到细胞外液，使血清磷浓度突然增高，致血钙降低。

维生素 D 缺乏时，血钙下降而甲状旁腺不能代偿性分泌增加；血钙继续降低，当总血钙低于 1.75～1.8mmol/L（＜7～7.5mg/dl），或离子钙＜1.0mmol/L（4mg/dl）时可引起神经肌肉兴奋性增高，出现惊厥、手足搐搦或喉痉挛。

（二）临床表现

1. 典型症状 血清钙＜1.75mmol/L 时可出现惊厥、喉痉挛和手足搐搦。

（1）惊厥（convulsion）：一般为无热性惊厥，突然发作，表现为四肢抽动、两眼上翻、面肌痉挛、意识暂时丧失或大小便失禁等。每日发作次数不等，每次持续数秒至数分钟。发作停止后多入睡，醒后活泼如常。

（2）手足搐搦（tetany）：表现为双手腕屈曲，手指伸直，拇指内收贴近掌心，称为助产士手；足踝关节伸直，足趾强直下屈，足底呈弓状，称为芭蕾舞足。发作时意识清楚。

（3）喉痉挛（laryngospasm）：声门及喉部肌肉突发痉挛，引起吸气性呼吸困难和喉鸣，严重者可发生窒息死亡。

（4）其他：患儿可有程度不等的活动期佝偻病表现，如睡眠不安、易惊、多汗等神经兴奋现象。

2. 隐性体征　血清钙在 1.75～1.88mmol/L，没有典型发作的症状，但可通过刺激神经肌肉而引出下列体征。

（1）面神经征（Chvostek sign）：以手指尖或叩诊锤反复轻叩患儿颧弓与口角间的面颊部（第 7 脑神经穿出处），引起眼睑和口角抽动为面神经征阳性。该征对低钙血症诊断的敏感性和特异性不高，新生儿期可呈假阳性。

（2）腓反射（peroneal reflex）：以叩诊锤叩击膝下外侧腓骨小头上腓神经处，引起足向外侧收缩即为腓反射阳性。

（3）陶瑟征（Trousseau sign）：以血压计袖带包裹上臂，充气使袖带压力维持在收缩压与舒张压之间，5min 之内该手出现腕关节痉挛，手腕和拇指屈曲为陶瑟征阳性。与面神经征相比，陶瑟征是反映低钙血症更特异的指标。

（三）诊断与鉴别诊断

突发无热惊厥，且反复发作，发作后神志清楚无神经系统体征，或较大幼儿及儿童出现手足搐搦，同时有佝偻病存在，总血钙＜1.75mmol/L，离子钙＜1.0mmol/L，均有助于诊断。静脉滴注钙剂治疗有效可作为诊断性试验治疗。

维生素 D 缺乏性手足搐搦症应与具有惊厥、手足搐搦及喉痉挛这三大类似症状的疾病进行鉴别。

（四）治疗

首先控制惊厥、解除喉痉挛；其次补充钙剂，使血钙迅速上升；然后给予维生素 D，使机体维持钙稳态。

1. 急救处理

（1）惊厥期应立即吸氧，保持呼吸道通畅。喉痉挛者须先将舌拉出口外，并进行口对口人工呼吸或加压给氧，必要时行气管内插管。

（2）迅速控制惊厥或喉痉挛：首选地西泮，每次 0.3～0.5mg/kg 静脉注射，单剂不超过 10mg，必要时 10～15min 后可重复 1 次；或苯巴比妥肌内注射，负荷量 15～20mg/kg，之后每次 2.5～5mg/kg，每日 1～2 次；或 10% 水合氯醛，每次 40～50mg/kg，总量不超过 10ml，保留灌肠。

2. 钙剂治疗　尽快给予 10% 葡萄糖酸钙 5～10ml 加入 10% 葡萄糖溶液 10～20ml，缓慢静脉注射或滴注，迅速提高血钙浓度。惊厥停止后改为口服钙剂。

3. 维生素 D 治疗　急救处理后，按维生素 D 缺乏性佝偻病补充维生素 D 治疗。

第四节　小 儿 腹 泻

小儿腹泻（diarrhea）是一组由多病原、多因素引起的以大便次数增多和大便性状改变为特点的消化道综合征，是我国婴幼儿第二位常见多发病。6 月龄～2 岁婴幼儿发病率高，1 岁以内约占半数，是造成小儿营养不良、生长发育障碍的主要原因之一。

婴幼儿易患腹泻病，主要与以下易感因素有关。

1. 消化系统发育尚未成熟 胃酸和消化酶分泌少，酶活性偏低，不能适应食物质和量的较大变化。婴幼儿水代谢旺盛，婴儿每日水的交换量为细胞外液量的1/2，而成人仅为1/7，对缺水的耐受性差，一旦失水容易发生体液紊乱。

2. 生长发育快 所需营养物质相对较多，且婴儿食物以液体为主，摄入量较多，胃肠道负担重。

3. 机体的防御功能差 ①婴儿胃酸偏低，胃排空较快。对进入胃内的细菌杀灭能力较弱。②血清免疫球蛋白（尤其是IgM和IgA）和胃肠道分泌型IgA均较低。肠黏膜的免疫防御反应及口服耐受机制均不完善。

4. 肠道菌群失调 正常肠道菌群对入侵的致病微生物有拮抗作用，新生儿出生后尚未建立正常肠道菌群、改变饮食使肠道内环境改变，或滥用广谱抗生素，均可使肠道正常菌群平衡失调，而患肠道感染。

5. 人工喂养 人工喂养时，由于缺乏母乳中含有的具有很强的抗肠道感染作用的大量免疫因子（分泌型IgA、乳铁蛋白）、巨噬细胞和粒细胞、溶酶体、溶菌酶，且人工喂养的食物和食具易受污染，故人工喂养婴儿肠道感染发生率明显高于母乳喂养婴儿。

一、病　　因

引起儿童腹泻病的病因分为感染性及非感染性两种。

（一）感染因素

1. 肠道内感染 可由病毒、细菌、真菌、寄生虫引起，以前两者多见，尤其是病毒。

（1）病毒感染：寒冷季节的婴幼儿腹泻80%由病毒感染引起。病毒性肠炎主要病原为轮状病毒（rotavirus，RV），其次有星状病毒（astrovirus）、杯状病毒（calicivirus）科的诺如病毒属（norovirus）、札如病毒属（sapovirus）；此外，肠道病毒包括柯萨奇病毒（coxsackise virus）、埃可病毒（echo virus）、肠道腺病毒（enteric adenovirus）等，冠状病毒（coronavirus）科的环曲病毒（torovirus）等。

案例 17-4

患儿男，7月龄，主因“腹泻1周，加重伴呕吐3天”入院。

现病史：患儿1周前无诱因出现腹泻，为稀水样便，5～6次/天，量中等，无黏液脓血，未特殊治疗。3天来大便次数较前增加，每日10余次，量多，无黏液脓血，同时伴有呕吐，为胃内容物。患儿自发病以来食欲缺乏，睡眠不好，哭闹，哭时无泪，尿量明显减少，体重无明显变化。

既往体健。为足月顺产儿，生后母乳喂养，按时添加辅食，现已添加米粉。生长发育无异常。

查体：T38.4℃，P124次/分，R22次/分，BP82/50mmHg，发育正常，营养良好，精神尚可，急性面容，全身皮肤黏膜干燥，弹性稍差，前囟及眼窝稍凹陷。口唇黏膜干燥，心肺查体无异常。腹平软，无压痛、反跳痛，肝脾肋下未及。移动性浊音（－），肠鸣音5～6次/分。

辅助检查：便常规正常。轮状病毒抗原检测（＋）。血钠137mmol/L，血钾3.2mmol/L，二氧化碳结合力16.5mmol/L。

问题： 1. 该患儿腹泻的原因是什么？

2. 患儿存在哪些水电解质紊乱情况？

（2）细菌感染（不包括法定传染病）

1）致腹泻大肠埃希菌：根据引起腹泻的大肠埃希菌不同致病毒性和发病机制，可将已知菌株分为五大组。①肠致病性大肠埃希菌（enteropathogenic *E. coli*，EPEC）：为最早发现的致腹泻大肠埃希菌。EPEC 侵入肠道后，黏附在肠黏膜上皮细胞，引起肠黏膜微绒毛破坏，皱襞萎缩变平，黏膜充血、水肿而致腹泻，可累及全肠道。②肠产毒性大肠埃希菌（enterotoxigenic *E. coli*，ETEC）：可黏附在小肠上皮刷状缘，在细胞外繁殖，产生不耐热肠毒素（heat-labile enterotoxin，LT）和耐热肠毒素（heat-stable enterotoxin，ST）而引起腹泻。③肠侵袭性大肠埃希菌（enteroinvasive *E. coli*，EIEC）：可直接侵入肠黏膜引起炎症反应，也可黏附和侵入结肠黏膜，导致肠上皮细胞炎症和坏死，引起痢疾样腹泻。该菌与志贺菌相似，两者 O 抗原有交叉反应。④肠出血性大肠埃希菌（enterohemorrhagic *E. coli*，EGEC）：黏附于结肠产生与志贺杆菌相似的肠毒素（vero 毒素），引起肠黏膜坏死和肠液分泌，致出血性肠炎。⑤肠集聚性大肠埃希菌（enteroaggregative *E. coli*，EAEC）：以集聚方式黏附于下段小肠和结肠黏膜致病，不产生肠毒素，亦不引起组织损伤。

2）空肠弯曲菌（campylobacter jejuni）：与肠炎有关的弯曲菌有空肠型、结肠型和胎儿亚型 3 种，95%～99% 弯曲菌肠炎由胎儿弯曲菌空肠亚种（简称空肠弯曲菌）引起。致病菌直接侵入空肠、回肠和结肠黏膜，引起侵袭性腹泻，某些菌株亦能产生肠毒素。

3）耶尔森菌（Yersinia）：除侵袭小肠、结肠黏膜外，还可产生肠毒素，引起侵袭性和分泌性腹泻。

4）其他：沙门菌（*salmonella*）（主要为鼠伤寒和其他非伤寒、副伤寒沙门菌）、嗜水气单胞菌（*Aeromonas hydrophila*）、难辨梭状芽孢杆菌（*Clostridium difficile*）、金黄色葡萄球菌（*Staphylococcus aureus*）、铜绿假单胞菌（*Pseudomonas aeruginosa*）、变形杆菌（*Bacillus proteus*）等均可引起腹泻。

（3）真菌：致腹泻的真菌有念珠菌、曲菌、毛霉菌，婴儿以白念珠菌（*Candida albicans*）性肠炎多见。

（4）寄生虫：常见为蓝氏贾第鞭毛虫、阿米巴原虫和隐孢子虫等。

2. 肠道外感染 有时亦可产生腹泻症状，如患中耳炎、上呼吸道感染、肺炎、泌尿系统感染、皮肤感染或急性传染病时，可由于发热、感染原释放的毒素、抗生素治疗、直肠局部激惹（如膀胱炎、阑尾周围脓肿等）作用而并发腹泻。有时病原体（主要是病毒）可同时感染肠道。

3. 使用抗生素引起的腹泻 除了一些抗生素可降低糖类转运和乳糖酶水平之外，肠道外感染时长期、大量使用广谱抗生素可引起肠道菌群紊乱，肠道正常菌群减少，耐药性金黄色葡萄球菌、变形杆菌、铜绿假单胞菌、难辨梭状芽孢杆菌或白念珠菌等可大量繁殖，引起药物较难控制的肠炎，称之为抗生素相关性腹泻（antibiotic-associated diarrhea，AAD）。

（二）非感染因素

1. 饮食因素

（1）喂养不当：多为人工喂养儿。原因有：喂养不定时，饮食量不当，突然改变食物品种或过早喂给大量淀粉或脂肪类食品；果汁，特别是那些含高果糖或山梨醇的果汁，可产生高渗性腹泻；肠道刺激物（调料、富含纤维素的食物）也可引起腹泻。

（2）过敏性腹泻：如对牛奶或大豆等食物过敏而引起腹泻。

（3）原发性或继发性双糖酶（主要为乳糖酶）缺乏或活性降低：肠道对糖的消化吸收不良而引起腹泻。

2. 气候因素 气候突然变化、腹部受凉使肠蠕动增加；天气过热消化液分泌减少或由于口渴饮奶过多等都可能诱发消化功能紊乱导致腹泻。

二、发病机制

导致腹泻的机制有：肠腔内存在大量不能吸收的具有渗透活性的物质——“渗透性”腹泻；肠腔内电解质分泌过多——“分泌性”腹泻；炎症所致的液体大量渗出——“渗出性”腹泻；肠道蠕动功能异常——“肠道功能异常性”腹泻等。但在临床上不少腹泻并非由某种单一机制引起，而是在多种机制共同作用下发生的。

（一）感染性腹泻

病原微生物多随污染的食物或饮水进入消化道，亦可通过污染的日用品、手、玩具或带菌者传播。病原微生物能否引起肠道感染，决定于宿主防御功能的强弱、感染病原微生物量的多少及毒力。

1. 病毒性肠炎 各种病毒侵入肠道后，在小肠绒毛顶端的柱状上皮细胞上复制，使细胞发生空泡变性和坏死，其微绒毛肿胀，排列紊乱和变短，受累的肠黏膜上皮细胞脱落，遗留不规则的裸露病变，致使小肠黏膜回吸收水分和电解质的能力受损，肠液在肠腔内大量积聚而引起腹泻。同时，发生病变的肠黏膜细胞分泌双糖酶不足且活性降低，使食物中糖类消化不全而积滞在肠腔内，并被细菌分解成小分子的短链有机酸，使肠液的渗透压增高。微绒毛破坏亦造成载体减少，上皮细胞钠转运功能障碍，水和电解质进一步丧失。

2. 细菌性肠炎 肠道感染的病原菌不同，发病机制亦不同。

（1）肠毒素性肠炎：各种产生肠毒素的细菌可引起分泌性腹泻，如霍乱弧菌、肠产毒性大肠埃希菌等。病原体侵入肠道后，一般仅在肠腔内繁殖，黏附在肠上皮细胞刷状缘，不侵入肠黏膜。细菌在肠腔释放两种肠毒素，即不耐热肠毒素（LT）和耐热肠毒素（ST），LT与小肠上皮细胞膜上的受体结合后激活腺苷酸环化酶，致使腺苷三磷酸（ATP）转变为环磷酸腺苷（cAMP），cAMP增多后即抑制小肠绒毛上皮细胞吸收Na^+、Cl^-和水，并促进肠腺分泌Cl^-；ST则通过激活鸟苷酸环化酶，使鸟苷三磷酸（GTP）转变为环磷酸鸟苷（cGMP），cGMP增多后亦使肠上皮细胞减少Na^+和水的吸收、促进Cl^-分泌。两者均使小肠液总量增多，超过结肠的吸收限度而发生腹泻，排出大量水样便，导致患儿脱水和电解质紊乱。

（2）侵袭性肠炎：各种侵袭性细菌感染可引起渗出性腹泻，如志贺菌属、沙门菌属、肠侵袭性大肠埃希菌、空肠弯曲菌、耶尔森菌和金黄色葡萄球菌等均可直接侵袭小肠或结肠肠壁，使黏膜充血、水肿，炎症细胞浸润引起渗出和溃疡等病变。此时可排出含有大量白细胞和红细胞的菌痢样粪便，并出现全身中毒症状。结肠由于炎症病变而不能充分吸收来自小肠的液体，并且某些致病菌还会产生肠毒素，故亦可发生水样腹泻。

（二）非感染性腹泻

主要由饮食不当引起。当进食过量或食物成分不恰当时，消化过程发生障碍，食物不能被充分消化和吸收而积滞在小肠上部，使肠腔内酸度降低，有利于肠道下部的细菌上移和繁殖；食物发酵和腐败，分解产生的短链有机酸使肠腔内渗透压增高，腐败性毒性产物刺激肠壁使肠蠕动增加导致腹泻，进而发生脱水和电解质紊乱。

三、临床表现

不同病因引起的腹泻常各具临床特点和不同临床过程。故在临床诊断中常包括病程、严重程度及分析可能的病原。连续病程在2周以内的腹泻为急性腹泻，病程2周～2个月为迁延性腹泻，慢性腹泻的病程为2个月以上。国外学者亦有将病程持续2周以上的腹泻统称为慢性腹泻或难治性腹泻。

（一）急性腹泻

1. 轻型 常由饮食因素及肠道外感染引起。起病可急可缓，以胃肠道症状为主，表现为食欲缺乏，偶有溢乳或呕吐，大便次数增多，但每次大便量不多，稀薄或带水，呈黄色或黄绿色，有酸味，常见白色或黄白色奶瓣和泡沫。无脱水及全身中毒症状，多在数日内痊愈。

2. 重型 多由肠道内感染引起。常急性起病，也可由轻型逐渐加重转变而来，除有较重的胃肠道症状外，还有较明显的脱水、电解质紊乱和全身感染中毒症状，如发热或体温不升、面色苍白、精神烦躁或萎靡、嗜睡、意识模糊，甚至昏迷、休克。

（1）胃肠道症状：包括食欲减退，常有呕吐，严重者可吐咖啡色液体；腹泻频繁，大便每日十余次至数十次，多为黄色水样或蛋花样便，含有少量黏液，少数患儿也可有少量血便。

（2）水、电解质及酸碱平衡紊乱：由于吐泻丢失体液和摄入量不足，使体液总量尤其是细胞外液量减少，导致不同程度（轻、中、重度）脱水。由于腹泻患儿丧失的水和电解质的比例不尽相同，可造成等渗、低渗或高渗性脱水，以前两者多见。出现眼窝、囟门凹陷，尿少泪少，皮肤黏膜干燥、弹性下降，甚至血容量不足引起的末梢循环的改变。

（3）代谢性酸中毒：其发生原因有①腹泻丢失大量碱性物质；②进食少，肠吸收不良，热能不足使机体得不到正常能量供应导致脂肪分解增加，产生大量酮体；③脱水时血容量减少，血液浓缩使血流缓慢，组织缺氧导致无氧酵解增多而使乳酸堆积；④脱水使肾血流量亦不足，其排酸、保钠功能低下使酸性代谢产物滞留体内。患儿可出现精神不振、口唇樱红、呼吸深大、呼出气凉有丙酮味等症状，但小婴儿症状可不典型。

（4）低钾血症：胃肠液中含钾较多，呕吐和腹泻丢失大量钾盐；进食少，钾的摄入量不足；肾脏保钾功能比保钠差，缺钾时仍有一定量钾继续排出，所以腹泻病时常有体内缺钾。但在脱水未纠正前，由于血液浓缩，酸中毒时钾由细胞内向细胞外转移，尿少而致钾排出量减少等原因，体内钾总量虽然减少，但血清钾多数正常。随着脱水、酸中毒被纠正、排尿后钾排出增加、排便继续失钾以及输入葡萄糖合成糖原时使钾从细胞外进入细胞内等因素使血钾迅速下降，出现不同程度的缺钾症状，如精神不振、无力、腹胀、心律失常、碱中毒等。

（5）低钙血症和低镁血症：腹泻患儿进食少，吸收不良，从大便丢失钙、镁，可使体内钙、镁减少，在活动性佝偻病和营养不良患儿中更多见。但是脱水、酸中毒时由于血液浓缩、离子钙增多等原因，不出现低血钙的症状，待脱水、酸中毒纠正后则出现低钙症状（手足搐搦和惊厥）。极少数久泻和营养不良患儿输液后出现震颤、抽搐，用钙治疗无效时应考虑有低镁血症的可能。

（二）迁延性和慢性腹泻

病因复杂，感染、营养物质过敏、酶缺陷、免疫缺陷、药物因素、先天畸形等均可引起。以急性腹泻未彻底治疗或治疗不当、迁延不愈最为常见。人工喂养、营养不良婴幼儿患病率高，其原因为：①重症营养不良时胃黏膜萎缩，胃液酸度降低，使胃杀菌屏障作用明显减弱，有利于胃液和十二指肠液中的细菌和酵母菌大量繁殖。②营养不良时十二指肠、空肠黏膜变薄，肠绒毛萎缩、变性，细胞脱落增加，双糖酶尤其是乳糖酶活性及刷状缘肽酶活性降低，小肠有效吸收面积减少，引起各种营养物质的消化吸收不良。③重症营养不良患儿腹泻时小肠上段细菌显著增多，十二指肠内厌氧菌和酵母菌过度繁殖，由于大量细菌对胆酸的降解作用，使游离胆酸浓度增高，损害小肠细胞，同时阻碍脂肪微粒形成。④营养不良患儿常有肠动力的改变。⑤长期滥用抗生素引起肠道菌群失调。⑥重症营养不良患儿免疫功能缺陷，抗革兰氏阴性杆菌有效的 IgM 抗体、起黏膜保护作用的分泌型 IgA 抗体、吞噬细胞功能和补体水平均降低，因而增加了对病原的易感性，同时降低了对食物蛋白抗原的口服免疫耐受。故营养不良婴患儿腹泻时易迁延不愈，持续腹泻又加重了营养不良，两者互为因果，最终引起免疫功能愈发低下，继发感染，形成恶性循环，导致多脏器功能异常。

对于迁延性、慢性腹泻的病因诊断，必须详细询问病史，全面体格检查，正确选用有效的辅助检查等综合分析判断。

四、诊断及鉴别诊断

根据发病季节、病史（包括喂养史和流行病学资料）、临床表现和大便性状可以作出临床诊断。必须判定有无脱水（程度和性质）、电解质紊乱和酸碱失衡。注意寻找病因，从临床诊断和治疗需要考虑，可先根据大便常规有无白细胞将腹泻分为两组。

（一）大便无或偶见少量白细胞者

为侵袭性细菌以外的病因（如病毒、非侵袭性细菌、寄生虫等肠道内、外感染或喂养不当）引起的腹泻，多为水泻，有时伴脱水症状，应与下列疾病相鉴别。

1. 生理性腹泻 多见于 6 个月以内婴儿，外观虚胖，常有湿疹，出生后不久即出现腹泻，除大便次数增多外，无其他症状，食欲好，不影响生长发育。近年来发现此类腹泻可能为乳糖不耐受的一种特殊类型，或与食物过敏相关，添加辅食后，大便即逐渐转为正常。

2. 导致小肠消化吸收功能障碍的各种疾病 如乳糖酶缺乏、葡萄糖-半乳糖吸收不良、失氯性腹泻、原发性胆酸吸收不良、食物过敏性腹泻等，可根据各病特点进行粪便酸度、还原糖试验、食物过敏原（特异性免疫球蛋白）等检查方法加以鉴别。

（二）大便有较多的白细胞者

表明结肠和回肠末端有侵袭性炎症病变，常由各种侵袭性细菌感染所致，仅凭临床表现难以区别，必要时应进行大便细菌培养、细菌血清型和毒性检测，尚需与下列疾病相鉴别。

1. 细菌性痢疾 常有流行病学史，起病急，全身症状重。大便次数多，量少，排脓血便伴里急后重，大便显微镜检查有较多脓细胞、红细胞和吞噬细胞，大便细菌培养有痢疾杆菌生长可确诊。

2. 坏死性肠炎 中毒症状较严重，腹痛、腹胀、频繁呕吐、高热，大便暗红色糊状，渐出现典型的赤豆汤样血便，常伴休克。腹部 X 线片呈小肠局限性充气扩张，肠间隙增宽，肠壁积气等。

五、治　　疗

治疗原则：调整饮食，预防和纠正脱水，合理用药，加强护理，预防并发症。不同时期的腹泻病治疗重点各有侧重，急性腹泻多注意维持水、电解质平衡及抗感染；迁延及慢性腹泻则应注意肠道菌群失调及饮食疗法。

（一）急性腹泻的治疗

1. 饮食疗法　腹泻时进食和吸收减少，而肠黏膜损伤的恢复、发热时代谢旺盛，侵袭性肠炎丢失蛋白等因素使营养需要量增加，如限制饮食过严或禁食过久常造成营养不良，并发酸中毒，以致病情迁延不愈影响生长发育。故应强调继续饮食，满足生理需要，补充疾病消耗，以缩短腹泻后的康复时间。有严重呕吐者可暂时禁食 4～6h（不禁水），好转后继续喂食，由少到多，由稀到稠。病毒性肠炎多有继发性双糖酶（主要是乳糖酶）缺乏，对疑似病例可暂停乳类喂养，改为豆类、淀粉类代乳品，或发酵奶、去乳糖配方奶粉以减轻腹泻，缩短病程。腹泻停止后逐渐恢复营养丰富的饮食，并每日加餐一次，共 2 周。

2. 纠正水、电解质紊乱及酸碱失衡

（1）脱水

1）脱水程度：是指累积的体液丢失量占体重的百分比，临床实践中常根据前囟、眼窝、皮肤弹性、尿量和循环情况等临床表现进行分度。不同性质的脱水其临床表现不尽相同。现以等渗性脱水为例，脱水分度见表 17-3。

表 17-3　等渗性脱水的临床表现与分度

脱水程度	失水量 %（ml/kg）	精神	眼泪	口渴	尿量	皮肤	黏膜	眼窝	前囟	四肢	休克征
轻度	5%（50）	稍差，略烦躁	有	轻	稍减少	稍干燥	略干	稍凹陷	稍下陷	温	无
中度	5%～10%（50～100）	萎靡，烦躁	少	明显	减少	干燥、苍白、弹性差	干燥	凹陷	下陷	稍凉	不明显
重度	＞10%（100～120）	淡漠，昏迷	无	烦渴	极少，无	干燥，花纹，弹性极差	极干	明显凹陷	明显下陷	厥冷	有，脉细，血压下降

2）脱水性质：指现存体液渗透压的改变，反映水和电解质的相对丢失量。钠是决定细胞外液渗透压的主要成分，所以临床根据血清钠的水平将脱水分为等渗性脱水、低渗性脱水和高渗性脱水 3 种。其中以等渗性脱水最常见，其次为低渗性脱水，高渗性脱水少见。

A. 等渗性脱水（isotonic dehydration）：血清钠为 130～150mmol/L，水和电解质成比例丢失，血浆渗透压正常，丢失的体液主要是细胞外液。临床表现见表 17-3。

B. 低渗性脱水（hypotonic dehydration）：血清钠＜130mmol/L，电解质的丢失量比水多。由于细胞外液低渗，使水从细胞外向细胞内转移，导致细胞外液量减少和细胞内水肿，有效循环血量减少明显。临床特点为脱水症状较其他两种类型严重，较早发生休克。神经细胞水肿者可出现头痛、烦躁不安、嗜睡、昏迷或惊厥等神经系统症状。

C. 高渗性脱水（hypertonic dehydration）：血清钠＞150mmol/L，电解质的丢失比水少，血浆渗透压增高，丢失的体液主要是细胞内液。由于细胞外液高渗，使水从细胞内向细胞外转移，导致细胞内液量减少，而血容量得到部分补偿，有效循环血量变化相对不大。故在失水量相等的情况下，其脱水征比其他两种类型轻。临床特点为口渴、神经系统症状明显，循环障碍不明显，但脱水严重时仍可发生休克。高渗性脱水可使神经细胞脱水、皱缩，脑血管扩张甚至破裂出血，亦可发生脑血栓，表现为肌张力增高、惊厥、昏迷、脑脊液压力降低等，可留有中枢神经系统后遗症。

（2）液体疗法：液体疗法是通过补充液体及电解质来纠正体液容量及成分的紊乱，以保持机体正常生理功能的一种治疗方法。补充液体的方法包括口服补液法和静脉补液法两种。

液体疗法包括补充累积损失量、继续丢失量和生理需要量三部分。

1）累积损失量：即补充自发病以来累积损失的液体量，根据脱水程度而定。轻度脱水补充量为 30～50ml/kg，中度 50～100ml/kg，重度 100～150ml/kg。

2）继续丢失量：是指治疗过程中因呕吐、腹泻、胃肠引流等液体的继续丢失。补充原则为“丢多少，补多少”。

3）生理需要量：包括显性（尿和粪）和不显性失水（通过皮肤和肺丢失），其中尿量占 60%，不显性失水占 35%，大便占 5%。每日需水量可按能量消耗计算，即 120～150ml/100kcal。年龄越小，需水量相对越多，故也可根据体重计算（表 17-4）。生理需要量用 1/4～1/5 张含钠液补充。持续发热体温超过 38℃者，每增高 1℃使生理需要量增加 10%～15%。呼吸急促和气管切开患儿经肺的不显性失水量增加。

表 17-4　按照体重计算生理需要量

体重	每日需要液体量
≤10kg	100ml/kg
11～20kg	1000ml+（体重−10kg）×50ml/kg
>20kg	1500ml+（体重−20kg）×20ml/kg

（3）口服补液：适用于中度以下脱水、呕吐不严重的患儿。有明显休克、心肾功能不全或其他严重并发症者及新生儿不宜口服补液。补给累积损失量，轻度脱水 50～80ml/kg，中度脱水 80～100ml/kg。也可用于重度脱水的扩容后的补液，按 100～120ml/kg 补给。频频喂给，每 5～10 分钟喂 1 次，每次 10～20ml。所需液量要求在 8～12h 内服完。继续丢失量根据实际损失补给。口服补液过程中要随时注意观察病情变化。如病情加重，则随时改用静脉补液。

口服补液盐（oral rehydration salts，ORS）具有纠正脱水、酸中毒及补钾的作用，可用于腹泻时预防脱水及纠正轻、中度脱水。标准 ORS 配方见表 17-5，该 ORS 的总渗透压 310mmol/L，电解质渗透压 220mmol/L，相当于 2/3 张。后用枸橼酸盐 2.9g 代替碳酸氢钠 2.5g 而改善了口味。鉴于大部分婴幼儿腹泻为等渗性脱水，世界卫生组织（WHO）在 2002 年推荐使用新 ORS（“低渗”ORS）配方取代以前的 ORS 配方。低渗 ORS 通过减少氯化钠及葡萄糖浓度而降低渗透压，其他组分保持不变，使电解质渗透压降至 170mmol/L，相当于 1/2 张。新 ORS 的配方和组成见表 17-6。

表 17-5　标准口服补液盐配方及成分（加温开水至 1000ml）

成分	含量（g）	电解质浓度（mmol/L）				
		Na^+	K^+	Cl^-	HCO_3^-	
氯化钠	3.5	60		60		
碳酸氢钠	2.5	30			30	
氯化钾	1.5		20	20		
葡萄糖	20.0					
合计		90	20	80	30	220

表 17-6 新 ORS 配方和组成（加温开水至 1000ml）

配方	单位（g/L）	组成	单位（mmol/L）
氯化钠	2.6	钠	75
葡萄糖	13.5	氯	65
氯化钾	1.5	葡萄糖	75
枸橼酸钠	2.9	钾	20
		枸橼酸根	10

（4）静脉补液：适用于中度以上脱水、严重呕吐腹泻或腹胀的患儿。主要用于快速纠正水电解质平衡紊乱。输用溶液的成分、量和滴注持续时间必须根据不同的脱水程度和性质决定，同时要注意个体化，结合年龄、营养状况、自身调节功能而灵活掌握。

第一天补液：

1）定输液总量（定量）：包括补充累积损失量、继续丢失量和生理需要量，一般来说，第一天补液总量轻度脱水为 90～120ml/kg，中度脱水为 120～150ml/kg，重度脱水为 150～180ml/kg。对少数合并营养不良、肺炎、心肾功能不全的患儿尚应根据具体病情分别做较详细的计算。

2）定输液种类（定性）：原则为先浓后淡。溶液中电解质溶液与非电解质溶液的比例应根据脱水性质（等渗性、低渗性、高渗性）分别选用，一般等渗性脱水用 1/2 张含钠液、低渗性脱水用 2/3 张含钠液、高渗性脱水用 1/3 张含钠液。若临床判断脱水性质有困难时，可先按等渗性脱水处理。

3）定输液速度（定速）：原则为先快后慢。主要取决于脱水程度和继续丢失的量和速度。对重度脱水有明显周围循环障碍者应先快速扩容，20ml/kg 等渗含钠液，30～60min 内快速输入。累积损失量（扣除扩容液量）一般在 8～12h 补完，每小时 8～10ml/kg。脱水纠正后，补充继续丢失量和生理需要量时速度宜减慢，于 12～16h 补完，约每小时 5ml/kg。若吐泻缓解，可酌情减少补液量或改为口服补液。

4）纠正酸中毒：因输入的混合溶液中已含有一部分碱性溶液，输液后循环和肾功能改善，酸中毒即可纠正。也可根据临床症状结合血气测定结果，另加碱性液纠正。对重度酸中毒可用 1.4% 碳酸氢钠扩容，兼有扩充血容量及纠正酸中毒的作用。

5）纠正低血钾：有尿或来院前 6h 内有尿即应及时补钾；浓度不应超过 0.3%；每日静脉补钾时间，不应少于 8h；切忌将钾盐静脉推入，否则导致高钾血症，危及生命。细胞内的钾浓度恢复正常要有一个过程，因此纠正低钾血症需要有一定时间，一般静脉补钾要持续 4～6 天。能口服时可改为口服补充。

6）纠正低血钙、低血镁：出现低钙症状时可用 10% 葡萄糖酸钙（每次 1～2ml/kg，最大量≤10ml）加葡萄糖溶液稀释后静脉注射。低血镁者用 25% 硫酸镁按每次 0.1ml/kg 深部肌内注射，每 6 小时一次，每日 3～4 次，症状缓解后停用。

第二天及以后的补液：经第一天补液后，脱水和电解质紊乱已基本纠正，第二天及以后主要是补充继续丢失量（防止发生新的累积损失）和生理需要量，继续补钾，供给能量。一般可改为口服补液。若腹泻仍频繁或口服量不足者，仍需静脉补液。补液量需根据腹泻和进食情况估算，并供给足够的生理需要量，用 1/5～1/3 张含钠液补充。继续丢失量是按“丢多少补多少”“随时丢随时补”的原则，用 1/3～1/2 张含钠溶液补充。将这两部分相加于 12～

24h 均匀静脉滴注。仍要注意继续补钾和纠正酸中毒的问题。

3. 药物治疗

（1）控制感染：①水样便腹泻患者（约占 70%）多为病毒及非侵袭性细菌所致，一般不用抗生素，应合理使用液体疗法，选用微生态制剂和黏膜保护剂。如伴有明显中毒症状不能用脱水解释者，尤其是对重症患儿、新生儿、小婴儿和衰弱患儿（免疫功能低下）应选用抗生素治疗。②黏液脓血便患者（约占 30%）多为侵袭性细菌感染，应根据临床特点，针对病原经验性选用抗菌药物，再根据大便细菌培养和药敏试验结果进行调整。大肠埃希菌、空肠弯曲菌、耶尔森菌、鼠伤寒沙门菌所致感染常选用抗革兰氏阴性杆菌的抗生素以及大环内酯类抗生素。金黄色葡萄球菌肠炎、假膜性肠炎、真菌性肠炎应立即停用原使用的抗生素，根据症状可选用新青霉素、万古霉素、利福平、甲硝唑或抗真菌药物治疗。

（2）肠道微生态疗法：有助于恢复肠道正常菌群的生态平衡，抑制病原菌定植和侵袭，控制腹泻。常用双歧杆菌、嗜酸乳杆菌、粪链球菌、需氧芽孢杆菌、蜡样芽孢杆菌等制剂。

（3）肠黏膜保护剂：能吸附病原体和毒素，维持肠细胞的吸收和分泌功能，与肠道黏液糖蛋白相互作用，可增强其屏障功能，阻止病原微生物的攻击，如蒙脱石散。

（4）避免用止泻剂，如洛哌丁醇，因为它有抑制胃肠动力的作用，增加细菌繁殖和毒素的吸收，对于感染性腹泻有时是很危险的。

（5）补锌治疗：WHO/联合国儿童基金会建议，对于急性腹泻患儿，应每日给予元素锌 20mg（＞6 个月），疗程 10～14 天，6 个月以下婴儿每日 10mg，可缩短病程。

（二）迁延性和慢性腹泻治疗

因迁延性和慢性腹泻常伴有营养不良和其他并发症，病情较为复杂，必须采取综合治疗措施。积极寻找引起病程迁延的原因，针对病因进行治疗，切忌滥用抗生素，避免顽固的肠道菌群失调。预防和治疗脱水，纠正电解质及酸碱平衡紊乱。继续喂养对促进疾病恢复，如肠黏膜损伤的修复、胰腺功能的恢复、微绒毛上皮细胞双糖酶的产生等是必要的治疗措施。

1. 调整饮食 应继续母乳喂养。人工喂养儿应调整饮食，保证足够热能。

2. 双糖不耐受 患儿由于有不同程度的原发性或继发性双糖酶缺乏，食用含双糖（包括蔗糖、乳糖、麦芽糖）的饮食可使腹泻加重，其中以乳糖不耐受最多见，治疗宜采用去双糖饮食，如采用豆浆或去乳糖配方奶粉。

3. 过敏性腹泻的治疗 如果在应用无双糖饮食后腹泻仍不改善时，需考虑食物过敏（如对牛奶或大豆蛋白过敏）的可能性，应回避过敏食物或采用水解蛋白配方饮食。

4. 要素饮食 是肠黏膜受损伤患儿最理想的食物，系由氨基酸、葡萄糖、中链甘油三酯、多种维生素和微量元素组合而成。应用时的浓度和量视患儿临床状态而定。

5. 静脉营养 少数患儿不能耐受口服营养物质者，可采用静脉高营养。推荐方案为：脂肪乳剂每日 2～3g/kg，复方氨基酸每日 2～2.5g/kg，葡萄糖每日 12～15g/kg，电解质及多种微量元素适量，液体每日 120～150ml/kg，热卡每日 50～90cal/kg。病情好转后改为口服。

6. 药物治疗 抗生素仅用于分离出特异病原的感染患儿，并根据药物敏感试验选用。补充微量元素和维生素：如锌、铁、烟酸、维生素 A、维生素 B_{12}、维生素 B_1、维生素 C 和叶酸等，有助于肠黏膜的修复。应用微生态调节剂和肠黏膜保护剂。

7. 中医辨证论治 有良好疗效，并可配合中药、推拿、捏脊、针灸和磁疗等。

六、预　　防

（一）合理喂养

提倡母乳喂养，及时添加辅助食品，每次限一种，逐步增加，适时断奶。人工喂养者应根据具体情况选择合适的代乳品。

（二）生理性腹泻的婴儿

应避免不适当的药物治疗、不要由于婴儿便次多而怀疑其消化能力，而不按时添加辅食。

（三）养成良好的卫生习惯

注意乳品的保存和奶具、食具、便器、玩具和设备的定期消毒。

（四）感染性腹泻患儿

尤其是大肠杆菌、鼠伤寒沙门菌、轮状病毒肠炎的传染性强，集体机构如有流行，应积极治疗患者，做好消毒隔离工作，防止交叉感染。

（五）避免长期滥用广谱抗生素

对于即使无消化道症状的婴幼儿，在因败血症、肺炎等肠道外感染必须使用抗生素，特别是广谱抗生素时，亦应加用微生态制剂，防止由于难治性肠道菌群失调所致的腹泻。

（六）轮状病毒疫苗接种

为预防轮状病毒肠炎的理想方法，口服疫苗已见诸报道有应用，保护率在80%以上，但持久性尚待研究。

思　考　题

1. 新生儿病理性黄疸有哪些临床表现？
2. 简述新生儿溶血病的诊断及治疗。
3. 蛋白质-能量营养不良的临床分型及分度标准是什么？
4. 导致维生素D缺乏症的常见原因有哪些？
5. 简述维生素D缺乏性佝偻病各期的临床特点。
6. 维生素D缺乏性手足搐搦症的典型表现和隐性体征有哪些？
7. 简述轮状病毒肠炎的临床特点。
8. 请为某伴有重度脱水的腹泻患儿制订第一天的补液计划。

（左英熹）

第十八章　传染病与性传播疾病

第一节　概　　述

一、传染病的概念

传染病（communicable diseases）是指由病原微生物，如朊粒、病毒、衣原体、立克次体、支原体、细菌、真菌、螺旋体和寄生虫，如原虫、蠕虫、医学昆虫感染人体后产生的具有传染性，在一定条件下可造成流行的疾病。感染性疾病（infectious diseases）是指由病原体侵入人体导致健康受损的各种疾病，包括传染病和非传染性感染性疾病。

二、感染过程的表现

病原体通过各种途径进入人体后就开始了感染的过程。在一定的环境条件影响下，根据人体防御功能的强弱和病原体数量及毒力的强弱，感染过程可以出现 5 种不同的结局。

（一）清除病原体

病原体进入人体后可以通过两种机制被清除。首先是机体的非特异性防御能力，包括皮肤黏膜的屏障作用、胃酸的杀菌作用、正常体液的溶菌作用、组织内细胞的吞噬作用等非特异性免疫清除病原体。其次是事先存在于人体内的特异性体液免疫与细胞免疫物质（特异性免疫球蛋白与免疫因子）也可将病原体清除。

（二）隐性感染

隐性感染又称亚临床感染，是指病原体侵入人体后，仅诱导机体产生特异性免疫应答，而不引起或只引起轻微的组织损伤，因而在临床上不显出任何症状、体征，甚至生化改变，只能通过免疫学检查才能发现。在大多数病毒感染性疾病中，隐性感染是最常见的表现。

（三）显性感染

显性感染又称临床感染，是指病原体侵入人体后，不但诱导机体发生免疫应答，而且通过病原体本身的作用或机体的变态反应，导致组织损伤，引起病理改变和临床表现。在大多数传染病中，显性感染只占全部感染者的小部分。但在少数传染病中，如麻疹、水痘等，大部分感染者表现为显性感染。

（四）病原携带状态

病原携带状态是指病原体侵入人体后，可以停留在入侵部位，或侵入较远的脏器，继续生长、繁殖，而人体不出现任何的疾病状态，但能携带并排出病原体，成为传染病流行的传染源。

（五）潜伏性感染

潜伏性感染又称潜在性感染，病原体感染人体后，寄生于某些部位，由于机体免疫功能足以将病原体局限化而不引起显性感染，但又不足以将病原体清除时，病原体便可以长期潜伏起来，待机体免疫功能下降时，则可引起显性感染。潜伏性感染期间，病原体一般不排出体外，这是与病原携带状态不同之处。

三、传染病的流行过程及影响因素

传染病的流行过程是指传染病在人群中发生、发展和转归的过程。流行过程的发生需要 3 个基本条件，包括传染源、传播途径和人群易感性。流行过程本身又受自然因素、社会因素和个人行为因素的影响。

（一）流行过程的基本条件

1. 传染源 指体内有病原体生长、繁殖并能将病原体排出体外的人和动物。传染源包括 4 个方面，即患者、隐性感染者、病原携带者、受感染动物。

2. 传播途径 病原体离开传染源侵入另一个易感者的途径称为传播途径，一种传染病可以有一种或多种传播途径。主要传播途径包括呼吸道传播、消化道传播、接触传播、虫媒传播、血液和体液传播、垂直传播等。

3. 人群易感性 对某种传染病缺乏特异性免疫力的个体称为易感者，易感者在某一特定人群中的比例决定该人群的易感性。

（二）影响流行过程的因素

1. 自然因素 包括地理因素（地区性）、气候因素（季节性）、生态环境，影响传染病流行的发生。

2. 社会因素 社会制度、经济状况、生活条件、文化水平等对流行过程有决定性影响。

3. 个人行为因素 人类自身不文明、不科学的行为和生活习惯，也有可能造成传染病的发生与传播。

四、传染病的基本特征

传染病与其他疾病的主要区别在于其具有下列 4 个基本特征。

（一）病原体

每一种传染病都是由特异性病原体引起。病原体可以是微生物、寄生虫或朊粒。随着研究水平的不断深入和提高，对各种传染病病原体的认识也逐渐加深。特定病原体的检出在确定传染病的诊断和流行中有着重大意义。

（二）传染性

传染性是传染病与其他感染性疾病的主要区别。传染病患者具有传染性的时期称为传染期。每一种传染病的传染期相对固定，可以作为隔离患者的依据之一。

（三）流行病学特征

每种传染病发生都具有流行性，可分为散发、暴发、流行和大流行。传染病发生在时间上（季节性）、空间上（地方性）、不同人群（年龄、性别、职业）中的分布也是流行病学特征。

（四）感染后免疫

感染后免疫是指免疫功能正常的人体经显性或隐性感染某种病原体后，产生针对该病原体及其产物（如毒素）的特异性免疫。感染后获得的免疫和接种疫苗一样都属于主动免疫。感染后免疫的持续时间在不同传染病中有很大差异，例如，流行性感冒和细菌性痢疾感染后免疫时间较短，而麻疹、乙型脑炎和脊髓灰质炎感染后免疫时间较长。

五、传染病的诊断

早期明确传染病的诊断有利于患者的隔离和治疗。传染病的诊断要综合分析 3 个方面的资料。

（一）临床资料

1. 详细的病史采集 包括发病诱因、病程、起病缓急、热型、有无皮疹、出疹的日期以及伴随症状，对传染病的诊断至关重要。

2. 全面细致的体格检查 发现传染病特有的体征，如皮疹的疹型和分布、麻疹的科氏斑、破伤风的牙关紧闭、流脑的脑膜刺激征和瘀点瘀斑、肾综合征出血热的酒醉貌和鞭击样出血点等对传染病的诊断有重要意义。

（二）流行病学资料

流行病学资料在传染病的诊断中占重要地位。主要包括传染病的地区分布、时间分布及人群分布。此外，了解患者的接触史、既往传染病史及旅居史、预防接种史也有助于传染病的诊断。

（三）实验室检查

实验室检查对于传染病的诊断具有特殊意义。病原体的检出或被分离培养可直接确定诊断，而免疫学检查也可提供重要依据。一般实验室检查对早期诊断和判断疾病严重程度有很大的帮助。

1. 一般实验室检查 包括血常规检查、尿常规检查、粪便常规检查及血液生化检查，有助于疾病的诊断和病情的判断。

2. 病原学检查 根据病原体的不同有 4 种方法可检查到病原体，即直接检查病原体、分离培养病原体、检测特异抗原、检测特异性核酸，是传染病确定诊断的主要手段。

3. 特异性抗体检测 特异性抗体检测又称血清学检查。在传染病急性期及恢复期双份血清检测其抗体由阴性转为阳性，或抗体滴度 4 倍以上升高有重要诊断意义。特异性 IgM 型抗体的检出有助于现存或近期感染的诊断，特异性 IgG 型抗体的检出可以作为个人和群体免疫状态的评价。

4. 其他检查 其他检查包括内镜（支气管镜、胃镜、肠镜）检查、影像（超声、计算机体层成像、磁共振成像）检查及活体组织病理检查等。对于疾病程度的评估、并发症的发现及治疗效果的评估是不可或缺的。

六、传染病的治疗

（一）治疗原则

传染病治疗的目的不仅在于促进患者康复，而且在于控制传染源，防止疾病的传播和流行。病原治疗是首要措施，要坚持综合治疗的原则，即治疗与护理、隔离与消毒并重，一般治疗、对症治疗与病原治疗并重的原则。

（二）治疗方法

1. 一般治疗 包括按传播途径进行隔离、良好的护理和心理治疗。

2. 病原治疗 亦称特异性治疗，是传染病治疗的关键。对于细菌引起的疾病应积极进行抗菌治疗。首先根据适应证、抗菌活性、药代动力学特点、不良反应和患者的生理、病理、免疫状态合理选药。尽快尽早确定病原体进行目标治疗。对于病毒感染引起的疾病可以选择广谱抗病毒药物、抗 RNA 病毒药物、抗 DNA 病毒药物（如核苷酸类似物）进行抗病毒治疗。对于寄生虫的感染需要应用化学制剂（如吡喹酮、甲硝唑等）进行驱虫治疗。特异性免疫治疗也非常重要，包括抗毒素、特异性免疫球蛋白、干扰素、胸腺素等的应用。

3. 支持治疗　包括基础支持（饮食、补充液体和维持电解质平衡）、营养支持（肠内营养、肠外营养）及器官支持（呼吸支持、血液净化、人工肝支持技术等）。

4. 对症治疗　主要针对传染病症状明显期出现的复杂病理生理异常采取的治疗。不但有减轻患者痛苦的作用，而且可通过调节患者各系统功能，达到减少功能消耗、保护重要器官、降低损伤的目的。例如，高热时的降温措施，抽搐时的镇静措施，高颅内压时的脱水治疗，休克时的改善微循环措施，严重毒血症时采用肾上腺糖皮质激素治疗等，能使患者度过危险期，促进康复。

5. 康复治疗　某些传染病，如脊髓灰质炎、脑炎和脑膜炎等引起的某些后遗症，需要适时进行针灸、理疗、高压氧等康复治疗措施。

6. 中医治疗　中医的辨证论治对调节患者各系统的功能起着相当重要的作用。某些中药还有一定的抗微生物作用。

七、传染病的预防

（一）管理传染源

传染病报告制度是早期发现、控制传染病的重要措施，必须严格遵守。根据《中华人民共和国传染病防治法》，传染病共分三类 41 种。

1. 甲类　为强制管理的传染病，包括鼠疫和霍乱，要求发现后 2h 内通过传染病疫情监测信息系统上报。

2. 乙类　为严格管理的传染病，包括新型冠状病毒感染（2020 年 1 月增加）、猴痘（2023 年 9 月增加）、传染性非典型肺炎、艾滋病、病毒性肝炎、脊髓灰质炎、人感染高致病性禽流感、麻疹、流行性出血热、狂犬病、流行性乙型脑炎、登革热、炭疽、细菌性和阿米巴性痢疾、肺结核、伤寒和副伤寒、流行性脑脊髓膜炎、百日咳、白喉、新生儿破伤风、猩红热、布鲁氏菌病、淋病、梅毒、钩端螺旋体病、血吸虫病、疟疾。要求诊断后 24h 内通过传染病疫情监测信息系统上报。值得注意的是在乙类传染病中，传染性非典型肺炎、炭疽中的肺炭疽和人感染高致病性禽流感必须采取甲类传染病的报告、控制措施。

3. 丙类　为监测管理的传染病，包括流行性感冒（含甲型 H1N1 流感）、流行性腮腺炎、风疹、急性出血性结膜炎、麻风病、流行性和地方性斑疹伤寒、黑热病、棘球蚴病、丝虫病、除霍乱、细菌性和阿米巴性痢疾、伤寒和副伤寒以外的感染性腹泻病、手足口病。采取乙类传染病的报告、控制措施。

发现传染病后，患者要早期隔离、早期治疗，接触者应进行检疫、监测、药物预防或预防接种。病原携带者应进行治疗、教育、调整工作岗位和随访观察等。被感染病原体污染的场所、物品及医疗废物应实施消毒和无害化处理。动物传染源应视经济价值治疗、宰杀或消灭处理。

（二）切断传播途径

切断传播途径是预防和控制传染性疾病继续传播的有效措施，包括隔离和消毒。

1. 隔离 是指将患者或病原携带者妥善地安排在指定的隔离单位，暂时与人群隔离，积极进行治疗、护理，并对具有传染性的分泌物、排泄物、用具等进行必要的消毒处理，防止病原体向外扩散的医疗措施。隔离的种类包括严密隔离、呼吸道隔离、消化道隔离、血液-体液隔离、接触隔离、昆虫隔离、保护性隔离。

2. 消毒 是用化学、物理、生物的方法消除和杀灭环境中致病微生物的一种措施，对切断传播途径有重要作用。

（三）保护易感人群

保护易感人群的措施包括非特异性和特异性两个方面。非特异性措施包括改善营养、锻炼身体和提高生活水平等。特异性措施包括人工被动免疫和人工主动免疫。人工被动免疫采用的是含特异性抗体的免疫血清，主要用于治疗某些外毒素引起的疾病，或与某些传染病患者接触后的应急措施。人工主动免疫是有重点、有计划地预防接种各种传染病疫苗、菌苗或类毒素，使机体对相应的病原体感染具有特异性主动免疫力。预防接种对传染病的控制和消灭起着关键性作用。

第二节 艾 滋 病

艾滋病又称获得性免疫缺陷综合征（acquired immunodeficiency syndrome，AIDS），其病原体为人类免疫缺陷病毒（human immunodeficiency virus，HIV），亦称艾滋病病毒。艾滋病是影响全球公众健康的重要公共卫生问题之一。

案例 18-1

患者，男性，37 岁，离异。发热伴气促 8 天，进行性呼吸困难 3 天。患者 8 天前出现发热，最高体温 38.2℃，无畏寒寒战、伴轻微咳嗽、无痰，感活动后气促。3 天来活动后呼吸困难加重。发病以来精神食欲差、大小便正常。既往体健，有高危性行为。

查体：T 38.2℃，P 90 次/分，R 24 次/分，BP 115/72mmHg。皮肤未见瘀斑及皮疹，浅表淋巴结未触及肿大，巩膜无黄染。双肺叩诊清音，未闻及干、湿啰音。心界不大，心率 90 次/分，律齐，各瓣膜听诊区未闻及杂音。腹平软，无压痛，肝、脾肋下未触及。双下肢无水肿。

实验室检查：血常规示 Hb 121g/L，WBC 7.5×10^9/L，中性粒细胞百分率 74%，淋巴细胞百分率 13.2%，PLT 205×10^9/L。生化：LDH 453U/L。动脉血气分析：pH 7.49，$PaCO_2$ 33mmHg，PaO_2 60mmHg。抗 HIV-1 阳性。

胸部 CT：双肺弥漫性磨玻璃样改变，未见空洞及胸腔积液征象。

问题：1. 该患者的初步诊断是什么？其诊断依据是什么？

2. 该患者还应行哪些辅助检查明确诊断？

一、流 行 病 学

（一）流行现状

自 1981 年全球发现首例艾滋病至今，截至 2020 年底，全球现存活 HIV/AIDS 患者 3770 万例，有 2750 万例患者正在接受抗病毒治疗。联合国 2021 年 6 月 8 日在“到 2030 年终结艾滋病流行的政治宣言”中承诺：到 2025 年，将每年新增艾滋病病毒感染病例控制在 37 万例以下，将每年与艾滋病相关的死亡病例控制在 25 万例以下，并消除与艾滋病病毒相关的一切形式的污名化与歧视，实现到 2030 年终结艾滋病流行的目标。宣言提出 2030 年前实现“三个 95%”目标：95% 的艾滋病病毒感染者能得到确诊，95% 的确诊者能获得抗反转录病毒治疗，以及 95% 的接受治疗者体内病毒受到抑制。

（二）传染源

本病的传染源是 HIV 感染者和 AIDS 患者。传染源的血液、精液、阴道分泌物、胸腹水、脑脊液、羊水和乳汁等体液中含有 HIV。

（三）传播途径

性接触、血液及血制品、母婴传播是本病的主要传播途径。

（四）易感人群

人群普遍易感，其中高风险人群主要包括男男同性性行为者（MSM）、静脉注射毒品者、与 HIV/AIDS 患者有性接触者、多性伴人群、性传播感染者。

二、病原学特征

HIV 属于反转录病毒科慢病毒属中的人类慢病毒组，为直径 100～120nm 的球形颗粒，由核心和包膜两部分组成。核心由衣壳蛋白组成，衣壳内包括两条完全相同的病毒单股正链 RNA、核衣壳蛋白和病毒复制所必需的酶类，包括反转录酶、整合酶和蛋白酶等。病毒的最外层为包膜，其中嵌有外膜糖蛋白 gp120 和跨膜糖蛋白 gp41；包膜结构之下是基质蛋白，形成病毒内壳。

HIV 分为 HIV-1 型和 HIV-2 型。HIV 基因组全长约 9.7kb，含有 gag、pol 和 env 3 个结构基因、2 个调节基因和 4 个辅助基因。HIV 变异性强，env 基因变异率最高。HIV 发生变异的主要原因包括病毒在体内高频率复制、随机变异；宿主的免疫选择压力；病毒与宿主 DNA 的基因重组；以及药物选择压力，其中不规范的抗反转录病毒治疗（anti-retroviral therapy，ART）以及患者依从性差是导致耐药突变的重要原因。我国以 HIV-1 型为主要流行株，HIV-2 型主要集中在非洲西部区域，但我国部分地区已发现有少量 HIV-2 型输入性病例，需要密切关注。

HIV 需借助易感细胞表面的受体进入细胞，包括第一受体（CD4，主要受体）和第二受体（CCR5 或 CXCR4 等辅助受体）。CCR5 和 CXCR4 在不同 T 细胞亚群上的表达存在差异，在疾病的早期阶段 HIV 常利用 CCR5 作为辅助受体，而在疾病进展到晚期时常利用 CXCR4 作为辅助受体。

HIV 感染人体细胞的过程包括 4 个步骤。①融合、穿入：HIV-1 进入人体后，在辅助受体的帮助下融合进入宿主细胞。②反转录、入核及整合：在反转录酶作用下病毒 RNA 形成互补 DNA，在 DNA 聚合酶作用下形成双链 DNA，在整合酶的作用下进入细胞核，整合到宿主细胞的染色体中，即被称为“前病毒”。③转录、翻译：前病毒被活化而进行自身转录时，在细胞 RNA 聚合酶的催化下，病毒 DNA 转录形成 RNA，一些 RNA 经加帽加尾成为病毒的子代基因组 RNA；另一些 RNA 经拼接而成为病毒 mRNA，在细胞核蛋白体上转译成病毒的结构蛋白和非结构蛋白，合成的病毒蛋白在内质网核糖体进行糖化和加工，产生子代病毒的蛋白和酶类。④装配、出芽及成熟：病毒的组装复杂且高度有序，通过芽生从细胞膜上获得病毒体的包膜，形成独立的病毒颗粒。在出芽的中期或晚期，病毒蛋白与子代基因组 RNA 再进一步地组合，最后形成具有传染性的成熟的病毒颗粒，可再感染并破坏其他细胞。

HIV 在外界环境中的生存能力较弱，对理化因素的抵抗力较低。一般消毒剂如碘酊、过氧乙酸、戊二醛、次氯酸钠、酒精等对 HIV 都有良好的灭活作用，但紫外线或 γ 射线不能灭活 HIV。HIV 对热很敏感，对低温耐受性强于高温，100℃处理 20min 可将 HIV 完全灭活。

三、发病机制

HIV 主要侵犯人体免疫系统中表达 CD4 分子的 T 淋巴细胞、单核巨噬细胞和树突状细胞，主要表现为 $CD4^+T$ 淋巴细胞数量不断减少，导致免疫功能缺陷，引起各种机会性感染和肿瘤的发生。此外，HIV 感染也会导致心血管疾病、骨病、肾病和肝功能不全等疾病的发病风险增加。

HIV 进入人体后，在 24～48h 到达局部淋巴结，5～10 天在外周血中可以检测到病毒成分，继而产生病毒血症，导致急性感染，急性期以 $CD4^+T$ 淋巴细胞数量短期内迅速减少为特点，但该过程为一过性。大多数感染者未经特殊治疗，$CD4^+T$ 淋巴细胞数可自行恢复至正常水平或接近正常水平。由于病毒储存库的存在，宿主免疫系统不能完全清除病毒，形成慢性感染，包括无症状感染期和有症状感染期。目前报道无症状感染期持续时间平均约 8 年，但我国 MSM 感染 HIV 的病情进展较快，约 4.8 年进展到艾滋病期，无症状期主要表现为 $CD4^+T$ 淋巴细胞数量持续缓慢减少；进入有症状期后 $CD4^+T$ 淋巴细胞再次快速地减少，多数在 350 个/μl 以下，部分晚期患者甚至低于 200 个/μl。HIV 感染导致 $CD4^+T$ 淋巴细胞下降的主要原因包括：① HIV 引起的 $CD4^+T$ 淋巴细胞凋亡或焦亡；② HIV 复制所造成的直接杀伤作用，包括病毒出芽时引起细胞膜完整性的改变等；③ HIV 复制所造成的间接杀伤作用，包括炎症因子的释放或免疫系统的杀伤作用；④ HIV 感染导致胸腺组织的萎缩和胸腺细胞的死亡等。HIV 引起的免疫异常除了 $CD4^+T$ 淋巴细胞数量的减少，还包括多种免疫细胞的功能障碍和异常免疫激活。

HIV 感染后在临床上可表现为典型进展、快速进展和长期缓慢进展 3 种转归。影响 HIV 感染临床转归的主要因素有病毒、宿主免疫和遗传背景等。

人体通过固有免疫和适应性免疫应答对抗 HIV 感染。黏膜是 HIV 侵入机体的主要门户，又是 HIV 增殖的场所，是 HIV 通过性途径传播的重要通道。HIV 也能通过破损的黏膜组织进入人体，随即局部固有免疫细胞，如单核巨噬细胞、树突状细胞、NK 细胞和 $\gamma\delta T$ 细胞等进行识别、内吞并杀伤处理后将病毒抗原提呈给适应性免疫系统，之后 2～12 周，人体即产生针对 HIV 蛋白的各种特异性抗体，其中中和抗体在控制病毒复制方面具有重要作用。特异性细胞免疫主要包括 HIV 特异性 $CD4^+T$ 淋巴细胞免疫反应和特异性细胞毒性 T 淋巴细胞反应。

绝大多数 HIV/AIDS 患者经过 ART 后，HIV 所引起的免疫异常改变能恢复至正常或接近正常水平，即免疫功能重建，包括 $CD4^+T$ 淋巴细胞数量和免疫功能的恢复。然而，有 10%～40% 的 HIV/AIDS 患者即使能够长期维持病毒抑制，仍不能完全实现免疫重建，这些患者被称为免疫重建不良者或免疫无应答者。与达到完全免疫重建的患者相比，免疫重建不良患者艾滋病相关和非艾滋病相关疾病的发病率和病死率较高。

四、临床表现与分期

从 HIV 初始感染到疾病终末期是一个较为漫长而复杂的过程，不同阶段的临床表现各有不同。根据感染后的临床表现，HIV 感染的全过程可分急性期、无症状期和艾滋病期 3 期。

（一）急性期

此期通常在发生感染 HIV 后的 6 个月内。部分感染者在急性期出现 HIV 病毒血症和免疫系统急性损伤相关的临床症状。临床表现以发热最为常见，可伴有咽痛、盗汗、恶心、呕吐、腹泻、皮疹、关节疼痛、淋巴结肿大及神经系统症状。大多数患者临床症状轻微，持续 1～3 周后自行缓解。此期在血液中可检测到 HIV RNA 和 P24 抗原，$CD4^+T$ 淋巴细胞计数一过性减少，$CD4^+/CD8^+T$ 淋巴细胞比值倒置。部分患者同时可出现轻度白细胞和血小板减少或肝生化指标异常。

（二）无症状期

可从急性期进入此期，或无明显的急性期症状而直接进入此期。一般持续时间为 4～8 年。其时间长短与感染病毒的数量和型别、感染途径、机体免疫状况的个体差异、营养条件及生活习惯等因素有关。在无症状期，由于 HIV 在感染者体内不断复制，免疫系统受损，$CD4^+T$ 淋巴细胞计数逐渐下降。可出现淋巴结肿大等症状或体征。

（三）艾滋病期

此期为感染 HIV 后的终末阶段。患者 $CD4^+T$ 淋巴细胞计数多低于 200 个/μl。此期主要临床表现为 HIV 相关症状、体征及各种机会性感染和肿瘤。

五、实验室检查

HIV/AIDS 的实验室检查主要包括 HIV 抗体检测、HIV 核酸定性和定量检测、$CD4^+T$ 淋巴细胞计数、HIV 耐药检测等。HIV-1/2 抗体检测是 HIV 感染诊断的金标准，HIV 核酸检测（定性和定量）也用于 HIV 感染诊断。HIV 抗体检测包括筛查试验和补充试验，HIV 补充试验包括抗体补充试验（抗体确证试验）和核酸补充试验（核酸定性和定量检测）。HIV 核酸定量和 $CD4^+T$ 淋巴细胞计数是判断疾病进展、临床用药、疗效和预后的两项重要指标；HIV 耐药检测可为 ART 方案的选择和更换提供指导。

（一）HIV-1/2 抗体检测

包括筛查试验和补充试验。HIV-1/2 抗体筛查方法包括酶联免疫吸附试验（ELISA）、化学发光或免疫荧光试验、快速试验（斑点 ELISA 和斑点免疫胶体金或胶体硒、免疫层析等）、简单试验（明胶颗粒凝集试验）等。抗体补充试验方法为抗体确证试验（免疫印迹法、条带/线性免疫试验和快速试验）。

1. 筛查试验 阴性反应报告 HIV-1/2 抗体阴性，见于未被 HIV 感染的个体，但窗口期感染者筛查试验也可呈阴性反应。若呈阳性反应，用原有试剂双份（快速）/双孔（化学发光试验或 ELISA）或两种试剂进行重复检测，如均呈阴性反应，则报告为 HIV 抗体阴性；如一阴一阳或均呈阳性反应，需进行补充试验。

2. 抗体补充试验 抗体确证试验无 HIV 特异性条带产生，报告 HIV-1/2 抗体阴性；出现条带但不满足诊断条件的报告不确定，可进行核酸检测或 2～4 周后随访，根据核酸检测或随访结果进行判断。确证试验结果阳性，出具抗体阳性确证报告。

（二）$CD4^+$ T 淋巴细胞检测

$CD4^+T$ 淋巴细胞是 HIV 感染最主要的靶细胞，HIV 感染人体后，出现 $CD4^+T$ 淋巴细胞进行性减少，$CD4^+/CD8^+T$ 淋巴细胞比值倒置，细胞免疫功能受损。$CD4^+T$ 淋巴细胞计数的临床意义在于了解机体免疫状态和病程进展、确定疾病分期、判断治疗效果和 HIV 感染者的并发症。

目前 $CD4^+T$ 淋巴细胞亚群常用的检测方法为流式细胞术，检测频率需根据患者的具体情况决定。一般在治疗前进行一次检测，启动治疗 3 个月后进行一次检测，治疗后 2 年以内每 3～6 个月检测一次。治疗 2 年后，根据 $CD4^+T$ 淋巴细胞计数决定检测频率。

$CD4^+/CD8^+T$ 淋巴细胞比值倒置的改善程度，与患者起始治疗的时机和基础 $CD4^+T$ 淋巴细胞计数密切相关，其变化提示患者的治疗效果和免疫炎症状态的改善。

（三）HIV 核酸检测

感染 HIV 以后，病毒在体内快速复制，血浆中可定量检测出病毒 RNA 的量，一般用每毫升血浆中 HIV RNA 的拷贝数或国际单位来表示。病毒载量检测结果低于检测下限，表示本次试验没有检测出病毒载量，见于未感染 HIV 的个体、ART 成功的患者或自身可有效抑制病毒复制的部分 HIV 感染者。病毒载量检测结果高于检测下限，表示本次试验检测出病毒载量，可结合流行病学史、临床症状及 HIV 抗体初筛结果作出判断。病毒载量测定的临床意义在于预测疾病进程、评估 ART 疗效、指导 ART 方案调整；也可作为 HIV 感染诊断的补充试验，用于急性期/窗口期以及晚期患者的诊断、HIV 感染者的诊断和小于 18 月龄婴幼儿 HIV 感染的诊断。检测病毒载量的常用方法有反转录 PCR、核酸序列依赖性扩增技术和实时荧光定量 PCR 扩增技术。

（四）HIV 基因型耐药检测

HIV 耐药检测结果可为 ART 方案的制订和调整提供参考。出现 HIV 耐药，表示该感染者体内病毒可能耐药，同时需要密切结合临床情况，充分考虑患者的依从性，对药物的耐受性及药物的代谢吸收等因素进行综合评判。在以下情况进行 HIV 基因型耐药检测：启动 ART 前；治疗后病毒载量下降不理想或病毒学失败需要改变治疗方案时。对于 ART 失败者，耐药检测应在未停用抗病毒药物时进行，如已停药，则需在停药后 4 周内进行耐药检测。

六、诊　断

（一）诊断原则

HIV/AIDS 的诊断需结合流行病学史（包括不安全性生活史、静脉注射毒品史、输入未经 HIV 抗体检测的血液或血液制品、HIV 抗体阳性者所生子女或职业暴露史等），临床表现和实验室检查等进行综合分析，慎重做出诊断。HIV 抗体和病原学检测是确诊 HIV 感染的依据；流行病学史是诊断急性期和婴幼儿 HIV 感染的重要参考；$CD4^+T$ 淋巴细胞检测和临床表现是 HIV 感染分期诊断的主要依据；AIDS 的指征性疾病是 AIDS 诊断的重要依据。HIV 感染者是指感染 HIV 后尚未发展到艾滋病期的个体；AIDS 患者是指感染 HIV 后发展到艾滋病期的患者。

成人、青少年及 18 月龄以上儿童，符合下列一项者即可诊断：HIV 抗体筛查试验阳性和 HIV 补充试验阳性（抗体补充试验阳性或核酸定性检测阳性或核酸定量大于 5000 拷贝/ml）；有流行病学史或艾滋病相关临床表现，两次 HIV 核酸检测均为阳性；HIV 分离试验阳性。

18 月龄及以下儿童，符合下列一项者即可诊断：为 HIV 感染母亲所生和两次 HIV 核酸检测均为阳性（第二次检测需在出生 4 周后采样进行）；有医源性暴露史，HIV 分离试验结果阳性或两次 HIV 核酸检测均为阳性；为 HIV 感染母亲所生和 HIV 分离试验阳性。

（二）HIV/AIDS 不同临床分期的诊断标准

1. HIV 感染早期　即Ⅰ期，符合下列一项即可诊断。

（1）3～6 个月有流行病学史和（或）有急性 HIV 感染综合征和（或）有持续性全身性淋巴结病。

（2）抗体筛查试验无反应，两次核酸检测均为阳性。

（3）1 年内出现 HIV 血清抗体阳转。

2. HIV 感染中期　即Ⅱ期，符合下列一项即可诊断。

（1）$CD4^+T$ 淋巴细胞计数为 200～500 个/μl。

（2）无症状或符合无症状期相关临床表现。

3. 艾滋病期　即Ⅲ期，也称为 AIDS 期，HIV 感染加下述各项中的任何一项，即可确诊为艾滋病期。

（1）不明原因的持续不规则发热 38 ℃以上，＞1 个月。

（2）腹泻（大便次数多于 3 次/日），＞1 个月。

（3）6 个月之内体重下降 10% 以上。

（4）反复发作的口腔真菌感染。

（5）反复发作的单纯疱疹病毒感染或带状疱疹病毒感染。

（6）肺孢子菌肺炎（PCP）。

（7）反复发生的细菌性肺炎。

（8）活动性结核病或非结核分枝杆菌病。

（9）深部真菌感染。

（10）中枢神经系统占位性病变。

（11）中青年人出现痴呆。

（12）活动性巨细胞病毒（CMV）感染。

（13）弓形虫脑病。

（14）马尔尼菲篮状菌病。

（15）反复发生的败血症。

（16）卡波西肉瘤、淋巴瘤。

或者确诊 HIV 感染，且 $CD4^+T$ 淋巴细胞数＜200 个/μl，可诊断为艾滋病期。

以上诊断标准是针对成人及 15 岁（含 15 岁）以上青少年 HIV 感染者，15 岁以下儿童诊断标准还需参照 $CD4^+T$ 淋巴细胞数和相关临床表现。

七、抗病毒治疗

治疗目标是最大程度地抑制病毒复制，使病毒载量降低至检测下限并减少病毒变异；重建免疫功能；降低异常的免疫激活；减少病毒的传播、预防垂直传播；降低 HIV 感染的发病率和病死率、减少非艾滋病相关疾病的发病率和病死率，使患者获得正常的预期寿命，提高生活质量。

目前国际上共有六大类 30 多种药物，分别为核苷类反转录酶抑制剂（nucleoside reverse transcriptase inhibitors，NRTIs）、非核苷类反转录酶抑制剂（non-nucleoside reverse transcriptase inhibitors，NNRTIs）、蛋白酶抑制剂（protease inhibitors，PIs）、整合酶抑制剂（integrase inhibitors，INSTIs）、融合抑制剂（fusion inhibitors，FIs）及 CCR5 抑制剂。国内的抗反转录病毒治疗药物有 NRTIs、NNRTIs、PIs、INSTIs 以及 FIs 五大类（包括复合制剂）。

成人及青少年启动 ART 的时机：一旦确诊 HIV 感染，无论 $CD4^+T$ 淋巴细胞水平高低，均建议立即开始治疗。在开始 ART 前，一定要取得患者的配合和同意，教育好患者服药的依从性；有条件的患者可考虑快速启动 ART 或确诊当天启动 ART。如患者存在严重的机会性感染和处于慢性病急性发作期，应参考机会性感染控制病情稳定后开始治疗。启动 ART 后，需终身治疗。

成人及青少年初始 ART 方案：初治患者推荐方案为两种 NRTIs 类骨干药物联合第三类药物治疗。第三类药物可以为 NNRTIs 或增强型 PIs（含利托那韦或考比司他）或者 INSTIs；也可以选用复方单片制剂。基于我国可获得的抗病毒药物，成人及青少年初治患者 ART 的推荐及替代方案见表 18-1。

表 18-1　成人及青少年初治患者抗病毒治疗方案

推荐方案	
2 NRTIs	第三类药物
TDF+3TC（FTC）	+NNRTIs：EFV[a]、RPV[b]
TAF/FTC	或 +PIs：LPV/r
	或 +INSTIs：DTG、RAL
复方单片制剂	
TAF/FTC/BIC	
TAF/FTC/EVG/c	
ABC[c]/3TC/DTG	
DOR/3TC/TDF	
1 NRTIs+1 INSTIs	
DTG/3TC[d]，或 DTG+3TC[d]	
替代方案	
2 NRTIs	第三类药物
AZT（ABC）+3TC	+NNRTIs：EFV 或 NVP[e] 或 RPV 或 DOR 或艾诺韦林
TDF+3TC（FTC）	或 +PIs：LPV/r、DRV/c
TDF+ 阿兹夫定[f]	或 +INSTIs：DTG、RAL
	+NNRTIs：艾诺韦林
	+NNRTIs：EFV

注：NRTIs 为核苷类反转录酶抑制剂；NNRTIs 为非核苷类反转录酶抑制剂；PIs 为蛋白酶抑制剂；INSTIs 为整合酶抑制剂；TDF 为替诺福韦；3TC 为拉米夫定；FTC 为恩曲他滨；TAF 为丙酚替诺福韦；EFV 为依非韦伦；RPV 为利匹韦林；LPV/r 为洛匹那韦/利托那韦；DRV/c 为达芦那韦/考比司他；DTG 为多替拉韦；RAL 为拉替拉韦；BIC 为比克替拉韦；EVG/c 为艾维雷韦/考比司他；ABC 为阿巴卡韦；DOR 为多拉韦林；AZT 为齐多夫定；NVP 为奈韦拉平；a. EFV 不推荐用于病毒载量＞5×10^5 拷贝/ml 的患者；b. RPV 仅用于病毒载量＜10^5 拷贝/ml 和 $CD4^+T$ 淋巴细胞计数＞200 个/μl 的患者；c. 用于 HLA-B5701 阴性者；d. DTG+3TC 和 DTG/3TC 用于 HBsAg 阴性、病毒载量＜5×10^5 拷贝/ml 的患者；e. 对于基线 $CD4^+T$ 淋巴细胞＞250 个/μl 的患者要尽量避免使用含 NVP 的治疗方案，合并丙型肝炎病毒感染者避免使用含 NVP 的方案；f. 国产药附条件批准上市药物，用于与 NRTIs 及 NNRTIs 联用，治疗高病毒载量（≥10^5 拷贝/ml）的成年患者

特殊人群包括 HIV 感染儿童、孕妇、哺乳期妇女、合并非结核分枝杆菌感染者、静脉药物依赖者、合并 HBV 感染者、合并 HCV 感染者的 ART 原则和时机需结合具体情况来确定，可参照《中国艾滋病诊疗指南（2021 年版）》。

在 ART 过程中要定期进行临床评估和实验室检查，以评价 ART 的效果，及时发现抗病毒药物的不良反应，以及是否产生病毒耐药性等，及时更换药物以保证 ART 成功。ART 的有效性主要通过以下 3 个方面进行评估：病毒学指标、免疫学指标和临床症状，其中病毒学的改变是最重要的指标。病毒耐药是导致 ART 失败的主要原因之一，对 ART 疗效不佳或失败者可行基因型耐药检测。抗病毒药物的不良反应及耐受性影响患者服药依从性，进而影响 ART 疗效，所以密切监测药物不良反应并及时处理对于提高治疗效果至关重要。

病毒学失败是指在持续进行 ART 的患者中，启动或调整治疗 24 周后血浆病毒载量持续＞200 拷贝/ml；或病毒学反弹：在达到病毒学完全抑制后又出现病毒载量≥200 拷贝/ml 的情况。出现病毒学失败时应首先评估患者的治疗依从性、药物-药物或药物-食物相互作用，尤其服药依从性是治疗成败的决定因素。ART 失败的患者应根据 HIV 耐药检测结果来进行 ART 方案调整，用药方案选择的原则是更换至少两种 ART 药物，最好选择三种具有抗病毒活性的药物（可以是之前使用的药物种类中具有抗病毒活性的药物，如 3TC）；新的 ART 方案通常应包括一个具有完全抗病毒活性的增强 PIs 或 INSTIs 或未曾使用过的新的作用机制药物如 FIs，或上述药物联合应用。

常见 ART 药物因为其药物代谢途径、毒副作用等特点，与很多其他种类药物产生药物相互作用。临床中要密切关注患者合并用药情况，并参考其他相关指南或药物说明书及时调整药物方案或调整药物剂量。

八、IRIS

免疫重建炎症综合征（immune reconstruction inflammatory syndrome，IRIS）是指艾滋病患者在 ART 后免疫功能恢复过程中出现的一组临床综合征，主要表现为发热、潜伏感染的出现或原有感染的加重或恶化。多种潜伏或活动的机会性感染在 ART 后均可发生 IRIS，如结核病及非结核分枝杆菌感染、PCP、CMV 感染、水痘 - 带状疱疹病毒感染、弓形虫病、隐球菌感染等，在合并 HBV 及 HCV 感染时 IRIS 可表现为病毒性肝炎的活动或加重。IRIS 多出现在 ART 后 3 个月内，需与原发或新发的机会性感染相鉴别。除了机会性感染，其他疾病如结节病和卡波西肉瘤也可出现 IRIS。

IRIS 诊断的参考标准：

（1）患者接受 ART 后，结核病或隐球菌脑膜炎等机会性感染的临床症状出现恶化。在患者对 ART 产生应答的同时，伴随着过度炎症反应，结核病病情加重及病灶扩大或新出现病灶，隐球菌脑膜炎患者出现头痛加重、颅内压升高等。

（2）临床症状加重与新的机会性感染、HIV 相关肿瘤、药物不良反应、耐药或治疗失败无关。

（3）ART 后病毒载量下降和/或 $CD4^{+}T$ 淋巴细胞计数增加。IRIS 出现后应继续进行 ART。表现为原有感染恶化的 IRIS 通常为自限性，不用特殊处理而自愈；而表现为潜伏感染出现的 IRIS，需要进行针对性的抗病原治疗；严重者可短期应用激素或非甾体抗炎药控制。激素避免用于卡波西肉瘤患者以及不确定的结核 -IRIS 患者（即不能排除治疗无效的情况）。CMV 感染患者慎用激素，如需要使用，应当采取短程口服治疗。IRIS 发生的危险因素有首次进行 ART、基线病毒载量高及基线 $CD4^{+}T$ 淋巴细胞数较低者。有效控制急性期机会性感染后再进行 ART 或 ART 前积极发现和治疗潜在机会性感染可降低 IRIS 的发生率。

九、艾滋病相关肿瘤

艾滋病相关肿瘤主要有非霍奇金淋巴瘤和卡波西肉瘤，也需关注非 HIV 定义性肿瘤如肝癌、肺癌、肛周肿瘤等的筛查、诊治和处理。肿瘤的确诊依赖病理活检。治疗需根据病情给予个体化综合治疗，包括手术、化疗、靶向治疗、免疫治疗、介入和放疗（具体请参考相关指南）。所有的艾滋病合并肿瘤的患者均建议尽早启动 ART，需要注意抗病毒药物和抗肿瘤药物之间的相互作用，尽量选用骨髓抑制作用和药物间相互作用小的 ART 方案如含 INSTs 或

FIs 的方案。肿瘤的诊治不应因感染 HIV 而降低要求，应提倡多学科合作诊治模式的应用，应与肿瘤科、介入科、病理科、外科等专家一同制订诊治方案。治疗中注意预防各种并发症尤其是感染的发生。

十、HIV 暴露处理与预防阻断

暴露后预防（post-exposure prophylaxis，PEP）指尚未感染 HIV 的人群，在暴露于高感染风险后，如与 HIV 感染者或者感染状态不明者发生明确的体液交换行为，尽早（不超过 72h）服用特定的抗 HIV 药物，降低 HIV 感染风险的生物学方法。HIV 暴露分为职业暴露和非职业暴露。HIV 职业暴露是指卫生保健人员或人民警察或其他人员在职业工作中与 HIV 感染者的血液、组织或其他体液等接触而具有感染 HIV 的危险。非职业暴露指除职业暴露外其他个人行为发生的 HIV 暴露。暴露评估及处理原则尤其是阻断用药与职业暴露相同。尤其注意评估后阻断用药是自愿的原则及规范随访，以尽早发现感染者。

暴露前预防（pre-exposure prophylaxis，PrEP）的定义：当人面临 HIV 感染高风险时，通过服用药物以降低被感染概率的生物学预防方法。适合人群为 MSM、与男女发生性关系的男性和不使用安全套的男性、变性人等个人，商业性工作者、多性伴者、性传播感染患者、共用针具或注射器或其他器具者。每日服药推荐每 24h 口服 1 片 TDF/FTC 和按需服药（2-1-1 方案）：仅推荐用于 MSM，2-1-1 方案在预期性行为发生前 2～24h 口服 2 片 TDF/FTC，在性行为后，距上次服药 24h 服药 1 片，48h 再服用 1 片。

十一、HIV 感染的全程管理

ART 的出现和应用使艾滋病相关机会性感染和肿瘤大大减少，将艾滋病变为一种可以治疗但目前尚难以彻底治愈的慢性疾病，随着 HIV/AIDS 患者生存期的延长，各种非艾滋病定义性疾病（non-AIDS-defining diseases，NAD）如代谢综合征、心脑血管疾病、慢性肝肾和骨骼疾病以及非艾滋病定义性肿瘤的发病率呈上升趋势，这些疾病已经成为后 ART 时代影响 HIV/AIDS 患者生存质量和预后的主要原因。ART 带来疾病谱的变化也相应改变着 HIV/AIDS 患者的诊治与关怀模式。HIV 感染的全程管理是指患者在确诊 HIV 感染后多学科合作团队为其提供的一种全程综合诊治和服务关怀管理模式。HIV 感染的全程管理的诊治模式是一种以感染科医师主导的多学科协作的诊治模式。全程管理的关注环节主要内容如下：HIV 感染的预防和早期诊断、机会性感染的诊治和预防、个体化 ART 的启动和随访、NAD 的筛查与处理和社会心理综合关怀。

思 考 题

1. 病原体感染人体后有哪几种表现？
2. 传染病流行过程的基本条件是什么？
3. 传染病不同于其他疾病的基本特征是什么？
4. 传染病的诊断需要哪几方面的诊断依据？
5.《中华人民共和国传染病防治法》中规定的甲类传染病是什么？乙类传染病按照甲类管理的是哪几种疾病？
6.《中华人民共和国传染病防治法》中规定的甲、乙、丙类传染病分别如何管理？报告制度分别是什么？

7. 传染病如何预防？请结合 COVID-19 谈谈传染病的预防。
8. HIV/AIDS 的易感人群有哪些？
9. HIV 感染的全过程可分哪几个期，每期的主要临床表现是什么？
10. HIV/AIDS 的常见机会性感染有哪些？
11. 目前 HIV/AIDS 抗病毒治疗目标是什么？国内现有抗反转录病毒药物有哪几大类？
12. PEP 的定义是什么？PrEP 适合的人群有哪些，包含几种服药方式？

（盛秋菊　王　娜）

第十九章 常见肿瘤

第一节 概 述

肿瘤（tumor，neoplasm）可以概括为生物机体在多种内因（包括遗传、内分泌失调和营养不良、紧张等状况）和外因（包括物理性、化学性、生物性等因素）长期作用下，细胞遗传物质改变导致基因表达失常，细胞异常增殖而形成的新生物。由于细胞发生了质的变化，从而具有过度增殖的能力，这种异常增殖既不符合正常细胞生长的规律，也不符合生理需要。根据肿瘤的生物学特性及其对机体的危害性的不同，肿瘤可分为良性肿瘤、恶性肿瘤及交界性肿瘤。良性肿瘤无浸润和转移能力，常呈膨胀性生长，生长速度缓慢，边界清楚或有包膜，瘤细胞分化成熟，不会发生转移，对机体危害主要表现在局部占位压迫效应。恶性肿瘤具有浸润和转移能力，常呈浸润性生长，生长速度快，边界不清或无包膜，瘤细胞分化不成熟，常因局部复发、远处转移而导致死亡。恶性肿瘤实际上也是“细胞增殖与凋亡”失调的结果。交界性肿瘤的组织形态和生物学行为介于良、恶性之间，称中间性肿瘤，这类肿瘤具有局部侵袭性。

恶性肿瘤对人类的危害，不仅威胁患者的生命，还在于它给患者带来的躯体痛苦、精神压力和经济负担。肿瘤的预防、诊断和治疗，是医学科学十分重要的组成部分，形成一个专门的分支——肿瘤学（oncology）。

一、流行病学

2020 年，全球有 1810 万例新发癌症病例，其中，新发病例中排名前三的分别是肺癌、乳腺癌和结直肠癌。2018 年全球有 960 万例癌症死亡病例，其中死亡病例排名前三的是肺癌、结直肠癌和胃癌。随着人口老龄化加剧，癌症正在变成人类卫生健康的一个重要负担。

我国近年来发病率逐渐增高的肿瘤包括肺癌、肝癌、乳腺癌、大肠癌、前列腺癌和卵巢癌等。肿瘤防治刻不容缓，为了进行肿瘤防治，我们需要了解肿瘤。

二、肿瘤的病因

目前普遍认为，绝大多数肿瘤是环境因素与细胞的遗传物质共同作用引起的。

（一）环境致癌因素

1. 化学因素 人们最先认识的肿瘤病因是化学致癌因素。目前认为，对人类总的癌症风险而言，最主要的致癌物质是香烟中的尼古丁、焦油等成分。其他如空气污染、工业废气等，以及某些食物成分、微生物污染产物或食品制备过程产生的有害物质对肿瘤的发生也可能产生重要影响。此外，人体本身的某些生理和病理过程如炎症、氧化应激反应、营养和激素失衡及反复的组织损伤等，也可产生致癌的化学物质如氧自由基。

2. 生物因素 生物因素（感染原）是人类肿瘤的主要病因之一。据统计，全世界 60% 发展中国家 67% 的原发性肝细胞癌是乙型肝炎病毒（ hepatitis B virus，HBV）感染所致慢性迁延性肝炎引起的。人乳头状瘤病毒（human papilloma virus，HPV）可引起子宫颈癌、肛门癌等。Epstein-Barr 病毒（EBV）潜伏感染所致的慢性疾病主要是肿瘤，如 Burkitt 淋巴瘤、Hodgkin 病、鼻咽癌等。某些细菌感染可引起肿瘤，如幽门螺杆菌主要引起胃癌。

3. 物理致癌因素 目前已经肯定的物理致癌因素有电离辐射、紫外线辐射和一些矿物纤维，如石棉。

（二）遗传易感因素

同样是暴露于特定的致癌物，有的人发生肿瘤，而另一些人则不发生肿瘤。由于个人的遗传特性在肿瘤的发生、发展过程中起重要作用，是决定肿瘤易感性（susceptibility）的重要因素。

目前认为至少有以下三种机制导致个体对肿瘤易感：①通过遗传获得突变基因，而这种突变基因是癌变通路的关键基因，即肿瘤抑制基因和癌基因。②通过遗传获得的突变基因使携带者对环境因素作用的敏感性增高，从而导致和加速癌变通路事件的发生和累积。③通过遗传获得突变基因有利于癌变克隆的选择和生长。

三、肿瘤的生物学行为

（一）恶性肿瘤的发生发展过程

包括癌前病变、原位癌及浸润癌 3 个阶段。

1. 癌前病变 在癌前阶段细胞已发生一定改变，虽不是癌，但具有发展为恶性肿瘤的潜能，并不一定会发展为恶性肿瘤，可以双向发展。如大肠腺瘤、乳腺纤维囊性病、慢性萎缩性胃炎与肠上皮化生、皮肤慢性溃疡和黏膜白斑等。

2. 原位癌 通常指局限于上皮的病变，癌细胞累及上皮全层，但没有突破基底膜向下浸润。

3. 浸润癌 癌细胞已由发生的部位向深处（如黏膜下）浸润。

（二）肿瘤细胞的分化与分级

1. 肿瘤的分化 是指肿瘤组织在形态和功能上与某种正常组织的相似度。相似的程度称为肿瘤的分化程度，分为高分化、中分化、低分化、未分化四类。肿瘤的组织形态和功能比较接近某种正常组织，说明其分化程度高或分化好；若相似度小，则说明其分化程度低或分化差；如果肿瘤缺乏与正常组织的相似之处，称为未分化。由于分化程度不同，肿瘤的细胞形态和组织结构与相应的正常组织有不同程度的差异，这种差异称为异型性（atypia）。分化程度越高，恶性程度越低。

2. 肿瘤的分级 恶性肿瘤的“分级”是描述恶性程度的指标。根据恶性肿瘤的分化程度、异型性、核分裂象的数目等对恶性肿瘤进行分级：Ⅰ级为高分化，分化良好，恶性程度低；Ⅱ级为中分化，中度恶性；Ⅲ级为低分化，恶性程度高。

（三）生长方式和生长速度

1. 生长方式 良性肿瘤多为外生性或膨胀性生长，恶性肿瘤除外生性及膨胀性外，主要呈浸润性生长。

2. 生长速度 良性肿瘤生长缓慢，肿瘤生长时间可达数年甚至数十年。恶性肿瘤生长较快，特别是分化差的恶性肿瘤，可在短时间内形成明显肿块。

（四）肿瘤的扩散

1. 局部浸润和直接蔓延 随着恶性肿瘤不断长大，肿瘤细胞常沿组织间隙或神经束连续浸润生长，通过局部浸润和直接蔓延破坏邻近组织或器官。

2. 转移 转移是恶性肿瘤的确凿证据，但并非所有恶性肿瘤都会发生转移。恶性肿瘤转移途径包括淋巴转移、血行转移、种植转移。

（1）淋巴转移：多数情况为区域淋巴结转移。

（2）血行转移：肿瘤可经门静脉系统转移到肝；经体循环静脉系统转移到肺，经肺可随动脉系统而致全身性播散；或经椎旁静脉系不经肺而达骨、脑等组织。

（3）种植转移：为肿瘤细胞脱落后在体腔或空腔脏器内的转移，最多见的是胃癌盆腔种植。

四、肿瘤的命名

（一）良性肿瘤的命名

一般原则是在组织或细胞类型的名称之后加“瘤”（-oma）字。例如，来自脂肪组织的良性肿瘤称为脂肪瘤（lipoma）；来源于腺体和导管上皮的良性肿瘤称为腺瘤（adenoma）；含有腺体和纤维两种成分的良性肿瘤则称纤维腺瘤（fibroadenoma）。有时结合一些肿瘤形态特点命名，如来源于皮肤鳞状上皮的良性肿瘤，外观呈乳头状，称为鳞状上皮乳头状瘤或简称乳头状瘤（papilloma）；腺瘤呈乳头状生长并有囊腔形成，称为乳头状囊腺瘤（papillary cystadenoma）；含有一个以上胚层的多种组织的良性肿瘤称为畸胎瘤（teratoma）。

（二）恶性肿瘤的命名

1. 癌（carcinoma） 来源于上皮组织的恶性肿瘤统称为癌，这些肿瘤表现出向某种上皮分化的特点，命名时在其来源组织名称之后加“癌”字。如来源于鳞状上皮的恶性肿瘤称为鳞状细胞癌（squamous cell carcinoma）；来源于腺体和导管上皮的恶性肿瘤称为腺癌（adenocarcinoma）；由腺癌和鳞癌两种成分构成的癌称为腺鳞癌（adenosquamous carcinoma）；未分化癌（undifferentiated carcinoma）是指形态或免疫表型可以确定为癌，但缺乏特定上皮分化特征的癌。

2. 肉瘤（sarcoma） 由间叶组织（包括纤维结缔组织、脂肪、肌肉、脉管、骨、软骨组织等）发生的恶性肿瘤统称为肉瘤，这些肿瘤表现出向某种间叶组织分化的特点。其命名方式是在组织来源名称之后加“肉瘤”，如纤维肉瘤（fibrosarcoma）、横纹肌肉瘤（rhabdomyosarcoma）、骨肉瘤（osteosarcoma）等。未分化肉瘤（undifferentiated sarcoma）是指形态或免疫表型可以确定为肉瘤，但缺乏特定间叶组织分化特征的肉瘤。

3. 癌肉瘤（carcinosarcoma） 如一个肿瘤中既有癌的成分又有肉瘤的成分，则称为癌肉瘤。近年研究表明，真正的癌肉瘤罕见。多数为肉瘤样癌（sarcoid carcinoma）。

通常所谓的癌症（cancer）则泛指所有恶性肿瘤，包括癌和肉瘤。

（三）肿瘤的特殊命名

有少数肿瘤不按上述原则命名。

（1）来源于幼稚组织的肿瘤称为母细胞瘤（blastoma），其中大多数为恶性，如视网膜母细胞瘤（retinoblastoma）、髓母细胞瘤（medulloblastoma）和肾母细胞瘤（nephroblastoma）等；也有良性者如骨母细胞瘤、软骨母细胞瘤和脂肪母细胞瘤等。

（2）有些恶性肿瘤因成分复杂或由于习惯沿袭，则在肿瘤的名称前加“恶性”二字，如恶性畸胎瘤（malignant teratoma）、恶性神经鞘瘤（malignant neurilemmoma）和恶性脑膜瘤

(malignant meningioma)等。

(3)有些恶性肿瘤冠以人名，如尤因肉瘤(Ewing sarcoma)和霍奇金淋巴瘤(Hodgkin lymphoma)。

(4)至于白血病(leukemia)则是少数采用习惯名称的恶性肿瘤。因习惯对淋巴瘤(lymphoma)、黑色素瘤(malignant melanoma)和精原细胞瘤(seminoma)省去了“恶性”二字，但仍代表其为恶性肿瘤。

(5)瘤病(omatosis)常用于多发性良性肿瘤，如神经纤维瘤病(neurofibromatosis)；或用于在局部呈弥漫性生长的良性肿瘤，如纤维瘤病(fibromatosis)、脂肪瘤病(lipomatosis)和血管瘤病(angiomatosis)。

五、肿瘤的临床表现

由于肿瘤是一类具有异质性的疾病，同一种疾病肿瘤细胞之间存在不同的生物学特征。临床表现各异，肿瘤的临床表现决定于肿瘤性质、发生组织、所在部位以及发展程度。一般早期多无明显症状。局部表现为肿块、疼痛，以及继发溃疡、出血梗阻与转移症状。全身症状：良性肿瘤多无明显的全身症状，但可继发局部梗阻、出血等并发症状。恶性肿瘤早期也多无明显症状，中晚期可因肿瘤大小、所在部位及对各组织器官的损害程度而表现相应的症状、特征；全身症状可并有乏力、贫血、低热等，晚期可出现恶病质。

六、肿瘤的诊断

(一)肿瘤病理检查方法

1. 常规检查方法 脱落细胞学检查；活体组织检查。

2. 组织化学染色方法 通过组织化学染色的方法检测肿瘤细胞质中某种物质的存在，用于鉴别肿瘤组织来源和类型，如黏液、糖蛋白、黑色素、含铁血黄素等。

3. 免疫组织化学染色方法 免疫组化染色是病理诊断常规检测技术，应用抗原与抗体特异性结合的免疫学原理，通过标记抗体的显色剂来确定肿瘤组织细胞内抗原，对其进行定位及定量的分析，从而达到鉴别肿瘤组织来源和不同亚型分类的目的。

(二)肿瘤分子病理学检测

1. 原位杂交检测技术(in situ hybridization，ISH) 是以核酸碱基互补配对原则为基础所发展而来的检测技术，主要利用DNA序列的互补性，通过标记的DNA探针与预处理的待测样本的DNA进行原位杂交，其主要特点是把需观察的病理形态与分子生物学技术结合起来，不仅可检测出特异的基因及其产物，而且可以观察其在不同细胞中的分布情况。

2. 荧光原位杂交技术(fluorescence in situ hybridization，FISH) 是在原位杂交检测技术的基础上发展起来的，杂交探针用荧光物质标记，在荧光显微镜下观察，对荧光信号进行辨别和计数，即可对细胞、组织样本中的染色体或基因异常进行检测和诊断。

3. 基因突变检测 基因突变检测在分子靶向治疗筛选使用人群中起决定性作用，如检测肺腺癌EGFR、ALK基因突变，结直肠癌KRAS基因突变，胃肠间质瘤c-KIT、PDGFRA基因突变等。

4. 染色体易位 常见于淋巴造血系统恶性肿瘤及骨、软组织肉瘤中。由于染色体易位具有肿瘤类型特异性，非随机性异常，对肿瘤的诊断具有重要意义。

（三）肿瘤标志物

随着肿瘤基础和临床研究理论的进展，肿瘤相关的实验室检查不断发展，其特有的肿瘤标志物（tumor marker，TM）检查在肿瘤诊治中的重要作用已为学术界所公认。

1. 定义 肿瘤标志物通常指在细胞癌变过程中所产生的正常细胞缺乏或含量极为微量的特异性和相对特异性的物质，也有可能是宿主细胞针对癌细胞所产生的正常细胞成分，但在量和质上与正常状态或良性疾病时明显不同。肿瘤标志物存在于肿瘤患者的血液、体液、细胞和组织中，通过检测它们的存在和表达情况，对肿瘤的辅助诊断、鉴别诊断、观察疗效、监测复发以及预后评价具有一定价值。

2. 分类 肿瘤标志物来源广泛，一些新的肿瘤标志物不断被发现，习惯上按肿瘤标志物本身的性质，将其分为以下几类。

（1）肿瘤胚胎抗原：如甲胎蛋白（AFP）可有助诊断和监测原发性肝癌、生殖细胞肿瘤；癌胚抗原（CEA）可有助诊断和监测肠癌、胰腺癌、胃癌等。

（2）糖类抗原（carbohydrate antigen，CA）：如 CA-125 升高主要用于卵巢癌的检测；CA-153 对乳腺癌的监测具有较高特异性；CA-199 有助于胰腺癌和结、直肠癌的监测。

（3）酶类抗原：如前列腺特异性抗原（PSA）对诊断前列腺癌意义重大，神经元特异性烯醇化酶（neuron specific enolase，NSE）是神经母细胞瘤和小细胞肺癌的特异性诊断标志物。

（4）激素类抗原：如人绒毛膜促性腺激素（β-hCG）升高主要见于滋养细胞瘤和绒毛膜上皮癌；降钙素常用于甲状腺髓样癌的筛查、评估治疗疗效和监测疾病复发。

（5）蛋白质类标志物：如 Cyfre21-1 对非小细胞肺癌具有一定诊断价值。

（6）基因类标志物：如癌基因 ras 基因、myc 基因、cerb-2 基因，抑癌基因 p53 基因、视网膜母细胞瘤基因等。

七、肿瘤的分期

肿瘤的分期（stage）是指恶性肿瘤的生长范围和播散程度。对肿瘤进行分期，需要考虑以下因素：原发肿瘤的大小、浸润深度、浸润范围、邻近器官受累情况、局部和远处淋巴结转移、远处转移等情况。

肿瘤的分期有多种方案，目前国际上广泛采用美国癌症联合会（AJCC）和国际抗癌联盟（UICC）制定的 TNM 分期系统：T 是指原发肿瘤（tumor），N 为淋巴结（node），代表区域淋巴结转移的存在与否及范围；M 为远处转移（metastasis），代表远处转移存在与否。

（一）原发肿瘤（T）

T_x：原发肿瘤不能确定，x 代表未知。

T_0：无原发肿瘤证据，0 代表没有。

T_{is}：原位癌，is 代表 in situ 原位。

T_{1-4}：原发肿瘤体积及范围递增，数字越大，肿瘤范围越大或浸润深度越深。

（二）区域淋巴结（N）

N_x：区域淋巴结转移情况不明。

N_0：无区域淋巴结转移。

N_{1-3}：有区域淋巴结转移，程度随数字递增。

（三）远处转移（M）

M_x：存在与否不确定。

M_0：远处转移不存在。

M_1：远处转移存在。

T 后面及 N 后面不同数字的意义在不同系统、不同部位肿瘤中有不同的定义。

八、肿瘤的治疗

（一）外科治疗

外科治疗是恶性实体肿瘤治疗的基本手段，也是肿瘤局部治疗的最主要手段。

1. 恶性肿瘤的外科治疗原则 包括：①取得明确诊断的原则；②明确外科作用，合理制订综合治疗的原则；③全面考虑合理选择术式；④防止肿瘤的医源性播散的无瘤原则；⑤记录及术后随访。

2. 手术分类 预防性手术、诊断性手术、根治性手术、姑息性手术、减瘤手术等。

（二）化学治疗

化学治疗是利用化学药物阻止癌细胞的增殖、浸润、转移及杀灭癌细胞的一种治疗方式，它是一种全身性治疗手段。

1. 化疗的原则 ①联合化疗；②多周期化疗；③合适的剂量、疗程和给药途径；④不同化疗的合理安排：序贯、交替、维持和巩固。

2. 化疗的分类

（1）根治性化疗：血液、淋巴和生殖细胞系统肿瘤属于化疗药物高度敏感肿瘤，部分可通过化疗药物获得根治。

（2）姑息性化疗：对于药物治疗无法根治的部分肿瘤，化疗可以提高生活质量或延长生存期。

（3）辅助化疗：指根治手术后的化疗，以进一步杀灭亚临床病灶，减少复发，降低转移率，提高治愈率。

（4）新辅助化疗：是手术前的化疗，以缩小肿瘤、降低分期，提高手术切除率。

（5）同步放化疗：是指同时进行化疗和放疗，既可以通过化疗提高放疗的局部控制效果，又可以发挥化疗的全身治疗作用，减少远处转移的发生率。

（三）放射治疗

1. 原理 肿瘤放射治疗是利用放射线治疗肿瘤的一种局部治疗方法。放射线包括放射性同位素产生的α、β、γ 射线和各类 X 射线治疗机或加速器产生的 X 射线、电子线、质子束及其他粒子束等。约 70% 的癌症患者在治疗癌症的过程中需要用放射治疗。放射治疗在肿瘤治疗中的作用和地位日益突出，已成为治疗恶性肿瘤的主要手段之一。

2. 分类 ①根治性放疗；②姑息性放疗。

（四）分子靶向治疗

1. 定义 分子靶向治疗是指针对参与肿瘤发生发展过程的细胞信号传导和其他生物学途径的治疗手段。广义的分子靶点包括参与肿瘤细胞分化、周期、凋亡、迁移、侵袭性行为、淋巴结转移、全身转移等多过程，从 DNA 到蛋白酶水平的任何亚细胞分子。

2. 分子靶向药物按机制的分类

（1）小分子化合物：可穿透细胞膜，通过与细胞内靶分子结合发挥作用。

（2）单克隆抗体：不能穿透细胞膜，作用于细胞外或细胞表面的分子。

（五）内分泌治疗

1. 定义 一些肿瘤对内分泌治疗存在依赖性，通过改变体内内分泌环境的平衡来控制和治疗肿瘤的方法称为肿瘤的内分泌治疗。

2. 内分泌治疗分类

（1）外科治疗：手术切除卵巢、肾上腺、脑垂体等内分泌腺体或器官。

（2）放射治疗：用放射线破坏内分泌腺体和器官。

（3）药物治疗：激素替代治疗和激素拮抗治疗。

（六）介入治疗

介入治疗是指在医学影像设备引导下，利用穿刺针、导管及导丝等器材，对肿瘤进行药物灌注、局部栓塞、减压引流以及结构功能重建等治疗，以达到控制肿瘤、缓解症状、提高生活质量的目的。肿瘤的血管介入治疗技术主要包括经导管动脉灌注化疗技术（TAI）和经导管动脉化疗栓塞术（TACE）。非血管介入治疗包括射频消融及放射性粒子植入术等。

（七）免疫治疗

肿瘤免疫治疗就是通过重新启动并维持肿瘤-免疫循环，恢复机体正常的抗肿瘤免疫反应，从而控制与清除肿瘤的一种治疗方法。包括单克隆抗体类免疫检查点抑制剂、治疗性抗体、癌症疫苗、细胞治疗和小分子抑制剂等。肿瘤免疫治疗最常见的是免疫检查点抑制剂的应用。免疫检查点是免疫系统中起抑制作用的调节分子，其对于维持自身耐受、防止自身免疫反应等至关重要。如程序性死亡因子-1（programmed death-1，PD-1）和程序性死亡因子配体-1（programmed death-ligand 1，PD-L1）抑制剂是最为多见的。程序性死亡因子-1（PD-1）是一类主要表达于活化的T细胞、B细胞、自然杀伤细胞、单核细胞以及间充质干细胞T细胞（抗原）受体TCR（T cell receptor）识别抗原的受体，可通过阻断T细胞受体诱导的信号，阻止抗原介导的T细胞活化来下调免疫系统。PD-1与其配体（程序性死亡配体1，PD-L1）的相互作用在维系自身耐受和防止自身免疫性疾病发展中起着至关重要的作用，某些肿瘤细胞表面表达PD-L1配体，与T细胞表面的PD-1结合，向细胞内传递调控信号，从而介导肿瘤细胞的免疫逃逸。

（八）综合治疗

恶性肿瘤为全身性疾病，常伴浸润与转移。迄今尚无一个简单的治疗方法或药物能治愈所有肿瘤。随着对肿瘤的基因调控、生长和播散规律、异质性或不均一性（heterogeneity）、细胞增殖动力学、耐药性（特别是多药耐药）、代谢分布等的深入认识，仅局部治疗不易根治，必须从整体考虑，拟定个体化综合治疗方案，包括控制原发病灶及进一步的转移灶治疗。合理、有计划的综合治疗已在相当多的肿瘤中取得较好的疗效。近50年来综合治疗已经取代传统的单一治疗，而且在相当多的肿瘤中提高了治愈率。根据患者和肿瘤的特点和主要矛盾合理综合应用现有的各种手段，进行综合治疗。

目前我国学者把综合治疗定义为：根据患者的机体状况，肿瘤发生的部位、病理类型和异质性、基因表达及受体情况以及发展趋向，充分、合理、有计划地选择应用现有治疗手段（手术、放疗、化疗、内分泌、分子靶向、中医中药治疗等），以期最大限度地提高治愈率、延长患者生存期和提高患者的生活质量。

综合治疗还需要遵循的基本原则：局部处理与全身治疗并重的原则、分期治疗的原则、个体化治疗原则、生存率与生存质量并重的原则。

恶性肿瘤的首次治疗是否正确与预后密切相关。早期以手术治疗为主，原发肿瘤切除或放疗，必须包括转移灶的治疗，辅以有效的全身治疗。晚期以全身治疗为主，辅以局部治疗。

全身治疗即以药物治疗为主，包括化疗、分子靶向治疗、内分泌治疗及最佳支持治疗。促使肿瘤综合治疗需要多学科的参与，包括外科、肿瘤内科、放疗科、病理科、影像科、护理以及康复科等多部门。目前很多机构成立了肿瘤多学科诊疗团队即 MDT（multiple disciplinary team）。

九、肿瘤的预防

肿瘤的预防分为三级预防。一级预防是消除或减少可能致癌的因素，即病因预防，目的是减少癌症的发病率。二级预防是早期发现、早期诊断、早期治疗，目的则是提高治愈率，降低癌症的死亡。三级预防是指诊断与治疗后的康复，注重康复、姑息和止痛治疗，提高生存质量。

（一）一级预防

注意改善生活环境和不良习惯，治理环境是各地均在开展的工作。另外，特别重要的是戒烟和不要酗酒，合理膳食，消除职业因素以及健康教育等措施。这对预防常见癌症具有一定参考意义，不忽视个人遗传因素在肿瘤发生中的重要性。

（二）二级预防

定期进行系统的健康检查。很多疾病都是有一个发生、发展的过程，如果定期开展适当、必要的检查，可以早期发现很多疾病或疾病的趋向，这对我们预防很多疾病是十分重要的。

健康检查不但可以发现早期肿瘤，而且可以发现癌前病变。目前被列为癌前病变的有：乳腺的囊性增生，慢性萎缩性胃炎、胃溃疡，家族性多发性大肠息肉，口腔白斑，慢性迁延性肝炎，子宫颈糜烂，长期不愈合的破溃和瘢痕等。WHO 专家组在 1999 年通过讨论确定了一些感染和癌症的关系，如乙型肝炎病毒（HBV）和原发性肝癌，人乳头状瘤病毒（HPV）和子宫颈癌、肛门癌，幽门螺杆菌和胃癌及淋巴瘤，EB 病毒（EBV）和淋巴瘤及鼻咽癌，人类免疫缺陷病毒（HIV）和 Kaposi 肉瘤及淋巴瘤，血吸虫和膀胱癌，肝吸虫和胆管癌等。这对预防癌症提供了重要参考。如果能够及时有效地治疗癌前病变，就可较大幅度地降低某些肿瘤的发生率。合理治疗早期肿瘤，对于早期病例进行根治性手术或综合治疗，可使很多肿瘤患者长期无病生存或治愈。

（三）三级预防

积极采取多学科综合诊断治疗、恢复功能、促进康复、防止病情恶化，通过临床治疗、康复治疗以延长患者生存期，减轻患者痛苦，提高生活质量。

第二节 甲状腺癌

一、流行病学

甲状腺癌（thyroid carcinoma）在头颈部恶性肿瘤中其发病率居首位，约占 30%，一般而言发病以女性居多，男女发病比例为 1∶（2～3），20～40 岁为发病高峰年龄，50 岁以后其发病率则有明显下降。

二、病 因

1. 电离辐射 是目前唯一一个已经确定的致癌原因。

2. 缺碘 研究显示缺碘可以刺激促进促甲状腺激素分泌（thyrotropin，thyroid stimulating hormone，TSH）分泌，从而导致甲状腺癌的发生，而且以未分化型甲状腺癌多见。

3. 家族遗传性疾病 家族遗传性疾病患者常常伴有甲状腺癌，如 Gardner 综合征等，此外女性 TSH 激素的分泌，也是甲状腺癌可能病因之一。

案例 19-1

女性，42 岁，因“发现左颈前肿物 1 周”到医院就诊。入院前 1 周无意中发现左侧颈部肿物，约鹌鹑蛋大小，随吞咽上下移动，无疼痛及触痛，无饮水呛咳、声嘶，无发热、怕冷，无消瘦、易怒、多食，无突眼、手足颤抖，无吞咽困难，就诊于我院。查体：T 36.0℃，P 76 次/分，R 19 次/分，BP 110/75mmHg。颈软，颈静脉无怒张，气管居中，颈部未闻及血管杂音，左侧甲状腺可触及一约 3.9cm×3.2cm 肿物，质硬，表面光滑，边界不清，与周围似粘连，肿块无压痛，可随吞咽而上下移动。右侧甲状腺未触及明显肿块，双侧颈部淋巴结未触及肿大。辅助检查：甲状腺功能正常；彩超示甲状腺左侧叶囊实性结节影，形态不规则、边界不清，血供较丰富，考虑甲状腺癌，双侧颈部未见明显肿大淋巴结；颈部 CT 检查提示：左侧甲状腺肿物，考虑甲状腺癌的可能性大。

问题：请问该患者最可能的诊断是什么？诊断依据是什么？下一步治疗计划？

三、病理类型

甲状腺癌可以起源于滤泡上皮细胞、滤泡旁 C 细胞和间质细胞。不同病理类型的甲状腺癌，其生物学特性、临床表现、诊断、治疗及预后均有所不同。

（一）分化型甲状腺癌

主要包括甲状腺乳头状癌、甲状腺滤泡上皮癌及乳头-滤泡混合型癌，均起源于滤泡细胞，恶性程度较低，病程缓慢。乳头状癌淋巴结转移多见，滤泡状癌血行转移相对多见。甲状腺乳头状癌和滤泡癌约占所有甲状腺癌的 90%。

（二）甲状腺髓样癌

来源于滤泡周围的 C 细胞，又称滤泡旁细胞癌或 C 细胞癌，这些细胞可以分泌降钙素和癌胚抗原。为中度恶性，可有淋巴结侵犯和血管转移，可伴类癌综合征，占所有甲状腺癌的 5%～10%。

（三）未分化癌

未分化癌也起源于滤泡细胞，临床少见，约占所有甲状腺癌的5%，为高度恶性肿瘤，生长较快，颈部淋巴结及血行转移相当多见。

四、临 床 表 现

甲状腺癌可无意间发现颈前质硬、边界不清、缓慢生长，随吞咽上下移动的肿物。有时肿瘤合并出血时可出现肿瘤短期内增大或伴有疼痛等。病变至晚期，由于侵犯周围结构而出现相应的症状，如喉返神经受侵或受压表现为声音嘶哑，气管、食管受压或受侵而出现呼吸困难、吞咽困难，颈静脉受侵可表现为颈静脉怒张、颜面水肿，颈交感神经受压可出现Horner综合征等。甲状腺乳头状癌较容易出现颈部淋巴结转移，滤泡状癌远处转移率较高，间变或未分化癌两者均常见。

五、诊断和鉴别诊断

（一）诊断

1. 病史和体格检查 包括患者的年龄、性别，有无头颈部放射线治疗史或辐射暴露史，有无局部症状，甲亢、甲减症状及甲状腺肿物数目、大小、硬度、压痛、活动度，能否随吞咽活动，局部有无肿大淋巴结等。

2. 颈部超声 可以确定肿物的位置、大小及区分肿物与甲状腺的关系，并鉴别肿物为实性或囊性，实性肿物的恶性可能性大。超声引导下甲状腺肿物细针穿刺抽吸活检是术前甲状腺癌病理细胞学诊断的主要方法之一。

3. CT 及 MRI 有周围组织的侵犯、颈部或纵隔淋巴结异常增大等可提示恶性可能。

4. 其他 甲状腺功能检查多正常，但TSH减低需进一步行甲状腺核素显像评估甲状腺肿物的摄碘功能，甲状腺球蛋白滴度升高至10倍则提示甲状腺癌的可能。血清降钙素的检测对诊断甲状腺髓样癌具有一定特异性。

（二）鉴别诊断

甲状腺癌的诊断和鉴别诊断可以参照甲状腺肿物的诊断流程，发现甲状腺结节应检测甲状腺功能。

1. TSH 降低 查放射性同位素扫描，如果是热结节，恶性的概率非常低；如果是冷、温或凉结节，结合超声结果决定是否细针穿刺抽吸活检。

2. TSH 正常或升高 结合超声和临床特点决定是否针吸活检。超声怀疑恶性的描述性特征包括：血流丰富，高回声，微钙化，边界不清等。①若结节是囊性的，无须穿刺。②若结节是实性的，且有上述恶性特征，直径＞1cm即应穿刺；无上述特征者，直径可放宽至1.5cm。③若是囊实性混合的，且有上述恶性特征，直径＞1.5cm，即应穿刺；无上述特征者，可放宽至2cm。

六、治 疗

手术是甲状腺癌首选的治疗方式，无论病理类型如何，只要有指征就应尽可能地手术切除。对分化差的癌或未分化癌，如手术后有残留或广泛的淋巴结转移，应及时给予大范围的术后放射治疗，以尽可能地降低局部复发率，改善预后。对临床检查能触及肿大淋巴结或CT及超声检查高度怀疑有转移的应行颈部淋巴结清扫术。有远处转移的甲状腺癌，如病情允许，尽量行甲状腺全切除，转移灶如条件允许尽量手术切除，如经碘-131治疗前评估具有摄碘能力，可行碘-131治疗，术后碘-131治疗可取得较好的生存期，甚至长期生存。甲状腺分化型癌术后的患者，不但需要甲状腺激素制剂治疗，更需要甲状腺激素制剂抑制性治疗。甲状腺未分化癌术后应行放疗或不能手术者可单纯姑息性放疗。手术切缘不净、残留灶较大或不摄取碘-131、有广泛淋巴结转移的分化型甲状腺癌可行放疗。甲状腺癌很少选择化疗，但未分化癌对化疗有一定敏感性，5% ～ 20% 的分化型甲状腺癌可发生局部复发，10%～18% 可发生远处转移，需终身随访。

分子靶向治疗：索拉菲尼及仑伐替尼是被美国FDA批准用于治疗进展性局部晚期或转移性碘难治性分化型甲状腺癌的分子靶向药物，可延长患者的疾病无进展生存期。

化疗：对于持续/复发转移性分化型甲状腺癌，化疗仅作为存在结构性病灶并经手术、碘-131、TSH抑制剂、靶向药物等治疗无效时的姑息或尝试治疗，多柔比星是美国FDA唯一批准的化疗药物。

七、预　后

不同类型的甲状腺癌生存率差别很大，最近报道甲状腺乳头状癌、滤泡状癌等10年生存率分别为74% ～ 95%、43% ～ 95%，有报道显示未分化型甲状腺癌的2年生存率仅为10%。

第三节　食　管　癌

一、流行病学

食管癌（esophageal carcinoma）是原发于食管的恶性肿瘤，临床上以进行性吞咽困难为其最典型的症状。发病率占全世界恶性肿瘤发病率的第八位，其死亡率占全世界恶性肿瘤死亡率的第六位。其发病具有明显的地区性，食管癌的高发区包括亚洲（特别是中国、新加坡和伊朗）、东南部非洲和法国北部。欧、美等国家发病率低，病理类型也以食管腺癌为主。我国是食管癌高发区，其中鳞癌占90%，男性多于女性。我国食管癌发病率居恶性肿瘤的第六位，死亡率居恶性肿瘤的第四位。

案例 19-2

男性，49岁，因“吞咽哽噎感5个月，加重半个月”就诊，近5个月来进食时有哽咽感，继而感胸骨后疼痛。目前仅能进半流质食物，近半年来体重减少约9kg，查体：消瘦貌，气管居中，左锁骨上可触及约2.2cm×2cm结节，质硬、固定、边界清，无压痛，食管吞钡X线片示食管中下段长4cm的局限性管壁僵硬，黏膜部分中断，钡剂尚能通过。

问题：该患者最可能的诊断是什么？还需完善哪些检查？

二、病　因

食管癌的病因目前尚无明确的结论，可能与下列因素有关。

1. 不良饮食习惯　长期吸烟和重度饮酒已证明是食管癌重要的致病因素，食物中维生素缺乏、霉变食物或长期进食食物粗糙、烫和速度快、含有亚硝胺类化合物的腌制食品、咀嚼槟榔也可能与食管癌发生相关。

2. 微量元素缺乏 高发区环境中钼、硒、锌、镁等微量元素的缺乏可能与食管癌的发生有关。

3. 慢性食管疾病 如贲门失弛缓症、食管良性狭窄等长期刺激可诱发食管癌。

4. 食管癌遗传易感因素

三、病 理

（一）食管癌组织学分类

鳞状细胞癌、腺癌、腺鳞癌、神经内分泌癌、黏液表皮样癌、腺样囊性癌等类型。我国约 90% 为鳞状细胞癌，腺癌约占 5%，其他类型少见。我国食管癌病变部位以中段居多，下段次之，上段最少。

（二）食管癌的扩散转移方式

1. 直接扩散 早中期食管癌主要为壁内扩散，因食管无浆膜层，容易直接侵犯其邻近器官。

2. 淋巴转移 淋巴转移是食管癌转移的主要方式。

3. 血道转移 晚期食管癌可经血液循环转移至肝、肺等处。

四、临床表现

1. 食管癌的早期症状 ①进食不顺、咽下哽噎感。②胸骨后和剑突下疼痛，咽下食物时有胸骨后或剑突下痛，其性质可呈烧灼样、针刺样或牵拉样，以咽下粗糙、灼热或有刺激性食物为著。

2. 食管癌的中晚期症状 ①吞咽困难：进行性吞咽困难是绝大多数患者就诊时的主要症状。②食物反流：常在吞咽困难加重时出现。③其他症状：当癌肿浸润喉返神经可致声音嘶哑，侵犯膈神经可引起呃逆或膈神经麻痹；压迫气管或支气管可出现气急和干咳；侵蚀主动脉则可产生致命性呕血。肿瘤还可以穿透气管，形成食管、气管瘘，引起咳嗽、发热、肺部感染等。

五、诊 断

为了适应临床诊断和治疗的需要，临床上把食管分为颈段、胸段和腹段。

1. 颈段 自食管入口（环状软骨水平）至胸骨切迹，距门齿约 25cm。

2. 胸段 从胸骨切迹至食管裂孔上缘，长度约 25cm。

3. 腹段 为食管裂孔上缘至胃食管交界处，距门齿约 42cm。胸段食管癌较多见。

可用食管拉网法行食管脱落细胞学检查作为普查，尤其在食管癌高发地区可以做出早期诊断。食管癌的诊断主要采用胃镜下病变组织活检以病理证实；上消化道造影检查有助于确定病变长度和范围；CT、MRI 检查对于确定全身及局部病变范围有帮助。

六、治 疗

根据患者的一般状况、年龄、疾病分期等采取多学科综合治疗手段，即包括手术、放射治疗和化疗治疗。一般对较早期病变宜采用手术治疗；对较晚期病变，或者位于上段、年龄较高或有手术禁忌证者，则以放疗、化疗或介入治疗为首选。

（一）内镜治疗

早期食管癌及癌前病变可以采取内镜下治疗，包括射频消融、冷冻治疗、内镜黏膜切除术、内镜黏膜下剥离术或多环套扎黏膜切除术。但需严格掌握手术适应证。

（二）手术治疗

外科手术是治疗可切除食管癌的首选方法。

（三）放射治疗

食管癌放射治疗包括术前放疗、术后放疗和根治性放疗。颈段和上胸段食管癌手术的效果差，而放疗损伤小，疗效优于手术，应以放疗为首选。

（四）化学药物治疗

多数采用以顺铂、氟尿嘧啶类为基础的联合化疗方案。

（五）食管内支架植入术

对于年老体弱不能耐受手术、肿瘤广泛转移无法手术或食管、气管瘘的患者，可以施行食管内支架植入手术，解决食管、气管瘘和进食困难，对提高生活质量有一定的帮助。

七、预后及预防

食管癌根治术后 5 年生存率在 30%～40%，不良预后因素有肿瘤病理分化差、脉管瘤栓、淋巴结转移、切缘阳性等。晚期转移性食管癌预后差，中位生存时间在 6～10 个月。

我国在食管癌高发地区建立了防治基地，进行了肿瘤一级预防（病因学预防），包括改良水、防霉去毒、改变不良的生活习惯等，二级预防是对食管癌高发地区进行普查，争取早诊早治。

第四节 胃 癌

一、流行病学

胃癌（gastric carcinoma）的流行病学有明显的地理差别，东亚、东欧等地区为高发地区。2/3 的胃癌在发展中国家，约 42% 胃癌患者在中国。胃癌是我国最常见的恶性肿瘤之一，我国西北地区和东南沿海地区发病率较高，国内权威统计信息资料显示，全国城市居民恶性肿瘤死因顺序中胃癌占第三位，仅次于肺癌和结直肠癌，胃癌仍是严重威胁人类健康的疾病，由于早期胃癌缺乏特异性的临床表现，胃癌早期（0～1 期）诊断率低（约 10%），大部分胃癌在确诊时已处于中晚期，5 年生存较低（7%～34%）。

案例 19-3

患者，男性，54 岁，“上腹部隐痛不适 2 个月”。2 个月前开始出现上腹部隐痛不适，进食后明显，伴饱胀感，食欲逐渐下降，无明显恶心、呕吐及呕血，当地医院按“胃炎”进行治疗（具体用药不详），稍好转。近半月自觉乏力，体重较前下降 3kg。近日大便色黑。来我院就诊，查 2 次大便隐血（+），查血 Hb 90g/L，为进一步诊治收入院。既往史：吸烟 30 年，20 支/天，其兄死于“消化道肿瘤”。查体：一般状况尚可，贫血貌，浅表淋巴结未及肿大，皮肤无黄染，心、肺未见异常，腹平坦，未见胃肠型及蠕动波，腹软，肝、脾未触及，腹部未触及包块，剑突下区域深压痛，无肌紧张，移动性浊音（−），肠鸣音正常，直肠指检未触及异常。辅助检查：上消化道造影示胃窦小弯侧见约 2cm 大小龛影，位于胃轮廓内，周围黏膜僵硬粗糙，腹部 B 超检查未见肝异常。

问题： 1. 该患者的初步诊断是什么？

2. 其诊断依据是什么？

3. 下一步应该完善哪些检查？

二、病　　因

胃癌确切病因尚不清楚，其发生是一个多步骤，多因素进行性发展的过程，危险因素有以下几类。

1. 饮食相关　饮食高盐、熏制食物、霉变食物、烧烤食物、食物亚硝酸盐含量高、蔬菜摄入量少。

2. 感染　幽门螺杆菌感染、EB 病毒感染。

3. 癌前状态　慢性萎缩性胃炎，胃溃疡、残胃癌、肠化生等。

4. 遗传因素　部分胃癌存在家族聚集倾向，提示胃癌与遗传因素有关。

5. 其他　吸烟、电离辐射、受教育程度及经济状况。

三、病 理 类 型

胃癌的好发部位依次为胃窦、贲门、胃体。胃癌组织学分型有腺癌（乳头状腺癌、管状腺癌、黏液腺癌、混合型腺癌、肝样腺癌）、腺鳞癌、髓样癌、印戒细胞癌、鳞状细胞癌和未分化癌等。根据癌细胞分化程度可分为高、中、低分化三大类。大体分型有早期胃癌和进展期胃癌。早期胃癌：即病灶局限且深度不超过黏膜下层的胃癌，无论有无局部淋巴结转移。进展期胃癌：癌组织超出黏膜下层侵入胃壁肌层为中期胃癌，病变达浆膜下层或是超出浆膜向外浸润至邻近脏器或有转移为晚期胃癌。中、晚期胃癌统称进展期胃癌。

胃癌通过直接浸润、淋巴转移、血行转移、种植转移来扩散与转移。淋巴转移可发生在胃癌早期，其中转移到左锁骨上淋巴结时，称为 Virchow 淋巴结。淋巴结转移率和癌灶的浸润深度呈正相关。引流胃的区域淋巴结有 16 组，按其距病灶的远近可分为三站。血行转移最常见的部位是转移至肝、肺、腹膜等脏器，胃黏液癌细胞浸润至胃浆膜后可脱落到腹腔种植于腹壁及盆腔器官腹膜上，有时在卵巢形成转移性黏液癌称 Krukenberg 瘤。

四、临 床 表 现

早期无明显症状，大多数患者可出现上腹部隐痛、饱胀不适、早饱感等症状。晚期胃癌有腹部疼痛、体重减轻、恶心、呕吐、腹水等。胃癌发生并发症或转移时可出现一些特殊症状，例如贲门癌累及食管下段时可出现吞咽困难，幽门处的肿瘤可发生梗阻而致恶心、呕吐，肿瘤溃破可有呕血、黑便表现。早期胃癌无明显体征，进展期在上腹部扪及肿块、有压痛、如肿瘤转移至肝可引起肝大、黄疸和发热，甚至腹水。有远处淋巴转移时可扪及左锁骨上淋巴结肿大，即 Virchow 淋巴结。直肠前凹扪及肿块提示已有远处转移，有远处转移可伴有相应组织、器官受损的症状、体征。

五、诊　断

由于胃癌早期缺乏特异性症状，辅助检查对胃癌的诊断十分重要。诊断主要根据病史、体检和辅助检查结果。胃镜是诊断胃癌的首选方法不仅可确定病灶部位和范围，还可获取组织做病理检查。胃癌病灶处的超声内镜（EUS）检查可较准确地判断肿瘤侵犯深度，有助于区分早期胃癌和进展期胃癌，并了解有无局部淋巴结转移，胃镜检查有禁忌的患者上消化道造影也可发现溃疡及隆起病变。胸腹盆部CT检查是治疗前分期的基本手段，MRI、腹腔镜探测及PET分别作为CT疑诊肝转移、腹膜转移及全身转移的备选手段。实验室检查：缺铁性贫血较常见，系慢性失血所致，如有恶性贫血可见巨幼细胞贫血，肝转移可有肝功能异常，粪便隐血呈持续阳性，有辅助诊断意义。

六、治　疗

胃癌的治疗包括手术、内镜治疗、化疗、放疗、分子靶向治疗、免疫治疗等综合治疗。根据临床分期，肿瘤病理类型、病理分级、分子诊断、患者体能状态等决定治疗选择。基本治疗原则：可手术切除胃癌应依据临床分期进行治疗选择，对于早期胃癌，首选内镜治疗即内镜下黏膜切除术（EMR）和内镜下黏膜下层切除术（ESD），对于不适合内镜治疗的患者，可行开腹手术或腹腔镜手术；无远处转移的患者，临床评估为可手术切除者，首选手术治疗。无远处转移的患者，临床评估为可手术切除的T_2以上分期或伴有淋巴结转移者，经多学科会诊后，可选择术前化疗或术前放、化疗，肿瘤稳定、部分缓解或完全缓解的患者可行手术治疗。手术在胃癌治疗中占主导地位，胃癌根治术可治愈部分早期胃癌患者。姑息手术包括胃部分切除、胃空肠吻合术等，术后根据需要给予适当的术后化、放疗。对于无手术根治机会或转移性胃癌患者，目前公认应采取以全身药物治疗为主的综合治疗，包括化疗、放疗、分子靶向治疗、免疫治疗、射频消融、腹腔灌注及动脉介入栓塞灌注等。药物治疗包括化疗、分子靶向治疗。不能耐受化疗者，给予最佳支持治疗。姑息治疗的目的是延长患者生存期、减轻患者痛苦、提高生活质量。

第五节　肺　癌

肺癌（pulmonary carcinoma，lung cancer）也称为原发性支气管癌（primary bronchogenic carcinoma）。为起源于支气管黏膜上皮或肺泡上皮的恶性肿瘤。

案例 19-4

患者，男性，56岁。因“咳嗽、咳痰5个月，痰中带血1周”入院。患者5个月前无明显诱因出现刺激性咳嗽，咳少量灰白色黏痰，伴右胸背胀痛，无发热、心悸、盗汗，曾于附近医院按呼吸道感染服用抗生素及止咳中药，疗效不显著，1周以来间断痰中带血，无大量咯血，即就诊。发病以来体重减轻约5kg，近日稍感疲乏，食欲欠佳，大小便正常。既往无肺炎、结核病史，吸烟30余年，每日20支左右，查体：T 37.2℃，P 78次/分，R 20次/分，BP 120/80mmHg，双侧锁骨上未触及肿大淋巴结，气管中位，双胸廓对称，叩清，右上肺可闻及干啰音，无湿啰音，左肺呼吸音正常，辅助检查：Hb 125g/L，WBC 7.0×10^9/L，胸部X线片示：右上肺前段有一约4.0cm×3.5cm大小椭圆形块状阴影，边缘模糊毛糙，可见细短的毛刺影。

问题：该患者最可能的诊断是什么？要明确诊断还需完善哪些检查？

一、流行病学

近年来，世界范围内肺癌的发病率和死亡率均持续上升。在人口密度较高的工业城市尤为显著。20 世纪末，肺癌已成为肿瘤第一死因，肺癌发病率和死亡率均随年龄增长而上升，一般 40 岁以后开始上升，75 岁左右达到高峰，肺癌的发病率和死亡率均是男性高于女性。

二、病　　因

引起肺癌的病因复杂，但一般公认与下列因素有关。

1. 吸烟　在肺癌的致病因素中排第一位。肺癌好发人群：①吸烟史 20 年以上；②吸烟每日 20 支以上；③年龄在 45 岁以上的男性；④被动吸烟即吸“二手烟”的人们，肺癌发病危险性增加。

2. 空气污染　据统计，在大城市和工业区肺癌的发病率和死亡率均较高。

3. 职业因素　工作中经常接触石棉、砷、铬、镍、煤焦油、沥青、烟尘、氡、二氯甲醚等物质的人员肺癌的发生率增高。

4. 电离辐射　大剂量电离辐射可引起肺癌。

5. 分子遗传学改变　各种致癌因素作用于细胞内多种基因，引起基因改变而导致正常细胞癌变，目前已知肺癌中有 10 余种癌基因激活或抑癌基因失活，如 KRAS 基因突变，尤其是 12 和 13 密码子突变在约 25% 的腺癌、20% 的小细胞癌和 5% 的鳞癌中出现，该突变与腺癌的预后不良有关。

三、病理类型

肺癌通常分为小细胞肺癌（small cell lung cancer，SCLC）和非小细胞肺癌（non-small cell lung cancer，NSCLC）。由于小细胞肺癌的生物学行为、治疗、预后等方面与其他类型差别巨大，因此将小细胞肺癌以外的肺癌统称为非小细胞肺癌。其中 10%～15% 为小细胞肺癌，80%～85% 为非小细胞肺癌。NSCLC 又可分为鳞癌、腺癌和大细胞癌 3 种。

1. 大体类型　根据肿瘤在肺内分布部位，可将肺癌分为中央型、周围型和弥漫型 3 个主要类型。

2. 组织学类型　根据 2015 年 WHO 关于肺癌的分类，将其分为腺癌、鳞状细胞癌、大细胞癌（又称为大细胞未分化癌）、神经内分泌癌（包括小细胞癌、大细胞神经内分泌癌和类癌）、腺鳞癌等基本类型。

四、临床表现

根据肿瘤所在的部位、大小、类型、胸内蔓延、远处转移和是否并有副瘤综合征等表现不一。常见的由原发肿瘤病灶引起的症状为咳嗽、痰中带血、呼吸困难、胸痛、喘息、发热等，也可有声嘶、胸腔积液、心包积液等。发生远处转移可有相应转移部位相关症状，如疼痛、骨折等。不明原因的咳嗽常是肺癌起始症状，如伴有痰中带血或咯血，甚至出现胸痛则要高度怀疑肺癌的可能，常伴有低热、乏力、气急、食欲减退及消瘦等表现，也可因为癌肿直接压迫喉返神经出现声音嘶哑。有异位内分泌作用的肺癌可引起副肿瘤综合征，尤其是小细胞癌能分泌大量 5-羟色胺而引起类癌综合征，出现支气管痉挛、阵发性心动过速、水样腹泻和皮肤潮红等。局部体征在早期不明显。至肺癌晚期，则症状和体征视受病灶损害器官（肺、肝、脑、骨等）范围和程度不同而不同。

五、扩散和转移

1. 直接扩散 癌肿沿支气管腔内生长造成支气管腔内堵塞，穿入叶间裂进入相邻肺叶、突破脏层胸膜造成膜腔种植转移。

2. 淋巴转移 是常见的扩散途径，小细胞癌和鳞癌多见。

3. 血行转移 小细胞癌和腺癌的血行转移较鳞癌常见，最常见的远处转移部位是肺、骨、脑、肝、肾上腺。

六、诊　断

伴有上述临床表现者必须结合胸部检查：包括胸片、CT、痰液脱落细胞检查、纤维支气管镜检查，必要时可作纵隔镜及胸腔镜检查明确诊断。临床医师应注意详细采集病史、认真体检。完善必要的辅助检查，避免漏诊、误诊。

（一）病史、体格检查

详细的病史采集、全面的体格检查是诊断疾病的第一手资料。

（二）痰检

痰细胞学检查是目前诊断肺癌简单、方便、无创伤性诊断方法之一。痰液标本收集得当，3 次以上的系列痰标本可使中央型肺癌的诊断率提高到 80%。

（三）胸部正侧位 X 线片

简便易行、可发现较为典型的肺内病灶。

（四）胸部 CT

CT 能够显示一些普通 X 线检查所不能发现的病变，包括小病灶、隐匿部位病灶。目前已成为评估肺癌、胸内侵犯程度及范围的常规方法。尤其在肺癌的分期上更有其无可替代的作用，低剂量螺旋胸部 CT 筛查可以有效地发现早期肺癌，还可在 CT 引导下经皮行胸内肿瘤穿刺活检是重要的获取细胞学、组织学的诊断技术。

（五）纤维支气管镜

纤维支气管镜检查技术是诊断肺癌、获得病理诊断确诊的最常用的方法。可行支气管镜直视下刷检、活检以及支气管灌洗获取细胞学诊断。

（六）超声

主要用于诊断腹、盆腔重要器官以及腹腔、腹膜后淋巴结有无转移。也可用于双侧锁骨上、颈部淋巴结的检查。还可用于肺癌伴心包积液、胸腔积液的定量、定位抽液减压、细胞学检查等。

（七）MRI

MRI 较 CT 检查更容易鉴别实质性肿块与血管的关系。MRI 检查对肺癌的临床分期有一定价值，特别适用于判断脊柱肋骨以及颅脑有无转移。

（八）骨扫描

骨扫描是筛查肺癌骨转移的常规检查。

（九）PET/CT

PET/CT 是利用正常细胞和肿瘤细胞对放射性核素标记的脱氧葡萄糖的摄取不同而显像，恶性肿瘤的糖代谢高于正常细胞，表现为局部放射性浓聚，可用于肺部结节的鉴别诊断、肺癌分期、转移灶检测、疗效评价、肿瘤复发转移检测等。

（十）经纤维支气管镜

引导透壁穿刺纵隔淋巴结活检术（transbronchial needle aspiration，TBNA）。纤维超声支气管镜引导下透壁淋巴结穿刺活检术（endobronchial ultrasound guided transbronchial needle aspiration，EBUS-TBNA）。有助于肺癌的确诊及治疗前纵隔淋巴结有无转移的精准分期，但不作为常规推荐。另外，纵隔镜、胸腔镜检查也是肺癌确诊、精确分期的重要检查手段。

（十一）肿瘤标志物

肺癌相关的肿瘤标志物包括 CEA、CA-125、Cyfra21-1、SCC、NSE 等，但这些标志物敏感性和特异性都不高，因此在肺癌的筛查、诊断中价值有限。目前主要作为监测治疗反应和早期复发的辅助指标。

七、治　　疗

遵循综合治疗的原则：根据患者的机体状况、肺癌的病理组织学类型和分子分型、分期和发展趋势，充分、合理、有计划地应用手术、放疗、化疗、分子靶向治疗和免疫治疗等手段以期最大限度地提高患者治愈率、延长生存期、提高生活质量。

（一）非小细胞肺癌的综合治疗

外科手术是可切除 NSCLC 最重要的治疗手段，Ⅰ、Ⅱ期首选手术，Ⅱ期术后辅助治疗；ⅢA 期部分选择性手术，术后辅助治疗，不能手术者行化疗、放疗，不可切除的ⅢA 和ⅢB 期行化疗、放疗联合治疗。Ⅳ期以药物治疗为主，包括化疗、分子靶向治疗、免疫治疗和最佳对症、支持治疗。

（二）小细胞肺癌的治疗

由于 SCLC 的生物学特性与其他组织学类型不同，细胞倍增时间短、发展快、容易远处转移。诊断时局限期占 1/3，广泛期占 2/3，化疗是 SCLC 最主要和最基础的治疗手段。仅有少数早期的患者（Ⅰ期）首选手术治疗。化放疗联合是局限期 SCLC 患者的标准治疗，含铂方案，如 EP（依托泊苷、顺铂/卡铂）化疗方案是广泛期患者的标准治疗方案，随着药物研究的进步，目前免疫检测点抑制剂联合化疗，成为广泛期 SCLC 的标准选择之一。

八、预　　防

避免接触与肺癌发病有关的因素、不吸烟、避免有害尘烟和气体的接触。定期做体检是防治肺癌的有效方法。尤其对肺癌好发人群更为重要。早期发现、早期诊断、早期治疗可以提高肺癌的治愈率、延长生存期、提高生活质量。

第六节 乳 腺 癌

一、流 行 病 学

案例 19-5

女性，46 岁，因左侧无痛性乳房肿块 7 天就诊。其母亲有乳腺癌病史。查体：左侧乳房外上象限乳晕旁触及一大小约 3.6cm×3.5cm 肿块，质地硬，表面不光滑，边界欠清，活动度差，无触痛；左侧腋窝下可触及一枚肿大淋巴结，大小约 1.5cm×1.0cm，质硬，界线清楚，活动度尚可。辅助检查：乳房钼靶 X 线提示：左乳肿物边界不规则，为毛刺状的高密度影，其内见沙砾样钙化。

问题：该女性最可能的诊断是什么？

乳腺癌（breast cancer）是女性最常见的恶性肿瘤之一，其发病率逐年上升。对于女性几乎所有国家和地区发病率最高的癌症是乳腺癌。

二、病 因

乳腺癌的发生可能与多因素密切相关，包括年龄、遗传、激素水平、生殖、营养、环境等多方面。女性 20 岁以后发病率逐渐上升，45～50 岁较高。家族性乳腺癌多数由单基因或多基因改变引起，其中最主要的乳腺癌相关基因有 BRCA1、BRCA2、p53 等。雌酮及雌二醇与乳腺癌的发病有直接关系。绝经后高雌激素水平、雌激素替代治疗、初潮早、停经晚、月经周期短等性激素相关因素均能增加乳腺癌的风险。晚生育、不生育、未母乳喂养等生殖相关因素也显著影响乳腺癌的发生。高脂、高热量、低纤维素、酗酒等饮食习惯也能显著增加乳腺癌的患病风险。当然，环境污染、电离辐射、不当的药品摄入等因素可能影响乳腺癌的发生。

三、病 理 类 型

乳腺癌可以分为非浸润性癌和浸润性癌两大类。非浸润性癌包括导管原位癌（癌细胞未突破导管壁基底膜）、小叶原位癌（癌细胞未突破末梢乳管或腺泡基底膜）。浸润性癌指突破基底膜浸润至间质的癌，包括浸润性导管癌和浸润性小叶癌。特殊类型癌还包括髓样癌、小管癌、黏液癌和佩吉特病等。其中浸润癌较常见占 65%～80%。分子病理：对所有乳腺浸润性癌病灶进行 ER、PR、HER-2、Ki-67 的检测，依据检测结果进行分子分型。

四、临 床 表 现

早期乳腺癌往往不具有典型的症状、特征。典型临床表现如下。

1. 乳房肿块 患侧乳房出现无痛、单发的肿块，肿块质硬、表面不光滑、分界不清楚，随着肿块增大，可引起乳房局部隆起。

2. 乳房皮肤改变 若累及 Cooper 韧带，可使其缩短而致肿瘤表面皮肤凹陷，即“酒窝征”。肿瘤继续增大，如皮下淋巴管被癌细胞堵塞，引起淋巴回流障碍，出现真皮水肿，皮肤呈“橘皮样”改变。晚期乳腺癌侵及大片皮肤，可出现多个小结节，甚至彼此融合。有时皮肤可溃破而形成溃疡，这种溃疡常有恶臭，容易出血。

3. 乳头溢液 多为血性乳头溢液，发生于单侧。

4. 乳头异常 包括乳头回缩、抬高、糜烂、破溃等。

5. 腋窝淋巴结肿大 有时可触及患侧腋淋巴结肿大，质硬、散在、可活动，随着病情发展，淋巴结可融合，并与周围组织粘连、固定，晚期可出现锁骨上及对侧腋窝淋巴结肿大。

6. 转移部位表现 出现远处组织器官转移可伴有相应组织器官受损的表现。

五、诊　断

乳腺癌的诊断应根据病史、体格检查、临床检查、影像学检查、细胞或组织病理学检查等。针对临床可触及的乳腺肿块，可采用针吸活检或手术切除活检明确诊断；而针对临床摸不到的肿块，主要依靠影像学检查发现可疑病变，并可借助影像学检查（如B超、乳腺X线片、MRI或CT）进行定位并活检。所有检查中，病理学检查才是诊断乳腺癌的金标准。乳腺癌需要和乳腺增生、乳腺纤维腺瘤、乳腺结核、乳房囊肿、乳腺炎、乳腺淋巴瘤等多种疾病进行鉴别诊断。需要结合临床表现、体格检查、影像学检查等多种手段加以排除，如果难以鉴别诊断，常需要借助于细胞或组织病理学检查才能最终确诊乳腺癌。

六、治　疗

虽然乳腺癌的发病率呈上升趋势，但随着肿瘤筛查防治工作的开展及乳腺癌综合治疗技术的提高，乳腺癌5年相对生存率可以达到91%，属于预后较好、生存率较高的恶性肿瘤。综合治疗包括手术治疗、化疗、内分泌治疗、放疗及分子靶向治疗。手术方式有乳腺癌根治术、乳腺癌改良根治术及保留乳房的乳腺癌切除术，手术方式的选择应根据病理分型、疾病分期及辅助治疗的条件而定。化疗在乳腺癌治疗中占有重要的地位，有腋窝淋巴结转移者是应用辅助化疗的指征，腋淋巴结阴性而具有高危复发因素者也宜应用术后辅助治疗。内分泌治疗：可降低激素依赖型乳腺癌术后复发及转移，同时可减少对侧乳腺癌的发生率，对晚期、复发转移性激素受体阳性乳腺癌也是重要的治疗手段。放射治疗在保留乳房的乳腺癌手术后是一个重要组成部分。对高危复发病例，放疗可降低局部复发率，提高生存率。各期乳腺癌的治疗原则是：

Ⅰ期：手术治疗为主，目前趋向保乳手术加放射治疗。对具有高危复发倾向的患者可考虑术后辅助治疗。

Ⅱ期：先手术治疗，术后再根据病理和临床情况进行辅助化疗。对肿块较大、有保乳倾向的患者，可考虑术前化疗（新辅助化疗）。对部分肿块大、淋巴转移数目多的病例可选择性做放射治疗。

Ⅲ期：新辅助化疗后再做手术治疗，术后根据临床、病理情况行化、放疗。以上各期，如果雌激素、孕激素受体阳性应该给予内分泌治疗，HER-2表达阳性者均应靶向治疗。

Ⅳ期：以内科药物治疗为主的综合治疗。

七、预　后

乳腺癌的预后受病理类型、疾病分期、激素受体状态、Her-2基因状态、肿瘤增殖指数Ki-67水平等分子特征等多种因素影响。一般预后良好的病理类型包括：腺管样癌，乳头湿疹样乳腺癌（佩吉特病），黏液样腺癌；预后不良的类型包括：化生（肉瘤样）癌，印戒细胞癌，炎性乳腺癌等。乳腺癌的分期决定于乳腺肿块大小，是否有腋窝淋巴结转移，是否有远处转移，这些因素均为乳腺癌重要的预后因素。其中Ⅰ期乳腺癌的5年生存率高达95%左右。Ⅱ期患者5年生存率为80%～90%，Ⅲ期患者为40%～70%，而Ⅳ期患者极少可能生存达5年。此外年龄、体能状态、有无脉管瘤栓等多项临床病理参数均能影响乳腺癌的预后。

第七节 大 肠 癌

一、流 行 病 学

大肠癌（colorectal carcinoma，CRC）包括结肠癌和直肠癌，是常见的恶性肿瘤，我国CRC的发病率和死亡率均保持上升趋势，2018年中国癌症统计报告显示CRC发病率、死亡率在全部恶性肿瘤中分别居第三及第五位，多数患者在确诊时已属于中晚期。通过筛查可以提高早诊率，降低病死率。大肠癌的发病部位依次为直肠、乙状结肠、盲肠、升结肠、降结肠及横结肠。

案例 19-6

案例：女性，47岁，大便次数增加、带血3个月。3个月前无明显诱因，排便次数增多，3～6次/天，不成形，间断带暗红色血迹。有中、下腹痛，无明显腹胀及恶心、呕吐。无发热，进食可。近来明显乏力，体重下降约4kg。为进一步诊治收入院。既往体健，家族中无类似疾病患者。查体：T 37.2℃，P 78次/分，R 18次/分，BP 120/80mmHg，一般状况稍差，皮肤无黄染，结膜苍白，浅表淋巴结未触及肿大。腹平坦，未见胃肠型及蠕动波，腹软，无压痛，无肌紧张，肝脾未触及。右下腹似可及约4cm×7cm质韧包块，可推动，边界不清，移动性浊音（－），肠鸣音大致正常，直肠指诊未触及异常。辅助检查：大便潜血（+）；血WBC 4.6×10^9/L，Hb 86g/L；入院后查血CEA 42ng/ml。

问题：该患者最可能的诊断是什么？主要诊治计划？

二、病 因

结肠癌的病因与下列因素相关。

1. 高脂肪低纤维素饮食

2. 大肠炎症

3. 大肠腺瘤

4. 遗传因素 家族性结肠多发性腺瘤病，不治疗在40岁前后100%发生癌变，遗传性非息肉病性大肠癌约占大肠癌的10%，有大肠癌家族史者，死于大肠癌的风险比正常人高4倍。

5. 其他因素 血吸虫病、盆腔放疗、环境因素、吸烟等。

三、病 理 类 型

根据肿瘤大体形态，早期大肠癌包括：①扁平型；②息肉隆起型；③扁平隆起型；④扁平隆起伴溃疡型。中晚期大肠癌可分为：①肿块型；②溃疡型；③浸润型。组织学分为型：①腺癌，占绝大多数，约4/5。②黏液腺癌，约占1/5，预后较腺癌差。③未分化癌，预后最差。

④其他，如鳞癌、鳞腺癌、小细胞癌等。大肠癌转移途径：①淋巴转移，为大肠癌的主要转移途径。②血行转移，结肠、直肠癌的血行转移也相当常见，可通过门静脉或下腔静脉转移到肝、肺及其他器官。③种植转移，当癌浸润到浆膜外时，癌细胞可脱落种植到腹膜壁层和其他器官表面。

四、临床表现

（一）结肠癌

早期结肠癌可无明显症状，病情发展到一定程度可出现下列症状。

1. 大便习惯和性状改变 多表现为大便次数增多、便血、腹泻、便秘交替。

2. 腹痛 常为腹部不适或隐痛，开始呈间歇性，以后转为持续性，常位于右下腹。

3. 腹部肿块 部分患者就诊时可扪及腹部肿块，肿块有压痛。

4. 全身恶病质表现 患者有明显贫血、乏力、消瘦、低热等全身恶病质表现。一般说来右半结肠癌以全身症状、腹部肿块为主要表现。左半结肠癌以肠梗阻、便秘、腹泻、便血为主要表现。

（二）直肠癌

1. 直肠刺激症状 可有大便次数增多，里急后重或排便不尽感，便血为直肠癌最常见的症状，肿瘤破溃感染后可有黏液血便。

2. 癌肿引起肠腔狭窄 可致腹胀、腹痛、排便困难甚至肠梗阻，如肿瘤累及肛管括约肌，则有疼痛。

五、诊断

（一）临床表现

如前述。

（二）疾病史和家族史

有无溃疡性结肠炎、结直肠息肉、结直肠腺瘤、克罗恩病（Crohn’s disease）、血吸虫病、林奇综合征（Lynch syndrome）、家族性腺瘤性息肉病（FAP）等。

（三）体格检查

全身浅表淋巴结有无肿大，特别是腹股沟及锁骨上淋巴结，腹部是否可触及肿块，有无移动性浊音，直肠指检有无异常。

（四）实验室检查

大便常规及隐血、肿瘤标志物，如 CEA、CA19-9、CA125。

（五）内窥镜检查

直肠镜和乙状结肠镜适用于病变位置较低的结直肠病变，更推荐全结肠镜检查。

（六）影像学检查

用于诊断、分期、治疗评价、远期随访。

1. CT 推荐行胸部/全腹/盆腔 CT 增强扫描检查。

2. MRI ①推荐 MRI 作为直肠癌常规检查项目；②怀疑肝转移时，推荐行肝脏增强 MRI 检查。

3. 超声 推荐直肠腔内超声用于早期直肠癌分期诊断。

4. X 线 气钡双重 X 线造影，肠梗阻患者慎选。

5. PET/CT 价格昂贵，不推荐常规使用，对于病情复杂、常规检查无法明确诊断的患者可作为有效的辅助检查。

（七）病理组织学检查

病理活检报告是结直肠癌治疗的依据。

（八）开腹或腹腔镜探查术

以下情况，建议行开腹或腹腔镜探查术。

（1）经过各种诊断手段尚不能明确诊断且高度怀疑结直肠肿瘤。

（2）出现肠梗阻，进行保守治疗无效。

（3）可疑出现肠穿孔。

（4）保守治疗无效的下消化道大出血。

六、治　疗

治疗原则：根据患者体能状态、肿瘤的病理类型、病理分级、临床分期、基因突变状况等选择合适的治疗方法，包括手术、化疗、放疗、分子靶向治疗及对症、支持治疗。TNM 分期根据原发肿瘤侵犯程度（T），淋巴结转移情况（N），远处有无转移病灶（M），将大肠癌分为 0、Ⅰ、Ⅱ、Ⅲ、Ⅳ期。大肠癌的初治诊断分期，Ⅰ期占 15%，Ⅱ期占 20%～30%，Ⅲ期占 30%～40%，Ⅳ期占 20%～25%。所以 60%～70% 的患者需要内科治疗。早期大肠癌：手术、部分术后辅助化疗；中期大肠癌：手术、术后辅助化、放疗，部分术前新辅助化、放疗；晚期大肠癌：化疗、分子靶向治疗、部分姑息放疗、对症支持治疗。

（一）外科治疗

1. 早期大肠癌 $cT_1N_0M_0$ 的治疗 建议采用内窥镜下切除、局部切除或肠段切除术。

2. $T_{2\text{-}4}N_{0\text{-}2}M_0$ 大肠癌的治疗 $T_{2\text{-}4}N_{0\text{-}2}M_0$ 结肠癌首选的手术方式是相应结肠肠段的切除加区域淋巴结清扫。$T_{2\text{-}4}N_{0\text{-}2}M_0$ 直肠癌推荐行根治性手术治疗。在根治肿瘤的前提下，尽可能保留肛门括约肌功能、排尿和性功能。

（二）内科治疗

必须明确治疗目的，确定属于术前治疗/术后辅助治疗或姑息治疗；必须在全身治疗前完善影像学基线评估，同时推荐完善相关基因检测。推荐对临床确诊为复发或转移性结直肠癌患者进行 Kras、Nras 基因突变检测，以指导肿瘤靶向治疗，推荐对所有结直肠癌患者进行错配修复（mismatch repair，MMR）蛋白表达或微卫星不稳定（microsatellite instability，MSI）检测。原发灶位于右半结肠癌（回盲部到脾曲）的预后明显差于左半结肠癌和直肠（自脾曲至直肠）。

（三）放射治疗

直肠癌放疗或放化疗的主要模式为新辅助/辅助治疗、根治性治疗、转化性治疗和姑息治疗。

七、预后和预防

大肠癌预后取决于早期诊断与早期治疗。经根治手术治疗为主的综合治疗后，Ⅰ期、Ⅱ期、Ⅲ期5年生存率分别达91.4%、76.4%和58%。

应积极防治大肠癌的癌前病变。对结肠腺瘤性息肉，特别是家族性多发性肠息肉病应及早切除病灶，对病程长的溃疡性结肠炎应注意结肠镜随访，避免高脂饮食，多进食富含纤维的食物，保持排便通畅。

第八节 原发性肝癌

一、流行病学

原发性肝癌（primary liver cancer）是指由肝细胞或肝内胆管上皮细胞发生的恶性肿瘤，简称肝癌，其中以肝细胞癌（hepatocellular carcinoma，HCC）多见，占90%～95%。原发性肝癌是我国常见的恶性肿瘤之一。我国是肝癌高发区，发病率约占全球肝癌病例的50%。原发性肝癌可发生在任何年龄，多见于中年男性，男女之比为（3～6）∶1，肝癌居我国恶性肿瘤死亡原因的第二位，仅次于肺癌，严重威胁我国人民的生命和健康。

案例19-7

男性，46岁，工人，因“右上腹疼5个月，加重伴上腹部包块1个月”入院。5个月前无明显诱因出现右上腹钝痛，为持续性，有时向右肩背部放射，无恶心、呕吐，未诊治。1个月来，右上腹痛加重，自觉右上腹饱满，伴腹胀、食欲缺乏、恶心，在当地医院就诊，B超显示肝脏占位性病变。为进一步明确诊治，转我院。患者发病来，无呕吐、腹泻，偶有发热（体温最高37.8℃），大、小便正常，体重下降约5kg。既往有乙型肝炎病史多年，否认疫区接触史，无烟、酒嗜好，无药物过敏史，家族史中无遗传性疾病及类似疾病史。查体：T 36.8℃、P 70次/分，R 18次/分，BP 115/75mmHg，全身皮肤无黄染，巩膜轻度黄染，双锁骨上窝未触及肿大淋巴结。腹平软，右上腹饱满，无腹壁静脉曲张，右上腹压痛，无肌紧张，肝脏肿大肋下5cm，边缘钝，质韧，有触痛，脾未及，Murphy征（－），腹叩鼓音，无移动性浊音，肝上界叩诊在第5肋间，肝区叩痛，听诊肠鸣音8次/分，肛门指诊未及异常。辅助检查：Hb 89g/L，WBC 5.6×10^9/L，ALT 84IU/L，AST 78IU/L，TBIL30μmol/L，DBIL10pmol/L，ALP188IU/L，GGT64IU/L，AFP880ng/ml，CEA24mg/ml。B超：肝右叶实质性占位性病变，直径8cm，肝内外胆管不扩张。

问题：该患者最可能的诊断是什么？还需完善哪些检查？

二、病　　因

原发性肝癌的病因和发病机制尚未完全明确，据流行病学调查可能与下列因素有关：导致肝癌的主要危险因素包括乙型肝炎病毒感染、长期接触黄曲霉菌素、饮水污染、酒精性肝硬化等。在我国慢性病毒性肝炎是原发性肝癌诸多致病因素中最主要的病因，肝癌患者中HbsAg阳性率可达90%左右。

三、病理分型

肝癌的大体分型：根据肝癌的大小和分布可将肝癌分为巨块型、结节型和弥漫型。根据组织学类型分为肝细胞癌、胆管细胞癌和混合型肝癌，其中 90% 是肝细胞癌。

四、临床表现

原发性肝癌早期症状缺乏特异性，或仅表现为肝病的症状和体征，随着病情的发展与并发症的发生常出现典型的临床症状和体征，此时已多属中、晚期。

（一）症状

早期肝癌常无任何症状，多依赖于普查和体检发现。肝炎、肝硬化患者，出现肝区疼痛、腹胀、乏力、消瘦、不明原因低热或进行性肝大时应考虑本病可能，并进一步检查。

（二）体征

常见体征有肝大与腹部肿块、脾大、黄疸、腹水，其他如合并肝硬化者常有肝掌、蜘蛛痣、男性乳房增大、腹壁静脉曲张、下肢水肿等。肝外转移时则有转移部位相应的体征。

（三）肝癌副肿瘤综合征

是原发性肝癌由于肿瘤本身代谢异常导致患者血液、内分泌及其机体其他方面的改变而出现的一组综合征，包括高钙血症、低血糖症、红细胞增多症、高胆固醇血症、异常纤维蛋白原血症、类癌综合征及由于激素代谢异常所致性别特征变化，其中以低血糖和血小板、红细胞增多症最为多见。

（四）并发症

1. 肝性脑病 是原发性肝癌终末期的严重并发症，一旦出现提示预后不良。

2. 上消化道出血 占肝癌死因的 15%，原因为：①肝硬化并发门静脉高压导致食管-胃底静脉曲张破裂出血；②晚期肝癌可因胃肠道黏膜糜烂合并凝血功能障碍引起广泛出血。

3. 肝癌结节破裂出血 约占 10% 的肝癌患者发生肝癌结节破溃出血，大量出血可致休克、死亡。

4. 继发感染

五、诊断

计算机体层成像（CT）是一种安全、无创伤、高分辨率的检查方法，对肝癌的定位诊断很有价值。CT 能显示肿瘤的大小、位置、数目及与周围器官和大血管的关系，可检出 1cm 左右的早期肝癌，并有助于了解是否伴发肝外转移。磁共振成像（MRI）在肝癌诊断中的作用日益受到重视。甲胎蛋白 AFP 检测是当前诊断肝癌和疗效监测常用且重要的指标。血清 AFP≥400μg/L，排除妊娠、慢性或活动性肝病、生殖腺胚胎源性肿瘤及消化道肿瘤后，高度提示肝癌。血清 AFP 轻度升高者，应做动态观察，并与肝功能变化对比分析，有助于诊断。另外肝动脉造影对小肝癌的定位诊断是目前各种方法中最优者，其诊断阳性率为 90% 以上，小于 3cm 的小肝癌的检出率可达 87.5%。但由于肝动脉造影为一侵入性检查，故不列为首选。肝穿刺活体组织检查对确定诊断有一定帮助，但由于可能导致出血、癌肿破裂和胆道转移等，一般不作为常规方法。对无法确诊的肝内小占位，在B超下行细针穿刺活检，可望获得病理学证据。

细胞学或组织学的病理学诊断是确诊肝癌的金标准，但取得病理学诊断受一些因素影响，结合肝癌发生的高危因素、影像学特征以及血清学分子标志物，依据路线图的步骤对肝癌做出诊断。

六、治　　疗

肝癌的总体治疗目标是延长总生存期并最大限度提高生活质量，遵循以下原则：①分期治疗；②局部治疗和全身系统治疗并重；③循证医学原则；④规范治疗和个体化治疗结合等多学科综合治疗原则。目前手术仍是早期原发性肝癌疗效最好的治疗方式，不可切除肝癌的非手术疗法：①肝动脉插管栓塞化疗，经肝动脉插管栓塞化疗（transcatheter arterial chemoembolization，TACE）或TACE加门静脉栓塞（PVE）是不能手术切除肝癌的主要治疗方法，被推荐为中晚期肝癌的首选治疗。②药物治疗：中晚期肝癌肝功能Child-Pugh分级A～B级可行全身性抗肿瘤药物治疗，抗肿瘤药物治疗包括分子靶向治疗（如索拉菲尼、仑伐替尼）、免疫检测点抑制治疗、化疗。③局部消融疗法等局部治疗。④放射治疗：肝癌细胞对放射线有一定敏感性。晚期患者无法耐受各种抗肿瘤治疗时，应以保肝、镇痛等对症支持治疗改善全身状况为主，以减轻患者痛苦，提高生活质量，伴有病毒性肝炎的肝癌在抗肿瘤治疗的同时需抗病毒治疗。

七、预　　后

大多数肝癌患者确诊时已属中晚期，预后差，5年总体生存率不足15%，近年来，肝癌的外科治疗、介入治疗、药物治疗、放射治疗均取得了进步，多学科综合诊疗团队（multidisciplinary team，MDT）综合诊治，在一定程度上改善了肝癌的预后。提倡慢性病毒性肝炎患者定期体检，重视肝癌筛查。

第九节　膀 胱 肿 瘤

膀胱肿瘤（tumor of bladder）是我国泌尿外科临床上最常见的恶性肿瘤之一。绝大多数来自上皮组织，其中90%以上为尿路上皮癌，鳞癌约占5%，腺癌更为少见，占膀胱癌的比例＜2%；1%～5%来自间叶组织，多数为肉瘤如横纹肌肉瘤，多见于儿童。本节主要介绍来自上皮的膀胱癌（bladder cancer）。

案例 19-8

患者，男性，50岁。反复无痛性全程肉眼血尿1个月。患者1个月前无明显诱因下解肉眼血尿，尿色为鲜红色，偶有块状血凝块，伴尿频、尿急、尿痛。未曾诊治。近日来血尿症状反复，无明显好转。发病以来精神、饮食、大便正常，既往体健。吸烟20余年，20支/天。父亲曾因膀胱肿瘤离世。

查体：T 36.6℃，P 95次/分，R 22次/分，BP 120/75mmHg。皮肤黏膜未见出血点和皮疹，浅表淋巴结未触及肿大，巩膜无黄染。双肺叩诊清音，双肺未闻及干、湿啰音。心界不大，心率95次/分，律齐，各瓣膜听诊区未闻及杂音。双肾区无叩击痛，双侧输尿管移行区无压痛，膀胱区叩诊为浊音，双下肢无水肿。

实验室检查：血常规示 Hb 123g/L，WBC 6.8×10^9/L，分类正常，PLT 225×10^9/L，肝、肾功能正常，血清 PSA 检测正常。

泌尿系统彩超：膀胱右侧壁可见大小 4.0cm×3.5cm 低回声团，内见少量血流信号，不随体位改变而移动。

问题： 1. 该患者的初步诊断是什么？其诊断依据是什么？

2. 该患者还应与哪些疾病进行鉴别诊断？

一、病因与病理

（一）病因

膀胱癌目前发病率居恶性肿瘤的第 9 位，近年来呈上升趋势。一般来说膀胱癌的病因可有以下几类。

1. 吸烟 吸烟是最重要的致癌因素，约 50% 的膀胱癌与吸烟有关。吸烟可使膀胱癌发病风险增加 2～4 倍。可能与香烟含有多种芳香胺的衍生物致癌物质有关。戒烟后膀胱癌的发病率会有所下降。

2. 长期接触工业化学产品 如染料、皮革、橡胶、塑料、油漆等，发生膀胱癌的风险显著增加。现已肯定主要致癌物质是联苯胺、β-苯胺、4-氨基双联苯等。

3. 膀胱慢性感染与异物长期刺激 如膀胱结石、膀胱憩室、血吸虫感染或长期留置导尿管等，会增加膀胱癌的发生风险，其中以鳞癌多见。

4. 遗传因素 有家族史者发生膀胱癌的危险性增加至 2 倍。

5. 饮食因素 大量摄入脂肪、胆固醇、油煎食物、红肉和抗氧化剂补充剂可能会增加膀胱癌的发病危险。

6. 其他 长期大量服用含非那西丁的镇痛药、食物中或由肠道菌作用产生的亚硝酸盐以及盆腔放射治疗等，均可成为膀胱癌的病因。

（二）病理和分类

膀胱癌的病理主要涉及肿瘤的组织学分级、生长方式和浸润深度，其中组织学分级和浸润深度对预后的影响最大。

二、临床表现

血尿是膀胱癌最常见的症状，约 85% 的患者以间歇性、无痛性全程肉眼血尿为首发症状。血尿程度可由淡红色至深褐色不等，多为洗肉水色，可形成血凝块。有些也可表现为初始血尿或终末血尿，前者常提示膀胱颈部病变，后者提示病变位于膀胱三角区、膀胱颈部或后尿道。少数患者仅表现为镜下血尿。血尿持续的时间、严重程度和肿瘤恶性程度、分期、大小、数目和形态并不一致。

部分患者亦有尿频、尿急和尿痛，多为膀胱癌的晚期表现，常因肿瘤坏死、溃疡或并发感染所致。常与弥漫性原位癌或肌层浸润性膀胱癌有关，而 T_a、T_1 期肿瘤常无此类症状。但也有少数广泛原位癌或浸润性癌最初可仅表现为膀胱刺激症状，常常提示其预后不良。

膀胱癌还存在其他症状：如输尿管梗阻导致的腰部疼痛，膀胱出口梗阻导致的排尿困难、尿潴留，营养不良或静脉、淋巴管堵塞导致的下肢水肿，巨大肿瘤导致的盆腔包块。晚期患者可表现为体重减轻、肾功能不全、腹痛或骨痛。膀胱癌患者临床体征不明显，体检触及盆腔包块是局部进展性肿瘤的证据，因此查体对早期膀胱肿瘤患者的诊断价值有限。

三、实验室、影像学检查及内镜检查

（一）尿细胞学及尿膀胱癌标志物检查

1. 尿细胞学检查 尿细胞学检查是膀胱癌诊断和术后随诊的主要方法之一。尿标本的采集一般是通过自然排尿，也可以通过膀胱冲洗，这样能得到更多的癌细胞，利于提高诊断率。目前认为尿标本应尽量采用新鲜尿液，晨起第一次尿由于细胞溶解比率高而不适合用于尿细胞学检查。

2. 尿膀胱癌标志物检查 尿荧光原位杂交技术（fluorescence in situ hybridization，FISH）用于膀胱癌的检测以提高无创检测膀胱癌的水平，FISH 技术具有较高的敏感性和特异性。但在有膀胱炎症、结石、放疗等病史者的尿液标本中，反应性脱落细胞可能造成 FISH 结果的特异性降低。

（二）影像学检查

1. 超声 超声检查是诊断膀胱癌最常用、最基本的检查项目。经腹部超声诊断膀胱肿瘤，可以同时检查肾、输尿管和腹部其他脏器。经直肠超声显示膀胱三角区、膀胱颈和前列腺较清楚，能近距离观察肿瘤基底部，对判断肿瘤浸润深度优于经腹部超声检查，适用于膀胱不能充盈的患者。

2. 计算机体层成像（computed tomography，CT） 增强 CT 检查在诊断膀胱肿瘤和评估肿瘤浸润范围（特别是显示膀胱外肿瘤浸润）方面有一定价值。如果膀胱镜发现肿瘤为广基无蒂、恶性度高、有肌层浸润的可能时建议 CT 检查，以了解肿瘤的浸润范围。目前多排螺旋 CT 可以发现较小肿瘤（1～5mm），并且可以判断邻近器官是否受侵犯及转移，但 CT 不能发现原位癌；不能准确区分非肌层浸润膀胱癌（T_a、T_1）和 T_2 期膀胱癌；不能区分肿大淋巴结是转移还是炎症；也不能很好地显示输尿管。患者若存在尿道狭窄或膀胱有活动性出血不能进行膀胱镜检查，CT 仍有一定优越性。CTU 能提供更多的泌尿系统信息（包括上尿路、周围淋巴结和邻近器官的状态），可替代传统 IVU 检查。

3. 多参数磁共振成像（multiparmetric magnetic resonance imaging，mpMRI） mpMRI 具有出色的软组织分辨率，能够诊断并进行肿瘤分期。膀胱癌 T_1WI 尿液呈极低信号，膀胱壁为低至中度信号，而膀胱周围脂肪为高信号。T_1WI 有助于检查扩散至邻近脂肪的肿瘤、淋巴转移及骨转移情况，甚至可评价除前列腺以外的邻近器官受侵犯情况。

4. 静脉尿路造影（IVU） 既往 IVU 被视为膀胱肿瘤患者的常规检查，以期发现并存的上尿路肿瘤。IVU 检查诊断上尿路肿瘤的阳性率低，漏诊风险比较高，特别是小的上尿路肿瘤或尿路积水不显影时更容易漏诊，目前初步诊断时此项检查的必要性受到质疑。因 CTU、MRU 检查可获得更清晰的图像，临床上现已经逐步替代 IVU 检查。

5. 其他 胸部 X 线/CT 检查、全身骨显像、正电子发射-计算机体层成像（positron emission tomography-computed tomography，PET-CT）等检查项目，可选择性使用以了解有无肺部转移、骨转移或淋巴转移，能更加有效地判定临床分期。

（三）内镜检查

1. 膀胱镜检查和活检 膀胱镜检查和活检是诊断膀胱癌最可靠的方法。通过膀胱镜检查可以明确膀胱肿瘤的数目、大小、形态、部位以及周围膀胱黏膜的异常情况，同时可以对肿瘤和可疑病变进行活检以明确病理诊断。软性膀胱镜检查，与硬性膀胱镜相比，具有损伤小、视野无盲区、相对舒适等优点。

2. 诊断性经尿道电切术（transurethral resection，TUR） 影像学检查发现膀胱内有肿瘤样病变，可以省略膀胱镜检查，直接进行诊断性 TUR，这样可以达到两个目的：①切除肿瘤；②明确肿瘤的病理诊断和分级、分期，为进一步治疗以及判断预后提供依据。

3. 输尿管镜检查 对膀胱癌伴随可疑上尿路病变，行 CTU 或 MRU 仍不能明确诊断者，可行诊断性输尿管镜检查和活检。

四、诊　　断

中老年患者出现血尿的原因很多，要高度怀疑泌尿系肿瘤的可能，其中膀胱肿瘤较为常见，往往通过病史询问、相关影像学检查以及内镜检查，基本可以明确膀胱肿瘤的诊断。结合胸部 CT/X 线、骨扫描、PET-CT 等，可以判断临床分期并制定合理的诊疗方案。

五、治　　疗

膀胱癌主要以手术治疗为主。根据肿瘤的分化程度、临床分期并结合患者全身状况，选择合适的手术方式。非肌层浸润性膀胱癌采用经尿道膀胱肿瘤电切术（transurethral resection of bladder tumor，TURBT），术后辅助腔内化疗或免疫治疗；肌层浸润性膀胱癌及膀胱非尿路上皮癌采用根治性膀胱切除术（radical cystectomy），必要时术后辅助化疗或放疗。

（一）非肌层浸润性膀胱癌治疗

1. 经尿道膀胱肿瘤切除术 经尿道膀胱肿瘤切除术（TURBT）是非肌层浸润性膀胱癌重要的诊断方法和治疗手段。通过手术对内镜可见所有膀胱肿瘤行深达肌层切除。对于 1cm 以内的肿瘤，可将其与基底部分膀胱壁同时切除进行病理学诊断；对于较大肿瘤，选择分块切除直至露出正常的膀胱壁肌层；送检标本要求包含膀胱肌层成分，并减少烧灼造成的标本破坏。

2. 经尿道膀胱肿瘤整块切除手术 运用膀胱肿瘤整块切除能获取较多的逼尿肌组织从而提高病理标本质量，其安全性和肿瘤学预后与 TURBT 术相当。由于激光气化效果好、凝固层薄、能对组织精确切割、无闭孔神经反射、出血和膀胱穿孔并发症发生率低，近年来在膀胱肿瘤整块切除术中得到了广泛的应用。但需要考虑到因肿瘤直径过大需分部切割、位于前壁等特殊位置以及数目过多可能造成手术时间延长、难度增加等不良因素。

3. 膀胱部分切除术 膀胱部分切除术可选择应用于憩室内膀胱癌患者，降低因电切造成的膀胱穿孔风险。对于高级别 T_1 期肿瘤，建议同时行淋巴结清扫术以及术后膀胱免疫灌注或全身辅助化疗。

4. 根治性膀胱切除术 对部分高危 NMIBC 亚组或极高危 NMIBC 亚组患者，推荐行根治性膀胱切除术，诊断为高危 NMIBC 后立即行根治性膀胱切除术的患者，其 5 年无病生存率超过 80%。

5. 膀胱灌注化疗灌注时机及方案

（1）术后即刻膀胱灌注化疗：TURBT 术后即刻膀胱灌注化疗能显著降低非肌层浸润性膀胱癌的复发率，其原理是术后即刻灌注化疗能够杀灭术中播散的肿瘤细胞和创面残留的肿瘤细胞。为了预防肿瘤细胞种植，应在术后24h内尽早完成膀胱灌注化疗。若术后24h内未行灌注化疗，术后次日再行灌注化疗也有一定预防复发的效果。术后即刻灌注可使患者的5年复发率降低35%，但是不能降低肿瘤进展风险和死亡风险。当TURBT术中膀胱穿孔或术后严重肉眼血尿时，不建议术后即刻膀胱灌注化疗。低危非肌层浸润性膀胱癌术后即刻灌注化疗后，复发概率很低，不推荐维持膀胱灌注化疗；中危、高危非肌层浸润性膀胱癌则需要后续膀胱灌注化疗或免疫治疗。

（2）术后早期和维持膀胱灌注化疗：中危和高危非肌层浸润性膀胱癌在术后即刻膀胱灌注化疗后，均应当接受后续灌注治疗，以降低肿瘤复发率。中危非肌层浸润性膀胱癌优先推荐术后维持膀胱灌注化疗，也可选择卡介苗（BCG）灌注免疫治疗；高危非肌层浸润性膀胱癌建议术后BCG灌注免疫治疗，也可选择术后维持膀胱灌注化疗。

（3）灌注药物的选择：常用灌注化疗药物包括吡柔比星、表柔比星、多柔比星、羟喜树碱、丝裂霉素、吉西他滨。膀胱灌注化疗的效果与尿液pH、化疗药物作用时间、化疗药物剂量和化疗药物浓度相关，其中化疗药物浓度比化疗药物作用时间更为重要。

（二）肌层浸润性膀胱癌治疗

1. 根治性膀胱切除术　经典的根治性膀胱切除术的手术范围包括膀胱及周围脂肪组织、输尿管远端，并同时行盆腔淋巴结清扫术；男性患者还应包括前列腺、精囊；女性还应包括子宫、部分阴道前壁、附件。该手术需要根据肿瘤的病理类型、分期、分级、肿瘤发生部位、有无累及邻近器官等情况，结合患者的全身状况进行选择。新辅助化疗后行根治性膀胱切除（radical cystectomy，RC）+盆腔淋巴结清扫术，是肌层浸润性膀胱癌的标准治疗，是提高患者生存率、避免局部复发和远处转移的有效治疗方法。

根治性膀胱切除术的指征：无远处转移、局部可切除的肌层浸润性膀胱癌（$T_{2\text{-}4}a$，$N_{0\text{-}x}$，M_0）；高危的非肌层浸润性膀胱癌，包括：①复发或多发的T1G3（或高级别）肿瘤；②伴发CIS的T1G3（或高级别）肿瘤；③ BCG治疗无效的肿瘤；④ TUR和膀胱灌注治疗无法控制的广泛乳头状病变；⑤膀胱非尿路上皮癌；⑥尿路上皮癌伴不良组织学变异亚型。挽救性膀胱全切除术的指征包括非手术治疗无效、保留膀胱治疗后肿瘤复发的肌层浸润性膀胱癌。

2. 尿流改道术　尿流改道方式的选择需要根据患者的具体情况，如年龄、伴随疾病、术前肾功能、预期寿命、盆腔手术及放疗史等，并结合患者的要求及术者经验慎重选择。医师术前应与患者充分沟通，告知患者尿流改道的各种手术方式及其优、缺点，由患者决定尿流改道方式。目前主要有以下几种尿流改道术式。

（1）原位新膀胱术（orthotopic neobladder）：原位新膀胱术由于患者不需要腹壁造口，保持了生活质量和自身形象，已逐渐被各大医疗中心作为根治性膀胱切除术后尿流改道的主要手术方式之一。可用于男性和女性患者。首选末段回肠去管化制作的回肠新膀胱，如Studer膀胱，M形回肠膀胱等。采用原位新膀胱作为尿流改道方式应满足以下条件：①尿道完整无损和外括约肌功能良好；②术中尿道切缘肿瘤阴性；③肾功能良好者可保证电解质平衡及废物排泄；④肠道无明显病变。

（2）回肠通道术（ileal conduit）：回肠通道术是一种经典的简单、安全、有效的不可控尿流改道的术式，是不可控尿流改道的首选术式，也是最常用的尿流改道方式之一。其主要缺点是需腹壁造口、终身佩戴集尿袋。术后早期并发症可达48%，包括尿路感染、肾盂肾炎、输尿管回肠吻合口漏或狭窄。

（3）输尿管皮肤造口术（cutaneous ureterostomy）：输尿管皮肤造口术是一种简单的术式，

在并发症发生率方面，输尿管皮肤造口术要明显低于回、结肠通道术。但是输尿管皮肤造口术后出现造口狭窄和逆行泌尿系感染的风险比回肠通道术高。因此，该术式仅建议用于预期寿命短、有远处转移、姑息性膀胱全切、肠道疾患无法利用肠管进行尿流改道或全身状态不能耐受手术的患者。

（4）其他尿流改道方法：利用肛门括约肌控制尿液的术式包括：①尿粪合流术，如输尿管乙状结肠吻合术；②尿粪分流术，如直肠膀胱术（直肠膀胱、结肠腹壁造口术）。输尿管乙状结肠吻合术由于易出现逆行感染、高氯性酸中毒、肾功能受损和恶变等并发症，现已少用。

3. 新辅助化疗 新辅助化疗肌层浸润性膀胱癌患者行膀胱根治性切除术后仍有近 50% 的患者进展为转移性膀胱癌。单纯手术治疗并不能使大部分肌层浸润性膀胱癌的患者获得理想的疗效。目前推荐 $T_{2\text{-}4}a$，$CT_{2\text{-}4}a$，N_0M_0（Ⅱ期或Ⅲ A 期）的患者可采用以顺铂为基础的联合新辅助化疗。

化疗方案目前新辅助化疗或辅助化疗首选以顺铂为基础的联合化疗方案，但存在以下情况之一患者不推荐行顺铂化疗：PS 评分＞1、GFR≤60ml/min、听力损伤程度≥2 级、外周神经病变、NYHA Ⅲ级心力衰竭以上，其中肾功能是决定治疗方案选择最主要的评估因素。已有的新辅助化疗方案中以顺铂为基础的联合化疗方案疗效较为明确，包括以下方面。

（1）GC 方案（吉西他滨和顺铂）：这是目前临床最常用的标准一线治疗方案，相对于单药化疗及既往化疗方案，紫杉醇联合顺铂和吉西他滨的三联方案（PCG）相比于 GC 方案，虽然总生存时间并没有明显延长，但总反应率升高且有总生存时间改善的倾向，并且不增加不良反应，因此，PCG 方案也成为膀胱癌化疗的一线方案选择。

（2）dMVAC 方案（剂量密集型 MVAC）：即 MVAC 化疗方案的改良版，化疗期间需常规预防性应用粒系生长因子。

（3）CMV 方案（甲氨蝶呤、长春碱、顺铂）：单独化疗很难达到长时间的完全缓解。

4. 放疗 放疗是局限于盆腔的肌层浸润性膀胱癌（$cT_{2\text{-}4}$，N_x）的治疗手段之一，单纯放射治疗其肿瘤完全消除率（CR）在 40% 左右，而 5 年总生存率约为 25%，治疗效果低于根治性膀胱切除 + 盆腔淋巴结清扫术，因此对于可手术病例单独放疗不作为治疗首选。但对于不能耐受根治性手术或因局部肿瘤晚期无法手术的病例仍是合理选择。

第十节 前 列 腺 癌

前列腺癌（prostate carcinoma，PCa）是指发生在前列腺的上皮性恶性肿瘤，前列腺癌病理类型包括腺癌（腺泡腺癌）、导管腺癌、尿路上皮癌、鳞状细胞癌及腺鳞癌等；其中前列腺腺癌占 95% 以上，因此，通常我们所说的前列腺癌即指前列腺腺癌。

案例 19-9

患者，男性，71 岁，因“反复尿频尿急伴排尿困难 3 年，再发加重 2 个月”就诊。自诉 3 年前无明显诱因开始出现反复尿频，尤以夜间为重，夜尿 4～5 次，伴排尿等待及排尿费力，无明显排尿滴沥及排尿不出，不伴血尿及腰腹痛，无里急后重等症状，曾于外院就诊并口服非那雄胺及坦索罗辛治疗，症状稍缓解。2 个月前患者诉症状再次加重，遂入院就诊。发病以来，患者精神饮食正常，小便如上述，大便可。

既往体健。

查体：T 36.5℃，P 80 次/分，R 20 次/分，BP 110/70mmHg。腹部平坦，双肾区无叩击痛，膀胱区无触压痛，叩诊无浊音。肛门指检示：前列腺Ⅱ度增生，体积饱满，中央沟消失，前列腺左侧叶可触及质硬结节，表面凹凸不平，退指手套无血染。

实验室检查：WBC 7.9×10^9/L，Hb 100g/L，凝血功能正常，CRE 100μmol/L，PSA 22.799ng/ml，f/tPSA 0.089。

盆腔 MRI：前列腺外周带左侧 6～8 点见约 1.5cm×1.8cm 结节，PI-RADS 评分 4 分，考虑前列腺癌可能，建议穿刺活检；盆腔无异常肿大淋巴结。

骨扫描：全身骨骼未见明显异常强代谢。

经会阴前列腺穿刺活检：病理报告示"左外下、左外中、右下、右中及左结节"前列腺腺泡腺癌，Gleason 评分 3+4=7 分，ISUP 分组 2/5 组，余穿刺组织均为良性前列腺组织。

问题：1. 该患者前列腺肿瘤 TNM 分期及危险度分级分别是什么？结合患者 PSA 及病理结果，该患者下一步可采取的治疗方法包括哪些？

2. 患者家属综合考虑后拒绝手术，拟接受内分泌治疗，请简述目前内分泌治疗方法有哪些？出院后患者应该随访哪些检验及检查项目？

一、病　　因

目前在世界范围内前列腺癌发病率位居男性恶性肿瘤第 2 位，亚洲前列腺癌的发病率虽低于欧美国家，但近年来呈明显上升趋势；我国前列腺癌发病率同样在逐年递增，2012 年我国肿瘤登记地区前列腺癌发病率为 9.92/10 万，列在男性恶性肿瘤发病率第 6 位。前列腺癌发病年龄在 55 岁以后逐渐升高，且随着年龄的增长而增加，高发年龄是 70～80 岁；家族遗传型前列腺癌患者发病年龄稍早。而在我国前列腺癌发病率城乡差异较大，其中城镇发病率较高。

关于前列腺癌的病因尚未完全明确，前列腺癌的发病与遗传因素相关；如果家族中无患前列腺癌者的相对危险度为 1，绝对危险度为 8，则遗传型前列腺癌家族成员患前列腺癌的相对危险度为 5，绝对危险度为 35～45，另外通过对遗传型前列腺癌进行基因组分析，已研究发现了如 HPC1 等易感基因突变相关。前列腺癌的发病与性活动、炎症及饮食习惯有关，研究显示前列腺癌与性病（相对危险度 1.4）及前列腺炎（相对危险度 1.57）相关，性活动较多者患前列腺癌的风险增加。另外，前列腺癌的发病还与高脂饮食、种族、地区及宗教信仰等有关。

二、病　　理

（一）前列腺上皮内瘤变

前列腺上皮内瘤变（prostatic intraepithelial neoplasia，PIN）主要由结构良性的不典型上皮细胞的前列腺腺泡或腺管构成，其局限于上皮层，可分为低级别和高级别 PIN，其中低级别 PIN 一般不出现在病理报告中。PIN 多发生于外周带，研究显示术后切片病理中 85% 的标本 PIN 与腺癌同时存在，其细胞形态表现为细胞核增大及核仁明显等特征。当首次穿刺活检为低级别 PIN 的患者再次进行活检，其罹患前列腺癌的危险度同前列腺增生患者相当，因此临床上不建议对此类患者常规行再次穿刺活检。首次前列腺穿刺活检为高级别 PIN 的检出率约 7.6%，尤其是初次活检为高级别 PIN，再次活检发现前列腺癌的平均风险为 26.4%，因此需要对高级别 PIN 穿刺病理患者行密切随访，研究报道首次穿刺高级别 PIN 患者随访 3 年时间内，再次穿刺活检前列腺癌检出率为 25.8%，因此目前临床上亦不常规推荐对高级别 PIN 行反复穿刺活检，但如出现如 PSA 升高或 MRI 骨扫描等影像学提示肿瘤学进展，则需行再次穿刺活检。

（二）前列腺腺癌

前列腺腺癌 70%～80% 发生于外周带，其他如移行带或中央带等前列腺癌发病率近年来随着穿刺活检水平的提高亦逐渐增加，但总体占比仍不高。由于人类前列腺并无组织学上的完整包膜，因此常用前列腺包膜外侵犯用来描述肿瘤扩散至前列腺周围疏松组织，而当肿瘤穿透前列腺包膜侵入精囊周边软组织或直接经过射精管侵入精囊时则可累及精囊。前列腺癌最常见的转移部位是淋巴结和骨骼，尤以中轴骨转移多见，另外少数患者会出现肺、膀胱、肝、肾上腺或脑转移等。

（三）组织病理学分级

前列腺癌的病理分级推荐使用 Gleason 分级系统，其分为主要分级区及次要分级区，每区的 Gleason 分值为 1～5，评分则两分级区的分值相加所得，从而计算出分级数值。而根据最新 2015 年 WHO 前列腺癌 Gleason 分级系统，进一步分为 ISUP1～5 组（表 19-1）。

表 19-1　前列腺癌 ISUP 评分系统（2015 版 WHO 分级）

ISUP 分级	Gleason 评分	组织病理形态
1	≤6	仅由单个分离的，形态完好的腺体组成
2	3+4	主要由形态完好腺体组成，伴有较少的腺体形态发育不良或融合、筛状腺体组成
3	4+3	主要由发育不良的腺体或融合腺体或筛状腺体组成，伴少量形态完好的腺体
4	8	仅由发育不良的腺体、融合或筛状腺体组成，由形态完好的腺体为主伴少量缺乏腺体分化成分组成，或以缺少腺体分化的成分为主伴少量形态完好的腺体
5	9～10	缺乏腺体组织结构或伴坏死，伴或不伴腺体形态发育不良或融合腺体或筛状腺体

（四）其他病理类型

1. 导管腺癌/导管内癌　临床上 0.4%～0.8% 的前列腺腺癌来源于前列腺导管，导管腺癌肿瘤由体积大及被覆复层高柱状上皮细胞的腺体构成，其可出现在尿道周围且 PSA 不升高，导管腺癌较普通腺癌侵袭性更高，Gleason 评分为 4～5 分。而当出现腺泡内/或导管上皮的肿瘤性增生则为导管内癌，导管内癌具有部分高级别 PIN 的特征，但组织学及细胞学的异型性更高，导管内癌与高级别的腺癌呈显著相关，多表现为浸润性高级别腺癌，临床较快进展至去势抵抗性阶段，预后较差，Gleason 评分不适用于导管内癌病理分级。

2. 前列腺肉瘤　前列腺肉瘤占前列腺恶性肿瘤 0.1%～0.2%，成人最常见的肉瘤是平滑肌肉瘤，部分前列腺癌肉瘤可在经尿道前列腺切除术后迅速进展。前列腺肉瘤还可来自前列腺基质成分，肉瘤状癌在前列腺肿瘤中亦有报道，前列腺癌肉瘤临床不表现为 PSA 增高，因此早期诊断较难，且内分泌治疗效果欠佳，预后较差。

3. 移行细胞癌　未侵犯膀胱的前列腺原发性移行细胞癌占前列腺癌 1%～4%，原发性前列腺移行细胞癌多能观察到间质侵犯，因此约 50% 患者发病时即为临床 $T_{3\sim4}$ 期，20% 患者已出现远处转移。此类患者可见于膀胱移行细胞癌且维持膀胱灌注化疗患者，多预后不佳。

三、临床表现

前列腺腺癌临床上缺乏特异性症状，尤其早期前列腺癌多没有症状，而当肿瘤侵犯或阻塞尿道或膀胱颈时会出现非特异性的下尿路梗阻或刺激症状，此时多表示局部晚期或转移，严重者可出现尿潴留、血尿及尿失禁。晚期患者发生骨转移时会引起骨骼疼痛、病理性骨折或贫血，甚至脊髓压迫引起下肢瘫痪，如肿瘤侵及射精管则可引起血精症及精液量减少，肿瘤已突破包膜并侵及阴茎海绵体的盆腔神经丛的分支则会出现性功能障碍。

前列腺癌患者通常也缺乏特异性体征。一般认为老年男性出现下尿路梗阻或刺激症状，以及不明原因的体表淋巴结肿大、骨转移瘤及贫血时，应考虑前列腺癌可能并进一步检查。直肠指检对前列腺癌的诊断和分期都有重要价值。

四、诊断与鉴别诊断

（一）诊断

前列腺癌的诊断目前主要通过直肠指诊联合前列腺特异性抗原（prostate-specific antigen，PSA）筛查并通过穿刺活检以确诊，少数患者是前列腺增生术后病理偶然发现。因为前列腺癌患者出现症状时多提示已有局部浸润或远处转移，尤以骨骼和淋巴结转移最为常见，所以前列腺癌的早期诊断尤为重要。

1. 直肠指检（DRE） 前列腺癌多起源于外周带，临床上约 18% 的前列腺癌因单纯 DRE 检查异常而被检出，但指诊正常并不能排除前列腺癌。检查时应注意大小、外形、质地及有无结节，并进一步检查结节大小、质地和范围，晚期前列腺癌结节坚硬且腺体固定，原发于移行带的肿瘤则需增大到一定程度才可扪及，临床上 PSA 检验应在指诊之前进行。

2. 前列腺肿瘤标志物

（1）血清 PSA：PSA 是前列腺腺泡及导管上皮分泌的特异性糖蛋白，正常该情况下由于前列腺导管系统周围的屏障作用血液循环中 PSA 呈极低浓度，而一旦屏障作用被破坏或癌细胞离开转移至其他器官时，血清的 PSA 水平明显升高。目前国内外专家的共识是对 50 岁以上有下尿路症状的男性常规进行 PSA 检验，特别对于有前列腺癌家族史的男性人群，应该从 45 岁开始定期检查及随访。

（2）PSA 检测时机：对 DRE 异常、有骨痛或骨折等临床征象及影像学提示异常的男性患者应进行 PSA 检查，PSA 检测应在射精 24h 后，直肠指检、膀胱镜检查及导尿操作 48h 后，前列腺按摩 1 周后及前列腺穿刺 1 个月后进行，另外测定时应排除急性前列腺炎及尿潴留等情况。

（3）PSA 检测结果：目前国内外一致的观点判定血清总 PSA（tPSA）＞4.0ng/ml 为异常，而 PSA＞10.0ng/ml 时则高度提示前列腺癌可能，另外前列腺炎及前列腺增生也会引起 PSA 升高，部分前列腺癌早期并不表现为 PSA 明显升高，甚至约 1/4 的患者 PSA 处于正常水平。当 PSA 为 4～10ng/ml 时称为灰区，研究显示该区域的患者前列腺癌发生率在中国为 15.9%，欧美等国家人群约 25%。此时应进一步参考 fPSA/PSA、PSA 密度及 PSA 速率，目前国内推荐 fPSA/tPSA 值＞0.16、PSAD＜0.15 及 PSA 速率＜0.75ng/ml/年为正常参考值。

（4）前列腺特异性膜抗原（PSMA）：PSMA 是一种由前列腺上皮细胞分泌的Ⅱ型跨膜糖蛋白，由 750 个氨基酸残基组成，其分子量为 100～120kDa；PSMA 在正常前列腺及良性前列腺增生组织中表达水平均较低，而前列腺癌组织中表达水平明显升高，尤其在转移性及非激素依赖性前列腺癌组织中表达水平更高，且其表达水平与 Gleason 评分呈正相关。

3. 影像学检查

（1）经直肠超声检查（TRUS）：经直肠超声可显示前列腺大小、包膜、突向膀胱、结节大小及数目等情况，同时可引导前列腺穿刺活检，典型的前列腺癌的征象是外周带的低回声结节，但 TRUS 对前列腺癌诊断特异性较低。目前随着超声设备及技术的进展，彩色超声及三维超声逐渐应用于临床诊断。

（2）多参数 MRI（mpMRI）：多参数磁共振检查可清晰显示前列腺包膜、肿瘤侵犯周围组织及器官情况，亦可显示盆腔淋巴结及骨转移；磁共振波谱分析因其敏感性及特异性较低现已不常规推荐。而基于多参数磁共振的前列腺影像报告和数据评分系统（PI-RADS V2.1）现已广泛应用于前列腺癌的定位及诊断，其根据 T_2 加权显像、弥散加权显像（DWI）及动态对比增强（DCE）综合表现并赋值，临床上目前认为 PI-RAD＜3 分可不行穿刺活检，PI-RADS＞3 分则需行靶向及系统穿刺活检。

（3）全身核素骨扫描检查（ECT）：前列腺癌最常见的远处转移是成骨转移，且多见于脊柱骨和盆骨，这与前列腺静脉与脊椎静脉系统联系密切相关。ECT 可比常规 X 线检查提高 3～6 个月发现骨转移灶，敏感性较高但特异性较差。

（4）正电子发射计算机断层成像（PET）：近年来以 ^{68}Ga 和 ^{18}F 标记 PSMA 的 PSMA-PET/CT 或 PET/MR 能显著提高转移病灶的诊断准确率，尤其是 PET/MRI 可将 MRI 软组织分辨率及多参数的优势与 PET 高灵敏性相结合，更好地显示腺体受累情况并提高转移灶检出率。

4. 前列腺穿刺活检 前列腺穿刺活检是目前国内外公认诊断前列腺癌最可靠的方法，其可通过经直肠或经会阴方式完成，常规方法是超声引导下采用活检枪进行穿刺活检，一般建议系统穿刺 10～12 针或以上，同时根据患者 PSA、MRI 或超声情况对可疑病灶进行 X 针的靶向穿刺以进一步提高阳性检出率。目前靶向穿刺方式有 MRI 直接引导、MRI-TRUS 软件融合及认知融合靶向穿刺 3 种方式，当穿刺活检前 MRI 阳性，初次活检的患者推荐靶向穿刺联合系统穿刺，而针对既往活检阴性的患者可考虑进行靶向穿刺。

前列腺穿刺指征：①直肠指检发现结节，任何 PSA 值；② B 超或 MRI 检查发现异常，任何 PSA 值；③ PSA＞10ng/ml，任何 f/tPSA 及 PSAD 值；④ PSA 介于 4～10ng/ml，f/tPSA 或 PSAD 值异常。而针对首次穿刺阴性遇到如下情况则需行二次穿刺活检：①病理发现非典型增生或高级别 PIN；② PSA＞10ng/ml；③ PSA 介于 4～10ng/ml，其他如 f/tPSA 或 PSAD 值异常，重复穿刺一般建议穿刺间隔时间在 1～3 个月。

（二）鉴别诊断

1. 前列腺增生 前列腺增生主要发生在前列腺移行带，对于部分患者，前列腺增生和前列腺癌是可以同时存在的，也有部分前列腺癌会发生于前列腺移行带，所以在前列腺增生术后的标本中也可偶然发现前列腺癌。

2. 前列腺炎 前列腺炎多发于青中年男性，而前列腺癌多见于老年男性。前列腺炎在急性发作的时候可伴有发热和排尿灼热疼痛的症状，同时也可引起血清 PSA 值暂时性升高，但通常在抗感染治疗后，这些炎症症状很快消退，PSA 在短时间内可迅速下降至正常水平。

五、前列腺癌的治疗

前列腺癌的治疗方法主要包括观察等待、主动监测、根治性手术、内分泌治疗、放射治疗和化学治疗等，其具体方法的选择主要根据患者的年龄、预期寿命、全身情况、影像学检查所预测的前列腺癌的临床分期、穿刺活检标本获得的肿瘤组织学分级、Gleason 评分及有无盆腔淋巴结转移灶和远处转移灶等因素决定。

（一）观察等待治疗

对已明确前列腺癌诊断且预期寿命较短、不愿意或无法耐受手术治疗的患者，为避免治疗相关的不良反应及其对生活的影响，予观察及随诊，直至出现局部进展或系统症状才应用一些缓解症状的姑息性治疗手段。

（二）主动监测治疗

主动监测是指针对已经确诊的预期寿命＞10 年的低危及少部分中危前列腺癌患者主动选择不即刻施行局部治疗而严密随访的方法。主动监测可使 2/3 符合标准治疗的患者避免治疗的不良反应及对生活质量的影响，但仍有约 30% 患者在监测过程中出现肿瘤进展甚至延误治疗时机而死亡。因此此类患者需要开展每 3 个月复诊，同时检查 PSA、DRE 及 MRI 检查，必要时缩短复诊间隔时间及重复穿刺活检，如活检提示病理或临床分期升级或其他如神经内分泌、导管内癌等病理类型情况应及时转为积极治疗。

（三）手术治疗

前列腺根治性切除术是目前治疗局限性前列腺癌的标准方法；另外对于局限性高危前列腺癌及局部进展性前列腺癌，根治性前列腺切除是可选择的治疗方式，此类患者建议选择实行扩大淋巴结清扫。而根治性前列腺切除术主要分为开放手术和腹腔镜手术两种术式。开放性前列腺癌根治术主要有两种途径，即经会阴和经耻骨后前列腺癌根治性切除。在国内主要应用耻骨后前列腺癌根治性切除术，此种手术术野开阔，操作简单，并可同时行盆腔淋巴结活检，但该手术术野显露困难，学习曲线较长。

近年来，随着腹腔镜尤其是机器人辅助腹腔镜技术的发展，腹腔镜辅助前列腺癌根治术因其损伤小、恢复快、手术并发症少而在临床广泛推广应用。腹腔镜前列腺根治性切除术有经腹腔途径和经腹膜外途径两种术式，对于术式的选择主要取决于术者的习惯和经验。2000 年 Da Vinci 机器人系统被美国 FDA 批准可以在腹腔镜手术中应用，使得机器人辅助下腹腔镜前列腺根治性切除术在国内外广泛开展起来，它的优势主要在于术中精细操作，尤其体现在保留血管神经束及盆底筋膜等方面。前列腺根治性切除手术包括完整切除前列腺及精囊腺，同时也应在不影响肿瘤切除的情况下，尽可能保留患者的尿控及勃起功能，研究显示局限性中/低危患者根治术后 20 年肿瘤特异性生存率达 80%，局限性高危患者根治术后 7 年肿瘤特异性生存率达 90%，因此在决定对患者施行根治性前列腺切除术前应充分告知患者手术风险及其他放疗或主动监测等治疗方式的优缺点。目前根治性手术围手术期死亡率＜2.1%，主要并发症包括术中出血、直肠损伤、深静脉血栓、肺栓塞、尿瘘及感染等情况，远期并发症主要包括术后尿失禁、阴茎勃起功能障碍、膀胱颈挛缩及尿道狭窄等。

（四）内分泌治疗

内分泌治疗的目的是降低体内雄激素浓度，抑制睾丸和（或）肾上腺来源雄激素的合成，进而抑制睾酮转化为双氢睾酮，或阻断雄激素与其受体的结合，以抑制或控制前列腺癌细胞的生长。内分泌治疗的方法主要包括：

1. 手术去势 晚期前列腺癌实施去势手术后 70%～80% 的患者症状获得不同程度的改善，特别是针对已发生骨转移患者术后疼痛可以消失。

2. 药物去势 药物去势即通过应用黄体生成素释放激素类似物（LHRH-α）或促黄体激素

释放激素拮抗剂药物，影响下丘脑-垂体-性腺轴的活动而达到抑制睾酮分泌。

3. 抗雄激素类药物 包括甾体类和非甾体类抗雄激素类药物，甾体类药物如醋酸环丙孕酮等，通过阻断雄激素受体和抑制雄激素合成而发挥作用；非甾体类药物可与雄激素受体结核，但不会抑制雄激素分泌，临床上主要包括氟他胺、比卡鲁胺、恩杂鲁胺和阿帕他胺，但值得注意的是，与单纯去势相比，传统非甾体类药物的单药治疗均存在劣势，因此临床常推荐联合药物去势进行治疗。

另外，根治性前列腺切除术前、术后予以辅助内分泌治疗分别对于降低前列腺癌的手术切缘阳性率和治疗残余肿瘤及预防复发有一定的意义，已得到广泛应用。

（五）放射治疗

早期前列腺癌放疗可达到根治目的，疗效与前列腺癌根治术相近。局部晚期前列腺癌或根治术后切缘阳性及肿瘤局部复发的患者亦可考虑行辅助性放疗。而已远处转移的前列腺癌放疗也可取得减轻症状，改善生存质量的目的。放疗具有疗效好，适应证广泛，并发症相对少和治疗后生存质量高等优点。

1. 外放射治疗 外放射治疗主要包括常规的外照射放疗、三维适形放疗和调强放疗。常规的外照射放疗范围通常包括前列腺、双侧精囊、前列腺周围组织及盆腔淋巴结，照射剂量为 60～70Gy。三维适形放疗和调强放疗是根据 CT 扫描结果并利用计算机软件构建前列腺或前列腺癌的三维结构，得到放射治疗的靶体积，可使前列腺、精囊局部照射剂量达到 80Gy 以上，且明显地保护正常组织，降低直肠和膀胱的受照剂量，减轻不良反应。

2. 近距离照射治疗 近距离放疗是在 B 超、CT 或 MRI 引导下，通过治疗计划系统的引导装置将放射源植入到前列腺内，以内放疗的方式达到治疗肿瘤的目的，同时保证传递至周围正常组织的放射剂量最小。主要包括短暂插植治疗和永久粒子种植治疗。

（六）化学治疗

前列腺癌的化学药物治疗主要是针对晚期前列腺癌。化学药物治疗常用的方案主要有以蒽环类为主的方案、以雌二醇氮芥为主的方案、以多烯紫杉醇为主和以卡巴它赛为主和以环磷酰胺为主的方案。另外也有尝试吉西他滨联合顺铂的化疗方案，并取得了不错的疗效。目前在临床上以多烯紫杉醇可作为前列腺癌的推荐治疗方案。

（七）局部治疗

前列腺癌的局部治疗除了手术、放射治疗外，还包括前列腺癌的冷冻治疗、高能聚焦超声和组织内肿瘤射频消融等局部治疗，但目前这些治疗方式对临床局限性前列腺癌的治疗效果还有待进一步评估和提高。

1. 前列腺癌的冷冻治疗（cryosurgical ablation of the prostate，CSAP） CSAP 与放疗相比，其无放射性危险，因此对直肠等放射损伤较低，目前 CSAP 主要应用于预期寿命＜10 年且不适于外科根治切除的患者。但研究发现治疗后患者勃起功能障碍发生率较高。

2. 前列腺癌的高能聚焦超声（high-intensity focused ultrasound，HIFU） HIFU 指利用高能超声波聚焦在病变区域，使肿瘤组织发生凝固坏死从而达到治疗目的。目前 HIFU 治疗局限性前列腺癌的主要并发症是术后尿潴留。

3. 组织内肿瘤射频消融（radiofrequency interstitial tumor ablation，RITA） 原理同 HIFU 类似，亦通过射频能量使肿瘤组织局部产生高温，从而使其产生不可逆的凝固性坏死；但目前为止 RITA 应用于局限性前列腺癌的研究较少，仅初步证实其有治疗作用。

六、局限性前列腺癌手术或放疗后复发的诊治

局限性前列腺癌手术根治性前列腺切除和根治性放疗后仍然存在一定的治疗后复发风险，研究显示手术和放疗后分别约有 27% 和 53% 的患者 10 年内发生局部复发和远处转移。

1. 根治性前列腺切除术后复发　根治性前列腺切除术后生化复发的判断标准是术后连续两次 PSA ≥0.2ng/ml，通常生化复发后治疗选择有前列腺放疗、联合内分泌治疗、抗雄激素药物治疗、化疗和观察等待等。对有生化复发且局部复发可能性大者选择观察或挽救性放疗，广泛转移的前列腺癌选择内分泌治疗或化学治疗。

2. 前列腺癌放疗后复发　前列腺癌放疗后生化复发的定义标准是 PSA 值高于放疗后最低点 2ng/ml，即定义为放疗后生化复发。而放疗后生化复发的患者可以通过恰当的综合诊断评估，针对不同的患者选择挽救性治疗、内分泌治疗及化疗等。

七、去势抵抗性前列腺癌的治疗

去势抵抗性前列腺癌（castrate-resistant prostate cancer，CRPC）指经过首次持续抗雄激素治疗后病变复发、进展的前列腺癌。临床上诊断 CRPC 必须符合以下标准。

（1）血浆睾酮水平达到去势水平（＜50ng/dl）。

（2）至少间隔 1 周检查 PSA 连续 3 次升高，升高幅度较基础值高 50%。

（3）在使用二线激素治疗或抗雄激素撤除治疗至少 4 周的情况下，PSA 仍持续上升。

（4）出现影像学进展。目前关于 CRPC 的治疗包括二线内分泌治疗、化疗及靶向治疗等。

思　考　题

1. 什么是肿瘤标志物？肿瘤标志物检测的意义是什么？
2. 肺癌的主要治疗手段有哪些？
3. 诊断肺癌的主要辅助检查手段及价值是什么？
4. 试述肺癌的扩散途径。
5. 乳腺癌有哪些主要临床表现？
6. 简述左、右侧结肠癌的病变和临床特点。
7. 导致肝癌的危险因素有哪些？
8. 简述肝癌的治疗方法。
9. 膀胱癌主要病因有哪些？
10. 试述膀胱癌的临床分期及其病理分类。
11. 非肌层浸润性膀胱癌术后膀胱灌注时机是什么？
12. 肌层浸润性膀胱癌尿流改道方式的选择是什么？
13. 简述尿流改道方式的优缺点。
14. 肌层浸润性膀胱癌新辅助化疗的方案选择及其用法是什么？
15. 根治性膀胱切除的手术适应证是什么？
16. 新辅助化疗首选方案是什么？
17. 前列腺穿刺活检指征包括哪些？什么情况下需要进行重复穿刺活检？
18. 前列腺癌内分泌治疗包括哪些？前列腺根治性切除术适应证有哪些？
19. 何谓去势抵抗性前列腺癌？临床治疗方法有哪些？

（毕　清　钭方芳）

第二十章　常见中毒与解救

第一节　概　　述

进入人体的化学物质在效应部位积累到一定量，产生组织和器官损害而引起的全身性疾病称为中毒（poisoning），引起中毒的化学物称为毒物（poison）。

人类生活环境中存在很多有毒的化学物质，空气、食物、室内装修、家具、衣物、化妆品、清洁用品等都可能含有有毒的物质，有些毒物可能要长时间或者大剂量接触后才会产生中毒，有些毒物小剂量或者短时间就可以致死。一般来说，中毒的严重程度与毒物的剂量、所处环境的温度高低、接触时间的长短有关。中毒的预防宣教很重要，除了对已知毒物存在的地方进行安全防范外，还要对日常生活中可能存在的中毒隐患进行预防和宣教，增强人们的安全意识。

一、分　　类

根据毒物来源和用途，分为工业性毒物（金属、醇、酮等）、药物（阿片类、镇静催眠类等）、农药（有机磷农药、杀虫药、灭鼠药和除草剂等）、有毒动植物（毒蛇、河豚、蘑菇、曼陀罗等）；根据所接触毒物的毒性、剂量和时间，分为急性中毒和慢性中毒两类。一次接触大剂量毒物或24h内多次接触毒物所致的急性中毒，若无及时正确的诊断和有效的急救，死亡率相当高，而且急性中毒病情变化迅速，有些毒物目前还没有特效解毒药，一旦中毒，基本没有生存的可能，因此急性中毒是内科的急症。慢性中毒是长时间接触毒物后，毒物在人体蓄积，可导致致命的全身多系统多器官损害，慢性中毒常为职业中毒。

二、病因和中毒机制

（一）病因

1. 职业中毒　在生产、运输、保管、使用过程中，接触到有毒的原料、辅料、中间产物或成品，如果违规操作、不注意劳动保护和安全防护，可发生中毒。

2. 生活中毒　在误食、意外接触、用药过量、自杀或谋害等情况下，过量毒物进入人体可引起中毒。

（二）中毒机制

1. 体内毒物代谢　毒物侵入人体的途径和吸收速度与毒物对机体产生毒性作用的快慢、强度和表现有关。毒物通过皮肤黏膜、呼吸道、消化道等进入人体引起中毒。皮肤损伤或者多汗时毒物易被吸收，如砷化物、芥子气、毒蛇咬伤；脂溶性毒物可以通过皮脂腺吸收而导致中毒，如苯、乙醚、有机磷农药中毒。毒物通过呼吸道进入支气管和肺泡后，可以迅速进入血液引起中毒，如一氧化碳、部分毒品，因此呼吸道中毒时毒物吸收入血的速度较消化道快。毒物经消化道进入体内，主要在小肠吸收进入血液循环，再经肝脏解毒后分布到全身组织器官，如有机磷农药、镇静催眠药、阿片类药物、酒精。

毒物进入体内吸收入血后，与红细胞或血浆中的某些成分结合，分布到全身的组织和细胞内，脂溶性毒物、非脂溶性毒物、电解质毒物、非电解质毒物在体内分布不同。多数毒物在肝内通过氧化、还原、水解、结合等作用进行代谢，再与组织和细胞内化学物质作用，分解或合成不同化合物，如乙醇氧化成二氧化碳和水、苯氧化成酚。多数毒物代谢后毒性降低，即为机体的解毒过程；少数毒物代谢后毒性反而增强，如有的有机磷农药代谢后毒性更强。

进入体内的多数毒物经过代谢后排出体外。肾脏是毒物排出的主要器官，水溶性毒物经肾脏排泄较快；重金属（如铅、汞、锰）及生物碱主要由消化道排出；一些易挥发毒物（如三氯甲烷、乙醚、酒精和硫化氢）以原形经呼吸道排出；一些脂溶性毒物由皮肤皮脂腺及乳腺排出；少数毒物经皮肤汗液排出。有些毒物蓄积在体内一些器官或组织，排出缓慢，再次释放又可产生中毒。

2. 中毒机制 强酸或强碱性毒物吸收组织中水分，与蛋白质或脂肪结合，使细胞变性坏死，引起局部刺激和腐蚀。一氧化碳、硫化氢和氰化物能阻碍氧的吸收、转运或利用，引起机体组织和器官缺氧，尤其是对缺氧敏感的脑和心肌，易发生中毒损伤。亲脂性强的毒物（如有机溶剂、吸入性麻醉药）易通过血脑屏障进入含脂量高的脑组织，抑制其功能，对机体产生麻醉作用。有的毒物还可以通过抑制酶活力、干扰细胞或细胞器的功能、竞争相关受体等产生毒性作用，如有机磷农药、酚类化合物、阿托品类药物。

3. 影响毒物作用的因素 化学毒物的毒性与其化学结构和理化性质密切相关，中毒途径、摄入量的大小及作用的时间长短都直接影响毒物对机体的作用，如经呼吸道毒物吸收快，发病快。性别、年龄、营养、健康状况、生活习惯以及对毒物的反应等都会影响毒物作用，预后也不同。老年人、营养不良、过度疲劳和患有重要器官（心、肺、肝、肾）疾病等会降低机体对毒物的解毒或排毒能力，中毒造成的损害相对较大。同时摄入两种或两种以上毒物时，可能产生毒性相加或抵消作用，如一氧化碳可以增强硫化氢的毒性作用，酒精可以增强四氯化碳或苯胺的毒性作用。曼陀罗可以抵消有机磷农药的毒性作用。

三、临床表现

（一）急性中毒

不同化学物质表现不完全相同，严重中毒时常见临床表现有：发绀、昏迷、惊厥、呼吸困难、休克和少尿等。其他表现如下。

1. 皮肤黏膜 腐蚀性毒物可致皮肤、口腔、食管或胃黏膜灼伤，如强酸、强碱、苯酚、百草枯等，硝酸灼伤的皮肤黏膜痂皮呈黄色，盐酸灼伤的痂皮呈棕色，硫酸灼伤的痂皮呈黑色。有些毒物会引起血液中氧合血红蛋白减少、高铁血红蛋白含量增加，使机体出现发绀症状，如亚硝酸盐、苯胺或硝基苯等中毒时。一氧化碳中毒时皮肤黏膜可呈现为樱桃红色；毒蕈、鱼胆或四氯化碳中毒损害肝脏出现皮肤黏膜黄疸。

2. 眼球表现 可出现瞳孔扩大，如阿托品中毒；瞳孔缩小，如有机磷农药中毒、阿片类药物中毒；视神经炎，如甲醇中毒。

3. 神经系统 很多毒物会导致昏迷；阿托品、酒精、抗组胺药中毒可引起谵妄；有机磷农药中毒可引起肌纤维颤动；曼陀罗、阿托品、铅等中毒可引起惊厥；毒蛇咬伤、三氧化二砷、磷酸三邻甲苯酯中毒可引起瘫痪；一氧化碳、酒精、阿托品、抗组胺药中毒可引起精神失常。

4. 呼吸系统 中毒患者可呼出特殊的气味，如氰化物中毒呼出气有苦杏仁味；酒精中毒呼出气有酒味；有机磷农药、黄磷、铊、砷中毒时呼出气有蒜味；苯酚、甲酚皂溶液中毒呼出气有苯酚味；硝基苯中毒呼出气有鞋油味；锌或磷化铝中毒呼出气有鱼腥味；甲苯或其他溶剂中毒呼出气有胶水味。水杨酸类、甲醇、一些刺激性气体中毒可引起呼吸加快。镇静催眠药、阿片类中毒可引起呼吸减慢。刺激性气体、有机磷农药或百草枯等中毒常发生肺水肿。

5. 循环系统 有些毒物如洋地黄、夹竹桃、蟾蜍毒素，可兴奋迷走神经，拟肾上腺素药、三环类抗抑郁药可兴奋交感神经，从而导致心律失常，氨茶碱中毒也可引起心律失常。洋地黄、奎尼丁有心肌毒性，一氧化碳可致缺氧，可溶性钡盐、棉酚或排钾利尿药可引起严重低钾血症，从而导致心搏骤停。一些毒物通过造成血浆渗出、抑制血管中枢导致外周血管扩张等引起循环血容量绝对或相对减少，发生休克。

6. 泌尿系统 毒物可导致肾小管堵塞，如砷化氢中毒致大量红细胞破坏物堵塞肾小管；毒物还可以导致肾缺血或肾小管坏死，如头孢菌素类、氨基糖苷类抗生素、毒蕈和蛇毒等中毒，引起急性肾衰竭，出现少尿或无尿。

7. 血液系统 一些毒物可引起白细胞减少，如氯霉素、抗肿瘤药或苯；水杨酸类、肝素、毒蛇咬伤可引起止凝血障碍致出血；砷化氢、苯胺或硝基苯等中毒引起溶血性贫血和黄疸。

8. 发热 一些毒物可使人体出现发热症状，如阿托品、二硝基酚或棉酚等。

（二）慢性中毒

一氧化碳、有机磷农药等中毒可引起痴呆、帕金森病、周围神经病；砷、四氯化碳、三硝基甲苯或氯乙烯中毒引起中毒性肝病；镉、汞或铅中毒引起中毒性肾损害；苯、三硝基甲苯中毒可引起白细胞减少或再生障碍性贫血；氟中毒可引起氟骨症；黄磷中毒可引起下颌骨坏死。

四、诊　断

根据毒物接触史、临床表现、实验室毒物检测和现场调查，与其他症状相似的疾病鉴别后可以做出诊断。

（一）病史

询问内容包括接触毒物的时间、中毒环境、中毒途径、毒物名称、毒物剂量、检查情况、治疗情况，还要了解患者既往工作情况、生活环境、人际关系、健康状况、服药史、有无受伤，以及有无同类患者等。

（二）临床表现

患者出现不明原因的皮肤黏膜损伤、皮肤颜色改变、瞳孔直径改变、昏迷、惊厥、精神失常、周围神经麻痹、心律失常、心搏骤停、休克、呼出特殊气味、呼吸困难、呕吐、腹泻、贫血面容等都要考虑中毒可能。

（三）辅助检查

急性中毒时，常规留取剩余毒物或可能含毒标本，如被污染的衣物、呕吐物、胃内容物、尿液、粪便和血液等，进行分析或培养，为了争取时间，边治疗边完善相关检查。若为毒蛇咬伤，尽量记住毒蛇的形态特征，或者拍照保存，但是最好不要试图抓捕毒蛇以免再次被咬伤。对于慢性中毒，检查工作环境、生活环境中和人体内有无毒物存在，有助于确定诊断。

1. 实验室检查 血细胞分析、尿常规、大便常规、肝肾功能、电解质、酶学、凝血功能、血气分析、可能含毒标本、患者排泄物等可帮助明确是否中毒以及毒物类型，了解患者身体状况，是否存在贫血、溶血、出血、缺氧，是否存在肝肾功能损伤和电解质紊乱，是否合并其他疾病等。

2. 影像学及其他检查 心电图、B超、CT、MRI、神经肌电图等可帮助评估患者身体状况、中毒对人体损害的严重程度，也有助于和其他疾病相鉴别，以进一步明确诊断和指导治疗方案选择。

五、治　疗

治疗原则：立即终止毒物接触，脱离中毒环境，紧急复苏和对症支持治疗，清除体表残留毒物和体内尚未吸收的毒物，应用解毒药，促进已吸收毒物排出，预防和治疗并发症。

（一）急性中毒的治疗

1. 终止毒物接触，脱离中毒环境 立即将患者脱离中毒现场，转移至空气流通的场地，脱去被污染衣服和物件，用温水或肥皂水清洗掉皮肤和毛发上的毒物，用清水彻底冲洗清除眼内毒物。若为毒蛇咬伤，可以用1/1000高锰酸钾溶液冲洗伤口；二硫化碳、苯酚、硝基苯中毒用10%酒精冲洗；磷化锌、黄磷中毒，用1%碳酸钠溶液冲洗；酸性毒物（磷、有机磷、溴、汽油、甲醛、硫酸二甲酯、氯化锌、氨基甲酸酯）中毒，用5%碳酸氢钠溶液或肥皂水冲洗后，再用清水冲洗；碱性毒物（氨水、氨、氢氧化钠、碳酸钠、硅酸钠）中毒，用2%醋酸或3%硼酸、1%枸橼酸溶液冲洗。

2. 紧急复苏和对症支持治疗 对于出现休克、昏迷的患者，首先要清理口鼻呕吐物或分泌物，保持呼吸道通畅，维持呼吸和循环功能，给予鼻饲或肠外营养，密切监测体温、脉搏、呼吸、血压等情况。出现心脏停搏、心律失常、循环衰竭、肺水肿、呼吸衰竭、肝肾衰竭、水电解质紊乱和酸碱失衡时，应立即采取有效的急救措施，挽救患者生命。缺氧患者给予氧气吸入，监测血氧饱和度。出现神经精神症状时，如惊厥、谵妄，可给予镇静催眠药（如苯巴比妥钠、地西泮等），但需要注意剂量控制和密切监测生命体征。出现脑水肿时，可给予甘露醇、地塞米松等处理。

3. 清除体内尚未吸收的毒物 适用于经口中毒者，早期清除胃肠道残留的尚未吸收的毒物可减少毒物剂量，减轻中毒严重程度，减轻毒物对机体的损伤，提高疗效，改善预后，越早清除越好。

（1）催吐：对于神志清楚、配合救治的经口摄入毒物中毒患者，或者中毒后不适合洗胃的中毒患者可考虑催吐法排出毒物。但因催吐易引起误吸和延迟活性炭的应用，还可能使患者因呕吐剧烈引起食管撕裂、胃穿孔、出血等，临床上已不常规应用。对于昏迷、惊厥、休克、腐蚀性毒物摄入、无呕吐反射、近期上消化道出血、胃溃疡、食管癌、胃癌、食管-胃底静脉曲张、孕妇等中毒患者禁用催吐。催吐的方法有物理法刺激催吐，如用手指或压舌板、筷子刺激咽后壁或舌根诱发呕吐；还有药物催吐，但临床上少用，如用阿扑吗啡、吐根糖浆等。

（2）洗胃：适用于口服毒物1h内的患者，对于吸收缓慢的毒物、胃蠕动功能减弱或消失的患者，洗胃时间可延长至4～6h；无特效解毒治疗的急性重度中毒，虽然患者就诊时已超过6h，仍可酌情考虑洗胃。对于吞服强腐蚀性毒物、食管静脉曲张、惊厥或昏迷患者，为洗胃的禁忌证，可用胃黏膜保护剂，如牛奶、蛋清、米汤、植物油等保护胃肠黏膜。洗胃可并发胃穿孔或出血、吸入性肺炎或窒息等，因此要选择适合的患者。在洗胃过程中注意正确操作，观察患者情况。洗胃时，让患者头稍低并转向一侧，选用较大口径胃管，在胃管头部涂液体石蜡润滑后经口腔、食管将胃管向下送进50cm左右，能抽出胃液证明胃管已在胃内，也可向胃管注入适量空气，在胃区听到“咕噜”声可确定胃管在胃内。插入胃管后，先尽量吸出全部胃内容物送毒物检测，然后向胃内反复注入 200～300ml 温开水灌洗，直至洗出液清亮为止。拔胃管时，要先将胃管尾部夹住，以免拔胃管过程中管内液体反流入气管内。注意出入液体量平衡，一次注入量不宜过多，否则易促使毒物进入肠腔内。

最常用的洗胃液是温开水，根据进入胃内毒物种类不同，可选用不同的洗胃液。砷、硝酸银、溴化物及不明原因中毒可用清水或生理盐水；镇静催眠药、阿片类、烟碱、生物碱、氰或砷化物、无机磷或士的宁中毒可用 1∶5000 高锰酸钾溶液，但乙基对硫磷等硫代类有机磷农药中毒禁用；有机磷农药、氨基甲酸酯类、拟菊酯类、苯、铊、汞、硫、铬、硫酸亚铁、硫酸亚磷中毒可用 2% 碳酸氢钠溶液，但美曲磷酯（敌百虫）或强酸（硫酸、硝酸或盐酸）中毒禁用；阿片类、士的宁、氰化物或高锰酸钾中毒，可用 0.3% H_2O_2 溶液；吗啡类、辛可芬、洋地黄、阿托品、颠茄、发芽马铃薯、毒蕈中毒，可用 1%～3% 鞣酸溶液；阿司匹林或草酸中毒，可用 0.3% 氧化镁溶液。

（3）胃肠道毒物吸附：主要选用活性炭，适用于口服毒物 1h 内的患者。活性炭是强力吸附剂，能吸附多种毒物，但酒精、强酸、强碱、钾、铁、锂、碘、氰化物中毒时不适用，活性炭对这几类毒物吸附性差。活性炭的吸附是一种饱和过程，需应用超过毒物量的活性炭来吸附毒物。首次使用时一般量 1～2g/kg，加水 200ml，由胃管注入，2～4h 重复应用 0.5～1.0g/kg，直至症状改善。对氨基水杨酸盐中毒的适合比例为 10∶1，推荐量为 25～100g。吸附治疗的主要并发症有呕吐、肠梗阻、吸入性肺炎。活性炭禁止与依米丁合用，依米丁可被活性炭吸附，影响其解毒效果。活性炭能吸附抗生素、维生素、磺胺类、生物碱、乳酶生、抗胆碱药等，对消化酶（如胃蛋白酶、胰酶）的活性也有影响，不适合一同使用。

（4）导泻：对于肠道有毒物残留的急性中毒患者，在洗胃或给予活性炭吸附治疗后，方可灌入泻药，不推荐单独或者提前使用导泻药物清除肠道毒物。不宜选用油脂类泻药，以免促进脂溶性毒物吸收。常用导泻药有甘露醇、山梨醇、硫酸镁、硫酸钠、复方聚乙二醇电解质散等。使用时将硫酸镁 15g 溶于水中，口服或由胃管注入。镁离子吸收过多对中枢神经系统有抑制作用，在导泻时要注意监测患者生命体征和观察临床表现的改变。合并有肾脏或呼吸衰竭、昏迷患者和磷化锌、有机磷农药中毒晚期患者不宜使用导泻治疗。

（5）灌肠：适用于口服中毒 6h 以上、导泻无效或抑制肠蠕动的毒物（巴比妥类、颠茄类或阿片类）中毒患者。除腐蚀性毒物中毒外，可应用 1% 温肥皂水连续多次灌肠。

（6）全肠灌洗：适用于口服重金属、缓释药物、肠溶药物中毒以及消化道藏毒品患者。聚乙二醇溶液是一种高分子聚合物，味微苦无毒无刺激，具有良好的水溶性、润滑性，在肠腔可以增加渗透压、吸收水分，使粪便软化，体积增加，促进肠蠕动，加快排出肠内容物，减少毒物在体内的吸收。

4. 促进已吸收毒物排出

（1）从尿液排出：适用于毒物以原形由肾脏排出的中毒患者。可通过增加尿量促进毒物排出，如大量静脉滴注 5%～10% 葡萄糖溶液或 5% 葡萄糖盐溶液，每小时 500～1000ml；输液同时静脉注射呋塞米 20～80mg，在此过程中需要记录患者出入量、监测生命体征和电解质，有心肺和肾功能异常者禁用。也可以通过改变尿液酸碱度加速毒物排出，碱化尿液用于弱酸性毒物（如苯巴比妥或水杨酸类）中毒，静脉输注碳酸氢钠碱化尿液，使尿液 pH≥8.0；酸化尿液用于碱性毒物（苯丙胺、士的宁和苯环己哌啶）中毒，静脉滴注维生素 C（4～8g/d）使尿液 pH＜5.0。

（2）氧疗：在一氧化碳中毒时，氧气可促使碳氧血红蛋白解离，加快一氧化碳排出。根据情况选用鼻导管、面罩或高压氧氧疗。

（3）血液净化：适用于血液中毒物浓度高、中毒严重、昏迷时间长、出现严重并发症和经积极支持治疗后病情仍日趋恶化患者。

血液透析（hemodialysis）：可清除血液中分子量较小和非脂溶性的毒物（如苯巴比妥、水杨酸类、甲醇、茶碱、乙二醇、锂等），氯酸盐或重铬酸盐中毒能引起急性肾衰竭，首选血液透析。脂溶性药物中毒（如短效巴比妥类、格鲁米特和有机磷农药）一般不进行血液透析。中毒 12h 内进行血液透析效果好，中毒时间过长则毒物与血浆蛋白结合不易分离。

血液灌流（hemoperfusion）：患者血液在流过装有活性炭或树脂的装置后毒物（如巴比妥类和百草枯等）被吸附，再将血液输回患者体内。在血液灌流时，血液正常成分（如血小板、白细胞、凝血因子、葡萄糖、二价阳离子）也会被吸附排出，导致出现凝血功能异常、白细胞减少等并发症。在对患者进行血液灌流时要监测血细胞、肝肾功能、电解质、凝血功能等。

血浆置换（plasmapheresis）：患者血液通过装置后，将红细胞与血浆分离，换上新鲜的血浆，清除毒物。适用于清除游离或与蛋白结合的毒物，如生物毒（蛇毒、毒蕈）及砷化氢等溶血毒物中毒，一般需在数小时内置换 3～5L 血浆。对有肝素过敏、出凝血功能障碍、合并严重心脑疾病、精神障碍患者慎用或者禁用。

5. 解毒药

（1）金属中毒解毒药：主要解毒药有氨羧螯合剂，如依地酸钙钠（calcium disodium edetate）是最常用的氨羧螯合剂，可与多种金属形成稳定而可溶的金属螯合物排出体外，用于治疗铅中毒（但对四乙基铅中毒无效），对镉、锰、铬、镍、钴、铜以及放射性元素（镭、铀、钍等）中毒也有一定的疗效，对锶无效，与汞的络合力不强，很少用于汞中毒的解毒。依地酸钙钠滴眼液可用于治疗眼部金属异物损害，少尿、无尿和肾功能不全的患者禁用。还有巯基螯合剂，如二巯丙磺钠、二巯丁二钠、二巯丙醇。二巯丙醇（dimercaprol；British anti-Lewisite，BAL）是无色或几乎无色易流动的澄明液体，有类似葱蒜的气味。二巯丙醇因分子中含有二个活性巯基，与金属离子亲和力大，能夺取已经和组织中酶系统结合的金属离子，形成不易离解的无毒性络合物由尿排出，使巯基酶恢复活性，从而解除金属离子引起的中毒症状。二巯丙醇口服不吸收，肌内注射后 30～60min 血药浓度达到峰值，分布全身，一般可以维持 2h，吸收与解毒于 4h 内完成，经肾排出，用于解救砷、汞、铋、锑等中毒，治疗慢性汞中毒效果差，严重高血压、心力衰竭、肾衰竭、肝功能不全、孕妇、哺乳期妇女应禁用，禁用于铁、硒、镉、铀中毒的解救。二巯丙磺钠、二巯丁二钠用于治疗锑、铅、汞、砷、铜等中毒。

（2）高铁血红蛋白血症解毒药：亚甲蓝（美蓝）。用于治疗亚硝酸盐、苯胺或硝基苯等中毒引起的高铁血红蛋白血症。亚甲蓝可以把高铁血红蛋白还原成亚铁血红蛋白，恢复与氧气结合的能力，从而恢复人体供氧，可以用于治疗各种原因引起的高铁血红蛋白血症，尤其是亚硝酸盐引起的高铁血红蛋白血症。

（3）氰化物中毒解毒药：使用解毒药的目的是迅速恢复细胞色素氧化酶活性，加速氰化物转变为无毒或低毒物质，解毒药分两类，一是高铁血红蛋白形成剂（亚硝酸钠、亚硝酸异戊酯、亚甲蓝），二是供硫剂（硫代硫酸钠）。

（4）甲吡唑（fomepizole）：甲吡唑为乙醇脱氢酶抑制药，与乙醇脱氢酶的亲和力为乙醇的 8000 倍，通过抑制乙二醇和甲醇的初始代谢，可阻断神经毒性（精神状态改变、昏迷、癫痫发作、视觉障碍）、心血管毒性及肾毒性反应。用于治疗甲醇或乙二醇中毒、乙醇过敏，通常采用静脉注射的方式给药，可单独使用，也可与血液透析同时使用。

（5）奥曲肽（octreotide）：磺酰脲类药物刺激胰岛B细胞释放胰岛素，常见的严重副作用是低血糖，大多发生在药物剂量过大或血糖下降后未及时减量、服药后未进食、联合应用降血糖药、大量饮酒、年老体弱和肝肾功能损害者。奥曲肽能降低胰岛B细胞释放胰岛素的作用，用于治疗磺酰脲（sulfonylureas，SU）类药物引起的低血糖。

（6）中枢神经抑制剂解毒药：纳洛酮（naloxone）是阿片受体阻断药，对麻醉镇痛药引起的呼吸抑制有特异性拮抗作用，用于阿片类麻醉药中毒、急性酒精中毒、各种镇静催眠药中毒的治疗。氟马西尼（flumazenil）是有选择性的苯二氮䓬类药拮抗药，用于苯二氮䓬类药物中毒解救，也可用于酒精中毒。

（7）有机磷农药中毒解毒药：阿托品（atropine）是典型的M胆碱受体阻断药，抗胆碱药，用于有机磷中毒及阿-斯综合征，青光眼患者禁用。碘解磷定（pralidoxime iodide）是有机磷农药中毒的解毒剂，轻度有机磷中毒可单独应用，中度、重度中毒时则必须合并应用阿托品，因对其体内已蓄积的乙酰胆碱几乎无作用。

6. 预防并发症 在患者中毒后要注意监测生命体征、营养支持治疗、维持水电解质平衡、做好生活护理，避免出现使病情加重的并发症，如感染、血栓、营养不良等。

（二）慢性中毒的治疗

1. 针对引起中毒毒物的治疗 根据中毒的病因和引起中毒的毒物进行治疗，首先要脱离中毒环境，停止与毒物接触，减少毒物对机体继续造成损害；其次对摄入体内的毒物，使用特异性解毒药物或者给予促代谢、促排泄药物，减少体内毒物继续损伤机体，加速毒物在体内转化为无毒或者减毒物质，促进毒物排出体外。

2. 对症支持治疗 有周围神经病、帕金森病、中毒性肝病、中毒性肾病、白细胞减少、血小板减少、再生障碍性贫血的中毒患者，治疗参见有关章节。对毒素所导致的器官功能障碍，如惊厥、休克、心律失常、肝肾功能障碍等进行治疗，争取逆转毒素所造成的相关损伤，或者减轻疾病的进一步发展恶化。

六、预　　防

加强防毒知识宣传，规范毒物管理，改善生活和工作环境，加强急救知识与技能培训，预防食物中毒，防止接触毒物或用药过量，预防地方性中毒病。

第二节　有机磷农药中毒

有机磷农药（organiophosphorus pesticide，OPI）是一类含磷的有机合成杀虫剂，是防治农业病虫害的一种农药，1936年前后有学者发现了它的生物活性，第二次世界大战后迅速发展，用于果树蔬菜杀虫、防治地下害虫，因其对害虫毒力强，药效高，得到各国的广泛重视。但有机磷农药中有些常用品种属于剧毒药剂，容易造成人、畜急性中毒，而且在土壤、食品和生物体内残存时间持久，会造成环境污染和生态环境破坏，因此我国停止了数种有机磷农药的生产、使用和进出口。有机磷农药在生产、运输、销售、贮存和使用过程中，过量接触、残留在农作物上量过多、污染食物和被意外摄入均可引起人、畜中毒，出现毒蕈碱样、烟碱样和中枢神经系统等中毒症状和体征，严重患者常因呼吸衰竭死亡，称为有机磷农药中毒。有机磷农药中毒大多发生在发展中国家。

有机磷农药属于有机磷酸酯或硫化磷酸酯类化合物，常用剂型有乳剂、油剂和粉剂，大多为油状液体，呈淡黄色至棕色，稍有挥发性，有大蒜味，除敌百虫外，一般难溶于水，不易溶于多种有机溶剂，在酸性环境中稳定，在碱性环境中容易分解失效。其中甲拌磷和三硫磷耐碱，美曲磷酯（敌百虫）遇碱能变成毒性更强的敌敌畏。

案例 20-1

患者，女性，58 岁。头晕、恶心、流涎 1h 余。患者 1h 前与丈夫争吵后自服农药（敌敌畏），自诉为服了一口，具体量不详，随后出现头晕、恶心、流涎，上腹隐痛不适，无呕吐、出汗、腹泻、心悸、胸痛、呼吸困难、发热等。院外自行催吐，呕吐胃内容物数次，无咖啡样物质，家属拨打“120”后，急救医师前往急救，给予开通静脉、监测生命体征后送入院。既往无特殊病史。

查体：T 36.6℃，P 76 次/分，R 20 次/分，BP 148/75mmHg，氧饱和度 95%（未吸氧）。一般情况欠佳，神志清楚，全身皮肤黏膜干燥，双侧瞳孔等大等圆，直径约 3.0mm，对光反射灵敏。颈软，无抵抗，双肺呼吸音清，未闻及干、湿啰音。心率 76 次/分，律齐，未闻及杂音。腹软，剑突下轻压痛，无反跳痛及肌紧张，肝、脾未触及，肠鸣音 4～5 次/分。四肢肌力及肌张力正常，生理反射存在，病理反射未引出。

辅助检查：床旁心电图示窦性心律，正常心电图；随机微量血糖 4.8mmol/L。

问题：1. 患者初步诊断是什么？诊断依据是什么？

2. 应与哪些疾病鉴别？

3. 应对患者采取的治疗措施有哪些？

一、分　类

我国有机磷农药毒性按大鼠急性经口进入体内的半数致死量（LD_{50}）分为 4 类：剧毒类，如甲拌磷、内吸磷、对硫磷、速灭磷、特普等；高毒类，如甲基对硫磷、甲胺磷、氧乐果、敌敌畏、磷胺、久效磷、水胺硫磷、杀扑磷、亚砜磷等；中度毒类，如乐果、碘依可酯、倍硫磷、除线磷、乙酰甲胺磷、二嗪磷、美曲磷酯、亚胺硫磷；低毒类，如马拉硫磷、辛硫磷、甲基乙酯磷、碘硫磷、氯硫磷、溴硫磷等。

二、病　因

在生产中，引起中毒的主要原因是在有机磷农药生产和包装时，手套破损、衣服污染或口罩污染；也可因生产设备密闭不严，化学物泄漏；或在事故抢修过程中，农药污染手、皮肤或吸入呼吸道引起；在使用过程中，施药人员喷洒时，药液污染皮肤或衣服，以及吸入空气中的农药都可致中毒；配药浓度过高或手直接接触农药原液也可引起中毒；日常生活中，急性中毒主要由于误服、故意吞服、饮用被农药污染的水源或进食污染过的食品引起；也有因滥用有机磷农药治疗皮肤病或驱虫而中毒。有机磷农药中毒无明显的季节分布。

三、毒物代谢

有机磷农药主要通过皮肤、黏膜、呼吸道、胃肠道吸收，进入体内后迅速分布到全身各器官，其中以肝内浓度最高，肾、肺、脾次之，肌肉组织和脑组织最少。有机磷农药主要在肝内进行生物转化和代谢，经水解后毒性降低，有的氧化后出现毒性增强，如对硫磷通过肝细胞微粒体氧化酶系统氧化为对氧磷，对氧磷对胆碱酯酶（cholinesterase，ChE）的抑制作用是对硫磷的300倍；美曲磷酯在肝侧链脱去氧化氢，转化为敌敌畏后毒性增强，经过水解、脱氨、脱烷基等降解后可失去毒性；马拉硫磷在肝内经酯酶水解而解毒。有机磷农药吸收后6～12h血中浓度达高峰，24h内通过肾由尿排泄，48h后完全排出体外。

四、中毒机制

有机磷农药能抑制体内多种酶，主要抑制胆碱酯酶。胆碱酯酶一般分为真性胆碱酯酶也称乙酰胆碱酯酶（acetylcholinesterase，AChE）、假性胆碱酯酶也称丁酰胆碱酯酶（butyrylcholinesterase，BChE）两类。有机磷农药主要通过抑制人畜体内胆碱酯酶活性，尤其是乙酰胆碱酯酶的活性，使其失去分解乙酰胆碱（acetylcholine，ACh）的能力，引起体内生理效应部位乙酰胆碱大量蓄积，胆碱能神经持续过度兴奋，导致先兴奋后衰竭的一系列毒蕈碱样、烟碱样和中枢神经系统症状和体征，严重患者可因昏迷和呼吸衰竭而死亡。真性胆碱酯酶主要存在于脑灰质、血浆、交感神经节和运动终板中，水解ACh作用最强。假性胆碱酯酶存在于脑白质的神经胶质细胞、血浆、肝、肾、肠中，能水解丁酰胆碱，难水解ACh。有机磷农药抑制真性胆碱酯酶后，神经末梢处恢复较快，少部分被抑制的真性胆碱酯酶第2天基本恢复；红细胞处的真性胆碱酯酶受抑制后，一般不能自行恢复，待数月红细胞再生后才能恢复。假性胆碱酯酶对有机磷农药敏感，但抑制后恢复较快。若长期暴露于有机磷农药，胆碱酯酶的活力明显下降，但临床症状却较轻，可能因机体对积聚的ACh耐受性增强所致。

五、临床表现

（一）急性中毒

接触有机磷农药后，出现急性中毒的时间和症状与毒物种类、剂量、进入机体的途径和机体状态（如空腹或进餐）有关。吸入有机磷农药后一般在30min左右发病，口服后10min至2h发病，皮肤吸收后2～6h发病。中毒后主要表现为急性胆碱能危象（acute cholinergic crisis）。

1. 毒蕈碱样症状（muscarinic signs，M样症状） 主要出现副交感神经末梢过度兴奋，类似毒蕈碱样作用，表现为平滑肌痉挛（如瞳孔缩小、胸闷、气短、呼吸困难、恶心、呕吐、腹痛、腹泻）、括约肌松弛（如大小便失禁）、腺体分泌增加（如大汗、流泪和流涎、流涕）、气道分泌物明显增多（如咳嗽、气促，双肺有干、湿啰音，严重者发生肺水肿）、心率减慢等。

2. 烟碱样症状（nicotinic signs，N样症状） 由于乙酰胆碱蓄积和有机磷农药直接作用于神经肌肉接头处，引起骨骼肌兴奋，表现为肌纤维颤动，甚至全身肌肉强直性痉挛、肌力减退或瘫痪、呼吸肌麻痹引起呼吸衰竭或停止；有机磷农药作用于交感神经节处则使节后神经纤维释放儿茶酚胺，使血压升高，心跳加快等。

3. 中枢神经系统症状 中枢神经系统受乙酰胆碱刺激后出现头晕、头痛、疲乏、共济失调、烦躁不安、谵妄、抽搐和昏迷等。

4. 局部损害 敌敌畏、敌百虫、对硫磷、内吸磷接触皮肤后可引起过敏性皮炎，可出现水疱和脱皮。有机磷农药滴入眼部可引起结膜充血和瞳孔缩小。

（二）迟发性多发神经病变

急性中度和重度有机磷农药（甲胺磷、敌敌畏、乐果和美曲磷酯等）中毒的患者在症状消失2～4周后，出现手足麻木、疼痛、四肢肌肉萎缩，进而下肢运动能力减弱，主要累及肢体末端，发生对称性弛缓性瘫痪，严重者呈足下垂及腕下垂，称为迟发性多发神经病变，肌电图提示神经电位及运动神经传导速度明显减慢的情况，可在6～12个月后恢复。

（三）中间型综合征

多发生在重度有机磷农药（甲胺磷、敌敌畏、乐果和久效磷等）中毒24～96h后，也可以出现在复能药用量不足时，一般在经治疗胆碱能危象消失、意识清醒或未恢复和迟发性多发神经病变发生前，出现以屈颈肌、四肢近端肌肉、第3～7对和第9～12对脑神经所支配的部分肌肉及呼吸肌麻痹为特征性临床表现的综合征。患者表现为屈颈肌、四肢近端肌和脑神经支配肌无力，出现转颈、耸肩、抬头、睁眼、张口、四肢抬举困难，患者有眼睑下垂、眼外展障碍、面瘫和呼吸肌麻痹、咀嚼无力；可有通气功能障碍性呼吸困难或呼吸衰竭，表现为胸闷、气短、呼吸困难，严重者可导致死亡。

（四）反跳

口服乐果和马拉硫磷中毒患者，经过急救病情好转后，在数日或一周后病情突然恶化，重新出现急性中毒症状，严重者可出现肺水肿或突然死亡，称为“反跳”现象，可能与皮肤、毛发、胃肠道或误吸入气道内残留的有机磷毒物继续被吸收或解毒剂减量、停用过早有关。

六、辅助检查

（一）实验室检查

1. 血ChE活力测定 神经突触和神经肌肉接头处AChE受抑程度能够反映中毒程度，由于获取标本条件限制，该部位ChE活力难以直接测得，而全血ChE活力能较好反映神经突触AChE活力受抑程度，可反映血液中ChE活力的破坏及中毒严重程度。血ChE活力是诊断有机磷农药中毒的特异性实验指标，可以判断中毒程度、疗效和预后。以正常人血ChE活力值为100%，急性有机磷农药中毒时，ChE活力值70%～50%为轻度中毒，50%～30%为中度中毒；30%以下为重度中毒。动态观察全血ChE活力情况，对于指导治疗具有重要意义。

2. 尿中有机磷农药代谢物测定 尿中测出对硝基酚或三氯乙醇有助于诊断。

3. 呕吐物、排泄物化验 对患者的呕吐物和排泄物进行化验，可检测到有机磷农药或其特异性代谢产物成分。有机磷农药在体内，对硫磷和甲基对硫磷氧化分解为对硝基酚，敌百虫代谢为三氯乙醇，检出可帮助诊断和鉴别诊断。

4. 血细胞分析、生化、电解质 目的是了解患者内环境，及时给予对症支持治疗。

（二）影像学及其他检查

可行CT、B超、ECG等检查，了解患者身体状况，是否存在并发症和需要紧急处理的情况，和其他疾病相鉴别。

七、诊断与鉴别诊断

（一）诊断

根据患者有机磷农药接触史、呼出气味有大蒜味、瞳孔缩小、多汗、肌纤维颤动和意识障碍等，可做出初步诊断，结合血液中ChE活力降低，血、胃内容物有机磷农药及其代谢物检测可确诊。

1. 轻度中毒 仅有 M 样症状，ChE 活力为 70%～50%。

2. 中度中毒 M 样症状加重，出现 N 样症状，ChE 活力为 50%～30%。

3. 重度中毒 具有 M、N 样症状，伴有肺水肿、抽搐、昏迷、呼吸肌麻痹和脑水肿等，ChE 活力＜30%。

（二）鉴别诊断

有机磷农药中毒应与外伤、脑炎、脑血管疾病、中暑、食物中毒、胃肠炎、其他毒物中毒等相鉴别，上述疾病常有恶心、呕吐、头晕、头痛、呼吸系统和心血管系统症状等，可以通过病史询问、体格检查、辅助检查，尤其是血液中 ChE 活力测定进行鉴别。

八、治　　疗

（一）迅速清除毒物

尽快脱离中毒现场，迅速脱去被污染的衣服，用肥皂水清洗污染的皮肤、毛发和指甲；如果曾经清洗过但清洗不彻底的，需要再次清洗。眼部污染时，用清水、生理盐水、2% 碳酸氢钠溶液或 3% 硼酸溶液冲洗。口服中毒者，洗胃应在中毒后尽早进行，早期、彻底的洗胃是抢救成功的关键，洗胃在中毒 4～6h 进行，在口服有机磷农药量大或中毒程度严重时，尽管患者就诊时已经超过 6h，仍可考虑洗胃。用清水、2% 碳酸氢钠溶液（美曲磷酯忌用）或 1∶5000 高锰酸钾溶液（对硫磷忌用）洗胃，洗胃后保留胃管，除非胃内有大量农药残留，一般不主张反复洗胃。洗胃结束后可给予硫酸钠 20～40g 溶于 20ml 水中灌服，观察 30min，若未出现腹泻，可再口服或经鼻胃管注入水 500ml。催吐仅在不具备洗胃条件时进行，不主张药物催吐。洗胃与催吐时均应注意防止误吸，保持气道通畅。

（二）紧急复苏

合并肺水肿、呼吸肌麻痹、呼吸衰竭患者，应紧急采取复苏措施，如保持呼吸道通畅、吸氧，必要时机械通气、使用呼吸兴奋剂。肺水肿时，可以使用阿托品，不能使用氨茶碱和吗啡。出现休克、心搏骤停患者，根据具体情况给予急救，必要时心肺复苏。

（三）使用解毒药

清除毒物的同时，立即使用特效解毒药就近就地治疗。

1. 用药原则 早期、足量、联合（抗胆碱能药与 ChE 复能剂）和重复使用解毒药，以复能剂为主，抗胆碱能药为辅，选择合理的给药途径及适当的停药时机。

2. 胆碱酯酶复能剂（cholinesterase reacreactivator） 胆碱酯酶复能剂可与磷酰化胆碱酯酶中的磷结合形成复合物，使其与胆碱酯酶酯解部位分离，从而恢复被抑制的胆碱酯酶活力，还可以作用于外周 N2 受体，治疗烟碱样毒性症状，但对 M 样症状和中枢性呼吸抑制症状无作用。

常用药物有氯解磷定（pyraloxime methylchloride，PAM-Cl）、碘解磷定（pralidoxime iodide，PAM-I）和双复磷（obidoxime，DMO4）。氯解磷定是临床上首选解毒药，复能作用强，毒性小，水溶性大，轻度中毒肌内注射或静脉缓慢注射，中重度中毒时可以重复使用。如果无法获得氯解磷定可选用碘解磷定，碘解磷定是临床上次选解毒药，复能作用较差，毒性小，水溶性小，只能静脉注射。双复磷重活化作用强，毒性较大，水溶性大，静脉或肌内注射均可。

ChE 复能药对甲拌磷、内吸磷、对硫磷、甲胺磷、碘依可酯和辛硫磷等中毒疗效好，对敌敌畏、敌百虫中毒疗效差，对乐果和马拉硫磷中毒疗效不明显。双复磷对敌敌畏及敌百虫中毒疗效较碘解磷好。ChE 复能药对中毒 24～48h 后已老化的 ChE 无复活作用。对 ChE 复能药疗效不佳的患者，加用胆碱受体阻断剂联合使用。ChE 复能药注射后可引起恶心、呕吐、心率增快、心电图出现暂时性 S-T 段压低和 Q-T 间期延长，注射速度过快引起眩晕、视物模糊、复视、动作不协调。剂量过大可抑制胆碱酯酶、抑制呼吸和引起癫痫样发作。

3. 胆碱受体阻断药（cholinoceptor blocking drugs） 胆碱受体有 M 和 N 两类。在发生有机磷农药中毒时，积聚的 ACh 首先兴奋中枢 N 受体，N 受体迅速发生脱敏反应，对 ACh 刺激不再产生反应，脱敏的 N 受体还能改变 M 受体构型，使 M 受体对 ACh 更加敏感，出现 M 受体阻断药（如阿托品）疗效降低。在解毒治疗时，外周性与中枢性抗胆碱能药联合使用有协同作用。

（1）M 胆碱受体阻断药（外周性抗胆碱能药）：主要有阿托品和山莨菪碱，可作用于外周 M 受体，治疗 M 样症状，对 N 样症状无作用。阿托品一般每 10～30 分钟或每 1～2 小时给药一次，直到 M 样症状消失或出现“阿托品化”为止。阿托品化表现为瞳孔较前扩大、口干、皮肤干燥、心率增快（90～100 次/分）和肺湿啰音消失，出现阿托品化后，应减少阿托品剂量或停止使用。如果出现瞳孔明显扩大、神志模糊、烦躁不安、抽搐、昏迷和尿潴留等表现时，应考虑阿托品中毒，立即停止使用阿托品。

（2）N 胆碱受体阻断药（中枢性抗胆碱能药）：主要有东莨菪碱、苯那辛、甲磺酸苯扎托品、丙环定、长托宁等。此类药物对中枢 M 和 N 受体作用强，对外周 M 受体作用弱。长托宁较阿托品作用强，有效剂量小，作用时间长，不良反应少，首次需与氯解磷定合用。

4. 复方制剂 常见制剂由生理性拮抗剂与中毒酶复能剂组成，国内常用的有解磷注射液（每支含阿托品 3mg、苯那辛 3mg 和氯解磷定 400mg）。

（四）对症支持治疗

积极处理酸中毒、低钾血症、严重心律失常、脑水肿、严重呼吸和循环衰竭等，维持正常心肺功能，保持呼吸道通畅，科学氧疗，加强营养，防止感染。

（五）中间型综合征的治疗

立即机械通气，同时应用氯解磷定，积极对症支持治疗。

九、预　　防

普及有机磷农药中毒防治知识，加强有机磷农药管理，减少中毒事件的发生。生产、运输和使用有机磷农药时，严格执行各项操作规程，做好个人防护。对于慢性接触者，定期进行职业体检和测定胆碱酯酶活力。

第三节　急性一氧化碳中毒

一氧化碳（carbon monoxide，CO）是在生产和日常生活中，由于含碳物质燃烧不完全而产生的一种无色、无臭、不溶于水的窒息性气体，吸入过量可发生急性一氧化碳中毒（acute carbon monoxide poisoning），俗称煤气中毒。急性一氧化碳中毒是较为常见的生活性和职业性中毒。空气中一氧化碳浓度达到 12.5% 时，有爆炸的危险。

一、病　　因

（一）生活性中毒

冬季家庭室内燃煤时，烟道堵塞、门窗密闭、室内未熄灭的煤炉释放出大量一氧化碳，或使用燃气热水器不当导致煤气泄漏，均可造成生活性一氧化碳中毒。

（二）职业性中毒

煤气制造、炼焦、冶金、铸造和化肥制造等行业，煤气管道漏气可逸出大量一氧化碳。室内使用小型燃油发电机、汽车或火车经过隧道时，空气中一氧化碳可达到有害浓度。

（三）意外中毒

煤矿瓦斯爆炸或煤气泄漏、失火现场吸入大量烟雾可致一氧化碳中毒，也有通过吸入一氧化碳自杀或他杀的情况。

（四）吸烟

每日吸烟一包，可使血液碳氧血红蛋白（COHb）浓度升至5%～6%，连续大量吸烟可致一氧化碳中毒。

二、发 病 机 制

一般情况下，一氧化碳吸入体后，经肺毛细血管膜迅速弥散至血液循环，85%与血液红细胞中的血红蛋白结合，形成稳定的COHb，COHb不能携带氧气，不易解离，使血红蛋白失去携带氧气的能力，造成机体缺氧。COHb与血红蛋白中血红素部分结合，抑制其他三个氧结合位点释放氧至外周组织，导致血红蛋白氧解离曲线左移，血氧不易释放到组织，造成细胞缺氧。一氧化碳通过与还原型细胞色素氧化酶二价铁结合，抑制细胞色素氧化酶活性，影响细胞呼吸和氧化，阻碍氧的利用，导致细胞缺氧。

一氧化碳中毒主要引起组织缺氧，其中大脑和心脏最容易受到缺氧的损害。缺氧可诱发脑细胞内水肿、脑细胞间质水肿、脑血栓形成，少数患者可发生迟发性脑病，患者出现四肢肌张力增高，抽搐，眼底改变甚至脑疝。缺氧使心肌细胞能量生成不足、酸中毒及心肌细胞离子改变，使心肌收缩和舒张功能减弱、心率减慢，出现各种心律失常（如窦性心动过缓、期前收缩、传导阻滞、心室颤动等）。缺氧和CO均可使肺毛细血管和肺泡通透性增加，发生肺水肿，若患者昏迷则很少出现咳嗽和烦躁等症状，主要表现为呼吸急促，口鼻溢出或吸出较多粉红色或白色泡沫状分泌物，双肺闻及大量湿啰音。CO中毒时由于碳氧血红蛋白呈红色，所以患者无青紫，皮肤及唇呈樱桃红色。CO中毒还可出现皮肤损害，可形成红斑及水疱，受压部位更易发生，如面部、肩后、四肢等部位出现局部红肿、发硬、疼痛、压痛，也可出现水疱或破溃，发生于关节部位的损害可伴有运动障碍。CO中毒致肾缺氧损害时，尿中可出现红细胞、白细胞、蛋白尿及管型等。

三、临 床 表 现

急性中毒

在正常人血液中，COHb含量为5%～10%，急性一氧化碳中毒时血液中COHb升高。中毒症状严重程度与血液中COHb浓度、中毒前患者健康状况有关。按中毒严重程度可分为以下几种情况。

1. 轻度 血液COHb浓度10%～20%，可出现头痛、头晕、心悸、恶心、呕吐、四肢无力等症状。有冠心病病史者可出现心绞痛。患者离开中毒环境，吸入新鲜空气或氧疗后症状消失快，一般对人体无不良影响。

2. 中度 血液COHb浓度30%～40%，可出现呼吸困难、胸痛、幻觉、视物不清、判断力下降、运动失调、意识障碍、浅昏迷等，口唇黏膜可呈樱桃红色，但少见。氧疗后患者可恢复正常，一般无明显并发症。

3. 重度 血液COHb浓度40%～60%，可迅速出现昏迷、呼吸抑制、吸入性肺炎、肺水肿、视盘水肿、心律失常或心力衰竭等。患者可呈去皮质综合征状态（decorticate syndrome，又称醒状昏迷）。受压部位皮肤可出现红肿和水疱。眼底检查可发现视盘水肿。

急性一氧化碳中毒的患者经治疗意识障碍恢复以后，一般经过2～60天的“假愈期”，可出现迟发脑病（神经精神后发症），有以下表现。

（1）精神意识障碍，如痴呆、木僵、谵妄、去皮质状态等。

（2）锥体外系神经障碍，如帕金森病（表情淡漠、四肢肌张力增强、静止性震颤、前冲步态）等。

（3）锥体系神经损害，如偏瘫、病理反射阳性、尿失禁等。

（4）大脑皮质局灶性功能障碍，如失语、失明、不能站立、继发性癫痫等。

（5）脑神经及周围神经损害，如视神经萎缩、听神经损害、周围神经病变等。

四、辅助检查

（一）实验室检查

检查血液中碳氧血红蛋白浓度，根据中毒的严重程度分为轻度、中度和重度，血液中COHb浓度分别高于10%、30%、50%。通常COHb浓度高达50%时碳氧血红蛋白定性试验才呈阳性反应。

检查血细胞分析可有红细胞总数、白细胞总数及中性粒细胞增高。肝肾功能、电解质、心肌酶等检查，可有转氨酶、乳酸脱氢酶、肌酸磷酸激酶升高。尿检可有尿糖、尿蛋白阳性。

（二）影像学检查

头颅CT或者MRI检查，可以发现脑水肿、密度减低、脑室扩大或脑沟增宽、脱髓鞘病变。

（三）心电图

部分患者可出现ST-T改变，亦可见到室性期前收缩、传导阻滞或一过性窦性心动过速。

（四）脑电图

可出现脑电图异常。

五、诊断与鉴别诊断

（一）诊断

根据吸入一氧化碳病史、急性中毒及中枢神经系统损害症状和体征、血液COHb测定结果，可做出急性一氧化碳中毒的诊断。在诊断时，注意区分职业性中毒、生活性中毒和意外中毒等，以便采取相应措施。需要注意的是，采集血标本测定 COHb 要在脱离中毒现场 8h 以内进行，否则血中 COHb 会在脱离现场数小时后逐渐消失。

案例 20-2

患者，男性，46 岁。头晕、乏力 3h 余。患者诉在“烤烟房内”工作，3h 前出现头晕、全身乏力，后有恶心、非喷射性呕吐胃内容物多次，无咖啡样物，感眼花，无晕厥、腹痛、腹泻、心悸、胸闷、发热。家属送入医院。患者有“心律失常”病史，具体情况不详。

查体：T 36.2℃，P 78 次/分，R 22 次/分，BP 140/85mmHg，指脉氧 96%（吸氧）。一般情况差，神志清楚，口唇黏膜红润，双侧瞳孔等大等圆，直径约 3.0mm，对光反射灵敏。颈软无抵抗。双肺呼吸音清，未闻及干、湿啰音。心率 78 次/分，律齐，未闻及杂音。腹平软，无压痛，肝、脾未触及，肠鸣音 3～4 次/分。生理反射存在，病理反射未引出。脑膜刺激征阴性。

辅助检查：床旁心电图示窦性心律；随机微量血糖 6.4mmol/L；CT 检查：颅脑平扫未见明显异常，右肺上叶肺大疱，左侧冠状动脉条状钙化，肝、胆、胰、脾、双肾、下腹部 CT 平扫未见明显异常。

问题：1. 患者初步诊断是什么？诊断依据是什么？

2. 应与哪些疾病鉴别？

3. 应对患者采取的治疗措施有哪些？

（二）鉴别诊断

需与脑部疾病、糖尿病酮症酸中毒、药物中毒、毒品中毒及其他引起昏迷的疾病相鉴别。

六、治　疗

（一）脱离现场，终止一氧化碳吸入

迅速将患者带离现场，送至通风处，减少和终止一氧化碳继续吸入。卧床休息，保暖，保持呼吸道畅通。对于仅有接触反应的患者，脱离现场后可自行恢复，一般无须进一步治疗。

（二）氧疗

1. 鼻导管和面罩吸氧　吸入新鲜空气时，一氧化碳从 COHb 中释放出半量约需 4h，吸入纯氧可缩短至 30～40min，吸入 3 个大气压纯氧可缩短至 20min。用于轻度中毒患者。对昏迷、窒息或呼吸停止的患者，气管内插管，吸入 100% 氧，进行机械通气。

2. 高压氧舱治疗　高压氧可以加速和促进一氧化碳与血红蛋白解离，迅速纠正组织缺氧，缩短昏迷时间和病程，预防中毒引发的迟发性脑病。适用于中重度中毒，或出现神经精神症状、心肺疾病、血 COHb＞25% 者，孕妇 COHb＞20% 时也应给予高压氧治疗。高压氧治疗时间一般每日 1 次，每次 60min，但可根据患者年龄、身体状况、病情严重程度等调整时间，注意使用过度会加重中枢神经缺血缺氧，造成再灌注损伤。

（三）防治脑水肿和心脏疾病

脑水肿可在严重中毒后 24～48h发展到高峰，在纠正缺氧的同时给予脱水治疗，常用 20% 甘露醇、呋塞米（速尿）。腺苷三磷酸、糖皮质激素（如地塞米松）有助于缓解脑水肿。频繁抽搐者，可给予地西泮、苯妥英钠等。合并心源性肺水肿、肾功能不全或少尿、高龄患

者应禁用或慎用脱水药物，如必须使用时可使用袢利尿剂、激素等。对有心脏基础疾病（如冠心病）或中毒致心脏出现异常的患者，给予心电监测，治疗基础疾病和因缺氧对心脏所致的损伤，如吸氧、改善心肌缺血、治疗心律失常、心力衰竭等。

（四）防治并发症和后遗症

加强日常生活护理，防止发生压疮和肺炎。为有效控制肺部感染，一般选择使用广谱抗生素。及时处理神经系统和心脏、肝肾等并发症，尤其有基础疾病的患者。高热会影响脑功能，可采用物理方法降温，如头部用冰帽，体表用冰袋，使体温保持亚低温状态，也要注意监测低温对人体的损害。营养支持治疗，补充能量和维生素，根据情况给肠内或肠外营养。合并高血压、糖尿病、心脑血管疾病、高脂血症等基础疾病且无出血风险的重度一氧化碳中毒患者，可以给予抗血小板聚集药物以防出现血栓。可以使用改善微循环、抗炎、抗氧化、中医中药等治疗，如银杏叶、丹参、红花制剂等。

七、预 后

轻度中毒可完全恢复，在一氧化碳中毒环境中停留的时间和昏迷的时间过长、体质差，氧疗不及时的患者预后差，迟发性脑病恢复较慢，少数可有永久性症状。

八、预 防

加强预防一氧化碳中毒的宣传。居室内使用火炉、燃气热水器要注意通风。厂矿工作人员认真执行安全操作规程，煤气发生炉和管道经常检修以防漏气，加强矿井下空气中一氧化碳浓度监测和报警。进入高浓度一氧化碳环境时，戴好防毒面具，做好个人防护。

第四节 镇静催眠药中毒

镇静催眠类药物主要用于镇静、催眠、抗惊厥，对中枢神经系统有广泛抑制作用。大剂量使用可麻醉全身，包括麻醉延髓，正常用量产生镇静催眠和抗惊厥作用。一次摄入大量镇静催眠类药物可导致急性镇静催眠药中毒（acute sedative-hypnotic poisoning），长期滥用镇静催眠类药物可引起耐药性和依赖性而致慢性中毒，突然减量或停药可引起戒断综合征，须避免长期使用。

案例 20-3

患者，女性，42岁。发现神志不清2h。患者2h前家属发现平卧于床上，其旁边可见“地西泮片”空药盒（家属诉原有10余片），大声呼喊患者可睁眼，停止呼喊随即入睡。无发热、抽搐、口吐白沫、二便失禁，无喘息、呼吸困难等。立即送入院。既往有“慢性胃炎”病史多年，否认传染病、糖尿病、高血压等病史。

查体：T 36.1℃，P 96次/分，R 20次/分，BP 90/60mmHg，氧饱和度99%。嗜睡状态，查体不合作。全身皮肤未见皮疹、出血点及黄疸。双侧瞳孔等大等圆，直径约3.0mm，对光反射灵敏。颈软，无抵抗，颈静脉无充盈。双肺呼吸音粗糙，未闻及明显干、湿啰音。心率96次/分，律齐，未闻及病理性杂音。腹平软，无压痛，无反跳痛及肌紧张，肝脾未触及，肠鸣音5次/分。四肢肌力无法测，肌张力正常。双下肢无水肿。生理反射存在，病理反射未引出。脑膜刺激征阴性。

辅助检查：床旁心电图示窦性心律。随机微量血糖 5.6mmol/L。

问题：1. 患者初步诊断是什么？诊断依据是什么？

2. 应与哪些疾病鉴别？

3. 应对患者采取的治疗措施有哪些？

一、病　　因

急性中毒主要原因是在自杀、误服、投毒等情况下单次大量服用，慢性中毒主要长期服用此类药物治疗失眠症或其他疾病所致，吸毒患者也可因大量服用而中毒。心理压力过大、精神异常、对药物认知不足也会增加中毒风险。

二、药物分类

（一）苯二氮䓬类

长效类半衰期>30h，如氯氮䓬（chlordiazepoxide）、地西泮（diazepam）、氟西泮（flurazepam）；中效类半衰期 6～30h，如阿普唑仑、奥沙西泮（oxazepam）、替马西泮；短效类半衰期<6h，如三唑仑（triazolam）。

（二）巴比妥类

长效类作用时间 6～8h，如巴比妥、苯巴比妥（鲁米那）；中效类作用时间 3～6h，如戊巴比妥、异戊巴比妥、布他比妥；短效类作用时间 2～3h，如司可巴比妥、硫喷妥钠。

（三）非巴比妥非苯二氮䓬类

中效类-短效类，有水合氯醛、格鲁米特（glutethimide，导眠能）、甲喹酮（methaqualone，安眠酮）、甲丙氨酯（meprobamate，眠尔通）。

（四）吩噻嗪类

为抗精神病药（antipsychotics），有脂肪族类如氯丙嗪（chloropromazine），哌啶类如硫利达嗪（甲硫达嗪），哌嗪类如奋乃静、氟奋乃静和三氟拉嗪。

三、发病机制

镇静催眠药多为脂溶性，能透过血脑屏障，从而可以阻断脑干网状结构上行激活系统对大脑皮质的激醒作用，抑制弥散性扩散，随药物剂量大小、抑制程度的浅深而出现镇静、催眠、抗惊厥、麻醉和麻痹作用。也有专家认为具有直接抑制大脑皮质的作用。

（一）中毒机制

1. 苯二氮䓬类　苯二氮䓬类药物与 GABA 受体结合后，可加强 GABA 与 GABA 受体结合的亲和力，增强对中枢神经系统的抑制；还可抑制心血管系统，使患者出现相应症状。苯二氮䓬类主要选择性作用于边缘系统，影响情绪和记忆。

2. 巴比妥类　对 GABA 虽然有与苯二氮䓬类相似的作用，但因在中枢神经系统中分布不同作用也有所不同。巴比妥类通过抑制丙酮酸氧化酶系统而抑制中枢神经系统，主要作用于网状结构上行激活系统引起意识障碍。随着巴比妥类药物剂量的增加，对中枢的抑制作用也增强。大剂量巴比妥类药物可抑制延髓呼吸中枢，导致呼吸衰竭。巴比妥类药物可抑制血管运动中枢，干扰血管收缩，导致周围血管扩张出现休克。

3. 非巴比妥非苯二氮䓬类 该类药物对中枢神经系统的抑制作用与巴比妥类相似。

4. 吩噻嗪类 吩噻嗪类药物主要作用于网状结构，通过抑制多巴胺受体，减少邻苯二酚氨的生成而抑制中枢神经系统，可以减轻焦虑紧张、幻觉、妄想和病理性思维等精神症状；还可以抑制脑干血管运动和呕吐反射，以及阻断α肾上腺素能受体、抗组胺及抗胆碱能等。吩噻嗪类药物有引起锥体外系反应（急性肌张力障碍、静坐不能、类帕金森病、迟发性运动障碍）、催乳素水平升高、抑制肠蠕动等副作用。吩噻嗪类不宜与肾上腺素合用，以免引起肾上腺素作用逆转，而致严重低血压。

（二）耐受性、依赖性、戒断综合征

目前常用的各种镇静催眠药都可能产生耐受性、依赖性，也都可以引起戒断综合征，发生机制不明。停药后出现戒断综合征是产生了药物依赖性，戒断综合征的主要特征是出现与药理作用相反的表现。巴比妥类、非巴比妥类发生耐受性、依赖性和戒断综合征的情况更为严重。

四、临床表现

（一）急性中毒

1. 苯二氮䓬类中毒 中枢神经系统抑制较轻，主要有嗜睡、头晕、吐字不清、意识模糊、共济失调、瞳孔缩小、肌张力减低、腱反射减弱等，相对于巴比妥类，较少出现长时间深度昏迷和呼吸抑制，如果出现，要考虑是否同时服用了其他镇静催眠药或者乙醇。

2. 巴比妥类中毒 一次服用大剂量巴比妥类药物可引起中枢神经系统抑制，临床表现与剂量有关。轻度中毒临床表现与苯二氮䓬类中毒相似，还可有眼球震颤、嗜睡、情绪不稳定等；重度中毒由于进行性中枢神经系统抑制引起，表现为由嗜睡到深昏迷、呼吸由浅慢到停止、由低血压到休克等，可出现肾衰竭、体温下降、腱反射消失，可并发肺炎、肺水肿、脑水肿等，重者危及生命。

3. 非巴比妥非苯二氮䓬类中毒 症状与巴比妥类中毒相似。水合氯醛中毒可有心律失常、肝肾功能损害。格鲁米特中毒可有周期性波动的意识障碍，抗胆碱能神经症状（如瞳孔散大）。甲喹酮中毒可有明显呼吸抑制，出现锥体束征，如肌张力增强、腱反射亢进、抽搐等。甲丙氨酯中毒常有血压下降。

4. 吩噻嗪类中毒 锥体外系反应为常见的临床表现，可出现帕金森病、静坐不能、急性肌张力障碍，还可出现心律失常、呼吸抑制、血压下降等。

（二）慢性中毒

若长期使用大剂量催眠药可发生慢性中毒，除了有轻度中毒症状外，主要有精神症状：意识障碍和轻度躁狂状态、智能障碍者多方面能力下降、人格变化出现无责任心和进取心等。

（三）戒断综合征

戒断综合征常发生在长期大量服用镇静催眠药的患者突然停药或快速减少服药量时，主要表现为自主神经兴奋性增高和神经精神症状。轻症患者于最后一次服药后一天或数天内出现焦虑、易激动、失眠、头痛、厌食、无力、震颤等，2～3 天后达高峰，可出现恶心、呕吐、

肌肉痉挛等；重症患者常发生在突然停药后1～2天，部分患者可在停用7～8天后出现癫痫样发作，也可出现幻觉、妄想、定向力障碍、高热、谵妄等，常在数日至3周内恢复。用药量大、时间长而骤然停药者症状常严重。

五、辅助检查

（一）实验室检查

血液检查，如血细胞分析、生化、血气分析、血药浓度监测等，尿液、胃液药物浓度测定。根据检查了解患者内环境情况，给予相应处理。因苯二氮䓬类活性代谢物半衰期及个人药物排出速度不同，所以检测苯二氮䓬类浓度不能明确判断中毒的严重程度。

（二）其他检查

影像学检查，如CT、脑电图、肌电图等，评估患者身体状况、中毒对身体影响的严重程度。

六、诊断和鉴别诊断

（一）诊断

1. 急性中毒 患者有服用大量镇静催眠药病史，服药后出现意识障碍、呼吸抑制、血压下降。在胃液、血液、尿液中检出镇静催眠药或其代谢产物。

2. 慢性中毒 患者有长期使用催眠药史，出现共济失调和精神症状。

3. 戒断综合征 患者有长期使用催眠药及突然停药或急速减量病史，临床上出现失眠、烦躁、焦虑、抑郁、恶心、呕吐、流泪、流涕、腹痛、腹泻、胃肠道症状，严重者有震颤、抽搐等类似癫痫症状，甚至可导致死亡。

（二）鉴别诊断

急性中毒须与其他引起昏迷的疾病相鉴别，如高血压、癫痫、糖尿病、肝病、肾病、一氧化碳中毒、酒精中毒、有机溶剂中毒、颅脑外伤等；慢性中毒应与抑郁症或躁狂症相鉴别；戒断综合征应与精神神经疾病、癫痫、酒精中毒相鉴别。结合用药史、既往病史、相应的症状体征、实验室检查及辅助检查等可以做出诊断。

七、治　疗

（一）急性中毒的治疗

包括洗胃、解毒、补液、纠正酸碱失衡等。尽早、迅速、彻底洗胃清除毒物是治疗的关键。保护心、脑、肾、肝等重要脏器功能，监测生命体征。

1. 清除毒物 能配合者可给予催吐或者洗胃，不合作或不能配合者（如中重度中毒患者）可给予电动洗胃治疗；活性炭可用于吸附各种镇静催眠药；碱化尿液和利尿对长效巴比妥类中毒有效，对吩噻嗪类中毒无效；血液透析、血液灌流可促进苯巴比妥和吩噻嗪类药物清除，用于病情危重患者，但血液净化治疗对苯二氮䓬类中毒作用有限。

2. 使用特效解毒剂 苯二氮䓬类中毒可用氟马西尼，氟马西尼是特异性苯二氮䓬类受体阻断药，必要时可重复使用，总量可达3mg，但禁用于合用可致癫痫发作药物的患者、为控制癫痫使用苯二氮䓬类药物的患者、对苯二氮䓬类药有依赖和颅内压升高的患者。巴比妥类和吩噻嗪类药物中毒无特效解毒药。

3. 维持昏迷患者生命功能 保持气道通畅，必要时气管内插管；补液，补充血容量，维持血压，必要时给予多巴胺等药物；心电监护，心律失常者根据病情给予抗心律失常治疗；病因未明的急性意识障碍患者，可考虑给予葡萄糖、维生素 B_1 和纳洛酮促进意识恢复，纳洛酮剂量 0.4～0.8mg，静脉注射，可酌情重复使用。

4. 治疗并发症 并发肺炎者，给予抗生素治疗。昏迷者加强护理，常拍背翻身，定期吸痰。出现胃肠道出血、肺水肿、低血糖、脑水肿的患者，给予相应处理。注意水、电解质及酸碱平衡。注意保暖，纠正过低体温。急性肾衰竭多由休克引起，应及时纠正休克，必要时血液透析。有呼吸抑制、呼吸衰竭者可气管内插管。避免使用有β受体激动作用的升压药物（肾上腺素、异丙肾上腺素、多巴胺），因其可加重低血压（周围β受体激动有血管扩张作用）。

5. 专科会诊 有神经精神症状患者可请精神科医师会诊，参与诊治。

（二）慢性中毒和戒断综合征的治疗

慢性中毒患者应逐渐缓慢减少药量，直至停用镇静催眠药，必要时进行心理治疗。戒断综合征为临床急症，如不及时控制，患者会很快进入衰竭状态，常用的治疗措施是使用足量镇静催眠药物控制症状，待症状稳定后逐渐减少药量以至停药，可以将原用的短效药换成长效药（如地西泮或苯巴比妥），可用同类药，也可调换成另一类药物。

八、预　　后

服用镇静催眠药量少、中毒症状轻微或轻度中毒患者，可在急诊室观察治疗 12h 内出院；部分中度中毒患者也可在急诊室观察治疗 24h 内出院；重度中毒者一般需要住院治疗，若出现严重并发症可危及患者生命。

九、预　　防

合理使用镇静催眠药，掌握用药适应证，避免突然停药、滥用或误服；关注心理健康，缓解精神压力，减少用药机会；加强镇静催眠药物管理，包括医院药物管理和家庭药物分类保管。

第五节　阿片类药物中毒

阿片（opium）是从罂粟中提取的生物碱及体内外衍生物，初始为乳状胶体，待其干燥后呈固体物，俗称大烟或者鸦片。阿片含有 20 余种生物碱（如吗啡、可待因、蒂巴因、罂粟碱等），主要有效成分是吗啡。阿片类药物指能与阿片受体特异性结合，且产生吗啡样效应的外源性物质的总称。阿片类药物属于麻醉（镇痛）药物，有强烈镇痛、止咳、止泻、麻醉、镇静和催眠等作用，临床上主要用于中重度疼痛治疗，尤其在治疗癌性疼痛上应用广泛，也用于心力衰竭、肺水肿的抢救治疗。阿片类镇痛药主要包括可待因、双氢可待因、氢吗啡酮、羟考酮、美沙酮、吗啡、芬太尼和哌替啶（杜冷丁）等，阿片类药物具有成瘾（或依赖）性、危害性和非法性，吸毒者滥用阿片类药物可出现中毒。毒品泛滥给社会、经济、政治、家庭、吸毒者都造成严重危害。

案例 20-4

患者，男性，35 岁。发现昏迷 1h 余就诊。患者 1h 前被家人发现昏倒在卧室床上，呼之不应，口角有白沫，呼吸微弱，大小便失禁，地上可见使用过的注射针管一只，立即联系“120”送入医院。既往吸毒 5 年，无外伤手术史、家族遗传病史、药物过敏史。

查体：T 35.2℃，P 102 次/分，R 23 次/分，BP 85/50mmHg，氧饱和度 75%。消瘦，神志不清，呼之不应，查体不合作。全身皮肤湿润且皮温低，双上肢可见沿血管注射针眼。双侧瞳孔缩小如针尖样，对光反射弱。双肺呼吸音清晰，未闻及干、湿啰音。心率 102 次/分，律齐，未闻及杂音。腹平软，肝、脾未触及，未扪及包块，肠鸣音 4～6 次/分。双下肢无水肿。生理反射存在，病理反射未引出。

问题：1. 患者初步诊断是什么？诊断依据是什么？

2. 应与哪些疾病鉴别？

3. 应对患者采取的治疗措施有哪些？

一、病　　因

阿片类药物中毒主要由于治疗时用药过量、频繁用药超过人体耐受、误食、误用、吸毒者滥用引起，使用阿片类药物者若伴有严重肝肾疾病、严重肺部疾病、胃排空延迟、严重甲状腺或肾上腺皮质功能减低，体质衰弱的老年人、与酒精或镇静催眠药物同时服用更易发生中毒。

二、中毒机制

阿片类药物可以使神经末梢释放乙酰胆碱、去甲肾上腺素、多巴胺及 P 物质等神经递质减少。阿片类药物通过中枢神经系统阿片类受体起作用，阿片类药物作用于受体后，引起膜电位超极化，使神经递质释放减少，从而阻断神经冲动的传递而产生镇痛等各种效应。阿片受体在神经系统分布不均匀，在脑内、丘脑内侧、脑室及导水管周围灰质阿片受体密度高，与痛觉有关；边缘系统及蓝斑核阿片受体密度最高，与情绪及精神活动有关；中脑盖前核的受体与缩瞳相关；延髓孤束核的受体与咳嗽反射、呼吸中枢和交感神经中枢有关；脑干极后区、迷走神经背核的受体与胃肠活动（恶心、呕吐反射）有关；脊髓胶质区、三叉神经脊束核胶质区的受体，是痛觉冲动传入中枢的重要转换站，影响痛觉冲动的传入。

阿片类药物从不同途径进入体内，毒性作用的时间也不同，如鼻腔黏膜吸入 10～15min、静脉注射 10min、肌内注射 30min、皮下注射 90min、口服 1～2h 发生作用。阿片类药物在体内作用时间长短取决于肝代谢速度，药物大部分在肝代谢，约 90% 以无活性代谢物形式从尿中排出，小部分以原药形式经过尿、胆汁、胃液及粪便排出体外。使用阿片类药物后，大部分 24h 可排出体外，48h 后不能在尿中测出。

吗啡进入体内后，在肝脏与葡萄糖醛酸结合或脱甲基形成去甲基吗啡。海洛因脂溶性强，易通过血脑屏障，在脑内分解为吗啡起作用。哌替啶活性代谢产物为去甲哌替啶，神经毒性强，易致抽搐。进入体内的阿片类药物通过激活中枢神经系统内阿片受体起作用，产生镇痛、镇静、抑制呼吸、恶心、呕吐、便秘、兴奋、致幻或欣快等作用。长期使用阿片类药物易产生药物依赖性（drug dependence），药物依赖性和戒断综合征可能具有共同发病机制，主要是摄入的阿片类药物与阿片受体结合，使内源性阿片样物质（内啡肽）生成受抑制，停用后，内啡肽不能很快生成补充，即会出现成瘾或戒断现象。

三、临 床 表 现

轻度中毒患者，主要出现头晕、头痛、恶心、呕吐、精神异常等。严重急性中毒时，常发生昏迷、呼吸抑制、瞳孔缩小或针尖样瞳孔等改变，也称为阿片类药物中毒“三联征”，可伴有发绀和血压下降，出现肺水肿、抽搐、惊厥、角弓反张、谵妄、失明、下肢瘫痪等。急性重症中毒患者，多在 12h 内死于呼吸衰竭，可以存活 48h 以上者预后较好。慢性中毒患者临床表现无特征性，主要表现为食欲不佳、营养不良、衰老、性功能减退等。有戒断现象的患者可有精神差、流泪、出汗、乏力、肢体颤抖等。

四、辅 助 检 查

（一）实验室检查

1. 毒物检测 口服中毒时，留取胃内容物、呕吐物、尿液、血液进行毒物检测，也可测定血药浓度协助诊断和鉴别诊断。

2. 动脉血气分析 严重者可表现为低氧血症和呼吸性酸中毒。

3. 其他 血细胞分析、血糖、电解质、肝肾功能、免疫学检查等，可能出现贫血、低血糖、低钾、低钠、低蛋白血症、肝肾功能异常，还可能合并传染性疾病，如肝炎、人类免疫缺陷病毒感染。

（二）其他检查

CT、MRI、B 超、心电图等检查，可以了解患者身体状况、重要脏器功能、有无合并症，帮助诊断和鉴别诊断以及给予及时治疗。

五、诊断与鉴别诊断

根据阿片类药物用药史或滥用史、临床表现、实验室检查及解毒药试验可以做出诊断，出现谵妄，可能是同时使用其他精神药物或合并脑部疾病所致。瞳孔缩小者应与镇静催眠药中毒、吩噻嗪类抗精神病药物中毒、有机磷农药中毒、可乐定中毒、毒蕈中毒、脑桥出血等相鉴别。

六、治 疗

（一）呼吸循环衰竭的治疗

1. 呼吸衰竭 保持呼吸道通畅，必要时行气管内插管、使用呼吸机，使用兴奋呼吸中枢药物，如阿托品、尼可刹米等。禁用氨茶碱。

2. 循环衰竭 血压下降可采取头低足高体位，给予静脉补液扩容，必要时可使用升压药。

3. 电解质紊乱和酸碱失衡 患者出现营养不良、低血糖、酸中毒和水电解质紊乱时给予对症支持治疗。

（二）清除阿片类药物

1. 催吐 神志清楚患者禁用阿扑吗啡催吐，以防加重毒性。阿扑吗啡是中枢性催吐药，可用于抢救不能洗胃的患者。

2. 洗胃导泻 口服中毒患者胃排空延迟，不应常规洗胃。摄入致死剂量阿片类药物时，1h 内洗胃，先用 0.02%～0.05% 高锰酸钾溶液洗胃，后用 50% 硫酸镁导泻。

3. 活性炭吸附 可用活性炭混悬液吸附胃肠道内未吸收的药物。

（三）解毒药

1. 纳洛酮 纳洛酮是吗啡受体阻断药，结构类似吗啡，通过竞争阿片受体（依次为 μ，κ，δ）而起作用，同时伴有激动作用，即激动-拮抗结合作用。主要用于阿片类药物过量中毒或成瘾的诊断，还用于急性酒精中毒、镇静催眠药中毒、有机磷农药中毒、抗组胺药物中毒、一氧化碳中毒、感染性休克、急性重型脑梗死、肺性脑病、急性昏迷、新生儿窒息和缺氧缺血性脑病等。因首关代谢问题，纳洛酮口服后发挥的作用仅及静脉注射给药的 1/100，几乎无效，可静脉、肌内、皮下或气管内给药，静脉注射给药起效很快，2min 即可显效，维持作用很短（30～60min），必要时重复使用，无效时应考虑是否合并使用了非阿片类毒品、头部外伤或其他中枢神经系统疾病。纳洛酮对吗啡的拮抗作用是烯丙吗啡的 30 倍，1mg 纳洛酮能对抗静脉 25mg 海洛因作用。纳洛酮对芬太尼中毒引起的肌肉强直有效，但不能拮抗哌替啶中毒引起的癫痫发作和惊厥，对海洛因、美沙酮中毒引起的非心源性肺水肿无效。

2. 纳美芬 盐酸纳美芬是阿片受体阻断药，属于纳曲酮的 6-亚甲基类似物，可抑制或逆转阿片药物的呼吸抑制、镇静和低血压作用。纳美芬一般为静脉注射，也可肌内注射或皮下注射。治疗吗啡中毒优于纳洛酮，静脉注射 0.1～0.5mg，2～3min 渐增剂量，最大剂量每次 1.6mg。用药后可能出现恶心、呕吐、心动过速、发热、头晕、头痛、寒战、高血压等副作用。

3. 烯丙吗啡（纳洛芬） 烯丙吗啡是阿片受体激动-阻断药，拮抗 μ 受体和 δ 受体而激动 κ_1 和 κ_3 受体。小剂量具有阻断吗啡作用，可使吗啡成瘾者出现戒断症状；使用大剂量时有一定的镇痛作用，可出现烦躁和焦虑等精神反应。在应用纳洛酮前，本品不作为镇痛药，而作为吗啡过量的解毒药，有眩晕、嗜睡、乏力、出汗、感觉异常、幻觉、幻视、恶心等不良反应，长期使用突然停药可引起停药综合征。烯丙吗啡可以加重乙醇或其他阿片药物引起的呼吸抑制。

（四）对症支持治疗

合并高热的患者给予物理降温（温水擦浴、酒精擦浴、冰袋）。惊厥和肌肉强直的患者给予镇静药或肌肉松弛药物。对于存在营养不良的患者，需要给予营养支持治疗，根据患者营养状况评估、实验室检查结果、进食情况，给予口服或者静脉补充营养，注意保持大便通畅，有便秘者可酌情给予通便处理。

七、预　　防

（1）宣传毒品危害，打击贩毒和禁毒。
（2）加强阿片类药品管理，专人保管，按规定合理使用。
（3）严格掌握适应证、用药剂量和时间，避免滥用和误用。
（4）用于治疗时，勿与有呼吸抑制作用的药物合用。

第六节 酒 精 中 毒

乙醇又称为酒精，是一种无色、易燃、易挥发的液体，具有醇香气味，能与水和大多数有机溶剂混溶。急性酒精中毒是指一次性饮入过量酒精或酒类饮料引起的、以先兴奋继而抑制神经精神症状为主的疾病状态。一般发病急、病情重，是院前中毒救治中最常见的疾病之一。

一、病 因

日常生活中人们经常饮酒，酒精也是工业上常用的溶剂，大量饮用含酒精的烈性酒或不慎误服工业用酒精易引起中毒。

二、发 病 机 制

（一）酒精的代谢

酒精被摄入人体后，大部分经胃和小肠在 0.5～3h 吸收，分布到体内含水组织和体液中，包括脑和肺泡，脑组织中酒精浓度是血液中乙醇浓度的 10 倍，吸收的酒精大部分在肝内代谢、分解，少部分经肾和肺排出。酒精在肝内由乙醇脱氢酶和过氧化氢酶氧化为乙醛，乙醛经乙醛脱氢酶氧化为乙酸，乙酸转化为乙酰辅酶 A 进入三羧酸循环，最后代谢为 CO_2 和 H_2O。血中酒精浓度可直接反映出全身的浓度。酒精的吸收和清除快慢与年龄、性别、胃内是否有食物、营养状况、健康状况、是否长期酗酒等有关。

案例 20-5

患者，男性，54 岁。饮酒后呼之不应 1 天入院。患者昨晚大量饮酒后出现恶心、非喷射性呕吐胃内容物数次，随后昏睡，早晨家属发现患者呼之不应，考虑患者饮酒过多后引起，未行特殊处理，直至夜间患者仍呼之不应，送来医院。否认高血压、糖尿病、心脏病史，否认药物、食物过敏史。

查体：T 36.0℃，P 100 次/分，R 22 次/分，BP 90/60mmHg，SpO_2 92%。深昏迷状，双侧瞳孔等大等圆，直径约 2.0mm，对光反射迟钝。颈软，无抵抗。双肺呼吸音粗糙，未闻及啰音。心率 100 次/分，律齐，未闻及病理性杂音。腹平软，肝、脾未触及，肠鸣音 5 次/分。四肢肌力无法测，生理反射存在，病理反射未引出。

辅助检查：颅脑 CT 检查未见明显异常；床旁心电图示窦性心律；微量血糖 6.8mmol/L；电解质 Na^+ 135mmol/L，Ca^{2+} 0.92mmol/L。

问题：1. 患者初步诊断是什么？诊断依据是什么？

2. 应与哪些疾病鉴别？

3. 应对患者采取的治疗措施有哪些？

（二）中毒机制

1. 急性中毒

（1）中枢神经系统抑制作用：酒精是脂溶性液体，可迅速透过大脑神经细胞膜，作用于膜上某些酶，对中枢神经系统产生抑制作用，但小剂量可出现兴奋作用。血中酒精浓度过高，可作用于小脑致共济失调，作用于网状结构致昏睡和昏迷。极高浓度酒精可抑制延髓中枢引起呼吸或循环衰竭。

（2）代谢异常：酒精在肝细胞内代谢生成还原型烟酰胺腺嘌呤二核苷酸（NADPH），使乳酸增高、酮体蓄积、糖异生受阻，可出现代谢性酸中毒或低血糖。

2. 耐受性、依赖性和戒断综合征

（1）耐受性：开始饮酒可产生欣快感，若长时间饮酒会产生耐受性，需要增加饮酒量才能达到原有的效果。

（2）依赖性：为了获得饮酒后特殊快感而渴望和主动饮酒是精神依赖性的表现。机体对乙醇产生了适应性，停止摄入酒精会产生难以忍受的不适感，需要饮酒减轻不适，这是生理依赖性的表现。

（3）戒断综合征：长期饮酒，人体对酒精产生依赖，停止或减少饮酒可出现与酒精中毒相反的症状，出现交感神经兴奋症状，如多汗、战栗等。

3. 长期酗酒

（1）营养缺乏：酒中含有一定热量，但不含维生素、矿物质和氨基酸等人体必需营养成分，酒是一种高热量而无营养成分的饮料。人饮酒时可出现进食减少，会造成营养缺乏，缺乏维生素 B_1 可引起韦尼克-科尔萨科夫（Wernicke-Korsakoff）综合征、周围神经麻痹，缺乏叶酸可引起巨幼细胞贫血。长期饮酒者饥饿时，应补充糖和多种维生素。

（2）毒性作用：酒精有刺激黏膜和腺体分泌的作用，可引起消化道炎症，如食管炎、胃炎、胰腺炎。酒精在体内代谢产生的自由基可引起细胞膜脂质过氧化，使肝细胞坏死、肝功能异常。

三、临床表现

（一）急性中毒

急性酒精中毒主要出现中枢神经系统抑制，临床表现与饮酒量、血乙醇浓度、是否有长期饮酒史、饮酒时身体状况等有关。

1. 分期 临床上常分为 3 期。

（1）兴奋期：患者感到头痛，有兴奋表现，如欣快、健谈、饶舌，可有情绪不稳定、易暴易怒，甚至有粗鲁行为或攻击行为，也可有沉默、孤僻等，此时驾车易发生车祸。

（2）共济失调期：表现为行动笨拙、步态不稳、言语含糊不清、眼球震颤、视物模糊、复视、恶心、呕吐等。

（3）昏迷期：表现为抑制状态，昏睡甚至深昏迷，瞳孔散大、体温降低、血压下降，可出现呼吸麻痹、循环衰竭而危及生命。清醒后患者可有头痛、头晕、乏力、恶心、震颤等。

上述表现主要见于对酒精尚无耐受性者。如已有耐受，临床表现可能较轻。重症患者可发生并发症，如酸碱平衡失常、电解质紊乱、低血糖症、肺炎、急性肌病、急性酒精中毒性脑病等。少数患者可出现酒醒后肌肉突然肿胀、疼痛，可伴有肌球蛋白尿，甚至出现急性肾衰竭。

2. 分级 急性酒精中毒程度可以根据临床表现及相关评估进行分级。

（1）轻度：仅有情绪、语言兴奋状态，如语无伦次但不具备攻击行为；能行走，但有轻度运动不协调；嗜睡能被唤醒，简单对答基本正确；神经反射正常。

（2）中度：具备下列之一。

1）处于昏睡或昏迷状态或 Glasgow 昏迷评分 ≥5 分、≤8 分。

2）具有经语言或心理疏导不能缓解的躁狂或攻击行为。

3）有意识不清伴神经反射减弱的严重共济失调状态。

4）具有错幻觉或惊厥发作。

5）血液检测有以下代谢紊乱表现之一，如酸中毒、低血钾、低血糖。

6）在轻度中毒基础上并发脏器功能明显受损表现，如与酒精中毒有关的心律失常（频发期前收缩、心房颤动或心房扑动等），心肌损伤表现（ST-T 异常、心肌酶学 2 倍以上升高）或上消化道出血、胰腺炎等。

（3）重度：具备下列之一。

1）处于昏迷状态，Glasgow 评分≤5 分。

2）出现微循环灌注不足表现，如面色苍白，皮肤湿冷，口唇微紫，心率加快，脉搏细弱或不能触及，血压代偿性升高或下降（＜90/60mmHg 或收缩压较基础血压下降 30mmHg 以上），昏迷伴有失代偿期临床表现的休克称为极重度。

3）出现代谢紊乱的严重表现，如酸中毒（pH≤7.2）、低血钾（血清钾≤2.5mmol/L）、低血糖（血糖≤2.5mmol/L）之一。

4）出现重要脏器如心、肝、肾、肺等急性功能不全。

中毒程度分级以临床表现为主，血中酒精浓度可供参考，酒精浓度不同种族、不同个体差异较大，有时与临床表现并不完全一致。

（二）戒断综合征

戒断综合征是指长期饮酒者突然停止饮酒或减少饮酒量后，出现震颤、谵妄、焦虑不安、兴奋、失眠、恶心、呕吐、心动过速、血压升高、大量出汗等交感神经兴奋的表现，还可出现酒精性幻觉、癫痫大发作等。

（三）慢性中毒

长期酗酒可引起渐进性多器官系统损害。

1. 神经系统 表现为眼球震颤、外直肌麻痹、共济失调和步态不稳，可出现神经精神症状，如无欲状态、近记忆力严重丧失、精神恍惚，也可出现周围神经麻痹、肢体感觉异常、慢性酒精中毒性脑病等。此类症状恢复较慢。

2. 消化系统 表现为恶心、呕吐、发热、消化道炎症、溃疡、酒精性肝病、肝硬化、肝功能异常等。

3. 心血管系统 表现为酒精中毒性心肌病、心脏增大、心律失常、心功能不全等。

4. 造血系统 可出现巨幼细胞贫血或缺铁性贫血。凝血因子缺乏、血小板减少和血小板凝聚功能受抑制可引起出血。

5. 呼吸系统 肺炎多见。

6. 代谢性疾病和营养性疾病 表现为代谢性酸中毒、电解质紊乱、低血糖症、营养不良等。维生素 B_1 缺乏可引起 Wernicke 脑病和周围神经麻痹。

7. 生殖系统 男性性功能低下，睾酮减少。孕妇宫内死胎率增加，胎儿酒精中毒可出现畸形、发育迟钝、智力低下等。

四、辅 助 检 查

（一）实验室检查

血清乙醇浓度检测，急性酒精中毒时呼出气中乙醇浓度与血清乙醇浓度相当。动脉血气分析，急性酒精中毒时可出现代谢性酸中毒。电解质浓度，急慢性酒精中毒时均可见低血钾、低血镁和低血钙。葡萄糖浓度检测，急性酒精中毒时可见低血糖症。肝功能检测，慢性酒精中毒性肝病时可有明显肝功能异常。

（二）心电图检查

酒精中毒性心肌病可见心律失常和心肌损害。

五、诊断与鉴别诊断

酒精中毒一般都有明确的饮酒史，结合临床表现，如急性酒精中毒的中枢神经系统抑制症状、戒断综合征的精神症状和癫痫发作、慢性酒精中毒的营养不良和中毒性脑病等表现，以及血清或呼出气中乙醇浓度测定可以做出诊断。酒精中毒主要与引起神志异常的疾病相鉴别，如精神病、癫痫、镇静催眠药中毒、窒息性气体中毒、脑血管意外、糖尿病昏迷、颅脑外伤等。智能障碍和人格改变应与其他原因引起的痴呆相鉴别。肝病、心肌病、贫血、周围神经麻痹应与其他原因引起的疾病相鉴别。

六、治　　疗

（一）急性中毒

1. 症状轻者　无须治疗，兴奋躁动时可能需要约束。

2. 出现共济失调的患者　避免活动，以防外伤。

3. 出现昏迷的患者　应了解是否同时服用其他可能导致或加重昏迷的药物，治疗主要是维持重要脏器功能，保持气道通畅，必要时使用辅助呼吸或气管内插管，保护胃黏膜，营养支持治疗。

4. 酌情使用促酒精代谢药物和促醒药物　促酒精代谢药物常用美他多辛。美他多辛是乙醛脱氢酶激活剂，能拮抗急、慢性酒精中毒引起的乙醇脱氢酶活性下降，加速乙醇及其代谢产物乙醛和酮体经尿液排泄，属于促酒精代谢药。美他多辛能对抗急性乙醇中毒引起的 ATP 下降和细胞内还原型谷胱甘肽水平降低，维持体内抗氧化系统平衡，起到拮抗急慢性酒精中毒引起的氧化应激反应的作用，改善饮酒导致的肝功能损害及酒精中毒引起的心理行为异常。此药哺乳期、支气管哮喘患者禁用。适当补液及补充维生素 B_1、维生素 B_6、维生素 C 有利于酒精氧化代谢。促醒药物有纳洛酮、盐酸纳美芬。纳洛酮能特异性拮抗内源性吗啡样物质介导的各种效应，解除酒精中毒的中枢抑制，缩短昏迷时间。盐酸纳美芬为具有高度选择性和特异性的长效阿片受体阻断药。

5. 严重急性中毒可进行血液透析　血液透析可以将乙醇和乙醇代谢产物迅速从血中清除。病情危重或经常规治疗病情恶化并具备下列之一者可考虑使用：①血乙醇含量超过 87mmol/L；②呼吸循环严重抑制的深昏迷；③酸中毒（pH≤7.2）伴休克；④重度中毒出现急性肾功能不全；⑤复合中毒或高度怀疑合并其他中毒并危及生命。

6. 镇静剂应用　急性酒精中毒应慎重使用镇静剂，烦躁不安或过度兴奋特别有攻击行为可用地西泮。躁狂者可用氟哌啶醇、奥氮平。避免使用氯丙嗪、吗啡、苯巴比妥类镇静剂。

7. 胃黏膜保护剂　胃黏膜 H 受体阻断药或质子泵抑制剂可常规应用于重度中毒特别是消化道症状明显患者。

8. 抗生素应用　有明确感染证据方可使用。应用时注意可诱发双硫仑样反应，以头孢菌素多见，其他尚有甲硝唑、呋喃唑酮等。

9. 对症与支持治疗　对昏睡及昏迷患者应评估其气道和通气功能，必要时进行气管内插管。做好安全防护，有躁动或激越行为时可进行保护性约束。维持水、电解质、酸碱平衡，纠正低血糖。脑水肿者可给予脱水剂。

（二）戒断综合征

轻症患者充分休息，加强营养，补充维生素及葡萄糖。重症患者宜选用短效镇静药控制症状，为避免发生嗜睡和共济失调，一般选用地西泮，口服 5～10mg，若病情需要 2～4h 可以重复一次，病情严重者可静脉给药，症状稳定后调整为维持剂量，每 8～12h 给药一次，以后逐渐减量，1 周内停药。有癫痫病史者可使用苯妥英钠。有幻觉者可用氟哌啶醇。

（三）慢性中毒

Wernicke 脑病注射维生素 B_1 有明显效果，同时补充血容量和电解质。葡萄糖在注射维生素 B_1 后使用，以免在葡萄糖代谢过程中大量消耗维生素 B_1 使病情恶化。加强营养，治疗贫血和肝功能不全。防治感染、癫痫发作和震颤谵妄等。沉溺于嗜酒的患者应立即戒酒，及时治疗饮酒所致身体损伤，注意心理治疗和心理护理。

七、预　　后

急性酒精中毒如及时治疗多能恢复，合并心、肺、肝、肾病变，昏迷长达 10h 以上，或血中乙醇浓度＞87mmol/L（400mg/dl）者，预后较差。酒后开车易发生车祸，危及自身和他人生命，切勿酒后驾车。酒精性精神病戒酒后可有好转，但不易完全恢复。长期饮酒可造成全身多脏器损害，出现营养不良等。

八、预　　防

（1）开展酗酒危害宣传教育，普及戒酒知识和技能。

（2）及早发现嗜酒者，指导科学戒酒，进行相关并发症的治疗及康复治疗。

第七节　毒蛇咬伤

地球上有多种毒蛇，我国有 60 余种，剧毒类 10 余种，主要分布在长江以南地区。南方地区毒蛇种类较多，主要有蝮蛇、竹叶青、蝰蛇、五步蛇等，银环蛇、眼镜蛇、眼镜王蛇、金环蛇、烙铁头、海蛇蛇伤也有发生。湖北武汉、宜昌，江苏南通，贵州遵义，浙江杭州，江西南昌，湖南衡阳、益阳及重庆等地区以蝮蛇蛇伤居多。广东及云南普洱地区以竹叶青蛇咬伤居多。我国毒蛇咬伤多发于农村地区，是夏秋季节常见急症，发病急、进展快，如得不到及时救治，可引起严重并发症，导致伤残甚至死亡。

毒蛇根据蛇毒对机体的效应，分为神经毒类、血液毒类、细胞毒类和混合毒类。神经毒类，如金环蛇、银环蛇、海蛇等。血液毒类，如竹叶青、烙铁头、蝰蛇等。细胞毒类，如眼镜蛇等。混合毒类，如眼镜王蛇、蝮蛇、尖吻蝮（五步蛇）等。

案例 20-6

患者，女性，74 岁。右手环指被蛇咬伤后肿痛 1 天余。患者 1 天前在山林中劳作时不慎被一绿色蛇咬伤右手环指，当即感咬伤部位疼痛，伤口少许流血，后渐出现右手背及前臂肿胀且疼痛加重，无肢体麻木，无皮下瘀斑、瘀点，无头晕、乏力，无畏寒、发热，无心悸、胸闷、呼吸困难，无恶心、呕吐等。院外自行使用细绳结扎患肢、草药外敷等处理后肿胀无明显消退，来医院就诊。否认心脑血管病史、糖尿病病史。精神饮食欠佳，二便正常。

查体：T 36.0℃，P 78 次/分，R 20 次/分，BP 114/74mmHg，血氧饱和度 96%，一般情况欠佳，神志清楚，双肺呼吸音粗糙，未闻及啰音。心率 78 次/分，律齐，未闻及杂音。腹软，无压痛，肝、脾未触及，肠鸣音 4～5 次/分。右手环指第一指节可见蛇咬伤创口，水泡形成，无破溃，右手背及前臂肿胀，局部触痛，活动受限。

辅助检查：心电图示窦性心律。随机微量血糖 10.0mmol/L（输注葡萄糖中）。

问题：1. 患者初步诊断？诊断依据是什么？

2. 应与哪些疾病鉴别？

3. 应对患者采取的治疗措施有哪些？

一、病　　因

农民、渔民、野外工作者和从事毒蛇研究人员易被毒蛇咬伤，咬伤部位以手、臂、足和下肢常见。毒蛇咬伤夏秋两季多见。

二、发 病 机 制

毒蛇口内有毒腺，由排毒管与牙相连。当毒蛇咬人时，毒腺收缩，蛇毒通过排毒管，经由管道或沟，注入人体组织。一般情况下，毒腺内贮有蛇毒液 0.1～1.5ml，大蛇可有 5ml，咬人时约射出毒腺内贮量的一半。

蛇毒对伤口的局部作用：蛇毒中的神经毒可麻痹感觉神经末梢、阻断运动神经与横纹肌之间的神经冲动，引起肢体麻木、瘫痪、伤口局部坏死、组织损伤、疼痛、出血等。

蛇毒对全身的作用：各种毒蛇的蛇毒成分不完全相同，对全身的损害也不同，可阻断神经肌肉传导，引起骨骼肌和心肌损伤、弥散性血管内凝血、神经毒、心脏毒、溶血和增加血管通透性等。

三、临 床 表 现

（一）局部表现

被毒蛇咬伤后，神经毒类毒蛇咬伤时，一般无红、肿、痛、出血等，血液毒素类毒蛇咬伤可有明显肿胀、疼痛、瘀斑，细胞毒类毒蛇咬伤可有局部剧痛、红肿、水泡和坏死，眼镜蛇、五步蛇极易产生潜行性皮下组织坏死。被咬伤部位可见毒牙痕，一般有 2～4 个。

（二）全身表现

多在咬伤后 0.5～6h 出现，患者感到全身不适、四肢无力、头晕、眼花，继而胸闷、呼吸困难、恶心和晕厥，接着出现神经症状并迅速加剧，主要表现为眼睑下垂、视物模糊、斜视、眼球固定、瞳孔散大、语言障碍、吞咽困难、流涎等。重症患者呼吸浅快且不规则，可出现中枢性或周围性呼吸衰竭。部分患者可出现畏寒、发热、胸闷、颈部及全身肌肉酸痛、尿少或血尿、内脏出血、血压下降、意识模糊、四肢冰冷、休克、昏迷等，严重者常死于急性循环衰竭和急性肾衰竭。

四、辅助检查

（一）实验室检查

血常规可有白细胞增高，中性粒细胞升高。出血过多或溶血时可有红细胞减少，血红蛋白下降。急性血管内溶血时可有血红蛋白尿。肌肉损害时可出现肌红蛋白尿。肾功能不全时可有蛋白和管型。凝血纤溶系统检查可发现出凝血时间、凝血酶原时间、部分凝血活酶时间、纤维蛋白原、D-二聚体等异常。血生化、胆红素、转氨酶、尿素氮、肌酐等检查有助于发现心肝肾等器官损害情况。血气分析有助于评价呼吸功能和酸碱度。血乳酸可有效判断外周组织代谢情况。降钙素原、超敏C反应蛋白等有助于判断是否合并感染。

（二）影像学检查

可行心电图、DR、CT和MRI、超声、肌电图等检查。

五、诊断与鉴别诊断

（一）病史采集和体检

首先，确定蛇伤时间。不要依靠印痕来评估咬伤或中毒的可能性，毒蛇咬伤后会留下刺伤、多处裂伤，甚至无明显的毒牙印痕。其次，快速检查疼痛、肿胀或有无组织坏死。再次，快速检查局部或全身的出血迹象，包括伤口、牙龈和全身黏膜等。最后，快速检查是否存在神经肌无力，可以采用单次呼吸测试进行评估。单次呼吸测试操作方法：患者深吸一口气后，不要换气，用正常说话的声音尽可能地数数，重复测试并记录达到的最高数值。单次呼吸测试与肺活量测定密切相关。若有肺活量测定仪，可通过评估吸气负压（NIF）和/或用力肺活量（FVC）代替单次呼吸测试。

（二）评估

总体评估时需注意：①下行弛缓性麻痹症状和体征，如上睑下垂、复视、颈部屈肌无力、延髓麻痹等；②副交感神经/胆碱能危象症状和体征，如流涎、流泪、排尿、排便、胃肠道不适、呕吐等。

（三）诊断与鉴别诊断

确认某种蛇咬伤或已捕获到咬伤人的蛇，根据伤口渗液、血清、脑脊液和其他体液中的特异性蛇毒抗原可做出诊断，需要鉴别是毒蛇咬伤亦或非毒蛇咬伤，毒蛇咬伤尚需与毒蜘蛛或其他昆虫咬伤相鉴别。

六、治疗

监测生命体征、尿量和局部伤口情况，及时抢救，尽量减少活动，以免加速毒液的吸收和扩散。

（一）局部处理

1. 绷带结扎 咬伤肢体应制动，用绷带在伤口上方近心端肢体和伤口肿胀部位以上包扎，目的是阻断淋巴回流，延迟蛇毒扩散。避免使用止血带，以免影响结扎部位远端肢体血液供应，导致组织缺血性坏死。在注射抗蛇毒血清和有效伤口清创后，可停止绷扎。眼镜蛇咬伤容易造成局部组织坏死，一般不主张绷带结扎。

2. 伤口清创和局部封闭 咬伤肢体放在低位，对包扎好的伤口进行局部消毒、剔除毒蛇残牙。除伤口肿胀明显，有发展为筋膜室综合征风险，需及时切开减压外，一般不作预防性切开。可在伤口和周围皮下进行局部封闭，减轻毒液对人体的损害。可采用负压器吸引伤口，或者用胰蛋白酶或1∶1000高锰酸钾溶液伤口内注射冲洗，以破坏或排出伤口局部蛇毒。咬伤患者如出血不止，可用雷夫奴尔纱条或云南白药粉填塞加压包扎。对蛇毒液伤及眼睛的患者，可用生理盐水加相应抗蛇毒血清2ml稀释后多次冲洗眼睛，并用氯霉素滴眼液、氢化可的松滴眼液滴眼。不要因绷扎和清创而延迟应用抗蛇毒血清。

（二）抗蛇毒血清

早期足量使用抗蛇毒血清中和蛇毒，在被毒蛇咬伤后2h内使用更好。若能明确知道是何种毒蛇咬伤，选用单价抗蛇毒血清，不能确定时选用多价抗蛇毒血清。抗蛇毒血清用前要做皮内试验，反应阴性者方可使用，皮内试验阳性患者如必须应用抗蛇毒血清时，应常规脱敏，同时使用异丙嗪和糖皮质激素。需要注意的是，在应用抗蛇毒血清前必须准备好肾上腺素、氢化可的松或地塞米松和抗组胺药物，以便过敏时急救。有些毒蛇目前尚无抗蛇毒血清。抗蛇毒血清一般采用静脉滴注，病情严重时可以稀释后静脉推注。

（三）眼部眼镜蛇毒液的处理

眼部会有局部剧痛、肿胀、眼睑痉挛、流泪和白色分泌物等表现。确认除眼炎外无毒蛇咬伤者，可以立即用大量水、生理盐水或温和液体（如牛奶）冲洗眼睛，时间不少于15min。用裂隙灯或检眼镜进行荧光染色和角膜损伤检查，若角膜损伤可以使用抗菌眼药水（如四环素和氯霉素）、眼膏或散瞳治疗。含有肾上腺素或去氧肾上腺素的眼药水可缓解毒液产生的烧灼感，可以酌情使用。若有角膜上皮损伤，需正确处理，如处理不当，会继发感染或瘢痕，甚至失明。除处理眼部外，脱去衣物，用肥皂和水对患者全身进行消毒，防止再次接触毒液。

（四）预防破伤风

毒蛇口腔及毒牙可能带有破伤风梭菌，毒蛇和无毒蛇咬伤均应常规使用破伤风抗毒素（TAT）或破伤风免疫球蛋白，皮试应避开抗蛇毒血清使用，至少在抗蛇毒血清使用1h后再开始皮试和用药，以避免过敏或不良反应重叠。

（五）中医中药治疗

中医中药在抢救毒蛇咬伤中已经证实是有效的，有外敷和内服制剂，可以根据情况选择使用。

（六）并发症治疗

治疗休克、心力衰竭、急性肾衰竭、弥散性血管内凝血、呼吸衰竭等。

（七）辅助治疗

1. 糖皮质激素 能抑制和减轻组织过敏反应和坏死，减轻局部反应和全身中毒症状，可用氢化可的松或地塞米松。

2. 防治感染 蛇咬伤的伤口已被污染，需要给予抗生素和破伤风抗毒素治疗。

七、预　　防

开展蛇生活习性和蛇咬伤防治知识宣传教育，防止蛇咬伤，对住宅周围的杂草、乱石要经常清理，野外作业时要做好个人防护。

思　考　题

1. 中毒的急性临床表现有哪些？
2. 中毒的院前急救措施有哪些？
3. 日常常见的中毒有哪些？
4. 有机磷农药急性中毒时，急性胆碱能危象症状包括哪些？
5. 有机磷农药中毒时，迟发性多发神经病变与中间型综合征的临床表现有哪些？
6. 急性一氧化碳中毒的临床表现有哪些？
7. 急性一氧化碳中毒时如何进行氧疗？
8. 镇静催眠药中毒戒断综合征是如何发生的？有何临床表现？
9. 镇静催眠药急性中毒应如何治疗？
10. 阿片类药物中毒时，如何清除阿片类药物？如何使用解毒药物？
11. 急性酒精中毒与慢性酒精中毒的治疗方法有哪些？有何不同？
12. 毒蛇咬伤中毒时，如何进行局部处理？

（李云霞　尹智祥）

参考文献

王辰, 2018. 哈里森呼吸及危重症医学. 2版. 北京: 科学出版社.

徐东, 朱小霞, 邹和建, 等, 2023. 痛风诊疗规范. 中华内科杂志, 62(9): 1068-1076.

中华医学会, 中华医学会临床药学分会, 中华医学会杂志社, 等, 2021. 甲状腺功能减退症基层合理用药指南. 中华全科医师杂志, 20(5): 520-522.

中华医学会, 中华医学会临床药学分会, 中华医学会杂志社, 等, 2021. 甲状腺功能亢进症基层合理用药指南. 中华全科医师杂志, 20(5): 515-519.

中华医学会, 中华医学会临床药学分会, 中华医学会杂志社, 等, 2021. 血脂异常基层合理用药指南. 中华全科医师杂志, 20(1): 29-33.

中华医学会, 中华医学会杂志社, 中华医学会全科医学分会, 等, 2018. 支气管哮喘基层诊疗指南(2018年). 中华全科医师杂志, 17(10): 751-762.

中华医学会, 中华医学会杂志社, 中华医学会全科医学分会, 等, 2019. 肺结核基层诊疗指南(2018年). 中华全科医师杂志, 18(8): 709-717.

中华医学会, 中华医学会杂志社, 中华医学会全科医学分会, 等, 2019. 急性气管-支气管炎基层诊疗指南(2018年). 中华全科医师杂志, 18(4): 314-317.

中华医学会, 中华医学会杂志社, 中华医学会全科医学分会, 等, 2019. 急性上呼吸道感染基层诊疗指南(2018年). 中华全科医师杂志, 18(5): 422-426.

中华医学会呼吸病学分会, 2016. 中国成人社区获得性肺炎诊断和治疗指南(2016年版). 中华结核和呼吸杂志, 39(4): 1-27.

中华医学会呼吸病学分会慢性阻塞性肺疾病学组, 中国医师协会呼吸医师分会, 慢性阻塞性肺疾病工作委员会, 2021. 慢性阻塞性肺疾病诊治指南(2021年修订版). 中华结核和呼吸杂志, 44(3): 170-205.

中华医学会老年医学分会老年内分泌代谢疾病学组, 中华医学会内分泌学分会甲状腺学组, 2021. 中国老年人甲状腺疾病诊疗专家共识(2021). 中华内分泌代谢杂志, 37(5): 399-418.

中华医学会内分泌分会, 2020. 中国高尿酸血症与痛风诊疗指南(2019). 中华内分泌代谢杂志, 36(1): 1-13.

中华医学会糖尿病分会, 2021. 中国2型糖尿病防治指南(2020年版). 中华糖尿病杂志, 13(4): 315-409.